Schweizer Texte
Neue Folge

Herausgegeben von
Corinna Jäger-Trees (Bern)
Dominik Müller (Genf)
Mireille Schnyder (Zürich)
Hellmut Thomke (Bern)
Peter Utz (Lausanne)
Christian von Zimmermann (Bern)

Band 60

Carl Albert Loosli, Jonas Fränkel

«… dass wir beide borstige Einsiedler sind, die zueinander passen»

Aus dem Briefwechsel, 1905–1958

Herausgegeben von
Fredi Lerch und Dominik Müller
Unter Mitarbeit von
Jael Bollag und Erwin Marti

CHRONOS

Die Herausgeber und der Verlag danken folgenden Institutionen, dass sie mit ihrer Unterstützung die Erarbeitung und die Drucklegung dieses Buches ermöglicht haben:

Christoph Geiser Stiftung
Schweizerische Akademie der Geistes- und Sozialwissenschaften
Georges und Jenny Bloch-Stiftung
Ernst Göhner Stiftung
Ulrico Hoepli-Stiftung
Stiftung Pro Scientia et Arte

Informationen zum Verlagsprogramm
www.chronos-verlag.ch

Titelzitat: Loosli an Fränkel, 14. März 1908.

Umschlagbild: C. A. Loosli (links) und Jonas Fränkel. Ausschnitt aus einem Gruppenfoto vom Juli 1910, das ausserdem Carl Spitteler sowie Maria Benteli-Kaiser mit einer Tochter zeigt und wahrscheinlich im Schloss Bümpliz aufgenommen wurde, wo die Familie Benteli damals mit Fränkel als Mieter wohnte (Schweizerisches Literaturarchiv, SLA-Spitteler-C-1-a-2/23).

© 2022 Chronos Verlag, Zürich
ISBN 978-3-0340-1653-7

Inhalt

Jonas Fränkel, Carl Albert Loosli
Aus dem Briefwechsel, 1905–1958   7

Nachwort   497
Quellen   526
Bibliografie   527
Abbildungsnachweise   531
Personenregister   533

Carl Albert Loosli, Jonas Fränkel

Aus dem Briefwechsel,
1905–1958

1905

Im Sommer 1905 besucht der in Berlin lebende Literaturwissenschaftler Jonas Fränkel das Ehepaar Benteli-Kaiser, das im Schloss Bümpliz wohnt. Die Freundschaft geht auf das Jahr 1901 zurück, als der Buchdrucker und Verleger Albert Benteli Novellen des polnischen Schriftstellers Henryk Sienkiewicz herausgab, die der aus Krakau stammende Fränkel, damals Doktorand an der Universität Bern, übersetzt hatte. Nun lernt Fränkel C. A. Loosli kennen, der mit seiner Familie in Bümpliz lebt und in Bentelis Auftrag dessen wöchentlich zweimal erscheinende Gratiszeitung *Berner Bote* redigiert. Auf der Rückfahrt nach Berlin schreibt Fränkel an Loosli eine Postkarte. Damit beginnt eine Korrespondenz, die bis Ende 1958 schliesslich über dreitausend Briefe, Postkarten und einige Telegramme umfassen wird.

1. Fränkel an Loosli, Zürich, 14. September 1905[1]
Lieber Herr Loosli, ich habe soeben an Herrn u. Frau Benteli geschrieben, bin etwas müde, möchte aber doch auch Ihnen einen recht herzlichen Gruß übersenden. Wissen Sie, daß ich die Nummern des «Berner Boten» in Bümpliz vergessen habe?
[...]
Leben Sie recht wohl! Herzlichst Ihr Fränkel

2. Loosli an Fränkel, Bümpliz, 20. September 1905
Mein lieber Doctor!
[...]
Dass ich Sie hier sehr vermisse brauche ich Ihnen wohl kaum zu sagen und tue es nur, wenn Sie mir versprechen, es nicht als Kompliment aufzufassen. Wir Landleute sind ja mit so wenigem zufrieden. Dagegen muss ich Sie schon in aller Freundschaft bitten, in dem löblichen Nest, das diesen Winter durch Ihre Anwesenheit geehrt wird nicht zu versauern und vor allen Dingen das Sprechen nicht zu verlernen vor lauter Bücherkram. Der Verlust wäre mir nämlich, wenn Sie nächstes Jahr herkommen einfach unersetzlich. [...]

---

1 Die Laufnummer, die jedem Brief neben Absendeort und Datum vorangestellt ist, bezieht sich auf das Gesamtverzeichnis auf der Website des Schweizerischen Literaturarchivs: https://ead.nb.admin.ch/html/korrespondenz_loosli_fraenkel.html, 14. 10. 2021 (vgl. auch S. 523).

4. Fränkel an Loosli, Schmargendorf-Berlin, 2. Oktober 1905

Mein Lieber, ich habe die Lektüre der «Menschwerdung»[2] soeben zu Ende gebracht u. muß Ihnen nun vor allem dafür danken, daß Sie mir das Manuskript überlassen haben. Denn ich kann mir denken, daß zwischen Ihnen u. dieser Erzählung ein eng-persönliches Verhältniß besteht – u. ein solches giebt man nicht leicht Jemandem preis! Mir ist jetzt, als hätte ich heute mit Ihnen so herzlich geplaudert wie bei jenem Spaziergang in der Mondnacht vor meiner Abreise.

Sie haben mir wiederum einen Einblick gewährt in Ihr Leben, in Ihr Schicksal – in Ihr ganzes Wesen: u. da ich Sie liebe, danke ich Ihnen dafür von Herzen.

Wünschen Sie aber eigentlich auch mein Urteil über die Erzählung als Kunstwerk? Ich weiß es nicht – u. ich denke: nein. Denn es wäre ja zu dumm, wenn ich Ihnen jetzt Weisheiten vorbringen wollte, die Sie doch besser kennen als ich! Würde aber der Verfasser nicht C. A. Loosli heißen, vor dessen Kunsteinsichten sich mein ganzes Kunstwissen verstecken kann, so würde ich dem Manne sagen: Sie haben das Ding mitten im Erlebniß aufs Papier gebracht, u. daher der bald apologetische, bald agitatorische Ton u. die vielen theoretisierenden Reflexionen, die sich vorzüglich in einer Flugschrift ausnehmen würden – oder vielmehr in einer Reihe von Flugschriften: über die erzieherische Lüge, über die Waisenerziehung, über Ehe etc. – Sie haben, mein lieber Herr Autor – würde ich dem Manne weiter sagen – nicht gewartet, bis Sie aus der Fülle dessen, was Sie zu verkünden hatten (u. es befinden sich ja darunter recht wichtige Probleme!), einen Teil in famosen Leitartikeln,[3] wie Sie sie nur zu machen verstehen würden, abgewälzt, um dann nur den Extrakt künstlerisch zu gestalten: u. das war ein Fehler von Ihnen, denn die Löwenklaue des Künstlers fühlt man ja, so oft Sie dran gehen, Situationen auszumalen – etwa die Brautwerbung, oder Bauer in seinem Atelier – – aber Sie gehen über die Gelegenheiten künstlerischen Gestaltens meistens hinweg, als wollten Sie sich dabei nicht aufhalten, weil Ihnen so vieles auf der Zunge liegt, das Sie sagen müssen. Der Künstler braucht aber nichts auf der Zunge zu haben, er muß nur *sehen*!

[...]

Ich selber arbeite jetzt noch nicht gut. Ich bin mit einem Teile meiner Selbst noch zu sehr in Bümpliz, als daß ich mich an Berlin so rasch wieder gewöhnen

---

2 Das Manuskript *Menschwerdung* existiert nicht mehr. Im Briefwechsel erwähnt Loosli den Text letztmals am 29. 1. 1906.
3 Fränkel erhält in Berlin den *Berner Boten* zugeschickt und kennt deshalb Looslis aktuelle journalistische Arbeiten.

Erzählung vom heiligen Wonnebald stoßen, wundert mich. Ich denke nämlich, daß es für einen Künstler, der Gestalten gut realistisch zeichnen kann, nichts Leichteres geben kann, als sog. wahrscheinliche Motive als Unterlage ausfindig zu machen: das kann ja jeder. An dem «Wonnebald» hat mich aber gerade die *naive* Geschichte entzückt, die mit einem ganz prächtigen Realismus ausgeführt ist. Und auch das hat mich gefreut, daß ein Humor ein gehaltener ist, ein feines ironisches Lächeln, das mir am Schluß in den letzten Worten direkt zur Satyre wird. Wie gesagt, mich hat das Ding geradezu entzückt: vielleicht kommt das daher, daß ich die Verfasserin schon vorher recht lieb hatte!
[...]
Nur noch einen recht herzlichen Händedruck von Ihrem
Fränkel

NB. Natürlich Grüße für Ihre Frau u. für alle Insassen des Schlosses. Und auch eine Bitte an Sie oder eine Frage: wollen Sie immer so boshaft bleiben, mich auf jeder Ihrer Sendungen zu erinnern, daß ich die zweifelhafte Ehre habe, Doktor der Litteraturhistorie zu sein??!!

12. Loosli an Fränkel, Bümpliz, 21. November 1905
[...]
Ich nehme zu *meiner* und zu *Ihrer* Ehre an, dass Sie die Rezensionen, mit denen ich Ihnen in's Handwerk pfusche *nicht* lesen, denn sonst muss ich ja so tief in Ihrer Achtung sinken, dass kein ehrlicher Hund mehr ein Stück Brot von mir nimmt. Wissen Sie … so gewissenhaft wie Sie dabei vorgehen darf ich nicht, denn dazu rentiert der «B.-B.» trotz Ihrer gegenteiligen, für mich natürlich wie gewohnt sehr schmeichelhaften Annahme nun doch nicht.[7] Er rentiert sogar so schlecht, dass ich wenigstens mich mit dem Gedanken vertraut mache, ihn, eines Tages, der, wenns nicht bald und gründlich ändert vor die Hunde gehen zu sehen. Diese Luftänderung könnte ihn schon deshalb nicht überraschen weil er seit seinem Bestehen eigentlich immer auf dem Hund war.

Was nachher mit mir geschieht weiss ich umso weniger als Sie mir jedes Talent zum Stehlen absprechen. Ich will Ihnen nämlich offen sagen: die Presse habe ich satt bis über die Ohren und ich habe gute Gründe anzunehmen, dass

---

7 Fränkel hat im Brief vom 20. 11. 1905 bemerkt, die Zahl der Annoncen im *Berner Boten* schienen sich ihm «so reichlich» zu vermehren, dass die Zeitung bestimmt bald rentieren werde.

die wachsende Abneigung gegenseitig ist. Und doch bin ich mit Leib und Seele Journalist, weiss dass ich noch dümmere Berufskollegen habe als ich selber bin, traue mir eine Dosis Talent und Schaffenskraft, Routine und Berufskenntnis zu, die nicht gerade jedem eigen ist. Aber was nützt das alles in einem Zeitalter wo man weder Idealisten noch Künstler (es brauchen nicht nur produzierende zu sein, da ich mich viel eher zu den rezipierenden zähle) brauchen kann. Unsere Presse braucht Kulis, braucht organische Registrierapparate aber um Gotteswillen nur nicht Menschen und Charaktere. Daher wird, wenn sich nicht etwas ganz aussergewöhnliches ereignet, meine Tätigkeit am «B.-B.» meine letzte journalistische sein. Ich werde Bauer und das Publikum muss es schon auf sein Gewissen nehmen wenn spätere Jahrhunderte meinen Namen nicht neben den eines Cervantes stellen. Wenn's mit Teufels Gewalt nicht anders geht: Eh bien, divorçons!

Übrigens, Sie haben meine universelle Bildung wieder einmal (auch wie gewohnt) gröblich überschätzt. Glauben Sie denn wirklich meine Fähigkeiten reichen soweit den interessantesten Teil des «B.-B.» die Küchenrezepte nämlich, selbst zu redigieren? Gott bewahre! Zu diesem Zwecke habe ich einen hervorragenden Mitarbeiter wie es einem Weltblatte von der Bedeutung des «B.-B.» geziemt.

[...]

Nun habe ich Ihnen aber lange genug Ihre Zeit abgestohlen, empfehle mich!
Immer der Ihrige
C. A. Loosli

P. S. Zum Litterarhistoriker habe ich zu bemerken, dass ich wissentlich keinem Menschen Unrecht tue, und werde also auch keinen um seinen wohlerworbenen Titel verkürzen. Für mich bleiben Sie ja doch trotz dem D^r und dem Litterarhistoriker, ein lieber Kerl. Und dann ist es bei mir Prinzip, dass an meinen Briefen doch zum mindesten die Adresse einen geschäftlich-soliden Eindruck machen soll.
D. O.

1906/07

In Berlin arbeitet Fränkel für den Diederichs-Verlag an der Herausgabe des Briefwechsels zwischen Goethe und Bettina von Arnim und veröffentlicht zahlreiche Beiträge, vor allem Rezensionen, in renommierten deutschen Zeitungen (*Berliner Börsen-Courier*, *Voßische Zeitung* und anderen). In Bümpliz stellt Benteli Ende Juni 1906 das Erscheinen des *Berner Boten* ein. Den Sommer verbringt Fränkel wieder hier. Loosli stellt Leitartikel zu einem Buch zusammen, das im Herbst unter dem Titel *Bümpliz und die Welt* erscheint. Die Überschrift von Fränkels Rezension dieses Buches im Berliner *Börsen-Courier*, *Der Philosoph von Bümpliz*, ist bis heute Looslis Ehrentitel geblieben. 1907 arbeitet Fränkel an der Briefanthologie *Aus der Frühzeit der Romantik*. Loosli verhandelt mit der sozialdemokratischen Tageszeitung *Berner Tagwacht* um eine Anstellung. Für beide wird 1907 das Jahr, in dem sie das Werk Carl Spittelers entdecken.

23. Loosli an Fränkel, Bümpliz, 15. Mai 1906

[...]

Eines aber muss ich Ihnen doch noch sagen: wir haben in Bern eine schreckliche Epidemie, welche unglaubliche Verheerungen anrichtet. So wie jetzt ist die Dichteritis glaube ich noch nie ausgebrochen, so lange ich mich erinnere. Ich besinne mich an die grosse Epizootie der Achtzigerjahre, habe seither die Rinderpest anno 93 und die Maul- und Klauenseuche 1902 miterlebt, aber so etwas ist wirklich noch nie dagewesen. Und nicht genug mit dem blossen Dichten, die Kerls drucken den Unrat, freilich auf feines Papier und in den modernsten Schriften, was ja den Buchdruckern ganz angenehm ist. Aber gnad Gott der armen deutschen Litteratur! Mit Strasser hat's angefangen. Dann kam Behrens, jetzt Mühlestein, Lang und wie die Knaben alle heissen. Ich sage Ihnen, es ist einfach fürchterlich. Seitdem wir an dieser Lyrik herumdrucken haben wir anderthalb Dutzend Korrektoren, welche das Zeug von berufswegen lesen mussten einfach verbraucht. Neun sind noch gelinde davon gekommen, sie wurden in's Irrenhaus verbracht, – drei haben sich kurzerhand gehängt, einer erschossen, einer ertränkt und ein letzter hat Rattengift gefressen. Dieser wird sehr wahrscheinlich wieder normal, denn das Zeug erwies sich als Gegengift zu der Lyrik und der Mann befindet sich wieder auf dem Wege der Genesung. Und das hat mit ihrem Unsinn die Berner-Dichterschule getan.

Wenn ich die Lyrik, welche ich sehr wahrscheinlich zur Rezension kriege ohne Schaden für Leben und Gesundheit überstehe, dann werden wir uns also wiedersehn und weiter plaudern können. Bis dahin beten Sie für Ihren
Loosli

24. Loosli an Fränkel, Bümpliz, 3. Juli 1906
Mein lieber Fränkel!
Dass Sie ausserordentlich beschäftigt sind, will ich ohne weiteres glauben, aber dass Sie nicht einmal so viel Zeit übrig haben um mir einige Zeilen der Teilnahme am plötzlichen Hinschiede unseres innigst geliebten «Berner-Boten» zu schreiben, – das offen gestanden, erinnert mich schon mehr an die bekannten «himmeltraurigen Hinterlassenen». «Das bestredigierte Blatt der Schweiz», so nannten Sie doch den «Berner-Boten» einmal in einem Anfall von Aufrichtigkeit, und nun kein Ton. Wie ich das finde?!

Fränkel, ich verzweifle an Ihnen. Sie schaffen, so schrieben Sie doch letzthin an Frau Benteli, achtzehn Stunden per Tag (was Ihrer Gesundheit entschieden nicht zuträglich ist) um desto eher nach Bümpliz zu kommen. Seien Sie mal so freundlich und hören Sie auf zu arbeiten und kommen Sie nach Bümpliz, denn erstens verlieren Sie mit der verdammten Schafferei kostbare Zeit und dann ist es, soll mich der Teufel holen in Bümpliz gegenwärtig mindestens ebenso warm wie in Schmargendorf, – Sie werden also hier nicht erfrieren. Ich lechze förmlich nach Bier und guter Gesellschaft, und unter guter Gesellschaft sind selbstverständlich auch Sie gemeint. Also, schmeissen Sie um Gotteswillen die Schmarren in eine Ecke und kommen Sie.
[…]

28. Loosli an Fränkel, Bümpliz, 29. November 1906
Mein lieber Fränkel!
Dürfte ich Sie vielleicht höflich anfragen, ob Sie schon selig im Herrn entschlafen sind oder noch in den Reihen der Lebenden wandeln? Wenn das erstere der Fall ist, dann bitte ich um gefällige Nachrichten aus dem Jenseits, wo Sie, ich will es im Interesse Ihrer armen Seele hoffen, gut aufgenommen worden sind. Und wenn nicht, dann gestatten Sie mir gütigst Ihnen nach guter Bernersitte den Text zu lesen, denn dann bin ich einfach wütend über Sie und dann werden Sie Worte von mir zu hören bekommen, welche man sonst nur im engsten Familienkreise anwendet. Dann sind Sie ganz einfach ein Scheusal. Es geht doch schlechterdings nicht an sich so gründlich auszu-

schweigen, am allerwenigsten in unserer Zeit wo die Schreibfreiheit immer mehr in Schreibpflicht ausartet. Also schreiben Sie mir, bei meiner höchsten Ungnade postwendend, sonst bin ich im Stande noch ein Buch hinauszusenden und das wäre denn doch des Guten zuviel. Und wenn Sie das nicht mögen, dann schreiben Sie wenigstens für mich, denn das wird Ihnen doch wohl einleuchten, dass ohne Berlinerpresstimmen kein Exemplar eines noch so bedeutenden Buches in der Schweiz abgesetzt wird. «Bümpliz und die Welt»[8] ist ein Reinfall prima Sorte, das Ding kann nur noch einigermassen durch den Weihnachtsmarkt herausgerissen werden und dazu gehört Reklame. Mit Ausnahme der Blätter die ich Ihnen schickte und einiger weniger, welche den Waschzettel brav nachdruckten, ist das Buch mit seltener Einmütigkeit von der Presse ignoriert worden. Ich müsste selbst nicht mit dem Zeitungswesen einigermassen vertraut sein, um nicht zu wissen, dass dies das gewöhnliche Loos der besten Bücher ist. Aber dieser Trost ist rein moralischer Qualität und kann wohl mich, nicht aber den Verleger einigermassen über die hervorragende Pleite hinwegtrösten. Also, schiessen Sie los! Im Börsen-Courrier, in der Züricher-Zeitung, bei der Tante Voss,[9] aber um Gotteswillen schiessen Sie balde, denn nach Weihnachten kommen die Rezensionen ebenso unzeitgemäss wie der Hagel nach dem Weinleset.[10] Ich behafte Sie bei Ihrem Hebammeneid, welcher Ihnen vorschreibt nicht nur Geburtshilfe, sondern auch die Pflege der Wöchnerin und des Neugeborenen bis keine Gefahr mehr vorhanden ist, zu übernehmen. Tun Sie das nicht, dann machen Sie sich schuldig der Pflichtvernachlässigung im Sinne des Str.-G. eventuell der Anstiftung (zu einer verbrecherischen Handlung) ev. der versuchten Abtreibung. Sie sehen also wessen Sie sich vorzusehen haben, wenn der Erfolg das Delikt nicht balde rechtfertigt.

Also schreiben Sie mir, über, gegen oder für mich, s'ist mir alles egal, aber in dreimalhunderttausend Teufelsnamen, schreiben Sie!

---

8 Loosli: *Bümpliz und die Welt*. Gut vierzig Jahre später berichtet Fränkel, wie im Sommer 1906 der Buchtitel gefunden worden ist: «Als Du mir nach einigen Tagen die getroffene Auslese vorlegtest, da fragtest Du nach dem Titel, der der Sammlung gegeben werden sollte. Ich schlug vor: ‹Bümpliz und die Welt› und ich erinnere mich – es war im Garten gemeinsamer Freunde [...] – wie du zuerst hell auflachtest, aber dann vergnügt schmunzelnd den Titel akzeptiertest.» (Jonas Fränkel: *Gruss an C. A. Loosli*, in: *Die Arve. Zeitblätter zur Verinnerlichung und Selbsterkenntnis*, Hochdorf: Graphia-Verlag, Nr. 2, 1947, S. 18–24, hier S. 18)
9 *Vossische Zeitung*, Berlin.
10 Loosli überträgt hier eine im Französischen gebräuchliche Redensart, «la grêle après les vendanges», ins Deutsche beziehungsweise Berndeutsche.

Freundlich grüsst Sie,
Ihr alter, banger
  Loosli

29. Fränkel an Loosli, Schmargendorf-Berlin, 9. Dezember 1906
Mein lieber Loosli, verzeihen Sie, daß ich geschwiegen habe u. auch heute nur die Mitteilung sende, daß ein Feuilleton über den Philosophen v. Bümpliz sich bereits im Börsen-Courier befindet u. daß ich hoffe, in den nächsten Tagen von Ihnen die Meldung vom Erscheinen des Aufsatzes zu erhalten.[11] Ich fühle mich nicht ganz wohl, arbeite viel, meinem Ohr geht es schlecht, so daß ich wohl nächstens nach Wien werde reisen müssen, um einen Arzt zu konsultieren, der mich früher einmal behandelt hat. Grüßen Sie, bitte, Frau Benteli, sie soll in den nächsten Tagen von mir mehr hören.
[...]
Meine Bettina[12] bekommen Sie demnächst direkt aus Jena.
Alles herzliche von Ihrem Fr.

40. Fränkel an Loosli, Schmargendorf-Berlin, 27. März 1907
Mein lieber Loosli,
[...]
A propos! Haben Sie vielleicht in der letzten Zeit etwa den Prometheus von Spitteler[13] gelesen? In der prächtigen Form erinnert mich Ihr Märchen[14] an das Buch von Spitteler. Haben Sie es aber nicht gelesen, so versetzen Sie Ihre halbe Bibliothek, wenn Sie nicht gerade 5 M zur Verfügung haben, u. verschaffen Sie sich das Ding. So was Großes hätte ich dem Mann nie zugetraut. Seit 3 Wochen ist es meine Bibel, u. ich schreibe jetzt darüber für die Rundschau.[15] Der Olympische Frühling, den ich jetzt wieder lese u. der mir jetzt

---

11 Im Gegensatz zu Fränkel in Berlin sieht Loosli in Bümpliz den *Börsen-Courier* regelmässig. Fränkels Rezension erscheint am 18. 12. 1906 unter dem Titel *Der Philosoph von Bümpliz*.
12 *Briefwechsel mit einem Kinde.*
13 Später bezeichnet Fränkel die Lektüre von *Prometheus und Epimetheus* als «die stärkste geistige Revolution, die mich in meinem Leben heimsuchte», begründet an gleicher Stelle aber auch, warum ihn zuvor «eine Wand von Spittelers Dichtung» getrennt habe (Fränkel: *Spittelers Recht*, S. 54).
14 In seinen *Erinnerungen an Carl Spitteler* zitiert Loosli diese Briefaussage Fränkels und löst die Anspielung auf, indem er hinter «Märchen» in Klammer setzt: «Das Märlein vom wundertätigen Häring» (vgl. Loosli: *Narrenspiegel*, S. 135–140).
15 Nicht nachgewiesen. Laut Fränkel: *Bibliographie* betrifft seine früheste Veröffentlichung über Spitteler dessen Gedichtband *Schmetterlinge* (Spitteler: GW 3, S. 265–360), im Dezember

noch besser gefällt als seinerzeit in Bümpliz, ist dagegen eine Kinderspielerei. Kurz u. gut: verschaffen Sie sich das Buch – dann wird Ihnen gewiß wie mir die ganz europäische Litteratur mit allen ihren Größen verblassen vor diesem Riesenkerl! – Und schreiben Sie mir bald was darüber!
[...]

46. Loosli an Fränkel, Bümpliz, 4. November 1907
[...]

Ich bin gegenwärtig ganz in Spitteler. Abends lese ich meiner Frau den «Olympischen» vor und nachher im Bett seine anderen Sachen. Müller[16] hat mir nämlich auch alles mit Ausnahme des «Kolderi» welcher vergriffen ist geschickt. Nun begann ich gestern Abend «Gustav» zu lesen. Die Sache hat mich bis jetzt zwei Leintücher und eine Bettdecke gekostet, die ich zerriss, als ich vor Vergnügen allzuarg strampelte. Ich sage Dir, es ist ein famoses Ding. Da Müller so freigebig ist, so wird er es Dir auf Wunsch auch schicken. Was die Basler Nachrichten anbetrifft, so bin ich natürlich darauf gespannt wie der Teufel auf eine sündige Seele.[17] Sende mir das Ding sofort. Ich habe in Sachen Spitteler ca.[18] Nietzsche übrigens auch eine ganz nette Entdeckung gemacht, welche Du dann in meinem Artikel nach Gebühr ausgeschlachtet finden wirst.[19] Nietzsches Schwester wird kaum sehr erbaut darüber sein, in ein so verfluchtes Wespennest zur grösseren Ehre ihres BRUDERS gegriffen zu haben. Die einsamen Dachse rauchen (Pag. 261, Lachende Wahrheiten[20]).

    1907 erschienen im *Literarischen Echo*, von Widmann im *Bund* nachgedruckt (*C. Spittelers «Schmetterlinge»*, in: *Der Bund*, Nr. 38, 23. 1. 1908).
16 Nicht nachgewiesen. Aus dem Kontext zu schliessen ein Buchhändler.
17 Die Rede ist hier und im Folgenden von der öffentlichen Auseinandersetzung um die falsche Behauptung, Carl Spitteler habe seinen Erstling *Prometheus und Epimetheus* (1881) unter dem Einfluss von Friedrich Nietzsches *Also sprach Zarathustra* (1885) geschrieben (vgl. Stauffacher: *Spitteler*, S. 625 f.). Aktuell ist die Debatte, weil Spitteler am 24. 10. 1907 im «Neuen Verein» in München einen Vortrag gehalten hat über *Meine Beziehungen zu Nietzsche*, den er in einer kürzeren und einer längeren Fassung drucken lässt. Die kürzere Fassung erscheint unter dem Titel *Meine Beziehungen zu Nietzsche*, in: *Die Zeit*, Wien, Nr. 826, 24. 10. 1907. Die *Basler Nachrichten* – darauf spielt Loosli hier an – drucken diesen Beitrag nach in den Nrn. 293 und 294, 27. und 29. 10. 1907. Die längere Fassung des Referats wird erscheinen in: *Süddeutsche Monatshefte*, München 1908, nachgedruckt in Spitteler: GW 6, S. 491–518.
18 Abkürzung für «contra».
19 Looslis Artikel erscheint unter dem Titel *Carl Spitteler*, in: *Weltchronik*, Bern, Nrn. 2 und 3, 11. und 18. 1. 1908.
20 Loosli zitiert aus Carl Spitteler: *Lachende Wahrheiten. Gesammelte Essays. Zweite Auflage*, Jena: Diederichs, 1905. Dort findet sich im Essay *Von den Schriftstellern* der Satz: «Wie da alle die einsamen Dachse aus ihren Höhlen hervorjucken, schäumend vor Wut.» (S. 260 f.)

Dieses Buch finde ich nun doch nicht so übel, wie es mir anfangs vorkam. Ziehe ich nämlich alles ab, was rein journalistisch gedacht ist, dann bleibt immerhin noch ein schöner Rest Spitteler, (zum Teil freilich als sein eigener Privatdozent.[21]) Ich kriege entschieden Geschmack an dieser Art Verulkung des lieben Publikums (verzeihe, ich konnte hier nicht gut «Verteufelung»[22] sagen) und hier finde ich das wieder, was Du in Abrede stelltest, nämlich eine Art gallischen Humors, den man an den Pince-sans-rire der Franzosen kennt. Es gibt dafür keinen deutschen Ausdruck, aber es will besagen: Teufeleien ohne zu lachen vorbringen. Im Stiefel meiner Formel der Aesthetik.[23] So fasse ich viele Sachen Sp. auf, welche freilich sonst von ihm kaum verständlich wären. Wenn Du damit die «Literarischen Gleichnisse» und viele seiner Balladen vergleichst (vom Formellen abgesehen) so wirst du mir gewiss beipflichten.

[...]

47. Loosli an Fränkel, Bümpliz, 7. November 1907

Mein lieber Fränkel,

Lass Dir in aller Eile meine Erlebnisse dieses Vormittages erzählen. 1. war ich bei Widmann um die schöne Litteratur über Spitteler abzuholen. Er hat mir einen Brief Spittelers vorgelesen, welcher von seinem Misserfolge in München handelt.[24] Bissig, verbittert und bös! Spittelerisch mit einem Wort und mit vollem Recht! Die Kaffern haben natürlich nicht verstanden und nur die Anwesenheit vieler Indifferenten und einiger Freunde, sagt Sp. hat verhindert, dass er nicht unterbrochen und ausgezischt wurde.

Widmann war sehr freundlich, lässt Dich grüssen und hat mich, – wie doch aus dem Saulus ein Paulus wird, – zum Kunstreferenten des «Bund» im Parterre bestellt. Ich war trotzdem ich mich nicht leicht verblüffen lasse immerhin ein wenig paff.

---

21 In der Erstausgabe von *Extramundana* (Leipzig: Haessel, 1883) bezeichnet sich Spitteler ironisch als sein eigener «Privatdocent» (S. 293).
22 Loosli spielt darauf an, dass Fränkel im Brief vom 1. 11. 1907 von Looslis schriftstellerischen «Teufeleien» geschrieben hat.
23 Loosli: *Die Formel der Ästhetik*, in: *Berner Tagwacht*, 28. 1. 1908. Später bildet dieser Text einen Teil der Erzählung *Wie Hans Schöpser bedeutend wurde*, in: Loosli: *Satiren und Burlesken*, S. 117–130.
24 Vorgelesen hat Widmann wohl aus dem an ihn gerichteten Brief vom 4. 11. 1907, worin Spitteler über den Vortrag in München berichtet und unter anderem schreibt: «Kurz ich sprach vor dem Feinde, wusste auch dass ich vor dem Feinde spreche, wunderte mich sehr, dass die Feindschaft nicht schon im Saale losbrach.» (Spitteler/Widmann: *Briefwechsel*, S. 485 f.)

Dann war ich bei Brüstlein, in der Angelegenheit der «Tagwacht-Redaction». Die Sache steht dort verhältnissmässig gut für mich. Man ist in bestimmenden Kreisen allgemein der Ueberzeugung, dass ich litterarisch der einzig richtige Mann wäre, aber leider bin ich nicht Marxist im blödsinnigsten Sinne und das müsste man doch eigentlich sein. Das Feuilleton kriege ich laut Brüstlein auf alle Fälle, wenn auch nur mit ca. 1200.–. frs. pro anno; Brüstlein möchte mir aber die Chefredaction anhängen.
[...]

48. Fränkel an Loosli, Schmargendorf bei Berlin, 12. November 1907
[...]
So. Und nun vielen Dank für Deine beiden Briefe. Die Mitteilungen haben mich sehr gefreut. Heute schreibt mir Frau B., Deine Anstellung beim Feuilleton der Tagwacht sei sicher. Mir aber scheint es, es wäre trotzdem gut, Du kämest für ein paar Wochen nach Berlin. Vielleicht könntest Du dann gar nicht mehr weg. Überleg Dir's mal. Nämlich: Das mit der Tagwacht, so verlockend es auch ist, paßt es doch nicht für Dich. Wenn die Leute dich jetzt auch zum Chefredakteur machen, nach einem Jahre fliehst Du doch. Bravsein liegt einmal nicht in Deiner gottlosen Natur – u. bravsein muß selbst ein sozialistischer Redaktor, oder der erst recht!

Kurz u. gut: Schau Dir Geld zu verschaffen u. komm nach Berlin. Ich glaube wirklich, daß ich recht habe, indem ich Dich so dränge.
[...]

1908

Fränkel arbeitet in Berlin unter grossem Zeitdruck an der dreibändigen kritischen Gesamtausgabe von *Goethes Briefen an Charlotte von Stein*. Loosli betreut das Feuilleton der *Berner Tagwacht*. Schon im Januar stehen beide mit Spitteler in Briefkontakt, Loosli lernt ihn Ende Januar in Bern persönlich kennen, Fränkel besucht ihn im Sommer in Luzern, im Herbst diskutiert Spitteler mit den beiden brieflich Probleme seiner Überabeitung des *Olympischen Frühlings*. Mit dem Abschluss der Goethe/Stein-Briefedition bricht Fränkel Ende Jahr seine Zelte in Berlin ab und nimmt – als Mieter im Schloss bei der Familie Benteli – Wohnsitz in Bümpliz.

55. Loosli an Fränkel, Bümpliz, 3. Januar 1908

[...]

Nun habe ich endlich auch Deine Romantikerbriefe[25] gelesen und habe grosse Freude daran gehabt, wenn ich auch nicht in bester Genusstimmung war. Das hast Du ganz prächtig gemacht! Diese herrlichen Burschen sind mir bis jetzt, trotz der Lucinde[26] noch immer zusehr in Heine'scher Beleuchtung erschienen, als dass ich mich ganz von dem widerwärtigen Gefühl hätte freimachen können, welches ich gegenüber Apostaten empfinde, – nun freilich habe ich die Leute von einer andern und bessern Seite kennen gelernt und habe auch gelernt zu verstehen, dass sie gerade für uns so früh starben, denn wirklich, – was jenseits ihrer Jugend liegt ist Tod. Du errätst vielleicht, dass das Schicksal dieser Burschen mich ganz eigentümlich berühren musste, gerade in meinen gegenwärtigen Verhältnissen, – sehe ich doch auch, so sehr ich mich dagegen auflehne mein ähnliches Geschick voraus. Das einzige was mich vielleicht davor bewahren wird, ist mein absoluter Mangel an jener akademischen Bildung, welche den Schlegels die abschüssigen Wege ebnete. Immerhin kommt es ja nicht so sehr darauf an, an was man zu Grunde geht, – ich meine nur dass ein fröhlicher Typhus einer im dreissigsten Lebensjahre einsetzenden senilen Dekrepitanz entschieden vorzuziehen wäre.

[...]

---

25 *Frühzeit der Romantik*.
26 Friedrich Schlegel: *Lucinde*, Berlin: Heinrich Frölich, 1799.

71. Loosli an Fränkel, Bümpliz, 31. Januar 1908

Mein lieber Fränkel!

Ich nehme an, dass Du meine Novelle in zweiter Fassung[27] inzwischen erhalten hast und bin gespannt zu hören was Du nun dazu sagst. Was es auch sein möchte, umarbeiten werde ich sie nicht mehr, weil ich das Gefühl habe, dass sie dabei nur verlieren könnte. Und nun zu etwas, das uns beide entschieden mehr interessiert. Soeben komme ich von Spitteler und Du sollst der erste sein, dem ich nächst meiner Frau davon spreche. Doch nehmen wir, wie Du es gewünscht hast, alles hübsch chronologisch. Sein Vortrag zuerst. Der Grossratssaal war zum Bersten voll, wie ich ihn noch nie gesehen habe. Aus der Zahl der Anwesenden nenne ich Dir Brüstlein, die ganze Familie Benteli, Prof. Sahli, der innerlich geradezu strahlte, Widmann und seine Frau, wie nicht anders zu erwarten war, die ganze literarische Welt, wie Francke, Strasser jun. Liefschitz(!)[28] Dimitroff der durch meinen Artikel[29] angelockt wurde (wie noch so viele wird mir versichert!) Lauterburg, und last but the least Professor Doktor Ludwig Stein, Rabbi Kephas zubenannt (er setzte seine kritisch intelligente Sonntagsfratze auf), Vetter etc. etc. Sogar von Freiburg waren Leute da. Also!

Spitteler erscheint – anhaltender Beifall! Er verneigt sich voll Grazie und sagt in kurzen Worten, dass er aus intimen Gründen nicht aus seinem Prometheus und aus dem «Olympischen» deswegen nicht vortrage, weil der, aus dem Zusammenhang gerissen nicht wirke. Heute freilich hat er mir gesagt, dass wenn alles Leute unseres Kalibers da gewesen wären, er es wohl täte. Und nun begann der Vortrag. Ballade: Die tote Welt! Das Publikum erwarmte sich nur mässig und belohnte den Vortrag mit obligatem, aber sehr schüchternem Klatschen. Aber von dem Augenblicke an war die Masse gepackt. Kein lauter Beifall mehr bis zum Schluss des Vortrages – alles war Ohr. Spitteler hat uns mit humoristischen Sachen und Bosheiten regaliert. Hatte «Behemots Hosen an»,[30] wie ich ihm heute sagte. C-Album, Glockenlieder, Litterarische Gleich-

---

27 Loosli hat sich am 16. 1. 1908 von Fränkel anregen lassen, für das Preisausschreiben der jungen deutschen Zeitschrift *Morgen* eine Novelle zu verfassen. Die Briefe der folgenden Tage legen nahe, dass Loosli an der Erzählung zu arbeiten beginnt, die unter dem Titel *Der Hubusepp u sy Fritz* 1910 in *Mys Dörfli* (S. 68–90) erscheinen wird. Die wahrscheinlich ursprüngliche hochdeutsche Fassung, *Der Hubbauer*, publiziert Loosli 1927 in der Erzählsammlung *Sansons Gehilfe* (S. 187–204).
28 Feitel Lifschitz.
29 C. A. Loosli: *Karl Spitteler in Bern*, in: *Berner Tagwacht*, Nr. 23, 29. 1. 1908.
30 In der Bibel ist Behemot(h) ein kraftstrotzendes Ungetüm (Hiob 40, 15–25). In Spittelers Prometheus-Dichtungen ist der von seinem Vater abgefallene Gottessohn der Fürst einer die Menschheit bedrohenden feindlichen Macht.

nisse – im ganzen knapp dreiviertelstunden. – Langanhaltender Beifall. Wie er vorträgt wirst Du ja in Berlin hören[31] und besser als ich es Dir zu sagen vermöchte wirst Du es in meinem Bericht in der morgigen Tagwacht sehen, den ich unmittelbar unter dem Eindruck des Vortrages schrieb.[32] Er singt nicht und deklamiert nicht, er spricht. Eindringlich, natürlich, ohne Blender, ohne Aufdringlichkeit, innig und wahr. Ihn zu hören war mir Genuss und manche seiner Gedichte kamen mir von ihm vorgetragen so neu vor als hätte ich sie nie gelesen. Schluss des Vortrages! Brüstlein stellt mich ihm im Vorzimmer vor, – französisch. Ich gehe zunächst darauf ein, dann sage ich ihm dass ich ihn morgen besuchen werde.

«Aber nid z'früh, sunst bin ich no im Näst!» antwortet er und ich verschwinde, da er umlagert ist von allen möglichen Leuten die sich vorstellen lassen. Er benimmt sich als vollendeter Weltmann, graziös nach allen Seiten Liebenswürdigkeiten verschwendend – wie ein hochintelligenter Diplomat oder, – dafür sprach sein Aeusseres gestern Abend, wie ein feiner Bankdirektor.

Heute nun war ich bei ihm in Widmanns Bibliothek. Den Frack hatte er nun ausgezogen und war einfach herzlich. Fragte nach meinem Alter, meinem Studiengang, versprach mir, dass ich noch etwas leisten werde, erkundigte sich nach dem Eindruck, den ich von seinem Vortrag hatte und ich antwortete ihm von der Leber weg, vergass, dass ich den bewunderten Dichter des Prometheus vor mir hatte, freute mich an dem Menschen, der jedes Ceremoniell abgelegt hatte und sich gab wie er ist, – ein Prachtkerl! Als ich ihm sagte, wie angenehm ich von seinem Vortrag überrascht gewesen und ihm sagte, dass ihm der Ruf eines schlechten Vortragenden vorausgegangen sei, erwiederte er, das verdanke er den Deutschen, welche nicht begreifen, dass ein Gedicht nicht aufhört Gedicht zu sein, auch wenn man es natürlich vortrage. Wir sprachen auch von Dir, auf dem er grosse Stücke hält. Er trug mirs auf, Dir in seinem Namen recht viel Schönes zu sagen. Und dann kamen wir auf den Prometheus zu sprechen! Da hättest Du ihn sehen sollen! Die ganze Erbitterung kam noch einmal oben auf, – wir waren beide sehr bewegt, als er mir erzählte, auf welche Weise ihn die «Canaillen» (lies Rodenberg, Herz und Consorten[33]) behandelt hätten. Er

---

31 Am 16. 1. hat Fränkel Loosli mitgeteilt, Spitteler plane, am 8. 3. in Berlin einen Vortrag zu halten. Spitteler ist schliesslich nicht nach Berlin gefahren.
32 C. A. Loosli: *Vortrag Spitteler*, in: *Berner Tagwacht*, Nr. 27, 2. 2. 1908.
33 Stauffacher: *Spitteler*, S. 645, erwähnt, dass Spitteler um 1908 «vor allem in Berlin immer noch das ‹Dreigestirn› seiner alten Feinde – Julius Rodenberg, Wilhelm Hertz, Paul Heyse – am Werk zu sehen glaubte».

hätte schon damals einen Brief von Gottfried Keller besessen, den er nur hätte zu veröffentlichen brauchen um auf einen Schlag berühmt zu werden. Das wollte er nicht! Abwarten und am Leben bleiben, bis die Stunde schlägt! Die Alten, die waren zusammengesetzt aus so und soviel Prozent Heuchelei, Sentimentalität, Geschäftsrücksichten, u. s. w., das ganze mit einem Schäumchen von Idealismus angehaucht, – die konnten den rückhaltlosen Idealisten nicht brauchen. So ungefähr sagte er. Und als dann die Modernen kamen, da kamen auch die Anfrägelein, ob er auch mitmachen wollte, da habe der Dichter des Prometheus «nein» gesagt und da sei er eben auch von ihnen ignoriert worden! Aber er wusste dass seine Stunde schlagen werde. Weingartner[34] hat wie ein Held drein gehauen – und die Stunde wollte er erleben. Seine Vorträge? – Nun die hält er ob ihm das Publikum sympathisch sei oder nicht – sie müssen ihn hören. Er wird in Berlin nicht im Schweizerverein, sondern zu den Litteraten sprechen! Weingartner wird da sein und einige der unsrigen! Spitteler ist noch jung! – Wir sprachen von Nietzsche! Soeben sei seine Brochüre «meine Beziehungen zu Nietzsche»[35] herausgekommen, ausführlicher als die Artikel. «Sie hatten recht, Canaillen sind's – es gibt unter den Frauen mehr Männer (Thoni-Willisch)[36] als unter Männern und Widmann ist zu mild, ist gut und meint alle seiens, ist kein Menschenkenner, dreinhauen muss man!»

Mein Artikel über den Prometheus wird, so glaubt er, vom «März»[37] nicht angenommen. Man verzeiht ihm nicht, dass er vor Nietzsches Machwerk den Prometheus schrieb! Wer seinen Prometheus lieb hat, dem ist er ganz besonders Freund! – kurz, es war Spitteler der zu mir sprach. Lud mich ein ihn in Luzern zu besuchen, mit ihm zu korrespondieren, erlaubte mir ihm ein Exemplar meines «Bümpliz» zu widmen, – somme toute – der Dichter des Prometheus ist mein Freund geworden und das, mein lieber Fränkel danke ich Dir vor allem. Ich danke dir! – Und noch so Vieles danke ich Dir, das Du mir vermitteltest!

---

34 Felix Weingartner: *Carl Spitteler: Ein künstlerisches Erlebnis*, München: G. Müller, 1904.
35 Vgl. Anm. 17.
36 Antonie (Toni) Wilisch. Sie ist die von Spitteler als «Artemis» verehrte Freundin und vertritt 1907 im ersten Novemberheft des *Kunstwart* die These, nicht Spitteler habe Nietzsches *Zarathustra*, sondern Nietzsche habe Spittelers *Prometheus* plagiiert (Stauffacher: *Spitteler*, S. 626 und 890).
37 Der *März* ist eine «Halbmonatszeitschrift für deutsche Kultur», die zwischen 1907 und 1917 erscheint. Am 12. 3. 1908 wird Loosli an Fränkel schreiben: «Meinen ‹Prometheusartikel› habe ich vom *März* schön säuberlich verpackt wieder zurück gekriegt, mit der Begründung, er erwarte schon von anderer Seite einen Aufsatz über das Thema.»

Miller hat einen langen Brief geschrieben. Er ist böse auf mich. Und ich habe ihm geantwortet, streng sachlich, wenn auch nicht ohne Leidenschaft.[38] Ich erzählte Spitteler davon. «Ach, der ist auch ein Nietzscheaner!» Wie er das «Nietzscheaner» aussprach!

Ich freue mich darauf, dass Du ihn bald sehen wirst. Jetzt wo Du ihm mehr als ein Litteraturhistoriker bist, wirst Du ihn erst recht kennen lernen, den herrlichen, ganzen, wahrhaftigen Menschen. Ihr werdet Freunde sein, das freut mich!

Beiliegend seinen Brief! Sende ihn mir bald zurück mit der Deutung! Und Dank auch noch für Deinen Brief!

Rudeli[39] ist wieder da, – an einem Auge blind, muss sich in einigen Monaten noch einer Operation unterziehen, dann kommt die Brille!

Er lässt Dich grüssen und erinnert sich noch recht gut an Dich, Du seist «e liebe». Und wir andern auch recht herzlich.
Dein
Loosli

72. Loosli an Fränkel, Bümpliz, 14. Februar 1908

[...]

Uebrigens, – mein Spittelerartikel, welchen ich schrieb bevor ich wusste dass er nach Bern kommen würde hat mir nun plötzlich eine Stellung in Bern gesichert, über die Du lachen würdest wie ein Spitzbube. Die jungen Herren Dichter, welche mich bis jetzt immer als Bauern taxierten und ignorierten, – Du weisst wie weh mir das immer tat – haben zuerst nicht begreifen können, warum Spitteler mich besonders auszeichnete und noch weniger verstanden sie, dass wir durchaus offen miteinander sprechen, und dass ich ihm keine Schmeicheleien zu sagen brauche, – nun, jetzt umlagern sie mich, – ich bin plötzlich der Mittelpunkt, den sie fêtieren, – ich sage Dir es ist zum Kotzen lustig. Ich

---

38 Mit Datum vom 31. 1. 1908 schreibt Oscar Miller an Loosli – offenbar in Bezug auf dessen Spitteler-Artikel in der *Weltchronik* (vgl. Anm. 19) –, dessen Beitrag sei «eine Verunglimpfung Zarathustra's»: «Ist mir auch die Welt Zarathustra's aus der des Prometheus entstanden, so ist sie mir doch eine selbständige Welt + eine ganze Welt + der Prometheus ist mir auch eine ganze Welt + damit weiss ich, woran ich mit beiden bin.» Looslis Antwortbrief ist mit dem 2. 2. 1908 datiert. Millers Einschätzung der beiden Bücher widerspricht Loosli nicht, betont aber, ihm gehe es um «das Verhalten gegenüber Spitteler, welchem man seit einer langen Reihe von Jahren die Beleidigung der krassesten Ignorierung antat, ihn als Nietzscheaner hinstellte und sich der Lüge nicht entblödete, sein Prometheus sei ein Plagiat des Zarathustra.» (SLA-Loosli-Ms-B-Kq-621)

39 Rudolf Loosli.

wünschte nur Du hättest gestern abend dabei sein können, ich orakelte den
braven jungen Leuten und auch einigen alten das Blaue vom Himmel herunter
und hab mich über sie lustig gemacht, dass es nur so dröhnte, – sie habens
gefressen und waren entzückt, sogar als ich ihnen vorwarf ihre Lyrik leide an
Diabetis. Nächsten Sonntag werde ich von einem Rudel überfallen werden und
das einzige was mich dabei nicht freut, ist, dass Du nicht mit dabei sein und
Dich halb tot lachen kannst.
[...]

73. Fränkel an Loosli, Schmargendorf-Berlin, 25. Februar 1908
[...]
Was Deinen Plan Spitteler-Nietzsche betrifft, so gefällt er mir aus dem einen
Grunde nicht, weil ein richtiger Feldzug zu Sp's Gunsten den Eindruck machen
muss, als hätte Sp's Prometheus seine Berechtigung nur in dem Umstande, dass
Nietzsche ihn beim Zarath. genamst hat. Das ist ja gerade so, wie wenn die
Literarhistoriker alte Sachen ausgraben u. sie preisen, weil sie einen Einfluss
auf Goethes Faust hatten. Damit wird Nietzsche mehr genutzt als Spitteler.
Ich will nächstens mal in der Rundschau was Kurzes darüber schreiben (hof-
fentlich nimmt's Bie!),[40] wo ich mich auf den Standpunkt stellen werde, den
Sp. ausgesprochen hat in der «Zeit»: «Entlehnungen sind Huldigungen.»[41]
Das Wichtigste scheint mir dies: dass N. im Zarath. keine neuen Gedanken
vorbringt, die er nicht bereits in früheren Werken (vor allem «Jenseits» u.
«Genealogie») ausgesprochen. Als er Prom. las, war er bereits ein Fertiger (als
Philosoph), Prom. gab ihm nun den Mut, auch als Dichter aufzutreten.
[...]

80. Loosli an Fränkel, Bümpliz, 14. März 1908
[...]
So sehr ich mich einerseits wieder in meinem Elemente fühle (als Journalist)
so hat dies eben auch seine Schattenseiten, – ich komme mit den Gebildeten
wieder in Berührung und wir reden eine andere Sprache, verstehen uns nicht.
Ich gäbe die ganze Blase gerne hin, wenn es mir dafür vergönnt wäre mich
mit Dir ab und zu eine Stunde zu unterhalten, sehe ich doch je länger je mehr

---

40 Nicht nachgewiesen.
41 Fränkel paraphrasiert hier einen Satz aus Spittelers Aufsatz *Meine Beziehungen zu Nietzsche*:
«Anlehnungen, selbst Anleihen sind keine feindseligen Handlungen, im Gegenteil: stumme
Huldigungen.» (Vgl. Anm. 17, Fassung: *Die Zeit*)

ein, dass wir beide borstige Einsiedler sind, die zueinander passen, die jedoch klägliche Figuren spielen, sobald man uns in gute Gesellschaft bringt. Und dann der verfluchte Brechreiz über die litterarischen Gespräche. Spitteler schrieb mir, Deutschland hätte sich über Litteratur dumm geschwatzt, – ich wollte es schwatzte sich rasch tot darüber!
[…]

91. Loosli an Fränkel, Bümpliz, 28. Juni 1908
[…]

Du weisst, dass mir nichts ferner liegt, als zu kulturkämpfeln im Sinne der mumifizierten schweizerischen Liberalen. Aber sonderbar ist es doch: – seit dem ich wieder mehr politisch tätig bin und hauptsächlich mit der Arbeiterschaft zusammenkomme, fühle ich immer als Erzfeind, – das verruchte schleichende Gift der gottergebenen Seuche des Christentums. Himmelherrgott! Wo könnten wir bereits sein, was hätte man nicht schon alles erreichen können, ohne den Einfluss der lebensverneinenden paulinischen Lehre. Und das schlimmste an der ganzen Geschichte ist, dass sie auch denen die sich frei und modern wähnen anhaftet wie die Eierschale dem Kücken. Die ganze Schlappschwänzigkeit, das pitoyabelste se laisser faire, der erbärmlichste Sklavensinn kommen bei der leisesten Bewegung wieder zum Vorschein und es scheint als ob es keine Männer, ja nicht einmal mehr ehrliche Ochsen gebe, die man doch am Ende, wenn's auch nicht viel ist, zum Hornstossen abrichten könnte. Das ganze jämmerliche Gewinsel unserer modernen Schwächlinge aller Gattungen ist im Grunde nichts anderes als braves ehrliches Christentum, das sich nur ein anderes Mäntelchen umhängte, als die Kirche seine Blösse nicht mehr ganz zu decken vermochte. Pfui Teufel!

Also, mein Lieber, schreibe recht bald und komme recht bald, ich habe ein paar Lungen voll reine Luft nötig! Immer Dein
Loosli

92. Fränkel an Loosli, Schmargendorf-Berlin, 30. Juni 1908
Mein lieber Loosli,
ich will sofort Deinen Brief beantworten, um wenigstens teilweise nachzutragen, was ich seit Wochen, so oft ich was von Dir in der Tagwacht lese, tun will. Aber die Ungeduld, in der ich lebe, wird gerade nur für Depeschenstil ausreichen. Zu stark wühlt halt schon in mir die Sehnsucht nach Bümpliz: am

liebsten möchte ich mit Dir plaudern – u. wär' es sogar bei Schnaps! – statt zu schreiben.

[...]

Mit Spitteler-Briefen kann ich auch aufwarten, wenn ich nach Bümpliz komme. Ich erhielt neulich von ihm ausführliche Schreiben wegen der Bearbeitung des Olymp. Frühlings. Er legte mir Fragen vor über Punkte, bei denen er nicht schlüssig ist: ob er das fortlassen soll oder jenes u. s. w. Ich schrieb ihm nach ziemlich langer Besinnung eine ganze Abhandlung über die einzelnen Fragen (über 16 große Seiten!): ich war ganz ehrlich u. habe bewußt alles aufs Spiel gesetzt – fast alle Punkte hab' ich anders, in andrem Sinn beantwortet, als er erwartet hat. Ich glaube: er läßt sich jetzt, bei der Umarbeitung, durch Weingartners Urteile zu sehr beeinflussen, der doch ein Musiker ist (u. Du weißt, was ich von Nur-Musikern halte!). Da Spitteler sonst immer sofort antwortet u. nun schon einige Tage vergangen sind, seit er meinen Brief erhalten, so glaub' ich, er ist wohl unzufrieden mit dem Brief. Ich vermag eben auch Spitteler gegenüber noch Freidenker zu sein. Am liebsten wäre mir's, wenn ich direkt mit nächstem Zuge nach Luzern fahren könnte, denn ich habe die sichere Empfindung, daß ich recht habe, u. vielleicht hat ihn einiges verletzt, was, mündlich gesagt, bloß den Eindruck des Ehrlichen machen würde.

Mit Frau v. Stein[42] bin ich noch nicht fertig, u. da ich mich schämen würde, noch einmal den ganzen Plunder nach Bümpliz mitzuschleppen, so bleibe ich vorläufig noch hier, obwohl es mir, trotz der Anwesenheit meiner Schwester,[43] recht jämmerlich zu Mute ist. Ich hoffe aber bestimmt, gegen den 20. Juli abreisen zu können. Ich gehe diesmal über München (der Ausstellung wegen) u. lenke vielleicht gleich nach Luzern ab, ehe ich nach Bümpliz komme.

[...]

94. Loosli an Fränkel, Bümpliz, 11. Juli 1908

[...]

Dass Spitteler Dir eine offene Aussprache übel nehmen wird, glaube ich nicht. Er ist selbst ein zu ehrlicher und ganzer Mensch um einem andern übel zu nehmen, was ihm selbst zur Natur gehört. Daneben mögen abweichende Ansichten bestehen bleiben, – das schadet nichts. Ich bin mit ihm auch nicht überall einig geworden, wir haben uns gegenseitig unsere Meinung gesagt, und

---

42 *Goethe an Charlotte von Stein* 1.
43 Vermutlich Dora Bergmann-Fränkel.

damit basta. Er hat mich, ich habe ihn nicht überzeugt, und sind doch Freunde geblieben, oder vielleicht erst dadurch geworden. Und dann, wenn Du ihn nur sprechen wirst, so nimmt sich alles anders aus, weniger scharf und vielleicht auch weniger doktoral. Du darfst nicht vergessen, dass Dir nun einmal das Odium eines Literaturgelehrten anhaftet.

Die Hauptsache ist mir vorläufig, dass Du bald herkommst und wir einander wieder sehen und sprechen können – ich bin geladen wie eine Bombe. In zehn Tagen also! Apropos! Soll ich inzwischen für Dich auf die Zimmersuche gehn? Die famose Bude, welche Du letztes Jahr inne hattest ist nämlich nicht mehr frei, – der Sohn des Herrn Feller[44] ist inzwischen mit seiner Familie eingetroffen und bewohnt das Logis. Schreibe mir ob ich soll. Vielleicht bin ich dort glücklicher als mit der Frau – ich habe Dir nämlich bis heute mit dem besten Willen noch keine gefunden, welche Dir an Herz und Geist ebenbürtig und punkto Finanzen so überlegen wäre, dass ich von den Prozenten, welche ich selbstredend beanspruchen müsste ein sorgenfreies Dasein führen könnte. Wenn Du vielleicht zu Gunsten der letzten Eigenschaft auf die eine oder die andere oder beide ersten Verzicht leisten könntest, dann liesse sich eher etwas für Dich tun, aber Du bist so wunderlich!
[...]

103. Loosli an Fränkel, Bümpliz, 12. Dezember 1908

[...]

Was aber aus Dir wird ist mir unbegreiflich! Widmann sagte mir schon vor geraumer Weile, dass alle Schwierigkeiten in rebus Dozentur beseitigt seien, nur Du erscheinst nicht und lässest nicht von Dir hören. Hoffentlich hast Du doch zum mindesten Deine Habilitationsschriften eingereicht.[45] Die Sache ist, wenn dies geschah, auf guten Wegen.

---

44 Die Rede ist vermutlich vom Kaufmann und Unternehmer Adolf Feller-Richi, der nach längerem Auslandaufenthalt 1908 in die Schweiz zurückgekehrt ist. Loosli setzt der Familie Feller später in seinem Roman *Es starb ein Dorf* ein Denkmal: Adolf Feller-Richi trägt dort den Namen Emil Stalder.

45 Fränkels Habilitationsgesuch für «neuhochdeutsche Sprache und Litteratur» kommt an der Sitzung «der I. Abteilung» der Philosophischen Fakultät der Universität Bern am 14. 12. 1908 zur Behandlung und wird von den Professoren Maync, Vetter und Singer «empfohlen»: «Da aber keine der eingereichten Arbeiten als einer Habilitationsschrift gleichwertig angesehen werden kann, beschliesst die Fakultät, den Gesuchsteller einzuladen, eine besondere Habilitationsschrift einzureichen.» Diese wird an der Sitzung vom 5. 7. 1909 vorliegen und den Titel tragen: «Beiträge zur Kritik und Textgeschichte der Briefe Goethe's an Charlotte v. Stein»: «Prof. Maync referiert über Fränkel sehr günstig, er hebt seine Belesenheit hervor

[...]
Komme also noch vor Neujahr, wenn es irgendwie angeht, denn wir erwarten Dich alle hier mit grosser Sehnsucht. Warum, das brauche ich Dir nicht zu sagen, sonst wirst Du übermütig.
[...]

---

und bezeichnet seine Leistungen als streng wissenschaftlich.» Die Probevorlesung zum Thema «Goethe und Boccaccio» findet am 17. 7. statt. Am 20. 7. erteilt der Regierungsrat des Kantons Bern Fränkel die «venia dozendi» (sic) für «Neuere deutsche Literatur» (StABE, Protokolle der Philosophischen Fakultät der Universität Bern, BB 05.10.1707).

1909–1918

Fränkel und Loosli leben nun beide in Bümpliz. Man schreibt nicht, man redet. Kein Spiegel ist der Briefwechsel deshalb für Fränkels erste Jahre der Zusammenarbeit mit Spitteler und der Tätigkeit als Privatdozent an der Universität Bern, die er nach seiner Habilitation im November 1909 mit einer Antrittsvorlesung über Spitteler aufnimmt. Kein Spiegel ist er für Looslis Initiative zur Gründung des Schweizerischen Schriftstellervereins, für seinen «Gotthelfhandel» von 1913 und für die Arbeit als Sekretär der Gesellschaft Schweizerischer Maler und Bildhauer (GSMBA) unter dem Präsidenten Ferdinand Hodler. Weder dessen Tod am 19. Mai 1918 noch der Dissens zwischen Looslis positiver und Fränkels negativer Beurteilung von Spittelers berühmter Rede *Unser Schweizer Standpunkt* vom 14. Dezember 1914 werden brieflich erörtert. Erst nachdem Fränkel Ende Juni 1918 aus Bümpliz wegzieht, sich zuerst im Bauerndorf Tägertschi, Anfang November dann in Merligen am Thunersee ein Zimmer nimmt, wird der Briefwechsel wieder intensiver. In einem langen Brief hält Loosli seine Erinnerungen an den 1911 verstorbenen Joseph Viktor Widmann fest, über den Fränkel ein Buch schreibt.

108. Loosli an Fränkel, Bümpliz, 24. Februar 1909
Ueseren Gruoss zuvor! Und Du mögest uns chünnts en ze wissen tuon, gäb du Sinnes seyest mit üs ze Mittag ze essen hüttigen tags und so dem so wär, wasmassen du das Buoch von Murger[46] mitzebringen hättst und umb die zwölfe herumb ze kommen solle dir nachher chünnts gemacht werden.

Gegeben ze Pümblitz alls man zellt den vierundzwanzigsten Horneri im Jar des HERRN 1909.

C. A. Loosli

124. Fränkel an Loosli, Königswinter,[47] 2. April 1915
Mein lieber Loosli, ich danke Dir sehr für Deine Karte aus Luzern, über die ich mich natürlich sehr gefreut habe. Vielleicht erzählst Du mir etwas mehr darüber u. auch über das Zusammensein mit Spitteler? Ich bin sehr neugierig,

---
46 Gemeint sein könnte Henri Murger (1822–1861): *Aus dem Leben der Boheme*, Leipzig: Insel Verlag, 1906.
47 Fränkel ist Gast von Antonie und Hugo Wilisch, die in Königswinter bei Bonn leben.

wie sich Sp. Hodler gegenüber gegeben hat: wahrscheinlich ganz als Franzose, denn ihr werdet ja ausschließlich französisch gesprochen haben! Sag mir bitte, wenn Du dazu aufgelegt bist, welchen Eindruck Dir Hodlers Bild macht.

Ich wollte Dir übrigens, noch ehe Deine Karte kam, schreiben u. Dir allerhand von Avenarius[48] erzählen, das Dich interessieren dürfte. Er hat natürlich meinen Aufsatz nicht angenommen – doch das ist nicht so lustig wie der Brief, den er mir geschrieben, und die Randnotizen, mit denen er mein Manuskript begleitet hat. Warum er das Ding abgelehnt hat, ist ganz einfach: 1) sei er schon genug in Deutschland wegen Sp. angegriffen worden, 2) sei mein Artikel grundfalsch, denn er, Av., habe 500 Briefe aus der Schweiz bekommen, die ihm beweisen, daß die Deutsch-Schweizer nicht auf Sp's Seite stehen; ich kennte überhaupt nicht die Verhältnisse in der Schweiz, urteilte falsch usw. usw.

In seinem Briefe legt er mir für die Zukunft freundschaftlich nahe, mir die weit «über das Zutreffende hinausgehende Bewertung Spittelers» in der Parallele mit Goethe abzugewöhnen, sintemalen Goethe bekanntlich auch «ein höchst bedeutender *Denker*» gewesen sei, Sp. hingegen ... usw.[49]

[...]

---

48 Ferdinand Avenarius ist der Herausgeber der Broschüre *Unser Deutschtum und der Fall Spitteler* (München: Callwey, 1915), in der gehärnischte deutsche Reaktionen auf Spittelers Rede *Unser Schweizer Standpunkt* vom 14. 12. 1914 in Zürich dokumentiert sind.

49 Fränkels Essay ist schliesslich doch erschienen: Jonas Fränkel: *Betrachtungen zum «Fall Spitteler»*, in: *Wissen und Leben*, Jg. 15, 1914, S. 486–501. Fränkel redet zu einem deutschen Publikum und mit Sympathien für die deutsche Kriegspartei. An die Adresse des deutschen Feuilletons, das Spittelers Rede unisono scharf verurteilt hat, schreibt er, diese sei eine innerschweizerische Angelegenheit gewesen mit dem Zweck, den Graben zwischen Deutsch- und Westschweiz zuzuschütten, eine Angelegenheit, «die Nachbarn nichts anging». Im Übrigen: «Ob dies-, oder jenseits der schwarz-weiss-roten Grenze: es gibt heute nichts *Deutscheres* im ganzen Umkreis unserer Poesie als Spittelers *Olympischen Frühling*.» Dass Spitteler und Fränkel sich in der Einschätzung von Deutschland als Kriegspartei nicht einig gewesen sind, belegt Fränkels Postkarte vom 5. 10. 1915 aus Königswinter an Loosli: «Mein lieber Loosli, ich habe aus Luzern die Nachricht erhalten, daß Sp. morgen für 2–3 Wochen nach Genf und Lausanne verreist. Du kannst Dir denken, was ich dabei befürchte. Nun bitte ich Dich sehr, Du möchtest in der nächsten Zeit, sooft Du nach Bern gehst, auf die welsche Presse Dein Augenmerk richten und für mich beiseite legen, falls wieder Dummheiten passieren sollten. Sp. selber nämlich hat es sich scheints, seitdem er meine ‹deutsche Gesinnung› kennt, zum Grundsatz gemacht, mir nichts Politisches mehr mitzuteilen, was er selber oder was man über ihn drucken läßt.»

127. Loosli an Fränkel, Bümpliz, 7. April 1915

[...]

Und nun von Luzern! Spitteler war schon seit einigen Wochen von dem Vorhaben Hodlers unterrichtet, die Sache war längst ausgemacht, als Du mich immer noch hänseltest, ich bringe Hodler doch nicht dazu. Da habe ich mich gerächt, indem ich Spitteler versprechen liess, Dir kein Sterbenswörtlein zu verraten und Dich mit der vollendeten Tatsache zu überraschen.

Das Bild wird übrigens vorzüglich, Hodler hatte seinen guten Tag und hat in Spitteler instinktiv gesehen, was an ihm zu sehen ist, nämlich den über der Erde stehenden Olympier. Du wirst an dem Bild Deine helle Freude haben und nun, da etwas geheimnisst sein muss, will ich Dir verraten, welches des Bildes Bestimmung ist, von der Sp. vorderhand nichts wissen soll. Hodler wird es ihm nämlich zu seinem Geburtstag schenken und ich denke mir, dass ihn gerade dieses Geschenk für alles entschädigen wird, was ihm zugefügt wurde. Die Beiden haben sich sehr gut verstanden und wenn Du wieder einmal in Bümpliz bist, so will ich Dir davon erzählen. Dass ich übrigens bei dieser Gelegenheit auch einen tüchtigen Bildhauer auf Sp. losliess, der seine Büste macht, nämlich Heer, sei nur nebenbei erwähnt. Du irrst Dich, wenn Du meinst, Sp. habe sich als Franzose gegeben. Freilich sprachen wir meistens französisch oder dann bärndütsch, selbstverständlich sprachen wir über die Beziehungen die sich die Beiden durch ihre Aeusserungen geschaffen haben,[50] aber wenn ich etwas hätte wünschen mögen, so wäre es lediglich das gewesen, dass gerade die aufgebrachten Deutschen uns hätten zuhören können. Vielleicht hätten sie dann erfahren, dass die Beiden, die sie als ihre Totfeinde brandmarken, doch etwas mehr Respekt vor dem Deutschtum haben als sie selbst, die gerade durch ihre masslosen Angriffe die Achtung vor ihrer eigenen Kultur oft vermissen liessen.

Was Du mir von Avenarius schreibst hat mich eigentlich nicht verwundert. Man macht sich offenbar im Reiche keine richtige Vorstellung von dem was bei uns vorgeht und ich gebe zu, dass das für die Aussenstehenden gegenwärtig fast unmöglich ist. Hätte Avenarius Einsicht in die zahlreichen Zuschriften, die mir meine jüngste Flugschrift[51] Tag um Tag einträgt, aus Kreisen der Industrie,

---

50 Hodler hat den «Genfer Protest» mitunterschrieben gegen die Bombardierung der Kathedrale von Reims durch die deutsche Armee am 20. 9. 1914, «worauf sich ein unerhörter Entrüstungssturm in der deutschen Presse erhob». Spitteler hat Hodler in der Folge in der Deutschschweiz verteidigt und danach seine umstrittene Rede gehalten. (Loosli: *Erinnerungen an Carl Spitteler*, S. 67 f.)
51 Loosli: *Zukunftspflichten*.

der Politik, des Heeres und des Intellekts, er würde etwas weniger zuversichtlich sein. Du weisst ja, wie ich mich zu der Lage stelle, wenn ich Dir sage, dass ich gerade in der letzten Zeit sehr oft in die Lage komme, die Deutschen in Schutz zu nehmen und über jedes Mass hinaus gehende Beschuldigungen gegen sie in der deutschen Schweiz je länger je energischer zu entkräften, so mag Dir das eine Ahnung von dem Umschwunge geben, der sich in unserer öffentlichen Meinung bereits vollzogen hat. Geht man dann der Sache von Fall zu Fall auf den Grund, so ergibt sich, dass die Ursache des Umschwunges von Deutschland selbst ausging, von seiner, unsern neutralen Standpunkt direkt gefährdenden Propaganda.
[...]
Voraussichtlich fahre ich Ende dieser Woche neuerdings mit Hodler nach Luzern um das Bild zu vollenden, wir passen nur auf einen schönen Tag, denn das letzte Mal hatten wir nur Schnee und Regen.
[...]

145. Loosli an Fränkel, Bümpliz 5. Januar 1916
Mein lieber Fränkel,
Herzlichen Dank für Deine freundliche Karte und Glückwünsche, die ich von ganzem Herzen erwiedere. Was Du mir meldest war mir nicht neu, Frau Benteli hatte mir bereits gesagt, dass Deine Hoffnung enttäuscht wurde.[52] Ich frage mich nun allen Ernstes, ob es unter sotanen Umständen noch einen Sinn hat, dass Du Deine Vorlesungen fortsetzest, und ob es nicht für Dich vorteilhafter wäre, Du liessest Dich beurlauben. Denn schliesslich, – was Dir die Vorlesungen eintragen erschreibst Du Dir in der Zeit, die Du auf sie verwenden musst im schlimmsten Falle auch. Mehr als je hätte ich die grimme Lust, wieder zu politisieren, nur um für eine oder zwei Wahlperioden in den Grossrat zu kommen und den Hecht im Karpfenteich zu spielen. Und diesmal würde ich allen Ernstes die Abschaffung der Berner-Hochschule beantragen. So wie sie geleitet wird hat es wirklich keinen Sinn, sie mit teurem Gelde zu speisen. Die einzige Fakultät, die wirklich noch etwas taugt, ist die medizinische, alle

---

52 Fränkel hat im Brief vom 30. 12. 1915 erwähnt, «die Angelegenheit» – seine Beförderung zum Extraordinarius – sei «abschlägig beschieden worden». An der «Sitzung der I. Abteilung» der Philosophischen Fakultät der Universität Bern führt Professor Maync laut Protokoll aus, «dass er das Schreiben vorläufig mit dem Hinweis auf die grossen Bedenken beantwortete, im gegenwärtigen Moment der Regierung die Kreierung neuer Stellen und Ausgabeposten zu beantragen.» (StABE, Protokolle der Philosophischen Fakultät der Universität Bern, BB 05.10.1709)

andern sind (mit Ausnahme vielleicht noch der theologischen, die sich meiner Beurteilung entzieht) weder dem Staate, noch dem Volk, noch den Studierenden von eigentlichem Nutzen.

[...]

146. Loosli an Fränkel, Bümpliz, 11. März 1916
Mein lieber Fränkel,
Da, wie aus Deinen Mitteilungen der letzten Tage genugsam hervorgeht, Dir mein Zeugnis über das was ich von der Stellung unseres unvergesslichen J. V. Widmann zu Dir und Spitteler weiss vielleicht eines Tages von Nutzen sein wird, so will ich Dir gerne schriftlich niederlegen, was ich davon weiss.[53] Wie Dir bekannt ist, war meine Stellung zu Widmann lange Jahre durchaus keine herzliche, ja nicht einmal freundschaftliche. Das heisst, richtig gesprochen, wir standen überhaupt nicht zu einander. Als ich in Bern meine schriftstellerische Laufbahn begann, kannte ich Widmann nur vom Hörensagen und aus seinen Veröffentlichungen im Bund. Er galt, in den Kreisen, in denen ich damals verkehrte, als der bernische Literaturpapst schlechtweg, der für junge Autoren das gute oder schlechte Wetter mache. Man schilderte ihn mir als einen Mann, der sich dieser, seiner pontifikalen Stellung bewusst sei und sie ausnütze und gelegentlich missbrauche. Man sagte mir, dass er persönlichen Beeinflussungen äusserst zugänglich sei und riet mir sogar, wenn ich in Bern überhaupt als Schriftsteller vorwärtskommen wolle, mich mit ihm vor allem gut zu stellen. Der Freund, der mir diese Meinung von Widmann ganz im besonderen beibrachte, war der verstorbene Maler Emil Lauterburg, ein prächtiger Mensch, aber ein Dilettant auf verschiedenen literarischen Gebieten, der als solcher von Widmann zerzaust worden war und, wie ich erst später einsehen lernte, einen persönlichen Hass, oder wenigstens eine starke Abneigung gegen ihn hatte.

Ich war damals in einem ruppigen und namentlich respektlosen Alter und leicht zu beeinflussen. Die Abneigung Lauterburgs gegen Widmann übertrug sich in starkem Masse auf mich. Ich trotzte ihm und mein Stolz gebot mir, gerade, weil ich ihn den Literaturpapst, wie er mir geschildert worden war, glaubte, alles zu vermeiden, was mich mit ihm auch nur in persönliche Bezie-

---

53 Loosli bezieht sich vermutlich auf Mündliches, aus den «letzten Tagen» liegen keine Briefe vor. Sicher ist, dass sich Fränkel zurzeit intensiv mit Widmann beschäftigt (vgl. Jonas Fränkel: *Josef Viktor Widmann. Ein biografischer Versuch*, in: *Der Bund, Sonntagsblatt*, Nrn. 7–9, 19. 2., 26. 2. und 4. 3. 1916, sowie Sonderdruck der drei Teile: Bern: H. Jent & Cie. 1916; leicht redigiert nachgedruckt in Fränkel: *Widmann* 1, S. 27–52).

hungen hätte bringen können. Ich wollte ihm nicht nur nichts zu verdanken haben, sondern glaubte ihn zu ärgern, indem ich geflissentlich tat, als wisse ich überhaupt nichts von ihm. Das fiel mir umso leichter, als ich, ausser seinen Feuilletons, meines Erinnerns nie etwas von ihm gelesen hatte. Ich weiss nicht, ob Widmann damals überhaupt mehr als meinen Namen wusste und glaube es kaum. Später freilich, wie ich in der Folge von ihm erfuhr, kannte er mich auf Entfernung und war mir nicht gerade grün. Auch als wir später befreundet waren und er mir ein lieber, fördernder und selbstloser geistiger Berater und materieller Nothelfer geworden war, hat er sich mit gewissen Erscheinungsformen meines Wesens nie befreunden können und liess nie eine Gelegenheit vorbeigehen, ohne mir eins auszuwischen. Ich schreibe das alles nieder, um nicht nur Dir, sondern auch mir selbst ein Bild von meinen Beziehungen zu ihm festzuhalten, daher die Ausführlichkeit, die Du entschuldigen wirst, auch wenn sie für Dich kein besonderes Interesse hat. Was seine Abneigung gegen mich betrifft, so glaube ich sie heute zu verstehen. Ihn, den fein Gebildeten musste mein rauhbeiniges und nicht wenig selbstbewusstes Autodidaktentum stossen. Obwohl er menschlich meinen Mangel an Schulwissen begriff und entschuldigte, so ärgerte es ihn doch, zu sehen, wie ich über Fragen, die auch ihn bewegten in dem damals mir eigenen endgültig entscheidenden Stile schrieb. Er hat es nie unterlassen, mich auf meine Wissenslücken meistens ironisch, oft auch ein wenig aufgebracht hinzuweisen. Zum andern sah er später in mir viele Züge, die auch ihm eigen waren und ihn an mir, dem Jüngeren und Frecheren, damals missfielen. Doch, das alles greift meiner Erzählung vor. Das erste Werk das ich von ihm las, waren die beiden bei Reklam erschienenen Novellen, «Der Redacteur» und «Als Mädchen». Ich erinnere mich, dass ich damals namentlich die zweite bewunderte und – bald wieder vergass. Jedenfalls war der Eindruck dieser Lektüre nicht so gross gewesen, dass er meine innerliche Stellung zu ihm geändert hätte. Ich weiss nicht, ob meine Erinnerung mich täuscht, aber ich glaube, dass ich ihn von da an als Schriftsteller zu schätzen begann, ohne übrigens mehr von ihm zu lesen. Persönlich war er mir nach wie vor unsympathisch und meine Abneigung gegen ihn wurde durch den Umstand verstärkt, dass er damals die junge Bernerdichterschule, die Thiessing, Bloesch, Hodel, Behrens u. s. w. denen ich mich allen innerlich überlegen fühlte und die ich als Windbeutel betrachtete, ohne übrigens selbst noch etwas geleistet zu haben, in einer Weise unter seinen Schutz nahm, die meinen starken Widerwillen erregte. Ein anderer Grund meiner Abneigung lag in einem Feuilleton über Werke von Hodler, für den ich damals mit Leib und Seele focht. Ich habe das Feuilleton seither nicht gefunden und nie mehr gelesen, erinnere mich aber, dass es gut gemeint war, wenn auch sachlich falsch aufgebaut. Er wollte nämlich, das ist mir davon geblieben und ärgerte mich, in Hodler einen Cerebralisten sehen, und nannte ihn einen Buddhisten. Hätte ich damals seinen «Buddha» gekannt, so hätte ich wahrscheinlich verstanden, was er damit meinte, so aber erschien mir die Aeusserung entweder als ein schlechter Witz, oder eine Dummheit. Jedenfalls weiss ich, dass ich ihm jenes Feuilleton Jahre lang nachgetragen und mich gelegentlich darüber lustig gemacht habe. Ich erinnere mich auch, dass ich das Feuilleton Hodler vorlas, oder dass er es mir vorlas und dass wir zusammen weidlich darüber schimpften. Das ist mir darum so vorzüglich in Erinnerung geblieben, weil Hodler damals ziemlich zusammenhängend über seine Auffassung der Kunstkritik überhaupt sprach und was er damals sagte, ist der wesentliche Inhalt des Kapitels meines Hodlerbuches «Hodler und die Kritik» geworden.[54]

Das erste Mal, als mein Vorurteil gegen Widmann ernstlich erschüttert wurde, ist mir zeitlich nicht mehr in Erinnerung. Nur weiss ich, dass es durch Dich und zwar gleich am Anfang unserer Bekanntschaft geschah. Du sprachst von ihm als sein Freund und priesest seine prächtigen Eigenschaften, die ich später selbst in so reichem Masse kennen zu lernen Gelegenheit hatte, so herzlich, dass die Folge davon war, mich über das Thema Widmann überhaupt auszuschweigen.

In persönliche Beziehungen trat ich zu Widmann zum ersten Mal nach dem Erscheinen des «Heiligen und die Tiere». Ich schrieb ihm damals, wie Du weisst und er antwortete mir freundlich und lakonisch zugleich. Einige Zeit darauf wurde ich mit ihm persönlich bekannt. Das war an jenem Sommerabend, als er Dich in Bümpliz besuchte und wir den Abend zusammen verbrachten. Von da an hatte ich ihn lieb und wenn auch unser Verkehr noch kein freundschaftlicher war, so verkehrten wir doch freundlich zusammen. Im Spätherbst 1906 sandte ich ihm mein damals eben erschienenes «Bümpliz und die Welt» und er besprach das Ding gerecht und wohlwollend.[55] Von da an betraute er mich ab und zu mit kleinen Arbeiten für den «Bund», bald

---

54 Vgl. das Kapitel *Hodlers Stellung zur Kritik*, in: Loosli: *Hodler* 1, S. 204 ff. Hier findet sich die Schilderung eines Gesprächs zwischen Hodler und Loosli vom 15. 6. 1904 mit dem Einwand Looslis: «Was dir also klar und selbstverständlich scheint, braucht es darum noch lange nicht jedem zu sein, sonst hätte man aus dir wohl nicht sogar einen Buddhisten gemacht.» Das Feuilleton von Widmann ist nicht nachgewiesen.

55 *Der Bund*, Nr. 547, 20. 11. 1906. Unter anderem schrieb Widmann: «Man hat einen originellen Autodidakten vor sich, der seinen Stolz darein setzte, im Wirtshaus seiner Zeitung nur

waren es Kunstausstellungsberichte, die er, wie er sagte nicht selber schreiben mochte, weil er mit der Entwicklung der Modernen keine Fühlung habe, bald waren es Bücherbesprechungen, die etwa in eines meiner Gebiete einschlugen.

Eigentlich näher kamen wir uns aber dadurch nicht. Das geschah erst ein Jahr später, als ich, empört über die Würdigung, die R. M. Meyer in seiner Literaturgeschichte[56] Spitteler zu Teil werden lässt und äusserlich veranlasst über die freche Heraufbeschwörung der Prioritätsfrage Zarathustra-Prometheus durch Frau Elisabeth Förster-Nietzsche meinen Spitteler-Artikel losbrannte.[57] Ich hatte Widmann gebeten mich zu dokumentieren und er lud mich ein, ihn eines Abends zu besuchen. Das Thema Spitteler, das uns beiden teuer war, wurde an jenem Abend eingehend behandelt und als ich jenes Abends ordentlich spät auf den letzten Zug ging, da war mir bewusst, dass Widmann mein Freund geworden war. Von jenem Tage an traten wir in immer reger werdenden geistigen und freundschaftlichen Verkehr und Briefwechsel, der nur durch seinen Tod unterbrochen wurde. Ich habe mit ihm vielleicht im ganzen zwanzig Briefe gewechselt und wenn ich sie gelegentlich wieder vornehme, so ist eines daran auffallend, nämlich dass seine Briefe stets an Herzlichkeit, warmer, liebevoller Freundschaft zunehmen. Bis zum letzten Briefe, den ich von ihm erhielt und der ganz besonders herzlich und mir auch darum teuer ist, weil er mich gegenüber dem Vorgehen der Familie Bitzius in Schutz nimmt.[58]

Der Grund, warum unsere Korrespondenz nicht reichhaltiger ist, besteht darin, dass wir einander eben örtlich nahe waren und uns oft sahen. Meistens ging ich zu ihm auf die Redaction. Das geschah in der Regel nur, wenn ich ihn um etwas Besonderes zu bitten, oder ihm etwas Bestimmtes mitzuteilen hatte. Ich wusste ihn immer sehr beschäftigt und mochte ihn nicht ohne Not stören. Gewöhnlich dehnten sich dann die Besuche ziemlich aus. Namentlich in den

---

Eigengewächs zu wirten, obwohl natürlich auch im Eigengewächs Wasser des Himmels und Kraft des heimischen Nährbodens steckt.»

56 Richard Moritz Meyer: *Grundriss der neueren deutschen Literaturgeschichte*, Berlin: Georg Biondi, 1907.

57 Nietzsches Schwester polemisierte vor allem in ihrem Artikel *Nietzsche und die Kritik* (in: *Morgen*, 16. 11. 1907) gegen Spitteler und gleichzeitig gegen Widmann. Spitteler antwortete mit *Meine Beziehungen zu Nietzsche* (vgl. Anm. 17, vgl. dazu ferner Spitteler: *Werke* 10.2, S. 268–288). Zum Spitteler-Artikel, den Loosli «losbrannte», vgl. Anm. 19.

58 Loosli hat das Verdienst, Spiritus Rector der 40-bändigen Ausgabe von *Jeremias Gotthelfs Werken* im Rentsch-Verlag zu sein, die zwischen 1911 und 1977 erschienen ist. Im zuerst veröffentlichten Band 7, dem Roman *Geld und Geist*, zeichnet er noch als Mitherausgeber, wird aber danach von der Familie Bitzius, den Erben Gotthelfs (unterstützt insbesondere vom am Ende dieses Briefes erwähnten Ferdinand Vetter) zum Rücktritt gezwungen. (Loosli: *Werke* 4, S. 40–59)

letzten Jahren seines Lebens, sass ich oft ganze und anderthalbe Stunden lang mit ihm zusammen und sprachen über mancherlei. Die Gegenstände unserer Gespräche, insofern es nicht Tagesfragen waren, blieben sich immer die gleichen. Nämlich Spitteler, Du, und meine Verhältnisse und Wohlergehen, um die sich Widmann immer eingehend und herzlich wohlwollend informierte. Was ich aus dem Verkehr mit ihm gewonnen habe, an Einsicht, Wissen und namentlich was ich ihm gemütlich schulde, das kann ich nicht sagen und werde es ihm, so lange ich beim Bewusstsein bleiben werde, danken. Er hat mich in mancher Beziehung recht eigentlich erzogen und war mir gewissermassen ein geistiger Vater und einer der treusten, liebsten Freunde, die ich je besass.

Es liegen Gründe vor, Dir nicht in allen Einzelheiten zu erzählen, was wir gelegentlich zusammen gesprochen und ausgetragen haben. Wenn sich später jemand darum ernstlich interessieren sollte, so wird sich das, was etwa die Oeffentlichkeit angehen mag aus meinen Briefschaften ergeben. Das andere trage ich wie ein Vermächtnis in mir herum und will es ohne Not nicht preisgeben, einmal weil Vieles davon nur mich und ihn angeht, zum andern, weil damit einige Lebende betrübt werden könnten.

Wenn ich davon heute wenigstens in dem Punkte, der Dich besonders angeht eine Ausnahme mache, so geschieht es nur, um Dir ein Zeugnis in die Hand zu geben, das gegebenenfalls dazu dienen mag, die ungerechtfertigte Abneigung seiner Erben gegen Dich zu entkräften.

Wenn ich auch in meinem Briefwechsel nicht der Beweise genug hätte, wie herzlich er Dir zugetan war, so müsste die Erinnerung an unsere Gespräche all die Freundschaft in mir auffrischen, die er Dir stets bekundete. Noch das letzte Mal als ich ihn sah, es war im Herbstmonat 1911, also zwei Monate vor seinem Tode, als ich ihn in Gunten besuchte sprachen wir viel und lange von Dir. Ich hatte damals das unbestimmte Gefühl, dass Widmann von Todesahnungen befangen sei. Was er mir damals sagte, klang so von der Welt losgelöst, so wehmütig und eindringlich, dass ich das Wesentlichste daraus unter dem frischen Eindruck des über zwei Stunden dauernden Gespräches in mein Notizbuch einverleibte. Frau Widmann war, als ich ankam, schlafen gegangen und fühlte sich nicht ganz wohl. Wir machten einen langen Spaziergang dem See entlang und immer war nur von Spitteler, Dir und mir die Rede.

«Was macht Fränkel?» war auch damals, wie gewöhnlich eine seiner ersten Fragen. Wir kamen im Laufe des Gespräches immer und immer wieder auf Dich zu sprechen. Ich teile Dir, wie ich es mir damals notierte mit, was er mir

Wesentliches und Dich Betreffendes sagte, ohne natürlich die Zusammenhänge, in denen es gesagt worden war wieder aufzustellen:

«Sie beide tun einander gut und es freut mich, dass Sie Freunde sind. Fränkel ist ein gründlicher, feiner Mensch, ein Wissenschafter vor dem ich den grössten Respekt habe, weil er mit dem Herzen forscht. Und er weiss viel. Das kommt Ihnen zu Gute. Und ihm Ihre Art, die Welt und die Dinge von der fröhlichen und ulkigen Seite zu betrachten. Sie können in Bezug auf Ihre Freundschaft von Glück reden. Man gibt und man empfängt und jeder hat das Gefühl, dass nur er der Empfangende sei. So war's mit Spitteler und mir. Ich habe stets nur empfangen und was ich gab, das ist wenig genug, aber vielleicht doch genug, um Fränkel zu veranlassen, mir einen bescheidenen Platz in seinem Spittelerbuche zu gönnen. Das wäre mein schönster Lohn. Ich begehre unter keinem bessern Titel auf die Nachwelt zu kommen, denn als Freund Spittelers. Und diese Gerechtigkeit wird mir unser feinfühliger Freund wiederfahren lassen.»

«Sein Spittelerbuch möchte ich noch erleben. Fränkel wird tun, was ich nicht zu tun vermochte. Ich habe ihm jetzt alles vorbereitet. Er soll alle meine Papiere haben und wenn ich wieder zu Hause bin, so werde ich mich daran machen, alles zu ordnen und hervorzusuchen, was ihm dienen kann. Ich kann das alles in keine besseren Hände als in die Fränkels legen.» Und schalkhaft: «Schon darum, weil sie nicht in die Hände V. fallen dürfen.»[59]

Ich machte die Bemerkung, dass Du vielleicht einmal uns ein Buch über ihn selbst schenken würdest. Da meinte er gerührt:

«Das wäre zuviel Ehre und übrigens, Fränkel wird nicht dazu kommen. Der hat mit Spitteler noch lange Jahre zu tun und dort liegt sein Werk.»[60]

«Er soll alles von mir haben, ich kann mir keinen besseren Menschen wünschen, um ihm auch meine intimsten Sachen anzuvertrauen. Fränkel ist überhaupt der einzige Philologe, vor dem ich Respekt habe und den ich gleichzeitig lieben kann. Er ist gewissenhaft, gründlich und ein so lieber Mensch.»

«Sehen Sie, ich finde manchmal, dass es Ihnen an Geschmack gebricht. Lernen Sie von Fränkel. Ich verstehe Sie wohl! Sie schämen sich Ihres Feingefühls und Ihres Gemütes. Und dann machen Sie Clownsprünge, nur damit ja

---

59 Mit «V.» dürfte Widmanns Tochter Johanna Victoria Schäfer-Widmann gemeint sein. Widmanns Nachlass wurde 1932 mithilfe des Kantons Bern von der Schweizerischen Schillerstiftung erworben. Er wird in der Burgerbibliothek Bern aufbewahrt, deren Eigentum er seit 2020 ist.
60 Fränkel wird dieses Buch schreiben und 1919 veröffentlichen (Fränkel: *Widmann* 1).

niemand merke, dass Sie Herz haben. Ich kann das mitempfinden, aber, wenn Sie schreiben, so ist das ein Geschmacksfehler. Gerade da tut Ihnen Fränkel gut, lassen Sie sich von ihm beraten, er kann das und hat mich in Dingen des Geschmackes oft treffend beraten.»

«Ich denke in der letzten Zeit oft daran, mich vom Bund zurückzuziehen und wünschte Sie zu meinem Nachfolger zu haben. Aber Sie müssen sich noch bessern. Das Amt, das ich Ihnen überlassen möchte ist verantwortungsvoll und verlangt mehr als nur Talent. Sie haben Ihren Schulsack mit allem Möglichen vollgepackt und auf dem Lebensweg, der sehr bewegt war, alles was Sie interessierte hineingepfropft. Nun sollte das gesichtet werden. Ich will mich diesen Winter um Sie bemühen beim Bund; aber das müssen Sie mir versprechen, – wenn Sie mein Nachfolger werden, so gehen Sie bei Fränkel fleissig in die Schule und dann lassen Sie ihm das Wort, so oft er im Bund etwas sagen möchte. Auch aus materiellen Gründen und dann, Fränkel wird am Bund immer Ihr bester und klügster Mitarbeiter sein.»

«Sie müssen sich einmal entscheiden, was Sie wollen. Wollen Sie Journalist sein, oder Schriftsteller? Das muss Ihnen klar werden, dass Beides zusammen nicht geht. Der eine Beruf frisst den andern auf.» Und komisch drohend: «Wissen Sie, die Schweiz hat gerade genug an *einem* Widmann!»

«Es ist mir eine Beruhigung, dass Fränkel meinen Nachlass ordnen wird. Er wird all das, was die Welt nichts angeht unterdrücken und das worauf es ankommt, nämlich Spitteler und mein Verhältnis zu ihm besser, als irgend jemand würdigen.»

«Ich habe ihm bisher alles gegeben, was sich gerade so fand, aber ich weiss, dass er schliesslich auch mit seinem Verleger rechnen muss und dass sein Spittelerbuch doch nicht allzulang auf sich warten lassen darf. Nun soll er alles haben. Das wird meine erste Arbeit in Bern sein.»

Ich erzählte ihm von den jüngsten Schwierigkeiten, die Du damals mit Diederichs hattest.

«Ich habe Diederichs geschrieben und ihm klar zu machen versucht, wen er an Fränkel hat. Er soll ihn gut behandeln, denn er hat's auch um ihn verdient.»

Auf unserm Rückweg gesellte sich Frau Widmann zu uns. Sie war uns entgegengekommen. Widmann sagte:

«Ich habe eben unserm Freund Loosli gesagt, dass ich nun alles, was ich habe zusammensuchen und Fränkel geben will. Es ist mir fast wie eine Beruhigung, wenn ich erst wissen werde, dass er all die Sachen hat.»

«Loosli meinte, Fränkel würde vielleicht auch einmal ein Widmannbuch schreiben. Ich denke nicht dass er dazu kommen wird, weil ihn Spitteler zu sehr beschäftigt.» Und nach einer Weile:

«Aber, wenn es ihm je einfallen sollte, dann wird er alles haben, was er dazu braucht.» Der Ton in dem er das sagte, liess mich verstehen, dass er es eigentlich wünschte und nur aus Bescheidenheit den Wunsch nicht laut werden liess.

Ich habe Widmann seit jenem Nachmittage nie mehr gesehen. Als er wieder in Bern war, wusste ich ihn sehr beschäftigt und oft nicht ganz wohl, so dass ich ihn nicht stören mochte und am Abend, als wir gerade im neu gebildeten Widmannkomité zusammensassen, um eine Ehrung zu seinem siebzigsten Geburtstage zu beraten, überraschte uns die Kunde seines Todes.

Ich habe in jener Nacht seine Briefschaften hervorgeholt und unsern Briefwechsel von der ersten bis zu der letzten Zeile nachgelesen. An seinem Begräbnis war ich nicht, weil ich nicht mit Vetter zusammentreffen wollte und weil ich wahrscheinlich an seinem Grabe geheult hätte, wie ein Schlosshund im Mondschein.

Dein
C. A. Loosli

155. Loosli an Fränkel, Bümpliz, 7. Januar 1917

Mein lieber Fränkel,

Ich mag nicht warten bis ich Dich wieder sehe um Dir den Eindruck, den mir Deine Kritik über Ermattingers Kellerbücher machte,[61] mitzuteilen. Was zunächst die äussere Form anbetrifft, so bin ich gottefroh, dass sie vornehm und mässig ist. Gerade weil der Inhalt so ganz anders, so unsäglich vernichtend ist, halte ich es für vorzüglich, dass Du Deine Worte genau gewählt und Deiner, nun auch mir begreiflichen Entrüstung nicht den herben Ausdruck verliehest, der an sich wohl gerechtfertigt gewesen wäre, aber doch den Eindruck persönlicher Abneigung gegen E. bei Dritten hätte erwecken mögen.

Was nun den Inhalt anbetrifft, so sagte ich schon, – ich finde ihn für einen Hochschullehrer einfach vernichtend. Wenn solche Leute an unsern Hochschulen lehren, dann hol der Teufel die ganze Wissenschaft, dann ist's um jeden Rappen, der für ihre Lehren ausgegeben wird, jammerschade. Ich bin wahrhaftig kein grosser Wissenschafter vor dem Herrn und bilde mir auch nicht ein, irgendwo als Gelehrter gelten zu können, aber das muss ich schon

---

61 Jonas Fränkel: *E. Ermattinger: Gottfried Kellers Leben, Briefe und Tagebücher*, in: *Göttingische gelehrte Anzeigen*, Nr. 12, 1916, S. 681–706.

sagen, solche Sünden wie Du sie E. sozusagen von Seite zu Seite nachweisest, die wären mir, Banausen, nicht passiert. Ich glaube, dass man Dir einst dafür danken wird, ein solch oberflächliches Machwerk so unbarmherzig gerichtet zu haben, denn solche Werke sind es, die ganz besonders dazu angebracht sind, die Philologie in den Verruf wissenschaftlich sich gebärdenden Hanswurstentums zu bringen. Solche Wissenschaft verdient nichts besseres als Spott und Ablehnung. Beim Lesen Deiner Ausführungen habe ich meinen Schwur, nie mehr ein philologisches Werk zu lesen, es sei denn, dass ich gewichtige Gründe habe, dem Verfasser blindlings zu vertrauen, feierlich erneuert.
[...]

165. Loosli an Fränkel, London, Waldhof Hotel Aldwych W. C. 2, 24. September 1917[62]

Mein lieber Fränkel,

Es ist gerade 9.40 Uhr engl. Zeit und ich habe eine interessante Stunde erlebt. Die deutschen Flieger haben uns mit einem Besuch beehrt und eine Weile ging es ziemlich lebhaft her. Bomben platzten, dann setzte das Geschützfeuer ein und morgen werden wir lesen, dass die deutschen Kulturträger einige harmlose Zivilisten zur Strecke gebracht haben werden. Da wir nahe an der Themse sind, so hat man uns im Besonderen beglückt. Soeben bringt mir ein Boy einen Splitter, der vor unserm Hotel auf die Strasse und glücklicherweise nicht auf meine Nase fiel, – ich bin überzeugt, dass sie es nicht ausgehalten hätte. Jetzt ist wieder Ruhe, aber es ist zu erwarten, dass der Teufel in einer oder zwei Stunden wieder losgeht. Wie soll ich, der ich morgen frisch sein und reisen muss, dabei schlafen? – Merkwürdig übrigens, wie gelassen die Leute die Überraschung entgegennehmen. Etwa wie ein Gewitter. Hätten die Deutschen eine Ahnung von dem seelischen Ergebnis, das von diesen Angriffen gezeitigt wird, ich glaube, sie würden sie bleiben lassen. Man schliesst nämlich daraus: – Eine Bande, die den Krieg so führt muss bis zur Vernichtung bekämpft werden! Und geht im Übrigen seines Weges. Der

[Die folgenden sechseinhalb Zeilen sind von der Zensur mit weisser Farbe unleserlich gemacht worden.]

---

62 Dies ist einer der wenigen handschriftlich verfassten Briefe Looslis in der Sammlung. Fränkel hat den Brief samt Umschlag archiviert. Auf dessen Rückseite ist der Vermerk aufgeklebt: «Opened by Censor.»

Selbstredend sehe ich alle Tage des Neuen und Bemerkenswerten die Fülle. So gestern Dulwich, heute die National-Gallery, morgen bis Samstag bin ich in Sheffield, Glasgow u. s. f. um Militärspitäler, Fliegerschulen, Gefangenenlager, die Flotte u. s. w. zu besichtigen. Herr Urian ...[63]

Leb wohl mein Freund, wenn mich die Deutschen heute Nacht nicht umbringen hörst Du bald wieder etwas von mir. Bis dahin bin ich Dein alter
C. A. Loosli

167. Fränkel an Loosli, Bümpliz, 6. Oktober 1917

Mein lieber Loosli,

ich freue mich, daß Du hoffentlich morgen, wenn diese Zeilen nach Genf kommen, bereits wieder auf Schweizerboden und bei Hodler bist und daß man Dich wohl bald wiedersehen kann.

Für Deine Grüße aus London danke ich Dir sehr; sie kamen ganz merkwürdig: der letztgeschriebene zuerst (schon nach 4 Tagen), die früheste Karte zuletzt, nach zwei Wochen.

Ich freue mich sehr auf alles, was Du zu erzählen haben wirst. Von mir das Wichtigste hat Dir ja bereits Deine Frau berichtet: daß ich nun anständig honorierter u. «sehr geschätzter» Mitarbeiter der N Zürcher Ztg bin. Zwar fürchtete ich, ich würde gleich mit meinem ersten Manuskript Trog u. Korrodi vor den Kopf stoßen, der Artikel ist aber heute erschienen (sehr rasch!), ohne daß auch nur ein Tüpferl über i geändert wurde.[64] Und doch wird er den Zürchern ein Ärgerniß sein: denn was ich gegen die Goethe-Philologie auf dem Herzen habe, ist darin gesagt, und was mir Spitteler ist, ebenfalls – also fast wie ein Programm ist dieses erste Feuilleton in der Zürcher Ztg. Wenn ich *damit* durchgekommen bin, so habe ich für die Zukunft gute Hoffnung.

Nun schaue ich mich bereits nach einer Wohnung in Zürich um – aber lieber wäre mir natürlich schon, mich nicht vollständig auf das glatte Zeitungspflaster zu begeben. Eine Genfer Professur wäre mir schon lieber als das Rezensieren für die Züricher. Meinst Du, daß Du jetzt in Genf etwas unternehmen kannst?
[...]

---

63 Das Gedicht *Urians Reise um die Welt* von Matthias Claudius beginnt so: «Wenn jemand eine Reise tut, / So kann er was verzählen». Zur Englandreise vgl. Loosli: *Was ich in England sah*.
64 Jonas Fränkel: *Das Goethe-Jahrbuch*, in: NZZ, Nr. 1859, 6. 10. 1917.

168. Fränkel an Loosli, Bümpliz 15. November 1917
An C. A. Loosli & Co. Verlag[65]
Bezugnehmend auf unsere mündliche Besprechung, teile ich Ihnen mit, dass ich, vorausgesetzt dass die Verhandlungen, die die Wiener Verlagsfirma mit mir wegen Veranstaltung einer grossen Gottfried Keller-Ausgabe angeknüpft hat, zu keinem Resultat führen sollten, bereit bin, Ihnen vor andern Verlegern, die sich sowohl für die Ausgabe als auch für mein Keller-Buch interessieren, den Vorzug zu geben.

Es würde sich dabei um eine kritische Ausgabe der gesammten Werke, des Nachlasses und der Briefe, zusammen in 19 Bänden zu durchschnittlich 20 Bogen, handeln. Hiezu käme als Supplement mein Buch über Keller (Vorlesungen, gehalten an der Universität Bern), das sich im Umfang an die übrigen Bände anschliessen würde. Als Gesamthonorar käme für die zwanzig Bände und für die erste Auflage von 2000 Exemplaren die Summe von 20 000 (zwanzigtausend) Franken in Betracht. Für die weiteren Auflagen würde sich das Honorar nach dem Verkaufspreis richten, und zwar: für die 19 Bände der Ausgabe 5 % vom Verkaufspreise, für das Buch 15 % vom Verkaufspreise. Sollte eine Luxusausgabe veranstaltet werden, so wäre ich daran von Anfang an mit 5 % vom Verkaufspreise beteiligt.

Ich würde dafür besorgt sein, dass das Buch zu Kellers 100. Geburtstag zu Herbst 1919, die Ausgabe zu Weihnachten 1920 erscheinen könnte.
Hochachtungsvoll
Dr Jonas Fränkel

190. Fränkel an Loosli, Merligen, 11. November 1918
Mein Lieber, ich weiß zwar nicht, ob Du diese Karte morgen erhalten wirst. Wenn ja, so will sie Dich bitten, mir, sooft es Dir nur irgendmöglich ist, in den nächsten Tagen die *Tagwacht* zu senden, die wohl das einzige Blatt sein wird, dessen Erscheinen nicht eingestellt wird.[66] Ich war soeben in Gunten, um den «Bund» zu lesen, denn die Zürcher Ztg. erscheint seit Samstag nicht mehr. Du kannst Dir denken, in welcher Aufregung man sich befindet, wenn man

---

65 Fränkels mit Schreibmaschine verfasster Brief soll offenbar seine Verhandlungsposition gegenüber dem Kunstverlag Anton Schroll & Co. in Wien stärken. Dort wird Fränkel ab 1921 die Ausgabe Keller: SW (Schroll) herausgeben (vgl. auch Fränkel: *Die Keller-Ausgabe*, S. 22 f.). Ab 1939 werden Fränkel und Loosli im Briefwechsel offensichtlich für Dritte Geschriebenes verschiedentlich als «ostensibel» bezeichnen.
66 Vom 12. bis 14. 11. 1918 findet in der Schweiz der Landesgeneralstreik statt.

in einer solchen Zeit fern von den Ereignissen ist u. wenn man dazu, wie ich, keinen Kontakt mit den Nebenmenschen hat. Also laß mir bitte Nachrichten zugehen (über die Schweizer u. über deutsche Ereignisse); Mittel und Wege hiezu wirst Du hoffentlich finden.

Leb wohl, mein Lieber, u. laß Dirs mit den Deinigen gut ergehen.

Herzlich Dein Fränkel

194. Loosli an Fränkel, Bümpliz, 2. Dezember 1918

[...]

Ich hätte Dir eher gedankt und geschrieben, aber die verdammte Grippe[67] hat mich so her genommen, dass ich, obwohl seit annähernd vierzehn Tagen wieder aus dem Bett, einfach unfähig, auch zur geringsten Anstrengung war. Ich war nicht nur körperlich, sondern auch geistig auf dem Hund, in einer Weise, dass wenn mir jemand vorgeschlagen hätte, mich totzuschlagen, ich es angenommen hätte, nur um meiner selbst los zu werden. Nun habe ich mich mit Emserwasser und dem Lesen von Voltaire zwar noch nicht vollkommen kuriert, aber doch wieder auf den Weg der Besserung gebracht, so dass ich hoffe, in einigen Tagen wieder vollständig arbeitsfähig zu sein.

Meine Leute sind auch wieder munter, mit Ausnahme einer Schwägerin und ihres Jungen, die ich, weil man niemand zur Pflege aufbringen konnte, zu mir genommen habe. Der Teufel soll diese verwünschte Krankheit holen, von der ich gar nicht angenommen hatte, dass sie einen so hernähme.

[...]

Du hast übrigens sehr wohl getan, Bümpliz diesen Winter zu meiden. Das Militär, das uns der Landesstreik eintrug, hat die fast erloschene Grippe wieder neu und heftig entfacht, so dass fast in allen Häusern Kranke und in vielen Tote lagen.

Da wir selbst krank waren kannst Du Dir wohl denken, dass die Landes- und Weltereignisse mich weniger aufrüttelten, als es unter andern Umständen der Fall gewesen wäre. Erst jetzt beginne ich mich wieder einigermassen auf sie zu besinnen und offen gestanden, ich glaube ob der Versäumnis nicht viel verloren zu haben, denn in der Schweiz sehe ich die gleiche Sauerei und Wurstelei nach wie vor, vergiftet und verstärkt durch einen blödsinnigen, von aussen hinein getragenen Klassenhass und im Reich draussen kommt mir der Abgang

---

67 Die sogenannte spanische Grippe fordert weltweit bedeutend mehr Opfer als der am 11. 11. 1918 zu Ende gegangene Erste Weltkrieg.

der Hohenzollern so erbärmlich und die angeblich neuen Männer den alten so ähnlich vor, dass ich wirklich keine Lust habe mich mit ihnen zu befassen und ihnen höchstens allesamt tüchtige Prügel und dem deutschen Michel den endgültigen Verlust seiner Schlafmütze wünsche.

[...]

195. Fränkel an Loosli, Merligen, 3. Dezember 1918
Mein lieber Loosli,
besten Dank für Deinen Brief. Ich freue mich, Dich endlich wieder obenauf zu wissen, denn ich hatte mich in den letzten Tagen ordentlich um Dich gesorgt, nachdem Deine Frau meine Anfragen unbeantwortet gelassen; gerade vorgestern hatte ich an Benteli geschrieben u. ihn ersucht, mir doch über Dein Befinden zu berichten.

Die Grippe herrscht auch hier gerade so wie in Bümpliz. In dem Chalet, in dem ich wohne, bin ich der einzige, der noch nicht grippekrank ist; mein Bauer, seine Frau u. die Kinder liegen alle krank, d. h. letztere sind inzwischen schon auf, aber die Bauersleute sind krank u. haben sogar Lungenentzündung. Ich komme ja mit den Leuten nicht in Berührung – hoffentlich bleibe ich also verschont, denn den Luxus, krank zu werden, darf ich mir gegenwärtig nicht leisten.

[...]

1919–1921

Abgesehen von seinen Berliner Jahren (1904–1909), lebt Fränkel seit dem Wegzug aus Wien 1899 in der Region Bern. Im Frühjahr 1919 lässt er sich in der Stadt Bern einbürgern. Im Herbst bewirbt er sich für die ordentliche Professur für deutsche Literatur an der Universität Genf, die endlich eine existenzsichernde Anstellung brächte. Fränkel erörtert mit Loosli die Möglichkeiten, mithilfe Spittelers die Wahl gegen Gottfried Bohnenblust zu gewinnen. Der gebürtige Schweizer wird aber in Genf dem eingebürgerten vorgezogen. Im Frühjahr 1921 befördert man Fränkel an der Universität Bern immerhin zum Extraordinarius, eine Anstellung, die schlecht bezahlt ist und kein Prüfungsrecht beeinhaltet. Im Herbst 1921 beginnt das Erscheinen von Looslis vierbändiger Monografie *Ferdinand Hodler. Leben. Werk. Nachlass*. Fränkel unterzieht den ersten Band einer freundschaftlichen Kritik.

225. Fränkel an Loosli, Zürich, 23. Juli 1919
Mein lieber Loosli,
ich bin seit einer Woche in Zürich u. reise morgen mit meinen Königswinterer Freunden in die Graubündner Berge.
[...]
Hier sagte mir Korrodi, der neulich bei der Genfer Keller-Feier den Festvortrag hielt,[68] daß man sich dort für mich interessiere[69] u. ihn über mich befragt habe. Neben mir kommt allerdings Bohnenblust in Betracht. Nun, ich will in aller Ruhe den Entscheid abwarten.
[...]

239. Fränkel an Loosli, Merligen, 17. Dezember 1919
Mein Lieber,
hier die Antwort von Malche,[70] die soeben kam. Mir ist so traurig zu Mute, daß

---

68 Am 26. 6. 1919 hält Eduard Korrodi in der Aula der Universität Genf einen Vortrag zum 100. Geburtstag Gottfried Kellers.
69 An der Universität Genf ist der Lehrstuhl für deutsche Sprache und Literatur vakant.
70 Albert Malche schrieb Fränkel am 15. 12. 1919 einen vierseitigen Brief. Er teilt seinem «cher collègue» mit schonenden Worten mit, dass die zuständige Kommission der Faculté des Lettres der Universität Genf dem Regierungsrat Gottfried Bohnenblust zur Wahl auf den Lehrstuhl für deutsche Sprache und Literatur vorgeschlagen habe. Als Gründe für den Entscheid nennt Malche: «On a voulu faire plaisir à de nombreux collègues de la suisse-allemande.

man sich am liebsten begraben lassen möchte. Da setzt man seine ganze Kraft seit 10 Jahren in den Dienst der Schweizer Litteratur – u. im entscheidenden Moment wird einem vorgehalten, man sei kein Schweizer.

Was ich nun anfangen werde, weiß ich nicht. Es war der letzte Hoffnungsanker.

[...]

Nachmittag. Ich habe mich inzwischen zusammengerafft u. den Brief von Malche an Spitteler expreß gesandt. Inhalt des Briefes kurz: Bohnenblust ist von der Kommission, der auch Malche u. Sigg angehörten, der Regierung vorgeschlagen worden, letzte Woche.

Die Regierung wird, schreibt M., die Wahl zweifellos bestätigen.

[...]

241. Fränkel an Loosli, Merligen, 21. Dezember 1919
Mein lieber Loosli,
habe herzlichen Dank für Deinen lieben Brief, der mir in diesen dunklen Tagen ein wahrer Trost war. Ich habe niemals an Deiner treuen Freundschaft gezweifelt und weiß nur zu gut, daß Du alles, was in Deinen Kräften war, tatest, damit die Wahl auf mich fiele.

Was nun mit mir werden wird, weiß ich noch nicht. Nach dieser Erfahrung hab ich auch in bezug auf Lausanne und Neuchâtel, wenn diese beiden Uni-

---

On espère avoir là un homme qui sera un lien entre les confédérés des deux langues. On a, enfin, récompensé le talent littéraire et les travaux scientifiques qui le recommandaient. Cette désignation a certainement un caractère universitaire, mais elle a aussi un caractère national.» Später bemerkt Malche noch: «Ce qui vous a empêché d'être nommé, c'est, à mon avis, non point une infériorité dans votre œuvre ou votre esprit, mais le fait que votre légère dureté d'ouïe pourrait vous gêner dans votre enseignement, que vous n'étiez pas encore Suisse au moment de votre inscription et que vous ne possédez pas couramment le français.» (SLA-Fraenkel-[noch ohne Signatur]) Einen Einblick in das Genfer Evaluationsverfahren gibt auch ein undatiertes, handschriftliches Dokument aus dem Nachlass von Charles Bally, das überschrieben ist mit «Chaire d'allemand – Rapport sur les candidats» (Bibliothèque de Genève, Manuscrits et Archives privées, Papiers Charles Bally, Ms.fr. 5022/7.A). Die Publikationen der drei Kandidaten – Gottfried Bohnenblust, Jonas Fränkel und Max Nussberger – werden einander, unterteilt in verschiedene Kategorien, gegenübergestellt. Dass dabei auch die Publikationen, die über die Germanistik hinausgehen, in Betracht gezogen werden, gibt den Ausschlag für Bohnenblust, der eigene Gedichte veröffentlicht und im Rahmen seiner Aktivitäten in der Helvetischen Gesellschaft sich auch zu staatspolitischen Fragen geäussert hat. Die Schlussfolgerung lautet: «C'est par l'originalité de la pensée q[ue] Bohnenblust dépasse les 2 autres.» Dass das Argument der Schweizer Herkunft – am Anfang wird nur festgehalten, wo die drei Kandidaten geboren sind – von Bally nicht ins Spiel gebracht wird, heisst nicht, dass es in der mündlichen Diskussion keine Rolle gespielt hat.

versitäten einmal an die Reihe kommen sollten, keine Hoffnung. Es wird sich immer einer finden, der von Geburt Schweizer ist, vorzüglich hört u. ebenso wenig wissenschaftlich geleistet hat wie Bohnenblust – u. der wird dann totsicher vorgezogen werden. Ich werde jedenfalls nie wieder auch nur einen Finger rühren in solchen Fällen.

Wie gesagt: was ich nun anfangen werde, weiß ich noch nicht. Frau W.[71] rät mir sehr, nach Deutschland zu ziehen. Daß der Gedanke keinen sonderlichen Sympathien bei mir begegnet, wirst Du begreifen. Andererseits aber: die 1000 Frs, die ich in Bern habe, genügen gegenwärtig weder zum Leben noch zum Sterben. Also *muß* ich, wenn ich leben soll, irgendeinen gründlichen Entschluß fassen.

[…]

Ich habe bei dieser Gelegenheit erfahren, daß es auch da nicht ohne Intrigen zugegangen ist. Bohnenblust hat Spitteler gegenüber versprochen, seine Kandidatur in Genf nicht aufzustellen, um mir nicht in den Weg zu treten. Nun hat ers doch getan!

[…]

242. Fränkel an Loosli, Merligen, 22. Dezember 1919

Mein lieber Loosli,

nach Abgang meines gestern geschriebenen Briefes, der gleichzeitig mit diesem ankommen wird, kommt Frau W. zu mir u. meint, es gebe noch *eine* Rettung und die könnte von Dir ausgehen: nämlich wenn Du die Freundlichkeit hättest, an die Genfer Regierung zu schreiben in dem Sinne etwa, Du hättest vernommen, daß die Kommission sich auf die Seite von Bohnenblust geneigt habe, Du könnest es aber nicht glauben, daß die Regierung u. der Staat Genf Spittelers Wunsch mißachten würden u. die Absicht hätten ihn damit zu kränken. Ob denn der Regierung das Urteil Sp's über mich, das er der Fakultät übermittelt habe, unbekannt sei? (Es *wird* ihr unbekannt sein – aber sie kann es ja vom Dekan einfordern). Die Regierung werde doch wohl Deine Meinung teilen, daß, wo es sich um deutsche Literatur handle, *keine Kommission in der ganzen Schweiz* kompetenter sei als Spittelers Urteil. Du kannst ja auch erwähnen, wie widersinnig es sei, wenn man mir vorhalte, ich sei kein *geborener* Schweizer, wenn Männer wie Du und Spitteler, die wahrhaftig keine Freunde der geistigen Überfremdung der Schweiz seien, sich auf meine Seite stellen. Widmann u.

---

71 Antonie Wilisch ist mit ihrer Tochter Erika, Fränkels Verlobter, zurzeit in Merligen zu Gast.

Spitteler hätten ihre Manuskripte u. biographischen Materialien nicht Herrn Bohnenblust u. auch keinem unter den von Geburt Schweizerischen Literarhistorikern anvertraut, sondern *mir* u. die im höchsten Sinne *nationale* Aufgabe einer großen Spitteler-Biographie auf *meine* Schultern gelegt.
[…]

243. Loosli an Fränkel, Bern-Bümpliz,[72] 26. Dezember 1919
Mein lieber Fränkel,
Nachdem ich Deine beiden Briefe, sowie den von Malche erhalten hatte, habe ich namentlich den letztern sehr aufmerksam gelesen und mir allen Ernstes reiflich überlegt, ob und was noch zu tun wäre. Ich fand folgendes:

Der Brief von Malche ist so freundlich als möglich und lässt erkennen, dass es weder an ihm noch an Sigg lag, dass in der uns berührenden Sache so und nicht anders entschieden wurde. Er lässt aber auch durchblicken, dass Deine Kandidatur bei der Kommissionsmehrheit auf einen unüberwindlichen Widerstand stösst und dass es ganz aussichtslos wäre, auch nur daran zu denken, diese Mehrheit umzustimmen. Sie will einen Schweizer, unter allen Umständen, Ihre Stellungnahme ist ausschliesslich von diesem Willen bedingt, der sich viel weniger gegen Dich als für den Schweizer einsetzt.

Bleibt die Regierung nebst dem Ausweg in extremis, den Frau Willisch vorschlug. Darüber habe ich reiflich nachgedacht und bin zu folgendem Schluss gekommen:

Ich halte es praktisch, angesichts der gegenwärtigen politischen Verhältnisse in Genf, für absolut ausgeschlossen, dass die Regierung es darauf ankommen lassen würde, sich mit den Nationalisten der Kommissionsmehrheit in Widerspruch zu setzen. Der Selbsterhaltungstrieb gebietet der Regierung keine Polemik in solchen Sachen aufkommen zu lassen, am allerwenigsten jetzt, wo Genf sich anschickt, sich als Vorort des Völkerbundes einzurichten. Daran würden weder Spitteler, noch ich, noch Gott noch Teufel etwas ändern, sondern wir würden sie lediglich in die für sie peinliche Lage versetzen, uns eine glatte, wenn vielleicht, ja sogar sicher höfliche, Absage erteilen zu müssen. Eine solche hätte ich, wäre es nur auf mich angekommen, nötigenfalls riskiert, da ich Spitteler nicht daran beteiligt hätte, sondern es ihr freigestellt haben würde, ihn als meinen Gewährsmann anzurufen. Allein, was mich hiess davon dennoch abzustehen, war folgendes Bedenken:

---
72 Am 1. 1. 1919 ist das Dorf Bümpliz in die Stadt Bern eingemeindet worden.

Ich kenne in der Regierung niemand persönlich als den hier nicht in Frage kommenden alten Henri Fazi-Rosier und zwei andere Mitglieder, mit denen ich bekannt bin, sind anlässlich der letzten Wahlen ausgeschieden. Von den Kommissionsmitgliedern kenne ich persönlich nur Malche und Sigg. Auch wenn die Regierung meiner Anregung keine praktische Folge gegeben hätte, so wäre es fast unvermeidlich gewesen, dass die Mitglieder der Kommission von meinem Schritt Kenntnis bekommen hätten. Nun sind die Verhandlungen der Kommission nicht öffentlich und die Kommission tagt in Genf, während ich in Bümpliz wohne. Es hätte demnach auf der Hand gelegen, dass meine Kenntnis ihrer Beschlüsse nur auf Mitteilungen ihrer Mitglieder Malche und Sigg hätte zurückgeführt werden können, mit andern Worten, die beiden einzigen, die sich für Deine Kandidatur eingesetzt und für Dich gearbeitet haben, wären des Bruches der Amtsverschwiegenheit dringend verdächtigt worden. Sie diese Gefahr laufen zu lassen glaubte ich nun wirklich nicht verantworten zu können und zwar umsoweniger, als die Stellung der beiden Herren nichts weniger als unerschütterlich ist. Beide sind Vertreter politischer Minderheiten, der eine ist Staatsbeamter, beide haben ordentlich Feinde, die nur darauf lauern, sie abzumurksen und diese Erwägungen hielten mich davon ab, den Schritt, den Frau Willisch riet, zu wagen. Seine allfälligen Folgen hätten zu sehr nach einem Vertrauensmissbrauch gegenüber zwei braven Leuten ausgesehen, als dass ich mich damit hätte belasten können, auch dann nicht, wenn ich mehr Aussicht auf dessen praktischen Erfolg vorausgesehen hätte.

[...]

261. Fränkel an Loosli, Thun-Riedegg, 11. März 1921
[...]
Daß ich letzte Woche zum Extraordinarius befördert worden, wirst Du wohl auch wie ich in der Zeitung gelesen haben (mehr weiß ich bis zur Stunde nicht).[73]

[...]

---

[73] Im *Bund* ist kein Hinweis auffindbar. Das *Oberländer Tagblatt*, Nr. 53, 4. 3. 1921, vermeldet folgende regierungsrätlichen Beförderungen: «Der ausserordentliche Professor Otto v. Greyerz zum Ordinarius für Sprache und Literatur der deutschen Schweiz und Privatdozent Jonas Fränkel zum ausserordentlichen Professor für neuere deutsche Literatur und vergleichende Literaturgeschichte.»

262. Loosli an Fränkel, Bern-Bümpliz, 12. März 1921
Lieber Fränkel, zu Deiner Ernennung, auf die Du lange genug warten musstest und die Du so redlich längst verdientest, meine herzlichen Glückwünsche. ich erfuhr sie erst durch Deine Karte.
[...]

273. Fränkel an Loosli, Thun-Riedegg, 4. September 1921
Mein lieber Loosli,
ich war freudig überrascht von Deiner Zusendung und hocherfreut darüber, daß ich nun tatsächlich ein Werk von Dir in Händen hielt,[74] das ich mir doch nicht so schnell verwirklicht gedacht hatte. Nun gratuliere ich Dir vor allem herzlichst zu der gewaltigen Kraftanstrengung und dazu, daß Du nun endlich in der Lage bist, Hodler in vollem Maße das zu geben, was Du Dir vorgenommen.

Ich bin gegenwärtig mit meiner Keller-Ausgabe, aber auch mit Spitteler ganz außerordentlich in Anspruch genommen, aber ich habe gleichwohl heute den ganzen Abend in dem prächtigen Band geblättert – d. h. genascht, immer 5–10 Seiten da u. dort herausgepickt u. genossen u. mich jedesmal gefreut über die Fülle des Interessanten, über das vorbildliche Menschen- u. Künstlerbild, das auf Schritt u. Tritt vor einem aufsteigt. An jeder Biographie ist immer das Wichtigste die Mitteilung der *Tatsachen*, die allein das Unmittelbare eines bedeutenden Lebens zu vermitteln vermögen. Deswegen ist z. B. Eckermanns Goethe bis auf den heutigen Tag von keiner Goethebiographie erreicht worden, keine andere wirkt so suggestiv auf den Leser wie das Goethe-Bild bei dem – von Heine mit Unrecht verlachten – Eckermann. Nun: durch die Fülle der anschaulich gebotenen Tatsachen wirkt auch Deine Hodler-Biographie außerordentlich suggestiv, daß ich mich immer wieder beim Lesen an Eckermanns Goethe-Bild (das ich mit den Jahren immer mehr zu schätzen gelernt habe) gemahnt fühlte. Dadurch u. durch all das, was Du in dem Bande bietest, wird er für alle Zeiten dokumentarischen Wert und die Bedeutung einer Hauptquelle für alles, was Hodler betrifft, behalten.
[...]
Ein Bedenken stieg mir beim Blättern u. Lesen immer aufs neue auf: daß Du nämlich in die Anmerkungen zu viel hineingestopft hast, was in den Hauptteil gehört. Das hat allerdings den Vorteil, daß Leser, die sonst keine Anmerkungen

---
74 Loosli: *Hodler* 1.

lesen, sich werden gewöhnen müssen, Deinen Anhang ebenso fleißig zu lesen wie alles andere; gelänge das nicht, so wäre es furchtbar schade um das viele Wichtige u. Wertvolle, das dann verloren ginge. Solche Exkurse wie die über Hodler als Jurymitglied, als Zentralpräsident der Schweiz. Maler etc. hätten um jeden Preis ihren Platz im Hauptteil finden sollen. Doch das Wichtigste ist ja, daß sie überhaupt da sind.
[...]

274. Loosli an Fränkel, Bern-Bümpliz, 6. September 1921
Mein lieber Fränkel,
Herzlichen Dank für Deinen ebenso liebenswürdigen als sachlich wertvollen Brief. Ich brauche Dir wohl kaum zu versichern, dass mich Dein Beifall ganz besonders freut und will Dir gestehen, dass ich Deinem Urteil mit grosser Spannung und einigem Bangen entgegensah, schon darum, weil ich während der intensiven Arbeit um Hodler die notwendige Distanz zu meiner Arbeit ein wenig gelockert wusste.

Erlaube mir immerhin, auf Deinen Brief ein klein wenig näher einzutreten. Vor allen Dingen, was Du von der Wichtigkeit des Tatsachenmateriales bei solchen Arbeiten sagst, war mir bei der Arbeit vor allen Dingen und fast ausschliesslich massgebend. Nur die Tatsachen sprechen, alles andere ist Deduktion und folglich subjektiv. Ich werde [mir] diese Erkenntnis auch für die drei folgenden Bände zu Nutze machen. Dann aber wollte ich zeigen, und setzte meinen Ehrgeiz darein, dass man mit trockenem Tatsachenmaterial eben doch etwas Lebendiges schaffen könne und Deinem Urteil nach zu schliessen, scheint mir auch das gelungen zu sein. Dein Vergleich mit Eckermann macht mich fast ein wenig stolz, denn offen gestanden, er hat das einzige Buch geschrieben, das ich überhaupt über Goethe lesen mag.

Folgen Deine Bedenken wegen der Ueberlastung der Nachträge. Da habe ich lange gezaudert, ob und wie ich vorgehen solle und habe mich schliesslich auf die beliebte Methode Hodlers selbst festgelegt, nämlich auf Betonung des Hauptakkzentes. Vor allen Dingen wollte ich seine Persönlichkeit als Mensch und Künstler scharf und klar umschreiben. Nach seiner Art sah ich mich genötigt, alles was nicht unbedingt dazu gehörte auszuschalten und dazu zählt sich seine mehr zufällige als berufliche und menschliche Betätigung als Gesellschaftspräsident und Juror. Bringen musste ich die Sache immerhin um der dokumentarischen Wichtigkeit willen, also lagerte ich sie um das Hauptwerk etwa wie man um eine seiner Kompositionen Entwürfe und Skizzen hängen würde. Um der Vollständigkeit, der genetischen Vervollständigung willen. Ob ich dabei immer das rechte Maass getroffen habe ist freilich eine andere Frage, doch glaubte ich mich zu meinem Vorgehen darum gerechtfertigt, weil ich hier schliesslich ein dokumentarisch-wissenschaftliches Werk biete, bei dem vorausgesetzt werden darf, dass der ernsthaft daran Interessierte es eben restlos zu Rate zieht.

[...]

1922–1924

Sowohl Fränkel als auch Loosli arbeiten an grossen Projekten: Fränkel hat damit begonnen, im Wiener Schroll-Verlag *Gottfried Kellers sämtliche Werke* herauszugeben, Loosli arbeitet trotz grosser materieller Sorgen intensiv an seinem Hodler-Projekt. Im Herbst 1923 ereifern sich die Brieffreunde über einen kritischen Spitteler-Essay der in Basel lebenden Berliner Philosophin Edith Landmann-Kalischer. 1924 erscheint nicht nur der vierte und letzte Band von *Ferdinand Hodler. Leben. Werk. Nachlass*, sondern auch *Anstaltsleben*, eines von Looslis zentralen sozialkritischen Werken. Fränkel unterstützt mit grösster Energie Spitteler bei dessen Vollendung des Versepos *Prometheus der Dulder*. Am 29. Dezember 1924, nur Wochen nach dessen Veröffentlichung, stirbt Spitteler in Luzern.

284. Fränkel an Loosli, Handeck ob Meiringen, 13. August 1922
Mein lieber Loosli,
zuvor einen schönen Gruß von hier oben, wohin ich mit Frau u. Kind für ein paar Tage gezogen bin.[75]

Und nun eine Anfrage an den Allwisser Loosli: Nimm bitte den III. Teil des Grünen Heinrich vor (Du hast ja die Cottasche Ausgabe, wenn ich nicht irre) u. schlage auf S. 132 auf. Im zweiten Absatz findest Du gleich auf der 2. u. 3. Zeile (bzw. Zeile 7 u. 8. von oben): «fein aus glänzendem Metalle gearbeitet». Du wirst aus dem Zusammenhang ersehen, um was es sich handelt. Der Ausdruck «aus glänzendem Metalle» enthält etwas Unbestimmtes, Charakterloses. Ein guter Schriftsteller, wenn er schon das Ding durch ein Eigenschaftswort näher bezeichnet, wird nicht gleich einen Gattungsnamen dazu setzen, sondern es bei seinem richtigen Namen nennen. Und wirklich heißt es in der Handschrift: «aus glänzendem *Messing*» u. danach in der I. Ausgabe der neuen Fassung. Vier Jahre später, bei der II. Auflage, änderte Keller selbst eigenhändig in der Korrektur «Messing» in «Metalle». Sollte sein Auge nach dem nächsten Absatz fortgeschweift sein, wo gleich zu Anfang «Metallstab» vorkommt (da stört es nicht), und im Dusel auch an der ersten Stelle «Metall» gesetzt haben?[76]

---

75 Seit Frühsommer 1920 sind Erika Wilisch und Jonas Fränkel verheiratet, am 15. 6. 1921 ist die Tochter Bettina zur Welt gekommen.
76 1922 recherchiert Fränkel für Keller: SW (Schroll). Es ist bezeichnend für seine Auffassung von der Rolle des Herausgebers, dass er im edierten Text der zweiten Fassung von *Der grüne*

Oder sollte plötzlich ein Zweifel in ihm aufgestiegen sein, ob das amtliche Urmaß tatsächlich aus Messing gefertigt sei, u. er daraufhin die Änderung vorgenommen haben, ohne sich lange bei der stilistischen Logik aufzuhalten? Weißt Du oder kannst Du leicht telephonisch erfragen, woraus das Urmaß angefertigt wird?
[...]

285. Loosli an Fränkel, Bern-Bümpliz, 18. August 1922

[...]
Und nun zu deiner Frage:
Das Urmass des metrischen Systems ist von dem Prototyp des Meters abgeleitet, der aus Platin-Iridium besteht und in Paris aufbewahrt wird. Von diesem Urmeter nun werden die, für die Eichstätten gebräuchlichen Normalmasstäbe abgeleitet, und diese werden in der Regel aus Messing angefertigt. Wenn ursprünglich bei Keller von «glänzendem Metall» die Rede ist, so mag dies aus seiner ersten Unsicherheit herrühren, ob das Metall wirklich Messing war, denn je nach der Legierung, d. h. nach dem kleineren oder grösseren Zinngehalt (gegenüber dem Kupfer) des Messings wird das Metall, (das also kein Element, sondern eine Legierung zweier Elemente ist), heller und härter oder dunkler und weicher. So gibt es Messinglegierungen, die beim blossen Ansehen von Neu-, anderes, die von Altgold nicht zu unterschieden sind. Der Eichstab, von dem Keller spricht war aber unbedingt aus Messing gefertigt, denn der der ihn besitzt war immerhin ein wenig begüterter Handwerker, der einen Platin-Iridiumstab, wie sie für wissenschaftliche Institute und hohe Eichämter angefertigt werden nicht besitzen konnte, weil ein solcher Stab, namentlich in jener Zeit, wo das ohnehin heute noch fast unerschwingliche Platin, ein ansehnliches Vermögen bedeutet hätte.
[...]

Heinrich an dem von ihm bevorzugten Wort «Messing» festhält (Keller: SW 5, S. 142), obwohl Keller es bei der Durchsicht des Textes für die zweite Auflage eindeutig durch das Wort «Metall» ersetzt hat. Fränkel erlaubt sich, diese Korrektur unberücksichtigt zu lassen, weil er Keller unterstellt, er habe sie im «Dusel» vorgenommen. Im Gegensatz dazu lassen die Herausgeber von Keller: HKKA die Korrektur unkorrigiert (Bd. 2, S. 131).

295. Loosli an Fränkel, Bern-Bümpliz, 15. Oktober 1923

Mein lieber Fränkel, offen gestanden, ich schäme mich wie ein nasser, geprügelter Hund, Dir erst heute für Deinen Freundschaftsdienst zu danken, was jedoch hiemit von ganzem Herzen geschehe. Zu meiner Entschuldigung sei Dir mitgeteilt, dass ich erst seit gestern davon weiss, denn der Girozettel, den mir die Post unter Umschlag überwies hat sich offensichtlich in gleichzeitig ankommende Drucksachen verkrochen und wurde von meiner Frau erst am Samstag gefunden, so dass ich von Deiner Anweisung vorher keine Ahnung hatte. Nimm mir also, bitte, meine recht unfreiwillige Undankbarkeit nicht übel und entschuldige mich.

Meine Geschäfte haben sich seit meinem letzten Brief um nichts gebessert. Wie ich glaube Dir geschrieben zu haben, ersuchte ich Gemeinde, Kanton und Eidgen. Kunstkommission um eine ausserordentliche Subvention, die mir ermöglichen sollte, das Hodlerwerk zu Ende zu führen. Die Kunstkommission hat sich noch nicht offiziell erklärt, doch schreibt mir der Departementssekretär, dass wenig Aussicht vorhanden sei, von ihr etwas zu erlangen, da die Zweckbestimmungen des Kunstkredites genau umschrieben und die Herren nicht geneigt seien, einen Präzedenzfall zu schaffen.

Der Kanton, bezw. Unterrichtsdirektor Merz, bei dem meine Freunde Indermühle und Langhans vorsprachen hat auch keine Kredite, doch versprach mir Merz, sein Möglichstes zu tun, um aus dem Arbeitslosenkredit, an dem dann der Bund automatisch beteiligt wäre, etwas für das Werk auszuwirken. Bis anhin ist nichts geschehen. Die Gemeinde hat mir nicht einmal auf meine zwei Schreiben geantwortet. Wohl oder übel werde ich nun die Arbeit einstellen müssen, ohne zu wissen, ob und wann ich sie wieder aufnehmen kann. Dabei habe ich ihr bis anhin dermassen meine ganze Zeit und Kraft gewidmet, dass ich nichts anderes schaffen konnte noch schuf, von dem ich leben könnte. Immerhin gebe ich mein Spiel darum nicht verloren, weil die an dem Werk kaufmännisch Beteiligten sich den Luxus, es fallen zu lassen schwerlich werden leisten können, nur muss ich sie die Notwendigkeit meiner Arbeit auch zeitlich fühlen lassen und bis sie's ernsthaft merken, mögen wohl einige Monate in's Land gehen.

[...]

296. Loosli an Fränkel, Bern-Bümpliz, 1. Januar 1924

Mein lieber Fränkel, die Geschichte Landmann-Spitteler[77] will mir nicht aus dem Sinn und hat mich, seit wir uns sahen, so häufig beschäftigt, dass, wäre meine Stimmung überhaupt festlich gewesen, sie dadurch gründlich verdorben worden wäre. Nicht um des hysterisch-blaustrümpflerischen Frauenzimmers willen, denn jedem Menschen sei das unveräusserliche Recht, so dumm und so boshaft als er will zu sein, ohne weiteres zugestanden, sondern um der Lausbuben, meiner deutschschweizerischen Landsleute willen, an denen man doch auch einmal, was selten genug vorkommt, seine Freude haben möchte und die man nur dann an ihnen erlebt, wenn sie, geprügelt, kreischen. Diese Freude nun sind sie mir wieder einmal schuldig und da ich ja die Möglichkeit habe, sie ihnen via Genf zu erteilen, so mags geschehen. Sollte dann für die zartfühlende Edith, die mimosenhaft aesthetische Empfindungsjüdin etwas abfallen, tant pis, sie ist aus Tausenden erwählt, – der Horde von Hornochsen, meinen herzinnigst geliebten Miteidgenossen deutscher Observanz, als Leitkühlein vorangestellt zu werden.

[…]

299. Fränkel an Loosli, Thun-Riedegg, 23. Januar 1924

Mein lieber Loosli,

vor 2 Stunden, als ich aus dem Colleg heimkam, fand ich Deine Sendung vor.[78] Bravo! bravissimo! Ich schicke das zweite Exemplar gleich an Spitteler, denn leider weiß Er um die Geschichte: die Redaktion der «Schweiz. Monatshefte» hatte ihm gleich eines der ersten Exemplare zugestellt, so daß ich seinerzeit von dem Erscheinen des Landmann-Aufsatzes durch eine Karte aus Luzern erfuhr …

[…]

---

77 Im Herbst 1923 meldet die Berliner Philosophin Edith Landmann-Kalischer in ihrem Essay *Carl Spittelers poetische Sendung* (*Schweizerische Monatshefte für Politik und Kultur*, 1923, Heft 7, S. 334–352) sorgfältig begründete Vorbehalte gegen Spitteler an. Sie schliesst mit der Aussage: «Spittelers Werk […] ist voller Götter, aber ohne Frömmigkeit, voll Mitleid, aber ohne Liebe. Ein Denkmal menschlicher Verlorenheit.» Landmann-Kalischers Titel lehnt sich an denjenigen von Goethes Romanfragment *Wilhelm Meisters theatralische Sendung* an. 1939 wird Fränkel ein Buch veröffentlichen mit dem Titel *Gottfried Kellers politische Sendung*. Übrigens hat Jonas Fränkel seine Dissertation (Fränkel: *Zacharias Werner*) 1904 Julius Landmann, dem Ehemann von Edith Landmann-Kalischer, gewidmet.

78 Ursus (C. A. Loosli): *Les Lettres en Suisse*. «*Conspuez Spitteler!*», in: *Le Genevois*, Nr. 7, 17. 1. 1924.

Dann noch ein Punkt: daß Du bei der Edith hervorhebst «de race israélite», damit bin ich nicht einverstanden.[79] Das Jüdische spielt da nämlich meines Erachtens nicht mit, sondern das *Berlinerische*. Es ist der spezifische Intellektualismus der *Berliner* Juden (Akzent auf *Berliner*!), dessen Repräsentantin Edith ist. Und dieser Intellektualismus beherrscht nicht bloß die Juden in Berlin, sondern auch die Nichtjuden: er ist bei Fontane ebenso stark wie bei Edith u. bei Kerr. (Fontane z. B. erklärte, daß er Keller gar nicht verstehen könne, kein Sensorium für ihn habe).
[...]

300. Loosli an Fränkel, Bern-Bümpliz, 25. Januar 1924
[...]
Und was die Landfrau anbetrifft, so wirst Du mir wohl nicht zutrauen, dass ich unter die Antisemiten à tout crin gegangen bin. Mit der race israélite wollte ich lediglich die noch weitere Entfernung der süssen Edith vom Schweizertum als es bei Berlinern ohnehin vorauszusetzen ist unterstreichen und dann, warum soll ich's nicht gestehen, setze ich voraus, dass gerade in jenen deutschschweizerischen Zirkeln, in denen der Artikel möglicherweise gelesen wird, der Umstand, dass sie ihre aus tausenden erwählten Vorkämpfer aus den Scharen Ahabs rekrutieren, ihnen nicht gerade viel Vergnügen bereiten wird, – wenn's auskommt nämlich!
[...]

304. Loosli an Fränkel, Bern-Bümpliz, 30. April 1924
Mein lieber Fränkel, Dank für Deinen Brief, der gerade am Tage eintraf, als ich die ersten Exemplare des letzten, beiliegenden Hodlerbandes erhielt. Es sollte in den Sternen geschrieben sein, dass ich an dieser Arbeit bis zum letzten Augenblick und darüber hinaus nichts als Enttäuschungen und Aerger erleben sollte. Inwiefern erzähle ich dir vielleicht einmal mündlich, denn für heute würde es nur dazu beitragen, die kaum gelegte Bitterkeit wieder in Wallung zu bringen und dann, – ich mag nicht mehr daran denken. Das einzige Gefühl, dessen ich fähig bin ist lediglich das der Erleichterung mit der Geschichte endlich fertig zu sein und auch das ist so gedämpft, dass ich mich nicht einmal

---

79 Loosli hat in *Le Genevois* (vgl. vorangehende Anmerkung) geschrieben: «Mme Edith Landmann-Kalischer, d'origine allemande et de race israélite, naturalisée suisse depuis un bon nombre d'années déjà [...].»

darob zu freuen vermag umsoweniger als mich, mehr als je, wieder einmal aussichtslose Not und unendliche Mutlosigkeit bedrängen.

Ich hab mich an dem Werk alt, krank und arm gearbeitet und das Beste wäre schon, wenn mich sobald als möglich der Teufel holte.

[...]

305. Fränkel an Loosli, Thun-Riedegg, 23. Juni 1924

Mein lieber Loosli,

ich hätte Dir schon längst, längst zur Vollendung Deines Hodler gratulieren sollen, längst schon wollte ich Dir sagen, wie sehr mich der Anblick des IV. Bandes, mit dem Du Deinem Hodler-Monument die krönende Kuppel aufgesetzt hast, gefreut hat. Leider war ich die letzte Zeit so furchtbar gehetzt durch das Zusammenkommen von allerlei Dingen, die mich jedesmal ganz in Beschlag nahmen, daß ich erst heute dazu komme, Dir die Hand mit einem herzlichen Glückwunsch zu drücken. Möge man Dich totschweigen u. als unbequem beiseite zu schieben suchen: Dein Werk bleibt und wird Dir Ehre u. Dank bringen und – was dazu gehört – den Neid wecken aller Derer, die sich einbilden, sie hätten es besser machen können.

Daß die äußere Situation nun so gar nicht stimmt zu der Befriedigung, die Du ob dem vollendeten Werke empfinden wirst, ist traurig und im übrigen nur eine höchst überflüssige Bestätigung der traurigen Verhältnisse, unter denen wir hiezulande leben.

Ich habe in diesen letzten Wochen oft überlegt, ob ich nicht irgendetwas für Dich tun könnte, und war jedesmal verzweifelt über meine Ohnmacht und darüber, wie mir persönlich alle Türen verschlossen sind. Nichtsdestoweniger hab ich an zwei Stellen Schritte getan: ob die was fruchten werden, weiß ich nicht; vielleicht ist es bloß eine Demonstration zu Deinen Gunsten.

Hingegen ist mir letzter Tage unerwarteter Weise Geld ins Haus gekommen – unangekündigt, wie vom Himmel gefallen –, davon hab ich rasch einen Teil auf Dein Conto eingezahlt.[80] Ich bitte Dich, nie die Rede darauf zu bringen.

Leb wohl, mein Lieber, u. grüße Deine Frau von uns beiden.

Herzlichst Dein Fränkel

---

80 Im Nachlass Fränkels findet sich der Beleg vom 20. 6. 1924 für die Überweisung von 200 Franken an Loosli (SLA-Fraenkel-B-2-LOO, 1924).

311. Loosli an Fränkel, Bern-Bümpliz, 7. Juli 1924

Mein lieber Fränkel, dass Dich doch der ... nein, das gerade nicht, aber einen hübschen Floh hast Du mir schon hinter's Ohr gesetzt, als Du mir rietest, mir den Wustmann[81] anzusehn. Natürlich hatte ich nichts eiligeres zu tun als ihn mir zu beschaffen und ochse seit acht Tagen daran herum. Vieles daran finde ich gut und brauchbar, werde es mir auch merken und ich bin ihm dankbar dafür; vieles dagegen ist sächsisch, geht mich nichts an und dort kann mir der Mann einfach gestohlen werden. Dort wo er mich jedoch drückt und quält, mich so unsicher und verdattert macht, dass ich mir kaum mehr getraue einen Satz zu schreiben, ist's, wo er «Sprachdummheiten», die an sich solche sein mögen, exemplifiziert, wo ich auf Anwendungen stosse, deren Unform, Unschönheit ich wohl einsehe, aber gleich daneben welche, an denen ich mit dem besten Willen nichts Anstössiges finden kann, die mir sogar treffend und ausdrucksvoll scheinen. Dabei liesse ich noch alles mögliche gelten, wenn die Herren Schulmeister wenigstens unter sich einig wären. Verbottafeln, aber welche von durchgehendem, allgemeinem und feststehendem Geltungsbereich. Doch, was Wustmann erlaubt verbietet Engel[82] und umgekehrt! Was sollen wir arme Teufel da tun? Entweder das Handwerk an den Nagel hängen oder sich die Ueberzeugung einprägen, dass die Herren Scholarchen beim Sprachregel-Aufstellen mindestens ebenso willkürlich und subjektiv vorgehen, wie wir andern beim Schreiben. Der verdammte Wustmann hat mir, gern gestehe ich es, viel genützt, dafür danke ich ihm; aber er hat mich noch viel mehr verwirrt und dafür soll ihn, – was, wenn ich nicht irre, übrigens schon geschehen ist, – der Teufel holen. Je mehr ich derartige Werke lese und durcharbeite, je bestimmter gedeiht meine Ueberzeugung, dass das Deutsch auch heute noch keine Sprache, sondern sprachlicher Urdreck ist, aus dem jeder formt was er kann und mag, der eine gut, der zweite besser, der dritte schlecht, der vierte miserabel. Mark Twain, von den «Schrecken der deutschen Sprache» abhandelnd, hat meinerseel Recht, wenn er sagt: «Nach meiner Erfahrung braucht man zum Erlernen des Englischen 30 Stunden, des Französischen 30 Tage, des Deutschen 30 Jahre. Entweder reformiere man also diese Sprache, oder lege sie zu den toten Sprachen, denn nur die Toten haben heutzutage noch Zeit genug, sie zu erlernen.»[83] [...]

---

81 Gustav Wustmann: *Allerhand Sprachdummheiten. Kleine deutsche Grammatik des Zweifelhaften, des Falschen und des Hässlichen*, Leipzig: Grunow Verlag, 1891.
82 Eduard Engel: *Deutsche Stilkunst*, Leipzig, Wien: Freytag/Tempsky, 1911.
83 Loosli zitiert aus Mark Twain: *The Awful German Language*, Hartford: American Publishing Company, 1880. Das Originalzitat lautet: «My philological studies have satisfied me that a

315. Fränkel an Loosli, Thun-Riedegg, 26. Dezember 1924

[...]

Du wirst wohl inzwischen den neuen Prometheus gelesen haben.[84] Es würde mich interessieren zu hören, welchen Eindruck er Dir gemacht hat. Ich selber habe fast kein objektives Urteil über das Werk, denn ich lebe mit ihm seit 15 Jahren u. dieser ganze Sommer war davon vollständig ausgefüllt. Mir ist jeder Vers darin lieb u. teuer.

Ich lebe seit 3 Wochen unter dem Drucke beunruhigender Nachrichten aus Luzern: Spitteler ist krank – zum ersten Mal seit 60 Jahren ernst krank. Herzgeschichte. Er liegt im dunklen Zimmer, abgeschlossen von der Welt – ich glaube: die Widmung, die er mir in ein Exemplar seines Buches hineingeschrieben, war das Letzte, was er geschrieben.[85] Ich bekomme alle paar Tage Bulletins von seinen Töchtern. Wie traurig mir zu Mute ist, kannst Du Dir denken. Hoffentlich überwindet seine starke Natur auch diesen Angriff.

Dir u. den Deinigen alles Gute zum neuen Jahr von Deinem Jonas Fränkel

316. Loosli an Fränkel, Bern-Bümpliz, 30. Dezember 1924

Mein lieber Fränkel, mir ist unsäglich kläglich zu Mute und wenn ich auch, durch Deinen und den Brief von Fräulein Anna Spitteler, die mir vor wenigen Tagen im Auftrage Ihres Vaters den Prometheus schickte, einigermassen vorbereitet war, so kommt es mir doch heute vor, der Welt sei eine Sonne erloschen, alles sei grau und elend geworden.[86] Seit den Jahren unserer Bekanntschaft war Spitteler meine höchste, letzte Zuflucht. Wenn mir alles zum Teufel ging, wenn ich an mir und der Welt verzweifelte, so hob mich stets ein warmes Wort der Anerkennung, der treuen Freundschaft aus Luzern und ich durfte mir sagen, dass, solange mich Spitteler seiner Freundschaft würdig befinde, sei ich vielleicht doch nicht ganz wertlos. Noch zu meinem letzten Buche, dem

---

gifted person ought to learn English (barring spelling and pronouncing) in thirty hours, French in thirty days, and German in thirty years. It seems manifest, then, that the latter tongue ought to be trimmed down and repaired. If it is to remain as it is, it ought to be gently and reverently set aside among the dead languages, for only the dead have time to learn it.»

84 Spitteler: *Prometheus, der Dulder*, 1924.
85 Spittelers Widmung in Fränkels Exemplar von *Prometheus der Dulder* lautet: «Meinem besten Freunde / Jonas Fränkel / dem eifrigen unermüdlichen Richter und Berater bei der Herstellung dieses Buches. / In größter Dankbarkeit / sein Carl Spitteler / 6 Dec. 1924 Luzern» (faksimiliert in *Schweizer Illustrierte*, Nr. 27, 30. 6. 1943).
86 Am 29. 12. 1924 ist Carl Spitteler gestorben.

«Anstaltsleben», schrieb er mir herzliche, kräftigende Worte und nun gehört das alles, all die schönen Erlebnisse unwiderruflich der Vergangenheit an.

Wir sind berechtigt zu trauern, denn wir wissen zur Stunde noch nicht in seinem ganzen Umfange, wie viel wir verloren haben. Und dennoch, zwischen all der tiefen Trauer und Niedergeschlagenheit, die mich bedrückt, leuchtet mir, wie ein letzter Gruss unseres grossen Freundes aus dem fernen Land Meon[87] sein neuer Prometheus entgegen. Ich las ihn dieser Tage eines hastigen Zuges und fühle, dass ich ihn noch recht oft lesen werde. Auch mit ihm bin ich noch nicht ganz im Reinen. Vorläufig fühle ich mich einfach von strahlendem Glanze geblendet. Ich empfinde tief die schier übermenschliche Grösse des Werkes, ich fühle mich von dem kühnen tiefen Griff in's Menschliche wunderbar gepackt; dabei drängen sich mir unwillkürlich Vergleiche und Reminiszenzen aus dem alten Prometheus auf, der mir seit nun fünfzehn Jahren seelisch unentbehrlich ist und bleiben wird. Ich will noch mag ihn um des Neuen nicht missen. Dabei empfinde ich, wie, rein dichterisch gesprochen, sich dieser gegenüber dem alten geläutert, gehoben hat, wie strahlend er dasteht, wie rein, von allen Zufallsschlacken, wie göttlich menschlich er in reine, klare Höhenluft ragt und nun, nachdem die Hand, die ihn geschrieben erstarrt ist, werde ich ihn erst so ganz von jeder hastigen Neugierde frei in mich aufnehmen können.

Eines bietet mir, bedrückt und geschlagen wie ich bin, etwas wie stolzen Trost. Da das Unabwendliche einmal eintreten musste so bin ich dem Tode dankbar, dass er unsern Freund auf der vollen Höhe seines Menschtums und seiner Kunst entrückte, dass er ihm erlaubte den Prometheus noch zu vollenden, dass er uns, die wir ihn liebten und verehrten, ersparte, ihn vermindert zu sehen, dass er uns damit verschonte, uns Spitteler als Greis bedauern zu lassen. So wird in uns sein Bild in unverändertem Jugendglanz, im klaren hohen Licht seiner Werke in uns fortleben und darum wird er uns weniger gestorben sein. Fränkel, ich kann nicht weiter, ich heule ... Danke Deiner Frau für Ihre Freundlichkeit in meinem und meiner Kinder Namen. Ueber alles andere reden wir später. Leb wohl!

Dein
C. A. Loosli

---

87 Im *Olympischen Frühling* schreibt Spitteler: «Man glaubt von einem Lande Meon, dass es wäre. / Die Hoffnung betet, dass der Glaube sich bewähre.» (Spitteler: GW 2, S. 87)

1925/26

Nach Carl Spittelers Tod folgen für Fränkel und für Loosli zwei publizistisch intensive Jahre. Nach dem Abbruch der Ausgabe von Gottfried Kellers Werken im Wiener Schroll-Verlag 1924 beginnt Fränkel im Eugen-Rentsch-Verlag in Erlenbach bei Zürich noch einmal von vorne: 1926 erscheinen, diesmal mit ausführlichen Kommentaren, in zweimal vier Bänden die beiden Fassungen von Kellers *Grünem Heinrich*. Als Sozialkritiker schreibt Loosli als Duplik zu *Anstaltsleben* das Buch *Ich schweige nicht!* und beginnt, sich mit dem stärker werdenden Antisemitismus auseinanderzusetzen. Als Broterwerb übersetzt er die Firmengeschichte der Schokoladefabrik Suchard A.-G. Zudem veröffentlicht er das Versepos *Ialdabaot* und die Novellensammlung *Sansons Gehilfe*.

317. Fränkel an Loosli, Thun-Riedegg, 9. Januar 1925

Mein lieber Loosli,

nur einen kurzen Gruß u. Dank für Deinen lieben Brief. Du weißt ja am besten, was ich an Spitteler verloren habe. Ich war die Zeit her mehr tot als lebendig. Jetzt war ich 2 Tage in Luzern u. habe die sämtlichen Papiere geordnet – u. nun geht es an die Arbeit.

Hier schicke ich Dir die Spitteler-Nr. der Nat-Ztg, aber auch das dazugehörige Hauptblatt, damit Du siehst, was für Propheten Spitteler jetzt hat (sieh Dir nur das Feuilleton über Prometheus an! Ist das nicht eine Schande?! Der Mann kann die «zwölf Gebote» nicht verdauen – er ist in Genf an seinem Platze …).[88]

Leb wohl!
Stets Dein
Fränkel

---

88 Die Nummer der *National-Zeitung* vom 7. 1. 1925 enthält eine vierseitige Beilage *In memoriam Carl Spitteler*. Sie wird eröffnet mit Gottfried Bohnenblust: *Carl Spitteler*. Als zweiter Beitrag folgt Jonas Fränkel: *Carl Spittelers Schicksal*. Doch schon auf der Titelseite der Ausgabe – im «Hauptblatt» – findet sich ein mit *Spittelers Prometheus* überschriebener Artikel von Bohnenblust. In Spittelers letztem Werk, *Prometheus der Dulder*, das Bohnenblust bespricht und mit *Prometheus und Epimetheus* (1881) vergleicht, wird erzählt, wie der «Engelgottes» den aufmüpfigen Prometheus vergeblich dadurch zu disziplinieren versucht, dass er ihm «zwölf Gebote» für eine angepasste Lebensführung an die Haustür nageln lässt. Bohnenblust schreibt, Spitteler habe beim «Urteil über die ‹zwölf Gebote› […] manchen nicht mitgehen sehen, der ihm sonst willig, ja ergriffen folgt». Bohnenblust ist stark christlich geprägt, lehrt in der Calvin-Stadt Genf und sieht in den zwölf Geboten möglicherweise eine Verunglimpfung der biblischen Zehn Gebote.

322. Fränkel an Loosli, Thun-Riedegg, 22. Januar 1925
Mein lieber Loosli,
hier Dein Spitteler-Aufsatz mit bestem Dank zurück.[89] Ich habe ihn mit Freude u. voller Zustimmung gelesen, besonders dort, wo Du von Sp.'s Werken sprichst; in Deinem Urteil über Deutschland dagegen, glaube ich, bist Du ungerecht. Nicht daß ich meinte, all das, was Du ihm vorwirfst, träfe nicht zu – leider doch, nur daß es bei uns in der Schweiz, aber auch in Frankreich u. anderswo (England!) nicht besser ist. Es ist eine allgemein-europäische – nein, nicht bloß europäische – Décadence, in Deutschland allerdings mit einer widerlich-preußischen Mischung; doch letztere allein tuts nicht.
[...]

323. Loosli an Fränkel, Bern-Bümpliz, 22. Januar 1925
[...]
Ob ich in meinem Urteil über Deutschland ungerecht bin? Ich weiss nicht.
[...]
Das deutsche Kaisertum hat uns vielleicht um mehr als ein volles Jahrhundert um die Früchte der französischen Revolution geprellt, die auf dem besten Wege waren ganz natürlich, selbstgegeben auszureifen, es hat sogar und das ist seine grösste Erbärmlichkeit, weil Luther der Seine war mit der römischen Kirche, mit dem klugen Intriganten Leo XII und seinem verdammten Rampolla mehr als nur geliebäugelt, sondern geradezu paktiert. Das kann und will ich ihm nicht vergessen, darum hasste ich es und freute mich seines Zusammenbruchs. Hasse ich darum die Deutschen? Dass ich ein Narr wäre! Man hasst kein Volk das einem Luther, Lessing, Kant, Goethe schenkte. Aber solche Genien waren im kaiserlichen, will sagen im hohenzollerisch-preussischen Deutschland schlechtweg nicht mehr weder möglich noch zu erwarten. Darum musste dieses Deutschland untergehen und mein Hoffen raunt, es werde daraus einmal ein neues Deutschland erwachsen das durch den Rhein mit Frankreich vereint, statt von ihm getrennt wird. Das setzt voraus dass die Hittlerei, die Ludendorferei, die Westarperei ebenso ausspielt wie in Frankreich die Leute um Léon Daudet, Millevoye, mit einem Wort, die Tambourmajors des Nationalismus. Und das wirst Du mir zugeben, dass dazu in Frankreich schon heute mehr

---

89 Am 20. 1. 1925 hat Loosli Fränkel laut Beilagenverzeichnis ein «MS: ‹Carl Spitteler›» zukommen lassen, zu dem er im Brief schreibt: «Ich selber habe in der Silvesternacht auf Ansuchen des ‹Alsace française› einen Nachruf geschrieben.» (Vgl. Loosli: *Carl Spitteler. 24 avril 1845 – 29 décembre 1924*, in: *Alsace française*, Nr. 214, 7. 2. 1925, S. 141–144)

Erfüllungsmöglichkeit, mehr guter Wille unter einem Herriot vorhanden ist, als in Deutschland unter einem Luther.[90]

Dass es in Deutschland Leute gibt, die solches anstreben, die wir als Brüder betrachten können, wer zweifelt daran? Aber wo ist ihr Einfluss? Es bleibt eben auch hier wahr, dass zwei keifende Weiber mehr Lärm verführen als ein Infanterieregiment in Ruhestellung. Inzwischen ist die geistige Umnachtung am Werk, die Maulwürfe wühlen und wenn sich Deutschland nicht bald besinnt, dann wird Frankreich, das jetzt einzig ehrlich gegen zwei Fronten kämpft, gegen Rom und Moskau, in diesem Kampfe unterliegen. Dann aber gebe ich keinen Pfifferling mehr um das was wir bisher die europäische Kultur nannten, dann haben wir das Mittelalter und werden uns nie mehr davon erlösen können, weil wir nicht mehr die technisch und wirtschaftlich mächtigsten sind, denn dann verspeisen uns die Angelsachsen und von ihnen noch die Kulturlosesten, die Yankees, bis sie ihrerseits von den Asiaten gefressen werden.

Zähl darauf, mein lieber Fränkel, so gewiss in Deutschland die Republikaner und mögen sie's noch so dilettantenhaft anstellen, nicht obenaufkommen, so sicher kommen wir alle zusammen in des Teufels Küche. Zu unserm, aber gerade auch zum Wohl der Deutschen selbst, zur Wahrung dessen was uns deutsche Kultur und deutsches Geistesleben schon gegeben haben, noch zu geben fähig wären, wünsche ich, dass das 1871-er Deutschland mit Stumpf und Stiel ausgerottet werde. Unter dem Einfluss der Stickgase des Junkertums, des Absolutismus des deutschen Kaisertums kann kein neues Leben erspriessen und eine Wittelsbacherdynastie wäre nur eine Filiale der Curie, wovor uns ein gnädiges Geschick bewahren möge. Ein Gerechter auf tausend Sünder ist immerhin etwas Erhebendes, ich glaube nicht dass bei uns einer auf tausend entfällt, aber ein Hallunke auf zehntausend Gerechte ist unendlich gefährlich, denn eine faule Pflaume verdirbt das ganze Mus.

[...]

325. Fränkel an Loosli, Thun-Riedegg, 26. Januar 1925
Mein lieber Loosli

zur Verständigung: ich hätte nicht gezögert, den letzten Stein auf das alte sterbende Deutschland zu werfen; dem weine ich keine Träne nach – trotz dem entsetzlichen Chaos, das drüben heute herrscht u. von dem man sich hier keine Vorstellung macht. Ich war ja diesen Sommer – zum ersten Mal seit

---

90 Hier nicht mehr Martin, sondern Hans Luther.

mehr als 3 Jahren – drüben; das Rheinland ist heute (dank den Franzosen!) die Hochburg des Katholizismus – wie zur Zeit der Pfefferkorn etc. Die ganze Intelligenz, alles was früher auf Nietzsche schwor, kniet jetzt in den Kirchen vor den Pfaffen. Ich vermag Dir gar nicht zu sagen, wie mir das nachgeht ...
[...]
Ich will Dir ein hübsches Histörchen erzählen. Der Lesezirkel Hottingen[91] wollte mich als Redner für ihre Spitteler-Gedenkfeier im April, die in der Tonhalle stattfinden soll, «gewinnen». Zuerst durch einen Mittelsmann die offiziöse Anfrage, ob ich auch nicht eine Absage schicken würde. Meine Antwort: *prinzipielle* Gründe, mich den Zürchern zu versagen, hab ich keine. Darauf von Bodmer ein Dankschreiben u. die Bedingungen: 150 Fr + 50 Fr für Spesen. Da hätte der Lesezirkel an Bruttoeinnahme weit über 2000 Fr (Billets von Fr 2–6 für über 600 Personen!) u. bietet einen für die Vorbereitung, die mich doch *mindestens* 2 Wochen Arbeit kosten würde, ein solches Bettelhonorar (für das reiche Zürich!). Laß ich mich dagegen von einem «Kollegen» operieren – es handelt sich um einen Eingriff, der ihn eine halbe Stunde in Anspruch nimmt – so schickt er mir nachher eine Rechnung von 300 Fr! Ich habe daraufhin kurz abgesagt, denn es widerstrebte mir, bei einem Vortrag über Spitteler wegen Honorar zu handeln. So sind die Zürcher.
[...]

328. Fränkel an Loosli, Thun-Riedegg, 6. Februar 1925
Mein lieber Loosli,
ich darf das folgende, was ich soeben beim Wiederlesen alter Briefe von Spitteler gefunden, nicht für mich allein behalten u. schreibe es drum für Dich ab (Brief, dat. 27. XI. 1909, handelt von Spittelers u. Widmanns Vorschlag zu Deinen Gunsten bei der Schillerstiftung[92]):

---

91 Der Lesezirkel Hottingen ist ein 1882 von Hans Bodmer gegründeter Verein, der «durch Circulationen von Zeitschriften und Anschaffung von Büchern Gelegenheit zu nützlicher Unterhaltung und Belehrung bieten» will (NZZ, 10. 12. 2012). Der Lesezirkel veranstaltet Lesungen und Vorträge, hat schliesslich über 2000 Mitglieder und eine Bibliothek von 15 000 Bänden. Zwischen 1913 und 1933 gibt er mit Der Lesezirkel eine eigene Zeitschrift heraus. Für Fränkel und Loosli ist der Lesezirkel Inbegriff der ihnen nicht gut gesinnten Zürcher Literaturszene.
92 Am 18. 11. 1909 stellt Spitteler dem Aufsichtsrat der Schillerstiftung den ausführlich begründeten Antrag, Loosli für *Mys Dörfli* eine «Ehrengabe» von 500 Franken zukommen zu lassen (Archiv der Schweizerischen Schillerstiftung, SLA-SSS-01-a-L-038). Der Aufsichtsrat der Stiftung heisst den Antrag in seiner Sitzung vom 24. 1. 1910 gut. Das Protokoll zitiert Spittelers Votum zusammenfassend so: «Loosli ist Familienvater, hat seine Stelle verloren und sucht sich jetzt sonst leidlich durchzuschlagen. Sein literarisches Gepäck ist klein an Umfang, aber bemerkenswert

«… Also ich habe Loosli nachdrücklichst empfohlen u. dabei so kräftig vorausgesagt, daß aus Loosli literarisch etwas Rechtes werde, daß der Herr jetzt verpflichtet ist, etwas Rechtes Literarisches zu leisten. Er muß. Das ist gut, wenn man muß. Es kommt Schande auf mein Haupt, wenn er etwa sich jemals erlauben sollte, Wertloses zu publizieren.»

Nun, Du hast keine Schande auf Spittelers Haupt gebracht.

Herzlichst

Dein Fränkel

329. Loosli an Fränkel, Bern-Bümpliz, 12. Februar 1925

Mein lieber Fränkel, Du kannst Dir wohl denken, dass mich die Briefstelle Spittelers an Widmann lebhaft interessiert hat; ich danke Dir dafür.

Möglich, dass ich nächster Tage, wenn es Dir anders passt, mal nach Thun kommen werde. Ich sollte Dich um Rat fragen, weiss nicht wo aus noch wo ein. Es handelt sich um mein «Jüngstes Gericht»,[93] von dem ich Dir, meine ich schon schrieb. Acht oder zehn Gesänge, höchstens tausend Verse. Nun muss ich aber einen geräumigen Vers haben und dachte an den Alexandriner. Der ist aber im Deutschen in Verruf und es ist ja wahr, er klingt auf die Dauer gerade eintönig genug.

Was meinst Du, darf man's trotzdem wagen? Fünffüssige Jamben sind mir zu knapp, sechsfüssige getraue ich mir vorderhand, unter dem Eindruck des Prometheus wahrhaftig nicht zu schreiben, siebenfüssige sind ohnehin kein Vers mehr, sondern höchstens rhytmische Prosa und mit Trochäen kann ich diesmal, stoffeshalber nichts anfangen. Einen auch nur einigermassen komplizierten Vers würde mich lähmen, d. h. dem, das ich zu sagen habe, um der Form willen die Schärfe nehmen.

---

und gehaltvoll. Sein neuestes Produkt ‹Mis Dörfli›, eine Sammlung von Dialekterzählungen, ist literarisch nicht unbedeutend und wurde von der Presse ausgezeichnet. Ich habe es mit Spannung und Freude gelesen, teils wegen der Sprache, teils wegen der Naturwahrheit der Schilderung und des Erzähltalents des Verfassers. Loosli schreibt weder Romane noch Lyrik. Er ist ein einsichtiger Kunstkritiker und schreibt einen logisch gebildeten Stil nach französischer Art; andererseits ist er als Erzähler ein urwüchsiger Germane. Mit dieser Zweiseitigkeit des Talents erweckt Loosli grosse Hoffnung auf seine Zukunft.» Der Aktuar der Stiftung, Hans Bodmer, stellt fest, dass die Auszeichnung Looslis einen «Wechsel auf die Zukunft» darstelle und damit einen erfreulichen Präzendenzfall schaffe (ebd., SSS-c-01-b-01).

93 Loosli: *Ialdabaot*.

Rate mir!
Mit besten Grüssen von Haus zu Haus und stetem besten Dank, Dein
C. A. Loosli

331. Fränkel an Loosli, Thun-Riedegg, 18. Februar 1925

Mein lieber Loosli,
ich sehe leider, daß es mir doch diese Woche nicht möglich sein wird, Dich zu besuchen, deswegen beantworte ich lieber, um Dich nicht warten zu lassen, Deine Fragen brieflich.

Die Fassung in Alexandrinern liest sich, wie wenn sie von einem Zeitgenossen Hallers geschrieben wäre: durchaus nicht schlecht; bloss wenn mans laut liest, so kommt man ins Singen – und merkt dann, wie dieses Versmaß der französischen Sprache auf den Leib geschnitten ist: wir sprechen nicht in Antithesen, während die französische Sprache in Antithesen denkt (ich glaube, das ließe sich beweisen). Also: so *gut* Deine Alexandriner sind, so würde ich Dir davon abraten, sich ihrer zu bedienen, gerade weil Du ganz *korrekte* Alexandriner baust u. die Cäsur in der Mitte bei Dir niemals fehlt.

Der reimlosen Fassung hingegen sieht man sofort an, daß sie eine Übersetzung ist; sie ist miserabel (entschuldige die Offenheit); man merkt: Du hattest die andere Fassung vor Dir liegen, als Du daran gingst, dasselbe in einen reimlosen Vers zu bringen.

Mein Rat wäre nun: unter allen Umständen nicht weiterfahren in der reimlosen Fassung. Versuch es einmal in gereimten jambischen Versen – etwa wie Deine Alexandriner, doch *ohne* Mittelcäsur – und stelle es Dir nicht zur Regel, die Verszeilen alle gleich lang zu machen. Hast Du einen Wieland zu Hause? Bei ihm findest Du Dichtungen mit längern und kürzeren Verszeilen, doch sind die Verszeilen durch Reim miteinander verbunden.

Hüte Dich aber, mehr als 4–6 Zeilen hintereinander aus einer Versart in eine andere zu bringen. Die Fassung, die Du mir sandtest, diene Dir zur Warnung (sie hat keinen Schwung – ein bernischer Schulmeister hätte sie machen können; während man den Alexandrinern anmerkt, daß der Verfasser ein Dichter ist). Und bleib bei Reimen!

Herzlichst, mit vielen Grüßen
Dein Fränkel

334. Loosli an Fränkel, Bern-Bümpliz, 2. März 1925

[...]

Ich brauche Dir wohl kaum zu sagen, wie sehr ich mich auf Deinen Besuch freue, mag aber nicht bis dahin warten, um Dir noch einmal für Deinen jüngsten guten Rat von Herzen zu danken. Ich habe mich nun in der Arbeit auf fünffüssige, gereimte Jamben festgelegt, rücke ordentlich vorwärts und habe das Gefühl, in Form und Inhalt nun auf festem Boden zu stehen;[94] – das Ding scheint mir solid zu werden und ich freue mich darauf, es Dir, ist's einmal zu Ende gediehen, vorzulegen, wobei mir freilich vor Deinem Urteil ordentlich bangt, denn, – weiss der Teufel! – sobald ich mich auf dem Boden gebundener Sprache bewege, bin ich mir nie klar, ob was entsteht etwas taugt, oder blosser, von meiner rhytmischen Befangenheit und meinem Versifizierungsrausch goldverbrämter Mist ist. Nun, wer's erlebt wird sehen!

Leb mit den Deinen herzlich wohl und seid gegrüsst von Deinem

C. A. Loosli

Verslibrünzler

335. Fränkel an Loosli, Thun-Riedegg, 14. März 1925

[...]

Übrigens: was man heute Perfides erlebt! Bohnenblust, der Stolz der Genfer, der sich in seinem Berner Vortrag seinem Publico durch Vorlesung eines Briefes von Spitteler an ihn empfahl, berichtet jetzt, daß in Spittelers letztem Werke Prometheus sich vor dem Bilde des Gekreuzigten neige[95] – – wenn Spitteler das geahnt hätte! Und er stellt ihm als Gegensatz des «Zynikers Heine» Anrede an Christus («du armer Vetter») gegenüber …[96]

---

94 Das Versepos *Ialdabaot* umfasst knapp 130 Druckseiten. Der «Prolog» beginnt mit den Worten: «Ialdabaot, du Urgrund jeder Plage, / Halt einmal Stand! Hör der Geschöpfe Klage, / Erfahre was Verruchtes du getan! / Nicht was du schufst, dich selber klag ich an, / Denn deine Schöpfung, die verdamm ich nicht, / Doch ihre Leitung bildet dein Gericht.»

95 Am 7. 1. 1925 spricht Gottfried Bohnenblust auf Einladung der Freistudentenschaft in Bern an der Gedenkfeier zu Spittelers Tod. In einem redaktionellen Veranstaltungshinweis wird Bohnenblust als «berufener Kenner» und «freimütiger Verehrer des Dichters und Menschen Carl Spitteler» angekündigt (*Der Bund*, Nr. 8, 5. 1. 1925). Beim Bericht, den Fränkel zitiert, handelt es sich um Gottfried Bohnenblust: *Carl Spitteler*, in: *Die Schöne Literatur*, Nr. 3, März 1925, S. 107. Bohnenblust schreibt: «Wer aber sieht, wie Prometheus andächtig betend vor dem Marterbild des Gekreuzigten steht und sich erinnert, wie einst Heine von dem ‹armen Vetter, Narren und Menschheitsretter› gesprochen, empfindet den ungeheuren Abstand, der zwischen dem empörten Pathetiker und dem zerrissenen Zyniker liegt.»

96 Im Caput XIII von *Deutschland. Ein Wintermärchen* beginnt Heinrich Heine eine längere Auseinandersetzung mit Jesus Christus so: «Mit Wehmut erfüllt mich jedesmal / Dein

336. Loosli an Fränkel, Bern-Bümpliz, 15. März 1925
[...]
Bohnenblust?! – Je nun, – ich habe mich an ihm nie geirrt und was mich eigentlich an ihm am meisten verwundern sollte, wäre die Chuzpe, wüsste man nicht, dass Leute seiner Bedeutung eben vor nichts, weil eigentlich nichtsahnend, zurückschrecken. Der schlimmste ist eben immer der gelehrte Banause! Die Knaben haben in Gottesnamen kein Arbeitsgewissen, wie ihre Leistungen beweisen; woher sollten sie es bei einem Dritten, ich will gar nicht verlangen, anerkennen und achten, sondern bloss nur erkennen? Rede einer mit Blinden über Farben!
[...]

344. Loosli an Fränkel, Bern-Bümpliz, 3. August 1925
[...]
Meinen «Ialdabaot» habe ich, nachdem ich ihn noch einmal eingehend durchsah, ohne jedoch wesentliches daran zu ändern, dem Verleger meiner Anstaltsbücher[97] angeboten, der dessen nächstherbstlicher Veröffentlichung grundsätzlich zugestimmt hat. Möge er litterarisch gewertet werden wie er wolle; – als Credo jedenfalls wird er mir, falls er überhaupt gelesen wird, bei den Nazarenern kein Heil bringen, denn damit schneide ich zwischen ihnen und mir, deutlicher als ich es bisher zu tun Gelegenheit fand, endgültig und unwiderruflich das Tischtuch entzwei.
[...]

353. Fränkel an Loosli, Thun-Riedegg, 12. März 1926
Mein lieber Loosli,
hier die ersten Keller-Bände[98] mit einem herzlichen Grusse. Da Du Dich, wie Du mir letzthin erzähltest, in letzter Zeit so eifrig auf die deutsche Sprache verlegt hast, daß Du sogar Engels Stilistik verschlucken konntest, so lege ich

---

Anblick, mein armer Vetter, / Der du die Welt erlösen gewollt, / Du Narr, du Menschheitsretter!»
97 Der Berner Freiwirtschafter Fritz Schwarz hat sowohl Loosli: *Anstaltsleben* (1924) als auch Loosli: *Ich schweige nicht!* (1925) in seinem Verlag Pestalozzi-Fellenberg-Haus veröffentlicht. Daneben gibt er die Zeitschrift *Schulreform* heraus, für die Loosli gelegentlich schreibt. *Ialdabaot* erscheint noch im Herbst 1925.
98 Nach dem Abbruch der Ausgabe im Wiener Schroll-Verlag 1924 (vgl. dazu Fränkel: *Der neue Medius*, S. 9 f.) erscheinen von Kellers *Sämtlichen Werken* im Rentsch-Verlag (Keller: SW) 1926 zuerst die beiden Fassungen des *Grünen Heinrich* in je vier Bänden.

Dir nahe, die ersten 20 Seiten des Anhangs (in Bd. 6)[99] Dir zu Gemüte zu führen, obwohl ich es dem Leser wahrlich nicht leicht mache; aber ich bilde mir ein, daß man auf diesen 20 Seiten fast ebensoviel erfahren kann wie aus einem dickleibigen Stilistik-Buch.

Leb wohl, mein Lieber, und laß Dirs recht gut gehen!
Herzlichst
Dein Fränkel

365. Loosli an Fränkel, Bern-Bümpliz, 13. Juli 1926

[...]

Ich selbst bin zur Zeit gerade dran, mich wenn möglich von der Schriftstellerei endgültig loszumachen. Der zwingendste Grund ist ja, dass ich nicht davon leben kann und für anderes Futter sorgen muss; dann aber auch reuts mich nimmer, denn wenn es mir auch nur zu bewusst ist, wie unzulänglich allzuvieles war, das ich schuf, so werde ich dennoch des Gefühles froh sein, nimmer Perlen vor die Säue werfen zu müssen, das Maul halten zu dürfen in einer Zeit und Umwelt wo Geist als persönliche Beleidigung und Schönheit als Eselei aufgefasst wird. Zwar weiss ich noch nicht obs mir glückt, allein ich hoffe und wenns gelingt sollst Du weiteres hören.

[...]

366. Fränkel an Loosli, Thun-Riedegg, 26. Juli 1926

[...]

Deine Andeutung wegen Quittierung der Schriftstellerei macht mich sehr gwundrig. *Hoffentlich* gelingts Dir! Denn Schriftstellerei als Broterwerb ist ja – besonders in der Zeit, in der wir leider leben müssen, das Schlimmste, was es geben kann. Was man schreiben *muß*, das schreibt man sicher in reinerer Form, wenn man – kein Schriftsteller ist. Wie würde ich Dirs wünschen!

[...]

367. Loosli an Fränkel, Bern-Bümpliz, 31. Juli 1926

[...]

Wie ich von der Schriftstellerei loszukommen gedenke? Je nun, ich habe einer Anzahl grosser Gewerbe- und Handelshäuser ganz einfach mitgeteilt,

---

99 Fränkel charakterisiert in Keller: SW 6 (S. 329–346) Kellers Überarbeitungen des *Grünen Heinrich*.

dass angesichts der beesen Zeit ich mich entschlossen hätte «meine schriftstellerischen, künstlerischen und graphischen Erfahrungen in den Dienst der grossgewerblichen und geschäftlichen Reklame zu stellen» und die bisherigen, ersten Ergebnisse sind, wenn auch nicht glänzend, so doch immerhin derart, dass ich die Möglichkeit nicht ausgeschlossen sehe, darauf beharren und mich mit der Zeit wirtschaftlich erholen und behaupten zu können.
[…]

370. Loosli an Fränkel, Bern-Bümpliz, 24. November 1926

[…]

Gegenwärtig habe ich eine Arbeit unter den Händen, die Dich wohl nicht wenig überraschen wird, betitelt «Die schlimmen Juden» – in der ich der seit einiger Zeit bei uns eingedrungenen antisemitischen Propaganda den Prozess so schonungslos als möglich mache und zwar von *meinem* schweizerisch-republikanisch-demokratischen Standpunkte aus. Möglich, dass sich darum ein gross Geschrei erheben wird, da ich mir herausnehme, zum Teil recht unbequeme, unangenehme Zusammenhänge blosszulegen.

[…]

Letzten Freitag habe ich einen Prozess gegen die bern. Radiogesellschaft gewonnen, die unbefugter Weise von meinen berndeutschen Gedichten zwischen dem jüngsten Jazzband und den letzten Schweinepreisen in die Welt hinaus trompetete. Natürlich musste ich wieder einmal den «Hans geh du voran» spielen; der Schweizerische Schriftsteller-Verein dagegen war oder ist, wie ich daselbst hörte, daran, mit der Radioseuche zu paktieren. Meine Klagebegründung hättest Du hören sollen; ich glaube, Du hättest Freude daran gehabt und sie muss auch juristisch nicht ganz blödsinnig gewesen sein, wenigstens war die Urteilsbegründung des Vorsitzenden nichts als deren Wiederholung im Kurialstil, ja, trug mir sogar den Glückwunsch des Präsidenten ein. Damit ist gegen diese neuste Prostitution geistigen Eigentums mindestens durch einen Präzedenzentscheid ein Damm aufgeworfen.[100]

---

[100] Innert drei Monaten bringt Loosli nun im Selbstverlag *Die Radioseuche!* (vgl. Loosli: *Werke* 4, S. 317–338) heraus, die er Fränkel am 19. 2. 1927 so anzeigt: «Ende nächster Woche kriegst Du eine Broschüre, ‹Die Radioseuche!›, in der ich an Hand meines Prozesses urheberrechtlich und künstlerisch zum Radio Stellung beziehe. Zum besten meiner Herren Kollegen, von denen es natürlich wieder einmal keiner gewagt hatte. Ich durfte es, da ich ohnehin nirgends mehr was zu verlieren habe. Bei der Gelegenheit einige Fusstritte ausgeteilt.»

Freut mich, dass Du meine Novellen nicht allzuschlimm findest. Dir zuzumuten sie zu lesen möchte ich nicht, mit Ausnahme der kürzesten, – «Der grösste Dummkopf» – (Seite 149 ff.), die mir nachträglich besonderen Spass macht.[101]

[...]

371. Loosli an Fränkel, Bern-Bümpliz, 4. Dezember 1926

Mein lieber Fränkel, ich hoffe, dass mich Bloesch, wie er es mir versprach, bei Dir um meiner Abwesenheit willen an Deinem Vortrag entschuldigt hat,[102] anders ich es hiemit nachholen möchte. Mir war erstens unwohl, so dass ich so rasch wie möglich nach hause ins Bett gehen musste, dann aber auch ist es mir, so gern ich Dich gesehen und gehört hätte, einfach peinlich, mich in der Gesellschaft, namentlich der literarischen Gesellschaft Berns zu befinden, wo wir uns doch nichts gescheites hätten sagen können. Ich gehöre nun einmal nicht dahin und man lässt es mich auch, trotz gelegentlichen Einladungen deutlich genug fühlen: – ich bin und bleibe ausgesperrt und befinde mich eigentlich, rein seelisch gesprochen, wohl dabei. Wie weit übrigens die Sperre gegen mich geht, ergibt sich nicht nur daraus, dass ich in der Schweiz bei keinem Verlag ankomme, sondern mit eiserner Hartnäckigkeit abgewiesen werde, sondern auch daraus, dass man seit Jahren in den Weihnachts- und sonstigen Buchkatalogen der schweiz. Verlegerschaft, meine Werke, auch die Neuerscheinungen mit keinem Tone erwähnt, nicht aufführt. Man will mich nicht bloss mundtot haben, sondern meinen Namen dem Publikum unterschlagen, mich auch materiell zu Grunde richten, was nun annähernd geschehen ist und wogegen ich auch nichts hätte, wären meine Kinder erwachsen und das Dasein meiner Frau gesichert. So aber ists gerade bitter genug.

[...]

377. Loosli an Fränkel, Bern-Bümpliz, 24. Dezember 1926

[...]

Ich war letzten Samstag im jüdischen Gottesdienst in Bern, um mir verschie-

---

101 Loosli: *Sansons Gehilfe*. *Der grösste Dummkopf* ist die Geschichte von Hussein, der um «seiner Tüchtigkeit, seiner Klugheit [...] willen» (S. 152) zum König und um seiner Gutgläubigkeit willen unversehens zum «grössten Dummkopf» wird.
102 Laut einem Veranstaltungshinweis im *Bund*, Nr. 509, 28. 11. 1926, spricht Fränkel auf Einladung der Freistudentenschaft Bern über «die unveröffentlichten Jugendgedichte Gottfried Kellers».

denes ad oculos zu vergegenwärtigen. Bei der Gelegenheit zeigte mir dann H. Messinger die Thorarollen; kalligraphische Kunstwerke, die ich eigentlich, obwohl ich kein Zeichen davon lesen kann, ganz gerne gestohlen hätte um mich lediglich an deren Anblick zu erfreuen.

Ich bin nun recht froh, das Judenbuch in Angriff genommen zu haben und habe mich innerlich selbst darob bereichert. Dabei darf ich hoffen, wenigstens einen kleinen Teil des Unrechtes, das gegen die Juden verübt wird, beseitigen zu helfen. Das ist mir auch darum nicht unwillkommen, weil ein Esel in «Wissen und Leben» mich sozusagen als Antisemit bezeichnete,[103] weil ich, anlässlich des Spittelerhandels Frau Landmann auf ihre völkische und rassische Zugehörigkeit festgelegt habe, wobei ich natürlich lediglich beabsichtigte hervorzuheben, dass sie weder als Deutsche noch als Jüdin Spitteler gerecht werden konnte und dass ich es von meinem Schweizerstandpunkt aus von ihr taktlos fand, meinen Landsmann in der von ihr geübten Weise herunterzureissen.

[...]

---

103 *Wissen und Leben*, Heft 8, 20. 2. 1924, S. 508 f. In einem Abschnitt der Rubrik *Notizen* wird dort Looslis Replik im *Genevois* (vgl. Anm. 78) auf Landmann-Kalischers Spitteler-Essay angesprochen (vgl. Anm. 77). Zu seiner Erwähnung von deren «race israélite» heisst es, es sei «ein schäbiges Argument, die Rassezugehörigkeit der Verfasserin gegen ihre schriftstellerische Leistung ins Feld zu führen. Als ob jeder erstbeste uralemannische Mostkopf von Gott mit dem Geschenk der Überlegenheit gezüchtigt worden wäre.»

1927

Nach vielversprechendem Start gerät Fränkels Keller-Edition im Rentsch-Verlag ins Stocken, einerseits weil die Zürcher Behörden Fränkel den unbeschränkten Zugang zum Keller-Nachlass vorübergehend verweigern, andererseits weil Fränkel – auch deshalb – die vertraglich festgelegten Lieferfristen der Bände nicht einhalten kann. In Luzern beginnt man Fränkel als Verwalter des Spitteler-Nachlasses infrage zu stellen. Loosli versucht, zwischen Luzern und der Riedegg zu vermitteln. Im *Bund* trägt Fränkel eine Kontroverse mit dem Verleger Diederichs aus, dieser setze sich nicht genügend für Spittelers Werke ein. Mit der Schrift *Die schlimmen Juden*, für die er nur mit Mühe einen Verleger findet, tritt Loosli dem Antisemitismus entgegen. Daneben schreibt er *Sonette und Rundellen*, die er Fränkel zur Kritik vorlegt.

386. Fränkel an Loosli, Thun-Riedegg, 12. Januar 1927
[...]
Frl. Anna Spitteler. Ich bekam auch gerade in den letzten Tagen einen Brief von ihr,[104] aber einen so unfreundlichen, daß man schon glauben möchte, die Gerüchte, als ob der bekannte Genfer Gelehrte bereits zur Familie gehöre, seien wahr. Undank ist der Welten Lohn.
[...]

387. Loosli an Fränkel, Bern-Bümpliz, 16. Januar 1927
Mein lieber Fränkel, es geht mir ja immer so wie letzten Freitag; wir sehen uns so selten, dass wir das, was wir eigentlich erörtern möchten, kaum streifen können und nachher ärgere ich mich, dass ich das wesentlichste vergass. Nun bin ich entschlossen, wenn es anders irgendwie zu ermöglichen ist, Dich nächsten Samstag heimzusuchen, vorausgesetzt, dass Dir mein Besuch passt.
[...]
Nun zu meinen eigenen Schmerzen. Das Judenbuch hast Du ja[105] und ich bin

---

104 Im Nachlass von Fränkel befindet sich ein auf den 7. 1. 1927 datierter Brief, in dem Anna Spitteler darzulegen versucht, weshalb sie an Fränkels Verhalten «Anstoss genommen habe». Unter anderem geht es dabei um Abmachungen in Bezug auf die geschäftlichen Verhandlungen mit Diederichs (SLA-Fraenkel-B-4-c-FAMSP, Dossier 1/2).

105 Gemeint sein muss ein Typoskript von *Die schlimmen Juden* – das Buch erscheint erst Ende Mai 1927.

natürlich sehr gespannt zu hören, was Du davon hälst. Als ich daran ging, gedachte ich lediglich eine scharfe Abwehrschrift gegen die antisemitischen Wühlereien, mit denen die Schweiz seit einigen Jahren heimgesucht wird, zu verfassen. Dann, genötigt, mich auf manchem Gebiete des Näheren umzusehen und es zu vertiefen, blühte mir aus Erfahrung, Erinnerung und philo- wie antisemitischer Litteratur eine solche Fülle von Anregungen und Stoff entgegen, dass ich am liebsten aus dem Buch eine rein persönliche Analyse des Judentums, wie es sich mir darbietet, verfasst hätte. Dazu nun langte es nicht, denn die Schrift eilt und dürfte für den nächstliegenden Zweck, den Kampf, so wie sie ist, eigentlich auch zweckentsprechender, weil wirksamer sein. Vielleicht bietet sich mir später Gelegenheit darauf zurückzukommen und noch so manches nachzuholen, das mir eigentlich unter den Nägeln brennt, wozu ich aber Zeit haben sollte und Zeit ist Geld; ich bin, als nun alter Schwede, leider immer noch auf kurzfristige Brotarbeit angewiesen, so dass ich das Beste, das ich jetzt, wo ich gelassen und erfahren genug dazu wäre, geben könnte, wohl oder übel unterdrücken muss.
[…]

388. Fränkel an Loosli, Thun-Riedegg, 16. Januar 1927
Mein lieber Loosli,
ich habe soeben Dein Judenbuch zu Ende gelesen. Ich beglückwünsche Dich von Herzen zu der scharfsinnigen Durchdringung des weitläufigen Stoffes und zu Deinem Bekenntnismut. Offen gestanden: daß ein Nichtjude darin so weit gehen würde, hätte ich nach meinen Erfahrungen nicht für möglich gehalten. Das Buch ist ein Zeugniß, ein leuchtendes Zeugniß für Deinen schönen Idealismus – ein nicht minder gültiges Zeugniß wie Deine Kampagne gegen die Erziehungsanstalten.
[…]
Noch einmal: ich beglückwünsche Dich zu dem Buche; es ist vieles darin so schön und treffend formuliert, wie ich mirs nicht besser denken könnte. Nur sollte man vielleicht die deutschen Hakenkreuzler nicht so gar ernst u. wichtig nehmen; ein paar Fußtritte sollten genügen.
Herzlichst Dein
Fränkel

389. Loosli an Fränkel, Bern-Bümpliz, 17. Januar 1927

Mein lieber Fränkel, Dank für Deinen Brief; ich wusste dass Du mir beistimmen würdest und bin froh, dass Du auch mit der Form im Grossen und Ganzen einverstanden bist. Was Du daran rügst, das Eintreten nämlich auf jeden Dreck der «Protokolle»,[106] das habe ich mir ob aller Arbeit immer und immer wieder vorgeworfen und ich kam mir darob ordentlich blödsinnig vor. Und doch musste es, muss es so sein. Das Buch ist bestimmt, nicht nur von Gebildeten, sondern namentlich auch vom Volk gelesen zu werden, das nun, Du ahnst es wohl gar nicht, namentlich nicht mit welcher Ausdauer und in welchem Masse, seit Jahren auf diese Verleumdungen eingepeitscht wird. Und dass sie haften, dafür habe ich gerade der traurigen Beweise genug zur Hand. Dann aber auch soll das Buch von unsern Schriftleitern gelesen werden, die über alles schreiben müssen, ohne darüber nachdenken zu können, weils ihnen schlechterdings an Zeit, wenn nicht an Fähigkeit und gutem Willen gebricht. Für sie mag das Buch als antihackenkreuzlerisches Vademekum dienen, daher eine Ausführlichkeit, die ich mir anders hätte ersparen können. Ueberdies: – Du unterschätzest die Antisemiten. Weisst Du, dass es vor zwei Jahren nicht viel zu einem kleinen Pogrom in Bern,[107] – ja, in Bern – fehlte? Draussen haben die Leute scheinbar ein wenig abgewirtschaftet, bei uns haben sie, mit Ford[108] und Protokollen, wachsenden Erfolg. Dass sie kreuzdumm sind erhöht in der Masse, die es auch ist, nur ihre Stosskraft, vermehrt ihren Anhang. Zur gegenwärtigen Stunde werden die Protokolle im «Schweizerbanner»[109] unserm Volk als geschichtliche Wahrheit in wöchentlichen Feuilletonabschnitten mit vollem Erfolg aufgetischt. Dabei sinds nicht die Hackenkreuzler allein, die unsern demokratischen Gedanken systematisch bei uns versauen. Da ist die

---

106 Die *Protokolle der Weisen von Zion* sind eine zu Beginn des 20. Jahrhunderts fabrizierte, international verbreitete antisemitische Hetzschrift, die vorgibt, den Geheimplan zur Errichtung einer jüdisch-freimaurerischen Weltherrschaft zu belegen.
107 «1923 und 1924 hatte es in Bern und Zürich antisemitische Aktionen gegeben, die als Hakenkreuzwelle bezeichnet worden sind. Schmiereien, Handzettel und Plakataktionen verunsicherten die Öffentlichkeit. In einer Nacht im Mai 1923 waren in Bern Plakate ‹Schlaget die Juden tot!› angeschlagen worden. Es wurde vermutet, dass die Täter mit der deutschen Botschaft im Zusammenhang standen. Im Dezember 1923 wurden in Bern Plakate ‹Die Juden sind an allem schuld!› angebracht.» (Marti: *Loosli 3/1*, S. 294)
108 Henry Ford gibt zwischen 1920 und 1922 *The International Jew* heraus, eine vierbändige Sammlung antisemitischer Texte, die 1922 unter dem Titel *Der Internationale Jude. Ein Weltproblem*, Leipzig: Hammer Verlag, auf Deutsch erscheint.
109 *Schweizerbanner* ist die Zeitschrift der Heimatwehr, einer mittelständisch-bäuerlichen Organisation im Umfeld der Nationalen Front und des Parti fasciste suisse.

Action française, les Camelots du Roy, Mauras, Daudet,[110] die unsern welschen Studenten den Kopf füllen, da ist die römisch-ultramontane Propaganda, die Tag um Tag an Boden gewinnt, da ist der Faszismus, mit dem schon heute viele Schweizer liebäugeln, – alle mit ausgesprochen antisemitischem Unterton! – mit einem Wort, wir stehen schon heute mitten in einem Kulturkampf, ohne dass sich dessen jemand gewahrt und diesmal kommt er von rechts und hat schon unsere Aussenbollwerke eingenommen. Da kann ich nicht mit dem Floret fechten, so sehr es mir auch läge, sondern muss mit der Keule dreinschlagen, nachdrücklich einbläuen, wiederholt einbläuen, mit der Mistgabel ausmisten.
[...]

394. Fränkel an Loosli, Thun-Riedegg, 27. Januar 1927
[...]
Von Frl. Anna Sp. kam gestern diese Karte,[111] die mir bestätigt, was ich Dir gesagt habe: daß Frl. Anna nur vorgeschoben wird u. daß sie es ungern tut – aber eben sie kann nicht anders, sie muß sich fügen. Ich trage mich mit der Absicht, ihr vorzuschlagen, sie möchte uns bald einmal besuchen, dann könnte man ihr alles mündlich klarmachen.
[...]

396. Loosli an Fränkel, Bern-Bümpliz, 3. Februar 1927
Mein lieber Fränkel, so eben hatte ich den Besuch von Fräulein Mintje Spitteler, die, von Genf herkommend, auf Durchreise über Bern einen Abstecher von einer Stunde zu mir machte. Sie hatte mich in der Angelegenheit Muirhead[112] einiges zu fragen, dann aber sprachen wir auch über Euer gegenseitiges Verhältnis und ich sprach durchaus offen und sachlich zu ihr, erklärte ihr, was sie und ihre Angehörigen Dir zu verdanken hätten, welche Verantwortung und Pflicht Du mit der Ordnung und den Spittelerveröffentlichungen übernom-

---

110 Die beiden rechtsextremen französischen Schriftsteller Charles Maurras und Léon Daudet haben zusammen die Ligue d'Action française gegründet. Die «Camelots du roi» sind deren militante Unterorganisation.
111 Im Fränkel-Nachlass ist eine auf den 24. 1. 1927 datierte Karte von Anna Spitteler erhalten: «Lieber Herr Fränkel, / Ich bedaure es aufrichtig und herzlich, dass wir uns nicht verstehen und dass Sie meinen Brief, den ich in der Absicht geschrieben hatte alle Missverständnisse zwischen uns aufzuklären, als Beleidigung aufgefasst haben. / Nun bleibt uns nichts übrig als zu warten bis die Zeit oder irgend ein äusserer Zufall uns wieder zusammenführt. / Mit herzlichen Grüssen für Sie und Eri / Anna Spitteler» (SLA-Fraenkel-B-4-c-FAMSP, Dossier 1/2).
112 James Fullarton Muirhead veröffentlicht, unterstützt von Fränkel und Loosli, 1927 unter dem Titel *Laughing Truths* eine englische Übersetzung von Spittelers *Lachenden Wahrheiten*.

men hättest und wie wichtig es sei, dass der Wille Ihres Vaters darin restlos und zwar nur in der von Dir zu gebenden Deutung zum Ausdruck gebracht werde, wobei ich ihr so beweglich und eindringlich wie möglich ans Herz legte, Dir restlos, im Interesse der Sache selbst zu vertrauen und sich Deinen sachlichen Anordnungen einfach als höherer Einsicht entspringend zu fügen. Ich sagte ihr im Weiteren auch, dass Du eben für die Spittelerarbeiten nie im Verhältnis Deiner Mühewaltung bezahlt werdest, dass Du, als Familienvater eben darauf angewiesen seiest, zunächst einmal Dein Brot zu verdienen und dass, wenn es schon lange daure bis die Biographie herauskomme, eben eine Unsumme von Arbeit bewältigt werden müsse und dass Du allein die Gewähr bietest, dass sie im Sinne Spittelers, der jedes Philologenschnüffeltum, jedes Alexandrinertum leidenschaftlich hasste, zu seiner und aller Beteiligten Ehre ausfallen werde, in einer Weise, wie eben nur Du sie zu stande bringen könnest. Ich rate ihr dringend, Dir nicht nur nichts in den Weg zu legen, sondern Dich im Gegenteil nach Kräften zu fördern und sich nicht von Leuten beeinflussen zu lassen, die eben Deine Aufgabe nicht in ihrem ganzen Umfang noch in ihrer vollen Bedeutung zu übersehen vermögen.

Was Euch eigentlich trenne, seien lediglich Missverständnisse, die der Sache keinen Abbruch tun dürften und die zu vermeiden bei gutem Willen entschieden im Interesse der Arbeit wie aller Beteiligten erforderlich sei.

Fräulein Spitteler erklärte mir nun: es sei weder ihr noch jemand anderes je auch nur eingefallen, Dir die Arbeit zu erschweren, oder gar die Unterlagen dazu wegzunehmen; sie seien entschlossen Dich nun einfach ungestört arbeiten zu lassen und weder Dich noch sich selbst aufzuregen. Du selber hättest Missverständnisse geschaffen, so durch Deine Annahme, es seien Manuscripte an Drittpersonen ohne Deine Einwilligung verschenkt oder unterbreitet worden. Du seiest auch gar zu überempfindlich und misstrauisch. Ich erklärte ihr, dass was sie als Ueberempfindlichkeit und Misstrauen auslege, lediglich Aeusserungen Deines überempfindlichen Arbeitsgewissens sei, worin gerade die Gewähr für die Vortrefflichkeit Deiner Arbeit liege. Was sie als Kleinlichkeit bei Dir empfinde, sei eben notwendig, wenn wirklich ganze, restlos befriedigende Arbeit geschaffen werden solle und ausserdem seiest Du eben kein leichtlebiger Gesellschaftsmensch, sondern eine in Dich gekehrte, tiefschürfende Gelehrtennatur, der man, da ja doch alles in der uneigennützigsten Weise dem Ruhm Spittelers und der Sache diene, auch gelegentlich eine kleine Entgleisung zugute halten müsse, besonders wenn man wisse, zu welchem Ende es nötig sei. Ich glaube sie nun, wenn nicht vollkommen überzeugt, doch immerhin so günstig als möglich beeinflusst zu haben, wenigstens versicherte sie mir wiederholt, in herzlich liebenswürdiger Weise, dass sie alles vermeiden werde, was Dir Deine Arbeit erschweren, oder Euer gegenseitiges Verhältnis trüben könnte.

Et voilà! Ich dachte, mein sofortiger Bericht aus frischer Erinnerung werde Dir willkommen sein.

Grüsse mir Deine Frau und Kinder und auch Du sei herzlich gegrüsst von Deinem

C. A. Loosli

414. Fränkel an Loosli, Thun-Riedegg, 21. März 1927[113]

Mein lieber Loosli,

Du bekommst hier endlich dein manuskript zurück.[114] ich habe die gedichte mehrmals durchgelesen und ich finde, dass Du durchaus recht hast, wenn Du die sachen magst, denn sie sind mit unglaublicher geschicklichkeit gemacht. besonders den sonettenkranz würde Dir nicht leicht jemand nachmachen – ich jedenfalls nicht, aber auch die geschicktesten unter den romantikern kaum. jedenfalls darfst Du Dir etwas darauf einbilden, bis dato der erste zu sein, der ein sonet *glossiert* hat (denn ein sonettenkranz sieht anders aus: der schlussvers des ersten sonetts eröffnet das zweite sonet, der schlussvers des zweiten wiederholt sich zu beginn des dritten usw. davon gibt es im ganzen etwa zwei oder drei beispiele in der gedruckten deutschen literatur.) Du wirst sehen, dass ich mir gerade diesen sonettenzyklus genau angesehen und sogar an einer stelle einen vers eigener fraktur eingeschmuggelt habe, um das unmögliche wort «eingedenke» im reim hinauszuschaffen. wenn tatsächlich ich es gewesen, der den reimer Loosli geweckt hat, so darf ich stolz darauf sein. aber freilich (nun kommt die kritik!) man sieht Deinen sonetten die freude an der überwindung der schwierigkeiten zu sehr an. sie gemahnen mich zu sehr an die romanischen sonette des 16. jhdts, die nicht so inhaltsgesättigt sind wie bei den deutschen verskünstlern des letzten jahrhunderts, besonders der letzten jahrzehnte (aber schon bei Platen). ein sonett sollte wie ein altes venezianer glas aussehen: jede zeile geschliffen, und das ganze sollte wie musik wirken – wie verhaltene

---

113 Für einige Zeit schreibt Fränkel seine Briefe ab und zu mit der Schreibmaschine und experimentiert mit der gemässigten Kleinschreibung. Die in diesem Brief nach der abschliessenden Grussformel angefügte Ergänzung hat Fränkel von Hand geschrieben – deshalb dort die normale Orthografie.

114 C. A. Loosli: *Sonette und Rundelle* (SLA-Loosli-E-3-A-02-a). In diesem Konvolut liegt auch jenes Typskript der Gedichtsammlung, das Fränkel – wie er im Folgenden schreibt – mit «null» und «kreuzchen» versehen hat.

musik. Du siehst, dass ich ein sehr strenger kritiker bin. ginge es nach meinen ästhetischen forderungen, so hätte ich in den band der «Frühen Gedichte» kaum die hälfte der abgedruckten sonete aufgenommen.[115] also mir fehlt das *dichterische* element in Deinen sonetten, es ist zu viel dialektik in ihnen – nicht durchweg in allen, wohl aber in den meisten. Deine sonete verdanken ihr entstehen meistens einem gedanklichen einfall – diesen ursprung verhehlen sie nicht. dann stellte sich die freude an der besiegung der schwierigkeiten ein, die dich ab und zu verführte, die schwierigkeiten zu häufen; aber die reimhäufung trug ein element des spielerischen hinein und zerstörte zumeist den ernst des ursprünglichen gedankens. die virtuosität ist halt etwas gefährliches für den künstler, der ihr nachgibt. doch im ganzen sind ja die gedanken *ernst*, und es sind Deine erlebten gedanken; deswegen wäre ich dafür, Du liessest den band drucken, denn das menschliche darin würde bei den wenigen lesern, auf die ein band sonette heutzutage zu rechnen hat, die oberhand gewinnen. was ich unter allen umständen ausgeschieden wissen möchte, habe ich oben mit einem o-zeichen versehen (also: null). was ich unter *allen* umständen für druckwert halte, ist mit einem kreuzchen bezeichnet.

jetzt die *rondelle*. da hast du das wesentliche moment in einem rondell übersehen: die wiederholung der verse, die durch den namen bedingt ist. die beiden ersten verse müssen in der mitte wiederkehren und der anfangsvers soll auch das ganze gedicht beschliessen. das kann natürlich verschieden variiert werden, aber das kehrreimartige sollte nicht fehlen. Du aber hast Dich an der beschränkung auf zwei reime genügen lassen. ich würde Dir gleichwohl nicht raten, den namen zu ändern. was mich aber an diesen «rondellen» stört, ist ihre schwere: sie sind mir zu sehr belastet. es fehlt das *tanzende*, das allein die beschränkung auf zwei reime rechtfertigt. (in parenthese: ich möchte Dich gern einmal zu einem richtigen rondell im emmenthaler-dialekt verführen – ich bin überzeugt, dass es unter Deinen fingern etwas sehr hübsches werden könnte). Du siehst, mein Lieber, ich bin auch Deinen rondellen ein strenger richter, und doch sage ich nicht, Du möchtest sie in Deinem schreibtisch verschliessen, sondern im gegenteil: lass sie drucken, wenn Du gelegenheit hast. wenn ihnen auch der charakter des rondells abgeht (nur gelegentlich ist er hier getroffen, z. B. in «Mein Spott»), so ist es eben doch die persönlichkeit, die ihnen den wert gibt.

---

115 1927 hat Fränkel ausserhalb der Werkausgabe Keller: SW im Rentsch-Verlag unter dem Titel *Frühe Gedichte* eine «Auslese aus dem Nachlass» in einer «einmaligen Vorzugsausgabe» herausgegeben.

und das virtuosenhafte ist ihnen auf jeden fall eigen. hier, bei den rondellen, sind nur *die von mir mit einem kreuzchen bezeichneten gedichte* druckfähig; die anderen halte ich für schwach und würde Dir ihre aufnahme nicht raten.

Ich hoffe, mein Lieber, Du lässt Dich durch mein allzu rigoroses urteil nicht abschrecken*). eine auswahl von 50 nummern (soviel wirds ungefähr geben) in einem hübsch gedruckten bande wird bei den wenigen, die sich für dergleichen interessieren (wir leben ja im zeitalter des sports und des autowahns!), schon einiges aufsehen erregen und freude wecken. und vor allem: für Dich zeugen.

lebe wohl und lass mich Deinen entschluss wissen.

mit herzlichstem gruss

Dein alter

fränkel

*) Wie wenig würde ich den vermeintlich strengsten Dichtern durchgehen lassen, wenn sie mir, wie Du, ihre Gedichte – und gar Sonette! – vor dem Druck vorlegen würden. Der ganze vielbändige George würde dann auf ein einziges, sehr schmales Bändchen zusammenschrumpfen.

415. Fränkel an Loosli, Thun-Riedegg, 24. März 1927

[…]

Und gelt: Du weißt ja, daß meine Meinungen u. Ratschläge freundschaftlich-herzlich gedacht waren und daß mir bei meinen Urteilen über Poesie immer der *absolute* Maßstab vorschwebt, ohne Rücksicht darauf, daß dieser Maßstab in praxi niemals angelegt werden kann.

Herzlichst Dein Fränkel

416. Loosli an Fränkel, Bern-Bümpliz, 25. März 1927

Mein lieber Fränkel, entschuldige, bitte, dass ich Dir erst heute für Deine Mühe, Deinen so ausführlichen Brief und Rücksendung der Gedichte danke. Ich hatte alle diese Tage so allerlei Ablenkungen und war durch so Verschiedenes bedrängt, dass ich mit dem besten Willen nicht dazu kam, auch nur eine Zeile zu schreiben.

[…]

Was nun die Sonette und Rondelle anbetrifft, so habe ich mehrfachen Grund, Dir wiederum einmal mehr recht dankbar zu sein und möge nun aus ihnen werden was wolle, so hast Du jedenfalls meine Selbsterkenntnis gemehrt und meine Einsicht bereichert, wie noch immer, wenn ich etwas Kritisches von Dir las.

Dass Du vollständig recht hast, daran zweifle ich also keinen Augenblick und bin froh, dass Du mich über mich selber in Sachen aufklärtest, die ich wohl fühlte, aber nicht zu formulieren vermochte. Vor allem hast Du darin recht, dass ich kein Dichter im deutschen, rein lyrischen Sinne bin. Oder vielleicht, dass ich mich nicht dafür halte es zu sein. Auch da wo ich rein poetisch empfinde komme ich mir im Augenblicke der Formulierung so läppisch vor, dass der Dialektiker in mir flugs den Dichter in sein Hundshaus jagt und sich seines Knochens bemächtigt. Dann tritt natürlich ein, was Du bemerktest, der Gedanke verdrängt die Empfindung und da der Vers an sich meiner Empfindung nicht liegt, so sucht mein Verstand unwillkürlich und unbewusst durch äussere Form zu ersetzen, was an Innigkeitsgehalt verloren ging. Dazu kommt noch, dass ich, so oft ich Verse schmiede, von rhytmischen Gebilden geradezu bedrängt bin. Was der tappige Bernerbauernbube einfältig empfindet, das vollendet auf dem Papier der an den Franzosen gebildete Romane, dem der Geist mit der Empfindung durchbrennt.

Ganz wohl ist mir beim Schreiben überhaupt nur da, wo ich, vor ein Phänomen gestellt, es zunächst so unvoreingenommen als möglich betrachten und dann unerbittlich, bis zur Selbstverneinung wenns sein muss, zu Ende denken kann. Ich glaube darum auch, dass wenn mir als Schriftsteller überhaupt ein Lob gebührt, dann nur dieses, dass ich mich nie vor den Ergebnissen meines Denkens gefürchtet habe und davor zurückgeschreckt bin, sie auszusprechen.

Damit wird man, wenns zum Höchsten kommt ein Voltaire oder ein France, aber sicherlich kein deutscher Dichter, folglich:

Halts Maul Frosch!

Ob ich darum die Verse, die Du gut geheissen hast nicht doch einmal drucken lasse weiss ich gegenwärtig nicht, da mich andere Dinge beschäftigen, die mir für die nächste Zeit näher liegen. Jedenfalls bin ich Dir dankbar, dass Du mich daran verhindert hast, die zu drucken, die Du ablehnst.

[...]

422. Fränkel an Loosli, Thun-Riedegg, 5. Mai 1927

[...]

Hast Du übrigens das «Inselschiff» erhalten?[116] Nun glaubte ich in die befestigte Insel so weit eingebrochen zu sein, um daraufhin an Kippenberg mit einem klar umschriebenen Verlagsangebot herantreten zu können, ich war

---

116 Die Zeitschrift des Insel-Verlags widmet die Nummer 2/1927 dem am 29. 12. 1926 verstorbenen Lyriker Rainer Maria Rilke. Fränkel steuert den Aufsatz *Rilke und Spitteler* bei.

vor drei Wochen deswegen auch in Luzern u. fand die Zustimmung von Frau Spitteler u. Frl. Anna – aber inzwischen kam Frl. Mietje aus Paris (oder aus Genf?) und vorgestern erhielt ich – nach abgehaltenem Familienrat – einen abschlägigen Bescheid![117] Man wolle keine Streitigkeiten mit Diederichs haben – usw. Dabei sind die Folgen der Diederichsschen Propaganda gegen Spittelers Bücher geradezu verheerend: noch nie in den 15 Jahren, seitdem ich die Statistik führe, war der Absatz so tief gesunken wie im vergangenen Jahre: von 10 000 und darüber auf insgesamt 2700 (der Ol. Frlg. von 1413 im Jahre 1925 auf 464 Expl.; «Dulder» von 3156 Expl. auf 379 usw.!). In ein paar Jahren wird Spitteler glücklich begraben sein und man wird ihn dann nach 30 Jahren, wenn die Familie nichts mehr dreinzureden haben wird, wieder entdecken und exhumieren! Daß unter diesen Umständen sich auch kein Verleger für die Biographie finden wird, ist ja klar. Einem Dichter kann kein größeres Unglück passieren als wenn er – Töchter hinterläßt! – Es wird mir nichts übrig bleiben als ihnen zu erklären, sie möchten mir in Zukunft die Kränkungen ersparen u. gefälligst selber nach allem sehen.

Sei herzlichst gegrüßt u. bedankt
von Deinem Fränkel

423. Loosli an Fränkel, Bern-Bümpliz, 6. Mai 1927

[...]

Spittelersorgen! – Je nun, ich würde mich in diesem Falle einen blauen Teufel um den Beschluss des Familienrates kümmern und einfach vorwärts schaffen und zwar so: Suche es einzurenken, dass Kippenberg für die Sache gewonnen wird und von sich aus den Vorschlag an Diederichs leitet, dieser solle ihm Sp. abtreten. Ich denke, dass gerade an Hand der buchhändlerischen Misserfolge, Diederichs traitabel sein könnte, denn was hat er jetzt noch von Spitteler, den er sich selber ruinierte und von dem er sich sagen kann, er habe jedenfalls den Rahm abgeschöpft?

Wichtig ist auf alle Fälle, dass einmal die Gesamtausgabe, dann Deine Biographie erscheint und zwar vor allem, *dass die Gesamtausgabe von Dir* besorgt werde. Daran muss, so scheint mir, gegen Tod und Teufel festgehalten werden. Gegenüber der Familie resignieren würde ich unter keinen Umständen. Man weiss wenig was die Zukunft bringt und sollte sich die Sache nach unsern Wün-

---

117 Zu den schliesslich scheiternden Bemühungen Fränkels für den Verlagswechsel von Spittelers Werk vgl. auch Marti: *Loosli 3/2*, S. 438, sowie Loosli: *Werke* 4, S. 404 und 425.

schen ändern, dann hättest Du Dir damit selber den Boden weiterer Arbeit, die Dir doch um Deinet- und Spittelerswillen am Herzen liegt, abgegraben. Wenn man für eine Sache geleistet hat was Du für diese, dann kann und darf man sie, schon um seiner selbst willen nicht preisgeben, solange noch irgend eine, wenn auch zur Zeit ungeahnte Möglichkeit besteht, sie dennoch zu gutem Ende zu führen. Und diese Möglichkeit wird und muss sich finden. Am Widerstand einer einzigen Person darf eine solche Sache nicht scheitern; dies zu verhindern gibt es, wenn die sanften nichts nützen, andere Mittel.

Womit ich nun freilich nicht gesagt haben will, Du möchtest wie bis anhin der alleruntertänigste Laufbursche der Familieninteressen Sp. bleiben. Aber nicht brechen und die Aufgabe auf andern, Deinen Wegen weiter verfolgen. Ueberlegs!
[...]

427. Loosli an Fränkel, Bern-Bümpliz, 3. Juni 1927
[...]
Inzwischen ist, wie Du gesehen hast, mein Judenbuch erschienen und auch dort bleibt abzuwarten, welches sein und damit mein Geschick sein wird. Die jüdische Presse hat Weisung erhalten, vorderhand nicht Laut zu geben, da wir die antisemitische reichlich mit Besprechungsexemplaren, sowohl in der Schweiz, wie in Deutschland und Wien bedacht haben, um ihr Gelegenheit zu geben, zuerst einmal loszuschlagen. H. Messinger meint, das Buch werde seinen Weg machen; wollte der Himmel er hätte recht, ich könnts wahrhaftig brauchen. In zwei bis drei Wochen soll dann die jüdische Presse ebenfalls ins Horn stossen und dass sie es tun wird, scheint mir schon jetzt, nach den einlaufenden Briefen, ziemlich sicher. Der Alarm scheint, wenn auch in aller Stille, dort gut vorbereitet zu sein.
[...]

428. Fränkel an Loosli, Thun-Riedegg, 3. Juni 1927
[...]
Mit meinem Keller steht es *sehr* schlimm; ich habe der Zürcher Regierung ein Ultimatum gestellt u. werde die Sache wahrscheinlich nächstens vor die Öffentlichkeit bringen. Auch mit Luzern stand ich vor ein paar Tagen beinahe vor dem Bruch; aber dann kam Frl. Anna Spitteler nach Thun u. die Sache wurde eingerenkt u. ich erhielt die Ermächtigung, mit Insel zu verhandeln.
[...]

438. Fränkel an Loosli, Thun-Riedegg, 18. Juli 1927
Mein lieber Loosli, ich erfahre soeben (konfidentiell!), daß der «Bund» morgen im Abendblatt einen sehr bösen Angriff gegen mich von Diederichs wegen des Nachlasses von Spitteler bringen wird; dahinter steht Zürich. Genaueres weiß ich natürlich noch nicht; ich wäre Dir aber dankbar, wenn Du die Freundlichkeit hättest, Dir morgen abend den Bund anzusehen u. mir dann Deine Meinung zu schreiben. Natürlich werde ich unter diesen Umständen in den nächsten Tagen – leider! – nicht nach Bümpliz fahren können.[118]
Sei herzlich gegrüßt!
Dein Fr.

457. Loosli an Fränkel, Bern-Bümpliz, 26. August 1927
[...]
Dass, wenn man angegriffen wird, sich viele finden, die sich darob freuen, während, wenn einem was glückt, nur wenige es bezeugen, ist schon richtig. Immerhin hat Deine Diederichshinrichtung vielleicht doch mehr gewirkt als

---

118 Die öffentliche Kontroverse zwischen Fränkel und Diederichs hat ein Jahr zuvor begonnen. Diederichs veröffentlicht Anfang 1926 das Buch *Carl Spitteler. Eine literarische Feststellung* von Thomas Roffler, das mit kritischer Distanz der Frage des Weiterlebens von Spittelers Werken nachgeht. Fränkel nimmt unter dem Titel *Was bleibt von Spitteler?* Stellung gegen Roffler und damit gegen Diederichs (*Der kleine Bund*, Nr. 7, 14. 2. 1926). Am 22. 6. 1927 bringt der *Bund* (Nr. 259) unter dem Titel *Die schweizerischen Schriftsteller in Romont* einen Bericht über die Generalversammlung des Schweizer Schriftstellervereins (SSV), an der Fränkel über die «Verwaltung der Nachläße von Keller und Spitteler» referiert hat. Unter anderem wird mitgeteilt: «Er macht das mangelnde Interesse von Diederichs dafür verantwortlich, dass der Absatz von Spittelers Werken in einem Jahr von zehntausend auf zweieinhalbtausend gesunken sei.» Dieses Zitat nimmt Diederichs zum Anlass, im *Bund*, Nr. 305, 19. 7. 1927, zu *Carl Spitteler und Jonas Fränkel* Stellung zu nehmen: Er kritisiert dabei insbesondere «die schon so oft mit großem Pathos betonte Fränkelsche Hüterrolle» von Spittelers Werk und Nachlass sowie die Tatsache, dass Fränkel nach Spittelers Tod dessen Biografie und Werkausgabe nicht sofort vorgelegt habe, obschon es doch «gerade nach dem Tode eines Schriftstellers nötig ist, das Interesse für ihn durch einen Abschluß seines Lebenswerkes in Form von Nachlaßveröffentlichungen und einer Gesamtausgabe aufrechtzuerhalten». Mit Datum vom 20. 7. 1927 reicht Loosli bei der «literarischen Schriftleitung des ‹Bundes›» ein Typoskript ein mit dem Titel *Carl Spitteler und Jonas Fränkel. Eine Zeugenaussage* (SLA-Loosli-Ms-B-Sq-6.1.18, Beilagen). Hugo Marti, Feuilletonchef der Zeitung, lehnt den Abdruck mit Brief vom 21. 7. ab, weil er Fränkel zu Wort kommen lassen will. Dessen scharfe Replik erscheint in zwei Teilen am 16. und 17. 8. 1927 (Nrn. 349 und 351) unter dem Titel *Eugen Diedrichs und Carl Spitteler*. Das letzte Wort behält aber Diederichs. Seine Duplik *Der Karren läuft nicht mehr...* veröffentlicht der *Bund* am 6. 10. 1927 (Nr. 429). Unter anderem schreibt Diederichs: «Fränkel hat als Vertrauensmann der Familie Spitteler alles versäumt, resp. zunichte gemacht, was im Interesse Spittelers zu tun nötig war, nämlich rechtzeitig eine Gesamtausgabe und Nachlassbände herauszubringen.»

Du ahnst. Dieser Tage sprach ich darüber mit Leuten, die, ohne den Sachverhalt anders als aus der Diederichsschen und anderer, Dir nicht wohlwollender Darstellung gekannt zu haben, Dir nicht eben wohlgesinnt waren. Nun, da der Schuss heraus ist, heisst's:

– Donnerwetter; warum hat Fränkel das alles nicht viel früher gesagt. Dem Sauschwaben hat er aber ordentlich heimgeleuchtet, der mault nimmer, usw. – Worauf dann das Gespräch auf die Keller-Ausgabe kam, über die in ihrem Verhältnis zu Dir, ebenfalls alles mögliche herumgeboten wurde. Ich benutzte die Gelegenheit, den Leuten, zwei Gymnasiallehrern und einem Oberrichter, einiges tatbeständliches zu sagen und das Ergebnis:

– Ja, warum wendet sich Fränkel nicht an die Oeffentlichkeit, das ist doch ein Skandal usw. usw. – Ich machte die Herren darauf aufmerksam, wie schwierig es für uns eben sei, überhaupt an die Oeffentlichkeit zu gelangen und wieder einmal mehr drängte sich mir die Erfahrung auf, wie wenig unterrichtet auch die wohlmeinendsten unserer Gebildeten über die Schweine- und Korruptionswirtschaft, die bei uns in allem eingerissen ist, unterrichtet sind. Erst als ich ihnen mit gerade zur Hand liegenden Beweisen aufrückte, überzeugten sie sich und wurden dann sehr, sehr nachdenklich.

Ich muss nun sagen, ich glaube, wir sind an diesen Zuständen zu einem guten Teil selber mit schuld. Wenigstens halte ich dafür, dass wenn wir, jedesmal, wenn wir ernsthaft hintangesetzt und in wichtigen Angelegenheiten ungerechtfertigterweise beleidigt werden, so müssen wir, so sehr es auch unserer besseren Ueberzeugung, dass die Hunde, die uns anbellen den Fusstritt nicht verdienen und wir ihnen nicht durch unsere Gegenwehr, eine ihnen anders nicht zukommende Bedeutung zubilligen dürfen, den Fusstritt doch nicht sparen. Nicht der Hunde, sondern der Zuschauer wegen.

So bin ich überzeugt, dass wenn ich s. Zt. anlässlich meines Gotthelfhandels,[119] auch nur einen einzigen Lumpenhund, der mich verleumdete, vor Gericht gestellt hätte, die andern geschwiegen und ich seither ordentlich weniger unter allen möglichen Schweinereien, die mir die Meute stetsfort antat, gelitten hätte. So, dass ich fürderhin entschlossen bin, die bellenden Hunde jeweilen zu peitschen, wenn sie bloss knurren, bevor sie noch zum beissen kommen, vorausgesetzt immerhin, dass es ansehnliche Hunde seien.

Und ich denke, das könnte auch Dir nicht schaden. Wer immer schweigt mag wohl Recht haben, wird aber nur ausnahmsweise Recht bekommen, was

---

119 Loosli: *Werke* 4, S. 17–152.

an sich erträglich wäre, wenn es nicht mit so Vielem anderen, das einen dann wirklich drückt, hindert und beugt, verbunden wäre.

Man wird ja doch nur insofern geachtet, wenigstens bei uns, in der Schweiz, als man gefürchtet wird. Das erfahre ich jetzt an v. Greyerz. Die paar Zeilen in meiner Radioschrift, die ich ihm dort widmete,[120] haben genügt, ihn mir gegenüber mundtot zu machen, weil er befürchtet, es möchte ihm, worin er sich freilich nicht täuscht, gegebenenfalles zu einer, für ihn recht unerquicklichen Fortsetzung reichen.

Andere kommen noch dran und ich bedaure, nicht um der Sachen selbst willen, denn daran wird ja nichts geändert, aber um meines Wohlergehens willen, dass ich allzulange den vornehmen, schweigsamen Esel gespielt und nicht dreingeschlagen habe. Denn, ich merke es seit Kurzem wieder, die Leutchen haben im Grunde doch eine Scheissangst vor mir, weil sie wissen, dass ich gegebenenfalles reden darf und wenn sie sich bis anhin krautig benahmen, dann nur, weil ich sie gewöhnt habe, auf meine vornehme Nachsicht zu zählen.

Ueberleg Dir das alles auch für Dich, grüsse mir Deine Lieben und lebe herzlich wohl. Zeig Dich wieder einmal in Bümpliz!

Herzlich Dein
C. A. Loosli

---

120 Loosli: *Radioseuche!*, S. 12 (vgl. Loosli: *Werke* 4, S. 326). Otto von Greyerz wird hier als Professor der Literatur an der Universität Bern erwähnt, der «bei jeder Gelegenheit diesen seinen Standpunkt öffentlich vertritt», Schriftstellerei sei nur eine «Nebenbetätigung eines Brotberufes», weshalb er «dem Berufsschriftstellertum jegliche Daseinsberechtigung hartnäckig» abspreche.

1928/29

Die beiden Freunde exponieren sich mit polemischen Stellungnahmen: Fränkel rechnet mit der Keller-Philologie ab, der er «Versagen auf der ganzen Linie» vorwirft. Loosli nimmt in einem Begleitwort zur zweiten, erweiterten Auflage von *Mys Ämmitaw!* Stellung zu seiner Rolle als freier Schriftsteller, der von «Schrifttumsbonzen [...] in Acht und Bann» geschlagen worden sei. Fränkel wird bei der Neubesetzung der ordentlichen Professur für Neuere deutsche Literatur an der Universität Bern nicht berücksichtigt; im Gespräch ist der Blut- und-Boden-Germanist Joseph Nadler, gewählt wird schliesslich Fritz Strich, Deutscher und Jude. Auch die Niederlage gegen Rentsch im Schiedsgerichtsverfahren um die Keller-Ausgabe und die Aussicht, dass der Spitteler-Nachlass von den Töchtern des Dichters der Eidgenossenschaft geschenkt werden soll und so «jedem Esel» offensteht, setzen Fränkel zu. Loosli versucht vermittelnd seinen Freund zu unterstützen. Mit *Erziehen, nicht Erwürgen!* veröffentlicht Loosli 1928 ein weiteres sozialreformerisches Buch, und seit Januar 1929 erscheint im *Beobachter* in Fortsetzungen der Kriminalroman *Die Schattmattbauern*.

479. Loosli an Fränkel, Bern-Bümpliz, 16. Juli 1928

Mein lieber Fränkel, seit dem Erhalte des Euphorion-Sonderabdruckes Deiner Arbeit über die Keller-Ausgaben,[121] habe ich keine Ruhe mehr. Aus diesem Grunde wäre es mir recht erwünscht gewesen, Dich letzten Samstag zu sprechen, doch wars vielleicht so uneben nicht, dass wir uns nicht treffen konnten, weil uns doch zu wenig Zeit übrig geblieben wäre und weil gelegentlich einmal Zeit wirklich Rat bringt. In diesem Falle ganz besonders, wo Dein Handel ja ohnehin einer schiedsrechtlichen Entscheidung entgegenreift.[122] Diese aber mag nun ausfallen wie sie will, so halte ich den Handel selbst darum nicht für abgetan und ich für meinen Teil bin entschlossen, ihn so oder anders, deutsch oder französisch, vor die Oeffentlichkeit zu tragen und einmal mit aller Schonungslosigkeit gegen die Maffia der Unzuständigkeit und Untermittelmässigkeit, die sich im schweizerischen Geistes- und Kunstleben je länger je unerträglicher breit macht, entgegenzutreten. Handelt es sich doch darum,

---

121 Jonas Fränkel: *Die Gottfried Keller-Ausgaben. Ein Kapitel neuester Philologie*, in: *Euphorion*, Nr. 29, 1928, S. 138–174. Nachgedruckt in Fränkel: *Dichtung und Wissenschaft*, S. 96–151.

122 Unterdessen ist die Ausgabe Keller: SW blockiert. Verleger Eugen Rentsch und Herausgeber Fränkel haben zur Klärung ihrer Konflikte in Zürich ein Schiedsgericht eingeschaltet.

einer wissenschaftlichen Fälscher- und Betrügerbande, die seit langem jedes ehrliche geistige Schaffen unterdrückt, das Handwerk zu legen und wenn niemand sich getraut, auch dieser Katze die Schelle umzuhängen, dann werde ich es wieder einmal tun, der ich in meiner trauten Heimat ohnehin nichts mehr zu verlieren habe.
[...]

485. Fränkel an Loosli, Thun-Riedegg, 25. September 1928
Mein lieber Loosli,
ich habe soeben das Begleitwort[123] noch einmal gelesen. So sehr ich Dir seinerzeit davon abriet, es dem Gedichtbuch als Nachwort einzuverleiben, so sehr freue ich mich über den guten Ausweg, den Du für die notwendige Selbstverteidigung gefunden hast. Denn allerdings: einmal mußte das alles öffentlich gesagt werden. Ich bedaure nur, daß mir in unserm Land der gepriesenen Pressefreiheit kein Blatt offen steht, um zu der Sache das Wort zu ergreifen. Gerade indem man von Deinem schönen Gedichtband ausginge, ließe es sich gut über das Schicksal eines Schriftstellers reden, der in seinem «freien» Vaterland geächtet ist, weil er – anders ist als die andern.
[...]

486. Loosli an Fränkel, Bern-Bümpliz, 27. September 1928
[...]
In der Hauptsache arbeite ich ernsthaft an meinem dritten und hoffentlich letzten Anstaltserziehungsbuch,[124] das den lieben Mitbürgern und hochachtbaren Armenbehörden einige Verlegenheiten zu bereiten bestimmt ist und jedenfalls dazu beitragen wird, das Los einiger armer Kinder, wenn auch nur um ein Weniges, doch ein Bisschen erträglicher zu gestalten, was schliesslich die Hauptsache und der Zweck der Uebung ist. Ich habe mir nun einmal vorgenommen, diese Sache nicht ruhen zu lassen, bis etwas Greifbares wirklich

---

123 C. A. Loosli: *Mys Ämmitaw!* 2. Zum Buch gehört ein separat geheftetes, 20-seitiges *Begleitwort zur 2. Auflage*. Es liest sich wie die nicht geschriebene Schrift, die Loosli Fränkel am 16. 1. 1927 so angekündigt hat: «Ich bin daher halb entschlossen, einmal aufzuräumen. Zu verlieren habe ich überhaupt nichts mehr. Also, was denkst Du zu einer Schrift unter dem Titel: – Notwehr zu meinem fünfzigsten Geburtstage.» Im *Begleitwort* polemisiert Loosli gegen «die hochgebildeten Schrifttumsbonzen», die es geschafft hätten, ihn «vom Volke, dem ich angehöre, mit allen, auch mit den verwerflichsten Mitteln, abzuschnüren» (S. 12).
124 Loosli: *Erziehen, nicht erwürgen!*

und wahrhaftig geschieht und bin entschlossen, solange zu pülvern, bis ich Erfolg habe, oder drob umstehe, was das Wahrscheinlichere ist.
[...]

492. Fränkel an Loosli, Thun-Riedegg, 25. November 1928
[...]
Daß Maync eine Berufung nach Marburg erhalten hat und daß er trotz den Bemühungen der bernischen Behörden (d. h. vorläufig hat nur die Fakultät Schritte bei der Regierung unternommen), die bernische Hochschule dieser Leuchte der Wissenschaft [nicht] zu berauben, nach Marburg ziehen dürfte, wirst Du wohl gehört haben. Ich war gestern abend mit Schatzmann zusammen und was ich da vernommen habe, zeigte mir, daß man in Zürich (Bodmer, Korrodi etc.) schon jetzt Anstalten trifft, um zu verhindern, daß der unwahrscheinliche Fall einer Ernennung des J. Fr. zum Nachfolger von Maync einträte. Du wirst sehen, wen die Regierung berufen wird: Bohnenblust …
[...]

502. Fränkel an Loosli, Thun-Riedegg, 26. Januar 1929
[...]
In meiner Angelegenheit ist außer sehr löblichen und sehr energischen Schritten, die Benteli bei Rud. unternommen,[125] nur eine Dummheit zu verzeichnen, die ich letzten Montag, ein paar Stunden nach meiner Heimkehr,[126] begangen. Da kam nämlich vom Dekan ein Nachtrag zur Traktandenliste für die Sitzung der Fakultät am gleichen Abend: «Aussprache über die Möglichkeit einer Besetzung (der Maync-Professur) auf dem Wege der Berufung» – ich fragte telephonisch an und hörte, man habe jemand in Deutschland in Aussicht. Da empörte es mich, daß man mich ignorieren wolle, und ich entschloß mich – unüberlegt, wie man im Fieber handelt – zur Fakultätssitzung ein Schreiben abzuschicken, dessen Durchschlag[127] ich beilege. Ich dachte: wenn ein College

---

125 Vermutlich zielt Albert Bentelis Intervention beim Berner Regierungsrat und Erziehungsdirektor Alfred Rudolf auch auf die Subventionierung der Keller-Edition, denn unterdessen zeichnet sich der Verlagswechsel von Rentsch zu Benteli ab.
126 Fränkel ist aus Berlin zurückgekehrt, wo er wieder nach einem neuen Verlag für Spittelers Werke gesucht hat.
127 Ein Durchschlag von Fränkels Brief vom 21. 1. 1929 an den Dekan und die Professorenkollegen der Philosophisch-historischen Fakultät der Universität Bern hat sich im Nachlass erhalten (SLA-Fraenkel-B-4-f-UNI). Darin erklärt Fränkel die drei germanistischen Kollegen für befangen: Harry Maync, weil dieser von ihm in einem Artikel angegriffen worden sei,

den Mitgliedern der Kommission erklärt, er müsse sie für befangen betrachten, so würden die vielleicht soviel Anstand aufbringen, meinem Antrag zuzustimmen, die Begutachtung der ganzen Angelegenheit Walzel zu überlassen. Bei der Begründung der Befangenheit der einzelnen Kommissionsmitglieder aber legte ich mir, als ich auf Greyerz zu sprechen kam, keinen Zaum an – was ich erst ein paar Stunden nachher, als ich mich beruhigt hatte, einsah.
[...]

505. Fränkel an Loosli, Thun-Riedegg, 29. Januar 1929
Mein lieber Loosli,
[...]
Die Berufung der Maync-Professur wird noch zu schweren Kämpfen führen, falls R. wirklich den Mut aufbringen sollte, gegen die Anträge der Fakultät zu handeln. Gestern vor 8 Tagen ist in der Fakultätssitzung, zu der ich meinen Brief geschrieben, verkündet worden, daß *Nadler* (bis vor etwa drei Jahren Ordinarius im nachbarlichen Fribourg, seither Ordinarius in Königsberg) sich bereit erklärt habe, nach Bern zu kommen – worüber ein großer Jubel in der Fakultät! Der Mann ist der Exponent der Katholischen Literaturgeschichtschreibung.
[...]

507. Fränkel an Loosli, Thun-Riedegg, 30. Januar 1929
Mein lieber Loosli,
die Literaturgeschichte von Nadler,[128] die ich mir letzten Sommer – in Erwartung von etwas Gutem u. weil ich darüber für die inzwischen eingegangene Zeitschrift von Koigen[129] berichten wollte, für teures Geld angeschafft habe, kann ich Dir nicht gut schicken, denn es sind 4 schwere Lexikon-Bände! Was ich für Dich ausgezogen habe, ist aus dem 4. Bande, der das letzte Jahrhundert behandelt. Du möchtest Dir Auszüge über unsere schweizerischen Dichter machen? Da kämst Du nicht auf Deine Rechnung. Der Mann ist nämlich schlangenklug, wie alle Jesuiten: er lobt Dir Gotthelf, Keller u. Meyer, um dafür

---

Samuel Singer wegen dessen Behauptung, Fränkel könne wegen seiner Schwerhörigkeit Fakultätssitzungen und Prüfungen nicht verfolgen, und Otto von Greyerz, weil dieser 1923 als Redaktor der Zeitschrift *Schweizer Monatshefte* die Veröffentlichung des Artikels von Edith Landmann-Kalischer gegen Spitteler zugelassen habe (vgl. Anm. 77).

128 Josef Nadler: *Literaturgeschichte der deutschen Stämme und Landschaften*, 4 Bände, Regensburg: Verlag Josef Habbel, 1912–1928.

129 David Koigen war in Berlin Mitherausgeber der Zeitschrift *Ethos*, die 1927 eingegangen ist.

Spitteler als Prügeljungen vorzunehmen – und erfreut sich gerade deswegen des Beifalls aller Zürcher, aber auch unseres lieben v. Greyerz! Jedem streichelt er um den Bart: Ermatinger ist ein formvollendeter Lyriker, Bernoulli, Faesi und Korrodi bekommen gute Noten, auch Greyerz u. Tavel ernten Lob (Loosli braucht man natürlich nicht zu nennen). Und dabei läßt sich der Mann keinen Lapsus zu schulden kommen: er wird nicht wie Ermatinger schreiben: «Doxa» im Prometheus sei = Seele;[130] er hat alles gelesen, aber eben wie ein Jesuit!

Der Mann ist nach dem Herzen *Aller*, die bei uns ein Wort zu sagen haben. Du irrst Dich, wenn Du meinst, es sei hier nur die Hand des Mr. Gonzague im Spiel: die Germanisten, mit Singer an der Spitze, heben ihn auf den Schild! –

[...]

(Übrigens: wie sich bei Nadler alles um das Judentum dreht – ein Beispiel aus Bd. 4, S. 7: «Mit dem Juden Mendelssohn und dem wohl jüdisch gemischten Lessing ...»! Da Lessing «Nathan den Weisen» geschrieben hat, so muß er natürlich irgendwie Jude gewesen sein! Gib Acht, daß er Dich – in späteren Auflagen – wegen Deines Judenbuches nicht auch als «wohl jüdisch gemischt» bezeichnet!)[131]

Leb wohl u. sei herzlich gegrüßt
von Deinem Fränkel

508. Loosli an Fränkel, Bern-Bümpliz, 4. Februar 1929

[...]

Nach meiner heutigen Audienz[132] habe ich vorderhand keine Gelegenheit mehr, den Unterrichtsdirector persönlich zu sprechen, obwohl ich, in einem Bericht, den ich ihm nun einreichen werde, nahelegen kann, mich, zu dessen mündlicher Ergänzung zu sich zu beschicken, wobei dann Deine Angelegenheit zur Sprache kommen dürfte. Ihrethalb ausschliesslich hinzugehen, oder ihm über Nadler, von dem er wahrscheinlich noch gar nichts weiss, zu schreiben, halte ich für sehr, sehr gewagt, obwohl ich auch davor nicht zurückschrecken werde, wenn, aber nur wenn Du es für richtig erachtest und mich dazu ausdrücklich

---

130 In Spittelers *Prometheus und Epimetheus* gehört die Figur der Doxa zum himmlischen Establishment, gegen das sich Prometheus, bestärkt durch seine als schöne Frau personifizierte Seele auflehnt. Wo Ermatinger eine Verwechslung der beiden Figuren unterläuft, konnte nicht eruiert werden.
131 Josef Nadler wird 1931 Professor in Wien, tritt 1938 nach dem «Anschluss» Österreichs in die Nationalsozialistische Deutsche Arbeiterpartei (NSDAP) ein und gilt als Exponent der völkischen Germanistik.
132 Loosli hat in anderer Sache Regierungsrat Rudolf getroffen.

ermächtigst. Denn, das verhehle ich mir nicht, – das Vorgehen wäre immerhin zweischneidig genug, obwohl sich gegen den Herrn gerade von meinem Berner- und Schweizer- und Antijesuitenstandpunkt Gewichtiges gegen den Judenfresser einwenden liesse, das auch Hrn. Rudolf schwerlich übersehen würde. Ich habe heute auf der Stadtbibliothek den 4. Band des Herrn auf Spitteler[133] hin angeschaut und verstehe nun, dass er der Mann nach der Zürcher- und der Greyerzherzen sein muss.

Nun aber etwas anderes, das mir dieser Tage erzählt wurde. Wie verhält es sich damit? – Du hättest, anlässlich Deines Antrittes des Extraordinariates eine Erklärung oder eine Verpflichtung abgegeben oder eingegangen, laut der Du sie keineswegs als eine Vorstufe zum Ordinariat betrachtetest und dies sei die Bedingung zu der Ernennung überhaupt gewesen. – Sag mir genau, wie es sich damit verhält, damit ich mich darnach richten kann. Gesetzt der Fall auch, meine Information stimme, so liesse sich immerhin dann noch untersuchen, ob die Verhältnisse, unter denen Du Dich damals verpflichtet oder präjudiziert hättest, heute noch vorliegen und für die Beteiligten irgend welche bindende Kraft haben können.

[...]

510. Fränkel an Loosli, Thun-Riedegg, 5. Februar 1929

[...]

Was Du mir über die Begleitumstände erzählst, unter denen ich das Extraordinariat angenommen haben soll – das hör ich *zum ersten Mal*. Du kennst mich zu gut, um zu wissen, daß ich nicht der Mann bin, der sich auf einen derartigen Handel eingelassen hätte. Hätte man gewagt, mir die Professur unter irgendwelchen einschränkenden Bedingungen für die Zukunft anzubieten – oder auch nur die leiseste Andeutung nach dieser Richtung zu machen –, so wäre meine Antwort gewesen: «Bitte, dann behaltet die Professur für euch!» – Doch wer hätte mir derartige Bedingungen vorlegen sollen? Mit der Fakultät hatte ich ja in diesem Falle nichts zu tun. Der Antrag auf meine Beförderung ging nicht, wie es sonst üblich ist, von der Fakultät aus, sondern von Reg. Rat Merz, und die Fakultät hatte nur von dem Beschluß der Erziehungsdirektion Kenntniß zu nehmen. Ich habe in der Angelegenheit *ausschließlich* mit Merz gesprochen, der sich nach dem Rücktritt von Vetter bereit erklärte, mich zu befördern. Und Merz ist ein so anständiger Mensch, daß ihm niemals eingefallen wäre, eine

---

133 Vgl. Anm. 128, dort Bd. 4, S. 823–827.

derartige Bedingung an die Beförderung zu knüpfen. Ganz im Gegenteil: als er mir auf seinem Bureau von seinem Entschluß mitteilte, beim Regierungsrat meine Beförderung zum Extraordinarius zu beantragen, ersuchte er mich (da er annahm, ich erwartete sofort ein Ordinariat), ich möchte mich *vorläufig* damit begnügen, mit der Zeit würde man sehen, was sich weiter machen ließe.
[...]

514. Fränkel an Loosli, Thun-Riedegg, 13. Februar 1929
[...]
Über die Spitteler-Angelegenheit werden wir uns unterhalten, sobald wir uns wiedersehen. Es wäre möglich, daß durch den Tod der Frau Spitteler die Dinge sich jetzt vielleicht doch eher ins Geleis bringen lassen. Jedenfalls bin ich Deiner Meinung, daß es besser sei, vorläufig nicht an die Öffentlichkeit zu gehen u. also auch keinen Vortrag darüber anzukündigen.

Auch die Keller-Geschichte ist furchtbar verfahren und jetzt hat sich leider auch Bodmer hineingemischt, um für seine Zwecke daraus Kapital zu schlagen. (Übrigens: es steht jetzt fest, daß es Bodmer war, der Kippenberg veranlaßt hat, Spitteler nicht zu verlegen – damit der Schweiz die Ehre einer Nationalausgabe nicht genommen würde – mit Hilfe des Staates und des Lesezirkels!)

Der Prozeß[134] wächst mir über den Kopf u. ich bin gerade jetzt in großer Verlegenheit, weil ich mir eine Summe, die ich mir schon zweimal habe stunden lassen, auch jetzt – auf den 15. Februar, den letzten Stundungstermin – nicht verschaffen kann, ohne an meiner Familie Unrecht zu begehen. Es ist wirklich so, daß unsereins sich *alles* gefallen lassen muß, sonst läuft er Gefahr, alles hergeben zu müssen. Ich werde nie wieder mich auf ein Schiedsgericht einlassen – ich bin jetzt schon fast 4000 Fr an Kosten schuldig, während mein ganzes Honorar, das ich von Rentsch für die 10 Bände erhalten habe, im ganzen 5000 Fr betrug.

Sei herzlichst gegrüsst u. für alles bedankt von deinem
Fränkel

518. Fränkel an Loosli, Thun-Riedegg, 15. Februar 1929
Mein lieber Loosli,
es ist nichts mehr zu hoffen, die Bataille ist verloren. Bloesch hatte gestern eine eingehende Besprechung mit Rudolf, der ihm erklärt hat, er habe keinen

---

134 Das Schiedsgerichtsverfahren gegen Verleger Eugen Rentsch.

Grund, der Fakultät zu opponieren: sein Sohn höre in München bei Strich, der einen großen Zuzug habe – u. da die Fakultät im Begriffe sei, diesen vorzuschlagen, so sei Aussicht vorhanden, daß die Hochschule dadurch Zuzug von auswärts erfahre. Damit ist die Sache erledigt. Ein für allemal. Ich weiß nun, daß ich auch in Zukunft nichts zu erwarten habe als für 4500 Fr im Jahre «Professor» zu sein und immer zurückgesetzt zu werden. In Zürich bekommt ein Extraordinarius 8–12 000 Fr, da kann man sich mit dem Schicksal, ein ewiger Extraordinarius zu sein, aussöhnen.

Was ich nun anfangen werde, weiß ich vorläufig noch nicht. Hätte ich die letzten 20 Jahre nicht der schweizerischen Dichtung, sondern der hebräischen Literatur gewidmet, so hätte ich Aussicht, an die Jerusalemer Universität zu kommen. Und hätte ich mich nicht so ganz in der Schweiz eingekapselt, so stünde mir wohl auch der Weg nach Deutschland noch offen. Nun ernte ich von allen Seiten Dank für meine Treue u. Hingabe an die Schweiz …

Das Schlimme ist ja, daß ich heute der Regierung nicht mit meinem Rücktritt «drohen» kann. Seit der *Diederichs*-Bund-Geschichte lese ich in leeren Hörsälen. In diesem Semester z. B. hab ich in der Vorlesung über die deutsche Lyrik vom Zeitalter des Barock bis zur Romantik ganze 6 eingeschriebene Hörer; und zu den Übungen über Kellers Lyrik, in denen die Studenten etwas lernen könnten, was sie nach der Lage der Dinge heute nirgends sonst lernen können, hat sich *kein einziger* Hörer eingeschrieben … Es ist halt so: wenn die Jugend merkt, daß der «Bund» Hetzhunde gegen einen losläßt, so wendet sie sich von ihm ab, es bleiben nur ein paar Getreue bei einem, alles andere – das ja zum «Erfolg» in der Welt gehört, fällt ab …

Einen O. v. Greyerz macht man in Bern – gegen die rebellierende Fakultät – zum Ordinarius, über mich aber geht man hinweg u. ich muß mir sogar gefallen lassen, von dem gleichen O. v. Greyerz in der Kommission «abgelehnt» zu werden!

Es sind trübe Aussichten, die sich einem für die Zukunft eröffnen. Dir aber, lieber Freund, danke ich herzlich für Dein tapferes Einstehen. Ich werde nie wieder einen Freund finden, der für mich so zeugt, wie Du es bei dieser Gelegenheit getan hast.

[…]

522. Fränkel an Loosli, Thun-Riedegg, 18. Februar 1929
Mein lieber Loosli,

Die Post, die mir heute Morgen Deine beiden lieben Briefe brachte, für die ich Dir vorläufig nur ganz kurz danke, legte mir auf den Tisch auch den Brief eines Anwalts im Auftrag der «Erben Spittelers».

Damit sind nun unsere Absichten auf eine friedliche Beilegung des Konfliktes zerstört – und mir wird wohl nichts andres bleiben als den Törinnen alles vor die Füße zu werfen. Kein Feind Spittelers hätte Ihm das antun können, was nun seine eigenen Töchter an ihm verbrechen – –

Soviel für heute, denn es dringt so viel auf mich ein, daß ich nicht weiß, wo aus noch ein.

[...]

526. Loosli an Fränkel, Bern-Bümpliz, 4. März 1929
Mein lieber Fränkel, hier Deine Notizen.[135] In der darin niedergelegten Form war unter uns in Luzern nicht die Rede, sondern ganz allgemein, da mir daran lag, möglichst weitgehend zu hören, was die Damen vorzubringen hatten. Ich schrieb ihnen gestern, Du werdest Dich nun mit ihnen umgehend unmittelbar in Verbindung setzen und bat sie noch einmal dringend um Entgegenkommen. So auch Dich! Ich mute Dir nichts zu, das *sachlich* für Dich unannehmbar, oder entwürdigend wäre. Aber sei entgegenkommend in der Form, lass ihnen durchgehen, was Du irgendwie vor Dir verantworten kannst, damit Du, möge die Sache herauskommen wie sie will, Dir später keine Vorwürfe zu machen hast. Tu doch recht Dein menschenmöglichstes, gelt! Namentlich: – stell Dich nicht auf den Standpunkt absoluter Unfehlbarkeit, auch wenns Dich etwas kosten sollte, – um Deinetwillen wie um der Aufgabe und Spittelers willen – sei ruhig, versöhnlich, besonnen!

Herzlich Dein

C. A. Loosli

---

[135] In seinem Brief vom 20. 2. 1929 schlägt Loosli zur Vermittlung «eine gemeinsame Vertrauensperson» zwischen Fränkel und «den Erben Spittelers» vor; Fränkels Einverständnis vorausgesetzt, stehe er «gegebenenfalles zur Verfügung». Während Fränkels Frau am 25. 2. 1929 den Sohn Salomo zur Welt bringt, fährt Loosli mit Fränkels Aufstellung seiner «Wünsche und Forderungen an die Adresse der Spitteler-Mädchen» (Fränkel an Loosli, 2. 3. 1929) nach Luzern. Auf diese «Notizen» spielt Loosli hier an.

528. Fränkel an Loosli, Thun-Riedegg, 9. April 1929

Mein lieber Loosli,

ich danke Dir für Deinen brief, der mir die nicht erfreuliche meldung brachte, Du seiest krank gewesen. hoffentlich bist Du nun wieder ganz auf dem damm und machst Dir nicht mehr sorgen als unbedingt nötig ist (was ja ohnehin genug ist).

auch mir ging es die zeit her nicht gut und ich hatte allerhand schweres durchzumachen. ich will Dir aber nicht verhehlen, dass mich mit am meisten die erinnerung an unsere letzte unterredung drückte. Ich musste seither oft an einen sehr bittern aphorismus von Schnitzler denken, der Dir kaum bekannt sein wird.

«Dein feind? der über dich böses spricht,
und glaubt es im grunde selber nicht.
dein freund? der hört es geduldig an
und meint: 's ist immerhin etwas dran.»[136]

ich weiss ja wohl, dass Du sonst nicht zu diesen meinen freunden gehörst, in Luzern aber ist Dir das passiert. Du fragtest Dich gar nicht, ob das, was Dir dort gegen mich gezeigt worden, auch tatsächlich ein beweis gegen mich sei, Du liessest Dir nicht – sei es dort, sei es von mir – die briefe vorlegen, auf die ich erbittert hatte antworten müssen, Du glaubtest einfach allem was Dir gesagt wurde und konstruiertest Dir rasch eine erklärung, indem Du – – das ghetto zu meiner entschuldigung herbeizogst.[137] im ghetto lebten aber weder ich noch mein vater noch mein grossvater noch mein urgrossvater, und überdies erzeugt das ghetto in seinen einwohnern bekanntlich die bereitwilligkeit, sich zu ducken und sich selbst der demütigendsten zumutung zu fügen; ich glaube aber nicht, dass diese eigenschaft in mir hervorragend entwickelt sei. und doch hättest gerade Du die erklärung leicht finden können: in meinem abscheu vor kompromissen dort wo es sich um wichtigstes und wesentliches handelt.

mir scheint, mein lieber Loosli, ich sei es Dir, den ich nach wie vor zu den wenigen freunden zähle, die ich habe, schuldig, diese gedanken nicht länger in mich hinunterzuwürgen, sondern sie auch Dir mitzuteilen.

[...]

---

136 Arthur Schnitzler: *Buch der Sprüche und Bedenken. Aphorismen und Fragmente*, Wien: Phaidon Verlag, 1927, S. 15.
137 Fränkel wird aus der zuvor erwähnten «Unterredung» mit Loosli wissen, was in Luzern besprochen worden ist.

529. Loosli an Fränkel, Bern-Bümpliz, 10. April 1929, EXPRESS

Mein lieber Fränkel, Dein Brief und Deine darauffolgende telephonische Mitteilung haben mich tief, tief niedergeschlagen. Dass Du mir dabei reichlich Unrecht tust, geht schon daraus hervor, dass man mir von Luzern ungefähr im selben Ton schreibt wie Du. Doch würde es mir schlecht anstehen, es Dir zu verübeln: ich begreife zu gut Deine Enttäuschung und die Bitterkeit, die sich daraus ergibt, nun doch alles in Scherben zu sehen.

Ich war ein Esel mir einzubilden, Euch etwas nützen zu können, denn, obwohl Ihr beide Teile dasselbe meint, spricht der eine zum andern eine fremde, ihm unverständliche Sprache. Das ist um Euch, namentlich aber um die Sache schade. Erlasse mir, vorläufig wenigstens, jede Erörterung über Deinen Brief;[138] – ich fürchte wir würden uns jetzt doch nicht verstehen, so wenig wie man mich in Luzern verstanden hat.

Zu dem was nun geschehen soll, wage ich es nicht, Dir zu raten, obwohl ich noch heute überzeugt bin, dass, hättest Du meinem Vorschlag Folge geleistet und wärest Du mit mir nach Luzern gereist, das nun Unvermeidliche hätte umgangen werden können. Denn der Zweck meiner Uebung daselbst konnte ja unmöglich der sein, die Angelegenheit einfach zu erledigen, sondern den Boden zu gemeinsamer Verständigung zu ebnen. Und ich bin überzeugt, dass diese Möglichkeit auch heute noch besteht, vom Augenblick an, wo Du Dich herbeilässest mit den Damen (und ihrem Berater) ganz offen und eingehend zu sprechen. Es bleibt mir nur die Hoffnung offen, dass Schüpbach[139] gelingen wird, was mir so jämmerlich missriet, so dass ich mir vorkomme wie ein doppelt geprügelter, beschämter Hund.

Wie gesagt, die ganze Sache schmerzt mich mehr als ich nur sagen kann und es wird geraumer Zeit bedürfen, mich davon zu befreien.

Und nun meine besten, aufrichtigsten Wünsche zum, wie ich immer noch zu hoffen wage, erträglichen Austrag. Denn den seid Ihr, wenn nicht Euch selber, doch dem Andenken Spittelers schuldig.

---

138 Als «Beilage» erwähnt Loosli am Schluss des Briefes: «Briefdurchschlag Fränkel an Frl. Spitteler vom 22. III. 29». In dem erwähnten Brief unterbreitet Fränkel den Spitteler-Erbinnen unter anderem seine Bedingungen in Bezug auf die Verwaltung des Nachlasses von Spitteler: «[…] dass die erben und besitzer seines nachlasses die verfügung über den nachlass mir übertragen – in der weise, dass ihnen wohl jeweils der finanzielle ertrag aus meiner arbeit zufliessen wird, dass aber das recht der verarbeitung und publikation mir allein zusteht.» Fränkel hat dem Brief eine mit «Erklärung» betitelte Auflistung seiner Forderungen beigelegt (SLA-Fraenkel-B-4-c-FAMSP, Dossier 1/2).

139 Fürsprecher Hermann Schüpbach vertritt in diesem Handel die Interessen der Spitteler-Töchter.

Leb herzlich wohl!
Dein
C. A. Loosli

530. Fränkel an Loosli, Thun-Riedegg, 11. April 1929
Mein lieber Loosli,
ich danke Dir für den expressbrief, der soeben kam. nein, unrecht tun wollte ich Dir nicht; weiss ich doch sehr gut, dass Du mir beistehen und der sache einen dienst erweisen wolltest, als Du nach Luzern reistest; und wüsste ich nicht, so würde ich daran niemals zweifeln. aber es scheint mein schicksal zu sein, dass, wo ich mein halbes leben geopfert habe, sich mir alles zum schlimmen kehrt.

nach dem eingeschriebenen brief von Schüpbach gibt es keine verhandlungsmöglichkeiten mehr. nachdem ich Schüpbach auf seinen brief vom Februar erklärt habe, ich sei nicht in der lage, mit den töchtern Carl Spittelers durch vermittlung eines anwalts zu verkehren, und nachdem ich selber inzwischen nach Luzern geschrieben und keine antwort erhalten habe, bleibt mir nichts übrig als die gerichtliche vorladung abzuwarten. die briefe Spittelers an Frey[140] nach Luzern ausliefern dürfte ich schon deswegen nicht, weil, wenn ich den damen das recht zugestehen würde, auf eigene hand zu bestimmen, was von den wichtigen briefen Spittelers an Frey gedruckt werden soll, ich dann gleich alles andere auch zurückschicken könnte. eigentlich war dies auch meine absicht in den ersten stunden, als ich, wie gelähmt und über meine lebensgeister kaum noch mächtig, der hinterlassenschaft nachsann, die mir Spitteler zum dank für alles gute, das ich ihm erwiesen, bescherte. doch während der schlaflosen nacht wurde es mir klar, dass ich es dennoch Spitteler schuldig sei, mich nicht kampflos auf die seite schieben zu lassen. ich werde den kampf, wenn ich am leben bleibe, bis zuletzt durchführen. aber nun möchte ich Dich noch um etwas bitten. Du hattest mir, als Du mir vorschlugst, in Luzern vermitteln zu wollen, von einer unterredung mit Spitteler berichtet, die sich auf seinen nachlass bezog und von entscheidender bedeutung für meine stellung zu seinen papieren war. darf ich Dich bitten, den inhalt jener unterredung für mich

---

140 Die Witwe von Adolf Frey, Lina Frey-Beger, arbeitet daran, den Briefwechsel ihres Mannes mit Spitteler zu veröffentlichen: *Briefe von Adolf Frey und Carl Spitteler*, hg. von Lina Frey-Beger, Frauenfeld: Huber, 1933.

niederzuschreiben, damit ich, wenn ich den kampf aufnehme, weiß, worauf ich mich alles stützen kann?

sei herzlich gegrüsst von Deinem
Fränkel

531. Loosli an Fränkel, Bern-Bümpliz, 12. April 1929

Mein lieber Fränkel, wenn ich nicht irre, habe ich Dir im Juli oder Anfangs August 1927 einen Durchschlag meines, von keiner von mir darum angegangenen Zeitungen abgedruckten Manuscriptes «Carl Spitteler und Jonas Fränkel / eine Zeugenaussage» geschickt. Es handelte sich damals um Diederichs. Dort findest Du, auf der 5. Seite so ziemlich alles Wesentliche, das sich auf die Dich heute beschäftigende Frage bezieht.[141] Es dürfte Dir dieses Zeugnis umso wertvoller sein, als es zu einer Zeit ausgestellt wurde, wo ein offener Konflikt zwischen Dir und den Erben Spittelers noch nicht bestand, so dass meine dortige Aussage jedenfalls nicht als eine Dir ad hoc erwiesene Gefälligkeit gedeutet werden kann.

Dieses Zeugnis vermöchte ich nun freilich aus der Erinnerung und einigen Notizen, die mir jedoch nicht gerade zur Hand liegen, zu ergänzen und zu diesem Zwecke steht es Dir selbstverständlich frei, mich gegebenenfalles als Zeuge vorladen zu lassen, wenn es die Lage des Prozesses für Dich wünschbar erscheinen lässt.

[...]

543. Fränkel an Loosli, Thun-Riedegg, 15. Juli 1929

Mein lieber Loosli,

daß Du nichts von mir hörtest, hat seinen Grund: ich habe in diesen Wochen Schlimmstes erlebt u. bin vollständig zusammengebrochen. Ich habe den Prozeß gegen Rentsch verloren, ohne daß ich verhört worden bin, und ich habe die Erfahrung bestätigt bekommen, daß hierzulande unsereins (d. h. wenn man

---

141 Dort heisst es unter anderem: «– Ich habe, – erklärte mir Spitteler im Sommer 1923, also etwa anderthalb Jahre vor seinem Tode, – ich habe Fränkel alles, aber auch alles anvertraut; das Geheimste, was ich sonst keinem Menschen, auch den liebsten nicht anvertrauen möchte. Denn ich weiss, dass Fränkel davon den Gebrauch machen wird, den ich einzig billigen kann. Und, als hätte ihn eine Vorahnung beschlichen, fügte er nach einer Weile Nachdenkens hinzu: – Ich sage Ihnen das, weil Sie unser beider Freund sind und notwendigen Falles davon zeugen werden. Doch dazu wird es wohl nie kommen, denn ...; hier sprach Spitteler eine Zuversicht aus, die mich ergriff und rührte, die sich jedoch leider nicht erwährt hat.» Loosli: *Zeugenaussage*, S. 5 f., vgl. Anm. 118.

nicht Kaufmann ist) vollständig rechtlos u. wehrlos ist. Ich habe letzte Woche die Akten durch Prof. Haab von der juristischen Fakultät überprüfen lassen, der mir bestätigte, daß ein Fehlurteil vorliege, das aber von den finanziellen Folgen (Verurteilung zu den hohen Kosten) abgesehen, für mich das Günstige hat, daß das Urteil an sich unausführbar sei (ich bin nämlich verurteilt worden, Rentsch innerhalb der nächsten 8 Monate – bis 1. März 1930 – alle 6 Wochen einen neuen Band Keller druckfertig abzuliefern!).[142]

Ich bin, wie gesagt, unter der Last der Enttäuschungen u. der finanziellen Verpflichtungen zusammengebrochen u. muß auf Weisung des Arztes für längere Zeit (Monate) fort. Eine Gallenblase-Erkrankung hat sich eingestellt, die natürlich auch die Folge der Luzerner Aufregungen ist.

Ich gehe nun morgen oder übermorgen weg u. bitte Dich, fortan *keine Mitteilungen für mich entgegenzunehmen*, denn ich muß u. will Ruhe haben. Meine Frau wird auch nichts Luzernisches für mich entgegennehmen, wenn etwas in meiner Abwesenheit kommen sollte. Nun ich sehe, daß man mir in Luzern nicht entgegenkommen will, auch wenn ich alles geebnet habe, würde ich am liebsten gleich heute die Erklärung publizieren, daß ich mit Spittelers Nachlaß u. der Gesamtausgabe nichts mehr zu tun habe. Aber mir fehlt augenblicklich die Energie dazu. Ich lasse die Sache vorläufig laufen u. werde die Erklärung erst loslassen, wenn ich mich ein wenig erholt habe.[143]

[...]

551. Loosli an Fränkel, Bern-Bümpliz, 9. November 1929

[...]

Und nun noch etwas, das mich recht schmerzlich berührt hat und das Dir eindringlich Auge in Auge zu sagen ich nicht den Mut aufbrachte. Mein lieber Freund, – alle diese unverantwortlichen Streiche, die man Dir gespielt hat, haben Dich nicht nur vor der Zeit gealtert, sondern haben aus Dir einen ernstlich kranken Mann gemacht. Offen gestanden, Dein Aussehen hat mich

---

142 Das Urteil des Zürcher Schiedsgerichts in Sachen Verleger Rentsch gegen Keller-Herausgeber Fränkel datiert vom 13. 6. 1929 (StAZH, U 181.31.2–8, U 181.31.11–12 sowie U 181.31.15–18; vgl. auch Fränkel: *Die Keller-Ausgabe*, S. 30). Dort heisst es, der Beklagte Fränkel werde verpflichtet, «dem Kläger als Teilleistung für das Jahr 1927 zwei Gedichtbände, darunter Bd. 13 oder 14, druckfertig zu liefern, ferner als Teilleistung für das Jahr 1928 ihm zwei weitere Bände druckfertig auszuhändigen und vom Jahr 1929 weg jedes Jahr zwei bis drei weitere Bände gut zum Druck zu übergeben».
143 Wann Fränkel abreist, erschliesst sich aus dem Briefwechsel nicht. Am 26. 9. 1929 schickt er Loosli eine Ansichtskarte aus Bagni di Lucca.

tief beunruhigt und lastet mir seither wie Bleigewicht auf der Seele. Darum, mein Lieber, mach dass Du, und zwar so rasch als möglich, zum Tempel heraus kommst. Geh wohin Du willst, wohin Dich Dein Gelüste zieht, aber geh und ruhe aus, erhole und kräftige Dich, um deinetwillen, um Deiner Angehörigen, um Deiner Freunde, um Deiner noch so grossen, schönen Aufgaben willen.

Reiss Dich zusammen und werde uns gesund! Lass Dich gerade jetzt nicht überwinden. Wir haben Dich noch lange, lange bitter nötig, darum sei mutig und stark! Ich bitte Dich darum: – wehr Dich, erhole Dich!

[...]

552. Fränkel an Loosli, Thun-Riedegg, 13. November 1929
Mein lieber Loosli,

[...]

Und dann danke ich Dir herzlich für Deine lieben Worte. Ich weiß sehr wohl, wie es um mich steht und wunde mich oft nur, daß ich noch nicht *ganz* gebrochen bin. Es ist meinen Feinden gelungen, mich allmählich vollständig zu isolieren, und es gibt keine Niedertracht, von der ich verschont werde. Hätte ich noch die physische Kraft und hätte ich nicht Familie, ich würde alle Brücken hinter mir verbrennen und ausziehen, um ein neues Leben zu versuchen. So aber bin ich leider an meine Vergangenheit gekettet und muß kämpfen. Wie lange ich das noch kann, ist eine andere Frage.

Daß ich jetzt fort muß, weiß ich; obwohl es mir nicht leicht fällt. Aber ich muß. Ob es etwas helfen wird? Ich zweifle sehr. Denn die Hunde werden nicht aufhören zu hetzen – und meine arme Frau kann sich ja nicht allein helfen; die Entfernung bedeutet also keine Schonung für mich.

[...]

554. Loosli an Fränkel, Bern-Bümpliz, 27. November 1929
[...]

Noch eine andere Hoffnung blüht uns beiden; freilich nur für den Fall, dass wir es auszuhalten vermögen. – Es regt sich nämlich ein neues, das kommende Geschlecht und, Gott sei's getrommelt und gepfiffen, – es regt sich mutig, gelegentlich ruppig, so dass unsere alten Widersacher schon jetzt, in Einzelfällen wenigstens, davon eingeschüchtert und zur Revision ihrer Hefte gezwungen werden.

Oder hättest Du es noch vor zwei Jahren für möglich gehalten, dass ein Buch von dem verhassten Loosli in der NZZ in zwei ernsten, fast sachlichen

Artikeln eingehend besprochen würde? Und doch ist das geschehen, anlässlich meines jüngsten Erziehungsbuches.[144] – Man kommt eben auf die Dauer doch nicht um uns herum, vorausgesetzt, dass wir's aushalten.

Dass ich heute der meistgelesenste Schriftsteller der Schweiz bin, durch meinen Roman,[145] der im Beobachter erscheint und der das Volk in seiner weitesten Bedeutung packt, weil er in einer Auflage von 6–700 000 Exemplaren erscheint, hindert mich zwar vorderhand noch nicht, vor lauter Sorgen nicht zu wissen, wie ich mich von einem Tage zum andern aus der Patsche ziehe. Aber eines ist damit erreicht: – mein Name wird vom Volk allmonatlich nicht bloss geläufig gemacht, sondern das Volk beginnt ihn zu schätzen und zu achten. Die Scheidewand, die unsere Gebildeten zwischen ihm und mir nun seit Jahren böswillig aufgerichtet haben, wird durch jede Fortsetzung um ein weniges mehr abgetragen, – möglich, dass ich's erlebe, dass sie ganz einstürzt und wenn ich bis dahin noch nicht kaput gegangen sein werde, so werde ich doch mit der Genugtuung die Augen schliessen können, dass meine nächsten Angehörigen noch einige Früchte meines Schaffens ernten werden.
[...]

558. Fränkel an Loosli, Thun-Riedegg, 30. November 1929
Mein lieber Loosli,

herzlichen Dank für Telegramm und Expreßbrief. Dein Telegramm kam gerade als ich im Begriffe war, an Schüpbach zu schreiben, um ihm meine Gedanken über das Angebot mitzuteilen.[146] Nun ließ ich mir während des ganzen Tages die Sache durch den Kopf gehen und bin nun Deiner Meinung: daß ich mit Schüpbach sprechen soll, ehe ich verreise. Ich danke Dir also sehr herzlich für Deinen Rat.

Wir dürfen uns nicht verhehlen, daß die Geschichte nunmehr von den Töchtern unter Leitung ihres ahnungslosen Anwalts auf das falscheste Geleise

---

144 M. L.-U.: *Erziehen, nicht erwürgen!*, in: NZZ, Nr. 1969, 13. 10. 1929; Heinrich Hanselmann: *Familien- und Anstaltserziehung*, in: NZZ, Nr. 2251, 20. 11. 1929.
145 Zwischen Januar 1929 und Juli 1930 erscheint im *Schweizerischen Beobachter* in 22 Folgen Looslis Kriminalroman *Die Schattmattbauern*.
146 Fränkel ist in diesen Wochen mit Hermann Schüpbach, dem in Thun lebenden Anwalt der Spitteler-Töchter, im Gespräch. Im Moment fühlt er sich von ihm getäuscht, weil Schüpbach ihm verschwiegen hat, dass er im Auftrag seiner Mandantinnen der Eidgenossenschaft das «Angebot» zu machen hatte, ihr den Spitteler-Nachlass zu schenken. In einem Expressbrief hat Loosli gleichentags darauf hingewiesen, dass Schüpbach Fränkel wegen des Anwaltsgeheimnisses gar nicht habe informieren dürfen.

geschoben worden ist. Nimmt der Bundesrat das Angebot der Erben an, so wird ja der Nachlaß ein öffentliches Gut, jedem Esel zugänglich – und wir haben für Spitteler glücklich ein Weimarer Goethe-Archiv! Also gerade das, was für Spitteler *nicht* hätte geschehen *dürfen*! Und wovor er sich glaubte geschützt zu haben, indem er mir seine Papiere anvertraute! Für mein Gefühl müßte ich heute, als Spittelers Freund, öffentlich Protest einlegen gegen das Geschehene bzw. gegen das sich Vorbereitende. Aber freilich: wo denn? Da ich keine Presse habe, die auf mich hören würde! Immerhin: je nach dem Ausfall der Besprechung mit Schüpbach werde ich mirs doch überlegen, ob ich nicht wenigstens in Deutschland einen Protest veröffentliche.

Der schlimmste Feind hätte Spitteler nichts Schlimmeres antun können als dieser Streich ist, hinter dem seine Töchter stehen! – –

[...]

559. Fränkel an Loosli, Thun, 2. Dezember 1929

Mein lieber Loosli,

eben mit Sch. gesprochen. Es war gut, daß ich es getan habe (Danke!). Die Sache wird wahrscheinlich den allergünstigsten Ausgang für mich nehmen. Sch. will meine mündlichen Vorschläge, die ich ihm heute gemacht habe, an die Behörde weiterleiten.[147]

Sei herzlichst gegrüßt u. für Deinen freundschaftlichen Rat noch einmal bedankt.

Dein Fränkel

---

147 Schüpbach hat Wort gehalten. Gleichentags bittet Bundesrat Marcel Pilet-Golaz, Vorsteher des Departements des Innern (EDI), Fränkel mit einem Brief um eine Konferenz, um das Schenkungsangebot der «Erben Carl Spittelers» zu besprechen. Am 4. 12. schreibt Fränkel an Loosli, die Konferenz finde am «Freitag», also am 6. 12., statt. Mit Brief an Pilet-Golaz vom 8. 12. fixiert Fränkel das zuvor mündlich Besprochene. Sein Brief umreisst insbesondere die Aufgaben, für die die «mit der Verwaltung des Nachlasses betraute Persönlichkeit» besorgt sein müsse: von der Veröffentlichung einer Gesamtausgabe in zehn Bänden über die Archivvervollständigung bis zur Zusammenstellung von Supplementbänden für zwei Romane, für dramatische und musikalische Arbeiten und für Spittelers Briefe (BAR, E3001B#1980/53#1314*). Dass der FDP-Nationalrat Schüpbach in jenen Tagen einen sehr direkten Draht zu seinem Parteikollegen Pilet-Golaz gehabt haben muss, liegt nahe: Am 12. 12. 1929 kandidiert Schüpbach für den Bundesrat, unterliegt aber dem Kandidaten der Bauern-, Gewerbe- und Bürgerpartei Rudolf Minger.

1930/31

Zwei schwierige Jahre: Loosli und seine Frau Ida Loosli-Schneider haben fünf Kinder, geboren zwischen 1903 und 1920. Fränkel und seine Frau Erika Fränkel-Wilisch haben drei Kinder, geboren zwischen 1923 und 1929. Beide Paare arbeiten bis an die Grenzen ihrer Gesundheit und haben trotzdem schwere finanzielle Sorgen: Loosli bringt seine Buchtyposkripte nirgends unter und muss die Hoffnung auf die von Freunden gegründete «Verlagsgenossenschaft C. A. Looslis Werke» setzen, die *Die Schattmattbauern* als Buch veröffentlichen will. Fränkel arbeitet nach dem Bruch mit dem Rentsch-Verlag für seine Gottfried-Keller-Ausgabe nun mit dem Benteli-Verlag zusammen und bringt Ende 1931 endlich einen neuen Band heraus.

566. Loosli an Fränkel, Bern-Bümpliz, 6. Februar 1930

Mein lieber Fränkel, ich habe mir heute Nacht, wozu ich leider wieder einmal Gelegenheit und Zeit genug fand, unsere gestrige telephonische Unterhaltung noch einmal gründlich und die Angelegenheit nach allen Seiten erwägend, durch den Kopf gehen lassen und komme nun doch dazu, Dir zu raten, vorderhand Deine Forderungen, oder Bedingungen, wie Du sie gefasst hast und wie ich sie durchaus billige, weil selbstverständlich finde, vorderhand für Dich zu behalten und, wenn es nicht schon geschehen ist, dem Departement vorläufig nicht mitzuteilen.[148]

[...]

Heute betrachte ich die Sachlage folgendermassen:

Das Departement darf unter keinen Umständen nervös gemacht und die Stellung seines neuen Vorstehers B. R. Meyer, muss abgewartet werden.[149] [...]

---

[148] Die Situation um den Spitteler-Nachlass ist verfahren. Am 10. 1. 1930 hat Fränkel sich in einem Brief an den Sekretariatsleiter des EDI, Fritz Vital, als jenen bezeichnet, «den Spitteler allein, mit Ausschluss jedes andern Mitlebenden, auch der Töchter, mit der Sorge für seinen Nachlass betraut hat». Fast gleichzeitig, am 18. 1., hat Marie-Adèle Spitteler ihrem Anwalt Schüpbach geschrieben: «Es ist daher eine Grundbedingung unserer Schenkung (welche wir als selbstverständlich ansahen), dass Herrn Prof. Fränkel in keiner Weise eine verfügende oder leitende, sondern eine rein ausführende und zeitlich begrenzte Mitarbeit geboten werde.» (BAR, E3001B#1980/53#1314* und 1315*)

[149] Der neu gewählte freisinnige Bundesrat Albert Meyer ist als Vorsteher des EDI Nachfolger von Pilet-Golaz, der ins Post- und Eisenbahndepartement wechselt.

Die Zusammensetzung der Kommission scheint mir, offen gestanden, nicht eben erfreulich.[150]

Wer Bodmer ist und auf wessen Einflüsterungen er hinhorcht und darnach handelt, wissen wir beide zu gut, als dass darüber ein Wort mehr als «Zürich & Cie.» zu verlieren wäre. Schüpbach, der die erfreulichste Persönlichkeit darin ist, weil klug, rechtschaffen und einflussreich, ist darum nicht ganz unbefangen, weil er eben in Gottesnamen der Anwalt der Spitteler'schen Erben und ausserdem auf dem Gebiete, auf das es hier ankommt, dem philologischen, wenn ich es so nennen darf, zu wenig Fachmann ist. Vital endlich,– und ich bitte Dich zu glauben, dass ich aus wohlerwogener Erfahrung und gründlicher Sach-, wie Personenkenntnis spreche, steht der ganzen Sache innerlich durchaus kalt gegenüber. Er ist beileibe nicht dumm, ist liebenswürdig und zuvorkommend, wo es nichts kostet, ja, gelegentlich sogar bereit, für etwas oder jemanden einzutreten; aber, sobald es darauf ankommt, zwischen einer Lösung die ihn entlastet, ihm sein Amt erleichtert und einer grundsätzlichen und allenfalls oppositionsermöglichenden Lösung zu wählen, wird er (und mit ihm das Departement) unbedingt die erstere vorziehen. Darum mach den Schimmel nicht scheu, das Departement nicht nervös und lass die Leute so gut und solang in Ruhe, als es irgendwie möglich ist.

[...]

568. Fränkel an Loosli, Thun-Riedegg, 9. Februar 1930

[...]

Im Ganzen hat mich die Keller-Gerichtsgeschichte bisher 7000 Fr gekostet (es wird aber noch 1–2000 Fr dazu kommen!), während das Honorar, das ich von Rentsch für die 10 Bände erhalten habe, 5000 Fr ausmacht. Aber Rentsch will man jetzt in Zürich noch über 120 000 Fr auszahlen für das «Opfer», das er gebracht hat – der aber die Keller-Ausgabe initiiert u. gemacht hat, kann den Schaden tragen ...

Ich glaube nicht, daß man noch irgendwo in Mittel-Europa so rechtlos sein kann wie in unserer gepriesenen Demokratie! Wer keine Wirtschaften

---

150 Loosli spielt auf die erste Spitteler-Kommission an, deren Ernennung der Bundesrat in seiner Sitzung vom 28. 1. 1930 unter dem Traktandum «Schenkung des literarischen Nachlasses Carl Spittelers an den Bund» beschlossen hat. Das Gremium steht unter der Leitung von Bundesrat Meyer und wird erstmals am 25. 11. 1931 tagen. Die von Loosli nachfolgend genannten Hans Bodmer, Hermann Schüpbach und Fritz Vital sind neben Louis Glatt, Leo Merz, Karl Naef und Fritz Ostertag Mitglieder dieser Kommission. (BAR, E3001B#1980/53#1309* und 1311*)

besucht, so daß er bei Wahlen keinen Einfluß hat, der ist vollkommen rechtlos und schutzlos.

Sende mir bitte alle Beilagen zurück.

Laß Dirs gut gehen, mein Lieber! «Es ist eine böse Welt» pflegte Burckhardt-Köbi zu sagen.

Herzlichst
Dein Fränkel

585. Fränkel an Loosli, Thun-Riedegg, 2. Juli 1930

[…]

Jetzt kommt ein Geständnis, um deswillen ich vorhatte Dir zu schreiben. Es kam vor drei Tagen eine Einladung vom – Radio Bern: ich möchte am 16. Juli einen Vortrag über Keller halten. Sehr freundlich geschrieben, beinahe herzlich. Das war ein solches Ereignis für mich, daß ich – Ja sagte. Ich werde seit Spittelers Tod in der ganzen Schweiz beinahe wie ein räudiger Hund behandelt, Niemand will etwas von mir wissen; seit zehn Jahren nirgends einen Vortrag gehalten. Seit der schändlichen Bund-Geschichte (Diederichs) werde ich auch auf der Hochschule sozusagen gemieden: das große Goethe-Kolleg lese ich vor 3 – sage: drei – Hörerinnen; ab und zu vor vieren … Da hab ich denn das Gefühl, daß ich es beinahe selber bezahlen müßte, wenn mich jemand haben will. Und da hab ich denn, wie gesagt, nicht mit Nein geantwortet. Schließlich sag ich mir: das Radio-Publikum ist nicht schlimmer als das zeitunglesende. Könnte man sichs leisten, so müßte mans so halten wie George, der *nie* eine Zeile in einer Zeitung gedruckt hat. Denn Hurenhäuser sind sie ja allesamt! Der «Bund» bildete eine Ausnahme – unter Widmann im Feuilleton. Versagt man sich aber nicht den Zeitungen – und das tun wir ja alle nicht –, so seh ich *grundsätzlich* keinen Unterschied zwischen Radio und Zeitung; notabene wenn die Leute einen anständig behandeln – ich meine: äußerlich, *formell* anständig (denn honorieren tun, wenigstens die Berner, nicht anständig! ganz im Gegenteil …).

Mir sagte Bührer, als ich mit ihm in Gunten sprach, er würde Dir gern beim Radio eine Vorlesung aus Gotthelf zuhalten, für die er Dir 50 Fr bezahlen könnte. Überleg Dirs, mein Lieber, ob Dus nicht annehmen solltest. Wenn ich Dir dazu rate, so geschiehts nicht nach der Allerweltsregel, daß, wenn man selber eine Schweinerei begangen hat, es einem wohler ist zu wissen, daß man Mitgenossen hat … Ich meine halt so: Du hast vollkommen recht, wenn Du es nicht zuläßt, daß man Deine Gedichte durch jemand Andern vorlesen läßt – aber ob *Du* beim Vorlesen einen Saal mit Menschen vor Dir hast oder ein Mikrophon: es kommt auf dasselbe heraus! Es bedeutet keine Verbeugung vor Radio als «Kulturmittel» – es ist für unsereins eine Geldquelle, nichts weiter. – So seh ichs an.

Laß Dich im übrigen, mein Lieber, nicht niederdrücken, sondern halte den Kopf hoch. Solange wir arbeiten können, sind wir doch die Sieger, nicht die Andern!

Einen herzlichen Gruß von Haus zu Haus!

Dein Fränkel

586. Loosli an Fränkel, Bern-Bümpliz, 4. Juli 1930

[...]

Was nun Dein Radiovorhaben anbetrifft, so billige ich es durchaus. Einmal ist es etwas ganz anderes, einen Vortrag über ein wissenschaftliches Gebiet zu halten als Kunstwerke damit zu vermitteln, weil für diese das Radioverfahren und auch dessen Programmzusammenstellung in der Regel versagt. Dennoch habe ich mich von Bührer gewinnen lassen. Meine Gedichte werden dieser Tage vorgetragen oder sind schon vorgetragen worden, wozu ich Bührer, der die Programme ausarbeitet und für geeignete Sprecher sorgt, – in meinem Falle ists Bildhauer Karl Geiser, der Sohn des Berner-Professors, der das ebensogut kann, wie ich selber, – so dass ich ihm, Bührer nämlich, Generalvollmacht erteilt habe.

[...]

589. Loosli an Fränkel, Bern-Bümpliz, 10. Juli 1930

[...]

Wie Du ja weisst, habe ich seit langen Jahren ein umfangreiches Werk vorbereitet, das die Kunst- und Kulturentwicklung Berns (Hodler und die um Hodler) auf weitgehender Grundlage behandeln sollte.[151] Du weisst auch, dass mir das Werk von vielen Einsichtigen geradezu zur Pflicht gemacht wurde, weil sie, übrigens mit Recht sagen, dass ich der Einzige sei, der die ganze Entwicklung tätig miterlebt habe und zugleich darüber schreiben könne, was natürlich den

---

151 Bei diesem Werk handelt es sich um *Die Bernische Renaissance 1896–1914*. Es gelingt Loosli in der Folge nicht, die Finanzierung für diese sehr umfassend geplante Arbeit sicherzustellen. Heute existiert vom Projekt nur noch eine zwölfseitige *Begründung meines Gesuches um die finanzielle Ermöglichung der Schaffung meines Werkes über die ‹bernische Renaissance 1896–1914›* und ein *Allgemeiner Arbeitsplan* (beides dokumentiert in Loosli: *Werke 7*, S. 237–250).

bildenden Künstlern nicht wohl möglich ist. Ich hatte also das Arbeitsprogramm fertiggestellt. Da ich mich aber nicht an die Arbeit machen konnte, ohne vorher materiell wenigstens einigermassen sichergestellt zu sein, gelangte ich vor etwas mehr als Jahresfrist sowohl an die stadtbernischen, wie an die kantonalen Behörden mit einem Subventionsgesuch, das mir ermöglicht haben würde, im Falle seiner Genehmigung, die Arbeit wenigstens zu beginnen, wodurch sich dann möglicherweise auch Verlagsgelegenheiten ergeben hätten.

Der Gemeinderat erklärte mein Gesuch einstimmig erheblich und beschloss ihm unter der Voraussetzung zu entsprechen, dass die Regierung es ebenfalls tue.[152] Diese nun wies mich unter den fadenscheinigsten Verwänden ab. (Man anerkenne den Wert und die Nützlichkeit meiner Arbeit, dürfe aber aus allen möglichen Gründen keinen Präzedenzfall schaffen.) Damit war natürlich die Sache für mich erledigt, denn auch wenn man derartige Arbeiten heute druckfertig verlegen kann, hat man Mühe, dafür einen Verlag zu gewinnen, geschweige denn, wenn alles erst noch zu schaffen und daher keine verlegerische Berechnungsgrundlage vorhanden ist.

Nun muss ich offen gestehen, dass mich die Arbeit, und ich habe sie vor nun 34 Jahren begonnen,[153] wirklich reut und ich glaube mich weder zu überschätzen, noch meiner Einbildung zu frönen, wenn ich die Ansicht äussere, dass es schade darum wäre, wenn sie endgültig begraben sein sollte.

Da ist mir nun durch den Kopf gefahren, wenn ich über dieses Stoffgebiet als Privatdozent an der Hochschule während der Dauer einiger Semester lesen könnte, ich einmal einen äusseren Anlass hätte, das Wesentlichste der Arbeit überhaupt einmal zu redigieren. Zum andern würde mir der Umstand allein, dass ich mich als Privatdozent aufspielen könnte, meine Bemühungen um einen Verleger möglicherweise erleichtern und endlich, obwohl ich mir kaum denken kann, dass ich viele Hörer haben würde, würden mir auch diese wenigen von einigem Nutzen sein, weil ich in der Lage wäre wirklich etwas Rechtes zu bieten.

[...]

---

152 Der Gemeinderat ist die Exekutive der Stadt Bern, mit «Regierung» ist die Exekutive des Kantons Bern, der Regierungsrat, gemeint.
153 Loosli lernt Ferdinand Hodler und die «Hodlerclique», jenen Kreis von Kunsterneuerern, dem er seine Arbeit widmen will, 1897 kennen (Loosli: *Werke* 7, S. 11 f.).

596. Loosli an Fränkel, Bern-Bümpliz, 7. August 1930

[...]

Doch bevor ich nun auf weiteres zu sprechen komme, lass Dir erzählen, warum ich Dir eben, als Dein Brief eintraf, schreiben wollte.

Ich träume für gewöhnlich ungemein lebhaft und mitunter recht plastisch, aber konfus, so dass ich mich beim Erwachen selten mehr als bruchstückweise meiner Träume zu erinnern vermag. Dies war auch heute Morgen der Fall, mit Ausnahme des letzten Traumes, der so infam grotesk war, dass ich ihn Dir umsoweniger vorenthalten mag, als Du darin eine Hauptrolle spieltest. Also höre:

Mir träumte, wir befänden uns zusammen auf einer Fusswanderung im Neuenburgischen. Soeben waren wir in Colombier bei Bekannten eingeladen gewesen, wo wir uns gut unterhalten hatten.

Es war Winter und ich hatte einen Bobsleighschlitten bei mir, den ich neben das Haus unserer Gastgeber eingestellt hatte.

Nun befanden wir uns auf der Landstrasse, die von Colombier nach Areuse führt. Wir waren alle Beide sehr aufgeräumt und unterhielten uns lebhaft. Da machte ich Dir einen Vorschlag: – ich glaube den eines bestimmten Ausfluges für den kommenden Tag. Nun hieltest Du plötzlich an, sahst mir mit schmerzverzerrtem Ausdruck ins Gesicht und sagtest:

– Nein, Loosli, – daraus wird nichts; – ich gehe jetzt weg, wir werden uns nie mehr wiedersehen, leb wohl! –

Dann reichtest Du mir die Hand während ich Dich anschrie:

– Fränkel, Du bist wohl verrückt! –

In diesem Augenblick sankest Du mir ohnmächtig in die Arme und ich wusste, dass Du schwer erkrankt warst. Wir befanden uns ungefähr Mitte Weges zwischen den beiden Ortschaften, wo die Strasse beiderseitig von Rebbergmauern eingefasst ist. Ich war ratlos, was ich mit Dir beginnen sollte. Da fiel mir ein, dass ich meinen Bobsleigh bei unsern Bekannten vergessen hatte. Also lagerte ich Dich so gut es ging am Strassenrand und rannte zurück, den Schlitten zu holen, der mir dazu dienen sollte, Dich aufzupacken und zu Dr. Bovet[154] in Areuse (der übrigens vor mehr als dreissig Jahren gestorben ist) zu führen.

Wie ich an die Stelle zurück kam, wo ich Dich belassen hatte, warst Du nicht mehr dort. Ich schaute die Strasse auf- und abwärts und erblickte Dich nirgends und dass Du selber in Deinem Zustand schon in Areuse drunten sein könntest schien mir unmöglich. Da erblickte ich plötzlich zu meiner Linken eine Art

---

154 Nicht nachgewiesen.

Kapelleneingang an einer Stelle, wo ich wusste, dass vorher kein Gebäude gestanden hatte. Ich trat ein und befand mich auf einer Art Empore, die sich breit gegen einen halbkreisförmigen Chor auslud und vollkommen leer war. Ich schritt bis an den Rand der Empore, und schaute in den Chor zu meinen Füssen. Er war dicht gedrängt von sitzenden Menschen, die zu schlummern schienen. Gerade rechter Hand sassest Du im vordersten Rang, mit geschlossenen Augen und mit einem geradezu mumienhaften Aussehen.

Da schrie ich halb beängstigt, halb verärgert über Dein Versteckspiel:
«Fränkel, kommst Du?»
Du schlugst die Augen auf, standest auf die Beine, gucktest mich ganz lustig an und meintest:
«Sofort Loosli!»
Aber in demselben Augenblick erhob sich eine liegende Frauengestalt aus einem vor dem Altar befindlichen Sarge, für die man offensichtlich eben den Trauergottesdienst gefeiert hatte.

Sie blickte träumerisch nach oben, sah mir dann in die Augen, winkte mir und sprach mit wohlklingender Stimme:
– Ich danke dir Herr, dass du mich vom Tode erwecket hast! – In der Versammlung entstand ein unbeschreibliches Getümmel und ich machte dass ich hinaus kam. Allein, da befand ich mich nicht mehr auf der Strasse, sondern in einem weiten Vorraum der Kirche, umringt von der Gemeinde, die mich andächtig scheu betrachtete. Offensichtlich hielt sie mich für Christus.

Wie ich nun einen Ausgang und Dich suchte, kam der Pfarrer im Talar und die Kirchenältesten hinter ihm in ihren Chorröcken auf mich zu und verneigten sich tief. Der Pfarrer war ein schwarz behaarter, bärtiger Rundkopf mit merkwürdig blauen Augen. Der sprach jetzt mit mir:
– In meinem und im Namen des Kirchgemeinderates danke ich Ihnen für das Wunder, das Sie soeben hier bewirkten; aber auch im Namen unserer allgemeinen Landeskirche; – sie hatte es wirklich nötig! –
Er wollte fortfahren, aber da sah ich die junge Auferstandene mir über die Schultern der Kirchenältesten hinweg verständnissinnig und so verdammt lustig zublinzeln, dass ich mich plötzlich vor Teufelsucht nicht mehr zu halten wusste und lachend erwiederte:
– Es ist gerne geschehen, Herr Pfarrer! –
Nun schlug seine Miene um. Sein vorher männliches, schönes Gesicht nahm einen unsäglich dummschlauen Ausdruck an, dann nestelte er an seinem Talar

herum und holte daraus eine Gabenliste und eine Anzahl Posteinzahlungsscheine, von der bekannten grünen Farbe hervor und sagte:
– Da Sie sich für das Gedeihen unserer Kirche so sehr interessieren, darf ich Sie vielleicht bitten, unser Ferienheim (und dann nannte er noch eine andere Stiftung, die mir aber entfallen ist) zu unterstützen? –
Ich hatte Mühe mein Lachen zu verbeissen und antwortete ihm sarkastisch:
– Was! Geld wollen Sie auch noch? –
Daraufhin zog er die Papiere zurück und erwiederte beschämt:
– Nein, – – – ich meinte bloss moralisch! –
Darauf ich:
– Da weiss ich Ihnen etwas viel Besseres, Herr Pfarrer! Reichen Sie gegen mich eine Strafklage wegen Störung des öffentlichen Gottesdienstes ein, das macht Ihnen viel mehr Reklame! –
Nun sah ich, wie sich die um mich versammelte Gemeinde über meinen Vorschlag auseinandersetzte. Die einen waren dafür, die andern dagegen.
Der Pfarrer aber sprach wiederum salbungstriefend und fromm blickend wie zuerst:
– Ich habe auch schon daran gedacht, aber – – – ! –
Ich unterbrach ihn mit einem nicht mehr zurückzuhaltenden Gelächter, das mich erschütterte:
– Sehen Sie, Herr Pfarrer, das freut mich! Ich hatte es Ihnen bereits am Gesichte abgelesen, dass Sie daran gedacht hatten!
Dann lachte ich laut weiter und erwachte, immer noch laut lachend, während meine Frau bereits aufgestanden war und sich ob meiner unerwarteten Lustigkeit wohl nicht wenig verwunderte.
– Das muss ich Fränkel schreiben! – war mein erstes Wort als ich wieder bei vollem Wachsein war und das ist nun geschehen. Ich denke ein findiger Freudianer vermöchte aus diesem Traum allerhand zu deuten. Möglich, dass man dazu nicht einmal Freudianer zu sein noch Psychoanalyse zu seinem Sonderstudium erkoren zu haben braucht.
Jedenfalls hat der Traum bewirkt, dass mich die gedrückte Stimmung und die Unmöglichkeit etwas zu schaffen, die mich in den letzten Paar Tagen bedrängte (nebst anderem!) plötzlich gewichen ist, und sobald ich diesen Brief zum Postkasten getragen haben werde, gehe ich mit der vollen Zuversicht an die Arbeit, dass ich mich heute nicht umsonst daran abmühen werde, wie ich nun seit einer Woche tat.
[...]

597. Fränkel an Loosli, Thun-Riedegg, an meinem 51. Geburtstag (12. August 1930)
Mein lieber Loosli,
Dank für Deinen herrlichen Traumbrief. Der Heilandstraum und die Auseinandersetzung mit dem Pfaffen verdienten gelegentlich erweitert zu werden. Im Ernst! –
[...]

602. Loosli an Fränkel, Bern-Bümpliz, 15. September 1930
[...]
Ich habe mich heute, als dem letzten Anmeldungstermin in aller Form um die Sekretariatsstelle an der Kunsthalle beworben, nachdem ich zweimal vergeblich um die in der Ausschreibung angebotenen Anstellungsgedinge geschrieben hatte. Selbstverständlich hat man sie mir nicht geschickt, weil man darauf rechnete, ich würde den Ausschreibungstermin verpassen und man würde dann, da man mich ja nicht will, sich mit einem Formfehler, einem Missverständnis etc. aus der Patsche ziehen können. Dieser Ausweg ist nun verlegt; – ich will von den Leuten schriftlich haben, dass man mich nicht haben will. Unter uns gesagt, wäre ich z. Zt. wirklich der Einzige in Bern, der im Stande wäre, die verfuhrwerkte Kunsthalle wieder ins Geleise zu bringen. Auch dürften sich die Leute daran erinnern, dass ich einer, und zwar der erste und nicht untätigste noch unnützeste ihrer Gründer war.[155] Aber, was willst Du? Man will mich nicht! Sei es drum, aber man habe die Courage es mir offen zu sagen! Das wird mich von den letzten Rücksichten entbinden, die ich allenfalls dem bernischen Kunstleben noch schuldete oder zu denen ich mich bis anhin verpflichtet wähnte und das ist mir auch nicht unangenehm.
[...]
P. S. Dass Diederichs gestorben ist erfuhr ich soeben. Schade, dass wir so wenig Grund mehr haben, sein Verschwinden zu bedauern. Er hätte, bei ein wenig grösserer Klugheit ein Kerl sein können.

---

155 Zur Rolle, die Loosli bei der Planung der 1918 eröffneten Berner Kunsthalle insbesondere zusammen mit dem Kunstmaler Rudolf Münger gespielt hat, vgl. Erwin Marti: *Les Bernois sont extraordinaires!!!. Die Berner GSMBA 1898–1930*, in: *Schweizer Kunst* 1/1999, S. 34–63.

603. Fränkel an Loosli, Thun-Riedegg, 15. September 1930

[...]

Diederichs – «bei ein wenig größerer Klugheit». Freilich. Aber der Mann gehörte ja im letzten Jahrzehnt ganz zu den Nationalsozialisten.[156] Da konnte man nichts Besseres erwarten. Spitteler hatte das zu Lebzeiten durchschaut u. wünschte sich deswegen von Died. zu trennen. Ich hinderte ihn daran, weil ich nicht an vollständigen Umfall glauben mochte. Das war mein Fehler. Vieles wäre mir erspart geblieben.

Herzlichst Dein Fränkel

610. Loosli an Fränkel, Bern-Bümpliz, 1. Oktober 1930

[...]

Was Du von den freisinnigen Politikern bemerkst[157] ist durchaus richtig, aber auch ebenso erklärlich. Diese Mehrheitspartei blieb es nur darum so lange, weil sie jahrelang eine schmähliche Kompromisspartei blieb um am Ruder zu bleiben, das ihr schliesslich eben doch mehr und mehr entgleitet, so dass ihre Führer und Hammel ihren Charakter, wenn sie überhaupt je welchen hatten, darob eingebüsst und ihn seither wiederzufinden unfähig waren. Ein einziger Blick auf den «Bund» und nicht nur auf ihn, genügt, um diese Feststellung unerschütterlich zu erhärten. Dabei hätte grundsätzlicher Freisinn, im Sinne, wie ihn Stämpfli, Schenk, Augustin Keller, Escher usw. auffassten und vertraten, heute wieder eine schöne Aufgabe zu erfüllen, wie lange nicht mehr. Doch ach, – es fehlt an mutigen unvoreingenommenen und namentlich an uneigennützigen Freisinnsidealisten. Die freisinnige Politik ist ihren Führern reines (nein, zum Teufel! – unreines) Geschäft geworden; sie behaupten sich in Parlament und Volk lediglich noch von Trägheitsgesetzes und Ersessenheithabens Gnaden.

[...]

---

156 Diederichs stirbt zweieinhalb Jahre vor der Machtergreifung der NSDAP in Deutschland. Ulf Diederichs beschreibt den ideologischen Weg seines Grossvaters so: «Die schon 1913 zu beobachtende Hinwendung zur Volkstumsbewegung und die hohe Wertung des Germanischen folgten dem Wunsch und Bedürfnis, sich rückzubesinnen auf die eigenen Wurzeln. Auch dieser Impuls durchlief mehrere Stadien, nahm dann Mitte der 20er Jahre überhand und wurde zuletzt Glaubenssache.» (Ulf Diederichs: *Eugen Diederichs und sein Verlag*, S. 8)

157 In Bezug auf seine Erfahrungen mit dem Spitteler-Nachlass schreibt Fränkel am 29. 9. 1930: «Ich komme immer mehr zur Überzeugung, daß Politiker, die im Freisinn eine Rolle spielen, in der Regel minderwertige Charaktere sind.»

620. Loosli an Fränkel, Bern-Bümpliz, 8. November 1930

[...]

Mir wurde, wie ich Dir bereits mitteilte, von der Unterrichtsdirection der Bescheid, die Fakultät sehe keine Möglichkeit, mein Gesuch zu empfehlen. Die Vorbedingungen für eine Privatdozentur fehlten und Lektorate könnten nur für praktische Unterrichtszweige eingereicht werden.

Auf diese *praktischen* Unterrichtszweige werde ich bei Gelegenheit noch zurückkommen!

Da sich die Unterrichtsdirection ausdrücklich auf die Fakultät berief schrieb ich ihr, um doch auch meinen Spass zu haben:

– im Besitze Ihrer Mitteilung vom 31. X. 30, laut der mein Gesuch um ein Lektorat an der Hochschule über bernische zeitgenössische Kunst- und Kulturgeschichte abgeschlagen wurde, beehre ich mich, Ihnen diese Nachricht ebenso höflich zu verdanken, wie auch den Beschluss der Philosophischen Fakultät I, die mir dadurch die wirklich noch immer zu verdienende Ehre erweist, mich auch darin Ferdinand Hodler gleichzustellen, der im Frühjahr 1888 von der Genfer-Hochschule aus denselben Gründen abschlägig beschieden wurde, als er sich darum beworben hatte, daselbst über … Malerei zu lesen. (Siehe C. A. Loosli: «Ferdinand Hodler / Leben, Werk und Nachlass», Band I, pag. 229).

Ich verstehe den Korpsgeist und die Ausschliesslichkeit der Fakultät sehr wohl und weiss sie zu würdigen; allein, wenn es mir erlaubt wäre, eine Bemerkung dazu in der Form eines Wunsches anzubringen, so wäre es vielleicht der, die Herren Professoren auf billiges Gegenrecht eingestellt zu sehen. Das heisst, aus denselben Gründen, die ihre Auschliesslichkeit vor ihren Augen rechtfertigen mag, möchten sie es in Zukunft ebenfalls ein- für allemal ablehnen, sich in Kunst- und Schriftstellerausschüsse, Preisgerichte usw. wählen zu lassen, wo sie ebensowenig zu suchen haben, als wir Ausübenden auf der Hochschule, da es sich daselbst jeweilen stets nur um uns ausschliesslich betreffende Belange handelt.

[...]

621. Fränkel an Loosli, Thun-Riedegg, 10. November 1930

[...]

Übrigens glaub ich nicht, daß eine Diskussion über Deine gesalzene Antwort eröffnet werden wird, da die Tagesordnung der heute stattfindenden Fakultätssitzung reichlich mit Traktanden gesegnet u. der derzeitige Dekan ein energischer Leiter der Sitzungen ist. Ich habe aber sehr bedauert, daß Du mir Deine Antwort nicht *vor* Absenden zum Lesen gegeben hast. Ich hätte Dich dann gebeten, Dich auf den ersten Absatz zu beschränken, weil Du Dir keinen bessern Abgang, keinen schönern Triumph hättest schaffen können als durch diesen kurzen Hinweis auf die Schicksalsgemeinschaft mit Hodler. Der eine oder der Andere, der das Schämen noch nicht verlernt hat, würde sich im Stillen schämen und Du wärest der eigentliche Sieger. Jetzt aber, da Du *zu* deutlich wirst, werden sie nur sagen: Wie gut waren wir beraten, als wir ihn nicht in unsere Gesellschaft aufnehmen und auf Fränkels Argumente nicht hören wollten … Schade! –

[…]

623. Loosli an Fränkel, Bern-Bümpliz, 17. November 1930

[…]

Mit Deiner Auffassung meiner Antwort, mein Lektorat betreffend magst Du wohl recht haben. Aber, Du weisst ja, – wär ich besonnen, hiesse ich nicht … Loosli.

Und was die Herren nun von mir denken ist mir Wurst; – ich habe weder bei Ihnen noch bei der Regierung noch das Geringste zu verlieren und schaden kann es schliesslich auch nichts, wenn sie erfahren, dass man nicht entschlossen ist, sich alles und jedes gefallen zu lassen. Aber immerhin, – Du hast dennoch sehr wahrscheinlich Recht!

[…]

624. Fränkel an Loosli, Thun-Riedegg, 21. November 1930

Mein lieber Loosli,

Dank für die Judenbroschüre,[158] die ich soeben in einem Zuge gelesen habe. Sie ist gut geschrieben, die Ausführungen sind schlagkräftig – ich möchte beinahe sagen: so klar, als wäre die Abhandlung von einem Franzosen geschrieben. Ich gratuliere Dir dazu.

[…]

Was Du vom Schächtverbot sagst, daß sich die Schweizer Juden ihm gefügt haben – stimmt (zu ihren Ehren sei es gesagt) *nicht*.[159] Jener Teil der Juden – u.

---

158 Loosli: *Die Juden und wir*.
159 Die Stelle, auf die sich Fränkel bezieht, lautet: «Dagegen wissen wir, daß es den gläubigen Juden verboten ist, anders als koscher zu essen. Trotzdem haben sie sich unserm in der Gesetzgebung der ganzen Welt fast einzig dastehendem Schächtverbot, das für viele unter ihnen

das sind ja die echten Juden – würden sich eher selber schächten lassen als daß sie im Konflikt zwischen talmudischem u. bundesrätlichem Gesetz sich auf die Seite des letztern stellen würden. Die Schweizer Juden haben ihre Schächter in Vorarlberg und in Luino u. beziehen von dort ihr koscheres Fleisch. Das berichtete mir vor Jahren Janko, dessen Vater daran beteiligt ist. – Nochmals besten Dank – u. viele herzliche Grüße von Deinem
Fränkel

632. Loosli an Fränkel, Bern-Bümpliz, 1. Dezember 1930
Mein lieber Fränkel, hier sende ich Dir das Manuscript meines am Samstag in der «Kadimah»[160] in Zürich gehaltenen Vortrages, der sehr gut besucht war, wohl aufgenommen wurde, aber dann eine Debatte entfesselte, die nicht leidenschaftslos, aber gerade darum für mich in mancher Hinsicht recht lehrreich war. Wenn auch nicht genau, lässt sich der Allgemeinausdruck dahin umschreiben, dass die ältere Generation sich jeden weiteren Verständigungsversuchen zwischen Juden und Nichtjuden ablehnend gegenüber verhält: – Sagen Sie das alles den Gojim! – oder: – Es nützt doch alles nichts! –, während die jungen eifrig auf meine Ideen eingingen.

Auf alle Fälle für mich ein Beweis mehr, wenn ich deren noch einen bedurft hätte, wie wenig geschlossen und einig das Judentum unter sich und in sich selber ist und wie lächerlich blödsinnig verlogen die gegenteilige Behauptung der Antisemiten ist. Mit den Leuten öffentlich rechtlich, politisch und gesellschaftlich etwas Greifbares ausrichten zu wollen, ist viel viel schwerer als etwa mit einer Taglöhner- oder einer Kaminfegergesellengewerkschaft, denn die Leute sind, wenn nicht innerlich noch verprügelt (und auch dann) so ausgesprochene Individualisten, dass an eine andere als zufällig gelegentliche Einigkeit nach aussen und zwar in ausgesprochener Abwehrstellung, gar nicht zu denken ist. Das müsste den Nichtjuden sinnenfällig bewiesen, gezeigt werden, denn gerade das verstehen sie nicht und wissen es nicht; daher kommt es, dass sie in der Judenheit immerdar eine geschlossene kampfes- und eroberungslustige

---

einen schweren geistigen und wirtschaftlichen Druck bedeutet, der oft mit recht fühlbaren Nachteilen für sie verbunden ist, gefügt, ohne weiteres und selbstverständlich […].» (Loosli: Werke 6, S. 260)
160 Looslis Vortrag am 29. 11. 1930 im Konservatoriumssaal in Zürich vor rund 250 Personen trägt den Titel *Antisemitismus und Menschenrechte*. Eingeladen hat die Zürcher Kadimah, ein Verein der jüdischen Jugend (Marti: *Loosli 3/1*, S. 310, und Marti: *Loosli 3/2*, S. 219).

Einheit auch da wittern, wo ihre Stellung den Gojim gegenüber einfach in dem Wunsche der weitmöglichsten Ungeschorenheit gipfelt.

Dies im wesentlichen das Ergebnis ad usum delphini. Im übrigen wars genussreich und interessant und die Leute haben mich mehr als bloss angeregt, denn viele darunter sind patente Menschen.

Sie, namentlich die Jungen, erklärten mir ihre Absicht, meinen Vortrag zur Grundlage eigener, inner-kadimahischer Erörterungsabende schon in allernächster Zeit zu benutzen und mir die Tagungsberichte darüber zuzusenden. Ich bin gespannt darauf.

[...]

Hier ein Artikel über polnische Verhältnisse, den ich mir, wie das Manuscript, nach Lektüre zurückerbitte. Man frägt sich wirklich, ob es sich wohl lohnte, diesem Staat seine Autonomie zurückzugeben und, mag es auch bei uns an allen Ecken und Enden stinken und unsere amtliche Feigheit (siehe Bassanesihandel[161]) noch so erbärmlich sein, so bin ich wenigstens doch froh, Dich in der Schweiz und Schweizer und nicht mehr polnischer Staatsangehöriger zu wissen.

[...]

633. Fränkel an Loosli, Thun-Riedegg, 1. Dezember 1930

Mein lieber Loosli,

Dank für Deinen Vortrag, den ich sofort gelesen habe – natürlich mit voller Zustimmung zu allen Deinen Ausführungen. Was Du am Schlusse berührst – die Frage des Sichkennenlernens vermittels Übersetzungen der jüdischen Literatur – das ist leichter gewünscht als ausgeführt! Vom Talmud sind kurz vor dem Kriege einige Bände übersetzt worden, aber die Übersetzung ist horrend teuer: begreiflicherweise, denn der Interessenten gibt es wenige und kann es nicht viele geben. Der Tamud ist ein Riesenbau; ich glaube nicht, daß es etwas gleich Umfängliches in irgendeinem andern Schrifttum der Erde gibt. Aber dieses ganze talmudische Schrifttum ist geistige Inzucht, wie die Scholastik des Mittelalters – wenn auch der menschlich-geistige Wert des Talmud wohl um mehrere Grade höher sein wird als der der Scholastik. Immerhin: ich halte das vollständige Übersetzen dieses Riesenwerkes, wozu es der gemeinsamen Anstrengung vieler Kräfte bedürfte, für ein unfruchtbares Unternehmen. Ge-

---

161 Am 28. 11. 1930 hat der Bundesrat gegen den Widerstand der SP den italienischen Freidenker und Menschenrechtsaktivisten Giovanni Bassanesi ausgewiesen.

wiß sind in diesem Riesenbau unzählige Goldkörner verstreut; die auf- bzhw. auszulesen wäre zweifellos ein großer Gewinn. Aber wer wäre dieser Arbeit gewachsen? Es gibt doch jeder Auslesende seinen eigenen Geist. Es müßte also schon jemand Besonderes sein, der diese Arbeit täte. Aber es liegt in der Natur der Sache, daß nur selten *ein* Mensch diese wahrhaft babylonische Bibliothek beherrscht. Du solltest einmal in eine Talmudschule eintreten können u. Deinen Blick über diese rund 40 gewaltigen Folianten schweifen lassen, die allein den «babylonischen Talmud» (es gibt auch einen «jerusalemer Talmud») ausmachen – u. Du würdest das fast Unmögliche einsehen, das der Verwirklichung jenes Wunsches sich entgegenstellt.

[...]

Hier der Artikel aus der Frkf. Ztg. zurück. Was mich betrifft, so war ich *keine* Stunde polnischer Staatsangehöriger. Sobald ich merkte, worauf die Sache hinauslief, daß nämlich ein selbständiger polnischer Staat geschaffen u. ihm auch Krakau (das doch immerhin dank seiner bloß 7-stündigen Schnellzugsentfernung von Wien Europa zugewandt war) angegliedert werden sollte, tat ich sofort Schritte wegen Einbürgerung in Bern. Bis dahin erschien mir immer die Sorge um eine bestimmte Staatszugehörigkeit als etwas eines Philisters Würdiges, doch die plötzliche Aussicht, Staatsbürger einer polnischen «Republik» zu werden, erfüllte mich mit Grauen, denn ich kannte die Polen zu gut. Ich hätte damals, wenn ich eine öffentliche Tribüne zur Verfügung gehabt hätte, versucht mit allen Kräften dagegen zu protestieren. Es gibt nichts so Gefährliches als einen freigewordenen Sklaven! Diese erlauchte polnische Republik begann ihre Selbständigkeit mit Judenpogromen unter Führung von polnischen Generälen just in jenen Gegenden, die unter österreichischer Herrschaft niemals Pogrome gekannt hatten! – Ich habe im Laufe der Zeit wiederholt in unsern Schweizer Blättern versucht, Aufklärendes über Polen zu veröffentlichen – aber die Polen sind – als «Freiheitsmärtyrer»! – zu gut beim Schweizer Bürgertum angeschrieben; einzig Gottfr. Keller hat den Polenschwindel durchschaut.[162]

---

162 Fränkel dürfte hier an Kellers Seldwyla-Novelle *Kleider machen Leute* denken. Darin werden die Klischeevorstellungen ironisiert, aufgrund derer der einfache Schneider Wenzel Strapinski zu einem polnischen Grafen stilisiert wird. Die Novelle hat Kellers Erfahrungen als Sekretär des «Provisorischen Comités zur Unterstützung der Polen» zum Hintergrund, für das er nach einem blutig niedergeschlagenen Aufstand im russisch besetzten Teil Polens 1863 einen Aufruf an die Zürcher Bevölkerung verfasst hat (Keller: HKKA 15, S. 357–360).

Es können noch soviel Scheußlichkeiten in Polen sich wiederholen, Polen hat sichern Bestand, weil – Frankreich Polen nötig hat …
Leb wohl, mein Lieber!
Dein Fränkel

643. Loosli an Fränkel, Bern-Bümpliz, 22. Juni 1931

Mein lieber Fränkel, es ist mir erst nach Absendung meines Gedichtes[163] vom Samstag eingefallen, dass ich Dir eigentlich für mein ganzes Verhalten, mein Stillschweigen usw. der letzten paar Monate eine Erklärung schuldig bin, und wenn ich auch annehmen darf, Du möchtest das Meiste, was ich Dir sagen kann, schon erraten haben, so mag es doch dazu dienen «de mettre les points sur les i».

Bist Du doch auf weiter Welt der einzige Mensch, gegenüber dem ich restlos alles sagen kann, vor dem ich keine reservatio mentalis benötige.

Vor meiner moralischen Gedrücktheit und meinen Seelenstimmungen, die zum grossen Teil die Folge meiner materiellen Lage sind und seit Jahren immer tiefer, schmerzhafter in mir fressen, sage ich Dir am besten nichts brieflich, denn es betrifft nicht mich allein.

Materiell aber bin ich ungefähr so gestellt:

Im Jahre 1925 vollendete ich meinen Roman, «Die Schattmattbauern», der dann verstümmelt und zerrissen im «Schweizerischen Beobachter» erschien und trotzdem einen durchschlagenden Erfolg in der ganzen Schweiz herum hatte, so dass auch noch heute immer wieder Anfragen sowohl an mich, wie an den Buchhändler gelangen, ob und wann derselbe endlich in Buchform zu haben sein werde. Ich habe ihn, bisher erfolglos, 27 Verlagsanstalten angeboten.

1929 stellte ich den Novellenband «Ewige Gestalten» druckfertig, enthaltend: – Kleon, – Timon, der Menschenhasser, – Coriolan, – Caligula minor, – Lear. Schweizernovellen aus der jüngsten Vergangenheit, die darstellen, dass zu allen Zeiten und in jeder Umwelt die Menschen und ihre Schicksale immer annähernd dieselben bleiben. Ich bot sie bis heute, ebenfalls erfolglos, 22 Verlagshäusern an. Ein Treuhänder, der sie im Auftrag eines dieser Häuser lesen musste, verspricht sich davon einen grossen, möglicherweise auch ausländi-

---

163 *Mein Los*, in: Loosli: *Aus Zeit und Leid*, S. 6 f. Das Gedicht schildert die materielle Unmöglichkeit, als freier Schriftsteller Bedeutendes zu schreiben, und endet: «Mag gewesen sein, / was immer! / Sicher bloss ist, dass begraben / Schnöd er seines Geistes Schätze, / Seine reichlichen Talente, / Und dass nichts von ihm geblieben, / Das sich des Erinnerns lohnte, / Und sein Grabspruch, der soll lauten: / – Hier fault eine taube Nuss! –» Vgl. auch Anm. 169.

schen Bucherfolg. Ohne mir zu schmeicheln darf ich davon behaupten, dass sie eine ehrliche, wohldurchdachte, innerhalb meines Vermögens tüchtige Arbeit darstellen, die zum mindesten dem meisten von dem, was alltäglich erscheint, ebenbürtig ist.

1930 endlich schrieb ich mein «Sparta – Welt*politische* Ueberlegungen».[164] Für diese, [für] die ich bis heute erfolglos 25 Verlage anging, hätte ich bald einen Hamburgerverlag gehabt.[165] Leider fielen damals die Reichstagswahlen (Naziwahlen) derart aus, dass er sich nicht getraute, das Buch, das ihm wohl gefiel und von dem er mir schrieb, er hätte bis zum letzten Augenblick gezaudert, ob er es verlegen oder ablehnen wolle, angesichts der unsicheren Geschäftslage herauszubringen.

Also insgesamt stand ich im Verkehr mit bis heute 74 Verlagsanstalten innerhalb nun bald sechs Jahren und bringe nichts an den Mann, obwohl die Qualität der Werke ... siehe vorstehend.

Das einzige, was ich inzwischen herausgebracht habe, war «Erziehen, nicht erwürgen!», das mir ratenweise 3000.–. frs. und «Aus meinem Urnenhof»,[166] das mir keinen Rappen einbrachte und wohl niemals einbringen wird.

Inzwischen mussten wir leben und meine Kinder ausbilden lassen. Das kostete und kostet immerdar ein ordentliches Geld das ich zum Teil durch Gelegenheitsarbeiten, zum Teil durch eine Beisteuer, die mir der «Schweizerische Beobachter» nachträglich vermittelte, aufbrachte. Aber eben nur zum Teil. Ich musste Schulden machen und habe deren im ungefähren Betrage von 3000.–. bis 4000.–. frs. gemacht und damit meinen letzten Kredit erschöpft.

Dass ich mich um alles Mögliche bewarb, um mir wenigstens eine sichere Mindesteinnahme zu sichern, weisst Du ja. Ich spreche dabei nicht von meinem Gesuch um die Venia legendi an der Bernerhochschule, wohl aber u. a. vom Sekretariat der bernischen Kunsthalle. Obwohl das erstere zu bewilligen weder Fakultät noch Regierung das mindeste gekostet haben würde, wurde es, ebensowenig wie meine Bewerbung um das Sekretariat berücksichtigt. So

---

164 Loosli erwähnt die Arbeit an diesem Buch gegenüber Fränkel erstmals im Brief vom 15. 2. 1930. Laut Looslis Tochter Annemarie hat er das Typoskript später auf Wunsch seiner Frau Ida vernichtet (Gespräche von Annemarie Loosli mit Erwin Marti, 18. 6. 1984 und 20. 3. 1985). Erhalten hat sich nur das Inhaltsverzeichnis des Buches mit 26 Kapitelüberschriften. Zentrales Thema scheint das Entstehen, die Blüte und der kulturelle Niedergang des Bürgertums gewesen zu sein. Den Umfang des Typoskripts gibt Loosli dort mit 153 000 Silben an (SLA-Fraenkel-B-2-LOO, 1930).
165 Verlag Gebrüder Enoch.
166 Loosli: *Aus meinem Urnenhof.*

dass ich heute am Ende meiner Möglichkeiten stehe, es wäre denn, dass ein nicht mehr zu erwartendes Wunder einträte.

Dass meine Gesundheit nicht allein, sondern auch die meiner Frau darob allgemach zum Teufel gegangen ist, wird Dich nicht verwundern.

Gegenwärtig ist meine letzte, schwache Hoffnung die, dass ich ein anständig bezahltes Werk über Barraud für «den Juden» Moos in Genf schreiben werde.[167] An gutem Willen mir zu helfen fehlt es ihm nicht, wohl aber gegenwärtig an Kapital, da er sich in seinem Kunsthandel zur Zeit weithinaus gewagt hat. Also auch das Zukunftsmusik, die, wenn sie sich auch aufs Beste erfüllen sollte, was ich sehr bezweifle, in ihrer Wirkung nicht einmal hinreichen wird, meine Schulden abzutragen, geschweige denn weiter zu leben und zu schaffen.

Dabei habe ich einen ganzen Schädel voll Arbeiten, die nur auf einige seelische Ruhe warten, um geschrieben zu werden, und ich glaube, dass es nicht eben das Schlechteste sein würde, was ich je könnte. Aber Du begreifst, dass ich unter sotanen Umständen gar nicht daran denken darf, mich dahinter zu setzen; – jede neue Zahlungsaufforderung würde mich aus der Stimmung bringen und mir die Arbeit mehr als stören, nämlich auf alle Zeit hinaus verkorksen.

So bin ich denn einfach ratlos, am Ende meiner Kraft angelangt. Weitere Versuche zu unternehmen, um meine Bücher zu verlegen, wie ich bisher, und auch heute noch tat, scheint mir aussichtslos und dann, ich kann mir die Porti nimmer leisten.

So stehts mit mir; – ich wollte es Dir bloss sagen, damit Du meine Schrullenhaftigkeit nicht missdeutest oder sie mir gar übel nähmest. Je suis au bout de mon rouleau!

Und nun wird es mich erst recht freuen, Dich bald wieder einmal zu sehen. Bis dahin leb herzlich wohl!

Dein

C. A. Loosli

646. Fränkel an Loosli, Thun-Riedegg, 29. Juni 1931

Mein lieber Loosli,

ich schäme mich nicht wenig vor mir selber, daß ich neulich, als ich Dich besuchte, verführt durch den Durchschlag Deines Briefes an mich, den Du mir zu lesen gegeben, ganz in meine eigenen Geschichten hineingeriet und

---

[167] Diese Arbeit wird nicht gedruckt (Marti: *Loosli* 3/1, S. 135, insbesondere Anm. 42). Fassungen der Arbeit liegen in Looslis Nachlass (SLA-Loosli-E-03-A-03-au/1-4).

darüber den eigentlichen Zweck meines Besuches vergessen habe: ich hatte Dich beglückwünschen wollen zu den Früchten Deines Fleißes. Um nun gleich auf das Wichtigste loszugehen: am liebsten würde ich Dich bitten, mir das Manuskript der «Briefe eines Gottlosen»[168] zur Durchsicht einzusenden, aber ich bin gegenwärtig in einer derart fatalen geistigen Verfassung, daß ich kaum im Stande bin, das *Aller*-Wichtigste fürs Kolleg zu lesen, und nur mit Mühe den Hochschulverpflichtungen, den Verpflichtungen für Keller usw. nachkomme. Das Manuskript müßte also gar zu lange darauf warten, daß ich es in Ruhe vornehmen könnte. Hingegen will ich Dir rasch raten, bei *Ernst Rowohlt Verlag, Berlin W. 50* anzufragen unter Beifügung des Inhaltsverzeichnisses. Beim letztern würde ich Dir vorschlagen, die Überschrift des 1. Briefes so zu fassen: «Vom Wesen der Religion» – also hier lieber das Wort «Zweck» fallen zu lassen, weil es leicht zu Mißverständnissen verführen kann, die Du in diesem Fall, wo es sich um einen literarisch wertvollen Verlag handelt, lieber vermeidest. Wohlbemerkt: mein Vorschlag bezieht sich nicht auf den *Inhalt* des Kapitels (den ich zu erraten glaube), wohl aber auf die Spitzmarke.

Du wirst wohl wissen, daß man gegenwärtig in Deutschland, dank der Propaganda aus Moskau, das Wort «gottlos» auch in freidenkerischen Kreisen verpönt und daß es neuerdings ein Gesetz gegen die «Gottlosenpropaganda» gibt, so daß es schon besser wäre, Du könntest für den Titel ein anderes Wort wählen; denn ich glaube, selbst der Verlag Rowohlt, der den kommunistischen Kreisen nicht fern steht, dürfte ein Buch mit diesem Titel gegenwärtig nicht herausbringen, denn es würde – bloß auf den Titel hin – wahrscheinlich konfisziert schon bei der ersten Ankündigung. Also: ich wünschte eine andere Banderole – oder meinetwegen warte, bis der Verleger (der nb. sich durch den Titel kaum abschrecken lassen wird) diesen Wunsch äußert. –

[...]

---

168 Die *Briefe eines Gottlosen* hat Loosli später auf Bitte seiner Frau vernichtet. Vom Typoskript existiert nur noch das Inhaltsverzeichnis, wonach das Buch aus 27 Briefen bestanden hat: «Von der Religion Zweck und Wesen» über «Das menschliche Vergötzungs- und Vergottungsbedürfnis», bis zur «Pflicht zur Notwehr», der «Begründung des Abfalles» und einem abschliessenden Brief über das «Neuheidentum». Nach Fränkels Hinweis, dass das Wort «Gottloser» vermieden werden sollte, erwägt Loosli als alternative Titel: «Briefe eines Neuheiden» und «Briefe eines Ungläubigen» (an Fränkel, 30. 6. 1932). Als einziger inhaltlicher Hinweis findet sich in Looslis Brief vom 24. 6. 1932 an Fränkel der Satz: «Ich muss Dir nämlich gestehen, dass das Buch, obwohl so ruhig und gemässigt wie möglich in der Form, vor den äussersten Folgerungen nicht zurückschreckt und nichts mehr und nichts weniger bedeutet, als eine grundsätzliche Absage an die Offenbarungsreligionen und ihre Lehren.»

649. Loosli an Fränkel, Bern-Bümpliz, 4. August 1931

Mein lieber Fränkel, meinen herzlichen Dank für Deine Bemühungen um mich,[169] von denen Du mir in Deinem letzten Briefe meldest und den ich Dir früher abgestattet haben würde, hätte ich nicht auf die Beilagen warten wollen, um Dir zu zeigen, was einige Freunde für mich ausgeheckt haben und ins Werk zu setzen suchen.[170] Sollte nämlich diese Verlagsgesellschaft wirklich genügend finanziert werden und zu Stande kommen, dann wäre ich fortan wenigstens der Sorge um meinen Verlag los, könnte veröffentlichen was vorhanden ist und was ich noch schaffen werde und würde dabei erreicht haben, was mir immer als das Erstrebenswerteste vorgeschwebt hat: – nur drauf los arbeiten und mich nicht mehr mit allen möglichen Verlags- und Geschäftsfragen herumschlagen zu müssen, wobei ich ja doch für gewöhnlich übers Ohr gehauen werde und nie aus dem Schlamassel heraus komme.

[...]

Benteli erzählte mir jüngst, wie Rentsch die Zürcherregierung recht eigentlich begaunert hat und wie diese darauf hinein gefallen ist. Da lässt es sich dann schon erklären, warum sie dann keine Mittel mehr hat, den, der die Hauptarbeit leisten muss und ihnen den Keller recht eigentlich neu entdeckt hat, anständig schadlos zu halten.

Es ist in Gottesnamen so: – in unserm gesegneten Lande müssen immer die Arbeiter die Gauner reichlich unterhalten und zwar bedienen sich zuerst die

---

169 In seinem Brief vom 20. 7. 1931 hat Fränkel von seinem Vorstoss bei der Schweizerischen Schillerstiftung berichtet. Am 1. 7. 1931 hat er dem Sekretär der Stiftung, Hans Bodmer, einen Brief geschrieben, dem er Looslis an ihn gerichteten Brief vom 22. 6. 1931 sowie dessen Gedicht «Mein Los» (Anm. 163) beigelegt hat, um die Notlage des Freundes zu dokumentieren. Das geht aus dem Antwortbrief Bodmers vom 14. 7. 1931 hervor, worin dieser mitteilt, dass die Schillerstiftung ihre für das laufende Jahr zur Verfügung stehenden Mittel bereits aufgebraucht habe. Ganz wohl kann es Fränkel mit der Weitergabe der privaten Dokumente nicht gewesen sein: «Ich tue es in der Ueberzeugung, damit den richtigsten Gebrauch von den Schriftstücken zu machen, für deren gefällige Rücksendung ich Ihnen verbunden wäre.» Bodmer kommt der Bitte nach, lässt aber vom Gedicht eine Kopie anfertigen. Fränkel hat sich bei der Schillerstiftung bereits 1925 (zusammen mit Hans Bloesch und Hugo Marti) und 1927 erfolgreich und 1930 erfolglos für Loosli eingesetzt. Erfolgreiche Fürsprecher Looslis bei der Stiftung waren daneben Carl Spitteler und Jakob Bührer. Loosli, der anders als viele Berufskollegen nie ein Gesuch in eigener Sache gestellt hat, erhält von der Stiftung zwischen 1910 und 1940 insgesamt 4300 Franken (Archiv der Schweizerischen Schillerstiftung, SLA-SSS-01-a-L-038, Autorendossier C. A. Loosli).

170 Beigelegt hat Loosli den Statutenentwurf der «Genossenschaft ‹Lachodionverlag›». Er soll gegründet werden, so die unterzeichnenden Initianten, um «das Erscheinen der Werke C. A. Looslis [zu] ermöglichen» (SLA-Fraenkel-B-2-LOO, 1931). Die Initiative führt zur Gründung der «Verlagsgenossenschaft C. A. Looslis Werke».

Gauner, in einer Weise, dass dem Arbeiter in der Regel nur das Nachsehen übrig bleibt. Die letzten dreissig Jahre haben eine Umstellung des Schweizers gebracht. Wir sind Spekulanten und Ganef[171] geworden und bringen nicht einmal mehr so viel sittliches Empfinden auf, uns darob, wie ein Hund, zu schämen. Und wer nicht mitmacht, der kommt rettungslos unter den Wagen. Heil dir Helvetia!
[...]

650. Fränkel an Loosli, Thun-Riedegg, 4. August 1931
[...]
Ich weiß nicht, ob ich Dir bereits gemeldet habe, daß ich für meine Goethe-Bücher keinen Verleger auftreiben kann – so gründlich bin ich durch Rentschens Machenschaften in Verlegerkreisen verfehmt. Eben kam – zugleich mit Deinem Briefe – wieder eine Absage von einem Frankfurter Verlag.
[...]
Bist Du aber je dazu gekommen, das Kapitel aus der Spitteler-Biographie, das Bodmer abgedruckt hat,[172] zu lesen? Es würde mich natürlich sehr interessieren, Deinen Eindruck zu erfahren. Im übrigen schläft Spitteler einen ruhigen Schlaf auf dem Eidg. Departement des Innern – seit nunmehr bald zwei Jahren! Daran bin natürlich – ich schuld!

Meine ganze Familie weilt zurzeit in Königswinter und ich hause hier allein – Sei herzlichst gegrüßt von Deinem
Fränkel

660. Loosli an Fränkel, Bern-Bümpliz, 18. Dezember 1931
[...]
Seit Jahren geschieht es mir übrigens zum ersten Mal, dass ich dieses Jahr den kommenden Festtagen und den ihnen unmittelbar folgenden, nicht mit verdoppelten Sorgen und Befürchtungen entgegensehen muss. Meine Verlagsgenossenschaft hat wenigstens beschliessen können, zunächst einmal meine Schattmattbauern demnächst aufzulegen und ausserdem ist mir dieser Tage von einer grossen Gewerbeunternehmung ein hübscher Auftrag zu Teil geworden,

---

171 Rotwelsch für Ganove, Dieb.
172 Jonas Fränkel: *Würde des Menschen. Ein Kapitel aus der Spitteler-Biographie*, in: *Der Lesezirkel*, Jg. 18, Heft 8, 1931. Dieser Text bleibt der einzige, den Fränkel aus seiner in Arbeit befindlichen Spitteler-Biografie je veröffentlicht.

der mich im Laufe des nächsten Jahres beschäftigen und der sehr anständig bezahlt werden wird.

[…]

663. Fränkel an Loosli, Thun-Riedegg, 26. Dezember 1931
Mein lieber Loosli, ich wüßte gern, was Du von meiner Einleitung zum neuen Keller-Band[173] hältst, denn ich habe bisher noch von Niemand etwas darüber gehört. Persönlich weiß ich wohl, daß das Keller-Bild, das ich gebe, anders aussieht als man den Mann bisher sah; aber wie das Bild auf einen unvoreingenommenen Leser wirkt, ob sich das Geschriebene zu einem geschlossenen Bild verdichtet, weiß ich nicht. Sag mir bitte *ganz offen* Deinen Eindruck.

[…]

664. Loosli an Fränkel-Bern-Bümpliz, 27. Dezember 1931
[…]
Ich hoffe, Du habest auch nicht nur den Bruchteil eines Augenblickes lang gedacht, Deine Einleitung würde nicht meinen durchgehenden, vollen Beifall finden, es würde mir nicht aus dem Herzen gesprochen sein, was Du da von und über Keller sagst. Ja, ich glaube sogar, dass es das einzige Wahre ist, was man über ihn und sein Werk überhaupt sagen kann.

Dass Du Dich im 1. Abschnitt gegen seine Einreihung in den damals landläufigen, gottverfluchten Materialismus ebenso verwahrst, wie gegen die ekelhaft anekdotenhafte Verquickung seines Lebens mit seinem Werke, freut mich natürlich innig. Beides kann, so scheint mir, nie genug unterstrichen werden, gerade den Schweizern gegenüber, die nur schwer verstehen, dass ein geistig veranlagter Mensch sich entweder von ihnen absondern, oder sich dann zu ihnen heruntersaufen muss, um überhaupt mit ihnen verkehren zu können. Spitteler zog das erste vor; – er hatte die sachliche Möglichkeit dazu, die Keller abging.

In Deinem zweiten Abschnitt bewundere und begrüsse ich Deine klare, eindeutig sinnenfällige Belichtung von Kellers dichterischem Werdegang, der ihn, über die Entgottung der Welt zum reinen Menschentum führt. Das ist wahr, klar und unbestreitbar: – es kann ja auch gar nicht anders sein. Ebensowenig durfte es geschehen, dass er nachher noch reiner Lyriker blieb. Deine Begrün-

---

[173] Erschienen ist diesmal der Band 1 von Keller: SW. Diesen versieht Fränkel mit einer knapp 20-seitigen Einleitung zu Kellers Gesamtwerk.

dung seiner Abkehr von der Lyrik ist tief verstanden und fein geschliffen, so fein, dass es die Allzuvielen schwerlich werden verstehen können, oder besser noch, verstehen wollen. Trotzdem hast Du tausendmal Recht damit: – Offen gestanden, – wir sind eigentlich nie selbstsüchtiger, unmenschlicher im allgemein gesellschaftlichen Verstande, als da wo wir rein lyrisch empfinden. Das durfte nicht bloss, sondern das musste gesagt sein, gerade an Hand des Keller'schen Werkes. – Weil er die Lyrik verabschiedete, darum konnte er, wie Du es nennst, «Diener des Volkes» werden und ihm über sein eigenes Leben hinaus dauernd etwas Schönes, Befruchtendes sein, trotz dem «Vaterland», wie es der alternde Meister erleben musste und wie er es glücklicherweise in seiner noch weitergehenden Versimpelung und Entartung, die wir nun kennen, nicht mehr erleben musste.

Sollte, woran ich heute fast verzweifle, jemals der Fall eintreten, dass sich unser Vaterland wieder auf sich selbst, nämlich auf die Edelziele besänne, denen Keller zeitlebens treu gedient hat, so wird es das gerade ihm zum guten Teil verdanken.

Dazu würde gehören, dass wir uns auf das besönnen, was Keller stets übte, nämlich auf das, was ich die Treue im Kleinen und dessen liebevolle Beachtung, die Du an ihm mit Fug rühmst, nenne. Dass an sich nichts klein ist und nichts gross und dass sich im Kleinsten das Grösste spiegeln kann! – Das freilich führt notwendigerweise zu der dunkeln Göttin «Melencolia»[174] und auch diesen zwangsläufigen Weg hast Du scharf, schön und wahr aufgedeckt.

Aus alledem magst Du ersehen, wie sehr mich Deine Einleitung angesprochen und befriedigt, wie sehr sie in jeder Hinsicht meinen Beifall gefunden, meinen Mitsinn angeregt hat und wenn dieses frohe Geständnis dazu beitragen kann, Dir einiges Festvergnügen zu bereiten, dann beglückwünsche ich Dich erst noch besonders dazu.

[...]

---

174 Fränkels *Einleitung* endet mit Gedanken über Gottfried Kellers Verhältnis zu Albrecht Dürers Bild *Melencolia* und Kellers Gedicht *Melancholie* (Keller: SW 1, S. XXXII, und Keller: SW 2, S. 155).

665. Fränkel an Loosli, Thun-Riedegg, 28. Dezember 1931
Mein lieber Loosli,

Dank für Deinen Brief! Ich freue mich allerdings sehr, daß die Einleitung Dich nicht gelangweilt hat. Denn die paar Blätter – ihre Formulierung – haben mir unverhältnismäßig viel Mühe bereitet, ich habe an sie zwei Pariser Wochen gewendet, die ich vielleicht besser anders hätte genießen sollen (nachdem ich zum ersten Mal nach 23 Jahren wieder in Paris gewesen – eigentlich *überhaupt* zum ersten Mal!), und dann noch weitere Wochen. Es ist gerade aus der Fülle des Einzelwissens oft schwer etwas Nichtwissenschaftliches und Rundes fertig zu bringen ... Und nun hüllen sich Alle, die einen Separatabzug der Einleitung erhalten haben, in Schweigen, und die, die ein Wort über den Band sagen müssen – z. B. heute die NZürchZtg[175] – sagen kein Wörtchen von der Einleitung, so daß ich schon meinte, ich hätte ein paar Wochen an etwas Missratenes gewendet ... Also nochmals Dank!

[...]

Ich habe gerade heute einen ergreifenden Brief von Koigen erhalten – wie am Vortag des Jüngsten Tages geschrieben. Es ist die Angst, die die deutschen Juden vor dem nationalsozialistischen Regime haben, das sie mit jedem Tage näher kommen sehen. Der Arme war vor Kurzem vom preußischen Unterrichtsministerium der philosophischen Fakultät in Bonn als Ordinarius vorgeschlagen, aber von der Fakultät abgelehnt worden. Nun hat er keine Aussicht mehr, irgendwo an der Staatskrippe anzukommen – und welcher Verleger in Deutschland wird heute philosophische Bücher honorieren?! Die Armen tun einem ordentlich leid – besonders auch ihr wohlgeratener Sohn, der nächstes Jahr die Matura machen soll u. vor dem alle Türen in Deutschland geschlossen sein werden.[176]

Dir und den Deinen die herzlichsten Wünsche für das Neue Jahr!

Dein Fränkel

---

175 *Die Gottfried Keller-Ausgabe*, in: NZZ, Nr. 2499, 28. 12. 1931.
176 David Koigen stirbt am 7. 3. 1933. In den folgenden Monaten spiegelt sich im Briefwechsel die Anteilnahme von Fränkel und Loosli an der Auswanderung der Witwe Koigens und ihrer beiden Kinder nach Palästina.

1932

Anfang April erscheint Looslis Roman *Die Schattmattbauern* als Buch, im August in Fränkels Keller-Edition der erste Band mit nachgelassenen Gedichten. Loosli schreibt an Büchern, die nie erscheinen werden; Fränkel steckt neben Universitätbetrieb und Keller-Arbeiten in den harzigen Verhandlungen um den Spitteler-Nachlass. Im Spätherbst erscheint Robert Faesis Buch *Spittelers Weg und Werk* mit einem scharfen Angriff auf Fränkel, der sich die Rolle von Spittelers «literarischem Testamentsvollstrecker» anmasse. Fränkel entschliesst sich, öffentlich Stellung zu beziehen. Mit der «Faesi-Kontroverse» im *Bund* eskaliert der Streit um Spittelers Nachlass.

669. Loosli an Fränkel, Bern-Bümpliz, 9. März 1932
Mein lieber Fränkel, der schlimmste Streich, den du mir je spielen konntest bestand in Deinem seinerzeitigen Wegzug von Bümpliz, denn, da ich wunderselten in die Stadt gehe und, seitdem Langhans gestorben ist, überhaupt keinen Menschen mehr zur Hand habe, mit dem ich jenen geistigen Verkehr pflegen kann, der mir einzig am Herzen liegt, komme ich mir je länger je vereinsamter vor. Gerade in diesen Tagen empfinde ich das nun wieder besonders stark und ich hoffte immer, Du würdest mich etwa eines Tages auf ein paar Stunden überrumpeln und mir Gelegenheit bieten, eine Freundeshand zu drücken und ein vernünftiges Wort zu hören.

Im Uebrigen müsste ich lügen, wollte ich mich allzusehr über meine derzeitige Lage beklagen. Gesundheitlich war ich seit manchen Jahren nie mehr so verhältnismässig wohl, wie gerade diesen Winter. Freilich lasse ich es mir etwas kosten, indem ich möglichst strenge Diät halte und dem Alkoholgenuss vollständig entsagte; nicht weil ich nicht gerne dann und wann ein Glas Wein oder auch einen Schnaps genehmigen würde, sondern weil es meine Nerven ebensowenig wie meine Arbeit mehr vertragen.

Die Geschäfte mit meiner Verlagsgenossenschaft, die sich immer noch in Gründungsnöten windet und trotzdem nicht aussichtslos ist, haben mich, mehr als mir anders gelegen gewesen wäre, erst recht ans Haus gefesselt, so dass ich seit Neujahr und wohl noch bis Ende dieses Monates mich nicht auch nur während eines einzigen Tages von zu Hause entfernen kann, anders es mir hätte einfallen können, Dich eines Tages zu überfallen. Nun aber muss ich den Druck der letzten Bogen meiner «Schattmattbauern» und deren Propagandadrucksachen noch bereinigen und überwachen. Ich hoffe Dir den Band in etwa 14 Tagen schicken zu können und bin begierig zu hören, welches Dein Urteil darüber sein wird.

Als deren Drucklegung, die mir jeden Tag einige Korrekturstunden wegnimmt, begann, hatte ich einen Roman[177] unter den Händen, der im Entwurf seiner Vollendung entgegenreifte und den ich dann kurzerhand liegen liess, um ihn wieder aufzunehmen, wenn ich mich einmal ausschliesslich darein vertiefen und mich ihm widmen kann.

Inzwischen habe ich ein anderes Buch bald zu Ende geschrieben und hoffe den Erstentwurf noch im Laufe dieses Monates zu vollenden.

«Am Scheideweg der bildenden Kunst»[178] ist es überschrieben. Seine Verurkundung hat mich natürlich zur gründlichen Erforschung der jüngstvergangenen Kunst- und Bildungsbewegungen überhaupt geführt und ich kann Dir versichern, dass ich einiges zu Tage förderte, das nicht eben auf der Heerstrasse jedermanns liegt. Freilich hat es mich je länger je trauriger gestimmt, daher meine oben vermerkte, ordentlich gedrückte Stimmung. Je länger je mehr will mir scheinen, dass der, allen rechtschaffen reinlich geborenen Seelen gemeinsame Lebensüberdruss, in der Schweiz einen ganz besonders günstigen Nährboden finde. Die seelische Darre, die verdammte, hohle Bildungsprotzerei und Gesittungslüge, die einem überall entgegentritt und angähnt ist schon zum Teufelholen. Wären es noch grundbrave, rohe, ungehobelte Barbaren, dann wäre ja schliesslich die Möglichkeit einer Verständigung vorhanden. Aber es sind unheilbare verlauste und verlogene Banausen, Heuchler so weit sie hohl sind ...

Da frägt man sich manchmal schon allen Ernstes, ob es sich noch lohnt, um geistige Belange auch nur noch einen kleinen Finger zu rühren und ob man sich nicht darauf beschränken sollte, einfach vorweg, so gut es gehen will, Brot zu schaffen. – Aber freilich, wollte man das, hätte man früher anfangen sollen.

Auch das Brot würde mir gegenwärtig wieder einmal ausgehen, hätte ich

---

177 Im Begleitbrief zu den Statuten der «Genossenschaft ‹Lachodionverlag›» (vgl. Anm. 170) verweisen die Initianten auf verschiedene «druckfertige Werke» Looslis, unter anderem auf «Die Administrativen (Roman)». Am 5. 2. 1931 hat Loosli an Fritz Langhans geschrieben, er sei mit den «Vorstudien zu meiner Arbeit über ‹Die Administrativen› beschäftigt, von der ich Dir schon zu wiederholten Malen berichtet habe». Erhalten haben sich weder die Vorstudien noch ein Romantyposkript. Möglich ist, dass das Material später in Loosli: *Administrativjustiz* aufgegangen ist.
178 Das Typoskript bleibt unveröffentlicht. Es liegt in Looslis Nachlass (SLA-Loosli-E-03-A-03-av/1-2).

nicht die vertrauliche Nachricht erhalten, es habe dieser Tage der Stiftungsrat der Lucerna-Stiftung (Erziehungsstiftung des verstorbenen Millionärs Sidler), mir in Anerkennung meiner Verdienste um die Anstaltspädagogik einen Preis von 1000 Franken gesprochen, der mir im Laufe dieses Monates zufallen soll.

Er kommt mir äusserst gelegen, nicht um seines greifbaren Wertes willen, sondern auch darum, weil er mir für die bevorstehenden Strausse mit Regierung, Behörden und Oeffentlichkeit um die Armenerziehungsfrage den Rücken stärken wird, da gerade im Laufe dieses Jahres noch allerhand zum Austrag kommen soll, in das ich gesonnen bin mein ungewaschenes Maul so rücksichtslos als nur möglich hineinzuhängen.

Lustig ists ja schon! Dreissig Jahre lang wird man überhaupt nicht beachtet. Dann, wenn man endlich die Geduld verliert und Fensterscheiben einschlägt, wird man einige Jahre lang von jedem Scheisser und Käsblättlein als Verleumder, Hansnarr und Lumpenhund in Zeitung, Zeitschrift, Ratsaal und Stammtisch verschrieen und endlich, nach langen Jahren kriegt man Ehrenpreise und das nachträgliche Zeugnis, man habe eben doch verflucht Recht gehabt.

Sehr schön und gut, wenns nur der Sache etwas genützt hätte oder noch nützen würde!

Doch nun leb wohl! Schreib mir oder besser noch, besuch mich bald und sei mit den Deinen herzlich gegrüsst von Deinem alten, blödsinnigen, verkauzten und wunderlichen

C. A. Loosli

N. S. Herrlich, nicht wahr? Der Goetherummel und die Hitlerwahlen![179]

682. Loosli an Fränkel, Bern-Bümpliz, 26. Juni 1932

Mein lieber Fränkel, ich hatte vorgestern, unterwegs zur Druckerei, wohin mich Benteli gebeten hatte, eben meinen Brief an Dich eingeworfen, anders ich wohl ein wenig ausführlicher geschrieben hätte. Benteli nämlich, den ich seinerzeit gebeten hatte, mich über Deine Spittelerangelegenheit auf dem Laufenden zu halten, erzählte mir von dem Besuche des Ausschusses bei Dir[180]

---

179 Am 22. 3. 1932 jährt sich Goethes Tod zum hundertsten Mal. Am 13. 3. findet in Deutschland die Reichspräsidentenwahl statt, bei der es am 10. 4. 1932 zu einem zweiten Wahlgang kommt. Paul von Hindenburg gewinnt vor Adolf Hitler.

180 Am 31. 5. 1932 spricht eine Delegation der Spitteler-Kommission, bestehend aus Hans Bloesch, Hans Bodmer und Louis Glatt, bei Jonas Fränkel auf der Riedegg vor, um mit ihm über den Spitteler-Nachlass zu verhandeln. Im Bundesarchiv liegt dazu ein von Hans Bloesch verfasster, mit dem 1. 6. datierter, siebenseitiger Bericht zuhanden des EDI. In einer Vormittags- und einer Nachmittagssitzung seien die Traktanden «1. Bereinigung des Inventars;

und auch von dem unerhörten Gebahren Bodmers.[181] Ich verstehe ihn nur zu gut: – das Männlein, das aus sich selber nichts ist, der nie etwas auch nur einigermassen Bedeutendes geleistet hat, und der im eigentlichsten Sinne des Wortes wegen Mangel an Begabung und sittlicher Rechtschaffenheit im geistigen Sinne überhaupt nichts zu leisten vermag, leidet an einem krankhaften, unbändigen Ehrgeiz. Er will vor Mit- und Nachwelt in der schweizerischen Schrifttumsgeschichte mit Teufels Gewalt eine Rolle spielen und da ihm solches aus eigenen Mitteln versagt bleibt, hat er sich den ganzen, in so mancher Hinsicht einfach ekelhaften Lesezirkel gegründet, den er verwaltet, wie ein untergeordneter Angestellter, der sich durch Fleiss und Scheinbedeutung zum Betriebsleiter emporgesessen hat. Sein anderes Mittel, das sich bei uns noch immer bewährte, besteht darin, den eigenen unbedeutenden Namen so eng als möglich mit wirklich hervorragenden Namen zu verkitten; gleichviel wie und mit welchen Mitteln. Gestern tat es Bodmer mit Keller; – heute kommt Spitteler an die Reihe. Spittelers Name, Bedeutung und Ansehen ist ihm gerade gut genug um seinen, Doktor Hans Bodmers Namen verklären zu helfen. Daneben ist er umgänglich und wenn man ihn nicht auf seine Ehrgeizzehen tritt, ein ganz erträglicher Mann, obwohl ein haarsträubender, fürchterlicher, grauenhaft verheerender Bildungsschuster und unbewusster Gesittungsheuchler.
[...]
Seit Jahren werden gegen und um Dich, Dein Verhältnis zu Spitteler angehend, Lügen und Verleumdungen verbreitet, die sich von Tag zu Tag zu immer feststehenderen, daher immer schwerer auszurottenden Legenden verdichten, die uns eines Tages unwiderruflich und unheilbar über den Kopf wachsen können, wenn wir nicht in elfter Stunde das einzige Mittel ergreifen, sie endgültig zu

---

2. Verwaltung des Nachlasses; 3. Gesamtausgabe der Werke Spittelers» durchgearbeitet worden, schreibt Bloesch und resümiert: «Zusammenfassend glaubt die Dreierkommission durch ihre persönliche Fühlungnahme mit Herrn Prof. Fränkel die ganze Sachlage wesentlich geklärt zu haben.» Der Erscheinungstermin einer Gesamtausgabe wird für den zehnten Todestag Spittelers Ende 1934 in Aussicht genommen (BAR, E3001B#1980/53#1311*).

181 Am 20. 6. 1932 schreibt Fränkel an Hans Bodmer, er müsse auf eine Episode zurückkommen, die während des Kommissionsbesuchs auf der Riedegg vorgefallen sei: «In einem unbeherrschten Augenblick haben Sie sich hinreissen lassen, mich mit Vorwürfen zu überhäufen wegen meines Verhältnisses zu Spitteler; unter anderm hielten Sie mir vor, ich wäre schuld daran, dass nicht schon im Jahre 1914 eine Gesamtausgabe erschienen sei; ich hätte sie verhindert.» Über vier Schreibmaschinenseiten weist Fränkel akribisch nach, dass der Vorschlag zur Gesamtausgabe zu Spittelers 70. Geburtstag 1914 von ihm selber gekommen, das Projekt aber am Widerstand des Verlegers Albert Müller gescheitert sei. Er habe Bodmer damals über den Stand der Dinge informiert, was dessen Empfangsbestätigung vom 6. 1. 1915 beweise (BAR, E3001B#1980/53#1311*).

erledigen. Nun aber scheint mir diese elfte Stunde bald einmal schlagen zu wollen.

Von allen Deinen Freunden und Bekannten, die Näheres um Dein Verhältnis zu Spitteler aus eigener Wahrnehmung wussten ist Benteli nächst mir der einzige, der Dir wirklich restlos wohl will, und wir beide sind auch die einzigen, die gewillt und gesonnen sind rückhaltlos, ohne Hintergedanken noch Ansehen von Personen oder Verhältnissen, von unserm Wissen zu zeugen.

Wenn ich es bis anhin unterliess, dann einzig darum, weil ich Dir seinerzeit mein Wort gab, es nicht ohne Deine Ermächtigung zu tun.

[...]

696. Fränkel an Loosli, Thun-Riedegg, 22. August 1932

[...]

Ich habe jetzt den ganzen Schatz der Briefe Spittelers an mich vorgenommen u. systematisch durchgearbeitet. Ich bin nun gerüstet. Hätte ich das nur schon vor 2 oder 3 Jahren getan! Manches wäre mir erspart geblieben. Allerhand fand ich in den Briefen wieder, was auch Dich interessieren würde. Den Spruch Sp's vom Jahre 1916 wollen wir uns als Trost merken: «Ein rechter Mann muß Feinde haben.»

Nachdem Spitteler meine Arbeit über das Epos im Korrekturabzug gelesen,[182] schreibt er mir (12. II. 1918):

«Gelesen. Glänzend. Stupend. Habe zu Anna gesagt, man müßte Sie mit einem goldenen Wagen in Bümpliz abholen an die Zürcher Universität. – Das muß herausgegeben werden. Schade, daß es das einzige Exemplar ist. Ich würde es auswendig lernen. – Schicke es Ihnen zurück, sobald ichs noch zweimal und Anna einmal gelesen.»

(O weh, was ist aus dem goldenen Wagen geworden!)

Und nach Erscheinen meines Burckhardt-Aufsatzes[183] setzt sich Sp. hin und schreibt an den Zürcher Erziehungsdirektor: «Ich lese soeben im neuesten Heft des Lesezirkels einen Aufsatz ‹Bemerkungen zu Burckhardt› von Jonas Fränkel, u. sage mir von neuem: Nein, es gibt gegenwärtig keinen Zweiten, der das zu schreiben vermöchte. Diese einzig dastehende Verbindung von

---

182 Jonas Fränkel: *Das Epos. Ein Kapitel aus der Geschichte der deutschen Theorie*, in: *Zeitschrift für Ästhetik und allgemeine Kunstwissenschaft* 13, 1919, S. 27–55. Wiederabgedruckt in Fränkel: *Dichtung und Wissenschaft*, S. 25–61.
183 Jonas Fränkel: *Bemerkungen zu Burckhardt*, in: *Der Lesezirkel*, Jg. 5, 1918, S. 129–141.

stupender Belesenheit mit überlegener Einsicht! Ich staune u. bewundere. Bitte lesen Sies.»

Derartiges hat man seinerzeit dankbar gelesen, den Brief verschlossen u. nach einigen Jahren wieder vergessen. Es ist vielleicht gut, daß es mir jetzt wieder unter die Hände gekommen ist.

[...]

Herzlichst Dein Fränkel

Bei uns nichts Erfreuliches. Meine Bettine ist letzte Woche von einem Ast gefallen u. hat sich arge innere Verletzungen zugezogen. Der Arzt fürchtete um das Leben des Kindes. Es geht langsam besser; aber Du kannst Dir unsere Sorgen, besonders die meiner Frau vorstellen.

Addio!

698. Fränkel an Loosli, Thun-Riedegg, 24. August 1932
Mein lieber Loosli,

Dank für Nachfrage wegen Bettina. Es geht ihr mit jedem Tag besser.

Dank auch für den Korrekturabzug.[184] Was Du über mich sagst, ist lieb und freundschaftlich. Und was Du über meine Arbeitsweise berichtest, trifft wohl im Ganzen zu; nur konntest Du ja nicht wissen, daß der *gesamte* Inhalt dieses Bandes zum ersten Mal in einer Gesamtausgabe abgedruckt ist, so daß in diesem Falle die Arbeit früherer Herausgeber nicht in Betracht kommt. Mein Verdienst als Herausgeber bei diesem Bande besteht, soweit es sich um den *Text* handelt, ich möchte sagen: in der Konzeption der Struktur der Gesamtausgabe, indem ich die «Neuern Gedichte» sowohl wie den «Kleinen Romanzero», statt sie in die «Lesarten» aufzulösen, als selbständige Dichtungen wirken lasse – zunächst ohne Rücksicht oder Hinweis auf ihre spätere Verarbeitung für die «Gesammelten Gedichte».[185] Insofern ist der *gesamte Inhalt dieses Bandes ein Novum* für alle Keller-Liebhaber. Der Kleine Romanzero ist bisher ein-

---

184 Loosli arbeitet an einer Rezension des neusten Bandes der Keller-Edition (Keller: SW 15.1). Sie erscheint unter dem Titel *Die Gottfried Keller-Ausgabe* in National-Zeitung, Nr. 410, 4. 9. 1932.

185 Bei der Zusammenstellung seiner *Gesammelten Gedichte* griff Keller 1883 auf seine früheren Gedichtsammlungen zurück (unter anderem *Gedichte*, 1846, *Neuere Gedichte*, 1851, und die unpublizierte Erstfassung von *Der Apotheker von Chamouny oder: Der kleine Romanzero*). Viele der älteren Texte wurden dabei überarbeitet. Fränkel hat damit begonnen, diese früheren Gedichtsammlungen als Werke eigenen Werts zu betrachten und integral abzudrucken. Ihre Stücke werden so nicht bloss als Vorstufen der Gedichte der Sammlung von 1883 dokumentiert. Diese Praxis haben sich spätere Keller-Editionen, unter anderem Keller: HKKA 13 und 14, zu eigen gemacht.

mal gedruckt worden – in einer germanistischen Zeitschrift (Euphorion) vor 40 Jahren durch Bächtold;[186] der Band ist heute nicht einmal antiquarisch zu haben, so daß ich, um eine Druckvorlage für den Setzer zu erhalten, den Band habe abschreiben lassen müssen.
[...]

720. Loosli an Fränkel, Bern-Bümpliz, 17. November 1932
[...]
Ich bin alle diese Tage tief betroffen. Dass unsere sogenannte Demokratie längst zur Karrikatur wurde und im August 1914 endgültig vor die Hunde kam, als man dem Bundesrat diktatorische Generalvollmachten erteilte,[187] die Verfassung aufhob und das Land ehrgeizigen, habsüchtigen und gewissenlosen Politikern und Schiebern auslieferte, damit hatte ich mich, wenn auch widerstrebend und trauernd genug abgefunden. Darum nämlich, weil ich hoffte, der Krug werde auch hier zum Brunnen gehen bis er breche und eines schönen Tages werde das Volk unmutig die ganze erbärmliche, schlotternde Oberschicht zum Teufel jagen und wiederum selber zum Rechten sehen. Der Massenmord in Genf[188] hat mir diese letzte Hoffnung geraubt, denn in seiner Mehrheit billigt das Volk das unerhörte Verbrechen, oder ballt wenigstens die Faust so vorsichtig im Sack, dass es einer Billigung gleichkommt. Nun sind wir endgültig erledigt und müssen uns schämen, Schweizer zu heissen, ohne Hoffnung, es je wieder anders kommen zu sehen. Ich fühle mich in meiner erbärmlichen Heimat nun endgültig entwurzelt und krank und wünschte, ich wäre in Genf dabei gewesen und hätte eine Kugel abgekriegt, die mir die Mühe erspart hätte, mich für mein Land und mein Volk ins blutige Herz hinein zu Tode zu schämen.

Keller, – soweit ist das wackere Bürgertum der Aufrechten versimpelt; – Spitteler, – das nun ist die Kopfklärung, die du von deinen Landsleuten trotz alle- und alledem noch erwartest; – Pestalozzi, – das sind die Früchte deines Strebens und Wirkens!

Dabei haben die Hallunken nicht einmal den Mut eines immerhin persön-

---

186 *Der Apotheker von Chamouny oder der kleine Romanzero von Gottfried Keller*. In älterer Fassung mitgeteilt von Jakob Baechtold, in: *Mitteilungen aus der Literatur des 19. Jahrhunderts und ihrer Geschichte*, Bamberg: Buchner, 1895 (Ergänzungshefte zu *Euphorion* 2), S. 138–189.
187 Zu Looslis Kritik an Notrecht und Generalvollmachten vgl. Loosli: Werke 2, S. 411–418.
188 Am 9. 11. 1932 eröffnen Rekruten der Schweizer Armee in Genf das Feuer auf antifaschistische Demonstranten. 13 Menschen werden getötet, 65 verletzt.

lich tapferen Mussolini, nicht die Traute[189] eines sittlich verlumpten, aber zum mindesten nicht anonymen Hitlers!

Ich fühle nicht einmal mehr Zorn, nicht Empörung, sondern nur einen unsagbaren Ekel, eine schleichende, würgende Verzweiflung, der ich wohl dieser Tage unterlegen wäre, hätte ich mir nicht schon seit Jahren eine andere, freie Heimat zum Eigengebrauch erobert, die mir, gepaart mit den Pflichten, die ich meinen Liebsten gegenüber trage, ermöglichen, sogar in der Schweiz noch weiterzuleben und mich nicht an dem ersten, besten Nagel aufzuhängen.

Ich schäme mich wie ein Hund, denn ich habe dieses Land und dieses Volk geliebt, leidenschaftlich geliebt und fürchte, es trotz alledem wieder, oder immer noch zu lieben. Pfui Teufel!

Man kann Bordellhalter, Mädchenhändler, Zuhälter, Gauner sein, man möchte Sternikel, Haarmann, Denke, Landru[190] heissen und wäre dabei ein Verworfener, aber doch kein Schweizer!

Leb wohl! – Ich freue mich Dich am Mittwoch zu treffen, wäre es auch nur um eine saubere Hand zu drücken, in ein Paar Augen zu schauen, die nicht von der Schweizerdämmerung versaut sind!

Herzlich Dein

C. A. Loosli

722. Loosli an Fränkel, Bern-Bümpliz, 29. November 1932

Mein lieber Fränkel, Deine gestrige Mitteilung[191] hat mich ganz kaput gemacht und ich mache mir nun Vorwürfe, nicht viel eindringlicher in Dich

---

189 Mut, Tapferkeit.
190 Die vier Erwähnten sind damals bekannte Serienmörder.
191 In einem Brief Bundesrat Meyers an Fränkel vom 23. 11. 1932 wird einleitend festgehalten, Fränkel trage die Verantwortung dafür, dass es nach wie vor kein Inventar des Spiteler-Nachlasses gebe. Vordringlich sei aber nun die Gesamtausgabe: «Wir fragen Sie an, ob Sie grundsätzlich dazu bereit wären, diese Herausgabe entsprechend dem Auftrag unseres Departementes zu besorgen. Die administrativen Angelegenheiten würden vom Departement des Innern übernommen. Ihnen würde die Aufstellung des Planes, der vom Departement zu genehmigen wäre, und die Durchführung des literarkritischen Teiles gemäss den Intentionen des Departementes übertragen.» Am 12. 12. 1932 entgegnet Fränkel, dass er nicht antworten könne, solange die «Grundfragen», die er dem EDI schon 1930 vorgelegt habe, ungeklärt blieben. Am 11. 2. 1930 zum Beispiel hatte Fränkel dem EDI geschrieben, er gehe davon aus, dass der Bundesrat als Empfänger der Nachlassschenkung es sich angelegen sein liesse, «für die Behandlung des Nachlasses im Sinne Carl Spittelers zu sorgen, und mir ermöglichen werde, das mir von Spitteler anvertraute Amt seines literarischen Testamentvollstreckers so zu verwalten, wie es mir mein Verantwortungsgefühl vor der Zukunft gebietet.» (BAR, E3001B#1980/53#1314*)

gedrungen zu sein, öffentlich loszuschlagen, bevor nun eine, wie ich fürchte, unwiderrufliche Lage geschaffen ist, die Deine jahrelange Arbeit lähmt und das Andenken und Ansehen Spittelers auf Jahrzehnte hinaus einfach schänden, weil verkümmern wird.

Selbstverständlich darfst Du auf die Dir gestellten Bedingungen unter keinen Umständen eintreten. Doch bitte ich Dich, mit Deiner Antwort noch zuzuwarten, bis Du mir das bundesrätliche Schreiben unterbreitet haben wirst. Dann wollen wir weiter sehen. Bis dahin möchte ich Dir darüber nichts mehr sagen, als dass Du jederzeit auf meine Waffenkameradschaft unverbrüchlich rechnen kannst und sollst.

[...]

729. Fränkel an Loosli, Thun-Riedegg, 16. Dezember 1932
Mein lieber Loosli,

danke für den zugesandten Durchschlag![192] Wenn Du zu Meyer gehst, so sieh zu, daß er nicht den Eindruck habe, *ich* hätte Dich zu ihm gesandt oder ich wüßte von Deinen Schritten.

Vielleicht ist es besser, Du berührest bei der Unterhaltung die Gerüchte über meine Honorarforderung nicht, es wäre denn, daß die Frage von *Meyer* angeschnitten würde: dann natürlich!

Ich habe mir inzwischen das Nachwort in Fäsis Buch[193] angesehen u. bin nun zur Überzeugung gekommen, daß ich jetzt nicht mehr schweigen *darf*, nachdem die Fragen einmal vor die Öffentlichkeit gebracht worden sind. Ich

---

192 Am 15. 12. 1932 bittet Loosli «als Freund Spittelers und Fränkels» Bundesrat Meyer um eine Unterredung, bevor in der Spitteler-Angelegenheit «weiteres von Amtes wegen beschlossen worden sein wird». Es gehe ihm darum, Hinweise zu geben zu «einer wirklich sach- und zweckentsprechenden, dauerbefriedigenden, weil dem Willen Spittelers und den Rechten seiner Erben in gleichem Masse entsprechenden Verständigung und Übereinkunft» (BAR, E3001B#1980/53#1317*).

193 Robert Faesi hat unter dem Titel *Spittelers Weg und Werk* im Huber-Verlag, Frauenfeld, eben eine Spitteler-«Monographie auf breiter biographischer Grundlage» herausgegeben. Im Nachwort schreibt er, bisher habe Fränkel den Anspruch erhoben, vom Dichter «sozusagen als literarischer Testamentsvollstrecker beauftragt worden zu sein. Er ist die stichhaltigen Ausweise dafür schuldig geblieben.» Aber egal, wie es mit Fränkels Anspruch stehe, sei es sicher nicht in Spittelers Interesse, dass acht Jahre nach seinem Tod weder Fränkels Biografie noch «irgendwelche Veröffentlichungen aus dem Nachlass» vorlägen. Faesi wirft Fränkel vor, «durch sein prätendiertes Monopol viele andere [zu hindern], für den Dichter zu wirken». Fränkel habe Spitteler «hinter unzugänglichen Mausoleumsmauern versorgt». Sein Buch, so Faesi, sei vor allem deshalb möglich geworden, weil die beiden Töchter Spittelers ihrer «allzu ängstliche[n] Rücksichten auf Jonas Fränkel müde» geworden seien.

habe soeben an die NZürcherZtg, wo Korrodi vorgestern Fäsis «Enthüllungen» über mich als mutig rühmte,[194] Erklärungen zu der Sache abgesandt: hoffentlich werden sie gedruckt.[195] Unabhängig hievon aber bin ich entschlossen, eine ausführliche Darstellung der ganzen Geschichte zu veröffentlichen u. will sofort daran gehen. Darin werde ich die volle Wahrheit sagen, ohne die «Spitteler-Mädchen» (wie meine Schwiegermutter u. meine Frau sie noch immer nennen) zu schonen.[196]

Überleg Dir bitte alles genauestens, bevor Du zu Meyer gehst. Du sprichst z. B. in Deinem Schreiben von den «Rechten» der Erbinnen: die haben sie aber *nicht mehr* im Momente, wo sie den Nachlaß mit allen Rechten an den Bundesrat abtreten! Es wäre vielleicht gut, Du würdest es M. auf irgendeine Weise zu erkennen geben, wie befremdend es wirke, daß das Departement sich von meinen ausgesprochenen *Feinden* beraten lasse, die ganz andere Begriffe davon haben, was im Falle Spitteler zu tun sei, als ich.

Laß Dirs recht gut gehen u. halte mich auf dem Laufenden!

Herzlichst Dein Fr.

---

194 Korrodi schreibt: «Es ist schließlich ein geradezu groteskes Pech, daß *der* Literaturhistoriker der den Anspruch erhoben hat, vom Dichter sozusagen als literarischer Testamentsvollstrecker beauftragt worden zu sein, seit acht Jahren durch ‹sein prätendiertes Monopol viele andere für den Dichter zu wirken verhindert›, wie Faesi mutig feststellen muß.» (E. K.: *Spittelers Weg und Werk. Eine Darstellung von Robert Faesi*, in: NZZ, Nr. 2347, 13. 12. 1932)

195 Fränkels «Erklärungen» werden nicht dokumentiert. Die Neue Zürcher Zeitung meldet in Nr. 2390 vom 18. 12. 1932 in der Rubrik «Kleine Chronik» lediglich: «Prof. Jonas Fränkel verwahrt sich in einer Einsendung an uns gegen die von Prof. Faesi im Nachwort seines Spitteler-Werkes erhobenen Vorwürfe, die nach unserem Dafürhalten der Zürcher Literarhistoriker nicht ohne triftige Gründe erhoben haben würde.» Die Zeitung halte ihre Spalten «nach den Feiertagen» für eine vertiefte Debatte bereit, in der «Prof. Fränkel sodann seine Querelen vorbringen» möge.

196 Am 20. 12. 1932 erscheint im *Bund*, Nr. 596, unter dem Titel *Um Spittelers Werk und Nachlaß* eine Replik Fränkels auf Faesis Vorwürfe. Erstens sei es falsch, dass er oder andere vom Nachlass Spittelers abhalte; richtig sei, dass er «selber keine Möglichkeit habe, an den Nachlaß zu kommen, um die Arbeit an der Biographie zu vollenden». Zudem hätten ihn die Töchter Spittelers 1927 darum gebeten, Faesi Auskunft über Spitteler zu geben, was er mit Schreiben vom 17. 7. 1927 zugesagt habe. Faesi habe sich aber bisher nie bei ihm gemeldet. Zweitens gebe es bis anhin keine Spitteler-Gesamtausgabe, weil ihm die Erbinnen nach Spittelers Tod durch ihren Anwalt ein «Verbot» zugestellt hätten, sich «mit der Gesamtausgabe zu befassen». Er schliesst: «Wenn mich ein Vorwurf trifft, so ist es der, daß ich allzu lange die Interessen Carl Spittelers der Rücksicht auf seine Töchter hintansetzte und nicht schon vor vier Jahren öffentlich erklärt habe, man dürfe von mir fürder nicht erwarten, wozu mir die *rechtlichen Befugnisse* fehlen, und daß ich glaubte, alle Verdächtigungen und Anschuldigungen, solange sie nicht in die Oeffentlichkeit traten, schweigend auf mich nehmen zu müssen in – vielleicht mißverstandener – Freundestreue gegen Carl Spitteler.»

736. Fränkel an Loosli, Thun-Riedegg, 25. Dezember 1932[197]
Mein lieber Loosli,
meine Meinung ist die: nicht unser Pulver verpuffen im «Bund», aber da, wo der Angriff erfolgt, Unwahrheit als Unwahrheit bezeichnen. Wäre der Angriff von Faesi[198] anderswo als im «Bund» erfolgt, so könnte mans ignorieren, doch in *Bern* darf ichs nicht, denn Reg-Rat Rudolf steht davor, meine Anstellung als Professor im März auf eine neue Amtszeit zu erneuern oder nicht; er kann letzteres unter Hinweis auf die finanzielle Krise u. daß ich keine Hörer habe, tun, ohne sich irgendwelchen Vorwürfen von außen auszusetzen, wenn er das Gefühl hat, meine Position in der bernischen Oeffentlichkeit sei = o. Das gilt es zu verhindern – für den Augenblick.

Ich glaube also, mein Lieber, es wäre gut, wenn Du eine kurze Erklärung im «Bund» abgäbest – sie brauchte nicht länger zu sein als der Artikel von Faesi, also 2–3 Feuilletonspalten. Inhalt – ungefähr: Fäsis Behauptungen geben haltlose Gerüchte wieder, verschuldet durch meine Zurückhaltung u. Geduld, die ich geübt hatte, indem ich mich scheute, die notwendigen öffentlichen Erklärungen abzugeben, um nicht die Töchter C Sp's in die Öffentlichkeit zu ziehen. Da Du mit Sp. zu Lebzeiten verkehrtest u. wiederholt sein Gast für ganze Tage warst u. über Deine Gespräche mit ihm Buch geführt habest (das stimmt doch – nicht wahr?), da Du ferner zu Beginn des Konfliktes zwischen Sp's Erben u. mir von *beiden* Seiten um Vermittlung angerufen worden seiest, so kenntest Du die Dinge wohl besser als Andere. Und so bezeugst Du denn öffentlich, daß meine Erklärungen, die der «Bund» abgedruckt habe, *Punkt für Punkt der Wahrheit entsprechen*. Was aber den Nachlaß Sp's betrifft, so war es Sp's Wille, daß an seine Papiere wie zu Lebzeiten, so auch selbstverständlich

---

197 Dieser handschriftliche Brief Fränkels weist untypisch viele, auch grössere Streichungen auf, was auf Erregung und Ärger des Schreibenden hinweisen dürfte.
198 Am 23. 12. 1932 hat Robert Faesi, wiederum unter dem Titel *Um Spittelers Werk und Nachlaß*, im Bund, Nr. 602, eine Duplik veröffentlicht und begründet, warum er sich bei Fränkel nicht gemeldet habe: An der Generalversammlung des SSV in Romont am 19. 6. 1927 habe Fränkel in seiner Rede gesagt, Spitteler habe ihn «zum Hüter seines Nachlasses bestimmt, und er würde daher ‹in eine Freigabe des Nachlasses nur dann einwilligen, wenn er es in Gedanken vor Spitteler rechtfertigen› könne». Die Rede habe deutlich gemacht, «daß der Nachlaß ein noli me tangere bleiben sollte». Nicht gemeldet bei Fränkel habe er sich danach auch deshalb, weil er sich so die Möglichkeit genommen hätte, «nach Abschluß meines Buches gegen ihn Stellung zu beziehen, wie ich es im Interesse Spittelers für geboten halte». Es freue ihn, «daß der Fall Fränkel nunmehr die Oeffentlichkeit beschäftigt. Seine Erklärung wird der Eidgenossenschaft erleichtern, sich endlich zu entschließen, ob und unter welchen Bedingungen sie die ihr von den Töchtern angebotene Schenkung von Spittelers literarischem Nachlaß annehmen will.»

nach seinem Tode *Niemand komme* als sein Freund, den Er vor allen Andern auszeichnete. Gerade deswegen hat Sp. dem verschiedentlichen Drängen, über seine Papiere zu gunsten einer öffentlichen Bibliothek zu verfügen, *nicht* nachgegeben. Daß Fr. nach Sp's Tode nicht nach dem Beispiel der Nachlaßhyänen gehandelt und nicht, was Sp. zu Lebzeiten zurückgehalten, sofort der Öffentlichkeit übergeben hat, war im Sinne Sp's, geschah aber auch mit *Willen der Erbinnen.* Man hätte ihm füglich Vorwürfe machen dürfen, wenn er anders gehandelt hätte – wenn es zulässig wäre, einem Vorwürfe zu machen, dem Sp. sein unbedingtes Vertrauen schenkte u. der, was er für Sp. tat u. tut, aus Selbstlosigkeit u. einzig im Hinblick auf Sp's Interessen tat u. tut. (Vielleicht besser, daß Du über den Nachlaß nichts sagst, jedenfalls hier vorsichtig sein: höchstens nur, daß Sp. durch seine *Werke*, nicht aber durch Fragmente u. seine Privatbriefe auf die Nachwelt zu kommen wünschte)

Nein, am besten so: nur das ungefähr sagen, was ich oben auf S. 2 nicht durchgestrichen habe, und erklären: die Beweise hier aufzurollen, dazu würde Dir die Redaktion kaum den notwendigen Raum zugestehen können; sie stehen aber dem Bundesrate zur Verfügung. Du protestierest aber dagegen, daß man öffentlich Beschuldigungen gegen den Freund Sp's erhebt, der für ihn mehr getan hat als jeder andere unter den heute Lebenden u. dessen Vorarbeiten Herr Faesi es doch wohl verdanke, daß er sein Buch schreiben konnte.

Je kürzer, je besser – u. wenn es auch nur eine Spalte wäre. Damit verbaust Du Dir nichts für die Zukunft, aber man sieht in Bern, daß ich nicht *allein* stehe. Einfügen solltest Du, wenn immer möglich, daß Sp's Wille nicht nur den Fernstehenden, sondern auch den Töchtern Sp's unbekannt sei.

Ich halte es für ausgeschlossen, daß Marti eine derartige kurze Erklärung von Dir, in der Du nur mit gewichtigen Worten Deine künftigen Schritte *andeutest*, ablehnen wird.[199]

---

199 Am 29. 12. 1932 erhält Loosli Gelegenheit, im *Bund*, Nr. 611, unter dem Titel *Um Spitteler Nachlaß* Robert Faesi zu antworten: In vier Punkten bezeugt er, dass Fränkel seit Spittelers Tod genau das tue, worum dieser ihn gebeten habe, und dass das seine «heute erbittertsten Gegner» sehr wohl wüssten, weil Spitteler auch sie informiert habe. In Wirklichkeit gehe es diesen Leuten deshalb darum zu verhindern, was sie öffentlich von Fränkel forderten: Spittelers Werkausgabe und Biografie. Nicht zuletzt gehe es in dieser Auseinandersetzung aber um die Klärung einer urheberrechtlichen Frage, nämlich darum, «ob einem Künstler oder einem Dichter, in diesem Falle Spittelern, das Recht zustehe oder nicht, Verfügungen über die Behandlung und Veröffentlichung seines Nachlasses über seinen Tod hinaus zu treffen, und ob solchen klar bestimmten, unzweideutigen Verfügungen nachgelebt werden müsse, oder nicht». Tags darauf, am 30. 12. 1932, erscheint im *Bund*, Nr. 613, von Jonas Fränkel eine *Antwort an Robert Faesi*: Zwar gebe es für einen «Harst von Zürcher Literaten» tatsächlich

In Eile, aber herzlich
Dein Fränkel

---

einen «Fall Fränkel», allerdings habe der nichts mit Spitteler, sondern mit Gottfried Keller zu tun: In Zürich könne man sich nicht damit abfinden, «daß der Nachlaß ihres Gottfried Keller nach Bern wandert, um von [einem] bernischen Professor bearbeitet zu werden, und daß die staatliche Gottfried Kellerausgabe mit zürcherischem Gelde nicht im heimatlichen Seldwyla, sondern in – Bümpliz herauskommt.» Im Weiteren betont Fränkel, dass Faesi aus seiner Rede von Romont zwar in direkter Rede zitiere, aber dort nicht anwesend gewesen sei und das Zitierte in keiner vorliegenden Zeitung nachgewiesen werden könne. Fränkel zitiert dagegen aus dem eigenen Redemanuskript und stellt fest, dass er in Romont «das Gegenteil von dem, was Faesi zitiert», gesagt habe. Darüber hinaus kritisiert Fränkel Spittelers Töchter, die «den Nachlaß des Vaters in die öffentliche Diskussion» geworfen hätten, obschon es so sei: «Sein Nachlaß sollte für die Oeffentlichkeit gar nicht existieren: *deswegen* vermachte er seine Papiere nicht einer öffentlichen Bibliothek.» Zusammenfassend sagt Fränkel an die Adresse aller «Nachlasshyänen»: «Nun, ich habe *meinen* Moralkodex, und für mich ist Spittelers Wille Spittelers Vermächtnis.»

1933

Die Kontroverse um Spittelers Erbe im *Bund* geht weiter und rückt nach Faesis Spitteler-Buch die Nachlassfrage und den hängigen Schenkungsvertrag ins Zentrum. Während Loosli immer dringlicher zur Zurückhaltung mahnt – es gehe um die Sache, nicht um das Rechthaben –, nimmt Fränkel jeden Fehdehandschuh auf. Er polemisiert gleichzeitig gegen die Erbinnen des Nachlasses, gegen deren Anwalt, gegen Hans Bodmer in Zürich und gegen den *Bund*-Chefredaktor, gegen den er eine Richtigstellung polizeirichterlich durchsetzen lässt. Loosli verzweifelt über dem Vorgehen seines Freundes. Er setzt ihm dies in mehreren langen Briefen auseinander. Das führt nach Looslis Brief vom 8. April zur einzigen gravierenderen Verstimmung während der ganzen langen Freundschaft. Der Briefwechsel kommt erst Monate später wieder in Gang.

746. Fränkel an Loosli, Thun-Riedegg, 10. Januar 1933

Mein lieber Loosli,

ich habe Dir vor 3 Tagen auf Dein Postcheckkonto Fr 100 überweisen lassen. Verzeih, daß es nicht mehr ist. Ich würde mich freuen, wenn ich Dir mindestens das Doppelte hätte überweisen können, aber ich hab es selber gegenwärtig nicht leicht.

Es liegen jetzt anstrengenste, aufregenste Tage hinter mir. Der II. Angriff von Fäsi[200] war doch sehr bös, für einen Fernstehenden eine Generalabschlachtung des Ruhestörers J. Fr. Alle meine Verhältnisse an die Öffentlichkeit gezogen, die nichts Näheres von ihnen weiß! Ich hatte letzte Woche mit Benteli telephonisch wegen einer Broschüre gesprochen, aber er verbot mir zu sagen, sie würde in seinem Verlag erscheinen. Ich habe mich dann mit Francke in Verbindung gesetzt: der wäre bereit, aber auf meine Kosten, und 2 Bogen berechnete er auf Fr 500! Das

---

200 Am 4. 1. 1933 erscheint im *Bund*, Nr. 5, die *Antwort an Jonas Fränkel* von Robert Faesi. Auch er polemisiert jetzt und betont eingangs, dass sich das Zitat aus Fränkels Rede in Romont im Protokoll der SSV-Generalversammlung finde. Er mokiert sich über Fränkels «enghergige Auffassung von geistigem Eigentum und Besitz» und über dessen am 30. 12. 1932 geäusserte Drohung, seine Spitteler-Biografie 30 Jahre über den eigenen Tod hinaus sperren zu lassen. Fränkel leide an einem – in Spittelers Worten – «Icheinzigwahn» (vgl. Spitteler: GW 2, S. 342): «Spitteler ist für Fränkel da, nicht Fränkel für Spitteler.» Im Übrigen sei Fränkels Versuch, Berner gegen Zürcher «aufzuhetzen», verfehlt: «Die Zürcher wissen, daß Bernergeist und Fränkelgeist nicht eine Faser gemeinsam haben. […] Nein, Herr Jonas Fränkel, mit solchen Manövern tragen Sie den Zank nicht ins Schweizerhaus und lenken den Angriff nicht von ihrer schiefen Sache ab!»

kann ich mir nicht leisten. Inzwischen hatte ich heute vor 8 Tagen eine Erwiderung auf die «Widerlegung Fränkels» geschrieben, Marti mochte sie nicht drucken. Ich suchte ihn auf; wir haben vereinbart, daß ich auf beide Artikel[201] in *einem* erwidern würde. Das tat ich u. sandte ihm meine Entgegnung mit Schlußerklärung; allerdings erzählte ich darin ausführlich davon – ohne Namen zu nennen – wie Bodmer u. die Andern die Spittelerausgabe im Inselverlag verhindert haben. Marti lehnte einen neuen Angriff auf Zürich ab u. will absolut nicht, daß ich dem Manne, dessen Brief er veröffentlicht hatte, richtig antworte. Nun hab ich ihm heute morgen eine «Verabschiedung Faesis» gesandt, worin ich mich *nur mit F.* befasse – eine Abhandlung, von der ich Gewißheit habe, daß sie historisches Gewicht habe. Marti wird sie aber *gerade deswegen* nicht bringen, denn F. ist sein Freund und Mitglied des Verwaltungsrates der Schiller-Stiftung. Und der Mann wäre tot nach Erscheinen meiner «Verabschiedung» und das Geschrei nach dem Nachlasse müßte dann verstummen. [...]

747. Fränkel an Loosli, Thun-Riedegg, 10. Januar 1933

Mein lieber Loosli,

soeben telephoniert Marti, mein großer Artikel[202] werde morgen (Mittwoch) erscheinen.

Herzlichst Dein

Fr.

---

201 Bereits am 3. 1. 1933 ist im *Bund*, Nr. 3, eine von Faesi kolportierte *Widerlegung Jonas Fränkels* von Dr. phil. Werner Kägi erschienen, in der dieser schreibt, er habe im Zusammenhang mit einem Publikationsprojekt zum jungen Spitteler Fränkel im Frühjahr 1930 um Unterstützung gebeten. Jener habe ihn aber «nicht unterstützt, sondern die Publikation verhindert [...] mit dem Hinweis, er arbeite selber im Moment» an jenem Thema.

202 Jonas Fränkel: *Faesis Verabschiedung*, in: *Der Bund*, Nr. 17, 11. 1. 1933. Fränkel betont zunächst, dass er seit 1927 keinen Zugang mehr zum Spitteler-Nachlass in Luzern habe und deshalb die Anfrage Werner Kägis von 1930 nicht belegen könne, dass er ihn vom Nachlass abgehalten habe: «Ich hatte damals längst nichts mehr zu erlauben und nichts zu sperren.» Und was das direkte Zitat von Romont angehe, habe Faesi «nach einem unverbindlichen Vereinsprotokoll ein fremdes Votum» zu einem Ausspruch von ihm gemacht. «Verabschiedet» wird Faesi danach vom Philologen Fränkel so: Im *Olympischen Frühling* werde der eiserne Tyrann Ananke mit «zornigen Riesenfüssen» charakterisiert (Spitteler: GW 2, S. 552). Faesi schreibe aber «Entenfüsse», was dem Bild eine falsche, parodistische Färbung gebe. Fränkels Pointe: Er weist nach, dass sich das falsche Wort «Entenfüsse» schon in Gottfried Streichers Buch *Spitteler und Böcklin* (Zürich: Orell Füssli, 1927) findet, Faesi also nach der Sekundärliteratur zitiere und nicht nach dem Original: «*So steht es also um Faesis Verhältnis zu Spittelers Dichtung. Er hat sie niemals erlebt, niemals in ihr gelebt. Selbst wo er ganz nahe um das Werk kreist, ist ihm nicht Spittelers Dichtung wichtig, sondern das Papier, das sich allmählich um Spittelers Werke zu türmen beginnt.*» Spitteler habe den Ehrgeiz gehabt, durch den Eigenwert seiner Bücher auf die Nachwelt zu kommen – oder dann eben nicht.

752. Loosli an Fränkel, Bern-Bümpliz, 27. Januar 1933

Mein lieber Fränkel, so, – hiemit bin ich meiner dringlichsten Verpflichtungen ledig und finde nun Zeit, mich allen Ernstes mit Deinen Belangen auseinanderzusetzen. Wie ich Dir schon mitteilte, finde ich, so sehr ich es andererseits bedauern muss, dass man Dich dazu nötigte, bis Dir schlechterdings nichts anderes übrig blieb, die Antwort an die Töchter Spittelers durchaus der Lage angemessen.[203] Wie ich mich überzeugen kann, hat sie abklärend gewirkt und nun bleibt den Damen, auch nach der Ansicht eines meiner Freunde, Fürsprech Däpp, nichts anderes übrig, als Dich entweder gerichtlich wegen Verleumdung und Ehrbeleidigung zu belangen, oder Deine Vorwürfe auf sich sitzen zu lassen. Da wird nun, angesichts Deiner Möglichkeit, den einwandfreien Wahrheitsbeweis für alle Deine Feststellungen zu erbringen, notwendigerweise das letzterwähnte eintreten, womit die Seite der Frage erledigt ist.

---

203 Unterdessen ist die Kontroverse um Spittelers Nachlass im *Bund* weitergegangen. Am 12. 1. 1933, Nr. 19, erscheint *Um Spittelers Nachlass. Der Standpunkt der Erbinnen*. Erstens anerkennen die unterzeichnenden Anna und Marie-Adèle Spitteler Fränkels «engste und beste Beziehungen» zu ihrem Vater, jedoch habe sich der Kontakt der beiden «in den letzten Lebensjahren des Dichters stark gelockert». Zweitens gebe es einen Brief Fränkels an Spitteler aus dem Jahr 1909, in dem es heisse, «selbstverständlich betrachte ich mich nicht als Besitzer, sondern nur als vorläufiger Hüter der mir anvertrauten Papiere». Auf diesen Brief habe Spitteler «eine unmissverständliche Willensäusserung» notiert: «Wichtiger Brief Fränkels. Sämtliche Papiere des Spittelerarchivs gehören mir und meinen Erben und nicht ihm und seinen Erben.» Drittens habe Fränkel jederzeit Zugang zum Nachlass gehabt, sei aber kaum mehr nach Luzern gekommen. Es sei bedauerlich, dass es nach wie vor weder eine Gesamtausgabe noch eine Biografie gebe. Darum sei es richtig, den Nachlass der Eidgenossenschaft zu schenken und ihr «für Biographie und Gesamtausgabe vollständig freie Hand zu lassen». Im *Bund* vom 20., 22. und 23. 1. 1933, Nrn. 33, 35 und 37, erscheint daraufhin unter dem Titel *Um den Willen Spittelers* eine ausführliche, dreiteilige Replik Fränkels. Auf die drei Kritikpunkte der Erbinnen entgegnet er: Erstens sei er vielleicht in den letzten Lebensjahren Spittelers weniger in Luzern gewesen als «die Besucher aus Zürich». Dafür habe es selten Tage gegeben, «da mir die Post keinen Brief aus Luzern brachte». Vor Spittelers Tod am 29. 12. 1924 seien zwischen Juli und Oktober 61 Karten und Briefe eingetroffen, und am 6. 12. habe er das eben erschienene Buch *Prometheus der Dulder* mit der Spitteler-Widmung erhalten (vgl. Anm. 85). Zweitens hält Fränkel zu Spittelers «Willensäusserung» fest, dass diese aus dem Jahr 1910 stamme, sich auf eine konkrete Auseinandersetzung mit dem Verleger Diederichs beziehe und dass er, Fränkel, nie «Eigentumsansprüche auf den Nachlass» erhoben habe (vgl. hierzu auch Fränkel: *Spittelers Recht*, S. 245). Gegen den Vorhalt, er hätte nach Spittelers Tod jederzeit Zugang zum Nachlass gehabt, zitiert Fränkel schliesslich einen eigenen Brief an Spittelers Töchter aus dem Jahr 1929, der unbeantwortet geblieben sei: «Sie haben es mir durch Ihr Verhalten in diesen letzten Jahren unmöglich gemacht, das Haus Carl Spittelers zu betreten, um an seinem Nachlaß zu arbeiten.» Es stimme zwar, dass Spitteler kein Testament gemacht habe. Aber: «Wozu auch? Ich hatte ihm, ein Jahr vor seinem Tode, in die Hand versprochen, mich auch nach seinem Weggang seiner Sachen anzunehmen.» Nicht bedacht hätten sie damals beide, dass Spittelers Töchter Fränkel «die Treue nicht halten würden»: «Hätten wir an diese Möglichkeit gedacht, so wäre ein Testament errichtet worden.»

Nicht erledigt dagegen ist die Nachlass- und Gesamtausgabefrage selbst und nicht erledigt ist die Feststellung der Verantwortlichkeiten gegenüber dem Bundesrat und der Oeffentlichkeit, die den Streit, der sich für sie unübersichtlich gestaltete, nur mangelhaft zu verfolgen vermochte.

Moeschlin soll sich geäussert haben, der Hass der Philologen gegen Dich beruhe auf Deiner Kritik an der Ermattingerschen Kellerausgabe.[204] Da die Herren alle zusammen nichts könnten, seiest Du ihnen im Wege, weil sie nichts mehr veröffentlichen dürften, ohne Deine Kritik fürchten zu müssen. Dagegen bleibe auf Dir haften, dass Du einen Teil des Nachlasses widerrechtlich (wem?) vorenthaltest, so namentlich den Briefwechsel Spitteler-Widmann. Da sei nun gegen Dich der Prozessweg zu beschreiten und wenn es die Erben Spittelers oder seine Rechtsnachfolger nicht täten, so würde er es tun, obwohl ihm klar sei, dass ein Teil des Nachlasses Dir unbedingt und unbestreitbar gehöre.

[...]

755. Fränkel an Loosli, Riedegg, 1. Februar 1933

[...]

Leider kam ich gestern nicht dazu, Dir das Abendblatt der NZZ von Montag mit dem schnöden Aufsatz von Bodmer[205] zu kaufen. Die NZZ hat mir natürlich von dem Artikel keine Kenntniß gegeben u. mir keine Nummer zugesandt.

---

204 Vgl. Anm. 61.
205 Im dritten Teil seiner Entgegnung auf die Stellungnahme von Spittelers Töchtern hat Fränkel im *Bund* vom 23. 1. 1933, ohne Hans Bodmers Namen zu nennen, festgestellt, es gebe ein Mitglied der Spitteler-Kommission, das einen Brief Spittelers vom 16. 6. 1919 besitze, in dem es wörtlich heisse: «Fränkel hat ein für allemal jede Vollmacht von mir erhalten, in meinen Angelegenheiten alles zu tun, was er für gut findet.» Dieses Mitglied solle der Kommission und Bundesrat Meyer «endlich Kenntnis von jenem Schreiben» geben, das «sehr wohl als Spittelers letzter Wille hinsichtlich meiner Kompetenzen gelten» könne. Hans Bodmer meldet sich am 30. 1. 1933 mit einem langen Artikel in der NZZ, Nr. 186, zu Wort: *Zum Nachlaß Spittelers. Bemerkungen zu einer Korrespondenz aus der Bundesstadt*, und veröffentlicht im *Bund*, Nr. 57, 3. 2. 1933, eine kürzere *Entgegnung*. Bodmer bestätigt darin Besitz und Wortlaut des von Fränkel erwähnten Briefes, den er «vor einigen Tagen» in einer Archivschachtel zu einer Gottfried-Keller-Ausstellung entdeckt habe, um die es damals gegangen sei. Für ihn sei diese Formulierung Spittelers Aufforderung gewesen, sich mit der konkreten Anfrage an Fränkel zu wenden, mehr nicht. Er verwahre sich gegen Fränkels Insinuierung «der bewussten Verheimlichung eines für ihn in seinen Augen wichtigen Aktenstückes». Zudem ist am 30. 1. 1933 im *Bund*, Nr. 49, ein *Protest* erschienen gegen «die unerhörte Behandlung», die die Töchter Spittelers durch Fränkel «in aller Öffentlichkeit» erfahren hätten. Unterzeichnet ist er an erster Stelle von Gottfried Bohnenblust, zudem unter anderen von Felix Moeschlin in seiner Funktion als «Präsident des Schweizerischen Schriftstellervereins». Als Reaktion teilt Fränkel diesem mit Brief vom 31. 1. 1933 mit, er ziehe aus Moeschlins Unterschrift unter den Protest «die selbstverständliche Konsequenz». Auf der vorliegenden Briefkopie steht in

Meine gestrige Unterredung mit B-R. M. hat mir bestätigt, was ich wußte: seinen guten Willen, aber auch seine Unfähigkeit, sich zu entscheiden, die in diesem Falle daher kommt, daß die Schenkung eben an die *Bedingung* geknüpft ist, daß ich da in Zukunft nicht mitzureden hätte; daß also der Bund tatsächlich nur das ausführende Organ für die Rachewünsche der Erbinnen sein soll. Ich habe erklärt, unter diesen Umständen sei es ehrenvoller für den Bundesrat, die Schenkung auszuschlagen.[206]

[...]

759. Loosli an Fränkel, Bümpliz, 11. Februar 1933
Mein lieber Fränkel, soweit ich es übersehen kann, lässt sich nun unsere Geschichte, namentlich mein Vortrag[207] recht ordentlich an und es ist gar nicht ausgeschlossen, dass ich ein volles Haus haben werde. Freilich, – etwas gewisses weiss man ja nicht und gehts schief, je nun, dann ist ja auch nicht viel verloren. Aber eine innere Stimme sagt mir, dass es diesmal nicht schief gehen werde.

[...]

Fränkels Handschrift: «gleichzeitig melde ich beim Vorstand des Schweiz. Schriftstellervereins unter Protest meinen Austritt an». (SLA-Loosli-Ms-B-Sq-6.1.24)

206 Am 2. 2. 1933 schreibt Fränkel «zur Verdeutlichung der berührten Fragen» während «unsere[r] Unterredung vom 31. Januar» ausführlich an Bundesrat Meyer und schliesst: «Wiederholt hatte ich Gelegenheit, Ihnen, hochgeehrter Herr Bundesrat, die Erklärung abzugeben, dass ich mich nur dann für die Schenkung des Nachlasses an die Eidgenossenschaft interessieren darf, wenn es dem Bundesrat möglich sein wird, sich mit mir zu verbinden, um den Nachlass im Sinne Spittelers zu verwalten. Wenn aber – wie ich nach den Andeutungen, die Sie neulich gemacht haben, leider annehmen muss – der Bundesrat nicht die Möglichkeit haben soll, selbständig und vollkommen unabhängig die aus der Annahme der Schenkung sich ergebenden Pflichten gegenüber Spitteler wie gegenüber der Nachwelt zu erfüllen, so wär es – erlauben Sie mir, das hier zu wiederholen – nach meiner Meinung für die höchste Behörde unseres Landes ehrenvoller, auf die Schenkung zu verzichten als sich zu der dem Bundesrate zugemuteten Rolle eines Vollziehers der Rachewünsche der Erbinnen gegenüber dem Freunde und legitimen Verwalter des schriftlichen Nachlasses ihres Vaters herzugeben.» (BAR, E3001B#1980/53#1314*)

207 Unterdessen hat Loosli einen 39 Typoskriptseiten umfassenden Vortrag verfasst unter dem Titel *Carl Spittelers Wille und Rechte. Eine Zeugenaussage*. Eine gekürzte Version des Vortrags findet sich in Loosli: *Werke* 4, S. 389–413. (vollständiges Typoskript: SLA-Loosli-Ms-S-82/1-2). Am 14. 2. 1933, einem Dienstag, hält Loosli diesen Vortrag in der Aula des Progymnasiums in Bern, am 23. 2. dann in Thun. *Der Bund*, Nr. 77, 15. 2. 1933, berichtet über den Berner Vortrag unter dem Titel *Spitteler, Wille und Rechte* und résumiert ihn so: «Fränkel mache Anspruch nicht auf das geistige Eigentum, wohl aber auf das Urheberrecht am Nachlaß.»

762. Loosli an Fränkel, Bern-Bümpliz, 18. Februar 1933

Mein lieber Fränkel, im Augenblicke, wo ich dieses schreibe, weiss ich noch nicht, ob es mir möglich sein wird, Dich heute nachmittags zu erreichen. Darum diese Zeilen.

[...]

Ich glaube, Du musst Dich überhaupt jetzt ein für allemal darüber entscheiden, was Du letzten Endes anstrebst, was Dir Hauptsache ist. Entweder Deine Gegner auf der ganzen Linie ihres Unrechtes öffentlich zu überführen, wozu keine Zeitung, kein Vortrag, sondern allenfalls ein nicht allzu knapp bemessenes Buch ausreichen wird, das darum sein Ziel verfehlen dürfte, weil es von der breiten Oeffentlichkeit, die sich schon nach neuen Aufregungen sehnt, schwerlich gelesen würde.

Oder aber, es ist Dir darum zu tun in Deine Rechte über den Spitteler-Nachlass, in Deine Veröffentlichungsrechte so restlos eingesetzt zu werden, dass Du den Willen Spittelers wirklich erfüllen kannst. Dann aber kannst Du Deine Widerparten getrost ihrer dadurch erzielten Niederlage überlassen und hast auch in der Oeffentlichkeit damit obenaus geschwungen.

Ich für mich glaubte bis jetzt und glaube immer noch, auch montags bei Bundesrat Meyer,[208] auf dieses zweite Ziel hinstreben zu sollen, zu dem aber der Weg nur umso länger wird, je mehr weitere Belange und Persönlichkeiten in den Streit hineingezogen werden.

[...]

---

208 Loosli trifft Bundesrat Meyer am Montag, 20. 2. 1933. Gleichentags fasst er in einem Brief an Meyer «Ihre mir heute gewährte liebenswürdige Aussprache» zusammen. Insbesondere schreibt er, es sei ihm eine «Erleichterung», dass auch Meyer der Meinung sei, «es sei bei aller Wahrung der Rechte der Erben Spittelers auch das unbestreitbare Recht Fränkels zu wahren, was schliesslich darauf hinausläuft, ihm zu ermöglichen, seine Arbeiten im Sinne und nach dem Willen des verstorbenen Dichters zum ausschliesslichen Vorteil und Nutzen seiner Rechtsnachfolger durchzuführen». (BAR, E3001B#1980/53#1317*)

770. Fränkel an Loosli, Thun-Riedegg, 4. März 1933
Mein lieber Loosli,
ich danke Dir herzlich für die mir zugesandte Berichtigung.[209] Ich habe sie mir sehr genau überlegt, bin dann aber zur Überzeugung gelangt, daß ich doch besser tue, wenn ich mich nun daran mache, nachdem ich aus Deiner Berichtigung ersehen habe, was nicht hinein darf. Deine Fassung ist mir zu zahm, mein Lieber, und zu sehr in juristische Sprache gehüllt, so daß sie nach meinem Urteil nur jenen verständlich wäre, die in die Sache bereits eingeweiht sind, für die man also nicht mehr zu schreiben braucht. Überdies ist sie zu sehr im Hinblick auf einen Prozeß geschrieben, mit dem wir doch nicht unnötig öffentlich spielen wollen. Du hast in Deinem Vortrag den Eindruck erweckt, als stünden wir unmittelbar vor einem Prozeß: *ich* darf das nicht öffentlich sagen, ebensowenig der Anwalt.[210] Aus diesen Erwägungen also hab ich mein früheres Manuskript zu einer Berichtigung in strengem Sinne umgearbeitet, wobei der Umfang auf die Hälfte reduziert werden konnte. Was mir noch vor einer Woche unmöglich schien, so daß ich Dich um Deine Hilfe bitten mußte, das ist mir nun doch gelungen dank der Distanz von einer Woche. Wenigstens glaube ich, es sei mir gelungen. Um aber ganz sicher zu sein, will ich Montag vormittag Gerichtspräsident Meyer um eine Unterredung ersuchen u. von ihm dann einige Aufklärungen im Anschluß an die Begründung seiner Verfügung erbitten.
[...]

771. Loosli an Fränkel, Bern-Bümpliz, 5. März 1933
Mein lieber Fränkel, also Gefechtsabbruch meinerseits! – Gut; – ich hab auch nichts dagegen, umsoweniger als ich meinen Vortrag weder in Basel noch in Zürich werde wiederholen können. Unter sotanen Umständen wäre meine fernere Waffenkameradschaft mit Dir wirklich zwecklos, und ich habe einzig

---

209 Am 5. 2. 1933 ist im *Bund*, Nr. 59, in der Kontroverse um den Spitteler-Nachlass dem Anwalt der Spitteler-Töchter, Hermann Schüpbach, das Wort erteilt worden (*Um Spittelers Nachlaß. Carl Spittelers «letzter» Wille*). Drei Tage später erscheint ein *Schlußwort der Redaktion* (*Der Bund*, Nr. 65, 8. 2. 1933), das mit der Feststellung schliesst: «So scheint uns das Ergebnis der öffentlichen Aussprache im ‹Bund› gegen die Ansprüche Professor Fränkels gerichtet.» Den Abdruck einer Replik gegen Schüpbach, die Fränkel der *Bund*-Redaktion sofort zusendet, lehnt diese ab. Daraufhin versucht Fränkel, den Abdruck polizeirichterlich zu erzwingen, was vorerst scheitert. In diesem Zusammenhang hat Fränkel Loosli gebeten, die von der *Bund*-Redaktion abgelehnte Fassung der Replik in eine juristisch hieb- und stichfeste «Berichtigung» umzuschreiben. Davon ist hier die Rede.
210 Wer in dieser Zeit im Spittelerhandel Fränkels Anwalt war, ist ungeklärt.

zu bedauern, dass mich Dein Brief nicht 24 Stunden früher erreichte, was mich davon abgehalten haben würde, einen Schritt zur Veröffentlichung meines Vortrages zu unternehmen, der allenfalls zum Ziele führen möchte und der nun durch Deine Ausführungen allerdings zwecklos geworden ist.[211]
Wir sehen die Angelegenheit eben von etwas verschiedenen Standpunkten an: – Dir ist es vor allem darum zu tun, Recht zu behalten, – mir dagegen in diesem besonderen Falle vor Behörden und Oeffentlichkeit Recht zu bekommen.
[...]

781. Loosli an Fränkel, Bern-Bümpliz, 6. April 1933

[...]
Ich halte es in solchen Sachen mit Hodlern, der auf dem Gebiete der öffentlichen Anfeindungen, Beschmutzungen, Schmähungen, Beleidigungen und Verleumdungen Zeit seines Lebens auch allerlei erfahren hatte und bin dabei nicht schlecht gefahren. Er meinte nämlich:
– Je me fiche de tout ce qu'on peut dire ou écrire contre moi: – les oevres restent! –
Herzlich Dein
C. A. Loosli

782. Fränkel an Loosli, Thun-Riedegg, 6. April 1933

Mein lieber Loosli,
herzlichen Dank für Deinen Brief. Erlaube, daß ich zuerst auf den Schluß desselben komme: auf den Ausspruch Hodlers. Er ist mir aus der Seele gesprochen u. so empfand ich auch immer. Gerade aus diesem Gefühl heraus hab ich in den letzten Wochen zusammen mit meiner Frau hin u. her überlegt, ob wir es wagen dürfen, aus der deutschen Schweiz fortzugehen, um unabhängig zu sein von den Zeitungen u. der öffentlichen Meinung u. nur meiner Arbeit zu leben. Wir kamen leider zu der Überzeugung, daß die 5 1/2 Tausend Franken, die ich vorläufig noch von der Hochschule beziehe, das *einzige* Sichere ist, über das wir verfügen. Wenn ich aber in Bern bin u. öffentlich wirke, so muß ich leider auf meinen Ruf achten; denn davon hängt ja *meine hiesige Existenz*

---

211 Der ihm von Fränkel nahegelegte Verzicht, den Vortrag als Broschüre zu drucken und unter die Leute zu bringen, wurmt Loosli noch jahrelang (siehe seinen Brief an Fränkel vom 13. 8. 1947 und Fränkels Replik tags darauf).

u. die Existenz meiner Familie ab. Deswegen mußte ich die Veröffentlichung meiner Entgegnung auf Schüpbachs Vorwürfe betreiben.[212]

[...]

784. Loosli an Fränkel, Berrn-Bümpliz, 8. April 1933
Mein lieber Fränkel, obwohl ich von vorneherein daran verzweifle von Dir verstanden zu werden und also das Aussichtslose meiner Bemühung einsehe, zwingen mich Gewissen und meine Freundschaft zu Dir dennoch, in der Spittelerangelegenheit ein letztes, aber nun wirklich letztes Wort zu Dir zu sagen, auf die Gefahr hin neuerdings missverstanden oder gar des Verrates an Dir bezichtigt zu werden.

Niemand weiss besser als ich, dass Du von allem Anfang an, nämlich schon bevor Du Dich in Bern als Hochschullehrer auftatest, mit einer heimtückischen, unversöhnlichen Gegnerschaft stets und überall zu rechnen haben würdest. Ich erinnere mich noch zu wohl an gewisse Unterredungen, die ich zu einer Zeit mit verschiedenen Leuten pflog, um Dir den Weg zu einem Lehrstuhl zu ebnen, um nicht zu wissen, dass Du immer und überall auf die Widerstände stossen würdest, die sich kleinlich und gehässig in unserm trostlosen Lande stets dem tüchtigen Manne auf jedem Gebiete, der vortrefflichen Leistung, welcher Art sie auch sei, unerbittlich, heimtückisch und gehässig entgegenzustellen pflegen. Bei Dir wurde die Lage noch durch zwei wesentliche Tatbestände erschwert: – Du warst Ausländer und bist Jude. Seit nun mehr als zwanzig Jahren kam ich unzählige Male in die Lage, Dich gegenüber allen möglichen Leuten, dummen und klugen, rechtdenkenden und Hallunken verteidigen zu müssen, und ich kann mir das Zeugnis ausstellen, dass ich keine Gelegenheit versäumte es so nachdrücklich als möglich zu tun: – immer und immer wieder auch da zu tun, wo es nicht gerade leicht war, wo Du es mir durch Dein Verhalten, durch Deine mitunter an eigentliche Verblendung grenzende Unkenntnis oder Missachtung der gegebenen Verhältnisse erschwertest. Nicht mir allein, sondern allen, wirklich allen Deinen Freunden.

Es bedurfte unseres ganzen Grimmes gegen die Verworfenheit vieler Dei-

---

212 Fränkel hat es unterdessen mit Unterstützung eines Anwalts polizeirichterlich durchgesetzt, dass *Der Bund* am 1. 4. 1933, Nr. 154, eine längere *Berichtigung von Jonas Fränkel* hat abdrucken müssen, die sich auf den Artikel Hermann Schüpbachs vom 5. 2. 1933 bezieht (vgl. Anm. 209). In ihrem Einleitungstext schreibt die Redaktion, dass sie die Einsendung unverändert drucke, «wie das Gesetz es befiehlt», dass sie sich aber eine Berichtigung der Berichtigung «im Namen der Wahrheit» vorbehalte. In Nr. 163 am 10. 4. 1933 erscheint dann im *Bund* eine *Gegenberichtigung* von Schüpbach, der so das letzte Wort behält.

ner Gegner, unserer unverwüstlichen Freundschaft zu Dir, unserer restlosen Ueberzeugung Deiner hervorragenden Befähigungen und Eigenschaften, uns immer, immer wieder für Dich einzusetzen und wenigstens einen Teil der Hiebe, die Dir zugedacht waren, auf uns überzuleiten. Wir haben uns, – unserer ein paar wenige, – oft für Dich und Deine Belange in einer Weise eingesetzt und sie verteidigt, mit einer nachhaltigen Zähigkeit und Kraft, die wir für unsere Eigenbelange nicht aufgebracht haben würden, nicht aufgebracht haben. Wir taten es um Deiner und der Sache willen, die Du vertrittst, weil Du uns teuer und die Sache selber auch uns heilig ist. Daraus glaubten wir irrtümlicherweise, – wie wir nun nachträglich einsehen gelernt haben, – die Befugnis abzuleiten, Dich gelegentlich in Deinen zahllosen Fehden beraten zu dürfen. Wir wähnten, unser guter Wille, unsere stets Hilfsbereitschaft, unsere nie verleugnete Freundschaftstreue habe uns wenigstens ein wenig Deines Vertrauens zum mindesten auf den Gebieten erworben, die uns alltäglich, daher so geläufig sind, dass wir wähnen, darin besser zu Hause zu sein als Du, der sein Dasein weltabgeschlossen, innerhalb seiner vier Wände, von wenigen wesentlichen, aber durchaus eindeutigen Aufgaben beschäftigt, zubringt, daneben aber so lebens- und gesellschaftsfremd als nur immer möglich bist.

Der Umstand, der uns zu dieser Auffassung verführte bestand gerade in Deinem jeweiligen Verhalten, so oft sich vor Dir für Dich unüberwindliche Schwierigkeiten auftürmten und das darin bestand, Dich eben an uns um Hilfe und Waffenkameradschaft zu wenden. In der Kellerangelegenheit gelang es schliesslich Benteli, der anders rettungslos verlorenen Sache die Wendung zu geben, die Dir und der Sache selbst die einzig mögliche Krönung durch durchgehenden Erfolg sicherte.

In der Spitteler-Angelegenheit nun lag der Fall in seinen wesentlichsten Belangen ähnlich. Ich bin heute mehr denn je überzeugt, dass, hätte ich im Frühjahr 1929 Deine vorbehaltlose Vollmacht besessen, die leidige Angelegenheit unter durchgehender Wahrung der uns dabei gemeinsam leitenden Grundsätze mit den Töchtern Spittelers zum Austrag zu bringen, der alle befriedigt haben würde, mir dies ebensowohl gelungen wäre, wie, einige Zeit später, auch noch mit Fürsprech Schüpbach. Mit ihm lag die Sache damals klar: – er war zwar der Anwalt einer Partei, die nicht notwendigerweise Dein Gegner hätte werden müssen, die es nun aber einmal geworden war. Er hatte deren Belange nach bestem Wissen und Berufsgewissen zu vertreten, aber es lag ihm daran, es in einer für alle Teile annehmbaren Art zu tun, ohne unnötiges Aufsehen zu erregen, aber auch ohne seine Auftraggeberinnen soweit bloss zu stellen, dass sie sich Dir ausgeliefert zu glauben die Veranlassung gehabt hätten.

Als ich im März 1929 von Luzern zurückkam und Dir meinen Bericht abstattete, antwortetest Du mir, indem Du mir vorrücktest, ich hätte Dich als Freund verraten. Ich nahm und nehme Dir auch heute jene Aeusserung nicht übel, sondern betrachtete sie als einen Ausfluss Deines Unmutes und Deiner Ueberreiztheit, die ihre Worte nicht auf die Goldwage zu legen pflegen. Ich habe mich darum nicht hindern lassen nachher mit Schüpbach zu verhandeln, dann gegen Diederichs, ferner gegen den dreckigen Züricherschlingel[213] und endlich neuerdings, in Deinem gegenwärtig hängenden Handel für Dich einzustehen. Ich stelle fest, dass Du nie einen unserer Räte befolgtest, sondern, sobald wir Dir wieder ein wenig Luft geschaffen hatten, entgegen unseren Bitten und Räten, entgegen unseren Voraussichten, die sich nun wörtlich bis in alle Einzelheiten zu Deinem Schaden erwähren, wiederum selbstherrlich eigensinnig auf eigene Faust einrissest, was wir Dir mühsam und geduldig vorbereitet hatten.

Seit Jahren war Deine Stellung nie so günstig gewesen, wie wenige Tage nachdem ich meinen Vortrag in Bern und Thun gehalten und mit Bundesrat Meyer gesprochen hatte. Du brauchtest nur mit den Händen in den Hosentaschen abzuwarten, bis Dir die reife Frucht all unserer jahrelange Bemühungen vor die Füsse fiel. Du hättest Dir nicht einmal die Mühe zu geben brauchen, sie aufzuheben, denn Bloesch, Benteli und ich wären dazu bereit gewesen und hätten sie Dir in silberner Schale dargereicht.

Statt dessen verwickeltest Du Dich in neue Händel, die zum mindesten überflüssig waren, weil der Gewinn des Hauptbelanges alles Beiläufige zu Deinen Gunsten ganz nebenbei und endgültig entschieden haben würde. Damit hast Du erreicht, dass Du Dir, soweit unsere Zeitungen gelesen werden, einen üblen Leumund geschaffen, die alten Gegner gestärkt, neue geschaffen und Deine Freunde endgültig und unwiderruflich gelähmt hast. Auch wenn wir

---

213 Loosli spielt darauf an, dass er sich Anfang 1929 für Fränkel ins Zeug gelegt hat, als dieser, ohne dass sein Name explizit genannt worden wäre, im *Zürcher Studenten* in einer satirischen Polemik als einer angegriffen worden ist, der sich «unter der Maske eines Freundes und bedingungslosen Verehrers» an Spitteler herangemacht habe, um nach dessen Tod auf seinem «Nachlasse [zu] hocken und jeden fürchterlich an[zu]geifern und an[zu]fauchen, der etwas davon herausbekommen möchte». (Theodor E. Blatter: *Wenn ich ein Spittelerfeind wäre*, in: *Zürcher Student*, Nr. 6, Januar 1929; zu diesem Engagement Looslis für Fränkel vgl. auch SLA-Loosli-Ms-B-Sq-6.1.20, Beilagen)

heute noch möchten und wollten, so würde uns Dein Verhalten verunmöglicht haben etwas wirklich Wirksames für Dich zu unternehmen.

[...]

Und wenn Dir wirklich der Ausspruch Hodlers aus der Seele gesprochen ist, so frage Dich nun doch einmal unvoreingenommen, wenn Dir das überhaupt möglich ist, ob Du bisher darnach handeltest oder nicht. Ich meine, Du hast nicht nur Dein Werk ob all den Händeln versäumt und vernachlässigt, sondern hast Dir Aufregungen, nutzlose Kosten, neue Gegner, den Unmut der Oeffentlichkeit und die Ohnmacht Deiner Freunde, für Dich ferner einzustehen, aufgeladen.

Ob das zum Wohl Deiner Familie, zur Festigung Deiner Stellung in Bern beiträgt, das freilich ist eine andere Frage. Weder Hodler noch wir alle, die etwa der Ehre teilhaftig wurden, gehasst und verfolgt zu werden, glaubten unserem Werke nur dadurch zu dienen, indem wir uns rechthaberisch stets neue Händel auf den Hals luden, oder uns in die Einöde verkrochen um nichts mehr von der Oeffentlichkeit zu hören. Sondern wir wandten uns einfach von ihr ab, unserer Arbeit zu, und wenn es Hodlern gelungen ist, dennoch zu siegen und mir, der ich kein Hodler, sondern nur ein kleiner Mann aus dem Volke bin, der nicht über die geistigen Möglichkeiten, über die Gelehrsamkeit und das Können verfügt, die Dir zu Gebote stehen, dennoch meine Sippe schlecht und recht durchzuschlagen und im Spätnachmittag meines Lebens noch den Kopf aufrecht und das Auge klar halten kann, dann nur weil wir unsere einzige Rechtfertigung in unserm Schaffen, nicht aber in unsern öffentlichen Händeln suchten.

Gib also Deinen Keller heraus, wenn möglich Deinen Spitteler oder was Du auch nur sonst so reichlich vorbereitet hast, und Du wirst Dir, Deiner Familie, Deinem Rufe und Ansehen, Deinem einzig möglichen Dauerglück der Befriedigung mehr dienen als mit hundert gewonnenen Prozessen oder ebensovielen Broschüren, die doch kein Mensch liest, der sie nicht vergessen würde bevor er sie zu Ende las. Und vor der Nachwelt, insofern man ihr eine höhere geistige Bedeutung einzuräumen gewillt ist als der Gegenwart, besteht eben einzig und ausschliesslich das Werk.

Daneben sehe ich nicht ein, warum wir uns allzusehr um sie und ihre Meinung kümmern sollten, denn sie wird eben auch nur aus Menschen bestehen und ob die besser, gerechter, geistiger, wahrhaftiger, edler sein werden als wir oder unsere Vorfahren, das zu bezweifeln haben wir ebensoviel Gründe als in Frage zu stellen, ob in tausend Jahren die Habichte vielleicht keine Tauben mehr zerfleischen, wie sie es seit Jahrtausenden taten.

Und nun entschuldige meine rücksichtslose Offenheit, wenn Du kannst und magst, das heisst, wenn es Dir gelingt einzusehen, dass ich es, trotz allem, was sich nun zwischen uns ereignet hat, so gut mit Dir meine, dass ich wünsche, Dein Name möchte recht bald und auf immer nicht nur alle Deine Feinde und Gegner, all das Geschmeiss, das Dich böswillig umschwärmt, sondern auch Deine Freunde und vor allem mich selbst dermassen überstrahlen, dass es uns zur Ehre und zum Ruhm gereichen mag, wäre es auch nur ein klein wenig von Deiner freundschaftlichen Beachtung gestreift worden zu sein.

Herzlich Dein

C. A. Loosli[214]

806. Fränkel an Loosli, Thun-Riedegg, «Sylvester 1933»

Lieber Loosli,

indem ich dieses zu Ende gehende Jahr im Stillen für mich überprüfe, kann ich nicht umhin, daran zu denken, daß Du mir in diesem Jahre Deine Freundschaft im Überschwang schenktest; freilich hat dann die eine Hand wieder genommen, was die andre gegeben. Ich will Dir heute noch einmal herzlich dafür danken, was mir die eine Hand gegeben, und sende Dir und den Deinigen die besten Wünsche für das neue Jahr. Möge es Dir ein gedeihliches sein.

Dein alter Fränkel

---

214 Nach diesem Brief Looslis ruht der Briefwechsel. Am 6. 6. 1933 schickt Loosli mit kurzem Begleitbrief einen Durchschlag seines Vortrags *Carl Spittelers Wille und Rechte* an Fränkel zur Dokumentation. Fränkel reagiert schriftlich nicht. Der Briefwechsel kommt Ende August 1933 langsam wieder in Gang, aber die Tatsache, dass Anna und Marie-Adèle Spitteler am 13. 9. 1933 den zuvor bereits von Bundesrat Meyer signierten *Schenkungsvertrag* unterzeichnen, wird nicht erwähnt. Fränkel wird in diesem Vertrag in Artikel 2 namentlich genannt, wo sein privates Spitteler-Archiv zum Teil des «gesamten literarischen Nachlass[es]» und damit der Schenkung gemacht wird: «Der Nachlass besteht der Hauptsache nach aus Manuskripten von veröffentlichten und unveröffentlichten Werken, Tagebüchern und autobiographischen Aufzeichnungen des Dichters, ferner aus Briefen an ihn und von ihm, Zeichnungen, persönlichen Dokumenten und dergl., die sich teils im Besitz der Donatorinnen, teils im Besitz von Prof. Dr. Jonas Fränkel, Riedegg bei Thun, befinden.» Laut Artikel 3 gestehen die Donatorinnen der Eidgenossenschaft «das ausschliessliche Recht» zu, «von den im Druck erschienenen und den noch ungedruckten Werken des Dichters eine Gesamtausgabe zu veranstalten». Und: «Verwaltung, Verwertung und Veröffentlichung des Dichternachlasses stehen allein dem Bunde zu.» (Art. 5/2, BAR, E3001B#1980/53#1310*)

1934

Die Entfremdung zwischen den Briefpartnern ist überwunden. Loosli wird zum Experten in einem Prozess ernannt, den jüdische Organisationen gegen die Gauleitung des Bundes Nationalsozialistischer Eidgenossen anstrengen, um beweisen zu können, dass die *Protokolle der Weisen von Zion* eine antisemitisch motivierte Fälschung sind. Fränkel veröffentlicht in seiner Keller-Ausgabe den Band mit dem *Sinngedicht*. Im Herbst muss er sich aus gesundheitlichen Gründen an der Universität beurlauben lassen. Beim Kuren liest er Looslis neues Buch *Umschalten oder Gleichschalten?* und redet danach dem Autor wegen «Stilverlotterung» ins Gewissen. Anfang Dezember hat Fränkel zum ersten Mal mit dem neu gewählten Bundesrat Philipp Etter zu tun, der als Nachfolger Albert Meyers das Departement des Innern übernimmt.

807. Loosli an Fränkel, Bern-Bümpliz, 2. Januar 1934

Mein lieber Fränkel, Deine freundlichen Wünsche erwidere ich zu Deinen und Deiner Angehörigen Handen aus ganzem Herzen. Möge Dir das neue Jahr neue Arbeitsfreude und -möglichkeiten und alles das bringen, was Du seit Jahren so reichlich verdient hast. Deine Erfolge, welcher Art sie auch sein mögen, werde ich immer mit meiner innigen Befriedigung begleiten und habe lediglich zu bedauern, dass ich so gar nichts dazu beizutragen vermag noch vermochte. Leb wohl, und sei mit den Deinen herzlich gegrüsst von Deinem
C. A. Loosli

813. Loosli an Fränkel, Bern-Bümpliz, 27. Januar 1934

[...]
Selbstverständlich bin ich sehr gespannt auf Deine Ausführungen betreffend Spitteler & Frey,[215] wann ich sie auch zu lesen bekommen werde. Denn in Bümpliz liegt die National-Zeitung nirgends auf und ich komme gar selten in die Stadt.

Das nächste Mal wohl um mich bei den Nazi womöglich noch gründlicher verhasst zu machen, da ich als Gerichtsexperte bezeichnet wurde um festzustel-

---

215 Jonas Fränkel: *Carl Spitteler und Adolf Frey. Zu ihrem Briefwechsel*, in: National-Zeitung, Nrn. 45 und 57, 28. 1. und 4. 2. 1934.

len, ob die Protokolle der Weisen von Zion eine Fälschung seien oder nicht.[216] Die Antwort darauf habe ich ja bereits in meinem Buche «Die schlimmen Juden!» 1927 erteilt[217] und werde sie lediglich ausführlich zu begründen haben. Der Prozess verspricht ordentlich bewegt zu werden. Jüdischer Gemeindebund und Israel. Kultusgenossenschaft[218] gegen den berüchtigten Frontmann und Naziagent Fischer und Mithafte.
[...]

820. Loosli an Fränkel, Bern-Bümpliz, 29. Mai 1934

[...]
Dann beschäftigt mich allgemach meine Expertise betreffend die «Protokolle der Weisen von Zion». Die Sovietregierung hat mir ihre Unterstützung zugesichert, das Zentroarchiv erschlossen und eigens zu diesem Zwecke einen Diplomatiker[219] beauftragt, die mir dienlichen Urkunden zu beschaffen. Es wird sich daraus ein merkwürdiges Stück ochranistisch[220]-nihilistisch-zaristisch-jüdischer Zeitgeschichte ergeben, das allerhand zu Tage fördern wird, von dem niemand eine Ahnung hatte. Der Prozess selbst soll, nach dem Willen der Klägerschaft zu übervölkischer, überländischer Bedeutung auswachsen und geführt werden, so dass es sich für mich schon darum handelt, den an mich gestellten Anforderungen in jeder Hinsicht zu genügen, was mir, glaube ich, gelingen wird.
[...]

822. Fränkel an Loosli, Thun-Riedegg, 9. Juni 1934

[...]
Ich war überrascht, als ich aus der Zeitung von dem Ehrendoktor für Gfeller[221] erfuhr. Ich war nicht dabei, wie ich denn seit einem Jahre, da man mich bei Gelegenheit des Rücktritts unseres lieben OvGreyerz wieder überging, keine

---

216 Loosli wird am 16. 1. 1934 zum überparteilichen Gutachter des Gerichts ernannt. Die Chronologie der Ereignisse in diesem viel beachteten Prozess ist zusammengestellt in Marti: *Loosli 2*, S. 321 ff.
217 Dort erwähnt Loosli seine erste Lektüre, während der ihm «schon nach wenigen Seiten klar war, dass die Protokolle rücksichtslos niederträchtig gefälscht waren» (Loosli: *Werke* 6, S. 40).
218 Loosli meint die Israelitische Kultusgemeinde Bern und den Schweizerischen Israelitischen Gemeindebund (SIG).
219 Alexander Tager.
220 Die Ochrana war im zaristischen Russland ab 1881 der Geheimdienst.
221 Simon Gfeller.

Fakultätssitzungen besuche (das große u. entscheidende Wort in unserer Fakultät führt jetzt das Oberhaupt der deutschen Nazi in der Schweiz, de Boor,[222] der Nachfolger Singers).

Wär ich aber dabei gewesen, so hätte ich natürlich den Antrag gestellt, man möchte auch Dich mit dem Ehrendoktor nicht verschonen ...

823. Loosli an Fränkel, Bern-Bümpliz, 9. Juni 1934

[...]

Es freut mich, dass Dir keine Gelegenheit geboten ward, mich als Dr. h. c. in Vorschlag zu bringen; – denn, für den übrigens mehr als unwahrscheinlichen Fall der Gutheissung Deines Antrages, hättest Du Dich lediglich in die Nesseln gesetzt, da ich unter den gegenwärtigen Umständen die Ernennungsurkunde, namentlich wenn sie von der Philosophischen Fakultät I ausgegangen wäre, dieser postwendend hätte zurückschicken und meine Ablehnung der Ehrung begründen müssen. Dann würde die der Fakultät daraus erwachsene Unannehmlichkeit Dir angekreidet worden sein, was natürlich nicht in meiner Absicht gelegen haben würde, aber unvermeidlich gewesen wäre. Ich bitte Dich ein für allemal um den Freundschaftsdienst, mich keinesfalls je zu einer berner-hochschulischen Ehrung, welcher Art sie auch sein möchte, vorzuschlagen, schon um Dir selbst nicht so oder anders Unannehmlichkeiten aufzuhalsen.

[...]

826. Fränkel an Loosli, Thun-Riedegg, 7. Juli 1934

Mein lieber Loosli,

entschuldige bitte, daß ich Dir erst heute für Deine beiden Briefe danke. Mein Vater ist in der vergangenen Woche gestorben – das hat mich mehr mitgenommen als ich sagen kann.

[...]

Daß Du meinen neuen Keller-Band[223] goutierst, hat mich gefreut zu vernehmen. Es war eine Riesenarbeit. Ich habe hier meine schon in früheren Bänden geübte Methode konsequent durchführen können, nämlich die «Lesarten», die sonst in sogenannten kritischen Dichterausgaben ausnahmslos wie tote Steine

---

222 Der mediävistische Germanist Helmut de Boor ist ab 1935 Mitglied der NSDAP. Über seinen Weg zum «faschisierten Professor» vgl. Schütt: *Germanistik und Politik*, S. 90 f.
223 Keller: SW 11.

den fruchtbaren Acker des dichterischen Werkes bedecken, in den Dienst der einzigen Aufgabe zu stellen, die ein Philologe – neben der Feststellung eines gesicherten Textes – zu verrichten hat, und das ist: das Aufzeigen des Arbeitsprozesses, soweit sich letzterer überhaupt erfassen läßt; in meinem Falle: Darstellung der Stiltendenzen, die den Schriftsteller beim endgültigen Formen seines Werkes leiteten.[224] Es ist eine Aufgabe, wie sie bisher niemals in der Philologie unternommen, nicht einmal geahnt wurde. Du solltest Dir daraufhin einen Band der Weimarer Goethe-Ausgabe (oder der Gotthelf-Ausgabe) ansehen …

Alle sogenannte Ästhetik ist gegenüber einem wirklichen Kunstwerke etwas sehr Überflüssiges. Die einzige Ästhetik, die ich anerkenne, ist: das Handwerk des Dichters – in der umfassendsten Bedeutung des Wortes «Handwerk» – studieren; nur auf diesem Umwege kann es gelingen, auch einen Blick in sein Inneres zu tun. Das versuche ich bei Keller mit aller Exaktheit einer wissenschaftlichen Methode (Kunstgeschwätz ist natürlich keine Wissenschaft); deswegen unterlasse ich, sogenannte ästhetische Würdigungen – etwa als Einleitung – beizugeben.

[…]

827. Loosli an Fränkel, Bern-Bümpliz, 9. Juli 1934

[…]

Gerade gegenwärtig tut mir Winckelmann gut. Ich bin nämlich bis über die Ohren mit meiner Expertise für den Judenprozess beschäftigt, der mich vor eine grosse, weitläufige Aufgabe stellt, zu deren Bewältigung mir dieser Tage von der russischen Regierung Urkunden zugestellt wurden, die an sich unerhört sind und deren Verarbeitung entschieden Aufsehen erregen wird. Unglaubliche Tatsachen ergeben sich daraus. Diplomatisch bis anhin sorgfältig gehütete Geheimnisse werden daraus offenbar und zeigen einmal mehr, aber mit seltener Überzeugungsgewalt und Eindringlichkeit, wie die öffentliche Meinung der angeblich gesitteten Welt vergewaltigt und genasführt wird und was daraus entsteht.

---

224 Fränkels Verfahren, in den Apparaten die Varianten nicht den fraglichen Textstellen zuzuordnen, sondern in unvollständigen Listen zur Illustration verschiedener «Stiltendenzen» zu bündeln, hat sich in der Editionswissenschaft nicht durchgesetzt (vgl. dazu Keller: SW 2.2, S. 6, und Keller: HKKA, *Einführungband*, S. 213 f.). Die unübersichtliche Praxis wird schon von Fränkels späterem Nachfolger als Herausgeber der SW, Carl Helbling, aufgegeben, wofür ihn Emil Staiger 1944 in einer Rezension rühmen wird (vgl. Anm. 470).

Wie ich dazu kam, mir diese Urkunden erschliessen zu lassen?

Je nun: – die jüdische Klägerschaft hat an die Experten eine ganze Reihe wesentlicher Fragen gestellt, die restlos und abschliessend zu beantworten mir an Hand der bloss veröffentlichten Urkunden nicht möglich gewesen wäre. D. h., man hätte immerhin wenn auch nicht meine Gewissenhaftigkeit und meinen guten Glauben, die Grundlagen dazu beargwöhnen und vermindern können.

Es war mir klar, dass darauf nur Geheimurkunden aus dem Zentroarchiv der russischen Regierung einwandfreie Antworten erteilen könnten. Da wir aber mit Russland in keinem diplomatischen Verhältnisse stehen, da die erhabene Schweiz die Sowietrepublik nicht anerkennt, so war mir der anders übliche Weg, mich rogatorisch zu verurkunden, verschlossen. Dr. Lifschitz nun, (der Anwalt, nicht der Privatdozent) hatte nun die geniale Idee mich auf den Weg über das Rote Kreuz zu verweisen. Folglich sandte ich ein Gesuch samt Fragebogen in sechs Exemplaren an sechs verschiedene hohe russische Regierungsstellen, mich auf meine publizistische Vergangenheit ebenso berufend, wie auf meine Freundschaft oder Bekanntschaft mit Wassilief, Moor, Lunatscharski, Plechanoff, Abramowitsch, Platten usw.

Offen gestanden: – ich war vom Erfolge nichts weniger als überzeugt, aber man durfte es immerhin probieren. Nun schau Dir den Zufall an:

Vor nun rund 35 Jahren verkehrte ich in Paris unter andern Russen auch gelegentlich mit Burzeff, dessen Lebensaufgabe ja darin bestand und besteht, die Schandtaten der zaristischen Regierung, namentlich der Ochrana und ihrer Lockspitzel (Azew, Gapon, u. a. m.) zu entlarven. Ich verkehrte mit ihm gelegentlich, konnte ihm auch gelegentlich kleine durchaus unbedeutende Dienste, die man sich selbstverständlich unter Zeitungsschreibern erweist, leisten, die blosse Gefälligkeiten sind und die man ebensogern erweist, wie etwa einen bibliographischen Nachweis. Eigentlich näher befreundet wurde ich mit ihm nie, schon wegen unserer gegenseitig ganz verschiedenen Tätigkeit und dem, für mich damals immerhin bedeutenden Altersunterschied. Nun will der Zufall, dass meine Eingaben an Burzeff im Justizkommissariat gelangen und dieser, wie man mir vermeldet, ausruft: – Ja, für Loosli steht alles offen, was er nur haben will![225] – Worauf besagtes Kommissariat extra einen beruflichen Diplomatiker mit den Nachforschungen in den Archiven des Hofes, des Justizministeriums,

---

225 Looslis Bekannter, der seit 1889 in Paris lebende Wladimir Lwowitsch Burzew, kehrt 1914 nur für wenige Jahre nach Moskau zurück. Ab 1918 lebt er als Publizist wieder in Paris. Der Brief aus Moskau muss daher von einer anderen Person dieses Namens stammen.

der zaristischen Polizei, des Hl. Synods[226] usw. betraut, von dem ich nun eine erste Sendung wahrhaft verblüffender Urkunden erhalten habe, deren Studium mich in den nächsten Monaten beschäftigen werden.

[...]

834. Loosli an Fränkel, Bern-Bümpliz, 19. August 1934

[...]

Mein «Umschalten oder Gleichschalten» hat einige Aussicht demnach nun doch zu erscheinen und den gegenwärtigen, wie den meisten der vorhitlerischen Deutschen wohl nur sehr gemischte Freude bereiten. Aber ich musste gewissenshalber einmal restlos meine Meinung sagen und begründen, die, wäre sie unserm Zeitalter früher geläufig gewesen, manch grosses Unglück, namentlich aber auch die Pogrome in Deutschland, verhütet haben würde. Gerade die gebildeten Juden, ihre besten, wie Koigen u. a. haben die Deutschen nie wirklich gekannt, noch kennen sie sie heute. Das war begreiflich, aber doch nur teilweise entschuldbar. Sie kamen aus einem Lande der damals grössten Judenunterdrückung und wähnten in Deutschland Europa zu finden, – das gesittete Europa. Sie fanden es auch, aber nur in der äusserst dünnen gesellschaftlichen Schicht, die geistig und sittlich von Bedeutung ist, die aber in Deutschland seit 1871 bloss noch notdürftig geduldet ward und der kein wirkliches Mitspracherecht an den Geschicken des Volkes eingeräumt wurde. Beim ersten Ansturm wurde sie vernichtet, weggefegt und es bleiben die preussischen Barbaren, die sich der Führung des 2. und des 3. Reiches bemächtigt hatten und es dem Untergang zuführten, wobei alles, was uns Deutschland und die Deutschen lieb und wert gestalten konnte, unterging.

[...]

838. Loosli an Fränkel, Bern-Bümpliz, 8. Oktober 1934

[...]

So wie es vorliegt, dient mein Gutachten als eigentliche Prozessführungsgrundlage. Das bedingte auch seine Form und Fassung. Wenn Du Zeit und Lust hast, es zu lesen, kann ich es Dir für zwei bis drei Tage anvertrauen, muss es dann aber zurückhaben, weil sämtliche Durchschläge, die ich anfertigen konnte, bereits ihre Bestimmung haben.

Es ist ja lächerlich und traurig zugleich, dass man sich mit solch plumpen

---

226 Der heilige Synod ist das Leitungsgremium der russisch-orthodoxen Kirche.

Lügen, Fälschungen, Gemeinheiten und Lumpereien ernsthaft und gründlich auseinandersetzen muss; aber wenn auch die Lügen kurze Beine haben, so sind derer doch so viele, dass bereits ganze Völker und Volksschichten davon erreicht und gründlich verseucht wurden, anders bei uns im Schweizerland die Initiative Fonjallaz[227] schwerlich zu Stande gekommen wäre. Ich bin heute überzeugt, dass man auch bei uns beispielsweise etwa die Ritualmordlüge gegenüber irgend einem ehrenhaften, seit Kindsbeinen unter uns lebenden Juden mit Erfolg der öffentlichen Meinung einschwärzen könnte.

Kürzlich las ich die neusten Besprechungen Deines Kellers, worunter namentlich die Burdachs, der offensichtlich kein Hosenscheisser ist.[228]

[...]

839. Fränkel an Loosli, Thun-Riedegg, 8. Oktober 1934

[...]

Ich hatte vor, Dir in den nächsten Tagen die Burdach-Rezension zu senden. Nun hast Du sie inzwischen gelesen. Sie hat mich *sehr* gefreut, weil der Mann ja der Größte der Großen ist. Er bekleidet den Sitz Jakob Grimms in der Berliner Akademie der Wissenschaften und – worauf es ankommt – er *verdients*. Und auf seine Stimme wird in der gesamten wissenschaftlichen Welt gehört. Die Zeitschrift aber ist das Organ der deutschen Akademien. Ich kann mir das Erstaunen der Redaktoren vorstellen, als sie das Manuskript erhielten. In *diesem* Tone ist noch nie in jener Zeitschrift geschrieben worden, und gar über einen Juden! Aber da es von Burdach war, so mußte mans eben drucken. Vor ein paar Jahren hätte man mich daraufhin wenigstens zum «korrespondierenden Mitglied» der Berl. Akademie ernannt, heute ist das unmöglich, denn Göring müßte ja die Ernennung unterzeichnen ... Also der Mut des Mannes freute mich am allermeisten; denn er ist *bezahltes* Mitglied der Akademie, von der Pension lebt er – u. seine umfangreichen Werke, die jetzt herauskommen, nachdem er beinahe bis zu seinem 70. Jahre nach außen geschwiegen, werden auf Kosten der

---

227 Der rechtsextreme Arthur Fonjallaz hat im April 1934 seine Volksinitiative für ein «Verbot der Freimaurerei» lanciert. Sie wird in der Volksabstimmung vom 28. 11. 1937 mit 68,7 Prozent der Stimmen abgelehnt.

228 Burdach schreibt in der *Deutschen Literaturzeitung* (Juni 1934) unter anderem: «Mit bewundernswerter, treuester Hingabe und tiefster Einfühlung in die dichterische Gestaltung und die sprachliche Kunst Meister Gottfrieds hat Fränkel auf Grund umfassender eindringender, sorgfältigster Durchforschung aller Drucke und Handschriften seiner Werke deren wahrer und echter Rede den Mund geöffnet.» Fränkels Keller-Ausgabe sei «ein echt deutsches Meisterwerk».

Akademie gedruckt (sonst könnten sie nicht herauskommen). Wie leicht könnte es geschehen, daß ihm auf höhere Weisung alles weggenommen würde! Daß es solche Männer heute noch in Deutschland gibt, das ist das Tröstliche. Freilich: er dürfte eine Ausnahme sein, wie ja auch sein Werk eine Ausnahme bildet.
[...]

840. Loosli an Fränkel, Bern-Bümpliz, 9. Oktober 1934, Streng vertraulich!
[...]
Ich sende Dir nun das Gutachten, das als geheime Urkunde zu behandeln ist, bis die Ladungen zur Hauptverhandlung ergangen sein werden. Ich bitte Dich darum, um der rechtlichen Form und meinem Sachverständigengelübde zu genügen, es mir wieder als Wertsendung zurückzustellen, wie ich es Dir sandte und niemandem davon weder zu sprechen noch Einsicht zu gestatten.
[...]

842. Fränkel an Loosli, Thun-Riedegg, 11. Oktober 1934
Mein lieber Loosli,
   ich bin sofort hinter das Manuskript Deines Gutachtens gegangen u. habe es sozusagen in einem Zug durchgelesen. Denn es ist allerdings eine sehr spannende Lektüre u. man hat eine gründliche Arbeit vor sich, zu der ich Dir nur gratulieren kann. Deine Beweisführung ist genau, Schritt für Schritt vorgehend u. schließt prachtvoll mit der wichtigen Einreihung des Machwerkes unter die Schundliteratur.
   Die Enthüllungen auf Grund der russischen Akten sind kulturhistorisch außerordentlich lehrreich und wichtig. Das solltest Du nun bald in einem sorgfältig geschriebenen Buch herausbringen, das dann gleichzeitig auch in französischer Sprache erscheinen müßte.[229]
[...]

---

229 C. A. Loosli: *Gutachten i. S. des Strafprozesses des Schweizerischen Israelitischen Gemeindebundes und der Israelitischen Kultusgemeinde Bern als Strafkläger, gegen die Gauleitung des Bundes Nationalsozialistischer Eidgenossen sowie gegen Unbekannte als Angeschuldigte*, Typoskript, gebunden, handschriftliche Datierung S. 194: «10. X. 34». Das Gutachten ist nie gedruckt worden. Das Original des Typoskripts liegt im Staatsarchiv Bern: StABE, BB 15.1.1557 a–e. Loosli wird dieses Gutachten am 7., 8. und 9. 5. 1935 im Gerichtssaal verlesen. Am 14. 5. 1935 wird das Urteil verkündet: Die *Protokolle der Weisen von Zion* werden als «lächerliche[r] Unsinn und als Schundliteratur im Sinne des Gesetzes» bezeichnet und zwei Angeklagte zu Geldbussen, den Verfahrenskosten und den Parteikosten der Privatkläger verurteilt. (Marti: *Loosli 3/1*, S. 327)

846. Fränkel an Loosli, z. Zt. Alassio, 20. Oktober 1934

Mein lieber Loosli,

ich bin für einige Tage hierher geflüchtet, um ein bischen innere Ruhe zu finden vor Beginn eines strengen Semesters, den ich vor mir habe; das erste, was ich hier beginne, wird ein – wahrscheinlich recht langer Brief über Deine deutsche Broschüre[230] sein, die ich unterwegs, zum Teil während einer schlaflosen Nacht in einem Genueser Hotel, gelesen habe. Die Lektüre hat mancherlei Gedanken über das Thema in mir angeregt oder kristallisiert, so daß ich am liebsten, wenn ich einen Schreiber bei mir hätte, eine Schrift diktieren würde.

Daß die Haltung Deiner Broschüre mir Freude machte, brauche ich Dir nicht zu versichern. Vor allem die These über die Aufgabe, die die deutsche Schweiz heute gegenüber dem Unverlierbaren am deutschen Geiste zu erfüllen hätte, daß sie Verwalter desselben sein müßte, da sie seit Jahrhunderten Teilhaber an seinen Gütern und deren Mehrer gewesen. Ich habe den gleichen Gedanken in der «National-Zeitung» bei Anlaß der Berner Hochschulfeier[231] ausgesprochen: ich wollte darin die Aufgabe der deutschschweizerischen Universitäten für die nächsten Jahrzehnte erblicken. In diesem Sinne hab ich auch letzten Sommer in einer Eingabe an die bernische Stiftung für wissenschaftliche Forschung die Gründung eines Organs für Vertreter der Geisteswissenschaften an den Schweizer Hochschulen angeregt; damit die ehrlichen Schweizer Dozenten, die aus Gründen der Sauberkeit heute nicht in der Lage sind, ihre wissenschaftlichen Arbeiten den deutschen Fachzeitschriften anzuvertrauen, nicht dauernd mundtot bleiben. Natürlich wurde mein Gesuch abschlägig beschieden.

Also die Tendenz Deiner Schrift findet meine uneingeschränkte Billigung; ebenfalls was Du gegen den törichten Gedanken der Gründung einer schweizerischen Kultur vorbringst. Das Schöne an der Schweiz ist eben, daß sie 24 Kulturen *hat* u. deßwegen *eine* schweizerische Kultur nicht nötig hat. Freilich auch die Zweifel, die Du ansprichst, an der Möglichkeit oder inneren Bereitschaft zur Übernahme jener Aufgabe, teile ich beides vollkommen (Seite 8: «Neid der Kriecher gegen die Flieger»!).

Hingegen vermag ich Deiner Naturgeschichte der Deutschen nicht zuzustimmen. Das Zurückführen auf die römische Historie halte ich für verfehlt.

---

230 Loosli: *Umschalten oder Gleichschalten?*
231 Jonas Fränkel: *Zur Jahrhundertfeier der Universität Bern*, in: National-Zeitung, Nr. 247, 3. 6. 1934.

Die Katholische Kirche hat während des Mittelalters aus dem Europa bis ungefähr zur Oder eine einheitliche Bildungs- u. Kulturwelt geschaffen, durch die gemeinsame lateinische Sprache zusammengehalten. Auch was Du von der Unfähigkeit zur Staatenbildung sprichst, trifft nicht zu. Die Deutschen hatten ebensoviele Staaten wie Italien, und die Reichsstädte und Hansastädte (denk an Nürnberg, Hamburg, Lübeck etc.) konnten sich ebenso selbständig regieren wie Florenz, Verona etc. Daß eine Traube, die an der italienischen Sonne gebraten würde, anders schmeckt als eine im Nebel und bei spärlichem Licht mit Mühe reif gewordene, ist freilich eine nicht abzuleugnende Tatsache: der durchschnittliche Deutsche weist deswegen nicht die geistigen Fähigkeiten, also auch nicht die Bildungsveranlagung auf wie der durchschnittliche Romane. Da aber die Kultur eines Volkes durch den *Durchschnitt* des Volkes bestimmt wird, so wird die Deutsche «Kultur» immer hinter der der lateinischen Völker zurückbleiben. Doch die Hochleistungen innerhalb eines Volkes gehen ja immer auf *Ausnahme*menschen zurück – und Ausnahmen kommen *überall* vor. Der Unterschied ist nur der: eine höhere Kultur ist im Stande, sich die Leistungen ihrer Ausnahmemenschen einzuverleiben, die niedrige ist dazu nicht im Stande. Deswegen kann noch heute der Italiener aus dem Volke sich für Verse eines Tasso oder für Dante begeistern; für den Deutschen sind die Werke seiner Dichter eine unbegreifliche Welt, in die er während der Schulzeit «eingeführt» werden muß durch seine Schulmeister, die aber danach sind …

Also: Deiner Bemerkung der «Germanen» als einer einheitlichen «Rasse» vermag ich nicht zuzustimmen; hingegen wär es richtig gewesen, die Preußen von den übrigen Deutschen noch schärfer abzutrennen. Auch dann aber würde ich das «Barbarentum» der Preußen nicht auf Entfernung von der römischen Zivilisation zurückführen (deren Gesittung Du gewaltig überschätzest), vielmehr auf etwas anderes: auf jene *koloniale Mentalität*, die wir überall verfolgen können, wo eine gesittete Fremdschicht ein in der Zivilisation tiefer stehendes Volk «zivilisieren» will. Dieser Mentalität, die alle Formen der «Barbarei» annimmt, konnten weder die puritanischen Briten in Indien noch die gebildeten Franzosen in Marokko entrinnen. Es ist aber nicht zu vergessen, daß die Deutschen Ordensritter, die von dem polnischen Herzog Konrad von Masovien in die heidnischen Preußenlande berufen wurden, um das Land zu kolonisieren, aus dem doch schon damals sehr kultivierten Süden Deutschlands kamen (die Hohenzollern z. B. aus Württemberg)! Hier erst – dank jener kolonialen Mentalität – wurden sie im Laufe der Jahrhunderte zu Barbaren. Als solche konnten sie das Land, das sie zuerst als Lehen verwaltet hatten, durch ihre Methoden zu einem festen Staat ausbauen – und dank dem Unglücksfall, daß sie einmal einen genialen König – Friedrich den «Grossen» – hervorgebracht und einige Jahrzehnte später ein anderes geniales Individuum – Bismarck –, wurden sie zu Herren über ganz Deutschland. Das ist Deutschlands Tragik. Dank der raschen Entwicklung, die im 19. Jahrhundert einsetzte, war es möglich, daß im Laufe von 4 Jahrzehnten und durch den nachfolgenden unseligen Krieg, in dem die Preußen wiederum führend waren, die Hälfte der Bevölkerung des Reiches der preußischen Gesinnung unterlag. Dies die Erklärung für die 52% Stimmen, die vor 2 Jahren für Hitler abgegeben wurden[232] (die seitherigen Abstimmungen haben ja keinen Beweiswert). Dazu kommt natürlich, daß das deutsche Volk nicht jene geheiligte politische Tradition besitzt, die für das französische die Erinnerung an ihre Revolution bildet (die deutschen Revolutionen im J. 1848: die badische, die berliner, die wiener blieben *lokale* Ereignisse).

Du siehst, mein Lieber: ich komme bei der Erklärung des deutschen Phänomens ohne die Zurückführung auf den Gegensatz zum Römertum aus u. ohne *alle* Deutschen unter den «Barbaren» begriff zu bringen; mir genügt der Gegensatz zwischen Preußen und Deutschen, um das heutige Geschehen zu erklären. Doch Deine Erklärung ist mit schriftstellerischem Geschick durchgeführt – und darauf kommt es an; dadurch hätte Deine Schrift Lebensfähigkeit. Es tut aber einem im Herzen weh, wenn man sieht, wie Du Dich um alle Wirkung bringst durch die ausgesprochene Stilverlotterung, die das Kennzeichen der Broschüre ist. Du musst mirs schon zugut halten, wenn ich mit der Wahrheit herausrücke – denn wer soll sie Dir sagen, wenn nicht Dein Freund? Von jemand andrem wirst Du sie nicht hören. Ganz abgesehen von der miserablen Korrektur, so ist die ganze Broschüre derart, daß man merkt, Du habest sie gleich auf der Schreibmaschine abgeklopft und diese erste Niederschrift sei in den Satz gegangen. Oder irre ich mich? Du zitierst gelegentlich ein Wort von Engel – wenn ich nicht irre –: um einen deutschen Schriftsteller lesen zu können, müsse man Fremdsprachen beherrschen. Bei Dir kommt man leider auch mit Fremdsprachen nicht aus: Deine Sätze muß man oft 2 und 3mal lesen – u. manchmal weiß man sich auch dann nicht zu helfen. Am besten wird sein, wenn ich Dir zugleich mit diesem Briefe mein Exemplar zusende, darin Du eine Unzahl Notizen und Anstreichungen findest (letztere beziehen sich

---

232 Fränkel spielt auf die Reichstagswahlen vom März 1933 an. Die NSDAP gewann 43,9% der Stimmen. Dazu addiert Fränkel die 8%, mit denen die «Kampffront Schwarz-Weiss-Rot» Hitler zur Mehrheit verholfen hat.

natürlich nicht immer auf den Stil, sie bedeuten gelegentlich auch Zustimmung zum Inhalt – doch das wirst Du schon unterscheiden). Sende mir dann bitte mein Exemplar zurück![233]

Du baust ungeheuerliche Sätze und oft glaubt man, Du wärest sonst als Schreiber bei einem Notar beschäftigt, dessen Deutsch in Dein Schriftsteller-Deutsch übergeht. Niemand würde glauben, daß der Verfasser ein Dichter sei (der Du ja bist!). Das tut einem deswegen besonders leid, weil die Schrift wegen dieser verlotterten Sprache auf die ernsthaften Leser, auf die allein es ja ankommt, keinen Eindruck machen wird. Wie sehr wünschte ich z. B., Du würdest das Büchlein an Oeri von den «Basler Nachr.», der einer unserer gescheidtesten politischen Köpfe ist, senden. Aber ich bin überzeugt, er würde es nach 2–3 Seiten auf die Seite legen u. ungelesen lassen. Das täte ich ja auch bei jedem andern Autor. Man kann einem Leser einfach nicht zumuten, daß er sich durch einen Wald von Nachlässigkeiten durcharbeite. Wenn ich es bei *Dir* tue, so tu ich es als Freund u. weil ich weiß, daß der Schein bei Dir trügt u. daß ichs nicht werde zu bereuen haben, wenn ich mich dieser Arbeit unterziehe. Und als Dein Freund nehme ich auch das Amt eines Schulmeisters auf mich u. streiche die Stellen, über deren Fassung ich mich ärgere, an. In jedem andern Falle würde ich es ablehnen, weiterzulesen.

Abgesehen von den Nachlässigkeiten in Deinem deutschen Stil, hab ich das Gefühl, daß vieles in der Schrift auf französische Weise gesagt ist, daß manches sich anders ausnehmen würde, wenn man es französisch lesen würde. Da sind z. B. die Zuspitzungen in Deinen Sätzen und die Führung der Sätze, die eben mehr französisch ist als deutsch. Was in deutscher Sprache verwirrt, würde es wahrscheinlich in französischer Sprache nicht tun, denn die französische Sprache legt dem Schreibenden von selbst Zucht auf.

Und nun Deine *Sprache*! Ein Philosoph würde urteilen: die ganze Schrift durchzieht eine «Antinomie» (verzeih das Fremdwort, aber ich zitiere ja einen Philosophen!) – nämlich: sie ist geboren aus Gegensatz zum Nationalsozialismus, Du schreibst aber ein Deutsch, das kein Mensch sonst schreibt außer den Nationalsozialisten! Du bist ein Opfer Deines löblichen Eifers geworden, ein «reines» Deutsch zu schreiben. Engel ist Dein Verhängniß geworden.

---

233 *Umschalten oder Gleichschalten?* findet sich noch heute in Jonas Fränkels Bibliothek auf der Riedegg. Allerdings fehlen Fränkels Anstreichungen. Die Erklärung liefert der eingelegte Brief vom 16. 8. 1935, in dem Loosli schreibt, er wolle das Exemplar mit den Anstreichungen behalten wegen der «Lehren, die sie enthalten». Dafür sende er ihm «beiliegenden Ersatz». Looslis Bibliothek mit Fränkels Exemplar ist 1959/60 aufgelöst worden.

Irre ich nicht, so hab ich bei Dir einmal das «Verdeutschungswörterbuch» von – Sarrazin?[234] – gesehen! Von daher magst Du all die Worte haben, die eben – undeutsch sind u. horrend klingen, halt als Erzeugnisse von Pedanten! Z. B. ein Wort wie «urtümlich» – wohl Eigenschaftsform zu einem Substantiv «Urtum»? Aber ein solches Substantiv gibt es ja gar nicht! Hingegen gibt es im Deutschen das Wort «ursprünglich», das doch das Gleiche besagt. Dann ein andres Wort, bei dem ich immer aufspringe, wenn ich es bei Dir lese: «völkisch»! Ein horrendes Wort, gebildet von einem Manne, der bar war jedes musikalischen Gefühls und unempfindlich für den Geist der deutschen Sprache. Du wirst dem Worte ausschließlich bei nationalsozialistischen Schreibern begegnen («Der völkische Beobachter»), nirgends sonst. Man sagt im Deutschen «Volksempfinden», nicht «völkisches Empfinden» – Du aber schreibst sogar «allvölkisch»! In einer Schrift, die sich gegen den Nationalsozialismus wendet, den Jargon der nationalsozialistischen «Literatur» wiederzufinden – nicht zum Zwecke der Verulkung, sondern als willige Unterordnung unter ebendiesen Jargon –: denk mal nach, wie das wirkt, wie das der Schrift selbst alle Stoßkraft nimmt! Dann die krampfhafte Verdeutschung aller jener Worte, die *allen* europäischen Kultursprachen gemeinsam sind, wie: demokratisch, republikanisch, Theater! Warum ist den Franzosen niemals eingefallen, das Wort démocratie zu übersetzen, obwohl es kein lateinisches Wort ist? Man hat es den Griechen entlehnt mit der Sache, die es benennt, und kein Franzose findet darin eine Unehre für seine Sprache, ebensowenig wie der Engländer, dem es auch nicht einfällt, eines jener Wörter ins Englische zu übersetzen. Das blieb den Teutschtümlern vorbehalten. Ich habe Engels Stilistik immer als eine Vorbereitung des Nationalsozialismus empfunden: zuerst kommt das Hinauswerfen jedes als fremd empfundenen Wortes aus der Sprache, dann das Ausweisen jedes fremden Elementes aus der «völkischen» Gemeinschaft – das eine folgt konsequent auf das andere, wie das B auf das A.

Daß das Bekämpfen der Fremdwörtelei in der deutschen Sprache einen Sinn hat, ist klar. Dumm und barbarisch wird das Beginnen, wenn man mit dem Puristenbesen alle eingebürgerten nichtgermanischen Wörter, die zum europäischen Kulturgut gehören, hinauskehrt – und gar erst, wenn man an ihre Stelle nicht etwa in Vergessenheit geratene alte Wörter einsetzt, sondern selber welche erfindet! Du sprichst an einer Stelle so verständig von der Torheit, eine Kultur schaffen zu *wollen* – das Gleiche gilt doch auch von der Sprache, die nur als ein

---

234 Otto Sarrazin: *Verdeutschungs-Wörterbuch*, Berlin: Verlag von Ernst & Korn, 1886.

organisch Gewachsenes lebt! Wie selten kommt es vor, daß ein Wort «erfunden» wird – im Olymp. Frühling gelingt es Spitteler ein paar Mal: aber das ist eben ein Wunder, das einem *Spitteler* gelingt, ohne daß er sich darum bemüht, u. das dann wie selbstverständlich klingt. Aber wo ist ein Sprachgenie wie Spitteler, in dem die Sprache lebt und sich verjüngt? Die Sarrazin und Engel sind es bei Gott nicht! Nimm ein Wort wie «Schaubühne», das Du gebrauchst – sicher nach dem Vorbild dieser Teutschtümler. Aber ist das die *richtige* Übersetzung für das gemein-europäische, von den Griechen übernommene Wort? Es wäre die richtige Übersetzung für *Kino* – im Theater aber kommt es – oder kam es – nicht so sehr aufs Schauen als aufs *Hören* (des dichterischen Wortes) an. Also eher – Hörbühne! Aber warum das Wort übersetzen, das die deutsche Sprache mit der französischen, englischen, italienischen usw. gemein hat? Halt: teutschtümelnde Borniertheit, die Quelle *alles* Übels!

Oder das Wort «Schönheitskunde», dem ich ebenfalls bei Dir begegnet bin! Wohl Übersetzung von «Ästhetik»? Aber warum fiel es den Franzosen nicht ein, «esthétique» zu übersetzen, obwohl sie das Wort nicht aus dem Lateinischen übernommen haben? Zudem bedeutet das griechische Wort nicht «Schönheit», sondern «sehen», «wahrnehmen» – also die Lehre von der Wahrnehmung! Keine «Schönheitskunde», wie es die deutschen Pedanten übersetzen! – Du siehst: nicht einmal *richtig* übersetzen können sie! –

Ich erinnere mich, daß Du in Deinem Gutachten für «reaktionär» konsequent «rückschrittsfreundlich» sagst. Aber erstens sind die Reaktionäre keine *Freunde* des Rückschritts, sondern wollen festhalten am *Überlieferten*; bestenfalls wären sie als «rückschrittlich» zu bezeichnen. Aber auch das ist ja nicht richtig: das französische Wort réaction bedeutet doch etwas Anderes! Da man den Begriff – wie alle politischen Begriffe – von den Franzosen übernommen hat, so muß man halt auch den französischen Namen für den Begriff beibehalten, da die Deutschen doch keinen eigenen politischen Wortschatz besitzen. Ich habe z. B. einen Satz in Deiner Schrift, wo die Worte «volksherrschaftlich» und «freistaatlich» vorkommen, zweimal gelesen, ohne seinen Sinn zu merken, bis ich mir übersetzte: demokratisch, republikanisch! *Diese* Worte haben einen Inhalt, jene muß man übersetzen (wobei wiederum «Freistaat» für «Republik» falsch ist, vollkommen falsch!).

Du siehst, mein Lieber, auf was für falschen Fährten Du in Deiner Schriftsprache wandelst … –

Und nun nach dem Stil u. nach der Sprache ein Drittes: Deine Interpunktion («Zeichensetzung» wird es wohl im «Verdeutschungswörterbuch» heißen –

was wiederum nicht richtig ist: denn «Zeichen» sind ja auch die Buchstaben, Zeichen für Laute, wie Interpunktion Zeichen für den Satzrhythmus begreift – in beiden Fällen handelt es sich um Zeichen!). Ich möchte Dir raten, Du sollest während eines Jahres Dir alle Kommata verbieten. Wenn in dem, was Du deutsch schreibst, kein *einziges* Komma wäre, so wäre die Schrift lesbarer und verständlicher als jetzt beim Überfluß von «Beistrichen». Denn es verhält sich damit bei Dir wie folgt: Die französische Sprache hat einen andern Satzrhythmus als die deutsche Sprache. Man kann, wenn man deutsche Prosa mit französischem Rhythmus schreibt, was ja selten ohne Benachteiligung der deutschen Sprache gelingt – eigentlich gelang es nur Heinen – auf deutsche Interpunktion folgerichtig verzichten und sich der französischen Interpunktionsregeln bedienen; das tat Heine. Du aber gebrauchst – wahrscheinlich unbewusst oder ohne Kenntniß der verschiedenartigen Regeln, *zugleich beide* Interpunktionen: Du setzest Deine Beistriche sowohl dort, wo der Franzose sie setzt, wie dort, wo der Deutsche ein Komma setzt. Das bringt eine arge Verwirrung in Deine Schriftsprache, so daß man oft einen Satz mehreremal lesen muß, bis man seinen Sinn herausfindet: dann sieht man, daß die überflüssigen Kommata einen in die Irre geführt hatten. Also: lieber eine Zeitlang ganz auf Kommata *verzichten* als diesen verwirrenden Überfluß pflegen! –

So: nun hab ich Dir eine lange Predigt gehalten u. fast eine Broschüre geschrieben! Hoffentlich nützt Dirs was: dann hatte es einen Sinn. Verzeih, wenn ich vielleicht gelegentlich zu fest angriff. Aber ich habe mich schmählich darüber geärgert, daß Du Dir den Erfolg Deiner – trotz den geschichtlichen Konstruktionen – so sehr Beachtung verdienenden Schrift selbst verdorben hast. Ich möchte nur den Wunsch aussprechen, Du sollest die Schrift ins Französische übersetzen u. sie möge Dir in französischer Sprache mehr Zuspruch u. Zustimmung einbringen als dies wohl der deutschen Broschüre beschieden sein wird. Und im übrigen wünsche ich, ich möchte mich hinsichtlich dieser als falscher Prophet erweisen.

Ende der Woche kehre ich heim.
Sei herzlich gegrüßt u. für das Geschenk der Broschüre bedankt
von Deinem
Fränkel
Noch ein Wort, dem Du entsagen solltest:
«dauerbeständig» – was beständig ist, *ist* doch dauernd! Oder immer wieder «sinnenfällig», auch wo es sich nicht um Eindruck auf die Sinne handelt. Überhaupt: die häufigen Wortwiederholungen in aufeinanderfolgenden Sätzen! Sieh

Dir doch im «Sinngedicht»-Band meine Ausführungen über die Unermüdlichkeit an, mit der Keller bei der Korrektur die Wiederholungen zu vermeiden suchte![235] Das bleibt Niemand erspart u. Du darfst Dirs auch nicht ersparen. –

847. Loosli an Fränkel, Bern-Bümpliz, 25. Oktober 1934

Mein lieber Fränkel, hab vorläufig herzlichen, aufrichtigen Dank für Deinen langen, ausführlichen, belehrenden und tadelnden Brief samt den Prügeln, die, – ich sehe es ein, – ich leider nur zu wohl verdiene.

Ueber unsere sachlichen Meinungsunterschiede kann ich mich heute nicht auslassen, da ich mit dem Prozess, der am Montag zur Hauptverhandlung kommt, über Hals und Kopf beschäftigt bin. Ich komme darauf wohl später zurück.

Alles Uebrige aber muss ich, wenn auch beschämt und zerknirscht, anerkennen und wenn es mir altem Esel überhaupt noch möglich ist, so will ich mich zu bessern suchen.

[…]

Auf alle Fälle Dank dafür, dass Du mir einmal schonungslos den Star gestochen hast. Das war ein Freundschaftsdienst, den ich Dir nicht vergessen werde.

Ob ich mir überhaupt noch zutrauen darf fernerhin deutsch zu schreiben oder mich nicht dazu entschliesse fortan nur noch in der Sprache zu schreiben in der ich meistens denke, das freilich weiss ich heute noch nicht und fürchte bloss, es möchte mir ebenfalls unmöglich sein. Eine hübsche Lage für einen Schriftsteller. Aber ich hab ja immer gesagt, dieses Handwerk stehe gleich vor der Wechselfälschung. Nun hab ich den Braten und wenn ich Zeit hätte, so würde ich mich kurzerhand aufknüpfen.

Hoffentlich haben Dir die Ferien im Süden wohl angeschlagen, so dass ich Dich gekräftigt genug finden werde, mich auch weiterhin noch auszustehen.

Herzlich Dein

C. A. Loosli

---

235 Im gut hundertseitigen Anhang zum *Sinngedicht* schreibt Fränkel über Kellers Korrekturen: «Der überwiegende Teil der Wortänderungen fällt in die Kategorie der Wiederholungen, auf die der korrigierende Meister Gottfried ein besonders wachsames Auge hat […] und denen er schon in der Handschrift energisch zu Leibe ging […]. Sie erstrecken sich auf die Wiederkehr gleicher Worte wie auf Gleichklänge, auf parallele Wortfolgen wie auf ganze Sätze.» (Keller: SW 11, S. 435 f.)

850. Fränkel an Loosli, Thun-Riedegg, 10. November 1934

[...]

Den Prozeß wegen der Protokolle hab ich mit wahrer Spannung verfolgt; um darüber nicht auf die mageren Berichte des Sau-Bund angewiesen zu sein, hab ich die Tagwacht für den Monat November abonniert und war erfreut, wieder einmal festzustellen, wie anständig, menschlich-anständig die Tagwacht berichtete und wie das Niveau bei der Redaktion dieses Blattes ein ungleich höheres ist als beim Bund. Dank also diesem Umstande hatte ich gestern die Freude, die schöne Besprechung Deiner Anti-Deutschland-Schrift zu lesen.[236] Was mich dabei besonders freute, ist der verehrende Ton, der durch die Rezension geht. Spitteler meinte einmal: man muß nur die Geduld haben, die folgende Generation zu erleben – die sieht dann alles anders als die Zeitgenossen. Für die ist man dann – Autorität. Das erlebst Du jetzt – u. das freut mich.

[...]

851. Loosli an Fränkel, Bern-Bümpliz, 12. November 1934

[...]

Durch ihre Verschleppungstaktik hat nun die beklagte Partei lediglich erreicht, dass man ihr über gemeine, niedrige Schliche gekommen ist, die demnächst einiges Aufsehen erregen werden, und dass ich, der ursprünglich mein Gutachten lediglich kurz bestätigen und erläutern wollte, nun wohl oder übel werde genötigt sein, einen halben, wenn nicht einen ganzen Tag zu sprechen, um die vielseitige Materie recht elementar eindringlich und sinnenfällig so zu beleuchten, dass es ordentlich vernichtend wirken wird. Daran habe ich nun zu arbeiten und bin froh, dass ich es tun kann, ohne auch nur einen Augenblick den Boden heiterer Sachlichkeit verlassen zu müssen, obwohl ich den Leutchen allerhand Bitteres nicht ersparen werde.

Der deutsche Experte, Oberstleutnant Fleischhauer (a. D.), der als Spezialist i. S. Zionistischer Protokolle ausgekräht wird, ist der Verleger des «Weltdienstes» in Erfurt[237] und hat sich schon jetzt als Ganef ausgewiesen. Leider ist er dumm. Seine Zuständigkeit besteht darin, dass er nun seit 30 Jahren die Aechtheit der Protokolle beweislos behauptete mit Begründungen, die keiner Kritik standzuhalten vermögen. Ein gemeinsamer Bekannter von uns beiden, der auf

---

236 Ohne Verfasser: *Ein Schriftwerk: Umschalten oder Gleichschalten?*, in: *Berner Tagwacht*, Nr. 263, 9. 11. 1934.
237 Der «Weltdienst» in Erfurt ist ein antisemitisches Nachrichtenbüro, das eine gleichnamige Zeitschrift herausgibt.

den Mann grossen Einfluss hat, frug mich an, ob mir allenfalls erwünscht wäre, er käme nicht nach Bern, worauf ich erwiederte, mir sei der grösste nationalsozialistische Schweinehund gerade der liebste, und am liebsten hätte ich Alfred Rosenberg selber gehabt. Der aber ist schlau genug, sich nicht hervorzuwagen.

[...]

Ich hatte dieser Tage den Besuch ehrenwerter, redlicher, kluger deutscher Emigranten, deren Klagen und Nachrichten mich tief erschütterten und mir eindringlich bewiesen, dass nun nur mehr ein Kampf auf Leben und Tod übrig bleibt, nicht nur um uns, sondern um das Grosse, das Gute, das Herrliche des verschütteten, wahren Deutschtums vor den Preussen und ihren Akolyten zu retten. Mehr als je bin ich entschlossen in den Stiefeln zu enden; aber nicht ohne meine letzte Patrone verfeuert zu haben.

Gestern warens dreissig Jahre, dass ich in Bümpliz einzog und mich niederliess. Lange Tage, kurze Jahre! Ich bin heute froh in der Schweiz geblieben zu sein; – das war und ist mein Platz, hier habe ich zu stehen und zu fallen. Ich glaube mir das Zeugnis ausstellen zu dürfen, dass, wenn ich auch in manchen Dingen ein kapitaler Esel war und noch bin, ich doch allmälig zur Erfüllung meiner Aufgabe heranreifte, mich dazu ertüchtigte und mir selbst treu blieb, wenn auch mit allen Unzulänglichkeiten, die mir in mancher Hinsicht, tiefer als manchem andern anhaften. Aber, – zu was hat man denn die Autarkie erfunden, wenn nicht um sie auf sich selbst gelegentlich, im richtigen Wertmass seiner eigenen Unzulänglichkeiten, anzuwenden.

[...]

852. Fränkel an Loosli, Menton, 6. Dezember 1934

[...]

Ich bin nun seit bald zwei Wochen hier, fühle mich aber gar nicht wohl; denn leider ist meine Abreise unter Umständen erfolgt, die den Erfolg meines Hierseins sehr in Frage stellen. In unserm lieben Schweizerland tut man halt alles, um mich zu Grunde zu richten. Ich hatte in der Spitteler-Geschichte seit etwa einem Jahre nichts unternommen und wollte ruhig zuwarten, wie die Dinge unter dem Nachfolger Meyers[238] sich entwickeln würden, nachdem letzterer während der fünf Jahre, da er Vorstand des Departementes des Innern war, die Angelegenheit positiv um keinen Schritt vorwärts gebracht hatte. Eine Woche

---

238 Am 1. 5. 1934 übernimmt der neu gewählte Bundesrat Philipp Etter (Christlichdemokratische Volkspartei) das EDI von Albert Meyer, der ins Finanz- und Zolldepartement wechselt.

vor meiner Abreise richtete ich an Etter ein Schreiben, worin ich ihm mitteilte, ich hätte mich krankheitshalber für den Winter beurlauben lassen müssen, stünde im Begriff, nach dem Süden zu verreisen, und würde es begrüßen, wenn er mir vorher Gelegenheit zu einer mündlichen Aussprache geben würde.[239]
[...]
Ich wartete während einer Woche auf eine Einladung; statt dessen kam, ein paar Stunden bevor ich abreiste, ein eingeschriebener unverschämter Brief von E., darin er mich auffordert, ihm alles, was ich von Spitteler in Händen habe, auszuliefern, widrigenfalls er gerichtlich gegen mich vorgehen werde.[240] Der Brief und sein ganzer Ton hat mich so furchtbar aufgeregt, daß ich ohne Begleitung meiner Frau nicht gewagt hätte, die Reise hierher anzutreten. Er hat mich in meiner Gesundheit um einen Monat zurückgeworfen, nachdem ich mich bereits zu Hause sichtlich erholt hatte. Nun muß ich mich doch den Aufregungen eines Prozesses vor dem Bundesgericht – oder wohl zuerst vor einem bernischen Gericht? – unterziehen und all' dem Häßlichen, was ein solcher Prozeß im Gefolge hat. Und statt hier in Ruhe zu arbeiten, wie ich mir vorgenommen und was doch wohl wichtiger wäre als alles, was ein Etter als Bundesrat zu Stande bringen dürfte, muß ich an meine Verteidigung denken. Am Ende bleibt mir doch nicht erspart, was ich all die Jahre wegen der unausbleiblichen Folgen zu umgehen suchte: die ganze Geschichte vor die Öffentlichkeit zu bringen in einer besonderen Schrift – gerade jetzt, wo ich mitten in der Arbeit an den wichtigsten und schwierigsten Keller-Bänden stehe, von der ich weiß, daß sie kaum von einem Andern wird getan werden können, wenn ich sie aus der Hand werde legen müssen. Aber was geht einen Bundesrat das Schicksal eines wichtigen Kulturwerkes der Schweiz an? –
[...]

---

239 Fränkel an Etter, 14. 11. 1934 (BAR, E3001B#1980/53#1314*).
240 Etter an Fränkel, 24. 11. 1934 (BAR, E3001B#1980/53#1314*). Der gut vierseitige Brief listet sämtliches Spitteler-Material auf, das Fränkel nun «ohne weiteren Verzug» auszuhändigen habe. «Sollten Sie auf unsern gütlichen Vorschlag nicht eingehen, so würden wir uns zu unserem Bedauern zur Beschreitung des Rechtsweges veranlasst sehen, wobei dann von vornherein auf eine Klärung der Eigentumsverhältnisse *sämtlicher* in Ihrem Besitz befindlichen Spitteler-Dokumente gedrungen werden müsste.»

1935/36

Grosse Besorgnis über die politische Lage. Loosli diagnostiziert, dass die Öffentlichkeit bis in den Bundesrat hinein aus «Bolschewikifurcht» mit dem «Faszismus» liebäugle, und rät seinem Freund, in ein Land zu emigrieren, wo der «Ruf ‹Juda verrecke› noch nicht zur Staatsraison erhoben» sei. In einer Folge von Abendvorträgen an der Universität Bern spricht Fränkel über «Gottfried Kellers politische Sendung». Er arbeitet an der Keller-Edition und hat weiterhin keinen Zugang zum Spitteler-Nachlass. Dieser ist inzwischen in der Landesbibliothek untergebracht worden, wo er neu katalogisiert wird, was die frühere Ordnungsarbeit Fränkels zunichte macht. Loosli amtet als Gutachter im Prozess um die *Protokolle der Weisen von Zion*, beteiligt sich an der öffentlichen Debatte über das Verhältnis der Schweiz zur Sowjetunion und schreibt ein ungedruckt bleibendes Buch über die Zwangserziehungsanstalt Aarburg sowie seinen Essay *Demokratie und Charakter*.

855. Loosli an Fränkel, Bern-Bümpliz, 4. Januar 1935

[...]

Wie Du Dir denken kannst, bin ich je länger je voller mit dem bewussten Prozess beschäftigt und die Zeit naht, wo ich – möglicherweise den letzten – Versuch machen werde, von dem wirklich Guten, was an unserer schweizerischen Demokratie sein mag, zu retten, was noch zu retten ist. Meine zuverlässigen Berichte belehren mich, dass die angeschuldigten Frontisten, die ja nur, zum Teil unbewusst, von den deutschen Nazis gebraucht und missbraucht werden, die Verhandlungstage dazu benützen werden, um einen Umschwung aufrührerischen Charakters auch in der Schweiz durchzuführen. Dafür stehen ihnen sozusagen unbeschränkte Geldmittel vom braunen Reich zur Verfügung, dessen Devisen für solche Zwecke aufgefrieren, während es sonst seine Gläubiger prellt und seine Zahlungsunfähigkeit immer und immer aufs Neue betrügerisch erhärtet.

[...]

Dir selbst rate ich in aller Freundschaft und mit aller Dringlichkeit, solange Du es noch kannst und vermagst, Deine Habe in Sicherheit zu bringen, um gelegentlich bereit zu sein, von heute auf morgen die Schweiz endgültig mit einem Winkel Erde zu vertauschen, wo der Ruf «Juda verrecke» noch nicht zur Staatsraison erhoben wird. Was nämlich Oesterreich geschah, hängt uns

schon heute an der Nase wie die Hebelsche Bratwurst;[241] aber da wir keinen Spiegel haben, gewahren wir sie nicht. Und doch ist die Lage verteufelt ernst und gefährlich.
[...]

856. Loosli an Fränkel, Bern-Bümpliz, 15. Februar 1935

[...]

Mehr als je stecke ich über Hals und Ohren in meinem Fälschungsprozess, der nun voraussichtlich am 18. März wieder aufgenommen und dann eines Zuges zu Ende geführt werden soll. Es ist fast unglaublich, was er alles für mich zu Tage förderte. Habe einige Tausend Aktenfolien und einige 200 Bände lesen, zum Teil anmerken, ausziehen und verarbeiten müssen, nicht nur um mein Gutachten zu redigieren, sondern seither noch um es zu ergänzen und mich auf meinen Vortrag vorzubereiten, der wenigstens zwei volle Verhandlungstage beanspruchen wird, wobei ich mir erst noch die grösste Zurückhaltung auferlegen muss, um ja nichts einigermassen Entbehrliches oder Nebensächliches vorzubringen. Man staunt über die Abgründe der sittlichen Verlogenheit und Verworfenheit der braunen Judenfresser, die vor keiner Lüge, keiner Entstellung, keiner Verleumdung oder Fälschung zurückschrecken um etwas plausibel zu machen, das, – weil gründlich unwahr und in fast allen Teilen frei erfunden, – nie und nimmer beweiskräftig aufrecht erhalten werden kann.

Dass ein guter Teil unserer werten Eidgenossen ebenfalls mitmachen ist das Betrübendste und Beschämendste daran. Es bliebe unbegreiflich, wüsste man nicht, dass sie von jeher unbesehen auf alles «Teutsche», das nachgerade synonym mit Lüge bezeichnet werden muss, eingeschworen waren. Fürwahr, meine frühere Stellung dem Teutschtum gegenüber erfährt da eine nachträgliche Erhärtung, die ich meinem Lande verdammt gerne geschenkt haben würde.

[...]

---

241 1934 kommt es in Österreich zum Februaraufstand, in dem die Sozialdemokraten dem Bundesheer unterliegen. Im Sommer findet der nationalsozialistische Juliputsch statt. Österreich gerät danach unter den Einfluss des faschistischen Italiens. Mit der «Hebelschen Bratwurst» spielt Loosli auf die Erzählung *Drei Wünsche* aus Johann Peter Hebels *Schatzkästlein des rheinischen Hausfreundes* (1811) an. Darin verspricht eine Bergfee einem jungen Ehepaar, ihm drei Wünsche zu erfüllen. Aus Unachtsamkeit wünscht sich die Ehefrau ein Würstchen zu den Kartoffeln, die sie zum Abendessen brät. Aus Ärger über diese Unachtsamkeit wünscht der Ehemann, das Würstchen möge seiner Frau an der Nase anwachsen. So bleibt nichts anderes, als den dritten Wunsch darauf zu verwenden, den zweiten wieder rückgängig zu machen. Die Moral: «Alle Gelegenheit, glücklich zu werden, hilft nichts, wer den Verstand nicht hat, sie zu benutzen.»

Ich habe nun einen ziemlich tiefen Einblick in die tiefe Korruption des vorrevolutionären Russlands gewinnen können. Die Revolution und ihr Verlauf ist mir durchaus begreiflich geworden, denn sie war unumgänglich folgerichtig, zwingend unvermeidlich, sogar in ihren schlimmsten Auswirkungen. Aber die zaristische Korruption ermangelte einer gewissen, wenn auch verbrecherischen Grösse nicht. Sie ward getragen von einem Geist, von einem Staatsgedanken, von einer Idee, die wir allen Grund haben abzulehnen, zu verdammen, die aber unter Einsatz von Hab und Gut, Leib und Leben verfochten wurde, bis zum bitteren Ende.

Von dem allem bei uns nicht die Spur. Lediglich Tagesgewinn, kleinliche Profit- und Ehrsucht! Dort entsetzlich schwärende Grossgeschwüre, die eines Tages aufbrechen, den gewaltsamen Tod herbeiführen mussten; – bei uns Kopfgrind, Krätze, Kleingestank, in dem wir kratzend, jammernd und allgemach erstickend umkommen werden. Führende angebliche Staatsmänner, die kaum zu Hintertreppenpolitikern taugten, mästen sich ehrlos parasitär, maulwurfsblind und niederträchtig dem endlichen, faulenden Kehrichthaufen zu, auf dessen Gipfel sie sich noch, falschstimmig jodelnd, als Tellensöhne preisen inmitten eines Plattfussvolkes, dessen Kakoklesse nicht einmal das Zeug zu überzeugten, tüchtigen Schuften in sich tragen.[242]

[...]

864. Fränkel an Loosli, Thun-Riedegg, 12. April 1935

[...]

Ich habe vor einer Woche, nachdem ich mich von der Grippe erholt hatte, einen Unfall erlitten (Quetschung des Brustbeins mit innerer Verletzung), der mich doch verhindern wird, Dich in nächster Zeit aufzusuchen. Deswegen möchte ich Dich kurz über den Stand der Spitteler-Sache orientieren. Bundesrat Meyer hat, nachdem er die Schenkung vom Bundesrat hat annehmen lassen, nichts getan, um die Differenzen zu bereinigen, sondern die Sache liegen lassen und mich lediglich mit Versprechungen vertröstet. Sein Nachfolger hat während des Jahres, seitdem er im Amte ist, mich nicht empfangen (obwohl ich *zwei*mal um «Audienz» gebeten hatte) und hat nunmehr einen Basler mit der systematischen Bearbeitung («Katalogisierung») des Nachlasses betraut,[243] während man meine Gesuche um Zulassung zum Nachlaß abgelehnt hat. Seit Anfang dieser Woche

---

242 Vgl. Carl Spitteler: *Der olympische Frühling*, GW 2, S. 428 f.
243 Karl Emil Hoffmann.

ist nun der Nachlaß «in Arbeit» – trotz meiner Einsprache,[244] die ich erhoben, nachdem ich durch Bloesch von den Verhandlungen des Departementes mit jenem Manne erfahren hatte. Meine Arbeit am Nachlaß wird nun zerstört. Nun bleibt mir nichts übrig als Klage einzureichen wegen Schädigung u. zu versuchen, ob ich die Schenkung als solche vor dem Bundesgericht anfechten kann, weil die Erbinnen nicht berechtigt waren den Nachlaß zu verschenken ohne die Auflage, daß über den Nachlaß resp. seine Bearbeitung ich verfügungsberechtigt sei. Ob ich das werde tun können, hängt von den voraussichtlichen Kosten [ab], über die ich nächstens eine Orientierung erhalten soll. Denkt man daran, daß ich während 17 Jahren Spitteler diente u. nichts verdiente u. daß ich nun zur Zeit, da meine Einnahmen in bedrohlicher Weise zusammengeschrumpft sind, Geld ausgeben soll für einen Prozeß, den mir Spittelers Töchter eingebrockt haben, so kann einen schon die Wut packen. Aber es hilft mir nichts.
[...]

866. Fränkel an Loosli, Thun-Riedegg, 3. Mai 1935

Mein lieber Loosli, unser Haus ist seit Neujahr ein Krankenhaus: alle Kinder nacheinander Scharlach, das älteste mußte sogar im Spital operiert werden, das jüngste macht es gerade gegenwärtig im Hause durch. Und ich seit 6 Wochen immer ans Haus gekettet. Die letzten 12 Tage lag ich in hohem Fieber an einer Angina, es ist heute der erste fieberfreie Tag, ich habe mir die Prozeßberichte angesehen und möchte Dir aus dem Bett heraus sagen, wie sehr ich auf Deine Erwiderung an den Fleischhauer (der Name paßt!) gespannt bin! Leicht ist es ja nicht, ihm zu antworten, weil einem das Einzige, was zu sagen wäre, leider verwehrt ist: daß der Mann einen psychopathologischen Fall darstelle und demgemäß behandelt werden müßte.

Ich habe gerade auch in Deinem Judenbuch geblättert u. begreife wohl, wie der Mann Dich hassen muß. Als ich es vor 8 Jahren von Dir bekam, da glaubte ich, Du übertreibest die Dinge und legtest reichsdeutschen Druckerzeugnissen eine Bedeutung bei, die ihnen nicht zukomme. Namen wie Alfred Rosenberg etc. – heute erst ist Dein tapferes Buch zu einer brennenden Aktualität geworden und kämpft gegen *wirkliche* Mächte, die mir damals nur Schemen schienen …
[...]

---

244 Mit Brief vom 11. 2. 1935 ersucht Fränkel das EDI, «von einer Katalogisierung im gegenwärtigen Zeitpunkt abzusehen. Die sämtlichen Nachlaßpapiere sind von Carl Spitteler ausschliesslich für mich, für meine Arbeit hinterlassen worden. Das Verfügungsrecht darüber steht mir zu.» (BAR, E3001B#1980/53#1314*)

870. Loosli an Fränkel, Bern-Bümpliz, 22. Mai 1935

Mein lieber Fränkel, allmälich beginne ich mich wieder in meinem gewohnten Arbeitsleben zurecht zu finden, das nun seit Monaten von allen möglichen Prozessaufregungen wesentlich gestört, zersplittert und gehemmt war. Vorderhand habe ich gerade genug mit Registraturen und Korrespondenzen zu schaffen. Der Prozess ist freilich vor der öffentlichen Meinung der noch menschlich empfindenden, vernünftig denkenden Welt gewonnen. Aber ich habe ihn von jeher lediglich als ein Vorpostengefecht zu einem langwierigen, bittern Entscheidungskampfe betrachtet und nun zeigt es sich, dass ich mich auch darin nicht täuschte. Wir haben zwar eine Schlacht, nicht aber den Krieg gewonnen und nun heisst es mit allen erreichbaren und möglichen Mitteln, mit aller gebotenen, ausdauernden Zähigkeit und Beharrlichkeit weiter kämpfen und endlich siegen.

[...]

874. Loosli an Fränkel, Bern-Bümpliz, 2. August 1935

[...]

Dank für Deine schöne Kellerarbeit,[245] die ich sowohl in der Nation, wie in der Nationalzeitung las. Sie war mehr als zeitgemäss, besonders angesichts der schmachtlappigen Haltung unserer obersten Landesbehörde, die in ihrer Mehrheit, von Motta bestimmt, aus lauter Bolschewikifurcht mit dem Faszismus direkt liebäugelt und ihn begünstigt.

Meine Hauptarbeit dieses Sommers besteht darin, dagegen anzukämpfen, namentlich auf die Oktoberwahlen hin,[246] und das nimmt mich sehr, sehr in Anspruch. Meine Bude ist zu einer Art Geheimratskanzlei verschiedener immerhin noch demokratisch empfindender und denkender Leute und Gruppen geworden, welchem Umstand ich nebenbei einen ausgedehnten und, wie es sich bis jetzt herausstellte, zuverlässigen Nachrichtendienst aus den faszistischen Staaten verdanke, um den mich manche politische Behörde wohl beneiden möchte. Da ich die verschiedenen Brüder in democratiam nicht zu einer Round-Table-Conference zusammenbringen kann noch darf, bin ich der vermittelnde ehrliche Makler zwischen ihnen und hoffe es nicht ganz erfolglos zu sein.

---

245 Jonas Fränkel: *Gottfried Keller und das Problem der schweizerischen Neutralität*, in: *National-Zeitung*, Nrn. 348 und 350, 31. 7. und 1. 8. 1935, sowie in: *Die Nation*, 26. 7. und 1. 8. 1935.

246 Am 27. 10. 1935 finden in der Schweiz die eidgenössischen Parlamentswahlen statt.

Was mich immer aufs Neue überrascht und betrübt ist die sich mir täglich aufs Neue stellende Frage, ob ich denn wirklich in den letzten 30 Jahren der Einzige gewesen sei, der die intellektuelle und psychische Infektionsgefahr, die uns vom Reiche immerdar drohte, erkannt und bekämpft hätte, wofür ich von allen Seiten als schwarzseherischer, einseitiger Deutschenhasser weidlich angeprangert und gepisackt wurde. Fast scheint es so, denn die Anfragen und Paffheitsausbrüche, denen ich stets ausgesetzt bin lassen mich vermuten, dass kein Mensch von der doch mit Handschuhen zu greifenden Maulwurfsarbeit seit 1871, eine Ahnung gehabt hat. Dabei spreche ich von Leuten, die sich, hätten sie sie erkannt, dagegen gewehrt haben würden, und nicht von solchen, die sie wissentlich duldeten oder gar begünstigten. Der Teufel hols, auf diese Weise Recht zu behalten!

Ich lese gegenwärtig in meinen spärlichen Mussestunden Bismarcks Reden, nachdem ich seine Gedanken und Erinnerungen, so auch die preussische Geschichte von Ranke, Hitlers Kampf, Rosenbergs Mythus, Gregor Strasser usw. lesen musste und werde je länger je inniger von der Herweghschen Erkenntnis, die ich, ohne sie damals zu kennen, vor 35 Jahren zu der meinigen machte, überzeugt und darin bestärkt:

Caetere censeo, Borussiam esse delendam![247]

Die jüngsten Nachrichten aus dem Reich lassen darauf schliessen, dass das Los der Juden viel grauenhafter ist, als man sich es, trotz aller gemeckerten Greuelmärchen, vorzustellen wagt. Zwar, mehr als 90% aller Deutschen sind gründlich vom Hitlerismus geheilt; allein, sie sind desorganisiert, zerpulfert und gegenüber dem Terror der regierenden Verbrecherbande machtlos. Die einzige Gliederung, die noch mit einigem Erfolg widersteht sind die Katholiken, weil ihre Kirche eben eine nicht so leicht zu zerstörende Organisation bedeutet. Aber baldigen Wandel wird auch sie nicht schaffen. Wenn nicht aussenpolitische Ereignisse den Kladeradatsch beschleunigen, so wird sich das System noch gut zwei Jahre halten, was an sich vielleicht nicht unbedingt zu bedauern ist. Die Deutschen, die es mit 52% aller Stimmenden bestallten, müssen es gründlich auszukosten bekommen, um endlich, – wenn überhaupt, – vernünftig zu werden.

---

247 Ciceros Wort «Ceterum censeo Carthaginem esse delendam» («Im Übrigen finde ich, Karthago sei zu zerstören») wird ursprünglich nicht von Georg Herwegh, sondern von Ludwig Pfau auf Preussen angewendet.

Immerhin: – was dann folgt wird, – ein heute noch nicht vorauszusehender Gesinnungsumschwung vorbehalten, – ebensowenig erfreulich sein. Nämlich Militär- und Junkerherrschaft.

[...]

899. Fränkel an Loosli, Thun-Riedegg, 24. April 1936
Mein lieber Loosli,
hier eine Kopie des Briefes von Burdach.[248] Er ist, wie Du sehen wirst, vor allem *menschlich* schön – das macht mir ihn so wertvoll. Wenn wir uns hoffentlich bald einmal sehen, so will ich Dir mündlich dies und jenes berichten, was um den Inhalt dieses Briefes kreist.

[...]

929. Fränkel an Loosli, Thun-Riedegg, 5. Juni 1936
Mein lieber Loosli, vor allem gratuliere ich Dir herzlich zu dem Artikel in der gestrigen «Nation»[249] (– leider ohne Deinen Kopf!). Du erlebst jetzt die Wahrheit eines Wortes von Spitteler: man darf den Leuten nur nicht den Gefallen erweisen, zu früh wegzusterben!

[...]

Die Spitteler-Angelegenheit wurde Mittwoch früh im Nationalrat ohne Klang zu Grabe getragen. Der Rat stimmte diskussionslos dem Wunsche der Kommission zu, die Sache möchte friedlich beigelegt werden. Gestern war dann der Sekretär des Departementes, in dessen Hand die Sache liegt, bei mir. Etter möchte mir anscheinend sehr weit entgegenkommen (man bedauert offenbar nachträglich die Kataloggeschichte, die aber noch immer nicht erledigt ist – nach 14 Monaten!), aber das Departement ist gebunden durch den Vertrag, den Schüpbach dem Bundesrat unter Meyer aufzuzwingen verstanden hat.

---

248 Am 13. 4. 1936 schreibt Konrad Burdach aus Berlin-Grunewald unter anderem: «Lieber und verehrter Herr Kollege, / den neuen Band Ihrer großartigen Keller-Ausgabe mit der schicksalsreichen Gestaltung der ‹Gedichte› empfing ich voll andächtigem Dankgefühl. Erst längeres Studium wird mich alle Wege Ihrer daran gewendeten fruchtbaren Arbeit erkennen lehren. Haben Sie also Geduld mit meinem ungenügenden Wissen und dem Ausbleiben des gebührenden sofortigen Dankes-Hymnus und Drometen-Geschmetters. Im Herzen tönt meine Bewunderung und die Dankesfanfare auch jetzt schon laut und stark!» Eine von Fränkel transkribierte Kopie von Burdachs Brief findet sich bei den Briefwechsel-Beilagen unter SLA-Loosli-Ms-B-Sq-6.1.27.

249 Werner Schmid: *Schweizer Köpfe: C. A. Loosli*, in: *Die Nation*, Nr. 23, 4. 6. 1936.

So liegen die Dinge. Ich bleibe fest u. will sehen, was die nächsten Wochen bringen werden.²⁵⁰

Sei herzlich gegrüßt von Deinem Fr.

931. Loosli an Fränkel, Bern-Bümpliz, 8. Juni 1936
Mein lieber Fränkel,

meinen herzlichen Dank für Deine Glückwünsche und den Spitteler-Spruch. Er hatte ja freilich schon Recht, aber Hodler auch, und der pflegte zu sagen, so oft wir ihn seines spät eingetroffenen Wohlstandes halber neckten:

– Man kann nicht nachessen! –

Ich auch nicht. – Und dass mich der Artikel von Schmid aufrichtig freute und rührte, brauche ich Dir wohl kaum zu sagen. Aber, ganz offen gestanden, viel mehr um Schmids selber und der Ideale willen, für die ich mich zeitlebens eingesetzt habe und denen derartige Bekenntnisse jedenfalls nicht zum Schaden gereichen. Dann auch um meiner Angehörigen, und namentlich um meiner Frau willen, die, – um der Seltenheit derartiger Gerichte willen, – herrlich daran gelebt haben.

Ich dagegen ... Je nun, ich weiss, dass Du mich verstehen und mich weder der Ueberheblichkeit noch des Snobismus bezichtigen wirst, wenn ich Dir offen gestehe, dass es mir nachgerade, rein grundsätzlich und lebensanschaulich gesprochen, unerhört wurst ist, ob man mich öffentlich lobt oder verketzert. Ich habe nämlich den «schweren Preis der Menschenverachtung» von dem Spitteler in den Lach. Wahrh. über die Persönlichkeit des Dichters spricht, längst und gründlich entrichtet.²⁵¹

[...]

---

250 In einem vierseitigen Brief vom 6. 6. 1936 rapportiert Alphons Melliger für Bundesrat Etter «eine längere Besprechung mit Herrn Prof. Fränkel in Riedegg» vom 4. 6. Unter anderem schreibt er: «Leider erweisen sich meine anfänglichen Hoffnungen als trügerisch. Es konnte *keine* Basis für eine Verständigung gefunden werden. Herr Prof. Fränkel vertritt nach wie vor den Standpunkt, dass der Nachlass Spittelers lediglich für ihn, für seine Arbeit existiere, dass das Verfügungsrecht über diesen Nachlass, soweit dessen Benutzung und Verwertung in Frage komme, ihm (Fränkel) zustehe. Das Departement hätte demnach in bezug auf die Verwaltung und die Verwertung des Nachlasses Vereinbarungen mit Herrn Fränkel zu treffen.» (BAR, E3001B#1980/53#1312*)

251 Spitteler spricht über «die fürchterliche Rückwirkung der Nichtanerkennung» und fährt fort: «Denn in diesem Falle kann der Glaube an sich selbst nur um den schweren Preis der Menschenverachtung aufrechterhalten werden.» (Spitteler: GW 7, S. 26)

936. Loosli an Fränkel, Bern-Bümpliz, 12. Juni 1936

[...]

Der Vortrag[252] war leidlich besucht: 2–300 Leute. Ich hatte nun seit Jahrzehnten nicht mehr im Volkshaus gesprochen und musste feststellen, wie sehr der geistige Pegelstand der wackeren Durchschnittsgenossen gegen früher zurückgegangen ist. Die Leute, die einst bildungsdurstig waren, sind unter der immerdar opportunistischen Führung der soz.-dem. Machtpolitiker und politischen Opportunisten geistig arg auf den Hund gekommen und unterliegen einem gewissen uneingestandenen Gesinnungsterror. Wenn schon noch einer selbständig zu denken wagt, so hütet er sich ängstlich, sich zu verlautbaren, auch wenn er im Stillen knirscht.

[...]

941. Loosli an Fränkel, Bern-Bümpliz, 19. Juni 1936

[...]

Bei der «Nation» warten mir nun freilich allerhand Aufgaben: – nicht nur redaktionelle Mitarbeit und Beiträge, sondern auch zum Teil administrative Werbetätigkeit. Ich werde voraussichtlich die nächsten zwei Monate ausschliesslich daran und dafür arbeiten. Gehts nach mir, so wird die Zeitung der Kristallisationspunkt aller geistig unabhängigen Demokraten, und zwar gewissenmassen die fortlaufende demokratische Enzyklopädie in möglichst geniessbarer Form. Ich betrachte sie als meinen Lehrstuhl für so etwas wie demokratische Dogmatik.[253]

[...]

---

252 Am 11. 6. 1936 hält Loosli im Berner Volkshaus einen Vortrag über *Russland aus der Fernschau* (Typoskript vgl. SLA-Loosli-Ms-S-29/1-3).
253 Tags zuvor hat Loosli Fränkel berichtet, dass seine Mitarbeit bei der Nation auf eine neue Grundlage gestellt worden sei: «Vor einer Stunde verliess mich [Redaktor] Dr. Graf von der ‹Nation›, die in ihrer gestrigen Vorstandssitzung alle meine Bedingungen und Vorschläge restlos, und zwar, wie ich herausfühlte, mit einer gewissen Erleichterung geschluckt hat. Wir haben vorläufig eine gegenseitige Probezeit von zwei Monaten vereinbart um uns gegenseitig zunächst ein wenig näher kennen zu lernen und uns namentlich auch redaktionstechnisch abzutasten. Dann soll mir der Raum von je 2 Seiten jeder Nummer überlassen bleiben und von diesem Zeitpunkte an werden wir uns vertraglich binden.» Die Zusammenarbeit mit Graf wird schnell scheitern: Graf sei «ein unheilbarer Dilettant, der einige Aeusserlichkeiten des redaktionellen Handwerkes aufgeschnappt hat» (Loosli an Fränkel, 6. 11. 1936, vgl. auch Marti: *Loosli 3/2*, S. 154 f.)

942. Fränkel an Loosli, Thun-Riedegg, 23. Juni 1936
Mein lieber Loosli,
hier Dein Vortrag über Russland mit bestem Dank zurück. Ich habe ihn mit lebhaftem Interesse gelesen, meistens auch mit Zustimmung, obwohl ich nie Gelegenheit hatte, mit eigentlichen Russen in Verbindung zu treten; bloß in der Studentenzeit lernte ich russische *Juden* kennen. Deine Charakteristik des Slaventums vermag ich aber doch zu beurteilen u. finde sie psychologisch treffend. Offenbar fassest Du Polen über den weiten Sammelbegriff «Rußland»: wenn man nämlich vom Standpunkte Westeuropas von einem Schutzwall gegen das Asiatentum sprechen will, so würde ich Polen diese historische Rolle zuweisen. Für mich erwacht Russland als ein Kulturfaktor doch erst mit Beginn des 19. Jahrhunderts. Doch ich bin hier ganz und gar inkompetent. – Was Du von russischer Literatur sagst, ist richtig gefühlt.
[...]

943. Loosli an Fränkel, Bern-Bümpliz, 27. Juni 1936
Mein lieber Fränkel,
Deine kurzen Bemerkungen zu meinem Russlandvortrag haben mir allerhand zu denken gegeben.

Um gleich eines vorweg zu nehmen: – Du sagst, dass Du eigentlich wenig Russen kennen lerntest, sondern meistens, als Studenten, russische Juden. Wie Dir ist es den meisten in noch viel höherem Mass ergangen. Daher die durchgehend falsche Beurteilung nicht nur der Russen, sondern der Slaven überhaupt durch die Schweizer. Diese unterscheiden nicht nur den Russen vom Juden, sondern auch vom Polen nicht.

Die Russen nach den russischen, jüdischen Studenten zu beurteilen zeitigte dann in den westlichen Köpfen ein durchaus verschrobenes Bild. Denn diese waren Vertreter einer Minderheit und zwar *politisch gesprochen*, einer minderwertigen, – wie es nicht anders möglich war. Diese Einsicht ging mir vor bald vier Jahrzehnten in Genf, um Plechanoff, auf.

Ebenso ist mir Deine Bemerkung betreffend Polen wertvoll, obwohl ich hier Deine Ansicht nur bedingt teile. Für mich nämlich beginnt die grosse Kulturerrungenschaft und die Sittigung Russlands, die uns den Damm gegen Asien aufrichtete bereits in der 2. Hälfte des 15. Jahrhunderts, mit der Regierung Iwans III. der die Mongolenherrschaft endgültig brach und die politische Einheit Russlands nicht bloss postulierte, sondern den Grundstein dazu unerschütterlich legte, auf den dann seine Nachfolger, namentlich Peter

d. G. aufbauen konnte. Und zwar von Archangelsk bis zum Kasp. Meer und weit nach Osten über diese Linie hinaus.

Polen? – Ja freilich; Polen hat eine grosse vermittelnde Kulturmission zu erfüllen gehabt und wird sie wohl noch dereinst erfüllen. Aber es hat gerade dann, wo sich dazu die beste Gelegenheit geboten hätte, den Anschluss verpasst. Das war nach dem Erlöschen der Jagellonen im 16. Jahrhundert. Es erfüllte seine Kulturmission nicht, weil eben die Polen Polen sind. – Auch heute noch. Sie sind vielleicht, – abgesehen von den Tschechen, – von allen slavischen Völkern das begabteste und kulturberufenste, in manchem auch das gesittetste. Aber immer ist es nur ihre Oberschicht und mit Oberschichten allein treibt man solange keine Kulturpolitik, als Bildung und Gesittung nicht in die Massen ein- und sie allgemach durchdringen. Darum mag es sich wohl ereignen, dass die Russen und die Tschechen Polen überflügeln werden. Es will mir scheinen, Polen sei weniger ein Bollwerk, denn ein Börsenplatz der abendländischen Kultur.

Freut mich, dass Du mir in meiner Wertung der russischen Literatur beistimmst. Da nun hast Du vollkommen Recht: ich habe mehr gefühlt als eigentlich verstandesmässig erfasst. Darum lässt es sich nur schwer in Worte fassen.

[...]

946. Fränkel an Loosli, Thun-Riedegg, 1. Juli 1936

Mein Lieber,

es ist wohl besser, *Du* behältst die Blätter,[254] bis ich sie einmal brauche. Wofür ich sie möglicherweise brauchen werde, will ich Dir – vorläufig vertraulich – verraten: ich wollte gleich nach der Niederstreckung Gustloffs Betrachtungen veröffentlichen zur Entlastung des armen Friedländer – Betrachtungen, die – wie ich glaube – nicht am Wege liegen.[255] Damit möchte ich nun hervortreten, sobald ein Termin für den Prozeß bekanntgegeben wird.

[...]

---

254 Gleichentags hat Loosli Fränkel laut Beilagenverzeichnis «2 Hefte ‹Neues Volk›» sowie «1 Bulletin périodique» zugesandt, «das ich mir gelegentlich zurückerbitte».

255 Der Landesgruppenleiter der NSDAP-Auslandsorganisation in der Schweiz, Wilhelm Gustloff, ist am 4. 2. 1936 in Davos erschossen worden. Im Folgenden nennt Fränkel den Attentäter irrtümlicherweise «Friedländer». Er hiess David Frankfurter und hatte nach 1933 in Bern Medizin studiert.

947. Loosli an Fränkel, Bern-Bümpliz, 2. Juli 1936

[...]

Mit Frankfurter sei vorsichtig: – wir sprechen noch darüber. Denn schon wird von der Naziseite jeder vernünftige Kommentar zu dem Handel als vom internationalen Judentum inspiriert, ausgekräht und natürlich von vielen Schweizern geglaubt. Selbstverständlich musste ein Jude dazu einen Schein äusserer Berechtigung mit den besten, löblichsten Absichten der Welt bieten. Der Chammer![256] Es steht zu befürchten, dass das Bündnergericht, gerade um seine Objektivität zu unterstreichen, hart zugreifen wird. Nach bündnerischem Strafrecht kommt der Mann, auch wenn weitgehend mildernde Umstände zugebilligt werden, schwerlich unter 18 Jahren Zuchthaus weg.[257] Praktisch ist das darum belanglos, weil der Angeschuldigte, angesichts seines prekären Gesundheitszustandes, wie mir vermeldet wird, keine fünf Jahre mehr zu leben hat.[258] Aber rechtlich ist schon zu bedauern, dass der Fall nicht vor einem Schwurgericht zur Aburteilung kommt. Graubünden kennt diese Institution nicht und beabsichtigt den Fall so sensationslos als nur immer möglich zu behandeln. Das wäre an sich gut, aber es birgt einige Gefahren in anderer Richtung. Wie gesagt; – die Sache ist kitzlich.

[...]

950. Fränkel an Loosli, Thun-Riedegg, 4. Juli 1936

[...]

NB. Mit Kraus hast Du Recht. Ein Wiener Journalist, der gern ein Maximilian Harden geworden wäre. Nur daß Harden seine geniale Feder gegen die hohe Politik brauchte, Kraus aber die seine gegen – Wiener Literaten ... Er hat ein ganzes Buch geschrieben u. d. T. «Heine u. die Folgen»,[259] worin er Heine verantwortlich machte für den Wiener Feuilletonismus! Was der arme Heine alles auf seinem Gewissen haben soll – am Ende sogar den Karl Kraus selber?

---

256 «Chammer» ist Jiddisch und bezeichnet einen dummen, beschränkten Menschen.
257 Tatsächlich lautet das Urteil des Prozesses vom 14. 12. 1936 auf 18 Jahre Zuchthaus und lebenslängliche Landesverweisung. Am 1. 6. 1945 wird Frankfurter aufgrund eines Gnadengesuchs freigelassen und des Landes verwiesen.
258 Frankfurter stirbt 1982 in Tel Aviv.
259 Loosli hat tags zuvor auf eine «Heineverhunzung von Kraus» in der *Nation* hingewiesen, die aus Anlass von Kraus' Tod (12. 6. 1936) einige Seiten aus dessen Schrift *Heine und die Folgen* (1910) abgedruckt hat.

951. Loosli an Fränkel, Bern-Bümpliz, 6. Juli 1936

[...]

Zu Deiner unmittelbaren Fühlungnahme mit B. R. Etter wünsche ich Dir allen denkbaren Erfolg. Bedenke dabei, dass Du es mit einem Partner zu schaffen hast, der von der ganzen Sache wenig versteht, der ihr im Grunde genommen innerlich so fern und abweisend als möglich gegenübersteht, der sich ihrer auf dem bequemsten, anstandslosesten Wege zu entledigen sucht, und der Dir nicht restlos aufrichtig entgegentreten wird. Sei also grundsätzlich so unbeugsam als nur möglich und behafte ihn, Eure Besprechung gleich nachher schriftlich bestätigend,[260] bei allem, was er Dir etwa Wesentliches sagen wird. Wobei Du selbstverständlich von Deiner gewohnten Vornehmheit in modo nicht abzuweichen brauchst.

[...]

952. Fränkel an Loosli, Thun-Riedegg, 18. Juli 1936

Mein Lieber,

unsere Bemühungen um Hauser waren leider für die Katz.[261] Soeben erfahre ich aus der Nat-Ztg, daß die Basler den Zürcher Muschg (aus dem Kreise: Ermatinger-Korrodi) gewählt haben. Damit ist für mich die letzte Gelegenheit, zu einer Professur zu gelangen, verfallen. Ich hatte mich in Gedanken an diese Rettung aus meiner unmöglichen Stellung an der berner Hochschule geklammert und muß nun auch diese letzte Hoffnung verabschieden. Ich glaube, Dir erzählt zu haben, daß ich in diesem Semester ein Goethe-Kolleg vor 4 – manchmal vor bloß 2 – Hörerinnen lesen mußte, während sich zu den Übungen über Kellers Gedichte Niemand gemeldet hat. Man ist vollständig fortgedrängt, die Studenten wissen, daß ich kein Recht habe zu prüfen, und meiden meine Vorlesungen.

[...]

---

260 Laut der Korrespondenz zwischen Fränkel und dem EDI findet die Besprechung am 8. 7. 1936 statt (BAR, E3001B#1980/53#1314*). Ein Bestätigungsschreiben von Fränkel ist bisher nicht nachgewiesen.

261 Am 5. 6. 1936 meldet Loosli, er habe dem Basler Erziehungsdirektor Fritz Hauser seinen Vortrag über *Carl Spittelers Wille und Rechte* zukommen lassen im Hinblick auf die Neubesetzung des Lehrstuhls für deutsche Literatur an der Universität Basel.

978. Loosli an Fränkel, Bern-Bümpliz, 14. Oktober 1936
Mein lieber Fränkel,

seitdem ich Dir neulich schrieb und daraufhin Deine Zeilen aus Portofino erhielt, war es wieder einmal, als ob sich alle Teufel wider mich verschworen hätten.

Einmal musste mein Jüngster Hals über Kopf wieder nach San Sebastian zurück, auf die Gefahr hin seine Stelle zu verlieren und überhaupt aufs Pflaster gesetzt zu werden, da ja für die spanischen Flüchtlinge von der Eidgenossenschaft ungefähr gesorgt wird, wie seinerzeit für die russischen. Sie werden geradezu als lästige Ausländer betrachtet und behandelt, während so und soviele fremde Faszisten in unserem gesegneten Lande auf unsere Kosten ihr reichliches Auskommen finden, das sie grossenteils dazu verwenden uns in jeder Hinsicht zu schädigen. Unsere Auslandsschweizer dagegen kümmern die Schweiz nur, handelt es sich darum, von ihnen die Militärsteuer unter allen Umständen echt zwangsherrlich und rücksichtslos geradezu zu erpressen. Kommt es einmal vor, dass sie des diplomatischen Schutzes in fremdem Land bedürftig werden, dann drückt sich entweder der Gesandte von seinem Posten, wie Egger in Madrid,[262] oder die Konsularagenten erweisen sich als unzulänglich und machtlos, ja als noch schutzbedürftiger als die, die sie beschützen sollten, wie dies in St. Sebastian geschah, wo mein Fritz dem dortigen schweiz. Konsularagent beistehen musste, da er vollkommen den Kopf verloren hatte und beinahe mit meinem Jungen erschossen worden wäre.[263]

Auch in allem übrigen ging es mir und geht mir, wie es dem Teufel am besten gefällt, so dass ich mich fragen muss, ob und wie lange ich mich noch einigermassen werde behaupten können.

[...]

982. Loosli an Fränkel, Bern-Bümpliz, 4. November 1936

[...]

Mein Erziehungsbuch,[264] zu dem der Fall Aarburg den Anstoss geboten hatte, und das mir drei Monate raubte, wird nicht erscheinen. Man hat so unerhörte

---

262 Bei Ausbruch des spanischen Bürgerkriegs im Juli 1936 hat sich der schweizerische Gesandte Karl Egger auf Urlaub befunden. Er wird erst im Mai 1937 nach Madrid zurückkehren.
263 Vgl. Marti: *Loosli* 3/2, S. 280 f.
264 Loosli: *Der Rabenvater Staat!* Das Typskript liegt mit dem Hinweis «Druckfertig! Satzvorlage» in Looslis Nachlass unter SLA-Loosli-E-03-A-bd. In der Jugendanstalt Aarburg herrschen damals «furchtbare Zustände». Looslis Buch soll Teil einer Kampagne werden, wird aber «von ‹interessierten Stellen› hintertrieben» (Marti: *Loosli* 3/2, S. 419).

Zumutungen an mich gestellt, so echt schweizerisch-niederträchtige Nötigungs- und geistige Betrugsversuche an mir geübt, dass ich es zurückgezogen habe und nun zusehe, wie die Knaben, die mich zu leimen suchten, zweifelsohne verdientermassen geprügelt werden und wie sie eine Angelegenheit, die für den Aargau und die ganze Schweiz hätte segensreich ausfallen können, hätte man meiner Erfahrung und meiner Führung vertraut, nun ad majorem gloria Regierungsschlendrian und Korruption ausklingen wird.

Ebenso habe ich mein kleineres Werklein «Charakter und Demokratie»,[265] nachdem man mich den ganzen Sommer damit hingehalten und mir den Speck durchs Maul gezogen hat, nun zurückerhalten. Man bedauert aufrichtig(!) es nicht verlegen zu können, so vorzüglich und zeitgemäss es auch sei(!) weil in Gottesnamen die Mittel dazu nicht vorhanden seien. Dafür aber sind sie im selben Verlag (Oprecht & Helbling) für zum Teil recht mittelmässige und zum Teil uns keinen blauen Teufel angehende Emigrantenliteratur immerdar reichlich vorhanden.

Dennoch verzweifle ich weniger denn je: – irgend ein Ausweg wird sich finden lassen und wird gefunden werden.

[...]

988. Loosli an Fränkel, Bern-Bümpliz, 8. November 1936

Lieber Fränkel,

was folgt, wird Dich, – ich zweifle nicht daran, – einigermassen überraschen und verwundern. Es ist eine Anfrage und eine Bitte zugleich. Eine Bitte vor allem; – allein, ich möchte Dir damit unter gar keinen Umständen lästig fallen, und sollte sie Dir auch nur im Geringsten unbequem sein, so erwarte ich von Dir, dass Du sie mir in aller Offenheit abschlägst, wie es sich unter Freunden, die nichts voreinander zu verbergen haben, geziemt. Du darfst auch im Falle Deiner Absage zum Voraus versichert sein, dass es mir auch nicht einen kurzen Augenblick einfallen wird, Dir darob gram zu sein, Dir zu zürnen, oder gar es Dir irgendwie nachzutragen.

Meine Bitte geht nämlich dahin, Du möchtest mir, wie schon so oft und reichlich, einen Teil Deiner Zeit und Deiner Arbeit widmen. Nun weiss ich aber, dass Du sonst gerade genug zu tun hast und dass das, das Dich beschäftigt, so wichtig, so dauerwertvoll ist, dass ich es mir [nicht] verzeihen könnte

---

265 Loosli: *Demokratie und Charakter*.

noch möchte, Dich in Deinen Bemühungen darum auch nur im Geringsten zu stören oder Dich davon abzulenken.

Es handelt sich um folgendes:

– Seit Jahren geht in mir, wie ein Wurmpulver, ein Gährstoff um, dem ich immer in weitem Bogen ausgewichen bin, weil ich mich ihm nicht gewachsen fühlte, weil ich mich gewissermassen vor ihm fürchtete und immerdar hoffte, mich darum herumdrücken zu können. Ich glaubte, es würde mir gelingen. Vor bald vier Jahren, 1933, pochte er wiederum dringlich an meine Tür. Allein ich fürchtete mich vor ihm, misstraute meinen Kräften ihn zu bewältigen, und um ihm endgültig zu entrinnen, sattelte ich meinen Pegasus, der ohnehin damals ordentlich lahmte, – wie ich wähnte, – endgültig ab. Nicht zuletzt aus diesem Grunde übernahm ich die Expertise im Zionistenprozess. Ich wusste, dass sie mich lange beschäftigen und mich in Gebiete führen würde, die mir bisher grossenteils verschlossen und obendrein so ergiebig waren, dass ich hoffen durfte, davon auf lange Jahre hinaus belegt zu werden.

Aus diesem Grunde flüchtete ich mich in sie und nahm mir vor, den Rest meines Lebens dem Kampf um Recht und Menschlichkeit rein sachlich, und daher so prosaisch als möglich zu widmen. Eine lange Weile glaubte ich mich zu der Annahme berechtigt, es sei mir dies gelungen.

Und nun wendet sich gerade meine Abkehr gegen mich. Mein verdammter Daimon[266] lässt mir keine Ruhe mehr und, was das Verfluchteste daran ist, – er holt sein Rüstzeug gerade aus den geistigen Bereicherungen, die mir aus meiner öffentlichen Tätigkeit entgegen sprossen.

Mit einem Wort: – Er lässt mir keine Ruhe mehr, – ich muss ein Epos schreiben. Sein durchaus nicht «heldischer» Held heisst Judas Iskarioth. Ich habe den Kerl zu allen Teufeln gewünscht und ihn nach Möglichkeit gemieden. Vergebne Mühe! Der zudringlich unabtreibliche Kerl lauert mir an jeder Strassenecke auf, packt mich am obersten Westenknopf, beschwört mich, nötigt und bedroht mich, und fordert, ich möchte ihn mir vom Leibe schreiben.

Das Schlimmste dabei ist, dass ich mich heute fähig und gerüstet fühle, die Aufgabe, die er mir stellt zu bewältigen. Er stellt sie mir nämlich in einer verlockenden Weise, der ich nicht mehr lange widerstehen können werde. Er bietet mir nämlich die Aussicht, in meiner Dichtung Jerusalem, Rom und das barbarische Germanien einander gegenüberzustellen und daraus das immerdar bleibende, allgemein Menschliche heraus zu destillieren. Und zwar nicht

---

266 In der griechischen Mythologie die Personifizierung des eigenen Schicksals.

schildernd, nicht philosophisch abhandelnd, nicht polemisch, sondern schlicht und recht darstellend, – episch. Wobei die geschichtlichen, philosophischen, menschlichen Einsichten, Erfahrungen und Ueberzeugungen, die ich etwa erworben haben mag, sich vor meinem inneren Auge gewissermassen personifizieren, sich in scharfen, klaren Umrissen gestalten, folglich nach epischer Darstellung geradezu schreien.

Ich weiss nicht, ob ich es tatsächlich bewältigen, das heisst, wie es mir vorschwebt und wie ich es möchte, ausführen kann. Wenn nicht, so werd ichs träumen, wie der mit Kronos nach dem Erebos gleitende Prometheus.[267] Wenn es mir aber gelingt, es auch greifbar zu gestalten, so soll es in aller jener, von Tageslärm und Nebenzerstreuungen ungehudelten Musse geschehen. Allein, dazu geht mir ein Wesentliches ab. Nämlich jene poetische Einsicht, über die Du so verschwenderisch und in jedem Falle so treffsicher verfügst.

Ich würde mir nicht getrauen, – wenn es mir überhaupt vergönnt sein sollte, das Werk zu schaffen, – es, einmal vollendet, – herauszugeben, ohne Dein Placet.

Mit einem Wort, ich frage Dich und bitte Dich: – Würdest Du allenfalls mir bei dieser Dichtung die gleichen Dienste ebenso unerbittlich und ebenso freundschaftlich leisten, die Du Spittelern beim «Ol. Frühling» und beim «Dulder» geleistet hast?

Du kennst meine Schwächen und meine wenigen Vorzüge wie kein anderer. Mag sein, dass jene diese dermassen überwiegen, dass Dir die Gewährung meiner Bitte von vorneherein als verlorene Liebesmüh erscheinen wird. Ebenso kann ich mir sehr wohl denken, dass Du, der Du selbst so viel Grosses und Schönes zu schaffen hast, von Deinem Daimon dermassen gezwirbelt und bedrängt bist, dass es Dir unmöglich ist, meine Bitte zu gewähren. Ist das eine oder das andere, oder beides der Fall, dann betrachte meine Bitte als nicht erfolgt und schlage sie mir in aller Offenheit ab.

Wie Du auch entscheiden mögest; Judas Iskarioth, – ich fühle und weiss es, – wird, wenn er überhaupt gestaltet wird, mein dichterisches Hauptwerk und

---

[267] Vgl. Carl Spitteler: *Olympischer Frühling*, GW 2, S. 42. Beim Aufstieg vom Hades (oder Erebos) zum Olymp begegnen die neuen Götter den alten, gestürzten, die unter der Führung von Kronos in umgekehrter Richtung unterwegs sind: Zu dieser Gruppe gehört auch Prometheus, der darüber spricht, wie er den unvollendeten olympischen Götterpalast notfalls im Traum fertigbauen werde.

mein Schwanengesang zugleich sein.[268] Darum möchte ich, dass er wenigstens einigermassen wohl klinge.

Dass ich ihn nicht anders als in Versen werde gestalten können, ist einfach selbstverständlich. Und es handelt sich darum, dass die Verse gut ausfallen. Wenn nicht, so werde ich zwar nicht auf den Traum, wohl aber auf seine sinnenfällige Verwirklichung zu verzichten vermögen.

Und nun sprich! – Wie Du auch entscheiden mögest, ich werde mich zu fügen wissen, und auch im Falle des Verzichtes darob nicht hingehen um mich selbst zu erhängen.

Herzlich grüsst Dich Dein
C. A. Loosli

992. Loosli an Fränkel, Bern-Bümpliz, 17. November 1936
Mein lieber Fränkel,

auch mich hat Dein neulicher Besuch von Herzen gefreut, mich ermuntert, aufgeklepft und mir wohlgetan. Im besonderen Deine einsichtigen Ratschläge zu meinem «Judas», den ich zwar anderweitiger, weiss Gott wie nötiger und dringlicher Brotarbeiten willen vorderhand noch nicht in Angriff nehmen, sondern ihn so weit als möglich hinausschieben werde. Aber der Kerl lässt mir doch keine Ruhe mehr und eines schönen Tages, wenn er sich inzwischen nicht zum zweiten Mal gründlicher als das erste erhängt, wird er mich eben doch beim Genick packen und mich zur Auseinandersetzung mit ihm zwingen.
[...]

999. Loosli an Fränkel, Bern-Bümpliz, 4. Dezember 1936
Mein lieber Fränkel,

Dank für Deine Karte.[269] «Die Nation» kriege ich in der Regel nicht zu

---

268 Neben Notizen und einem handschriftlichen Entwurf in einem Wachsheft finden sich als 16-seitiges Typoskript die ersten beiden Gesänge («Der Sikarier» und «Karioth») unter SLA-Loosli-E-02-A-1-5. Loosli beschreibt im ersten Gesang in vierfüssigen Trochäen unter anderem, wie sich die Hauptfigur – «vom Teutonenstamm geächtet» – bei den Römern einführt: «Jung, verschlagen und geschmeidig, / Voller Ehrgeiz, hart nach unten, / Drum nach oben unterwürfig / Hündelt' er daselbst sich an. / Sprachbegabt, – zu allem tauglich, / Was zwar ehrlos aber nützlich / Für die Römer war, besorgte / Der Teutone rasch und still.» Rom schickt diesen Mann später nach Jerusalem an den Hof von König Herodes.

269 Mit einer Postkarte verweist Fränkel auf *Das Buch des Jahres. Antworten auf eine Rundfrage*, in: *Die Nation*, Nr. 49, 3. 12. 1936. In dieser Umfrage sind unter anderem Stellungnahmen von Thomas Mann (zu Octave Aubry: *St. Hélène*) und von Loosli (zu Keller: SW 14) abgedruckt. Fränkel kommentiert auf der Karte: «Ist es nicht bezeichnend, daß unter allen von

Gesicht und werde daher die gestrige Nummer nur darum sehen, weil Du mich darauf aufmerksam gemacht hast und sie mir meine Tochter heute Abend mitbringen wird. Ich habe weder für H. noch Thomas Mann noch gegen sie etwas. Ich kenne sie nicht und habe mich bis dahin wohl dabei befunden, so dass mich nichts anreizt, auch nur eine Zeile von ihnen zu lesen. Dagegen stosse ich auf ihre Namen fast überall dort, wo sich in der Schweiz und im Ausland jene Emigrantenliteratur breit macht, die ich nicht bloss als Schweizer, sondern auch als Mensch ablehne. Als Schweizer darum, weil sie auf unsere ohnehin nicht eben klaren Köpfe womöglich noch verwirrender in dem Sinne wirkt, als durch sie rein deutsche Angelegenheiten mit den unsrigen in in jeder Hinsicht verderblicher Weise verquickt werden, wessen wir sehr wohl zu entraten vermöchten. Dies umsomehr, als es uns von dringlicherem, nämlich von grundsätzlichen schweizerischen Auseinandersetzungen ablenkt, zu deren Erörterung es höchste Zeit wäre, wenn es nicht schon zu spät dazu ist, und wir bereits des Teufels Küche verfallen sind.

Als Mensch komme ich nicht darum herum, festzustellen, dass, hätten die heutigen Emigranten vor 1932 nur halb so laut im eigenen Lande gekräht, wie heute in der Fremde, wir wohl den Namen Hitlers und den seiner Spiessgesellen längst vergessen haben würden, da sie dann schwerlich je zur Macht gelangt und die Welt unversaut gelassen haben möchten.

[...]

1004. Fränkel an Loosli, Thun-Riedegg, 23. Dezember 1936

[...]

Meine Frau reist morgen früh mit allen Kindern nach Königswinter, um ihrem 80-jährigen Vater eine Weihnachtsfreude zu bereiten. So sehr ich diese dem alten Manne gönne, so sehr schmerzt es mich, daß meine Kinder Naziboden betreten.

Gern würde ich Dir ein Blatt mit lustigen Zeichnungen u. berndeutschen Versen senden, das mein Jüngster, noch nicht 8-jähriger, seinem ältern Bruder zu Weihnachten gemacht hat. Zu Dir in die Lehre zu gehen, um berndütsch fluchen zu lernen, brauchen meine Buben heute nicht mehr. Aber daß der Kleine – allerdings sehr begabte – Fratz ohne weiteres berndütsch *schreibt* u.

---

der ‹Nation› Befragten Du der einzige bist, der sein Votum für ein *dichterisches* Werk (und für ein schweizerisches!) abgegeben hat? –»

sich seine eigene Methode der Transkription schafft, darüber war ich allerdings erstaunt. Ich zeige Dirs gelegentlich.

Ich will in diesen Tagen als Klausner leben u. tüchtig schaffen.

Dir u. den Deinigen das Schönste zum Fest u. zum Übergang in das neue – hoffen wir: bessere Jahr!

In Freundschaft
Dein Fränkel

1009. Loosli an Fränkel, Bern-Bümpliz, 31. Dezember 1936

[...]

Gott sei Dank, dass Du Dich entschlossen hast uns Keller, wie Du mir schreibst, vorzuführen.[270] Unserem Geschlecht zwar wird es nichts mehr nützen. Aber es wird Dein Werk eine Tat, ein Zeugnis dafür sein, dass wenigstens einige, vereinzelte, weder Kopf noch Herz in unserer schandbaren Zeit verschachert haben. Und wer weiss, ob sich nicht ein kommendes Geschlecht daran, als dem Kristallisationskern endlich empörter Scham, aufrappeln und wiederaufbauen wird, das wir heute zu erhalten unvermögend sind.

Im übrigen bewundere ich Deinen Optimismus in jenem Punkte, wo Du annimmst, das Buch werde dazu führen, auf Deinen Kopf einen Preis zu setzen. I wo? – Man wird uns umsonst, im Namen der öffentlichen Ordnung, der Staatssicherheit und der Demokratie gut und gern umbringen.

Seitdem ich im Gerichtssaal öffentlich mit dem Nationalsozialismus abgerechnet habe, wundere ich mich eigentlich nur noch über das eine, – nämlich, dass sich noch kein biederer Eidgenosse fand, mich heimtückisch und hinterlistig niederzuknallen. Aber ich verzweifle nicht daran, dass er sich finden wird und zwar vielleicht schon bald.

Und zähl darauf: – es wird kein Deutscher, kein italienischer Faszist, es wird ein Eidgenosse, ein werter Mitbürger sein, der mich endgültig von dem Ekel befreien wird, den die Aasgeier und Schmeissfliegen in mir täglich erneut und in vermehrter, verschärfter Auflage erwecken.

Sei es drum! Es lebe Gottfried Kellers politische Sendung!

Und sie wird leben, wenn auch erst nach ihrer Auferstehung post mortem! Inzwischen lasst uns das Fähnlein der Sieben (sinds noch so viele?) aufrecht

---

270 Am 30. 12. 1936 schreibt Fränkel an Loosli, er habe sich entschlossen, an die Vorbereitung eines Buches zu gehen mit dem Titel «Gottfried Kellers politische Sendung». Er wolle das tun, obschon er wisse, «daß es bei uns in den Wind gesagt sein wird u. in Deutschland ein Preis auf meinen Kopf ausgesetzt werden wird».

erhalten und gondeln wir zuversichtlich hinüber ins neue, wohl vorläufig für lange Zeit entscheidende Jahr, zu dem ich Dir und den Deinen nochmals alles Gute von ganzem Herzen wünsche.

χαίρε![271]

Dein

C. A. Loosli

---

271 Sei gegrüsst!

1937

Mit der Aussicht, nach seiner Pensionierung keine existenzsichernde Rente zu beziehen, öffnet sich für Fränkel ein neues zermürbendes Konfliktfeld. Zudem wird die Beziehung zu seinem Freund Albert Benteli als Verleger der Keller-Ausgabe schwieriger. Publizistisch setzt er sich mit *Gottfried Keller und die Juden* auseinander. Loosli veröffentlicht den Erzählband *Erlebtes und Erlauschtes* und arbeitet an Glossen über die schweizerische Sprachbewegung sowie an einer Abhandlung über «Hodler als Lehrer», beide Arbeiten erscheinen 1938. Daneben kämpft er an vorderster Front gegen die Führer der einheimischen Nazis, die von Deutschland finanziell unterstützt werden. So leistet er seinen Beitrag zur Ablehnung der Fonjallaz-Initiative. Auf Looslis Bitte um biografische Angaben für ein Porträt in der *Nation* verfasst Fränkel im Dezember eine Lebensskizze – eine der raren Informationsquellen zu seiner Biografie.

1031. Fränkel an Loosli, Thun-Riedegg, 8. Mai 1937

[...]
Und gestern bekam ich von unserer weisen Regierung die Mitteilung, daß ich wohl in 12 Jahren als Professor werde zurücktreten müssen, daß ich aber im Gegensatz zu meinen Kollegen nach 40-jähriger Wirksamkeit an der Hochschule keine Beamtenpension beziehen werde, weil ich – heute schwerhörig bin! Nicht wahr: Logik! Wenn ich nur jemand wüsste, so würde ich die Praxis unserer Regierung vor den Großen Rat bringen lassen, der seinerzeit das Gesetz über die Rücktrittspflicht der Hochschulprofessoren mit erreichtem 70. Jahr angenommen hat im Glauben, daß man den alten Herren dadurch ihr Brot nicht wegnehme.
[...]

1035. Fränkel an Loosli, Thun-Riedegg, 13. Mai 1937

[...]
Die Spitteler-Angelegenheit. Tu vorläufig, mein Lieber, nichts, bis ich Dir ein Zeichen gegeben habe, daß die Würfel gefallen sind, d. h. daß ich meine Aufgabe richtig erfüllt habe. Du wirst selbstverständlich – wie immer – stets auf dem Laufenden gehalten werden über den Stand meiner Arbeiten. Was ich fürchte, ist nämlich dies: daß man im Bundeshaus, d. h. im Departement des Innern Wind bekäme von meinen Absichten und mich stören könnte durch

eine Einladung zu einer Besprechung – die ja heute gar keinen Sinn hätte, aber mich ins Unrecht setzen würde nach außen: «Wir wollten verhandeln, Fränkel aber weigerte sich». Das ist ja die Taktik der Herren! Vor einem Jahre bin ich ihnen ins Garn gegangen, als ich die Einladung Etters annahm. Dadurch, daß er seither schweigt, hab ich meine Entscheidungsfreiheit wieder gewonnen. Aus diesem Grunde weihe ich keinen Parlamentarier in meine Absichten ein, die mit ihrem guten Willen im Augenblick die Sache nur verderben könnten.
[...]

1036. Loosli an Fränkel, Bern-Bümpliz, 17. Mai 1937
Mein lieber Fränkel,
ich glaube mich verpflichtet, auf Deinen Brief vom 13. d. M. unverzüglich eintreten zu sollen, um für die Zukunft Missverständnisse zu vermeiden, wie das einzige, das 1933 unsere Freundschaft während den langen Jahren ihrer Dauer leider vorübergehend trübte. Es handelt sich natürlich um die Spittelerangelegenheit, wobei ich Wert darauf lege, dass zwischen uns von allem Anbeginn an eine restlos klare Situation geschaffen werde.

Sie zerfällt in zwei Belange. Der eine besteht in der Streitfrage zwischen Dir, den Erben Spittelers, dem Bundesrat und seinen Beratern und Gewährsmännern. In diese hineinzureden oder zu pfuschen ist unsere Sache nicht. Dazu haben wir weder Befugnis noch Zuständigkeit und darin bist Du allein zuständig. Das sei ein für allemal zwischen uns festgelegt und vereinbart, unbeschadet unserer gegenseitigen Benachrichtigung des respektiven Standes der Dinge.

Die andere Seite geht nicht Dich allein an, sondern betrifft alle, für die Spitteler und sein Werk etwas bedeuten und die gegen die Unterschlagung und den Missbrauch seines Nachlasses nicht bloss zu protestieren, sondern auch zu handeln gedenken. Ihnen das zu verbieten steht ausserhalb Deiner Möglichkeit und Zuständigkeit, denn es handelt sich hier um Fragen des Autorrechtes, des Zivilrechtes und des allgemeinen literarischen Anstandes, dessen, oder vielmehr deren Missachtung und Uebertretung sich die Oeffentlichkeit nicht zu bieten lassen braucht.
[...]
Ich glaubte Dir das mitteilen zu sollen, einmal um von vorneherein der Vermutungsmöglichkeit die Spitze abzubrechen, wir möchten Dich irgendwie in Deinen Entschlüssen beeinflussen, zum andern um zwischen uns beiden diesmal von allem Anbeginn an alles hinwegzuräumen, das andernfalles mög-

licherweise Anlass zu Missverständnissen und Verstimmungen bieten könnte, was mir von allem weitaus das Peinlichste wäre.

Und nun leb herzlich wohl, grüss mir die Deinigen und sei stets meiner Ergebenheit und Freundschaft versichert.

Immerdar Dein

C. A. Loosli

1037. Fränkel an Loosli, Thun-Riedegg, Pfingstmontag [17. Mai 1937]

Mein lieber Loosli,

es liegt wohl am Telegrammstil meiner letzten Briefe, daß aus ihnen vielleicht nicht ganz deutlich hervorging, wie sehr ich mich über die Aussicht auf erneute Waffenbrüderschaft im Kampfe um Spittelers Willen freue, und daß Du an die Möglichkeit eines Missverständnisses denkst, während ich an eine solche Möglichkeit diesmal gar nicht denke. Wenn ich aber *vorläufig* nicht viel über die Angelegenheit sprechen mag, so liegt das einzig daran, daß ich mit Zagen und Bangen an die Aufgaben denke, die ich mir für die nächste Zeit gesetzt habe – mit Bangen, ob mir alles gelingen werde. Du begreifst meine Scheu, von des Bären Haut zu sprechen, ehe ich ihn erlegt habe.

[...]

1046. Fränkel an Loosli, Thun-Riedegg, 3. August 1937

Mein lieber Loosli,

sich wegen der Zeitgenossen aufknüpfen[272] – nein, mein Lieber! Diese Ehre dürfen wir den Leuten nicht antun! Gerade das Gegenteil: sie *überleben* – darauf kommt es an! Danach müssen wir trachten – und allzu schwer ist es nicht, denn die sind kurzlebig. Glaub mir nicht, ich litte nicht auch unter unsern Zuständen. Manchmal packt mich der Ekel so, daß ich für ein paar Tage arbeitsunfähig bin; gerade weil ich mit der Schweiz in der Seele so verwachsen bin und sie mir heute die Heimat ist, leide ich umsomehr beim Anblick dieses Geschlechtes unwürdiger Söhne großer oder doch: edler Väter. Wenn ich, um auszuspannen, in der Regel ein Billet löse, um mit der Lötschbergbahn in drei Stunden in Italien zu sein, so hauptsächlich deswegen, weil ich dort keine Schweizer Blätter zu Gesicht bekomme. Ich fühle mich, solang ich im Ausland

---

272 Gleichentags schreibt sich Loosli in seinem Brief an Fränkel allerhand Ärger von der Seele. Er schliesst: «Solltest Du in der nächsten Zeit etwa erfahren, ich hätte mich am ersten besten Baum aufgeknüpft, so lass es Dir nicht zur allzugrossen Überraschung gedeihen, sondern schreibe es meinem ansteigenden würgenden Ekel zu.»

bin, von der Pflicht dispensiert, Notiz zu nehmen von unserm Bundesrat u. allem andern, und wenn ich dann einmal überhaupt eine Zeitung lese, dann lediglich um der Fremdsprache willen.
[...]

1047. Loosli an Fränkel, Bern-Bümpliz, 4. August 1937
Mein lieber Fränkel,
bald hätte ich Dir geantwortet: – Du hast gut krähen! – Doch: – selbstverständlich knüpft man sich wegen der Zeitgenossen und ihrer korrupten Knirpsigkeit nicht auf. Aber gelegentlich läuft einem nicht nur die Galle über, sondern man fühlt sich ohnmächtig, geschlagen, verzweifelt. Es vergeht nämlich keine Woche, wo ich nicht mindestens einem armen Teufel, der mit allen behördlichen und gesellschaftlichen Hunden gehetzt ist, Audienz erteile. Die Leute kommen zu mir, – für gewöhnlich zu spät, – sich Rat und womöglich Hilfe zu holen. Es sind herzerschütternde Fälle darunter, gegenüber denen man, wie Hera gegenüber dem Automaten,[273] einfach wehrlos ist. Mit einem Unterschied, nämlich dem Bewusstsein, dass der Automat eben ein Automat, ein gefühl-, sinnen- und geistbares Wesen ist, das mechanisch zermalmt was in seine Getriebe gerät, während die Gesellschaft und ihre Einrichtungen, weil biologisch bedingt, *anders sein könnten*. Und das ist das Fürchterliche! – Ich bin nun einmal, – fast hätte ich gesagt, leider! – so beschaffen, dass ich keinen armen Teufel, und mag er ein noch so gerissener Spitzbube, mag er ein Verbrecher sein, kurzer Hand abweisen kann. Wenn nicht der Mann, interessiert mich der Fall, dessen zufällige Verkörperung jener, *und zwar ausnahmslos als Opfer* ist. Gelegentlich sind es Menschen, um die es gesellschaftlich schade ist, die als Menschen und Bürger wertvoll, fördernd sein könnten und denen ich, – meist nachdem ich mich mit Behörden und Institutionen herumgestritten habe und deren Unzulänglichkeit, sogar bei gutem Willen und keineswegs unmenschlicher Gesinnung, schliesslich in ein testimonium pauperatis[274] ausmündet, – mehr oder weniger schonend sagen muss: – Schickt euch drein oder knüpft euch auf; – lasciare ogni speranza![275] – Freilich gerate ich gelegentlich in die Versuchung ihnen zu sagen: – Kaufen Sie sich mit den letzten fünfzig

---

273 Carl Spitteler: *Olympischer Frühling*, GW 2, S. 593–599.
274 Testimonio paupertatis: Armutszeugnis.
275 Inschrift über dem Tor zur Hölle: «Lasciate ogni speranza, voi ch'entrate», in: Dante Alighieri: *Divina Comedia*, Canto III, 9.

Rappen eine Dynamitpatrone und stecken Sie sie irgend einem Bonzen unter den Arsch! – Aber, was wäre dabei gewonnen! – Und wieviel verloren!

[...]

Dann: – wenn ich mich gestern ein wenig unmutig über unsere Schweizerjuden äusserte, so möchte ich denn doch sagen, dass sie *durchschnittlich* denn doch wesentlich besser sind als ihre «arischen» Eidgenossen. Sie mögen gelegentlich dumm, eigensinnig und namentlich eigenbrödlerisch, krankhaft partikularistisch sein, doch über dem allem sind sie, – und das versöhnt mich immer wieder mit ihnen, – unvergleichlich gütiger, sozialer, im besten Sinne wohltätiger und in gar mancher Beziehung klüger als wir.

[...]

1052. Fränkel an Loosli, Thun-Riedegg, undatiert [vermutlich 9. August 1937]
Mein lieber Loosli,
den II. Teil meines Keller-Juden-Aufsatzes[276] wirst Du erhalten haben. Sieh einmal, was mir der für eine Korrespondenz eingetragen hat. Ich schicke sie Dir, denn sie ist insofern interessant als sie bestätigt, was wir wußten: daß die deutschen Juden sich derart an die Deutschen assimiliert haben, daß sie jedes Wort gegen Deutschland als eine persönliche «Schmähung» empfinden. Es ist meine Überzeugung: sie würden heute mit den Hitlerhorden bellen, wenn Hitler sie nicht aus der deutschen Gemeinschaft ausgestoßen hätte. Steck dann bitte das Konvolut in das beiliegende Couvert.
Sei herzlich gegrüßt!
Dein Fränkel

1065. Loosli an Fränkel, Bern-Bümpliz, 12. September 1937
Mein lieber Fränkel,
als ich am Freitag von Arlesheim zurückkam, wo ich eine Kunstsammlung zu betreuen hatte, fand sich endlich die längst reklamierte Sendung Oscar Grüns vor, die Fortsetzungen Deines Artikels, *Gottfried Keller und die Juden* enthaltend.
Folglich kam ich erst heute dazu, die prächtige Arbeit im Zusammenhang zu lesen. Ich danke Dir dafür, nicht nur um des Genusses willen, der übrigens

---

276 Jonas Fränkel: *Gottfried Keller und die Juden. Essay in drei Teilen*, in: *Jüdische Pressezentrale*, 30. 7., 6. 8. und 3. 9. 1937.

nicht gering war, sondern auch um der vielseitigen Belehrung willen, die ich daraus schöpfte, und die mir Gottfried Keller noch lieber machte.

Dass Deine Arbeit gerade heute so verdammt zeitgemäss ist und wirkt ist freilich das einzige, aber auch wirklich tieftraurige daran. Man schämt sich ordentlich gelegentlich als «Arier» angesprochen zu werden, angesichts des sogar in den besten, gebildetsten Kreisen zwar glücklicherweise oft uneingestandenen, aber im Unterbewusstsein eben doch wuchernden Antisemitismus.

Beispiel: – Gerade dieser Tage wurde in Basel ein Pharmakologie- oder Chemie-Pharmakologieprofessor gewählt. Zwei Kandidaten standen, in Bezug auf Wissenschaftlichkeit und Tüchtigkeit gleichwertig, zur Verfügung. Der eine war Basler, der andere Jude, aber Schweizer. Das Baslertum gab den Ausschlag: – jener wurde gewählt. Das finde ich nun, bei gleicher Qualifikation durchaus in Ordnung und wünschte bloss, man hätte sich an unseren schweizerischen Hochschulen von jeher und überall von diesem Grundsatz leiten lassen.

Was mich aber offen gestanden betrübte war der Ausspruch eines Mitgliedes der Fakultät, das mir nach der Wahlsitzung berichtete:

«Gott sei Dank war der Basler wissenschaftlich dem andern ebenbürtig. Wir sind ja in Basel weit davon entfernt Antisemiten zu sein; aber die Fakultät würde sich gegenwärtig doch nicht getraut haben, den vakanten Lehrstuhl mit einem Juden zu besetzen.»

Der mir das sagte, sprach es bekümmert und missbilligend aus. Er ist einer der liebwertesten Menschen, die ich in den letzten Jahren kennen lernte. Ihn trifft also meine Reprobation nicht.

Aber es kam mir wieder einmal mehr zum Bewusstsein, dass der letzte Antisemit eben erst mit dem letzten stumpfsinnig dummköpfigen Barbaren zu Grabe getragen werden wird. Und bis dahin mag unser Bischen Kultur, unser Anfang von Gesittung und Bildung längst vor die Hunde gegangen sein.

[...]

1066. Fränkel an Loosli, Thun-Riedegg, 13. September 1937
Mein lieber Loosli,

ich danke Dir für Deinen lieben Brief, der mich eben erreicht, da ich auf dem Sprunge bin zu verreisen. Ich freue mich sehr, daß Dich meine Arbeit über Keller u. die Juden angesprochen hat: es ist das erste – d. h. einzige Urteil, das ich hierüber vernommen habe.

Ich war jetzt ein paar Tage in den Bergen (im Wallis), wo es mir an den Abenden gelungen ist, endlich den Schlusspunkt hinter den Keller-Vieweg-

Band zu setzen. Meine Einleitung ist eine niederschmetternde Abrechnung mit dem Verlegertum (mit einem Deutschen u. dem ausbeutenden Kapitalismus) – ich bin schrecklich froh, daß der Verlagsleiter, obwohl er vor allem mit dem Absatz in Deutschland rechnen muß, das Manuskript ohne Reklamation in den Satz gegeben hat.[277]

Ich bin froh, endlich – sehr verspätet – diese Last abgeschüttelt zu haben; jetzt muß ich noch ein paar wichtige Seiten für den Kommentarband zu Kellers Gesammelten Gedichten schreiben – dann bin ich frei für die Vollendung der Schrift über Kellers politische Sendung. Sie muß noch dieses Jahr in den Druck gehen.

Letzter Tage las ich in der NZürchZtg, daß die germanistischen Seminarien der deutschen Universitäten meinen Keller nicht anschaffen *dürfen*.[278]

Was Du mir über unsern Antisemitismus erzählst, überrascht mich nicht. Wie mich die Erlebnisse der Gegenwart – gerade bei uns – bedrücken, kann ich nicht sagen; es spiegelt sich leider in allem, was ich heute produziere. *Gerade dieser Umstand* hielt mich bisher von der Vollendung der Schrift über GK's politische Sendung zurück – aber nun geht es nicht länger, obwohl ich mir bewußt bin, nicht über das souveräne Verachtungsgefühl gegenüber der Gegenwart zu verfügen, mit dem das Thema behandelt werden müßte.

[…]

1067. Loosli an Fränkel, Bern-Bümpliz, 15. September 1937

[…]

Die nächsten Wochen werden dem schweizerischen Antisemitismus, insofern er frontistisch und nationalsozialistisch gegliedert ist, einen moralisch und hoffentlich auch rechtlich schweren Schlag zufügen, steht doch ein eigentlicher Spionage- und Korruptionsprozess gegen ihren Häuptling Boris Tödtli unmittelbar bevor, bei welchem bisher ungeahnte Beziehungen erörtert werden

---

277 *Gottfried Kellers Briefe an Vieweg*. Dem Buch wird schliesslich auf einem Einlageblatt eine Distanzierung des Zürcher Verlags der Corona beigelegt, die unter anderem festhält: «Die Herausgabe erfolgt durch den von Kellers Rechtsnachfolgern, d. h. der Regierung des Kantons Zürich, zur Benutzung des Nachlasses Ermächtigten. Seine Folgerungen über das Verhältnis zwischen Schaffenden und Vermittelnden vermögen wir freilich nicht allenthalben zu teilen.»
278 Nicht nachgewiesen. Aber dass Deutschland Druck macht gegen Fränkel als Keller-Herausgeber, ist klar: 1936 hat der nationalsozialistische Schriftsteller Will Vesper der Schweizer Literaturwissenschaft empfohlen, die Keller-Ausgabe endlich zu vollenden, «auch wenn sie dazu den störrischen Händen des jüdischen Herausgebers, dem man sie leider überlassen hat, entwunden werden müsste» (zitiert nach Schütt: *Germanistik und Politik*, S. 190).

dürften und kein einigermassen namhafter schweizerischer Nazi ungehudelt davonkommen wird. Ich habe zufällig einige Kenntnis vom Belastungsmaterial gekriegt. Es ist überreich, überzeugend und erdrückend genug um die Bande blosszustellen, politisch auf lange Zeit überhaupt auszuschalten und bis auf die Knochen zu blamieren. Das ist immerhin etwas, das allerdings die holde Mentalität der Pfahlbürger und Oberschweizger schwerlich läutern wird. Aber man darf nicht zu anspruchsvoll sein! Und dann, – eines nach dem andern, wenn's auch lange geht![279]
[...]

1069. Loosli an Fränkel, Bern-Bümpliz, 24. September 1937
[...]
Meine Arbeit über die Schweizer-Sprach-Bewegung, bezw. über das «Schweizerdeutsch» habe ich noch immer nicht vollendet, hoffe jedoch in den nächsten Tagen damit fertig zu werden, und dann kriegst Du's.[280] Einmal wurde ich immer wieder davon durch andere, sich dazwischen drängende Geschäfte abgehalten: dann ergab sich die Notwendigkeit von allerhand Ergänzungen, die freilich bei einer wirklich gebildeten Leserschaft überflüssig gewesen wären und endlich plagte mich meine Atemnot wieder einmal zwar nicht ausserordentlich, aber doch anhaltend genug, um meine Leistungsfähigkeit nicht eben zu steigern.
[...]

1073. Fränkel an Loosli, Thun-Riedegg, 29. September 1937
Mein lieber Loosli,
ich habe mich heute elend gefühlt, habe sogar den Arzt kommen lassen müssen – um den Tag nicht ungenutzt verstreichen zu lassen, hab ich Dein Manuskript vorgenommen u. gelesen. Und jetzt, nachdem ich meine violetten Finger gründlich geseift u. gerieben,[281] will ich Dir meinen Dank sagen für die

---

279 Vgl. Marti: *Loosli* 3/2, S. 123–129. Fränkel sieht Looslis Engagement gegen die schweizerischen Nazis auch als «Kampagne» gegen die Fonjallaz-Initiative für ein Verbot der Freimaurerei. Nach deren deutlicher Ablehnung am 28. 11. 1937 wird Fränkel schreiben: «Der glückliche Ausgang ist ganz besonders ein Erfolg Deiner Tatkraft. Hätten wir in der Schweiz Verdienstorden, man müßte Dir heute einen ‹pour le merite› I. Klasse anheften.» (29. 11. 1937)
280 C. A. Loosli: *Schweizerdeutsch*.
281 Ironische Anspielung auf das stark färbende, billige Schreibmaschinenfarbband, das Loosli verwendet.

Mitteilung Deiner Arbeit, die – hoffentlich! – klärend wirken wird. Ich sage: hoffentlich, erwarte es aber nicht, denn, was Du ausführst, ist allzu richtig als daß es akzeptiert würde.

Wer wird – u. das ist die wichtigste Feststellung, die die Arbeit bietet – zugeben wollen, daß aller Sprach- u. Heimatschutz erst in zweiter u. dritter Linie in Frage kommt, daß alles Böse seine Quelle in der Züchtung der Charakterlosigkeit hat? Deine Ausführungen über «geistige Landesverteidigung»[282] sind vorzüglich. Die Verhöhnung des Konkordatschweizerdeutsch, der Bestrebungen für eine einheitliche Rechtschreibung – vortrefflich! Was werden unsere Schulmeister für Gesichter hiezu machen?

Ausgezeichnet ist, was Du über das Leben der Sprache ausführst; mir schien zuerst, der Exkurs zur Académie française wäre überflüssig, nachträglich aber möchte ich ihn doch nicht missen. Dein entschiedenes Auftreten gegen alles Herummanipulieren an den Mundarten ist ein Verdienst. Sehr fein ist die Bemerkung, daß die Mundarten ihre eigene Sprachlogik haben, daß man an sie nicht herantreten darf mit fremder Sprachlogik – usw.

Was Du über das Recht der Deutschschweizer auf die hochdeutsche Gemeinsprache sagst, deckt sich – beinahe auf den Ausdruck – mit dem, was auch ich bei Gelegenheit von Kellers polit. Sendung sage.[283]

[...]

1074. Loosli an Fränkel, Bern-Bümpliz, 1. Oktober 1937

[...]

Inzwischen bin ich wiederum mit einem neuen Buche beschäftigt, gegen das ich mich lange wehrte, weil ich befürchtete, es würde nur ein Abklatsch aus meinem grossen Hodlerwerk daraus werden, nämlich «Hodler als Lehrer» (oder als Kunstpädagoge).[284] Eingangs des 2. Bandes berührten Werkes habe ich ja bereits seine Schaffensgrundsätze umrissen. Schon kurz nach Erscheinen,

---

282 Die insbesondere von Bundesrat Philipp Etter propagierte Geistige Landesverteidigung wird damals im Volksmund abschätzig als «Ge-la-ver» abgekürzt. Was Fränkel und Loosli davon halten, ergibt sich im Nachfolgenden zum Beispiel aus Fränkels Brief vom 7. 1. 1939 und Looslis Replik zwei Tage später (vgl. auch Marti: *Loosli 3/2*, S. 176).
283 Hier ist zum Beispiel zu lesen: «Das Erbe eines Lessing und Herder, eines Goethe, Schiller und Kant, eines Schopenhauer und Nietzsche, eines Keller und Spitteler, von der heutigen deutschen Generation verraten, kann nur noch in der Schweiz bewahrt und fortgepflanzt werden. Der Geist, soweit er sich in deutscher Sprache spiegelt, hat nur noch hier eine Heimstatt.» (Fränkel: *Kellers politische Sendung*, S. 48)
284 Daraus wird schliesslich Loosli: *Aus der Werkstatt Ferdinand Hodlers*.

in seiner Besprechung, wünschte Dr. Hablützel vom Winterthurer-Tagblatt, dieser Teil möchte zum handlichen Gebrauch der Künstler separat gedruckt werden. Davon konnte natürlich nicht die Rede sein, schon um des Hauptwerkes willen. Zum andern waren jene Ausführungen zu diesem Ende denn doch etwas zu mager. Nun aber hat es sich im Laufe der Jahre, namentlich der letzten ergeben, dass die jungen Künstler sich, nachdem eine Weile ein anderer Wind wehte, an Hodlern heranmachen. Viele haben mich über manches von ihm befragt und es hat sich erwiesen, dass sie sich durch meine Auskünfte gefördert fanden. Da habe ich mich nun doch dazu entschlossen und als ich erst einmal meine früheren Aufzeichnungen über Hodler, – namentlich seine Gespräche und Aeusserungen – durchging, ergab es sich, dass sich recht wohl etwas Vernünftiges machen lasse. Da sich der Todestag Hodlers im nächsten Mai zum 20. Male jährt, so ist es schliesslich nicht ausgeschlossen, das Buch bei einem Verlag untergebracht zu sehen.
[...]

1075. Fränkel an Loosli, Thun-Riedegg, 1. Oktober 1937

[...]

Den Kommentarband zu den Ges. Gedichte[285] aber wirst Du kaum noch dies Jahr bekommen, obwohl alles fertig ist – es fehlt bloß ein Bogen Einleitung. Aber ich habe die Lust verloren, da ich bis jetzt für den im Juni erschienenen Band noch nicht bezahlt bin (was notabene nicht die Schuld der Zürcher Regierung ist). Doch *es bleibe unter uns*! Alles Mahnen hilft nichts. Du begreifst: man mag nicht das Gut zum Druck für einen neuen Band, das Ergebniß vieljähriger Arbeit, geben, wenn der frühere Band noch nicht honoriert ist. Ich hatte gehofft, der Kommentarband würde schon im September herauskommen können, u. hatte mich selber darauf gefreut. Es ist immer die gleiche Geschichte mit den Verlegern. Sei herzlich gegrüßt!

Dein Fr.

1076. Loosli an Fränkel, Bern-Bümpliz, 3. Oktober 1937

[...]

Dass Du betreffend den Kommentarband in dieser dummen Lage bist, tut mir aufrichtig leid, und dass Du streikst ist mir daher mehr als begreiflich. Aber inzwischen wird natürlich behauptet werden, Du würdest nie fertig und an

---

285 Keller: SW 2.2.

Dir liege es ausschliesslich, wenn die Arbeit nicht vorwärtskomme und das Erscheinen der Bände solange auf sich warten lasse. Und das wird Dir, nicht nur in casu, sondern auch künftig allenfalls schaden können, so dass ich Dir dringlich rate, Dich wenigstens in dieser Richtung für jetzt und künftig zu salvieren, was ja in allen Formen der Urbanität geschehen kann.

Es ist ja immer so: – dass die Verleger ihre Setzer, Korrektoren, Maschinenmeister, Papier- und Farblieferanten usw. auf Termin bezahlen müssen, anders das Betreibungs- oder das Gewerbegericht unverzüglich einsetzt, das ist ihnen so geläufig, dass sie sich gar nicht daran stossen, obwohl sie nur teilweise Löhne und Preise bestimmen. Nur gegenüber dem, der die Initial- und Hauptarbeit leistet, zum Voraus, auf eigene Rechnung und Gefahr, monate- und jahrelang, dem drückt man den Preis und den bezahlt man erst oder schlecht, wenn es überhaupt nicht mehr zu vermeiden ist. Und unser Schweizerischer Schriftsteller-Verein, der heuer 25 Jahre alt wird, und den mitgegründet zu haben ich mir auf dem Sterbebett kaum verzeihen werde, hat es in dieser langen Zeit nicht dazu gebracht, Wandel zu schaffen, weil er zu mehr als neun Zehnteln nicht aus freien Schriftstellern, sondern aus Schulmeistern und andern Festbesoldeten zusammengesetzt ist; nämlich aus Journalisten, Redaktoren, Beamten usw. die nicht unbedingt auf ihre schriftstellerischen Einnahmen angewiesen sind. Unser Schrifttum schaut aber auch danach aus!

Ich war der erste und lange Zeit der einzige, der unbekümmert darum, ob es mir schade oder nicht, dagegen ankämpfte. Dafür komme ich in meinen alten Tagen ins Armenhaus und das Gute, das ich allenfalls hätte leisten können, bleibt ungetan. – Et voilà notre sort! –

Aber Kopf hoch dennoch und herzliche Grüsse von Deinem immer noch unverzagten
C. A. Loosli

1077. Fränkel an Loosli, Thun-Riedegg, 4. Oktober 1937

[...]

Die Streiklust, von der ich Dir neulich gemeldet habe, ist inzwischen überwunden. Auf richtige Beschwörungen hin ist endlich – nach einem halben Jahr – das Honorar gekommen u. ich bin am Abschließen des Kommentarbandes. Übrigens: einen Kommentarband zu liefern, dazu bin ich nicht verpflichtet – es ist ein Luxus, den ich mir leiste. Wieviel Arbeit darin steckt, wird kein Leser ahnen.

[...]

1080. Loosli an Fränkel, Bern-Bümpliz, 31. Oktober 1937

[...]

Seit Jahrzehnten hat sich, – noch mehr als zur Zeit der zweiten Hälfte des Weltkrieges, – dem schweizerischen Verlag keine so günstige, wohl nie wiederkehrende Gelegenheit geboten, sich von Deutschland nicht bloss zu emanzipieren, sondern im deutschsprachigen Buchverlag überhaupt die führende Stellung zu erringen. Wobei vor allen Dingen der Inlandmarkt zu erobern wäre, was heute nicht mehr so schwer wäre, wie noch vor wenigen Jahren. Aber die Leute ersticken in ihrer Routine und fühlen sich auf eine veraltete, fast mittelalterliche Geschäftsführung dermassen festgelegt, dass ihnen jede klare Einsicht und jeder Wagemut abhanden gekommen ist. Dabei verdienen sie tatsächlich wenig oder nichts, während das Ausland in unserm Lande jede einigermassen gangbare Weide ihnen vor der Nase weg abgrast.

Prag und Wien haben begriffen, was die Glocke geschlagen hat: – in Paris und in Amsterdam erstehen gutgehende deutsche Verlagsanstalten; – nur in der ach so gebildeten, geschäftüchtigen, verlesezirkelten, schlafmützigen Schweiz merkt man nichts, und in unsern Verlegerkreisen geben Knoten wie E. C. Lang (Francke), den Ton an.

Es ist zum heulen!

[...]

1081. Fränkel an Loosli, Thun-Riedegg, 1. November 1937

Mein lieber Loosli,

ich habe nichts dagegen, daß Du Deinem Verleger mitteilst, was ich Dir über Dein erfreuliches Büchlein geschrieben habe, wenn Du meinst, daß er etwas darauf gibt.[286]

Dir aber, mein Lieber, muß ich, nachdem ich mich gestern, also am Sonntag, nicht enthalten konnte, länger in dem Band zu blättern, ein Privatissimum erteilen: Du mußt Deine Bücher in Zukunft ordentlicher durchsehen, ehe Du das Gut zum Druck gibst, denn Du verdirbst Dir zum guten Ende selber Deine besten Arbeiten. Es gibt Kritiker, die ein nachlässig korrigiertes Buch einfach unmutig wegwerfen (zu ihnen gehörte sogar Gottfr. Keller, wie Du aus meinem Kommentarband ersehen wirst).

Es darf nicht vorkommen, daß Du z. B. das Wort «gelegentlich» in einem oder zwei Sätzen nicht weniger als *drei*mal gebrauchst. Oder: Du vergißt, daß

---

286 Loosli: *Erlebtes und Erlauschtes*.

«ward» die Abkürzung von «wurde» ist u. gebrauchst es wie «war». Es ist am besten, wenn ich Dir mein Exemplar gleich sende: geh meinen Strichlein u. Korrekturen nach, setze z. B. an den betreffenden Stellen für «ward» ein «wurde» – und Du wirst sofort das Unmögliche der Konstruktion erkennen. Entmutigen soll Dich das nicht, mein Lieber! Wer ein so saftiges Deutsch schreiben kann, wie Du, der hat einfach die Pflicht, sich nicht seine schönen Sachen selbst zu beflecken. Du hast (ich hab Dirs schon früher einmal gesagt) in den letzten Jahren Dich ordentlich hinter Dein Deutsch gemacht, aber leider mit Hilfe von untauglichen Mitteln, nämlich mit Hilfe von reichsdeutschen Schulmeistern. Du gebrauchst z. B. Worte, die ich *niemals* mir erlauben würde zu gebrauchen, weil sie nazideutsche Erfindungen sind, wie z. B. «Schriftleiter» für das gut eingeschweizerte «Redaktor». Da bin ich einfach konservativ und lasse an mich die «Neuschöpfungen» aus dem Reiche nicht heran. Tu Du es auch!

Korrigiere an Hand meines Exemplars den Text in Deinem Exemplar u. schick mir das meinige wieder zurück[287] und – bessere Dich! *Mir* verderben die paar Sprachfehler die Freude an der prächtigen Sammlung *nicht*; aber sie sollten sich in Zukunft nicht wiederholen.

Sei herzlichst gegrüßt von Deinem mit Arbeit geplagten Fränkel

1082. Fränkel an Loosli, Thun-Riedegg, 2. November 1937
Mein lieber Loosli,

Du kannst Dir denken, wie mich das obergerichtliche Urteil[288] empört, das die Protokolle als eine politische Streitschrift bewertet. Und dann, was Dich persönlich betrifft, die merkwürdige Logik: weil Du vorher bereits in einem Buche Dich mit den Protokollen beschäftigt hattest, seiest Du nicht unparteiisch! Der logische Schluß wäre: nur wer mit der Materie *nicht* vertraut ist, kann ein unparteiisches Urteil abgeben …

---

287 Das Exemplar von *Erlebtes und Erlauschtes* in Fränkels Bibliothek trägt die Widmung: «Seinem lieben Fränkel in alter Freundschaft / C. A. Loosli / 27. X. 37.» Von Fränkel sind mit Bleistift ungefähr zwei Dutzend Korrekturen eingetragen. Eine Feststellung Looslis im Geleitwort hat Fränkel mit «richtig» kommentiert. Sie lautet: «Denn bei Lichte besehen ist Witz nie etwas anderes als umgeformtes, sozusagen kristallisiertes Leid, daher als solcher der anders aussichtslosen Notwehr entsprossen.» (S. 7)
288 Am 1. 11. 1937 hebt das Berner Obergericht das erstinstanzliche Urteil vom 14. 5. 1935 zu den *Protokollen der Weisen von Zion* auf und spricht die verurteilten Frontisten frei, und zwar weil der angewendete Artikel 14 des bernischen Gesetzes gegen die Schundliteratur nur «gegen pornographische Druckerzeugnisse» anwendbar sei (Marti: *Loosli* 3/1, S. 354, sowie Loosli: *Werke* 6, S. 404–409).

Freilich, wir wissen ja, wie die Richter für unsere Appellationsgerichte gewählt werden …

[…]

1083. Loosli an Fränkel, Bern-Bümpliz, 2. November 1937

[…]

Wenn Du diesen Brief erhalten wirst, wirst Du auch den Ausgang des Zionistenprozesses erfahren haben. – Beaucoup de bruit pour une omelette[289] –, und für die Klägerschaft eine grosse Enttäuschung obendrein.

Immerhin, – für mich wirkt es schier wie eine Befreiung. Dass sich die Kammer in der übrigens nicht üblen Urteilsbegründung, was mich persönlich anbetrifft, widerspricht, erachte ich als irrelevant. Indem sie meine Voreingenommenheit als Sachverständiger zum mindesten als möglich annahm, weil ich anno 1927 meine «Schlimmen Juden» veröffentlicht hatte, hat sie eigentlich nur einem Grundsatz Folge geleistet, der vor bernischen Gerichten in weitaus den meisten Fällen praktisch angewandt wird, nämlich als Experten nur Leute zu bestellen, die nichts von der Sache verstehen. Und da dieselbe Kammer letztes Jahr die gegen mich eingereichte Strafklage wegen falscher Expertise mangelnden Tatbestandes halber abwies, so hat sie sich lediglich mit sich selber in Widerspruch gesetzt.

Schlimmer ist, dass sie das Schundliteraturgesetz hier als unanwendbar erachtete, obwohl sich juristisch gesprochen, dieser Standpunkt leider sehr wohl verteidigen lässt. Das kommt von einer zu kasuistischen Gesetzgebung. Rollier, der das Gesetz s. Z. entwarf, und dem ich sagte, es würde gerade in den wesentlichsten Fällen versagen, wollte das nicht gelten lassen, sondern hielt mir weiss Gott wie viele formaljuristische Gegenbeweise entgegen. Und nun erweist es sich, dass ich wohl strafbar bin, wenn ich im Schaufenster, als Buchhändler, etwa die Sonnette Aretins, oder Schnitzlers Reigen, oder ein «nacketes Weibsbild» in Ansichtskartenformat zum Verkauf ausstelle, nicht aber, wenn ich vermittelst Druckschriften zu Pogromen und Bürgerkrieg aufhetze.

Ebenso bei den Eigentumsdelikten: – stehle ich in der Not einen Schinken, so erfasst mich das Strafgesetz wegen Diebstahl; verludere oder unterschlage

---

289 Die sprichwörtliche Redewendung wird Jacques Vallée Des Barreaux in den Mund gelegt, der damit auf ein Donnern reagiert habe, das in dem Moment einsetzte, als er sich an einem Fastentag ein Omelett mit Speck zubereitete.

ich, – wie unsere Banken, – Millionen sauer erworbener Sparbatzen, so reicht unsere Gesetzgebung nicht einmal zu einem Ueberweisungsbeschluss aus.
[...]

1095. Fränkel an Loosli, Thun-Riedegg, 19. und 25. Dezember 1937

[...]

Und nun zu Deinem freundlichen Vorhaben, mich in der Reihe der «Schweizer Köpfe» abzuhandeln.[290] Ein bischen in Verlegenheit bringt es mich schon, denn ich frage mich: darf Deine und meine Meinung, dass Schweizersein nicht auf Geburt, sondern auf Gesinnung beruht, als eine allgemein-gültige betrachtet werden? Freilich wenn ich an Gottfried Kellers Ausspruch denke (von mir seinerzeit in der «Nation» zitiert): «Wenn ein Ausländer die schweizerische Staatseinrichtung liebt, wenn er sich glücklicher fühlt bei uns als in einem monarchischen Staate, wenn er in unsere Sitten und Gebräuche freudig eingeht und überhaupt sich einbürgert, so ist er ein so guter Schweizer als einer, dessen Väter schon bei Sempach gekämpft haben»[291] – so verstummt die Zweifelsfrage. Entscheidend ist allerdings nicht einmal das, was der junge Gottfried Keller in einer von der unsern ganz verschiedenen Zeit gesagt hat, vielmehr meine eigene Erwägung, die sich etwa so formulieren liesse: Wenn man die Schweiz liebt auch *ohne* Gegenliebe, wenn es einem zum Naturbedürfnis geworden ist, alles was einem in den Blickraum kommt, vom Gesichtspunkte der Schweiz zu beurteilen, das Wohl und Wehe der Schweiz als sein eigenstes Wohl und Wehe zu empfinden, wenn man mit allen seinen Gedanken und mit seinem geistigen Sein für die Schweiz lebt – und vor allem: wenn man immer ein ideales Bild der Schweiz in sich trägt, an dem man hängt und von dem man sich niemals trennen wird, selbst wenn es alle Tage aufs neue Lügen gestraft wird, so *ist* man Schweizer. So kommt es, dass ich mich berechtigter fühle, mich Schweizer zu nennen, als Mancher, dessen Ahnen bei Sempach kämpften.

---

290 Im Brief vom 13. 12. 1937 hat Loosli Fränkel mitgeteilt, er wolle für eine «Serie kurzer Biographien» in der *Nation* einen Beitrag über ihn schreiben. Dafür bittet er um Angaben über dessen Jugend, Bildungsgang, Zivilstand und Berufskarriere sowie um eine summarische Bibliografie seiner Veröffentlichungen. Bevor Loosli aber seinen Beitrag geschrieben haben wird, wird es im April 1938 zum endgültigen Zerwürfnis zwischen ihm und dem Redaktor der *Nation* Hans Graf kommen.

291 Gottfried Keller: *Vermischte Gedanken über die Schweiz*, in: Keller: HKKA 16.1, S. 385–399, hier S. 389. Der 22-jährige Keller verfasste den Aufsatz in München für eine handgeschriebene, nur in einem Exemplar existierende Studentenzeitung, das *Wochenblatt der Schweizergesellschaft*.

Dies vorausgeschickt gehe ich dazu über, die gewünschten Daten für Dich zusammenzulesen. –

25. XII. Soweit kam ich vor sechs Tagen, mußte abbrechen und kam wegen verschiedener Abhaltungen nicht weiter. Heute setze ich endlich fort.

Geboren 12. August 1879 in Krakau, der Metropole des Polentums unter der liberalen Herrschaft Habsburgs. Entsprossen einem Geschlechte rabbinischer Gelehrten, in dem gelehrte Tradition sich durch Jahrhunderte in ununterbrochener Folge verfolgen lässt. Unter 7 Geschwistern das drittälteste Kind von Eltern, die in sehr drückenden ökonomischen Verhältnissen (die ganze Familie schlief in zwei Zimmern!) lebten, die aber gehoben wurden durch das Bewusstsein einer vornehmen Herkunft, die verpflichtete. Meine Muttersprache war polnisch (nicht der jüdisch-polnische Jargon). Mit 11 Jahren kam ich aufs polnische Gymnasium, fühlte mich als Pole. Mit 13 oder 14 Jahren ein erschütterndes Erlebniß, das mir zu Bewußtsein brachte, in einem judenfeindlichen Lande eingewurzelt zu sein. Entschluß, deutsch so zu erlernen, daß ich einmal das antisemitische polnische Vaterland verlassen könnte, um in der gesegneten deutschen Literatur wirken zu können, in der einem Moses Mendelssohn ein ehrenvoller Platz eingeräumt war (seine Biographie hatte ich mit etwa 13 Jahren in polnischer Sprache gelesen). Schon mit dreizehn Jahren verdiente ich Geld mit Stunden. Was mir von dem verdienten Geld nach Bezahlung des hebräischen Lehrers (bei dem ich jeden Tag nach der Schule Unterricht hatte, denn ich wollte Rabbiner werden) und Bestreitung sonstiger notweniger Dinge übrig geblieben, ging für deutsche Bücher auf – genauer: für Reclam-Bändchen und – der kostbarste Erwerb – für Anschaffung eines deutschen Wörterbuchs (der kleine Sanders).[292] Mit seiner Hilfe las ich – nein: studierte ich jedes Reclam-Bändchen, in dessen Besitz ich kam. Das früheste Bändchen, das ich mir angeschafft, steht noch heute in meiner Bibliothek mit der Jahreseintragung von der Hand des Gymnasiasten: 1893, es war Mendelssohn «Phädon oder Über die Unsterblichkeit der Seele».

Mit ungefähr fünfzehn Jahren stellte sich ein heftiges Ohrenleiden ein mit Gehörabstumpfung, was mich zwei Jahre vor Absolvierung des Gymnasiums zwang, aus der Schule auszutreten; ein beschränkter, trottelhafter Antisemitismus beim Lehrer der Mathematik in unserer Klasse war für den Austritt mitbestimmend. Als ich mich dann zur Matura meldete, ließ mich dieser selbe Lehrer durchfallen. Ich hatte mir inzwischen die deutsche Sprache, die

---

292 Daniel Sanders: *Handwörterbuch der deutschen Sprache*, Leipzig 1869.

ich mündlich kaum beherrschte, so weit angeeignet, daß ich es bereits wagen konnte, etwa ein Feuilleton nach Wien zu schicken – ja, daß ich nicht nur ein Drama von Schnitzler ins Polnische übertrug (was mir seine durch Jahre fortwährende Zuneigung einbrachte), sondern auch daran ging, größere polnische Erzählwerke zu verdeutschen. Das gab mir Mut, die Heimat zu verlassen – für immer – und zunächst nach Wien zu ziehen, wo ich mich ein Jahr lang von einem bekannten Ohrenspezialisten behandeln ließ, während die Hoffnung, an der Universität Literatur und Kunst zu studieren, durch mein Gehör zunichte wurde. Mit 20 Jahren – 1899 – kam ich nach Bern, angezogen durch den großen Namen – Ludwig Steins, bei dem ich Philosophie studieren wollte und der mir ein kleines Stipendium in Aussicht gestellt hatte. Doch kaum war ich ein paar Wochen Steins Hörer, so schwenkte ich rasch zu Walzel über, bei dem ich im Sommer 1902 promovierte. Als Student publizierte ich im Jahre 1901 einen Band von Sienkiewicz bei Benteli (seither datiert unsere Freundschaft), kam in Verbindung mit Widmann und der Redaktion der «Neuen Zürcher Ztg.» und mehrere Jahrgänge der «Deutschen Dichtung» von Franzos druckten Gedichte, die ich eingesandt hatte.[293] Am Tage nach meiner Doktorpromotion mußte ich ins Bett gehen: Erschöpfung infolge Hungerns und eine langwierige Lungenaffektion. Es folgte ein halbes Jahr Sanatoriumsaufenthalt in Meran, dann am Genfer See. Im Herbst 1903 siedelte ich mich in Zürich an, wo ich während eines Jahres fleißig literarische Feuilletons für Fritz Marti schrieb. Ende 1904 zog ich nach Berlin, um zu versuchen, in die Literatur hineinzukommen. Durch meine eben in einem angesehenen wissenschaftlichen Verlag erschienene Dissertation[294] erwarb ich mir das Vertrauen Erich Schmidts, der dem jungen Doktor das wichtige Referat über Drama und Theatergeschichte des 18. und 19. Jahrhunderts in den «Jahresberichten für neuere deutsche Literaturgeschichte» übertrug. Ich blieb in Berlin bis 1908. Es waren für mich fruchtbare Arbeitsjahre, die den Grund legten zu meiner künftigen wissenschaftlichen Wirksamkeit. Doch ich konnte mich in der Luft der preußischen Hauptstadt nicht akklimatisieren, ich blieb dort fremd, fühlte mich in meinem Herzen mit der Schweiz verwachsen. Das Spitteler-Erlebniß, das in die berliner Jahre fiel,

---

293 Die von Karl Emil Franzos herausgegebene Zeitschrift *Deutsche Dichtung* ist zwischen 1886 und 1904 zweimal jährlich erschienen. In den Bänden 27 (1899/1900), 28 (1900), 30 (1901), 31 (1901/02), 34 (1903) und 35 (1903/04) sind je ein oder zwei Gedichte Fränkels erschienen. Darin gibt ein lyrisches Ich seiner Einsamkeit, seiner vergeblichen Hoffnung auf eine vertraute Seele und seiner Distanz zum sinnlosen Getriebe der Welt Ausdruck.
294 Fränkel: *Zacharias Werner*.

entschied über mein ferneres Schicksal. Im Frühjahr 1908 veröffentlichte ich in Hardens «Zukunft» meine Studie über Spitteler[295] – ohne ihn persönlich zu kennen –, von jenem Tage an band mich Spitteler an sich. Um eine äußere Veranlassung für eine Rückkehr nach Bern zu haben, meldete ich mich zur Habilitation an der Hochschule an und siedelte Anfang 1909 endgültig nach Bern über.

Was seither folgte, hast Du alles miterlebt als treuer Freund und Weggenosse. Seit Herbst 1909 Privatdozent, dem der Ordinarius – Maync – stets Hindernisse in den Weg legte, endlich im Jahre 1921 – nicht auf Antrag der Fakultät, sondern dank Initiative des damaligen Erziehungsdirektors Merz – Extraordinarius, womit meine akademische Tätigkeit nun endgültig ihre engen Wirksamkeitsgrenzen fand.

Meine Bibliographie zusammenzustellen bist Du beinahe noch besser in der Lage wie ich. Besitzest Du doch alles, was ich im Laufe der drei Jahrzehnte herausgebracht habe: meine Doktorarbeit über Zacharias Werner, dann die Romantiker-Veröffentlichungen, die Goethe-Publikationen, die meinen wissenschaftlichen Namen begründet haben, so daß man mich in Bern, als ich mich zur Habilitation anmeldete, nicht gut abweisen konnte. Die Briefe Goethes an Frau v. Stein halte ich für wegweisend im Hinblick auf meine wissenschaftliche Arbeit. Als die 3 Bände erschienen waren, drückte ein wissenschaftlicher Rezensent sein Erstaunen darüber aus, daß ich auf den zwei Bogen meiner Einleitung mit keinem Worte den Temperaturgrad des Verhältnisses zwischen Goethe und Frau v. Stein untersucht, ja kein Wort überhaupt über das Liebesverhältnis gesagt hatte. Ich aber war gerade darauf stolz, daß ich in der Einleitung zu diesen Briefen über etwas anderes und wichtigeres hatte sprechen können als über Goethes Liebe … Darin zeigte sich mein völlig verschiedenes Verhältnis zur Literaturwissenschaft als das der Deutschen und unserer deutsch-schweizerischen (die ja in keinem Punkte anders sind als ihre Brüder nördlich des Rheins) Literarhistoriker.

Meine 3-bändige Ausgabe von Heines Gedichten – unbewusst eine Vorbereitung auf mein Keller-Werk (Über das Neue an meinen Heine-Bänden Näheres in meinem Aufsatz im «Insel-Schiff» 1925).[296]

Seit 1909 geht neben allem andern, vor allem neben den Vorlesungen, die

---

295 Jonas Fränkel: *Carl Spitteler*, in: *Die Zukunft* 16, 23 (1908), S. 334–343.
296 Jonas Fränkel: *Zur neuen Insel-Ausgabe von Heines Gedichten*, in: *Das Inselschiff*, Jg. 6, 1925, S. 140–148.

Vorbereitung der Spitteler-Biographie. Im Sommer-Semester 1910 zum ersten Mal ein Spitteler-Kolleg angekündigt. 1916 meine ausführliche Kritik Ermatingers in den Götting. gelehrten Anzeigen, zwei Jahre später (nun in einer Zeit, da mir wegen meiner Stellungnahme für den durch die deutschen Journalisten verfehmten Spitteler die deutsche Presse versperrt und ich fast ausschließlich auf die spärlichen Einnahmen von meiner Dozentur angewiesen war, mir ein Honorar zu sichern) Vertrag mit Schroll geschlossen wegen Keller-Ausgabe – sie sollte in 2–3 Jahren fertig sein![297] Seit 1918 Kämpfe um Kellers Nachlaß, die erst nach 12 Jahren – dank Wettsteins Einsicht – ein Ende fanden.

Die Arbeit aus dem «Euphorion» vom J. 1928 – meine Auseinandersetzung mit der sog. Keller-Forschung – hast Du. Was dort besonders auf den 2 ersten Seiten Grundsätzliches gesagt ist, scheint mir wichtig zu sein. Weiteres Grundsätzliches über das Keller-Werk steht zu Anfang des wohl im Laufe des Januar erscheinenden Kommentarbandes zu den Ges. Gedichten. Ich schicke Dir hier die beiden ersten Bogen. Ende Januar dürfte auch der Band «Gottfr. Kellers Briefe an Vieweg» herauskommen (der Band ist noch nicht heraus, weil der Verlag wegen der Nazi meinen Namen vom Titelblatt verdrängen wollte, was ich – wegen der Nazi – nicht gestatten wollte; jetzt ist der Konflikt beigelegt).[298]

1918 erschien meine Abhandlung über das Epos, 1919 die Schrift über Widmann, 1925 die von mir revidierte Textausgabe der Gedichte Meyers.[299] Das 2-bändige Werk «Huttens letzte Tage», seit mehr als zwei Jahren druckfertig, kann nicht heraus – die Bereitwilligkeit des Stadtpräsidenten von Zürich, den Druck aus städtischen Mitteln subventionieren zu lassen, scheiterte an der nunmehr 20 Jahre alten Rache Ermatingers, der in der Literaturkommission der Stadt Zürich das entscheidende Wort hat.

Wie es mit meinem wichtigsten Werk, der Spitteler-Biographie, steht, weißt Du. Der Bundesrat sperrt mir den Nachlaß, der einzig für mich bestimmt war; er mordet im wörtlichen Sinne die Spitteler-Biographie.

Vieles ist im Manuskript vorbereitet, das im Laufe des nächsten Jahrzehnts, als späte Früchte jahrzehntelangen Reifens, erscheinen könnte, wenn ich einen Verleger hätte: eine Keller-Biographie, ein Meyer-Werk, ein 2-bändiges Werk

---

297 Am 1. 1. 1921, 30 Jahre nach dem Tod des Dichters, wurden die Rechte an den Werken Gottfried Kellers frei.
298 Auf dem Buchdeckel steht lediglich *Gottfried Kellers Briefe an Vieweg*, auf dem Titelblatt dann zusätzlich «Herausgegeben von Jonas Fränkel».
299 Conrad Ferdinand Meyer: *Werke*, Bd. II: *Gedichte. Huttens letzte Tage. Engelberg* (Textrevision von Jonas Fränkel), Leipzig: H. Haessel Verlag, 1924.

über Goethe, eine Sammlung meiner kleineren Abhandlungen zu meinen Goethe-Studien, eine kommentierte Ausgabe von Meyers Gedichten – usw. Auch ein Heine-Buch liegt mir am Herzen. Ob von all dem etwas wird herauskommen können, hängt nicht von mir ab. –

Sieh zu, mein Lieber, ob Du von dem langen Monolog, den ich hier gekritzelt habe, etwas wirst brauchen können. Das Private – also die Geschichte meiner Jugend – lieber für Dich allein bewahren; sie floß mir aus der Feder, während ich vorhatte, bloße Daten aneinanderzureihen.

Wie sehr mich Dein neulicher Aufsatz[300] in der «Nation» gefreut hat, hab ich Dir bereits am Telephon gesagt: es war mir alles aus dem Herzen gesprochen.

Ich war diese Woche nicht wohl u. muß etwas für meine Gesundheit tun. So fahre ich denn morgen für 2 Wochen an die französische Riviera, um fleißig in der Sonne zu spazieren u. im Stillen das Nächste vorzubereiten. Möchte uns beiden das Neue Jahr wenigstens Schlimmes fernhalten, mit dem Übrigen werden wir dann, hoffe ich, schon fertig. Nimm das Herzlichste für Dich u. die Deinigen von Deinem getreuen

Fränkel

Photographie? Außer der, die Grün brachte, einer nicht mehr guten, 13 Jahre alten, hab ich keine. Ich will sehen, ob ich in Frankreich Gelegenheit haben werde, einen guten Photographen aufzusuchen.

---

300 Vermutlich ist gemeint: C. A. Loosli: *Zum Ergebnis der Volksabstimmung vom 28. November*, in: *Die Nation*, Nr. 49, 2. 12. 1937. Darin hat Loosli die deutliche Ablehnung der Fonjallaz-Initiative für ein «Verbot der Freimaurerei» kommentiert.

1938

Die innen- und aussenpolitische Lage wird immer angespannter: Der Schriftsteller Charles Ferdinand Ramuz, der ein offenes Wort über die schweizerische Kultur wagt, gerät ins Visier der geistigen Landesverteidiger der deutschen Schweiz; Loosli muss gegen Nazis vor Gericht und erhält Morddrohungen; «das Emigrantenelend» (Fränkel) spitzt sich nach dem «Anschluss» Österreichs ans Deutsche Reich zu; Bern einigt sich mit Berlin darauf, dass Pässe von deutschen Juden mit einem «J» gestempelt werden sollen, und in Deutschland erreichen die antisemitischen Pogrome mit der Reichskristallnacht am 9./10. November einen neuen Höhepunkt. Dies alles kommt in den Briefen am Rand zur Sprache. Im Zentrum stehen weiterhin die eigenen Kämpfe und Arbeiten: Looslis Buch über *Administrativjustiz* und Fränkels Edition des Briefwechsels zwischen Gottfried Keller und dem Verleger Vieweg. Ende Jahr reist Fränkel nach Südfrankreich, um Möglichkeiten, sich dort eine neue Existenz aufzubauen, zu sondieren.

1099. Loosli an Fränkel, Bern-Bümpliz, 3. Januar 1938

[...]

Was nun den Fall Ramuz anbetrifft,[301] so handelt es sich, wie bereits mitgeteilt, um ein regelrechtes, echt schweizerisches Kesseltreiben. Im Wesentlichen hat er nämlich nichts mehr und nichts weniger gesagt, als was Gottfried Keller feststellte, als er die Bemerkung fallen liess, die Schweiz sei ein Holzboden für ideale Bestrebungen.[302] Ramuz nun knüpft an diese und an die fernere Feststellung, dass die derzeitigen Schweizer nur Sinn für Profit und kleinlichen Ordnungsfanatismus aufbringen, die patriotisch bekümmerte, und sachlich durchaus berechtigte Frage, ob das auch zu ihrer politischen und militärischen

---

301 Für die der Schweiz gewidmete Nummer der französischen Zeitschrift *Esprit. Revue internationale*, Nr. 61, 1. 10. 1937, schreibt Charles-Ferdinand Ramuz einen Offenen Brief, worin er in Abrede stellt, dass es eine einheitliche schweizerische Kultur gebe: «Ici, en Suisse, il n'y a que les boîtes aux lettres et l'uniforme de nos milices qui présentent quelque uniformité.» Das löst in der deutschen Schweiz einen Sturm der Entrüstung aus (vgl. Gérald Froidevaux: *Ich bin Ramuz – nichts weiter. Materialien zu Leben und Werk*, Zürich: Limmat, 1987). In Bern greift der *Bund*-Chefredaktor persönlich in die Debatte ein (Ernst Schürch: *Kranker Föderalismus*, in: *Der Bund*, Nrn. 520, 522 und 524, 7., 8. und 9. 11. 1937).
302 Am 28. 1. 1849 schreibt Gottfried Keller in einem Brief an seinen Freund Wilhelm Baumgartner: «Für einen Poeten ist die Schweiz ein Holzboden.» (Keller: GB 1, S. 276)

Landesverteidigung ausreichen möchte, vom Augenblick an, wo, wie im nächsten möglichen internationalen Konflikt zu befürchten steht, eigentliche Lebens- und Weltanschauungen einander gegenüberstehen werden. Er tut es in Sinn und Ton eines ernsthaft bekümmerten Schweizerbürgers, und verdiente dafür alles andere, als die dreckige, kleinliche Anfeindung just der Organe, die das Beste, was die geistige Schweiz auf irgendwelchem Gebiete kulturell geleistet hat oder leistet, immerdar bedingungslos unterdrückt und verraten haben. Dass Schürch, der doch sonst ab und zu noch lichter Gedanken fähig ist, hier miteinstimmen musste, finde ich doppelt bedauerlich, aber des «Bundes» durchaus würdig, und seiner feigen, heimtückischen Charakterlosigkeit durchaus angemessen.

[...]

1103. Loosli an Fränkel, Bern-Bümpliz, 23. Januar 1938

[...]

Aber nun habe ich wieder einmal etwas verübt, das mir natürlich «schaden wird»; – als ob uns noch etwas schaden könnte. Dieser Tage erhielt ich das beiliegend abgeschriebene Rundschreiben Zulligers, auf das ich prompt vermittelst eingeschriebenen Briefes, (Abschrift liegt ebenfalls bei), reagierte.[303] Die Leute sind gestern zusammengekommen und natürlich weiss ich noch nichts über den «Effekt». Da Moeschlin ja dabei war, lässt er sich ahnen.

Ich finde die Chuzpe der HH. Schulmeister köstlich, sich dafür, dass sie nachweisbar ihrer Nebenbeschäftigungen und Liebhabereien willen die Schule nachgerade auf einen kaum mehr zu unterbietenden Tiefstand gebracht haben, nun unter anderem auch noch als Prämie dafür anmassen, den sogenannten bernischen Literaturkredit, unter Ausschluss der Berufsschriftsteller zu verteilen, während diese, wenn sie in Not geraten, da sie weder feste Besoldungen beziehen noch ruhegehaltsberechtigt sind, an die öffentliche Armenpflege wachsen müssen, wie mir vor einigen Jahren geschah.

---

303 In einem Rundschreiben «An die bernischen Schriftsteller» orientiert Hans Zulliger am 15. 1. 1938, dass sich bereits am 18. 12. 1937 16 Schriftsteller getroffen hätten, um über «ein[en] engere[n] Zusammenschluss (etwa als Gruppe des SSV)» zu reden. Für den 22. 1. 1938 lädt er zu einer weiteren Diskussion ein, an der auch der SSV-Präsident Felix Moeschlin teilnehmen soll. Loosli entschuldigt sich mit Brief vom 21. 1. 1938 für dieses Treffen: Da ihm im Kanton Bern «keine 6 freie Berufsschriftsteller» bekannt seien, handle es sich offenbar um eine Einladung an «fixbesoldete Leute, die nebenamtlich schriftstellerisch» tätig seien. Er gehe deshalb davon aus, die Einladung an ihn sei ein Versehen gewesen (SLA-Fraenkel-B-2-LOO, 1938, vgl. auch Marti: *Loosli* 3/2, S. 455 und 669). Zulligers Initiative wird am 10. 5. 1941 schliesslich zur Gründung des Berner Schriftsteller-Vereins führen.

Allein, das wäre noch das Geringste und hat nur moralische Bedeutung, angesichts des lächerlichen Kredites.

Schlimmer ist schon, dass sie die Jury bestellen, die über die damit auszuzeichnenden Arbeiten verfügt und dass dem Berufschriftsteller, will er mitmachen, zugemutet wird, sich der Beurteilung von Dilettanten zu unterstellen, was natürlich keinem, der etwas auf sich hält, auch nur im Traume einfällt.

[...]

1121. Loosli an Fränkel, Bern-Bümpliz, 20. März 1938
Mein lieber Fränkel,

vor allen Dingen danke ich Dir herzlich für Deine lieben, mir gestern von Bettina überbrachten Zeilen. Das Urteil hat mich keineswegs überrascht: – seit dem Novemberfehlspruch betreffend die «Zionistischen Protokolle» war ich auf so etwas ziemlich gefasst.[304] Es erweist nur einmal mehr, wie nahe uns innerlich eigentlich schon das Schicksal Oesterreichs bevorsteht: – die HH. Oberrichter sind schon jetzt dafür besorgt, auch unter Hitler in ihrem Amt zu bleiben. Kostenpunkt für mich: 1345.–. Fr.

Es bleibt abzuwarten, wie das Urteil motiviert ist, was wir erst in 8–14 Tagen wissen werden, um schlüssig zu werden ob sich ein staatsrechtlicher Rekurs an das Bundesgericht lohnt. Persönlich verspreche ich mir hell nichts davon; – es sind in der letzten Zeit fünf Berner dort eingezogen, – und dann, trotz der schweren Last, die mir das Urteil auferlegt, ist es mir schon lieber es ertragen zu müssen als es gefällt zu haben.

«Quand on vous accusera d'avoir volé les tours de Notre-Dame, prenez la fuite!»[305]

Ich bin, von allen Beteiligten und vielen Unbeteiligten, darob wohl am gelassensten geblieben, was mich in casu herzlich wenig kostete, weil ich seit vielen Jahrzehnten bereits weiss, wohin wir treiben, folglich auch nicht besonders überrascht gewesen wäre, wenn es noch schlimmer ausgefallen wäre.

[...]

---

304 Fränkel hat Loosli tags zuvor geschrieben, er habe soeben «über Deine Verurteilung im Prozess gegen Leonhardt» gelesen (vgl. HK: *Verleumdungsprozess Major Leonhard* [sic] *gegen Schriftsteller Loosli*, in: *Der Bund*, Nr. 129, 17. 3. 1938). Loosli ist wegen Verleumdung verurteilt worden (Marti: *Loosli 3/2*, S. 124).

305 Bekannte, auf die Willkür der Justiz gemünzte Redewendung, die auf das 17. Jahrhundert zurückgehen soll.

Nun steht mein Prozess gegen Tödtli und Mithafte[306] noch bevor. Dort werden wir neuerdings allerhand Erbauliches erleben. Hoffentlich ist es dann der letzte, denn ich habe wirklich Besseres zu tun, als mich mit diesem Pack herumzuschlagen. Was mich jedoch hier noch dazu bestimmt, ist die Erwägung, dass anders dem Publikum wieder einmal Tatbestände vorenthalten würden, die es wissen muss um, insofern es noch den sittlichen Mut dazu aufbringt, endlich, endlich Stellung dazu zu nehmen, und noch zu retten was allenfalls noch zu retten ist. Ich gehorche hier ganz einfach meiner wirklich langweiligen und unangenehmen Pflicht; – aber seine Pflicht muss man eben ganz tun, auch wenn sie einem zum Halse herauswächst.
[...]

1133. Fränkel an Loosli, Thun-Riedegg, 9. Mai 1938
[...]
Nun ist doch die alte Berner Regierung wiedergewählt! Ich hoffte, wenigstens Guggisberg u. Rudolf würden absegeln. Nun wird der Ausfall der Wahlen auch mich zu Entschlüssen drängen, nachdem es jetzt feststeht, daß ich nach nunmehr 30-jähriger Tätigkeit an der Hochschule nichts mehr von der Regierung zu erwarten habe.
[...]

1136. Loosli an Fränkel, Bern-Bümpliz, 22. Mai 1938
[...]
Mein Bedrücktsein ergab sich übrigens und wurde verstärkt auch noch durch die Begleiterscheinungen der Hodlergedächtnisfeiern.[307] Man ist doch immer ein Esel, wenn man voraussetzt, mehr als ganz wenige Auserlesene vermöchten die Kunst um der Kunst, die Schönheit um der Schönheit willen zu feiern. Und dann läuft bei solchen Gedächtnisrummeln so unheimlich viel Untermenschliches, Gemeines mit unter, an dessen Vorhandensein man zwar nie gezweifelt hat, von dem man aber blödsinnigerweise erwartete, es würde sich wenigstens bei solchen Anlässen nicht so rücksichtslos patzig aufdrängen.
[...]

---

306 Zwei Wochen später, am 5. 4. 1938, wird Boris Tödtli vom Amtsgericht Bern wegen Spionage zu einer Gefängnisstrafe verurteilt. Im Rahmen dieses Prozesses wird bekannt, dass unter anderen Loosli während des Berner Prozesses vom nationalsozialistischen Geheimdienst bespitzelt worden ist (Loosli: Werke 5, S. 547 f.).
307 Am 19. 5. 1938 hat man des zwanzigsten Todestages von Ferdinand Hodler gedacht.

Es drängt sich mir je länger je eindringlicher die Einsicht auf, wie sehr wir von Schule, Presse und Kunstliteratur verbildet und kastriert werden. Denn, wenn wir ganz unvoreingenommen, also rein sinnlich, ohne dem gesellschaftlich Angelernten und der Verstandeslogik zu schauen vermöchten, würde sich, angesichts irgendwelcher Kunstoffenbarung eines Kunstwerkes eine vergleichende Bewertung überhaupt nie einstellen.

Wir würden nicht sagen: – dieses Kunstwerk ist besser als jenes, sondern wir würden a priori erkennen, was überhaupt Kunst und was Unkunst ist. Dann würden wir diese von vorneherein aus unserer Kunstbetrachtung endgültig und unwiderruflich ausscheiden, weil die Unkunst, auf welchem Gebiete sie sich nur äussere, als solche ungeeignet und unfähig ist, uns ein seelisches, gemütliches Erlebnis zu vermitteln. Denn das kommt eben nur der Kunst in ihrer reinsten Bedeutung zu.

[...]

1137. Fränkel an Loosli, Thun-Riedegg, 25. Mai 1938

[...]

Zu Deinen Ausführungen über Kunstbewertung: Niemand, der zum Urteilen über Kunst berechtigt ist, wird auf dem Umwege über Vergleichen zum Erfassen eines Kunstwerkes gelangen. Ein großes Kunstwerk offenbart sich einem entweder sofort oder meist – gar nicht. Alles Schwatzen über Kunst ist im Grunde nur für Kunstbanausen bestimmt. Ich für mein Teil beschränke mich deswegen auf das Studium und Aufzeigen der *Kunstmittel*, wobei natürlich das Vorliegen eines echten Kunstwerkes Voraussetzung ist.

[...]

1143. Loosli an Fränkel, Bern-Bümpliz, 17. Juni 1938

[...]

Wir müssen uns nun verzweifelt wehren, soll uns das Schicksal Oesterreichs erspart bleiben. Bin natürlich dabei.

Man teilt mir unter der Hand mit, die Leute, dazu bestimmt mich gelegentlich zu beseitigen seien bereits bezeichnet und instruiert. Wird wohl ein blosser Einschüchterungsversuch sein, mich zum Schweigen zu bringen, da ich je länger je unbequemer werde. Und wenn auch nicht, darum schlafe ich nicht minder ruhig. Eine Hitlerschweiz vermöchte ich ohnehin nicht zu erleben.

Dass ich sorgfältig bespitzelt werde weiss ich längstens. Die Leute stellen es aber saudumm an.

Wenn sie nicht besser schiessen als spitzeln, kann ich alt werden.
[...]

1152. Loosli an Fränkel, Bern-Bümpliz, 18. Juli 1938
Mein lieber Fränkel,

nun habe ich Dein in jeder Hinsicht ungemein wertvolles Keller-Vieweg-buch gelesen.[308] So sehr mich dessen Erscheinen freut, so sehr ich auch hier wiederum Deine feinsinnige Arbeit bewundere, so sehr ich empfinde, wie zeitgemäss es gerade heute ist, so wirst Du mich doch begreifen, wenn ich Dir gestehe, dass ich es traurigen und empörten Gemütes aus der Hand legte.

Was die heutigen Verleger von Bestiavia[309] unterscheidet, namentlich die schweizerischen, spricht immerhin noch zu dessen Gunsten, denn Vieweg hatte wenigstens ein gewisses Qualitätsbewusstsein und bis zu einem gewissen, – dem materiellen Grade, – ein verlegerisches und kulturelles Sendungsbewusstsein, das unsern zeitgenössischen Bücherkrämern fast restlos abgeht.

Das ist es, was mich bedrückt und traurig stimmt.
[...]

1153. Fränkel an Loosli, Thun-Riedegg, «an Gottfr. Kellers Geburtstag» [19. Juli 1938]
Mein lieber Loosli,

ich danke Dir für Deinen lieben Brief, der soeben kam. Daß Ed. Vieweg hoch über unsern Krämern steht, unterliegt keinem Zweifel; doch diese zum Maßstab nehmen wäre schon eine Beleidigung für das Andenken Viewegs.

Immerhin: mir lag daran, eine Schuld gegen GKeller einzulösen und an diesem Falle einmal deutlich zu zeigen, von welchem Gesichtspunkte das Verhältnis eines Mannes wie Keller zu den kommerziellen Ausbeutern seines Werkes zu beurteilen ist – und darüber hinaus ein paar grundsätzliche Wahrheiten über das Verhältnis des Geistigen zu unserer abscheulichen Geldmoral zu sagen. Daß ich es *sehr* deutlich gesagt habe, wird *alle* Leute chokieren. Mag es! –
[...]

---

308 *Gottfried Kellers Briefe an Vieweg.*
309 In der Einleitung des Buchs erwähnt Fränkel, dass Gottfried Keller und sein Freund Hermann Hettner in ihren Briefen «den Namen Viewegs latinisiert brauchten: Bestiavia» (S. 17).

1161. Fränkel an Loosli, Thun-Riedegg, 5. September 1938
[...]
Das Emigrantenelend – ja, es gereicht unseren Behörden nicht zur Ehre! Meine Schwester in Berlin,[310] die seit Monaten schwer krank ist und das Bett nicht verlassen kann, und ihr Mann sind auch von diesem Schicksal betroffen. Mein Schwager, der fünf Jahre an der Front war, muß seine Praxis am Ende dieses Monats niederlegen. Die Hauseigentümer wollten ihm aber nicht zum 1. Oktober die Wohnung kündigen, mit Rücksicht darauf, daß er seit bald 25 Jahren Mieter ist; sie wurden aber gezwungen, ihm die Wohnung auf den 1. Oktober zu kündigen. Das bedeutet, daß man nichts mitnehmen kann, sondern alles rasch verschleudern muß, denn eine provisorische Wohnung bekommt man nicht. Wohin sie sich wenden werden, ist noch ungewiß. Geld dürfen sie ja nicht mitnehmen. Es ist ein Elend!
[...]

1163. Loosli an Fränkel, Bern-Bümpliz, 6. September 1938
Mein lieber Fränkel,
Dein Brief hat mich tief betroffen und betrübt. Was Du von Deinen Angehörigen in Berlin schreibst ist so niederschlagend und empörend, dass man wirklich an allem verzweifeln möchte. Dabei ist das kein Ausnahmefall, sondern es geht dem 3. Reich um nichts mehr und nichts weniger als um die restlose Ausplünderung und schliessliche Vernichtung aller Juden, Nichtarier und Demokraten.

Freilich ist auch hier dafür gesorgt, dass auch hier die Bäume nicht in den Himmel wachsen; – möglicherweise steht das Hitlerreich viel näher am Zusammenbruch, als wir hoffen dürfen. Einige Anzeichen und private Nachrichten, die ich dieser Tage erhielt, liessen zum mindesten darauf schliessen. Aber etwas Sicheres weiss man nicht und was diese Verbrecherbande schon alles angestellt hat und bis dahin noch anstellen wird ist nicht zu übersehen und nimmer gut zu machen. Es ist einfach entsetzlich und das Erbärmlichste, Beschämendste dabei ist, dass unsere Bundesregierung und ihre Behörden sich mitschuldig machen und auch uns mit dem Odium der Unmenschlichkeit und des Verbrechens belasten.

Und unser Volk, obwohl innerlich empört ist feige, richtungslos und weiss sich weder zu wehren noch zur Abwehr zu gliedern, in der trügerisch hasen-

---
310 Dora Bergmann-Fränkel.

herzigen Hoffnung, das Wetter werde wieder einmal, wie 1914–1918 an uns vorbeigehen.

[...]

Ein plötzlicher Ueberfall der Schweiz sei es von Norden oder Süden oder von beiden Seiten zugleich, scheint mir gar nicht so sehr ausserhalb der Möglichkeit zu liegen. Sollte er sich ereignen, dann beruht meine letzte schwache Hoffnung darauf, dass wir uns vielleicht einige Tage zu halten, den ersten Sturm zu verzögern vermögen, bis uns die Franzosen die allerdings unverdiente Hilfe bringen können. In allen Fällen wird es dann mit der alten «freien» Schweiz aus sein.

Es ist zu verzweifeln! Sozusagen Tag um Tag werde ich von Unglücklichen heimgesucht und angeschrieben. Und dabei steht man machtlos da, schämt sich, weil man ohnmächtig ist und jeder Trost doch nur wie Hohn klänge.

Leb wohl und sei herzlich gegrüsst!
Dein
C. A. Loosli

1171. Fränkel an Loosli, Thun-Riedegg, 14. September 1938

Mein lieber Loosli

[...]

Hast Du wohl letzten Freitag im «Bund» den Aufsatz über meinen Keller bemerkt?[311] Seit acht Jahren kommen die neuen Bände bei Benteli heraus u. zum ersten Mal wird darüber im «Bund» berichtet, nachdem man von Benteli aus (Dr. Meyer) einen Druck auf Rychner ausgeübt hat. Das Manuskript hatte er übrigens seit mehreren Wochen auf der Redaktion, wie ich vom Verfasser, einem ehemaligen Hörer von mir, Dr. Strahm (gegenwärtig Bibliothekar auf der Stadtbibliothek) erfahren habe. Ein Satz am Schluß wurde gestrichen, der ungefähr lautete: Man spreche heute viel von geistiger Landesverteidigung, hier liege ein Akt geistiger Landesverteidigung vor.

Man spricht von eigenen Sachen – wer weiß aber, ob nicht in diesen Stunden bereits der Krieg in der Tschechoslovakei tobt. Ich erfahre es ja immer viel später als andere Leute wegen meiner Abgelegenheit. Hitlers vorgestrige Rede[312]

---

311 Dr. H. S.: *Gottfried Keller*, in: *Der Bund*, Nr. 421, 9. 9. 1938.
312 Am 12. 9. 1938 fordert Adolf Hitler im Rahmen des IX. Reichsparteitags der NSDAP das Selbstbestimmungsrecht für die Sudetendeutschen – ein Angriff auf die staatliche Integrität der Tschechoslowakei. Zum Krieg kommt es nicht: Am 30. 9. setzt Hitler den Anspruch als Teil des Münchner Abkommens auf diplomatischem Weg durch. Vermutlich in Anspielung auf dieses Abkommen wird Loosli am 15. 11. 1938 gegenüber Fränkel vom «Zusammenklappen der ‹Grossmächte› von Frankreich und England» sprechen.

hat wohl seinen Freunden in England die Augen geöffnet für die Brutalität, die sich hinter diesem Manne birgt.
[...]

1172. Loosli an Fränkel, Bern-Bümpliz, 15. September 1938
[...]
Brenzlich genug sieht es schon aus und ich bereite mich vor, beim geringsten Alarm meine Angehörigen nach Genf zu schicken; – ich selber werde solange es irgendwelchen Sinn hat, auf dem Posten blieben. Um aber diesen wie ich soll und muss behaupten zu können, muss ich meinen Anhang ausser Gefahr wissen.
[...]
Vorgestern war Birkhäuser bei mir. Natürlich liess ich einfliessen, was Du mir betr. Hutten sagtest. Je nun, – der Mann würde sich trotzdem nicht getraut haben Dich zu verlegen, weil er um seine immerhin wie es scheint noch bedeutende deutsche Kundschaft bangt. Er sagte mir vertraulich, ihm würden gegenwärtig prächtige Werke angeboten, die er unbedenklich verlegen würde, von deren Dauerwert er überzeugt sei, wenn nur ihre Autoren nicht Juden wären.
[...]
Ich korrigiere gegenwärtig mein ziemlich umfangreiches Manuskript über die «Administrativjustiz» und wundere mich ob mir selbst zu sehen, wie ich juristisch wurde und dann ob dem Ergebnis selbst. Alles was ich hier zusammendrängte und noch viel mehr wusste ich seit Jahrzehnten, und nun, da es zusammengefasst ist, bin ich selber fast ob der Fülle und der Schwere der Sache erstaunt, so dass ich mich ernsthaft frage, ob ich dafür einen Verlag finden werde.
[...]

1175. Fränkel an Loosli, Thun-Riedegg, 29. Oktober 1938
Mein lieber Loosli,
ich danke Dir herzlich für Deinen lieben Brief. Das schmale Buch wird allerdings bei der Büchergilde erscheinen.[313] Kein andrer Schweizer Verlag würde es ja wagen, ein Buch zu verlegen, das gegen Deutschland gerichtet ist – der Büchergilde tut das nichts, da ihre Bücher überhaupt nicht ins Reich hereingelassen werden. Ich bin froh, das endlich hinter mich gebracht zu haben. Ich darf Dirs ja verraten: die Kunst u. die Schwierigkeit bestand darin, J. Fr. hinter Gottfr. Keller zu verstecken, meine eigensten Gedanken, meine

---

313 Die Liste entspricht der «Kapitelfolge» in Fränkel: *Kellers politische Sendung*, S. [5].

Liebe zur Schweiz und meinen Schmerz um die Schweiz, Keller in den Mund zu legen, genauer: um seine Verse und zerstreute Prosastellen zu ranken und daraus ein ganzes, abgeschlossenes Gemälde zu schaffen. Freude werde ich daran keine erleben, aber ich habe meine Pflicht getan.

Hier die Kapitel des Büchleins:
I   Schweizerische Nationalität
II   «Schweizer *und* Deutscher»
III   Schweizerische Nationalliteratur
IV   Patriotische Erschütterungen
V   Der Bundesstaat
VI   Demokratie
VII Schicksalsfrage der Schweiz.

[...]

Knuchel hat sich heute in seinem Literaturblatt wieder etwas geleistet, das eigentlich verdiente, öffentlich angeprangert zu werden. Im Februar sind 2 neue Bände meines Kellers ausgegeben worden, darunter der Kommentarband,[314] die Frucht vieljähriger Arbeit u. ich darf wohl sagen: eine Arbeit, wie sie noch für keinen deutschen Dichter geleistet worden ist – ein Schlüssel, der die letzten Kammern in Kellers Kristallschloss öffnet. Man schweigt darüber bei uns (was Rychner im «Bund» gebracht hat, tat er *gezwungen*!). Weder die Nat-Ztg. noch die Basler Nachr. haben bis heute eine Zeile darüber gebracht. Hingegen für einen textlich wertlosen Nachruck aus Deutschland macht man mit Pauken und Trompeten Propaganda![315]

[...]

Man fragt sich wirklich: hat es einen Sinn, meine Jahre noch weiter an eine Arbeit zu wenden, die bei uns von keinem Menschen gewürdigt wird, im Ausland aber – dank Benteli! – gänzlich unbekannt bleibt?

[...]

---

314 Keller: SW 2.2.
315 Im «Literaturblatt» der *Basler Nachrichten*, Nr. 298, 29./30. 10. 1938, lässt sich die «Propaganda» nicht nachweisen. Mit dem «wertlosen Nachdruck» meint Fränkel Gottfried Keller: *Gesammelte Werke in 4 Bänden*, Leipzig: Insel. Die Ausgabe mit einer Einleitung von Ricarda Huch erlebte seit 1921 mehrere Auflagen.

1176. Loosli an Fränkel, Bern-Bümpliz, 31. Oktober 1938

[...]

Deine Kellerausgabe freilich übersieht man, und das finde ich empörend. Ich verstehe nur zu wohl Deine Erbitterung darob, nach allem was Dir drum und dran angetan wurde. Und ich verstehe auch, wie sehr es Dich locken muss, Deine Arbeit daran einzustellen. Dazu freilich wärest Du in jeder Hinsicht mehr als nur berechtigt und kein Mensch wäre befugt, Dir darob auch nur den leisesten Vorwurf zu machen. Ich möchte Dich in dieser Angelegenheit in Deinen Entschlüssen auch nicht im Geringsten beeinflussen, weil ich Deine Erbitterung und Entmutigung verstehe und teile. Aber erlaube mir Dir immerhin Folgendes zu bedenken zu geben:

Einmal schafft man solche Werke nie für die Gegenwart, sondern einzig für «ein besseres, künftiges Geschlecht». Freilich, auch dem bist Du nichts schuldig, wenigstens in dieser Hinsicht nicht.

Aber dieses kommende, bessere Geschlecht hat Anspruch auf eine beste, vollständige Kellerausgabe und niemand ist als Du, der sie zu schaffen vermag.

Ferner: – Man schafft solche Werke unter anderem auch für die wenigen Besten seiner Zeit und für seine verständnisvollen Freunde. Diese sind immerdar herzlich wenig zahlreich; aber wenn Du finden solltest, die paar wenigen, die immerhin doch vorhanden sind und die Du nur zum kleinen Teil kennst, wögen einige hunderttausend Barbaren auf, so würde mich das innig freuen. Ich will Dir übrigens offen gestehen, dass ich hier nicht ganz uneigennützig denke, sondern sehr selbstsüchtig. Ich möchte den ganzen Keller von Dir haben und eine Fortsetzung der Ausgabe von einem womöglichen Ermattinger oder wie ein solcher Kerl nur immer heissen möchte, würde das viele unvergleichlich Gute und Schöne, das Du in den bereits erschienenen Bänden geleistet hast, bis zur fast vollständigen (beileibe nicht integralen, aber äusserlichen, praktischen) Verdämmerung entwerten.

Endlich: – Diese Ausgabe ist von allen Deinen Werken auf diesem Gebiete, Dein grösstes und ist in seiner Art einzig. Kannst Du es wirklich aufgeben? – Ich appelliere dabei nicht an Deine berechtigten, und wie berechtigten Ansprüche auf Anerkennung und Ruhm, deren Du Dich, falls Du das Werk nun aufgibst, entschlagen würdest. Aber an Deinen Stolz und an Deinen Trotz. Magst Du wirklich darauf verzichten, dass Du, als «Papierschweizer», Deinem Wahlvaterland, trotz seiner Stumpfheit und niederträchtigen Undankbarkeit, das erhabenste Denkmal, das je einem seiner wenigen grossen Dichter gesetzt werden konnte und das bereits so weit gediehen ist, vorenthalten?[316] Willst Du es nicht vor der Nachwelt gerade durch seine Vollendung erst recht beschämen? Und Dir das Andenken sichern, diese Vollendung trotz allem und allem erreicht zu haben?

Ich gestehe Dir offen, dass ich Deine Resignation, sollte sie nun wirklich erfolgen, als einen Verlust, nicht nur für uns Schweizer, auf die es freilich wenig ankommen mag, sondern für die europäische Kultur schlechthin werten und auf alle Zeiten hinaus betrauern würde.

Und ich frage mich, ob Du es Dir nicht selber schuldig bist, das Werk zu vollenden.

Freilich, – der Entscheid darüber steht mir nicht zu und was Du auch beschliessen wirst werde ich begreifen, wenn auch, im Falle Deines Rücktrittes davon, tief betrauern. Du hast ja leider das unbestreitbare Recht dazu, nach allem, was wir Schweizer Dir angetan haben. Und dieses Dein Recht werde ich auch, falls es nötig werden sollte, – was mir fast unausbleiblich scheint, – durch dick und dünn für Dich verteidigen, wenn auch bedrückten, traurigen Herzens.

Wohlverstanden, – ich möchte mit diesen Ausführungen Deinen Entschluss in keiner Weise beeinflussen. Dazu habe ich nicht nur kein Recht, sondern ich würde ihn zu wohl verstehen, um ihn Dir zu verübeln.

Ja, ich würde Dir sogar raten, wenigstens mit Deinem Rücktritt von der Arbeit zu drohen, obwohl ich mir nicht verhehle, dass sich die Drohung durchaus zweischneidig auszuwirken vermag. Aber, wenn auch nicht mehr, so wäre dadurch allenfalls eine etwas höhere Entschädigung für die Arbeit zu erreichen.

Freilich ist anderseits zu befürchten, dass die Züricher Dich beim Wort nehmen würden, um Dich auch hier endgültig auszuschalten. Jedenfalls müsste, m. E. die Drohung allseitig dermassen von vorneherein begründet sein, dass Du auf alle Fälle in jeder Hinsicht vor Mit- und Nachwelt gedeckt sein würdest.

Auf alle Fälle bitte ich Dich als treuer Freund und Schicksalsgenosse, Dir die Sache nach jeder Richtung gründlich zu überlegen, bevor Du Unwiderrufliches vorkehrst.

[...]

---

316 Dass ein Satz syntaktisch so gründlich verunglückt, kommt in dem sehr umfangreichen Briefwechsel erstaunlich wenig vor. Was Loosli sagen wollte, lässt sich trotzdem klar erschliessen.

1177. Fränkel an Loosli, Thun-Riedegg, 1. November 1938
Mein lieber Loosli,
ich danke Dir herzlich für Deinen freundschaftlichen Brief. Du kannst davon überzeugt sein, daß ich nicht leichten Herzens mein Kellerwerk aufgeben werde. Wenn man aber 60 Jahre alt ist, so treten an einen ernsthafte Pflichten in bezug auf Frau und Kinder und auf die eigene Zukunft heran, die man nicht abweisen darf. Es ist möglich, daß ich im Laufe des nächsten Jahres meine ganze Existenz werde umstellen müssen – dann müßte ich mich allerdings mit dem Gedanken vertraut machen, daß die Keller-Ausgabe Fragment bleibe und in einer späteren Zeit davon zeugen werde, daß das Werk in *unserer* Zeit – trotz meiner weitgehendsten Opferwilligkeit – eben nicht vollendet werden konnte. Doch darüber will ich mit Dir einmal mündlich sprechen. Nicht der letzte Grund zu einem solchen Entschlusse wäre die Behandlung, die ich als Autor von seiten meines alten Freundes Benteli und seines Schwiegersohnes[317] erfahre. Dank erwartet man ja nicht, aber Undank von allen Seiten und schnöde Behandlung von seiten des Verlags – auf die Dauer ist man dem nicht gewachsen.

Doch, wie gesagt: ich habe zu viel von meiner Lebenskraft in das Werk hineingelegt als daß ich etwa bloß aus Ärger oder wegen momentanem Verdruß es fortwerfen könnte.
[...]

1183. Fränkel an Loosli, Thun-Riedegg, 14. November 1938
[...]
Ich stehe ganz unter dem Eindruck der entsetzlichen Meldungen aus Berlin.[318] Daß Europa das duldet – es wird sich an *allen* rächen, die es heute nicht glauben wollen. Und daß *wir* uns von Motta das gefallen lassen, daß schweizerische Beamte deutsche Pässe von Juden mit einem besondern Stempel bezeichnen müssen, ist eine Schande.[319] Daß wir *würdig* im Untergange waren, wird man künftig von der Schweiz kaum behaupten. [...]

---

317 Hans Meyer-Benteli.
318 Die Nacht vom 9. auf den 10. 11. 1938, der Höhepunkt der antisemitischen Novemberpogrome in Nazideutschland, ist als «Reichskristallnacht» in die Geschichte eingegangen.
319 Auf der Basis der nationalsozialistischen *Verordnung über Reisepässe von Juden* vom 5. 10. 1938 werden Reisepässe von deutschen Juden von den deutschen Behörden mit einem roten «J»-Stempel markiert. Angesichts des Einwanderungsdrucks hat die Schweiz zuvor eine Visumspflicht für alle deutschen Staatsbürger und Staatsbürgerinnen gefordert. Als Kompromiss akzeptiert sie die Verordnung und damit den Judenstempel als «Visumszwang

1184. Loosli an Fränkel, Bern-Bümpliz, 15. November 1938

[...]

Endlich geht es mir wie Dir; – die Ereignisse in Deutschland und anderwärts wirken sich dermassen entsetzlich und entmutigend aus, dass man schon aller Kräfte bedarf, um dennoch den Kopf oben zu behalten. Dieser Paroxismus von caligularischem Wahnsinn und Grausamkeit würde auch auf mich einfach restlos niederschmetternd wirken, wäre ich nicht seit Jahrzehnten – namentlich von Seiten der Deutschen, – darauf gefasst. Dass man in ganz Europa und darüber hinaus die wahre Natur dieses unglückseligen Volkes nie weder erkannte noch erkennen wollte, um sich rechtzeitig gegen seine Barbarei zu schützen, rächt sich heute bitter, obwohl man hätte wissen können, dass es nur der Gelegenheit bedürfe, um sich in seiner ganzen Roheit zu entlarven. Darüber war ich mir seit dem Anfang unseres Jahrhunderts durchaus klar, weil ich die Deutschen dann und dort gesehen und beobachtet habe, wo sie der Fremde sonst nicht aufsuchen ging und auch nicht sehen konnte, da der äussere Schein der Kultur immer übersteigert gewahrt und geblufft wurde.

In vielen Bezirken der deutschen Schweiz steht es und stand es ebensowenig je anders. Deine und meine Erlebnisse sind davon lediglich harmlose Symptome und wenn es bei uns bis jetzt nicht zum Ausbruch gelangte, wie im Reich draussen, so ist das einmal dem temperierenden Einfluss der Süd- und Westschweiz zu verdanken, dann dem echt schweizerischen Geschäftssinn, der bisher immer noch auf seine Rechnung kam und eigentliche, lebensgefährdende Not uns nicht bedrückte. Endlich haben wir eine kleine Reserve wirklich menschlichen und demokratischen Geistes aus der ersten Hälfte des letzten Jahrhunderts aufgespeichert gehabt, von der wir bis anhin zehren, die aber rapid und besorgniserregend zur Neige geht.

Wir werden freilich nicht mehr, – wie Brüstlein seinerzeit im Nationalrat forderte und wofür er beschimpft und angepöbelt ward,[320] – wenigstens in Ehren enden. Dazu hätte man früher zum Rechten sehen müssen; – heute ists dazu zu spät. Wir sind ohnmächtig geworden und Motta verfolgt, als Realpolitiker, die vielleicht uns heute einzig mögliche Politik des Aufschubes durch Nach-

---

‹auf die nichtarischen deutschen Staatsangehörigen›». Vgl. Urs Rauber: *Judenstempel: Korrektur einer Halbwahrheit*, in: *Beobachter*, 19. 3. 2001, sowie Marco Jorio: «Judenstempel», in: *Historisches Lexikon der Schweiz*, Version vom 10. 3. 2015, https://hls-dhs-dss.ch/de/articles/049159/2015-03-10, 27. 8. 2021.

320 Als SP-Nationalrat ist Alfred Brüstlein zwischen 1902 und 1911 ein geistreicher und witziger Redner, der ausserhalb, aber auch innerhalb der Partei aneckt. Worauf Loosli hier konkret anspielt, bleibt offen.

geben. Nicht er trägt dafür die Verantwortung, sondern das Schweizervolk seit sechzig Jahren! Und diese seine Politik wird begreiflich, ja, bis zu einem gewissen Punkte sogar entschuldbar, angesichts des Zusammenklappens der «Grossmächte» von Frankreich bis England.

Ich bin heute vielleicht einer der wenigen Eidgenossen, der wirklich weiss unter welchem Druck wir und mit uns der Bundesrat und die Regierungen stehen. Selbstverständlich ist er empörend, verachtungswürdig, jämmerlich und ruhmlos, aber er ist geradezu elementargewaltig. In einer Art und in einem Ausmasse, die es mir sogar nicht ratsam erscheinen lassen, mich schriftlich darüber zu Dir, meinem besten Freunde gegenüber, auszulassen. Es ist einfach fürchterlich, entsetzlich!

Dennoch verliere ich den Mut nicht. Am allerwenigsten gerade jetzt, wo ich auch die letzten Illusionen, insofern ich noch welche hegte, aufgegeben habe. – E pur si muove![321] – Gerade diese Höchststeigerung teutonischer Barbarei lässt mich klar und deutlich ihren Zusammenbruch in absehbarer Zeit erkennen. Freilich wird bis dahin noch viel Blut vergossen, wird noch manche Träne fliessen. Und wir werden, wenn überhaupt, nur durch einen besonders günstigen Zufall oder durch ein Wunder, auf das ich nicht zu hoffen wage, durchkommen.

Aber am Ende winkt ein Sieg, den wir vielleicht, ja wahrscheinlich, nicht mehr erleben werden, aber der schon heute unabwendbar ist und sich Tag für Tag vorbereitet. Nie daran gezweifelt und ihn nach meinen schwachen Kräften mit vorbereitet zu haben hält heute meine letzten Kräfte zusammen. Es verleiht mir die ruhige Fassung, deren ich heute mehr denn je bedarf und die ich nicht brach liegen lassen werde.

Wir sollten uns schon sprechen können; allein dazu langts für den Augenblick nicht. Darum Kopf hoch und immer, immer arbeiten!

[...]

---

[321] «Eppur sie muove» (Und sie bewegt sich doch): Galileo Galilei zugeschriebener, auf die Erde bezogener Ausspruch, den er beim Verlassen des Gerichtssaals der Inquisition gemacht haben soll, nachdem er dort die Erdrotation erzwungenermassen bestritten hat.

1186. Fränkel an Loosli, Thun-Riedegg, 18. November 1938

[...]

Meine Schwester, die Du kennst, ist leider mit ihrem Mann und einer Tochter noch immer in Berlin – d. h. meine Schwester, die schwer krank ist, hat Zuflucht gefunden in einem protestantischen Sanatorium «für innere Mission» außerhalb Berlins. Sie wollten nicht rechtzeitig fort, um von ihrem Vermögen etwas in die Emigration mitnehmen zu können – nun wird ihnen *alles* abgenommen werden u. sie behalten nichts!

Wäre meine Schwester mobil, so würde ich darauf dringen, daß sie sofort aus der Hölle flüchten, um nicht noch als Geißel von den Nazi festgehalten zu werden. Leider läßt sich nichts tun!

[...]

1939

Im Frühjahr erscheint von Jonas Fränkel *Gottfried Kellers politische Sendung*, von Loosli *Administrativjustiz und schweizerische Konzentrationslager*. Beide Bücher thematisieren Schweizerisches und sind doch unübersehbar auch Stellungnahmen gegen Nazideutschland. In Anbetracht der fehlenden Aussichten auf ein Ruhegehalt denkt Fränkel jetzt ernsthaft über die Auswanderung nach Südfrankreich nach. Seine Kündigung als Keller-Herausgeber verfehlt im Mai den erhofften Zweck, dass Benteli sich bei den Regierungen der Kantone Zürich und Bern für bessere Arbeitsbedingungen für ihn einsetze. Der Verlag akzeptiert die Kündigung und kommt Fränkel trotz Vermittlungsversuchen von Loosli auch nicht entgegen, als der Ausbruch des Zweiten Weltkriegs im September eine Auswanderung definitiv verunmöglicht. Eine Petition der Studentenschaft zugunsten Fränkels wird auf der kantonalen Erziehungsdirektion, der Aufsichtsbehörde der Universität, zu den Akten gelegt. Um sich vom Weltgeschehen abzulenken, schreibt Loosli im Herbst wieder Gedichte. Fränkel kritisiert die Versuche, die er gegenliest, als «gereimte Prosa».

1195. Loosli an Fränkel, Bern-Bümpliz, 5. Januar 1939
Mein lieber Fränkel,
   meine herzlichsten Wünsche zuvor, – wenn sie nur etwas nützen möchten! Und dann Dank für Deinen letzten Brief. Oprecht schrieb mir, dass er vom Verlage meines Buches abstehe; freilich gestützt auf unrichtige Voraussetzungen, die ihm der Verlagsleiter der Feldegg-Druckerei, übrigens in besten Treuen und in bester Meinung beigebracht hat. Hätte er mich, wie angekündigt besucht, würden wir uns vielleicht geeinigt haben. Nun habe ich ihm gestern geschrieben und ihn gebeten, mir seinerseits Vorschläge zu machen. Ob ers nun tut bleibt abzuwarten und tut ers nicht, dann ist nicht nur mein Buch, die Campagne geben die «Administrativjustiz», sondern dann bin auch ich selbst gründlich erledigt, denn dann bleibt mir auf Ende dieses Monats buchstäblich nichts mehr übrig als die Wahl zwischen der Versorgung im Armenhaus oder der Strick, mich daran aufzuknüpfen.
   Ich bilde mir wahrhaftig nicht allzuviel auf mein sogenanntes Lebenswerk ein; aber das wird mir auch der grösste Feind lassen müssen, dass ich kein fauler Hund war und mich, bei allen Irrtümern, Fehlgriffen und Eseleien, die mir, vielleicht häufiger denn vielen andern unterlaufen sind, weil ich etwas wagte

und mich nicht schonte, wirklich nur in besten Treuen in den Dienst meiner Heimat gestellt habe und ihr nach bestem Können und Vermögen meine Kräfte widmete. Ich hätte es freilich oft anders, – materiell leichter – haben können, hätte ich mich nur bereit finden lassen, einen bescheidenen Wohlstand mit Gesinnungen zu erkaufen und hätte ich mich nicht verpflichtet gefühlt, für die Meinigen zu sorgen und zu schuften, zu einer Zeit, wo sie normalerweise sich selbst hätten im Wirtschaftsleben behaupten sollen, aber es, Dank der wirklich künstlich aufgepäppelten Krise nie konnten. Und dennoch; – ich bereu es nicht! Es bleibt mir noch übrig zu enden, und da wünsche ich bloss, es möge rasch und geräuschlos geschehen. – Was liegt noch an mir?

Deinen Kellerartikel in der NZZ[322] habe ich mit grossem Genuss gelesen, und wenn Du noch einen Durchschlag des Manuskriptes besitzest, so wäre ich Dir nun wirklich sehr verbunden, wolltest Du ihn mir auf wenige Tage zur gründlichen Lektüre anvertrauen. Ein Satz besonders hat mich innig angesprochen, der als eigentlich axiomatisch eine noch bestimmtere Formulierung verdiente:

«Demokratie beruht auf dem Glauben an das Wunder der Erziehung des Menschen.»[323]

Dazu möchte ich nicht bloss sagen: – das, – sondern *nur das* ist wahr! – wenn wir bloss wüssten, was Wahrheit wäre und sie zu ertragen vermöchten. Jedenfalls münzest Du hier reine, hohe Werte aus. Tendenziös, – wird man Dir scheltend entgegenhalten, – aber gerade darum umso hochkarätiger, wertvoller und – beinahe hätte ich gesagt, – zeitgemässer, müsste ich nicht die Befürchtung hegen, es sei zu spät, oder es habe zu unsern Zeiten je mehr als vielleicht ein paar Dutzend Schweizer gegeben, die das dringlich Zeitgemässe, das Du verkündest wirklich von Herzen verstanden.

Immerhin, – Du hasts gesagt! – Es musste gesagt werden und innig freuts mich, dass gerade Du es sagst. Denn trotz aller Enttäuschungen und aller Unbegabung zum optimistischen Aberglauben bin ich innig davon überzeugt, dass Ideen ihren Weg bahnen, ob auch ihre Verkünder und Träger darob verderben.

Und nun bin ich begierig zu hören, was Du in Frankreich sahst, und wie sich dort Deine Pläne gestalten.[324] Soweit ich es von meiner Einsiedelei aus

---

322 Jonas Fränkel: *Gottfried Keller und die Demokratie*, in: NZZ, 1. 1. 1939 – ein Vorabdruck aus *Gottfried Kellers politische Sendung*.
323 Fränkel: *Gottfried Kellers politische Sendung*, S. 96.
324 Am 27. 12. 1938 hat Fränkel an Loosli mit Bezug auf dessen Pensionsansprüche geschrieben: «Um das Terrain in Südfrankreich zu rekognoszieren, will ich übermorgen für etwa 10 Tage

beurteilen kann, wird Dir Frankreich, unter den mir dargelegten Voraussetzungen, zum mindesten erträglicher sein als Deine schweizerische Zukunft. Ich sage das schweren, bedrückten Herzens; aber es wäre müssig, sich Wunschgebilden hinzugeben, zu deren Verwirklichung bei uns alles, aber auch wirklich alles fehlt. Dabei denke ich nicht einmal in erster Linie an Dich und Deine so tapfere Frau, sondern vor allem an Deine Kinder. Ihnen jedenfalls wird der französische Boden gedeihlicher sein als der schweizerische es je vermöchte. Wäre ich materiell dazu in der Lage, wer weiss ob ich mich nicht, trotz meines Alters, dahin flüchten würde, wo, trotz allen Bresten und aller Korruption, es immer noch möglich ist, frei zu atmen und zu schaffen.

Leb wohl und lass bald von Dir hören. Und sei herzlich gegrüsst von Deinem
C. A. Loosli

1196. Fränkel an Loosli, Le Cannet, 7. Januar 1939

Mein lieber Loosli,

Dein Brief wurde mir nachgeschickt; ich erhalte ihn gerade, da ich im Begriff bin, mein Köfferchen für die Heimreise zu packen. Es ist sehr traurig, daß Du so mutlos das neue Jahr beginnst; nicht nur mutlos – ungerecht, ungerecht gegen Dich. Solchen schwarzen Gedanken sich hinzugeben, solang man seine Kräfte zum Wirken unvermindert und ungeschwächt in sich fühlt – nein, mein Lieber, das darfst Du nicht! Finanzielle Klemme – ist kein genügender Grund. Du stehst ja schließlich nicht allein in der Welt. Wer – in Deinen Verhältnissen – seine Buben so hoch gebracht hat wie Du, hat ein Recht zu erklären: jetzt kommt ihr dran! ich hab genug für die Familie geschafft! – Das scheint mir selbstverständlich. Meine Eltern wurden, schon als mein Vater ungefähr 60 war, ganz von den Kindern erhalten, die selbst zu kämpfen hatten. Es ist der natürliche Lauf der Welt, daß Kinder, wenn sie groß sind, den Eltern die Lasten abnehmen.

[...]

Also, mein Lieber, nicht den Kampf aufgeben! Und ganz sicher nicht des Geldes wegen das Feld räumen! Das wäre das Allertörichteste. Das Geld wird auf irgendeine Weise sich zu Dir bequemen müssen, wie es all die Jahre hat tun müssen. Und da mir der Abdruck in der NZZ als unerwartetes Weih-

hinreisen, um nicht ganz ratlos dazustehen, wenn mir unsere Behörden im Frühjahr auf mein Ultimatum die Kalte Schulter weisen sollten, worauf man ja gefaßt sein muß.»

nachtsgeschenk kam, so will [ich], sobald ich zu Hause bin – also im Laufe der nächsten Woche – 100 Fr. auf Dein Postcheckkonto überweisen. (Einer Empfangsbestätigung bedarfs nicht.)

Daß Dir das Kapitel über Demokratie gefallen hat, freut mich ungemein. Leider hab ich, außer dem in den Satz gegebenen Exemplar nur noch eine Abschrift, die ich nicht gut aus der Hand geben kann. Doch Du wirst das Buch bald zu lesen bekommen: am ersten Arbeitstag des neuen Jahres hat man mit dem Satz begonnen, und wenn ich am Montag heimkomme, wird mich voraussichtlich schon die erste Portion Korrekturen erwarten.

Eine *sichtbare* Wirkung verspreche ich mir von meinem Büchlein nicht; dazu fehlen ihm mancherlei Voraussetzungen. Doch selbst wenn letztere da wären – immer mehr hab ich den Eindruck, daß unsere liebe Schweiz kaum noch zu retten ist. Das Erwachen, das sich heute regt, kommt zu spät; nur wenn wir im Bundesrat Männer hätten, die diesen Namen verdienten und die sich zu Sprechern des erwachenden Abwehrgeistes machen würden, könnte man noch Hoffnung fassen. Die sog. geistige Landesverteidigung Etters ist ein lächerliches Ding u. bestätigt nur, daß die Herren keine Ahnung haben, was auf dem Spiele steht.

Mit meiner Reise hierher kann ich zufrieden sein. Davon erzähle ich Dir mündlich. Ich werde demnächst noch einen letzten Versuch machen u. der berner Regierung Gelegenheit geben, die Situation zu retten. Ich trete im Sommer in mein 60. Dozentensemester; da hätte man, nach landesüblichem Brauch, das Recht sich sorgenlos in ein Pensionsdasein zurückzuziehen. Ich aber verlange die Zusicherung, es nach weiteren 20 Semestern tun zu können. Will man mich weiterhin schlechter behandeln als alle andern Staatsbeamten, so bin ich gesonnen, mich nicht länger missbrauchen zu lassen und in der Fremde meine Pflicht zu tun – so gut ichs kann.

Alles Herzliche und guten Mut wünschend
Dein alter Fränkel

1197. Loosli an Fränkel, Bern-Bümpliz, 9. Januar 1939
Mein lieber Fränkel,
hab herzlichen Dank für Deinen lieben, freundschaftlichen Brief zuvor, der mich innig freut und rührt.

Und um nun das mich Betreffende vorweg zu nehmen, so mag mein letzter Brief allerdings reichlich mutlos geklungen haben, womit jedoch nicht gesagt ist, dass ich gesonnen bin mich rettungslos zu ergeben. Aber, – und hier nun happerts! – leider fühle ich meine Kräfte und meine Spannkraft nicht mehr ungeschwächt. Ohne gerade was man krank nennt zu sein, bin ich seit ungefähr zwei Monaten ernstlich unwohl. Dazwischen einige Tage Besserung, dann wieder lähmende Rückfälle. Daher auch Mangel an Spann- und Arbeitskraft, der nicht gerade aufmunternd wirkt.

Recht hast Du insofern und es kommt mir nachträglich selber fast wie ein Wunder vor, dass es mir gelang, meine Familie bis heute als «freier» Schriftsteller in der Schweiz durchgeschlagen zu haben. Wie, das ist freilich eine andere Frage. Jedenfalls so, dass darob meine und meiner Frau Kräfte vorzeitig aufgebraucht wurden.

Die Kinder! – Gott, ja; – Du würdest Recht haben, wenn sie sich selber durchzuschlagen vermöchten. Aber der Aelteste, Hans, hat gutenfalles im Sommer Arbeit und drei unmündige Kinder. Ich muss schon froh sein, wenn er für seinen Hauszins und seine Kleider aufkommt. Rudolf war seit Jahren, bis letzten Mai überhaupt stellenlos. Fritz ist in Spanien und wird in für das Ausland wertlosen Peseten bezahlt. Meyeli ist gegenwärtig auch wieder stellenlos, Käteli noch in der Lehre.

Nichtsdestoweniger tun sie was sie nur irgendwie können und ich würde sie verleumden, beklagte ich mich über sie.

Dazu gehört zu meinem Haushalt meine nun auch schon ziemlich betagte Schwägerin,[325] die in guten und bösen Stunden bei uns ausgehalten hat und noch heute von früh bis spät für uns alle arbeitet.

Das Beste, Schönste und Wertvollste besteht wirklich in unserm unverbrüchlichen, häuslichen Zusammenhang, den wir unter allen möglichen Einschränkungen und Entbehrungen zusammenzuhalten bestrebt sind und der mich nötigt, nichts unversucht zu lassen, ihn solange und so gut als möglich zusammenzuhalten. Mais, ça vous use un homme!

[...]

Und Recht hast Du auch darin: – die geistige Landesverteidigung ist ein verlogener Bluff, wie ihr bundesrätlicher Fuchsmajor ein Bajazzo ist. Daran ist der Bundesrat nur teilweise schuld und seine Schuld ist vielleicht die kleinste. Wir, das ganze Volk haben das Heft aus der Hand gegeben, und die Streber, die Schläulinge und Spekulanten haben es in einer Weise ergriffen, die allerdings zweifelhaft erscheinen lässt, dass wir uns noch vor dem Untergang retten werden. Ich sage zweifelhaft um nicht unmöglich sagen zu müssen. Denn jeder

---

325 Lina Bertha Schneider.

vernünftigen Ueberlegung, jedem Verstande zum Trotz regt sich in der Urtiefe meines Herzens noch die Hoffnung, wir könnten uns wenn nicht noch einmal aus der Schlinge ziehen, doch mit einiger Ehre, das heisst rein gewalttätig wehrbar unterliegen.
[...]

1203. Fränkel an Loosli, Thun-Riedegg, 23. Januar 1939
Mein lieber Loosli,
ich freue mich herzlich zu hören, daß es Dir so weit besser geht, daß Du gestern stimmen konntest, auch ich habe diesmal meine eidgenössische Pflicht erfüllt und ließ mich beim Gang zur Urne[326] von meinem Jüngsten begleiten, der uns zu Weihnachten mit einem ungewöhnlichen Geschenk überraschte: mit einer selbstkomponierten Symphonie, deren Vorführung zwei Stunden erforderte! Dabei wird der Komponist erst nächsten Monat zehn Jahre alt und hat keinen Klavierunterricht genossen. Und um eine leere Spielerei handelt es sich dabei nicht! Wir waren beide beglückt, als wir das kleine Menschlein am Klavier sahen, sein Werk bis zur körperlichen Erschöpfung aufführend – Du kannst Dir aber auch meine Gefühle denken: solches Talent und solche Hingabe an reinste Kunst – in diesen Zeiten! Was wird er alles noch erdulden müssen![327] –
[...]

1220. Loosli an Fränkel, Bern-Bümpliz, 4. März 1939
[...]
In den Tagen, die wir durchleben, nötigen mich Gesinnung und Gefahr dazu, mich ausschliesslich als Schweizer zur Bewahrung und Rettung dessen, was allenfalls noch zu retten ist, ausschliesslich mit meinen schwachen Kräften einzusetzen.

Und da fragte ich mich schon oft, – nicht erst seit den letzten Tagen, – ob wir, bei aller menschlichen Sympathie und weitgehender Zustimmung zu den acta et gesta der deutschen und italienischen Emigranten, – wirklich wohlberaten sind, uns allzusehr mit ihnen einzulassen und, selbstverständlich abgesehen

---

326 Am 22. 1. 1939 kommen zwei Vorlagen zur Abstimmung: die Eidgenössische Volksinitiative zur «Wahrung der verfassungsmässigen Rechte der Bürger» und der Bundesbeschluss über das Volksbegehren «Einschränkung der Anwendung der Dringlichkeitsklausel».
327 Jonas Fränkels «Jüngster», Salomo, wird später tatsächlich Musiker und 1968 Mitbegründer des Ensembles Neue Horizonte Bern, das sich der Aufführung zeitgenössischer Musik widmet.

vom grundsätzlich Allzumenschlichen, auch taktisch gemeinsam mit ihnen zu kämpfen.

Aus diesem Grunde habe ich es schon früher abgelehnt, an ausländischen Blättern und Zeitschriften mitzuarbeiten, obwohl ich mehr als einmal nach dem Zionistenprozess dazu aufgefordert wurde.

Die Erfahrungen, die wir beispielsweise mit den 48er-Emigranten aus Deutschland machten, geboten mir weitgehende Zurückhaltung. Sie hatten und haben heute wieder, trotz des Vielen, das uns über alle Landes- und Kulturschranken hinaus verbinden mag, eben doch einen anderen Geist als wir Schweizer. Freilich haben viele von ihnen anno dazumal der Schweiz Wertvolles gebracht. Einzelne unter ihnen sind dann auch wirklich Schweizer im besten, eigentlichsten Sinn geworden. Aber auf der andern Seite haben sie uns in unserer, nach dem Sonderbundsfeldzug gegebenen Entwicklung weitgehend gestört, aufgehalten und irre geführt. Die Verdämmerung der freisinnigen Partei, die beispielsweise Gottfried Kellern einstmals teuer war, ist zweifelsohne zu einem viel grösseren Teil als man heute noch weiss oder es das Wort haben will, auf die Ideologie der damaligen Emigranten zurückzuführen, namentlich die in der Partei korruptiven, neuzeitlichen Erscheinungen.

[...]

1223. Fränkel an Loosli, Thun-Riedegg, 14. März 1939

Mein lieber Loosli,

soeben hab ich Dein Buch[328] zu Ende gelesen. Die Lektüre wirkt, je weiter man vordringt, erschütternd. Auch wenn ich den Verfasser nicht persönlich kännte, würde mir die Lektüre Hochachtung vor ihm einflössen. Es ist das verdienstvollste Unternehmen, das es in einer Gesellschaft gibt: Fürsprecher sein Jenen, die stumm, unerhört in ihren Qualen schmachten. Dafür hast Du Dir den Dank der Gesellschaft (und des Staates, wenn er durch Würdige repräsentiert wäre!) verdient.

[...]

1242. Loosli an Fränkel, Bern-Bümpliz, 6. Mai 1939

[...]

Und nun, so sehr ich mich auf Deinen neuen Kellerband freue, so werde ich ihn doch nicht ohne ein tiefes Gefühl der Trauer und der Scham darüber ent-

---

328 C. A. Loosli: *Administrativjustiz*.

gegennehmen, dass es voraussichtlich der letzte sein wird, den Du uns bietest. Ich komme mir persönlich darob noch jämmerlicher als ohnehin vor. Man schämt sich Schweizer, man schämt sich ohnmächtig zu sein und schliesslich schämt man sich, wie ein verprügelter Hund seines eigenen Daseins.

Ich habe in diesen Tagen den Grünen Heinrich in beiden Fassungen wieder einmal gelesen und mich von Deinen Anhängen dazu dankbar und willig leiten lassen. Gott: – was hatte der alte Keller doch für ein Glück, vom Schauplatz gerade dann abtreten zu können, wo sich seine bittersten, schwärzesten Altersprophezeiungen in einem trotz alledem von ihm selbst weder befürchteten noch geahnten Mass zu erfüllen begannen.

Und wie rasch sie sich erfüllt haben!

Ich bin nun aufrichtig gespannt zu erfahren, ob und wie Deine Kündigung allerwärts wirken wird. Halte mich auf dem Laufenden.

[…]

1244. Fränkel an Loosli, Thun-Riedegg, 25. Mai 1939

[…]

Meine Kündigung habe ich vorgestern Benteli persönlich übergeben.[329] Er schien die Angelegenheit vernünftig auffassen zu wollen, doch am folgenden Tage schrieb er mir einen geschäftlichen Brief, daß er die Kündigung nicht annehme u. mich auf die rechtlichen Folgen hinweise (das nennt man Freundschaft!).

[…]

1248. Loosli an Fränkel, Bern-Bümpliz, 17. Juni 1939

Mein lieber Fränkel,

soeben habe ich die «Frühen Gedichte» Kellers[330] aus der Hand gelegt, die mir in den letzten Wochen zu treuen Begleitern und Tröstern gediehen, wo ich mich täglich mit scheusslichen Verhältnissen, traurigen Einzelfällen, mit Willkür und Korruption herumzuschlagen habe und hatte.

Das Eine voraus: – diese Gedichte ehren nicht nur den jungen Meister, son-

---

329 Mit Datum vom 20. 5. 1939 schreibt Fränkel an die Benteli AG, dass der nächstens erscheinende Keller-Band der letzte sei, den er «geben» könne: «Ich sehe mich gezwungen, meine Arbeit an der Keller-Ausgabe niederzulegen. Eine Arbeit wie diese, die vollste Hingabe verlangt, lässt sich nur rechtfertigen, wenn man eine gesicherte Existenz hat. Sie wissen, dass dies bei mir nicht zutrifft.» (StAZH, U 181.31.2–8, U 181.31.11–12 sowie U 181.31.15–18)
330 Keller: SW 13.

dern auch seinen so verständnisvollen, klugen und liebreichen Herausgeber und doppelt schwer empfinde ich nun wieder, was Dein Entschluss für einen Verlust für Kellers Andenken, uns und die Nachwelt bedeutet, – ausgerechnet in der Zeit hochgehenden Wellenschlages angeblich geistiger Landesverteidigung.

Allerdings, hätten die Leute, – ich meine unsere hochoffiziellen geistigen Landesverteidiger und -verräter auch nur eine karge Ahnung davon, welche Ruten der junge Keller ihnen vor nun bald einem Jahrhundert zu ihrer Schande gebunden hat, so möchte man begreifen, dass sie sie zu unterdrücken suchten.

[...]

Neben meiner Beschäftigung mit der «Administrativjustiz» habe ich in den letzten Monaten ein Buch erarbeitet «Schule und Volk»,[331] in dem ich mich mit unserer Volksschule zunächst, dann aber mit dem schweizerischen Schulwesen aller Grade grundsätzlich auseinandersetze.

[...]

1249. Fränkel an Loosli, z. Z. Brüssel, 28. Juli 1939

Mein lieber Loosli,

ich war ein paar Tage in Antwerpen, der herrlichen Rubens-Stadt, um Abschied zu nehmen fürs Leben von meiner Schwester, die Du kennst, ehe sie sich nach Amerika einschiffte. Von hier sende ich Dir einen herzlichen Gruß. Anfang nächster Woche werde ich wieder zu Hause sein. Hoffentlich gehts Dir gut. Meine Sachen sind in der Schwebe. Die belgischen Städte sind herrlich – könnte man sie nur mit freiem Gemüte genießen!

Herzlich Dein Fränkel

1250. Fränkel an Loosli, Thun-Riedegg, 4. August 1939

Mein lieber Loosli,

ich bin erst vorgestern um Mitternacht heimgekommen und erfuhr hier, daß Du in der Zwischenzeit angeläutet hattest. Du kannst Dir denken, wie ich voll tiefster Eindrücke von der Reise bin: das herrliche Antwerpen, Brüssel, Gent, Brügge – an letzterm Orte eine reiche Memling-Ausstellung. Es tat einem nur leid, daß man nicht länger bleiben, nicht weitere Entdeckungsfahrten unternehmen konnte. Doch was soll ich Dir davon erzählen – hast Du doch

---

331 Das Typoskript bleibt unveröffentlicht (vgl. SLA-Loosli-E-03-A-03-bj). Eine Würdigung von Looslis *Schule und Volk* durch den Erziehungswissenschaftler Hans-Ulrich Grunder findet sich in Marti: *Loosli* 3/2, S. 526 f.

in Deinen jungen Jahren das alles (und wohl noch mehr) gesehen u. in Dich aufgenommen.[332]

Hier fand ich einen ablehnenden Bescheid von der Zürcher Regierung vor[333] – man will dort nichts unternehmen, appelliert aber an mich, ich möchte großmütig auch weiterhin meine Arbeitskraft dem großen Werke opfern. Auch ein freundschaftlicher Brief von Benteli erwartete mich: er werde gezwungen sein, auf dem Prozessweg gegen mich vorzugehen.

Er bittet gleichzeitig, ihm «einen geeigneten Nachfolger» zu nennen, den er der Regierung vorschlagen würde … Man staunt über die Naivetät dieses Freundes. Dabei hat er keinen Schritt in der Sache getan: weder hat er versucht mit der Berner Regierung zu verhandeln noch mit der Züricher. Solltest Du ihn zufällig sehen, so frag ihn vielleicht aus, was er vorhabe, und mach ihm dann auch klar, daß gerade er sich auf den Standpunkt stellen müsste, daß Niemand das Werk fortsetzen könnte.

Ich kann mir sein Verhalten nur durch vollständige Indolenz erklären.

Es ist also doch anders gekommen als ich im Stillen erwartet hatte: man verzichtet auf mich u. geht über mich hinweg. Ich muß also nunmehr ernstlich den Auswanderungsgedanken verfolgen. Als ich ihn vor einem halben Jahre faßte, da war Frankreich ein ruhiges Land; heute aber steht es vor einem Kriege u. würde gerade in den südlichen Departementen keinen Fremden dulden. Auch die finanzielle Seite stellt sich heute nicht mehr so rosig dar wie im Januar. Die Menschen sind überall gleich, wenn man sie erst näher kennen gelernt hat. Dennoch bleibt mir kein anderer Ausweg.

[…]

---

332 Loosli hat nach der Aufhebung seiner «Bevogtung» am 15. 5. 1901 auf einer Europareise neben Frankreich, den Niederlanden und Deutschland auch Belgien besucht.

333 Am 27. 7. 1939 verabschiedet der Zürcher Regierungsrat laut Protokoll einen Brief an Fränkel, in dem es unter anderem heisst: «Wir begreifen ohne weiteres Ihre Bemühungen, eine für Sie günstigere Regelung Ihrer Ruhegehaltsverhältnisse an der Universität Bern zu erreichen. Dagegen können wir nicht verstehen, daß Sie dem Regierungsrat Zürich hiefür die Initiative zuschieben wollen. Es handelt sich hier um eine rein interne Angelegenheit des Kantons Bern.» (StAZH, MM 3.59 RRB 1939/2118) Diesem Brief ist am 11. 7. 1939 eine Besprechung Fränkels mit Regierungsratspräsident Robert Briner in Zürich vorausgegangen (Fränkel an Briner, 11. 7. 1939, StAZH, U 181.31.2–8, U 181.31.11–12 sowie U 181.31.15–18).

1263. Loosli an Fränkel, Bern-Bümpliz, 22. August 1939
[…]
Nun habe ich doch für richtig erachtet, mit Benteli zu sprechen. Ich glaube ihn überzeugt zu haben:
dass Du Deinen Vertrag wohl gekündigt, nicht aber gebrochen hast.
dass ein auf materieller oder rechtlicher Unerfüllbarkeit beruhender Vertrag rechtsungültig ist und dass im Prozessfall ihm die ausschliessliche Beweislast obliegen würde.
dass sein Prozess gegen Dich aussichtslos und
in jeder Hinsicht ein Unding wäre.
Erreicht habe ich:
dass er damit einverstanden ist, die Sache bis auf weiteres auf sich beruhen zu lassen, d. h. keinerlei Vorkehren zu treffen, die die gegenwärtige Situation verschärfen könnten;
auch nachdem das nächstliegende überstanden sein wird, sich mit mir besprechen wird, bevor er ferneres unternimmt.
Mehr war vorderhand nicht zu erreichen und auch das zum Teil nur dank der wirklich sehr vernünftigen, einsichtigen Stellungnahme von Frau Benteli.
Dr. Meyer war leider nicht dabei, was ich bedauerte. Benteli beklagte sich auch über Dich, mehr formell als materiell, wie mir schien. Aber wir hatten nicht Zeit das alles zu erörtern und es hat ja damit auch keine Eile. Immerhin werde ich mir bei gegebener Zeit alles vortragen lassen, um ein lauteres, klares Bild zu gewinnen.
[…]

1264. Fränkel an Loosli, Thun-Riedegg, 22. August 1939
Mein lieber Loosli,
eben erhalte ich Deinen Brief mit dem Bericht über Deine Unterredung mit Benteli, der mir sehr wertvoll ist. Ich danke Dir dafür: d. h. für die Unterredung wie für den Bericht darüber. Ich hatte gestern an Benteli einen Brief gesandt, den er vielleicht noch in den Händen hatte, als Du mit ihm sprachst. Ich benutzte die Gelegenheit, ihm auf seinen Glückwunsch zu meinem Geburtstag zu danken, um meinen gegenwärtigen Standpunkt klarzulegen.
[…]
Über die Spittelerfragen werden wir uns noch unterhalten, sobald sie aktuell werden. Jetzt ist mir das Wichtigste zu wissen, ob man mir ermöglichen wird, hier zu bleiben. Ich gestehe Dir offen: nach dem Erlebniß der vergangenen

Woche[334] würden meine Frau und ich, wenn wir gezwungen würden nach Frankreich zu übersiedeln, das Gefühl nicht verwinden, ins *Exil* zu gehen. Deswegen warte ich noch zu mit dem Ausschreiben des Häuschens zum Verkauf.

Hab Dank u. sei herzlich gegrüsst!

Dein Fränkel

Gestern hat Dr. Martin Trepp, der Rektor des Thuner Progymnasiums, eine der hiesigen Freisinnssäulen, angeläutet, um mich zu beglückwünschen u. zu erklären, daß er alles aus Überzeugung unterschreibe, was Loosli im «Bund» geschrieben habe. Das hat mich gefreut.

1265. Loosli an Fränkel, Bern-Bümpliz, 24. August 1939

Mein lieber Fränkel,

ich danke Dir für Brief und Durchschläge, welch letztere ich Dir anbei zurückerstatte und die ich nicht kannte. Sie waren mir wertvoll, weil sie dazu beitragen, mich über die zwischen Dir und Benteli obschwebenden Differenzen besser abzuklären als es mir sonst möglich gewesen wäre.

[...]

Was nun aber Dein Standpunkt anbetrifft, dass jeder auch geistige Arbeiter seines Lohnes wert und für seine Leistung entlöhnt werden solle, in einer Weise, die es ihm ermöglicht zu leben, so brauche ich Dir wohl nicht des Besonderen zu versichern, wie sehr ich ihn teile, da ich ihn ja immer und immer wieder seit Jahrzehnten laut und leise vertrat. Grundsätzlich also einverstanden!

Aber dass praktisch dieser Grundsatz für uns nicht durchdringt, liegt nicht allein, ja, nicht einmal in der Hauptsache an unsern Verlegern, so tauglich oder untauglich sie auch sein mögen. Sondern wir unterstehen, wie alle Erwerbsleute, dem Gesetz des Angebotes und der Nachfrage, und dass die Nachfrage gerade für hochqualifizierte Arbeiten stets die geringste ist und in den paar letzten Jahrzehnten immerwährend in erschrecklichem Masse zurückging ist eine himmeltraurige Tatsache, die zweifelsohne jedem ernsthaften Verleger ebenso peinlich ist wie uns, die jedoch aus der Welt zu schaffen ausserhalb dem Bereiche ihres Vermögens steht.

Meine drei letzten Verleger, Birkhäuser (Hodlerbuch), Loepfe-Benz (Erleb-

---

334 Fränkel spielt auf seine erfreulichen Erfahrungen rund um seinen 60. Geburtstag am 12. 8. 1939 an. Unter anderem hat Loosli im *Bund*, Nr. 375, 14. 8. 1939, unter dem Titel *Jonas Fränkel. Zu seinem 60. Geburtstage* einen ehrenden Artikel publizieren können. Gleichentags schreibt dieser an Loosli: «Nun ist das Eis gebrochen u. wir wollen zuwarten, was jetzt kommt.»

tes & Erlauschtes) und Feldegg (Administrativjustiz) haben es an redlichen und klugen Anstrengungen nicht fehlen lassen und wirklich keine Opfer gescheut um die Sachen an den Mann zu bringen. Jeder in seiner und zwar in meines Ermessens zweckmässiger, einsichtiger, kluger Art. Alle haben beispielsweise reichlich inseriert und zwar grosszügig. (Ein Inserat für die «Administrativjustiz» im Beobachter, das er zum halben Preis bewilligte, kostete immerhin rund 350 frs. Ergebnis: Hodler verkaufte sich mit nicht ganz 200, Erlebtes & Erl. mit etwas über 300 und die «Administrativjustiz» mit noch nicht 200 Exemplaren). Dabei handelt es sich bei allen drei Büchern um keine, die sich an ein immerhin so kultiviertes, daher exklusives Publikum wenden, wie etwa Dein Goethe oder Deine Kellerausgabe. Dieser Mangel an Nachfrage nun schüchtert auch erfahrenere, grössere Verleger ein, als Benteli einer ist. Dazu kommt, dass in den letzten Jahren wirtschaftlich das graphische Gewerbe in der Schweiz auf einem Tiefstand anlangte, der überhaupt noch nie erlebt wurde. Es gibt kein einziges Unternehmen, das nicht mehr oder weniger empfindliche, zum Teil andauernd grosse Verluste zu buchen gehabt hätte, sogar solche, von denen man es nicht glauben sollte. Ich habe Grund zur Annahme, dass Benteli A.-G. davon sehr stark in Mitleidenschaft gezogen ward.

[...]

1266. Fränkel an Loosli, Thun-Riedegg, 24. August 1939
Mein lieber Loosli,

Du hast mir einen langen Brief wegen Benteli geschrieben, um mich zu überzeugen, daß die Differenzen mit B. nicht unüberbrückbar seien. Du fassest aber die Situation nicht ganz richtig auf, wenn Du diese Differenzen als Grund zu meiner Kündigung betrachtest. Zwar gehen die Differenzen – wenn wir sie so nennen wollen – viel tiefer als Du wissen kannst. Dich in diese Dinge einzuweihen hielt ich bisher nicht für nötig, denn ich muß ja schließlich mit Benteli, als dem alten Freunde, allein fertig werden.

[...]

Daß schweizerische Verleger es heutzutage nicht leicht haben, weiß ich natürlich sehr wohl. Doch Benteli mit den drei von Dir genannten Verlegern zu vergleichen ist nicht am Platze. Es ist ein Jammer, daß Du jedes neue Buch einem andern Verleger geben mußt. Für ein einzelnes Buch eines Autors kann auch der beste Verlag nicht viel tun. Und doch: wie setzte sich jeder einzelne der 3 Verleger für das ihm anvertraute Buch ein! Benteli hat für das umfangreiche Werk lange nicht so viel getan wie jeder der 3 für sein Büchlein. Mag man das oder jenes an ihnen aussetzen, sie taten doch alles, um das Buch bekannt zu machen und um es zu verkaufen. B. aber tut *nichts* und tat von Anfang an nichts, weil das Interesse an einem fertig gedruckten Buche für ihn mit diesem Augenblick aufhört, wo der Druck bezahlt ist. Und der ist sofort bezahlt, nachdem er der Regierung [des Kantons Zürich] das Erscheinen eines neuen Bandes notifiziert und der Keller-Gesellschaft 350 Expl. abgeliefert hat. Ich habe ja im Laufe der Jahrzehnte mit allen möglichen Verlegern zu tun gehabt u. hatte Gelegenheit, verschiedene Spielarten von Verlegern kennen zu lernen. Die schlimmste Abart ist ein Verleger, der *kein* Verleger sein, der nicht als Verleger verdienen will; darin dürfte B. allerdings ein Unikum sein.

[...]

So kommt es denn auch, daß ich in diesen Jahren oft unter der mir von dem nichtexistierenden Verlag aufgebürdeten Last nahe am Zusammenbrechen war. Vor zwei Jahren kam es so weit, daß ich Benteli erklärte, er verleide mir die Arbeit an Keller, und daß ich ihn bat, die Keller-Ausgabe an einen Verlag abzutreten.

Doch all das u. die Verluste, die ich dadurch erleide, daß ich seinerzeit beim Formulieren des Vertrages auf den *Freund* rechnete, den man nicht durch Paragraphen zu binden brauche – all das war ja nicht entscheidend für die Kündigung. Ich gab wohl ab und zu in einem Briefe meinem Ärger über die Behandlung, die ich im Verlag B. erfahre, Luft – im Grunde jedoch sagte ich mir immer wieder, ich müsse es ertragen, es sei die nachträgliche Abrechnung für das Gute, das ich während eines Jahrzehnts im Hause B's erfahren habe. Und so möchte ich denn auch Dich bitten, von all dem, was ich Dir hier anvertraue, *nichts verlauten zu lassen*. Es macht böses Blut, wenn der Eindruck erweckt wird, daß ich Dir über B. klage. Ich *will* aber, daß die Freundschaft zwischen der Familie B. und mir bestehen bleibe.

Der springende Punkt ist also nicht die Unzufriedenheit mit B. als Verleger, die Gleichgültigkeit B's gegen seinen Autor, die z. B. so weit geht, daß er mir für die Goethe-Schrift[335] niemals auch nur einen Rappen Honorar zugestellt hat u. daß meine wiederholten Bitten um Zustellung einer Abrechnung über den Absatz unbeantwortet geblieben sind. Das alles muß ich halt einfach hinnehmen, weil ich es mit B. zu tun habe. Der Kündigungsgrund liegt *nicht* hier. Ich weiß sehr gut, daß B. mir für die Keller-Bände das Honorar nicht erhöhen kann u. so habe ich denn mit keinem Worte, weder mündlich noch schriftlich

---

335 Fränkel: *Goethes Erlebnis* 1.

ein derartiges Begehren an ihn gerichtet. Aber B. ist ja in *diesem* Falle nicht der Verleger, nicht der Unternehmer, sondern der *Beauftragte*. Und der Auftraggeber ist der reiche Kanton Zürich, der 104 000 Fr für Rentsch zur Verfügung hatte u. der B. für 7 Bände bisher Fr 47 000 bezahlt hat. Ich gönne es B., daß seine Druckerei ein ordentliches Verdienst hat, nur finde ich, daß bei diesem Arrangement die *wichtigste* Person, der man die Ausgabe *verdankt*, übersehen wurde. Wenn der Kt. Zürich auf die Ausgabe stolz ist, so ist es seine Pflicht, dafür zu sorgen, daß mir meine Arbeit anständig honoriert werde.

Du siehst also, mein Lieber, daß bei Keller *kommerzielle Fragen nicht maßgebend sind*.

Nun stellt sich aber Zürich heute auf den Standpunkt: Fränkel geht uns gar nichts an, wir haben es nur mit Benteli zu tun. Deswegen frage ich mich, ob es richtig sei, B. von der Anstrengung eines Prozesses abzuhalten. Er wird am Ende durch Zürich dazu gezwungen werden. Erst wenn ein Gericht entscheiden sollte, daß der Vertrag unhaltbar, weil in seiner Auswirkung unmoralisch sei, wird die Fiktion: «wir haben es nicht mit Fränkel zu tun», wie eine Seifenblase platzen. Dann erst habe ich die Möglichkeit, meine Forderungen zu stellen.

Du siehst, mein Lieber: man kann vorläufig in der Sache nicht weiter vermitteln, sondern muß ihr ihren Lauf lassen. Vielleicht komme ich einmal zu B. u. spreche mich mit ihm aus – über das, was ich gegen ihn auf dem Herzen habe, spreche ich am besten wohl selber mit ihm. Aber das hat im Augenblick nicht viel Sinn, erst muß die Situation geklärt werden, sei es durch ein befriedigendes Entgegenkommen der Berner Regierung, sei es durch ein gerichtliches Urteil über den alten Vertrag. –

Ich spreche von persönlichen Belangen, während sich ein neuer Weltkrieg vorbereitet und vielleicht schon morgen losbricht ... Welch eine Welt! –

Ich freue mich für Dich, daß Du den Besuch aus San Sebastian hast, der hoffentlich nicht allzu kurz dauern wird. Grüße Deinen Fritz von mir.

Herzlichst
Dein Fränkel

1267. Loosli an Fränkel, Bern-Bümpliz, 26. August 1939

[...]

Die letzten Ereignisse haben auf mich fast beruhigend gewirkt, denn einmal glaube ich nur sehr bedingt an einen wirklichen Kriegsausbruch und zum andern, sollte das Schlimmste eintreffen, wird es nicht schlimmer sein als die bisherige Spannung noch lange anhalten zu lassen. Ich fühle mich heute viel gelassener als noch vor acht oder vierzehn Tagen und während um mich herum die Nervosität ansteigt fühle ich mich von Tag zu Tag ruhiger und innerlich sicherer, wozu ich allerdings meine ganz besonderen Gründe habe.

Was jetzt zu vermeiden ist, ist vor allem eine Panikstimmung und die ist für uns Schweizer heute viel leichter zu vermeiden als vor 25 Jahren, einmal weil wir auf den Kladeradatsch einigermassen vorbereitet sind, seit letztem September, und zum andern weil wir diesmal wenigstens nach aussen, vom Leman bis zum Bodan einig sind, insofern es sich um aussenpolitische Belange handelt. Nicht im Einzelnen, aber im Ganzen, – im einmütigen Wehrwillen nach der einen, bestimmten, der antidemokratischen Seite hin.

Und nun leb wohl! Meine Spanier lassen Dich ebenso herzlich grüssen wie Dein

C. A. Loosli

1268. Fränkel an Loosli, Thun-Riedegg, 27. August 1939

[...]

Und jetzt vom Geschäftlichen weg. Ich habe vor 31 Jahren (oder war es im Jahre 1907?) mit einer von Dir geliehenen Pelerine als Schutz gegen Kälte (denn es war damals schon etwas weiter in der Jahreszeit: Mitte September) eine Wanderung über die Gemmi unternommen. Ich will sehen, ob ich das Gleiche auch mit 60 Jahren machen kann, und beschreite morgen alte Pfade. Komme ich dann glücklich nach Leuk, so will ich im Wallis weiter herumwandern, um den schönen Spätsommer auszunützen. Ich habe ja gegenwärtig nichts sehr Dringendes zu arbeiten. Was die Post bringt, bleibt hier liegen oder wird mir nachgeschickt werden, falls ich mich irgendwo für ein paar Tage festsetze.

[...]

Hoffentlich wird bei uns nicht morgen mobilisiert. Es ist auch die Unruhe über das Weltgeschehen u. der Ekel über die Dinge, die sich abspielen, was mich aus der Stube hinaustreibt.

[...]

1269. Fränkel an Loosli, Leukerbad, 31. August 1939

Mein Lieber,

es ging mit 60 eigentlich noch besser als mit 30 über die Gemmi, aber nun sitze ich seit zwei Tagen hier und verjünge meine Knochen im heißen Leuker

Wasser, ehe ich weiter ziehe. Vom Weltlärm vernimmt man hier nur ein leises Zeitungsecho. Laß Dirs gut gehen u. grüß die Deinigen!
Dein Fränkel

1270. Fränkel an Loosli, Bahnpost ambulant, 1. September 1939
Mein lieber Loosli,
ich bin auf der Heimfahrt u. melde Dirs rasch im sausenden Lötschbergzug. Angesichts der Generalmobilmachung habe ich meine Ferien rasch abgebrochen. Vielleicht suche ich Dich bald einmal heim – nicht in persönlichen Dingen, die nun wohl bis auf weiteres hängenbleiben werden. In was für einer Zeit leben wir! – Mein 16-jähriger Bub ist als Kadett heute eingezogen worden. So weit sind wir![336]
Herzlich Dein Fränkel

1279. Loosli an Fränkel, Bern-Bümpliz, 26. September 1939
Mein lieber Fränkel,
wie Du siehst, bin ich immer noch zu nichts anderem fähig als zur täglichen Entleerung meiner Versliblase. Da muss ich wohl der Sache ihren Lauf lassen und abwarten, bis sich der Sekretionsfluss von selber erschöpft. Denn vorderhand entlastet es mich, ihm keinen Zwang aufzuerlegen. Schau obs was taugt! – Wenn nicht, auch gut! – Dann hat die Übung wenigstens ihren therapeutischen Zweck erfüllt, denn drucksüchtig bin ich glücklicherweise längst nimmer und wenn ich nicht, um des Leibes Notdurft willen schreiben oder vielmehr drucken müsste, so würde ich nur noch in aller Stille meine Nachlassmakulatur bereichern.
Hoffentlich gehts Dir so erträglich als möglich! Auf alle Fälle sei herzlich gegrüsst von
Deinem
C. A. Loosli

---

336 Diese Mitteilung wird Fränkel in seinem Brief vom 11. 9. 1939 berichtigen: «Was ich Dir von unterwegs über meinen Heini berichtete, beruhte auf einem telephonischen Mißverständniß.»

1280. Fränkel an Loosli, Thun-Riedegg, 1. Oktober 1939
Mein lieber Loosli,
[...]
Soll ich Dir offen meine Meinung sagen über die Blätter, die Du mir sandtest? Du hast jetzt absolute Macht über den Reim – die Sprache aber ist Prosa. Ich komme deswegen nicht hinweg über das Zwiespältige: treffliche Gedanken, aber in gereimter Prosa. Oft liegt in den Versen der Keim für ein gutes Gedicht – doch das Gedicht ist nicht ausgeführt. Man sehnt sich nach dem schlummernden Gedichte. Schlage doch im 13. Keller-Band die Seiten 108–110 auf. Die Überschrift «Motive» stammt nicht von mir, sondern von *Keller*. Es ist ein ähnlicher Fall wie bei Dir: Keller hielt in gereimten Zeilen *Motive* fest *für künftige Gedichte* (für künftig zu machende Gedichte).

Natürlich darfst Du sagen: es *sollen* auch keine Gedichte sein – es ist ein Tagebuch in Versen! Nur eben der Zwiespalt bleibt, indem nur der *Reim* aus den Zeilen Verse macht. Verssprache und Prosasprache sind zweierlei, bei Dir aber sind treffliche Gedanken in *Prosa* gesagt, aber durch das Mittel des Reims als Verse getarnt. Ich weiß, wie das kommt: Du bist der geborene Journalist. Da Dir aber keine Zeitung zur Verfügung steht, so sucht sich die gestaute Gedankenmasse ein Ventil in diesen Reimen. Das ist recht und laß Dichs durch meine Artistenkritik nicht verdrießen, es auch fernerhin zu tun u. mich als Deinen treuen Leser zu betrachten. Sieh Dir aber gelegentlich die «Venezianischen Epigramme» von Goethe an: es ist ein Tagebuch in Versen, aber die Verse sind (vielleicht weil nicht gereimt?) poetisch. Hat die Sprache Prosaton, so müssen die Reime *scharf pointiert* (wohl auch – wie bei Heine – gelegentlich gewagt) sein: dann ergibt sich ein *Gegengewicht* zur Prosa der Verse.

Entschuldige Deinen Dich herzlich grüßenden
Schulmeister Fränkel

1281. Loosli an Fränkel, Bern-Bümpliz, 4. Oktober 1939
Mein lieber Schulmeister,
zweifelsohne hast Du mit Deiner Kritik Recht: Du hast lediglich klar ausgesprochen, was ich selber unklar fühlte, denn wirklich, – es ist mir nichts weniger als «poetisch» zu Mute. Ich stehe gegenwärtig unter einem unumgänglichen Zwang, nämlich dem, mir so oder anders all den in mir angestauten Ekel, so oder so, vom Leibe zu schreiben. Ein mir durchaus bewusster, hoffentlich bloß akuter pathologischer Zustand. Aber bevor ich das hinreichend getan haben werde, bin ich zu nichts Gescheitem tauglich.

Freilich könnte ich das alles auch in gewöhnlicher Prosa schreiben. Aber die Wirkung auf mich selber wäre dann nicht die gleiche; – ich würde mich weniger davon innerlich entlastet fühlen. So aber zwingt mich die rein äussere Form zu einer gewissen Verdichtung; – sie bietet mir ein wirksameres Drastikum, – dessen ich gegenwärtig vor allem bedarf! – als es die schlichte Prosa vermöchte, schon darum, weil sie mich zu einer gewissen Konzentration, wenn auch nur rein äusserlich disziplinarisch zwingt.
[...]

1284. Loosli an Fränkel, Bern-Bümpliz, 6. Oktober 1939

[...]
Mein ganzer Bildungsgang war, abgesehen von den paar ersten Primarschuljahren, französisch. Nun weisst Du ja, dass das Französische im guten deutschen Sinne an sich erstens keine «poetische» sondern eine scharf geschliffene präzise, sachliche, exakte Sprache ist. In der französischen Versdichtung ist sie, rein formal, zwar ungemein strengen und engen formalen Gesetzen unterstellt, aber es wird auch dort von ihr vor allem Begriffsklarheit, sachliche Prägnanz unerbittlich gefordert. Die Rhetorik, die im französischen Sprachunterricht eine unverhältnismässig grössere Rolle spielt als im deutschen, – zum Teil mit Recht und zum Vorteil der Verständigung, – wird in der gebundenen Rede nur insoweit geduldet, als sie den sachlich rationellen Begriff nicht beeinträchtigt. Ich möchte fast sagen, was der Deutsche von der Versdichtung, und was Du von mir in casu forderst, ist im Französischen viel mehr Eigentum der Rhetorik als der Verssprache. Ich drücke das, was ich hier sagen möchte vielleicht recht unklar und unbeholfen aus; aber Du wirst mich sogleich verstehen, wenn ich Dich daran erinnere, dass jeder kultivierte Franzose von Feingefühl und Geschmack Racine beispielsweise seinem unmittelbaren Vorgänger Corneille unbedingt und zwar m. E. mit vollem Recht vorzieht.
[...]
Diese Eierschalen nun haften mir an, und zwar, was immerhin für mich bemerkenswert ist, namentlich wenn ich schriftdeutsch versifiziere. Das Schriftdeutsche ist mir, ist uns Deutschschweizern nun einmal eine Fremdsprache, die sich nie restlos mit unserer Seele, unserm Gemüt verträgt. Wir wenden sie ja auch vor allen Dingen, um nicht zu sagen ausschliesslich dort an, wo uns unsere Idiome vokabularisch und terminologisch im Stiche lassen.
Um jener Eierschalen ganz los zu werden, muss ich mich schon in mein

Bärndütsch flüchten, wo mir da und dort das gelungen ist, was Du – mit Recht! – von mir im Schriftdeutschen verlangst.

Ob ich zu weit gehe wenn ich darauf erwidere: non possumus?

Sicher ist jedenfalls, dass ich nicht bloss ein anderer Schreiber (oder Dichter), sondern auch ein anderer Mensch bin, je nachdem ich deutsch, berndeutsch oder französisch denke oder schreibe.

Das ist ein Gebrechen, das ich mit vielen Schweizern teile, das jedoch bei mir sich mit ganz besonderer Virulenz auswirkt. Ob es überhaupt und ob es bei mir im Besonderen heilbar ist, – will sagen, ob ich noch lernen kann, es zu überwinden, ist mir, offen gestanden, heute nicht bewusst.

[...]

1285. Fränkel an Loosli, Thun-Riedegg, 8. Oktober 1939

Mein lieber Loosli,

allerdings erklärt das Französische das, was ich an Deinen Versen – den hochdeutschen – gern anders sehen würde. Mir geht es ebenso bei den französischen Gedichten u. versifizierten Dramen, ich muß mir immer sagen: ins Deutsche wörtlich übersetzt, ist es Prosa. Wenn einmal das Huttenwerk erscheint (es besteht aber wenig Aussicht hiefür), so wirst Du sehen, wie Meyer dagegen ankämpfte. Z. B. wenn ein Vers begann: Ich mochte nicht ..., so änderte er später die Wortfolge: Nicht mocht' ich – u. ähnliches, um dem Konventionellen zu entgehen. Das Konventionelle bildet aber im Französischen die Regel – u. die Kunst.

[...]

1286. Loosli an Fränkel, Bern-Bümpliz, 9. Oktober 1939

[...]

Dank für den praktischen Wink betreffend die Versifikation und das angeführte Meyer'sche Beispiel. Also Inversionen! Ich werde mir das merken, obwohl – ich darf Dir das wohl offen gestehen, – sie mir logisch grundsätzlich widerstreben, gerade weil ich in dieser Hinsicht französisch fühle. Nämlich so, dass ich die klare, eindeutig unmittelbare Verständlichkeit und Folgerichtigkeit über alles stelle. Nichtsdestoweniger begreife ich Deine Forderung, vom deutschen Standpunkte aus durchaus und auch dass Du damit Recht hast. Die deutsche Sprache wurde eben nicht, wie die französische, schon im 17. Jahrhundert kodifiziert; folglich bleiben ihr die m. E. onomatopoetischen Möglichkeiten, die das Französische nicht mehr hat und die wirklich im besten Sinne des Wortes poetisch wirken und poetisch ausgemünzt werden können (und solange sollen, bis sich auch die deutsche Sprache kodifiziert haben wird). Es liesse sich daran die Frage knüpfen, ob die Onomatopoetik nicht in einem gewissen Sinn ein Symptom kultureller Rückständigkeit bedeute.

Wie sehr Du jetzt und heute aber Recht hast, meldet mir meine Erfahrung mit dem Berndeutschen. Dort gehe ich onomatopoetisch rein instinktiv vor, kann es aber nur darum, weil die Mundart noch viel weniger als die Schriftsprache kodifiziert ist.

Mein grosser Irrtum bestand und besteht vielleicht darin, dass ich die deutsche Sprache als viel geregelter, kodifizierter halte und hielt, als sie in Wirklichkeit ist und mich zur Ergründung ihrer Gesetzmässigkeit in besten Treuen vor allen Dingen, und ich darf sagen, mit Ernst und Eifer, von den Grammatikern, statt von den Poeten leiten liess und sie studierte. Freilich ärgerte ich mich immer darüber, dass jeder dem andern, und zwar nicht bloss in untergeordneten Nebenfragen, widerspricht. Aber ich suche diese Widersprüche dadurch zu überbrücken, als ich in Zweifelsfällen die Lösung oder die Vorschrift anerkannte, die meinem einfachen Menschenverstand die logischste schien. Heute nun, wo Du mir allmälich die Augen öffnest, kommt mir zum Bewusstsein, dass ich darin irre und dass ich mir längst hätte sagen müssen, dass meine etwas antiquisierende poetische sprachliche Sehnsucht in der Mundart in strackem Gegensatz zu meinen schriftdeutschen Aspirationen stand.

Denn wir lieben ja die Mundart um ihrer vokabularischen und syntaktischen Eigenwilligkeiten willen, die nichts weniger als logisch, dafür aber farbig und plastisch sind und denen ich mich nie verschloss, weil sie mir angeboren waren, während mir die deutsche Schriftsprache ein erlerntes, nachträglich als von einem ihr Fremdem errungenes Gut bedeutet.

Ob Hans noch nachzuholen vermag, was Hänschen versäumte, weiss ich nicht und zweifle daran. Wenigstens fürchte ich es nicht mehr zu der Vollkommenheit zu bringen, die mir (relativ!) wohl nicht unerreichbar geblieben wäre, hätte sich mir die Einsicht, die Du mir nun vermittelst, vor einigen Jahrzehnten erschlossen. Darum bitte ich Dich um Geduld, Nachsicht und fernere, strenge Zensur auch im Einzelnen, insoweit wenigstens, als ich Dir mit meiner Bitte nicht lästig falle und Dich Deiner anders wertvolleren Zeit beraube.

[...]

1288. Fränkel an Loosli, Thun-Riedegg, 28. Oktober 1939

[...]

Übrigens: das Keller-Büchlein wird von unseren Buchhändlern nicht mehr ausgelegt – wie mir Oprecht sagte: auf einen Wink von oben.

[...]

1289. Fränkel an Loosli, Thun-Riedegg, 28. Oktober 1939

[...]

Mit Benteli steht es mieß. Er hat keine Lust, mich freizugeben, zumal ihn die Zürcher zum Prozessführen treiben.

[...]

1290. Loosli an Fränkel, Bern-Bümpliz, 30. Oktober 1939

[...]

Unser derzeitiger Neutralitätsfimmel zeitigt bereits die wunderlichsten Zensur- und sogar Vorzensurblüten. So wurde die Freiwirtschaftliche Zeitung meines Freundes Fritz Schwarz unter Vorzensur gestellt, weil sie mitteilte, was in der ganzen Welt bekannt ist und überall veröffentlicht wurde, wo und wieviel Geld die deutschen NSDAP-Herrschaften im Ausland angelegt haben. Selbstverständlich macht uns die Geschichte umso mehr Spass, weil als Zensoren Sekundar- und Primarlehrer unter dem Kommando des herzlich unbedeutenden Majors und Oberrichters Imer fungieren. Wir haben nun eine lustige Art, die Leute zu verulken, herausgefunden, nämlich die, klassische Autoren in gottsträflich neutralitätswidrigen Äusserungen auszugsweise aber für die Vorzensur ohne Quellenangabe wiederzugeben. Wirds beanstandet, je nun, dann holen wir die Quellenangabe nach und dann fühlen sich die Leute bis auf die Knochen blamiert und unsicher. Im übrigen werden sie mit zurückgelegten, unverwendbaren Manuskripten zur Vorzensur dermassen überfüttert, das ihnen die Puste ausgeht, während besagte Manuskripte überhaupt nie zum Druck bestimmt waren. Die Leute sollen dadurch angehalten werden, wenigstens mit dem Gegenpol ihres mutmasslichen, wenn auch zweifelhaften Gehirnsitzes ihren Sold im Schweisse ihres antarktischen Angesichtes zu verdienen. Warum geben sie sich zu solcher Arbeit her!

Man muss sich in diesen traurigen Zeiten vergnügen wie man kann; es gibt ja zu allem anderen leider Anlass genug.

Beispiel:

Der Schwager eines meiner Bümplizer-Bekannten traf dieser Tage eine tief verschleierte, ihm bekannte Dame im Wittwenkleid in Genf an. Sie hatte einen Deutschen geheiratet und sowohl Gatten und Sohn eines Schlages folgendermassen verloren. Der Mann hatte ausländische Radiomeldungen abgehorcht, war denunziert und, das erste Mal verhältnismässig glimpflich, aber bestimmt vermahnt worden. Schaltete fürderhin leiser ein und wurde nochmals, diesmal barsch und ernsthaft bedrohlich vermahnt. Zerbrach sich den Kopf, wer ihn habe denunzieren können und verfiel schliesslich auf seinen vierzehnjährigen Sohn, der ohne weiteres geständig war. Auf die Frage, warum er solches getan, lautete die Antwort:

«Der Führer hats befohlen!»

«Ja, sind Dir denn Deine nächsten Angehörigen, Deine Eltern weniger lieb als der Führer?»

«Jawohl!»

Worauf der Vater zunächst den Sohn und dann sich erschoss.

Woraus sich wieder einmal mehr ergibt, dass mit dem Sieg über das gegenwärtige Deutschland nur ein weniges gewonnen sein wird, denn die Leute haben das ganze kommende Geschlecht der Pimpfe und Hitlermädel weitgehend vergiftet, was sich auswirken wird.

[...]

Ehre für Loosli: Das Instituto de Coimbra in Portugal ernennt ihn zum korrespondierenden Mitglied. Vom Zürcher Regierungsrat Ernst Nobs wird Loosli ein Bericht zugespielt, der die Sicht der Zürcher Kantonsregierung auf die Auseinandersetzung um Fränkels Keller-Edition dokumentiert. Loosli reicht ihn an Fränkel weiter und dieser repliziert mit seiner Sicht der Dinge. Ein Treffen der beiden mit dem Zürcher Staatsschreiber Aeppli, dem Verfasser des Berichts, verläuft ergebnislos. Der Weltkrieg wird Alltag: Deutschland überfällt Dänemark und Norwegen; Loosli bleibt trotz des deutschen Einmarschs in Paris zuversichtlich, Fränkel dagegen spricht von «Finis Europae». Über Bümpliz und über dem Thunersee detonieren die Geschosse der schweizerischen Fliegerabwehr gegen die Bomber der Alliierten. Ende Jahr sondiert Fränkel, ob man ihn an einer US-amerikanischen Universität «brauchen könnte».

1305. Loosli an Fränkel, Bern-Bümpliz, 25. Januar 1940
Mein lieber Fränkel,
ich muss Dich um einen guten Rat bitten, nämlich soeben schreibt mir Prof. Schaub-Koch in Genf, mit dem ich seit Jahren in übrigens sehr lockerer Verbindung stehe:

«– – –. Als begeisterter Leser Ihrer Werke, habe ich Ihre Kandidatur de Membre correspondant der berühmten portugiesischen Akademie Institut Coimbre vorgeschlagen und heute den Bescheid erhalten, dass Ihre Kandidatur bei der nächsten Sitzung des akad. Senates unterbreitet wird und Sie volle Aussicht haben, dass Ihre Ernennung einstimmig erfolgen wird. Ich freue mich, etwas zu dieser akademischen Würde beitragen zu dürfen.»[337]

Dann folgt die Aufforderung besagter Akademie die hauptsächlichsten meiner Werke, ein Werkverzeichnis und eine noch unveröffentlichte Arbeit einzureichen.

---
337 Das Instituto de Coimbra existierte zwischen 1852 und 1978 und war eine private, von der Universität unabhängige Akademie, der aber mehrere von deren Professoren angehörten. Die Urkunde, die Loosli in der Folge erhält, ist – so António Eugénio Maia do Amaral, «Deputy Director» dieser Universität, auf Anfrage – eine Art Diplom und belege seine Zugehörigkeit zur Conimbrigensis Instituti Academia. Weitergehend sei Looslis Name in den Akten des ehemaligen Instituts nicht vermerkt, was bedeute, dass er als korrespondierendes Mitglied offenbar nicht an Aktivitäten des Instituto teilgenommen habe. (Recherche: Mürra Zabel, Mail, 23. 6. 2020, vgl. auch Marti: *Loosli* 3/1, S. 118 f.)

Nun muss ich offen gestehen, dass, so sehr mich eine derartige «Ehrung» früher gefreut und mich vielleicht auch gefördert haben würde, sie mich heute geradezu ironisch anmutet, um nicht zu sagen, schmerzt und verletzt. – Warum wirst Du leicht verstehen.

Meine Angehörigen nun sind jedoch der Meinung, ich solle in den Apfel beissen und versprechen sich wunder was davon. Ich nicht! Und dann tränkt man keinen Esel, den nicht dürstet.

Um jedoch ihrem Drängen wenigstens einigermassen zu entsprechen, habe ich ihnen vorgeschlagen, Deinen Rat darüber einzuholen und mich verpflichtet, ihn zu befolgen. Und nun bitte ich Dich, erteile ihn mir.

[...]

1306. Fränkel an Loosli, Thun-Riedegg, 26. Januar 1940

Mein lieber Loosli,

Ich gratuliere Dir herzlich – nicht zum Membre correspondant (denn die Herren in Coimbra sind ja gar nicht in der Lage, Deine Verdienste zu würdigen!), wohl aber zum Besitz eines Freundes, der darauf sinnt, Dir eine Freundlichkeit zu erweisen. Daß, wenn die Auszeichnung kommen sollte, sie Dich bitter berühren wird, kann ich Dir sehr wohl nachfühlen. Wir wollen sie doch als eine *sehr* willkommene *Demonstration* betrachten, vorausgesetzt, daß die Schweizerische Depeschenagentur sich der Nachricht bemächtigt (wie man sie ihr in die Hand spielen soll, wirst Du besser wissen als ich). Wir wollen dann schön lachen über die Reaktion in unserer Presse.

Im übrigen: einen Grund, eine schöne und wohlgemeinte Geste abzulehnen, hast Du ja nicht, noch weniger, eine – in diesem Falle *aufrichtige* – Höflichkeit durch eine Unhöflichkeit zu erwidern.

Ich freue mich schrecklich auf das Echo bei unseren Literaturpäpsten in Zürich u. anderswo und gratuliere Dir hiezu schon im voraus.

Ich bin von allen Hunden gehetzt. Benteli hat in Zürich den Antrag gestellt, einen Nachfolger für mich zu bestimmen, der Regierungsrat hat mir mitgeteilt, daß mir der Nachlaß Kellers nicht mehr zur Verfügung stehe – kurz, wir haben den Skandal!

Ich hoffe, Anfang nächster Woche zu Dir herauskommen zu können, um Dir die Akten u. meine geharnischte Antwort vorzulegen.

Bis dahin sei herzlich gegrüßt
von Deinem
Fr.

1323. Loosli an Fränkel, Bern-Bümpliz, 28. Februar 1940
Mein lieber Fränkel,
soeben schreibt mir Reg.-Rat Nobs folgendes:
«Zürich, den 27. Februar 1940.
St.
Herrn C. A. Loosli,
Bern-Bümpliz.
Sehr geehrter Herr Loosli,
Ich glaube, Ihre Zuschrift vom 9. Februar 1940 nicht besser beantworten zu können, als indem ich Ihnen den beiliegenden Bericht unseres Staatsschreibers Dr. Aeppli an den Regierungsrat zur Kenntnis bringe. Sie können versichert sein, dass der Zürcher Behörde jede unsachliche Behandlung der Angelegenheit ferne liegt. Von Herrn Prof. Fränkel sind Sie offenkundig einseitig unterrichtet worden. So hat insbesondere niemand daran gedacht, den jetzigen Herausgeber der Keller'schen Ausgabe auszuschiffen, sondern Prof. Fränkel selbst hat den Sack vor die Türe geworfen. Wie mir Herr Dr. Aeppli sagt, hat eine Besprechung mit dem Rechtsvertreter Prof. Fränkels einen Verlauf genommen, der erwarten lässt, dass die Angelegenheit ins Reine kommt. Es wäre gut, wenn Sie Ihrerseits Herrn Fränkel raten könnten, er solle sich mit den Zürchern – die gar nicht so leid sind – verständigen, d. h. mit seinem Verleger, mit dem er doch früher gut stand, sich wieder in ein gutes Verhältnis setzen. Es würde mich freuen, Sie in der Märzsession zu sehen. Rufen Sie mich doch einmal im Bundeshaus an.[338]
Mit freundlichen Grüssen
Ihr (gez.:) E. Nobs
Direktion der Volkswirtschaft
des Kantons Zürich
1. Beilage.»
Woraus zum Mindesten hervorgeht, dass sich N. das Gras nicht unter den Füssen wachsen liess und sich umgehend über den Stand der Dinge erkundigte, wobei er wohl auch den Grund seiner plötzlichen Anteilnahme an einem Geschäft, das nicht in sein Departement gehört, verlautbart haben dürfte.
Und nun, bevor wir weiter gehen, diese folgende Abschrift, die ich lediglich

---

338 Regierungsrat Nobs ist seit 1919 auch Nationalrat und hält sich deshalb während der Sessionen in Bern auf.

darum mache, damit wir sie beide besitzen und damit ich Hrn. Nobs umgehend wenigstens provisorisch antworten kann:

«*Bericht des Staatschreibers* vom 23. Februar 1940.
Gottfried-Keller-Ausgabe.
Am 20. Mai 1939 erklärte Prof. Dr. Fränkel dem Verlag Benteli A.-G., dass er sich gezwungen sehe, seine Arbeit an der Keller-Ausgabe niederzulegen. Zur Begründung führte Prof. Fränkel aus:

‹Nachdem die Berner-Regierung es vor zwei Jahren abgelehnt hat, mich in die staatliche Pensionskasse aufzunehmen, ist mir die letzte Hoffnung genommen worden, nach vierzigjähriger Tätigkeit an der Hochschule überhaupt noch mit meiner Familie existieren zu können. Steht man im 60. Lebensjahr, so ist es höchste Zeit, dass man für seine Zukunft sorge. Ich bin im Begriffe, meine Demission an der Hochschule zu nehmen und mir im Ausland ein Auskommen zu suchen. Das schliesst die weitere Beschäftigung mit der Kellerausgabe aus.›

Der Verlag Benteli versuchte zunächst Prof. Fränkel zur Rücknahme seiner Erklärung zu veranlassen und gab sodann, als Prof. Fränkel auf seinem Rücktritt beharrte, am 13. Juni 1939 der Erziehungsdirektion des Kantons Zürich von der ‹Rücktritterklärung› Prof. Fränkels Kenntnis.

In einer darauffolgenden Besprechung Prof. Fränkels mit einer Delegation des Regierungsrates und in seiner schriftlichen Bestätigung vom 11. Juli 1939[339] verlangte Prof. Fränkel vom Regierungsrat des Kantons Zürich, er möchte beim Regierungsrat des Kantons Bern die Initiative für eine günstigere Regelung seiner Ruhegehaltsverhältnisse ergreifen. Der Regierungsrat bedauerte den Entschluss Prof. Fränkels und ersuchte ihn mit Schreiben vom 27. Juli 1939 eindringlich, die Gottfried Keller-Ausgabe nicht im Stiche zu lassen, musste es aber selbstverständlich ablehnen, in die Versicherungsverhältnisse Prof. Fränkels als Lehrer an der Universität Bern einzugreifen.

Der Verlag Benteli A.-G. sah in der einseitigen Rücktrittserklärung Prof. Fränkels eine Verletzung seines Verlagsvertrages mit Prof. Fränkel vom 12. August 1930. Seine Verhandlungen mit Prof. Fränkel verliefen indessen erfolglos. Desgleichen versagte eine im Kanton Bern eingeleitete Aktion von Freunden und Verehrern Prof. Fränkels, die Berner Regierung zu einer anderen Regelung seiner Pensionsverhältnisse zu veranlassen.[340]

---

339 Vgl. Anm. 333.
340 Eine Gruppe von Studentinnen und Studenten um die spätere Seminarlehrerin und Frauenrechtlerin Ida Somazzi hat 1939 mit einer Petition an den Regierungsrat des Kantons Bern versucht, etwas für Fränkel zu tun. In diesem Zusammenhang hat sich Somazzi auch mit

Nach Kriegsausbruch änderte Prof. Fränkel seine Stellung. Am 6. Oktober 1939 schrieb er an seinen Verleger Benteli:

‹Der ausgebrochene Krieg, dessen Dauer niemand voraussehen kann, hat meine französischen Pläne bis auf weiteres vereitelt. Wenn ich also, wie immer sich meine finanzielle Stellung an der Hochschule gestaltet, gezwungen bin, vorläufig hier zu bleiben, so gebe ich die Keller-Ausgabe nicht auf; umsomehr aber muss ich darauf sehen, dass sie mir entsprechend meiner Arbeit honoriert werde. Unter den bisherigen Bedingungen würde ich, wie ich bereits in meinem letzten Brief erklärt habe, an dem Werke nicht weiter arbeiten. Die Bedingungen aber, die ich stellen muss, werden beträchtliche Opfer verlangen sowohl von der Zürcher Regierung als auch vom Verlag.›

Es folgen in diesem Brief sodann – nach den dem Regierungsrat vorliegenden Akten zum ersten Mal – einige Vorwürfe an die Adresse des Verlegers und am Schluss die Bitte an den Verleger um Zustimmung zur Abtretung des Verlages an einen neuen Verleger.

Der Verlag Benteli seinerseits lehnte diese Vorwürfe ab und verlangte von Prof. Fränkel Vertragserfüllung.

Mit Schreiben vom 30. Oktober 1939 erhob Prof. Fränkel sodann überraschend auch einen Vorwurf gegenüber der Erziehungsdirektion Zürich, sie habe eingegangene Verpflichtungen nicht eingehalten. Obwohl es sich um eine schon im Jahre 1937 erledigte Differenz handelte, erklärte sich der Regierungsrat sofort bereit, nicht in Anerkennung einer Rechtspflicht aber im Interesse der Sache, die streitige Nachforderung Prof. Fränkels im Betrage von 875 Fr. bei Fortsetzung des Vertrages zu bezahlen. Um eine Verständigung zwischen Prof. Fränkel und dem Verlag Benteli zu erleichtern, anerbot der Regierungsrat ferner von sich aus eine zusätzliche Subvention zu Gunsten Prof. Fränkels von Fr. 1000 für jeden noch abzuliefernden Band, was für Prof. Fränkel eine Honorarerhöhung um 50 % bedeutete.

Leider fand auch dieses Entgegenkommen des Regierungsrates bei Prof. Fränkel keine Anerkennung; Fränkel lehnte es ab, sich weiterhin an den Verlag Benteli zu binden, während dieser auf der Vertragserfüllung beharrte. Der Regierungsrat seinerseits steht in einem Vertragsverhältnis mit dem Verlag Benteli A.-G. und kann sich von Prof. Fränkel nicht zu einem Vertragsbruch der

---

Loosli beraten, der seinen Eindruck von ihr Fränkel am 2. 11. 1939 so zusammenfasst: «Ein tapferer, prächtiger Mensch, dessen ganzes Wesen wirklich erfrischt und ermutigt und der mehr Charakter aufweist als die behosten Aedilen!»

Firma Benteli gegenüber drängen lassen. Er sah sich unter diesen Umständen im Interesse der Fortsetzung der Gottfried Keller-Ausgabe veranlasst, Prof. Fränkel am 25. Januar 1940 mitzuteilen, dass er dem Verlag Benteli auf dessen Wunsch Vorschläge für die Fortsetzung der Gottfried Keller-Ausgabe durch einen neuen Herausgeber unterbreiten werde, und dass er das ausschliessliche Benützungsrecht, das Prof. Fränkel bisher über den Nachlass Gottfried Kellers zustand, infolge der Weigerung Prof. Fränkels, seinen Vertrag mit dem Verlag Benteli A.-G. zu erfüllen, als dahingefallen betrachte. Die entsprechende Bestimmung im Vertrag zwischen dem Regierungsrat und dem Verlag Benteli A.-G. vom 19. September 1930 lautet:

‹Ziff. 8. Die Erziehungsdirektion stellt im Namen der Nachlassverwaltung ohne Beanspruchung eines Honorares für Bände, in denen urheberrechtlich noch geschütztes Material veröffentlicht wird, Prof. Fränkel den Nachlass Gottfried Kellers zur ausschliesslichen Benutzung zur Verfügung und zwar bis zum Erscheinen dieser Bände, längstens aber bis Ende 1939, mit der Ergänzung, dass die Teile des Nachlasses, die noch unter dem Schutze des Urheberrechtes stehen, ausschliesslich dieser Ausgabe überlassen werden.›

Nach Empfang dieses Schreibens hat Prof. Fränkel einen Rechtsbeistand beigezogen. Besprechungen mit diesem haben ergeben, dass die Differenzen zwischen Prof. Fränkel und dem Verlag Benteli A.-G. nicht unüberwindlich sein sollten, sobald sich Prof. Fränkel grundsätzlich entschliessen kann, seine Arbeit mit dem Verlag Benteli A.-G. fortzusetzen und sich dabei an gewisse Fristen zu halten.

Die Verhandlungen sind noch im Gange.

(Gez.:) Aeppli»

Ich werde nun in den nächsten Tagen schon höflichkeitshalber Nobs antworten und ihm zum mindesten seine Zuschriften verdanken. Dass ich jedoch dabei noch etwas weiter gehen und ein weitmögliches Verständnis der Zürcher Regierung für Deine Lage zum Verlag anbahnen möchte ist selbstverständlich. Auch werde ich mit ihm während der Märzsession zusammenzutreffen suchen.

Wenn Du nun nicht postwendend ganz bestimmte Richtlinien zu meinem Vorhaben erteilst, so werde ich es so machen, wie ich glaube es Dir und der Sache gegenüber am besten verantworten zu können.

Nämlich, ich werde in der Hauptsache meiner Ueberzeugung Ausdruck verleihen, dass Du sehr wohl dazu zu bestimmen sein möchtest, die Arbeit mit Benteli wieder aufzunehmen, jedoch auf Grund eines neuen, Dir die unbedingt notwendigen Sicherheiten gewährleistenden Vertrages.

Und was die Fristen anbetrifft, so werde ich nicht ermangeln darauf hinzuweisen, dass man von Dir wohl das Mögliche, nicht aber das Unmögliche verlangen dürfe, welch letzteres, falls Du darauf eingingest entweder doch nur zu neuen Konflikten führen müsste, oder aber zum Schaden der Ausgabe selbst angestrebt werden müsste.

Nicht vergessen werde ich darauf hinzuweisen, dass Du, durch das in vorstehendem Berichte des Staatschreibers expressis verbis zugestandenen Vorgehens der Zürcher Regierung vom 25. I. 40 und der gleichlautenden Mitteilungen des Verlages selbstverständlich, – wie auch ich selbst, – annehmen musstest, es handle sich allen Ernstes darum, Dich wirklich auszuschiffen.

Endlich werde ich neuerdings darauf hinweisen, dass Du gegenüber dem Verlag keinen Vertragsbruch, sondern eine Vertragskündigung, die an sich rechtlich jederzeit zulässig ist und war, übtest, und werde Hrn. Nobs sehr empfehlen, die Zürcher Regierung zu veranlassen, Dich in Deinen berechtigten Neuforderungen im neuen Vertrag mit dem Verlag zu unterstützen.

Selbstverständlich werde ich das alles, weil es zu weit führen würde, nicht sofort und vollständig brieflich tun, sondern werde vorderhand nur das mir am wichtigsten Scheinende andeuten, mir vorbehaltend, mit allem übrigen anlässlich unseres Zusammentreffens aufzuwarten.

Ich bitte Dich nun mir unverzüglich mitzuteilen, ob Du mit diesen meinen Vorschlägen einig gehst, eventuell auch Dein Anwalt, und verbleibe inzwischen mit herzlichen Grüssen
Dein
C. A. Loosli

1324. Fränkel an Loosli, Bern-Bümpliz, 29. Februar 1940
Mein lieber Loosli,
ich habe in dieser letzten Semesterwoche viel Arbeit. Kam deswegen noch nicht dazu, Dir einen Brief zu schreiben, den ich all die Tage vorhabe, weil ich bei meinem Besuch am Montag [26. 2. 1940] etwas übersah, was ich Dir hatte mitteilen wollen. Das behalte ich mir also noch vor u. antworte rasch auf Deinen heutigen Brief bzhw. auf das Schreiben von Nobs.

Der Bericht des Staatschreibers faßt zusammen die verschiedenen Schreiben des Regierungsrates u. zwar mit den gleichen Worten, die bestätigen, daß er, der Staatschreiber, alle die Briefe selber geschrieben u. die winkeladvokatorischen Argumente sämtlich ihm gehören. Interessant in dem Berichte ist mir, daß der Staatschreiber in der Lage ist, meinen Brief an Benteli vom 6. Oktober 39 zu zitieren, der ein *rein-privater* Brief war, *nicht* an die AG. gerichtet; woraus zu ersehen ist, daß meine Unterscheidung zwischen Benteli, dem alten Freunde, und der AG. ein Fehler war.

Der Staatsschreiber berichtet: «Fr. lehnte es ab, sich weiterhin an den Verlag B. zu binden» – das ist nicht wahr. Ich habe schon aus purer Vorsicht es unterlassen, ähnliches in einem Schreiben an B., geschweige an die Regierung zu erklären. Der Staatsschreiber unterläßt aber zu erwähnen, daß ich im Dezember Bedingungen an B. gestellt u. sie gleichzeitig der Regierung mitgeteilt habe u. daß B. erklärt hat, auf die Bedingungen *nicht* eingehen zu können. Ich habe in meinem letzten Schreiben an B. lediglich festgestellt, daß er meine Bedingungen nicht erfüllen könne, u. ihn gebeten, daraus die Folgen zu ziehen.

Es kann also keine Rede davon sein, ich hätte mich der Inkorrektheit schuldig gemacht, die Zürcher Regierung «zu einem Vertragsbruch der Firma B. gegenüber zu drängen».

Dies die *formelle* Seite; denn tatsächlich *wünsche* ich ja, von B. wegzukommen, weil ich mir ein Zusammenarbeiten nicht mehr denken kann; aber ich habe das der Zürcher Regierung nicht geschrieben, sondern bin froh über die Dummheiten, die B. begeht u. die zur Auflösung des Verhältnisses führen müssen, falls die Zürcher wirklich nicht die Absicht haben, mich auszuschiffen. Tatsache ist, daß B. mir bis heute *keine einzige, noch so geringe Konzession* seinerseits vorgeschlagen hat, sondern einfach auf seinen Vertrag pocht.

[...]

1350. Loosli an Fränkel, Bern-Bümpliz, 26. März 1940

[...]

Nun aber komme ich mit einer grossen Bitte an Dich oder vielleicht an Deine Tochter. Nämlich um die einer wortgetreuen Uebersetzung der beiden Urkunden von Coimbra, die mich heute früh, gleichzeitig mit Deinem Osterbrief erreichten und die ich verdanken muss, was nur sinngemäss geschehen kann, wenn ich ihren Inhalt genau kenne.

[...]

1351. Fränkel an Loosli, Thun-Riedegg, 27. März 1940
Mein lieber Loosli,

hier hast Du die getreue Übersetzung der beiden Schriftstücke.[341] Sie war nicht leicht und meine Bettina hätte sie kaum zustande gebracht, denn es ist eine feierliche Sprache des humanistischen Zeitalters. Man muß lachen über diese Sprache und doch – wie nüchtern kommen wir uns heute dagegen vor, wenigstens wir in der Schweiz! In Frankreich und in England siehts doch anders aus, dort hat man noch Sinn für Formen und dort existiert noch eine «Gelehrten-Republik» mit ihren eigenen Gesetzen und Bräuchen, die schön sind, weil sie auf jahrhundertelanger Tradition beruhen. Die Folge ist, daß in jenen Ländern der Geist nicht isoliert ist und daß die Leitung des Staates nicht Leuten ohne Bildung (denn der Besitz eines Dr. iur. ist ja kein Bildungsausweis!) ausgeliefert ist wie bei uns.

Doch dies nur nebenbei. Ich gratuliere Dir herzlich zu dieser ausländischen Ehrung, die wahrhaftig nicht unverdient ist, wenn man an Dein Hodler-Werk denkt – von andrem wird der Gewährsmann der Coimbra-Akademie nicht berichtet haben.

Gleichzeitig gehen an den «Bund» ein paar Zeilen ab, die hoffentlich erscheinen können, obwohl Schwengeler im Militärdienst ist.[342]

[...]

1355. Fränkel an Loosli, Thun-Riedegg, 1. April 1940

[...]

Solltest Du aber Gelegenheit bekommen, mit Nobs zu sprechen, so möchte ich dich auf zwei Punkte aufmerksam machen:

1) Erwähne Nobs nicht, daß ich eigentlich das Honorar recht nötig habe; denn diese Leute sind so eingestellt, daß sie sich verpflichtet fühlen, einen zu vergewaltigen, sobald sie wissen oder glauben zu wissen, man sei auf sie angewiesen. So läßt sich ja auch der dummdreiste letzte Vorschlag des Regierungsrates – lies: des Dummkopfs Aeppli – begreifen, man wäre bereit, die Wahl eines Nachfolgers bis zum Oktober zu verschieben, wenn ich mich bereit erkläre, den Herren aus ihrer augenblicklichen Verlegenheit durch Bereitstellung eines neuen Bandes für 1940 herauszuhelfen. «Der Mohr hat seinen Dienst getan,

---

341 Übersetzung von Urkunde und Begleitbrief finden sich unter SLA-Fraenkel-B-2-LOO, 1940.
342 Fr.: *C. A. Loosli korrespondierendes Mitglied der portugiesischen Akademie der Wissenschaften*, in: *Der Bund*, Nr. 145, 29. 3. 1940.

der Mohr kann gehen!» Es bleibt einfach dabei, daß ich auf einem Honorar von Fr 4000 bestehe, indem ich der Meinung sei, der fette Kuchen des Regierungsrates sei nicht als Prämie für Bentelis Untätigkeit und als Aufmunterung zur Sabotage des Absatzes gemeint, sondern *auch* als Lohn für meine Arbeit, ohne die das Ganze ja nicht da wäre.

2) Bei der Konferenz im Schweizerhof versuchtest Du dem Narren Aeppli die lange Zeit, die ich für die Bearbeitung eines Bandes benötige, damit zu erklären, daß über der Arbeit einem immer neuer Stoff zufließe, den man einfügen müsse usw. Zu Deiner eigenen Orientierung möchte ich Dir bei dieser Gelegenheit bemerken, daß nicht dies die Ursache der langsamen Arbeit ist, denn, was das Stoffliche betrifft, so hab ich im Laufe der Jahre selbstverständlich das Stoffliche so ziemlich zusammengetragen. Es ist nicht das Stoffliche, das mich aufhält, sondern die wesentlich verschiedene Methode als die, wie sie in der Regel bei wissenschaftlichen Arbeiten angewendet wird. Die Wissenschaft betrachtet ihre Aufgabe wesentlich darin: die Tatsachen zu sammeln u. sie zu beschreiben. Es ist die *naturwissenschaftliche* Methode, die seit einem halben Jahrhundert (u. länger) auch die Geisteswissenschaften, vor allem die Philologie, beherrscht. Ich aber beschränke mich nicht darauf, sondern betrachte die zusammengetragenen Tatsachen als Stoff, aus dem ich etwas zu machen habe, das wirken soll in einer höheren Sphäre als der durch Tatsachen bestimmten. Es ist mir meiner Natur nach nicht anders möglich als mit dem Stoff umzugehen wie der Künstler: ich muß ihm eine Form geben, ich muß die zerstreuten Glieder zu einem sinnvollen Ganzen verbinden, den Sinn muß *ich* den Gliedern geben. Das ist natürlich nicht leicht, denn es ist keine mechanische Arbeit, sondern eine *intuitive*; ich muß mit dem Stoff *ringen*, bis ich ihn bezwungen habe. Ich muß oft wochenlang warten auf eine Erleuchtung, von der ich weiß, daß sie kommen *wird* u. daß sie mir das Verworrene entwirren helfen wird. Den Leuten einfach Kenntniß des Stoffes vermitteln, diesen Ehrgeiz habe ich nicht. – –

[...]

1359. Loosli an Fränkel, Bern-Bümpliz, 4. April 1940

[...]

Nun bleibt Dir,[343] glaube ich, doch nichts anderes übrig, als die Initiative zu einer endgültigen gerichtlichen Auseinandersetzung mit Deinem Verlage zu suchen, bevor er noch Deinen Nachfolger bestellt hat. Denn dass sich irgend ein ehrgeiziges Doktorlein dazu hergeben wird, ja, vielleicht im Bekanntenkreis Dr. Meyers schon gefunden ist und darauf lauert, «Deine Ausgabe zu vollenden» ist, nach allem, was wir von der geistigen Schweiz und der Achtung die sie ihren Dichtern, auch Kellern entgegenbringt, immerhin im Bereiche allergrösster Wahrscheinlichkeit.

Die Frage stellt sich für Dich demnach, ob Du den Prozess riskieren willst und kannst oder ob Du verzichten musst. Wobei in Betracht zu ziehen ist, dass nach allem was geschah die Zürcher Regierung wohl jede Lösung, die ihr Dein Verlag vorschlagen wird, gutheissen dürfte, vom Augenblicke an, wo sie sich gegen Dich richtet und sich nach aussen das Dekorum, die Ausgabe durch Dick und Dünn dennoch vollendet zu haben, zu wahren vermag.

Das ist erbärmlich, niederträchtig, alles was Du willst, aber leider nur allzu plausibel.

Das echt Schweizerische ist dabei, dass man Dir nun auch Keller, wie seinerzeit Spitteler entreisst, lediglich, weil Du der einzig gegebene und befähigte Mann bist, sie in einer Weise herauszugeben, die nicht bloss Dir und der Schweiz, sondern der Literatur überhaupt zum Ruhm und zur Ehre gereichen würde.

Und dabei muss unsereiner ohnmächtig zusehen! Pfui Teufel!

[...]

---

343 Loosli bezieht sich hier auf den Beschluss, den der Zürcher Regierungsrat laut dem entsprechenden Protokoll nach der Kenntnisnahme von Fränkels Forderungen am 21. 3. 1940 gefällt hat, nämlich dass sein «weitgehendes Entgegenkommen erfolglos» gewesen sei und er es nun Fränkel überlassen müsse, seine «Honorarwünsche und übrigen Forderungen an den Verlag Benteli A.-G. auf dem Rechtsweg geltend zu machen» (StAZH, MM 3.60 RRB 1940/0643).

1363. Loosli an Fränkel, Bern-Bümpliz, 11. April 1940

[...]

Die Ereignisse der letzten Tage[344] haben mich mehr empört als überrascht; – ich war seit geraumer Zeit auf so etwas gefasst, denn es war ja klar, dass die Bedrängnis in der es sich je länger je mehr befindet, das Dritte Reich zu einem Va-banque-Streich veranlassen würde und dass es angesichts der Mentalität seiner Regenten nicht wählerisch sein würde, war ja auch vorauszusehen. Ausserdem folgte es dem Gesetze des geringsten Widerstandes, namentlich gegenüber Dänemark, das ihm neben allem Uebrigen, strategisch vielleicht Vorteilhaften auch noch ausgiebige Raubgelegenheit bietet. Und da von Verantwortungsbewusstsein nichts mehr vorhanden ist, durfte man es wagen. Ebenso, wenn auch mit weniger materiellem Nutzen, gegen Norwegen.

[...]

1365. Fränkel an Loosli, Thun-Riedegg, 12. April 1940

Mein lieber Loosli,

Nobs war bei sämtlichen Abstimmungen der letzten Tage im Nationalrat zugegen. Da diese Abstimmungen unter Namensaufruf vollzogen wurden, so konnte ich's im «Bund» wie in der NZZ feststellen. Wenn ihm also Deine telephonischen Anrufe ausgerichtet wurden (woran wohl nicht zu zweifeln ist), so haben wir nunmehr den Beweis, daß er, nun er den Regierungsrat präsidiert, einer privaten Aussprache aus dem Wege gehen will. Was mich in seinem Briefe an Dich empörte, war der Satz: Fränkel soll sich mit seinem Verleger, mit dem er doch früher gutstand, wieder in ein gutes Verhältnis setzen – d. h. da Fr. sich während all der Jahre von seinem Verleger ausbeuten ließ, soll er es weiter tun. Das sagt ein *Sozialist*!

[...]

1366. Loosli an Fränkel, Bern-Bümpliz, 13. April 1940

Mein lieber Fränkel,

was von den damals nachrückenden, heute führenden schweizerischen Sozialisten zu halten ist, ward mir bereits vor 32 Jahren inne, als ich ein Jahr lang an der «Tagwacht» gearbeitet hatte. Ich sah, im Gegensatz zu den alten, überzeugten Kämpen, Brüstlein, Müller, Moor, Zgraggen, Greulich, Seidel usw.

---

344 Unter dem Decknamen «Unternehmung Weserübung» überfällt die deutsche Wehrmacht am 9. 4. 1940 Dänemark und Norwegen.

die Konjunkturpolitiker ins Kraut schiessen, an Einfluss gewinnen und die Führung an sich reissen; daher trat ich von meinem Posten zurück und zugleich aus der Partei aus. Dass sie seither, mit an den Fingern einer Hand aufzuzählenden Ausnahmen, meine damaligen Befürchtungen nicht bloss gerechtfertigt, sondern zum Teil übertroffen haben, dass sie im schlimmen Sinne bürgerlicher als die verstocktesten Altfreisinnigen, Konservativen und darum der Freiheit und dem Recht auch gefährlicher als jene geworden sind, dämmert nachgerade sogar auch den Kreisen auf, die sie früher fürchteten und bekämpften, heute aber den Kampf nur noch zur Vernebelung des Volkes mit Ihnen fortsetzen und unter sich den Raub teilen. Aeusserte doch letztes Jahr ein gutbürgerlicher Grossrat beispielsweise, Grimm sei nun so gut bürgerlich geworden als wäre er in der Wolle gefärbt. Freilich habe er sich bis anhin lediglich die Laster, nicht aber die Tugenden der Bürgerlichen angeeignet.

Was vielleicht zu scharf, aber grundsätzlich kennzeichnend und leider unabweisbar ist. Dafür vermöchte ich der unwiderlegbaren Beweise leider übergenug zu erbringen und darum habe ich unsere offiziellen Sozialisten längst aus dem Bestand der wirklichen Volks- (nicht Partei-)vertreter abgeschrieben und habe mich darob bis heute noch in keinem einzigen Falle getäuscht.

Dass sie sich darob, wie Du richtig auseinandersetzest, letzten Endes das eigene Wasser abgraben und unbewusst politischen Selbstmord begehen habe ich manchen unter ihnen seit langem immer und immer wieder unter die Nase gehalten. Ich sagte ihnen vor mehr als 12 Jahren unmissverständlich voraus, es werde sie der Kommunismus und die Kleinbürgerschaft, die sich nachher in den Fronten zusammenfand, schliesslich an die Wand drücken und wurde darob als Gespensterseher in ihren Kreisen genau so verrufen, wie in den altfreisinnigen, als ich ihnen 1912 in meiner «regenerationsbedürftigen Schweiz»[345] den Spiegel vorhielt.

[...]

1369. Loosli an Fränkel, Bern-Bümpliz, 21.4.1940

[...]

Dass der Nationalsozialismus in den Kreisen unserer Intellektuellen und unseres Offiziersbestandes so viele Adepten gefunden hat, die sich heute landesverräterisch auswirken, verdanken wir zu einem grossen Teil eben der jede

---

345 Loosli: *Ist die Schweiz regenerationsbedürftig?*

Individualität, jedes selbständige Denken, jeden Eigenwuchs verpönenden und unterdrückenden Schule, die längst ebenso korrumpiert, heuchlerisch und verlogen ist, wie leider noch so manches andere und wofür wir nun zu büssen haben werden.
[...]

1379. Fränkel an Loosli, Thun-Riedegg, 12. Juni 1940
Mein lieber Loosli,

Deine Mitteilung[346] hat mich rechtschaffen gefreut – und zwar umso mehr als ich den Bericht über die Jahresversammlung der Schiller-Stiftung in der Zeitung mit etwas bittern Gefühlen gelesen hatte. Ich fand wieder einmal bestätigt, daß die Schiller-Stiftung vor allem für die Zürcher da ist. Man hat z. B. einem Carl Helbling (Gymnasiallehrer oder ähnliches) einen Preis zuerkannt «für sein literarisches Wirken», das darin besteht, daß er Korrodis Freund ist, der ihm ab und zu Bücher zum Rezensieren übergibt, deren Besprechung er selber aus irgendwelchen Gründen scheut: das war z. B. der Fall bei meinem Keller-Vieweg-Band, den der Mann arg herunterriß und mich dazu.[347] Letztes Jahr hat er Ermatingers Sammlung der Keller-Briefe auf einen Band[348] zusammengestrichen und «herausgegeben». Das ist sein bisheriges «literarisches Wirken»! Ich dachte, als ichs las: Dir hat die Stiftung, obwohl sie zürcherisch orientiert ist, mit keinem Wort zu deinem 60. Geburtstag für deinen Keller gedankt und hat auch jetzt das Versäumte nicht nachgeholt, wozu sie im Hinblick auf die vorbereiteten Keller-Feiern (50. Todestag im nächsten Monat) die beste Gelegenheit gehabt hätte, denn schließlich liegen doch 17 Bände der Keller-Ausgabe vor, von denen einige ohne mich gar nicht da wären. Dann der Keller-Vieweg-Band und schließlich die politische Sendung! – –

Umso mehr freut es mich, daß man wenigstens Dir etwas zugedacht hat!
[...]

---

346 Gleichentags hat Loosli Fränkel mitgeteilt, die Schillerstiftung habe ihm «soeben 500.– Fr. überwiesen», vgl. dazu Anm. 169.
347 Carl Helbling: *Dichter und Verleger*, in: NZZ, Nr. 1354, 31. 7. 1938. Der Band erlaube es, schreibt Helbling, «wahrhaft erschüttert, das Martyrium» der Niederschrift des *Grünen Heinrich* mitzuerleben. Er kritisiert aber, dass Fränkel im Vorwort Vieweg als reinen «businessman» darstelle, und bezichtigt Keller der «Unbeständigkeit, ja Liederlichkeit»; der Verleger habe Keller schliesslich den Roman abgerungen. In seiner «bedingungslosen Verehrung für seinen Helden befangen», verleihe Fränkel «der Verstimmung gegen Vieweg doch etwas einseitigen Ausdruck».
348 Carl Helbling (Hg.): *Briefe Gottfried Keller's. Auswahl*, Zürich: Fretz & Wasmuth, 1940.

1380. Loosli an Fränkel, Bern-Bümpliz, 16. Juni 1940

[...]

Als vorgestern, am 151. Jahrestage der Erstürmung der Bastille,[349] Paris den Deutschen in die Hände fiel, hat mich, da ich schon seit geraumer Zeit nichts anderes erwartete und noch viel Schlimmeres erwarte, weniger entsetzt als zu Kontemplationen und Ueberlegungen angeregt, die trotz alle- und alledem nicht dazu angetan sind, meine Ueberzeugung zu erschüttern, dass schliesslich doch der Geist über die Gewalt siegen wird. Freilich wird es noch schwere Opfer kosten, nicht nur während des Krieges selbst, sondern und sogar hauptsächlich nachher.

Nach wie vor bin ich überzeugt, dass das heutige Geschehen die zwangsläufig logische Fortsetzung des Geschehens vom 14. Juli 1789 ist, dass die grosse Revolution, die uns die Menschen- und Bürgerrechte wenigstens zum geistigen Inventar hinzufügte nun ihrer Krönung und Vollendung entgegenreift indem sie eine Gesellschaftsordnung anbahnt, anbahnen muss, die vor allem die Ausbeutung des Menschen durch den Menschen künftig, wenn auch noch nicht vollständig verunmöglichen doch erschweren und, – was wichtiger ist, – als fortan unerschütterliches Menschheitspostulat in unsern Gewissen verankern wird. Und darum bin ich trotz allem zuversichtlich obwohl mir vollkommen bewusst ist, dass dieser gegenwärtige Krieg vielleicht nicht der letzte seiner Art sein wird, dessen Auswirkungen uns jedoch schliesslich doch jener Demokratie zuführen werden, die wir bis heute nur zu erträumen wagten und für die sich unserer nur ganz wenige eingesetzt haben.

Inzwischen suche ich mir das Herz warm, den Kopf kühl zu behalten und den Rat Candides aufs gewissenhafteste zu befolgen:

Il faut cultiver notre jardin! –

[...]

1381. Fränkel an Loosli, Thun-Riedegg, 17. Juni 1940

Mein lieber Loosli

Ich habe heute nachmittag Deinen in optimistischen Visionen schwelgenden Brief erhalten – zugleich mit den Unheilsnachrichten dieses Tages. Das arme Frankreich – Hitler auf Gnade und Ungnade ausgeliefert! Der heutige Tag wird in der Geschichte Europas *der* Schicksalstag sein. Hitler der Herr Eu-

---

349 Loosli irrt sich: Die Erstürmung der Bastille fand nicht am 14. Juni, sondern an jenem «14. Juli 1789» statt, den er im nächsten Abschnitt erwähnt.

ropas, dessen Machtbereich sich vom Nordpol bis zum Mittelmeer erstreckt und der den Völkern Europas seinen Willen diktieren wird. Das arme Frankreich! Hitler wir seine Machtposition ganz anders gründlich ausnutzen als es Frankreich anno 1918 getan hat. Frankreich wird sich von diesem Schlag nicht mehr erholen. Es wird seine Kriegsflotte ausliefern müssen und Hitler wird jetzt England überfallen können. Selbst angenommen, daß sich England nicht ergeben, daß es mit Hilfe Amerikas standhalten wird, so kann Hitler, über allen Reichtum Frankreichs verfügend, sogar ein Jahrzehnt lang einer eventuellen Blockade trotzen u. inzwischen auf dem Kontinent seine Herrschaft aufrichten.

Finis Europae!

Und was wird aus unserer armen Schweiz werden? Wir sind fortan ganz der Willkür Hitlers ausgeliefert. Göring wird in Zukunft seinem Ärger über die schweizer Presse nicht, wie bisher, in einem Fluche Luft machen, sondern dem Bundesrate ein Ultimatum stellen und im Falle der Nichtannahme kurzen Prozeß machen. Jetzt *braucht* man die Schweiz nicht mehr u. braucht keine Rücksichten mehr zu nehmen. Wer soll uns denn helfen?

Und die Feigheit unserer Deutschschweizer wird ihre Blüten treiben. Du wirst sehen, wie jetzt der Ton bei uns schnell ändern wird. Man wird sich schnell zum Nazismus bekehren u. sich beeilen, den Anschluß nicht zu verfehlen.

[...]

1382. Loosli an Fränkel, Bern-Bümpliz, 19. Juni 1940
Mein lieber Fränkel,

Dein vorgestriger, ergreifender Brief hat mich offen gestanden tief erschüttert, tief betrübt, ohne mich aber – glücklicherweise – zu überzeugen. Zwar verstehe ich innig Deine Befürchtungen, aber ich teile sie nicht.

Du hast vernünftigerweise, dem vor- und umsichtigen Kaufmann gleich, den Voranschlag der kommenden Lebensperiode aufgestellt und hast, worin ich Dir durchaus beipflichte, alles in Betracht gezogen, was zu Ungunsten des schliesslichen Rechnungsabschlusses spricht. Nicht einmal alles, denn mein Voranschlag, den ich einem alten Freunde Ende September oder Anfangs Oktober unterbreitete, lautete sogar noch um einiges schlimmer. Ich rechnete damals nicht bloss mit dem Eintritt Italiens in den Krieg zur Seite Deutschlands, nicht bloss mit dem Zusammenbruch Frankreichs, sondern auch noch mit der deutschen Invasion Englands und einer mindestens zweijährigen Kriegsdauer, wobei die Schweiz etwas sehr ernsthaftes mit abkriegen würde.

Darin bestanden und bestehen heute noch meine «optimistischen Visionen und Schwelgereien».

Mehr noch: – Ich rechne mit dem Zusammenbruch jener Gesellschaftsordnung, die wir nun über sechzig Jahre erduldet haben und die gerade in den wesentlichsten Belangen nicht derart war, dass wir Ursache hätten, ihr auch nur eine Träne nachzuweinen.

Wenn je die Diktatoren einen berechtigten Vorwurf an unsere angeblichen Demokratien richteten, so war es der der Plutokratie. Wir werden die Rechnung unserer Irrtümer, unseres Verrates am Geist und an der Menschlichkeit, an der Demokratie zu begleichen haben und diese Rechnung wird keine leichte sein. Das habe ich mir seit Jahrzehnten nie verhehlt und verhehle es mir heute weniger denn je.

Aber über alledem steht das ewig pulsende Leben, der nicht umzubringende Geist, die wir gerade jetzt, wo es auf Leben und Tod geht, nicht verraten dürfen.

[...]

1388. Fränkel an Loosli, Thun-Riedegg, 26. August 1940

[...]

Bei mir nichts Neues. Man leidet unter den Ereignissen u. den brieflichen Nachrichten, die einem von aller Welt zugehen. Von dem Martyrium aller in Polen Zurückgebliebenen macht man sich bei uns keine Vorstellung.

[...]

1389. Loosli an Fränkel, Bern-Bümpliz, 28. August 1940

[...]

Wir werden in Bümpliz nun in der letzten Zeit recht oft in unserer Nachtruhe gestört, denn wir haben hier Fliegerabwehr-Artillerie, die nach jedem Sirenengeheul ordentlich kräftig und andauernd Feuer einsetzt, so dass die Fensterscheiben klirren. Für mich ist das Unangenehme, dass ich, der ich ohnehin an Schlaflosigkeit leide, einmal geweckt kaum mehr einschlafen kann, es wäre denn ich frässe massenhaft Gift, welches ich mir auch nicht entgehen lasse. Leider wirkt das Teufelszeug nicht bloss gerade dort, wo es wirken sollte, sondern auf den ganzen Körper, so dass ich mitunter andern Tags gerade matsch genug bin. Da ich aber leider nichts Gescheites oder Dringliches zu schaffen habe, kann ich mich auch damit abfinden.

[...]

1390. Fränkel an Loosli, Thun-Riedegg, 30. August 1940

[...]

Die englischen Flieger nahmen noch jedesmal ihren Weg gerade über unserm Häuschen, so daß meine Frau u. die Kinder das Motorensausen sehr deutlich hörten. Natürlich kreuzten dann auch die Scheinwerfer von der Thuner Allmend u. vom andern Seeufer über uns und am Hügel platzten beim letzten Einfall die Geschosse wie Leuchtkugeln. Wir aber sorgten uns um die braven Piloten, daß sie unversehrt aus Italien zurückkehren mögen, denn unserer Artillerie wissen sie, wie mich meine Frau versichert, sehr geschickt in den Wolken auszuweichen.

[...]

1395. Loosli an Fränkel, Bern-Bümpliz, 13. September 1940

[...]

Wie tief die soz.-dem. Politiker gelegentlich sinken können, davon zeuge der wörtliche, amtlich protokollierte Ausspruch unseres kantonalen, sozialdemokratischen Armendirektors Moeckli, der am 30. November 1938 wörtlich erklärte:

«Das Armen- und Niederlassungsgesetz schreibt in § 85 die Bekämpfung der Armut vor. *Die Sterilisation ist eines der geeignetsten Mittel dazu.*» Nämlich die Sterilisation der Mütter aus den besitzlosen Schichten, deren Nachwuchs fiskalische Anforderungen an den Staat stellen würde.[350] Da waren es die «Bürgerlichen» Reg.-Rat Dürrenmatt, Prof. Guggisberg, Prof. Thormann, Reg.-Rat Mouttet und Generalprokurator Tschanz, die ihm wirksam entgegentraten. Dass das fragliche Protokoll in meine Hände geriet, verdanke ich ebenfalls einem «Bürgerlichen», der kürzlich verstorben ist und der mir damit beweisen wollte, wie abwegig mein Feldzug gegen die sog. «Administrativjustiz» sei.

[...]

1396. Fränkel an Loosli, Thun-Riedegg, 18. September 1940

[...]

Heute bringt der «Bund» die Mitteilung, unsere Diktatoren im Bundeshaus hätten bereits vor zwei Wochen – ohne äußern Zwang – an den «Völkischen

---

350 Vgl. dazu Marti: *Loosli 3/2*, S. 369 f. und 643 f.

Beobachter» die Einladung gerichtet, die Schweiz zu überschwemmen.³⁵¹ Es passt eines zum andern: Die offizielle Audienz Schaffners et. cons. beim Bundespräsidenten,³⁵² der telegraphische Bericht hierüber im «Völk. Beobachter», die Zulassung des Blattes in der Schweiz – u. damit Desavouierung der – wahrhaftig nicht sonderlich mutigen – Politik Mottas, die immerhin wenigstens das Verbot der Schweizer Presse mit dem Verbot des «Völk. Beob.» beantwortet hatte ... Ich fürchte: wir fahren mit vollen Segeln ins nazistische Fahrwasser – noch ehe Hitler die unbestrittene Herrschaft über Europa errungen hat!

Was ja nicht verwunderlich ist, wenn man das Schicksal des Landes in die Hände solcher mediokren Herren wie Pilet und Etter legt ... Die gerade Konsequenz der «Vollmachten»-Erteilung!³⁵³ Man fragt sich, wozu sich eigentlich noch die National- u. Ständeräte versammeln, nachdem sie sich selber verabschiedet haben – nicht anders als die französische Kammer – – nur daß wir noch nicht militärisch besiegt sind!

Traurig! Traurig! Ich denke an das Schicksal meiner Kinder und sehe kein Plätzchen mehr in Europa zur Auswanderung ...

[...]

1397. Loosli an Fränkel, Bern-Bümpliz, 19. September 1940

[...]

Was Du über den «Völkischen Beobachter» schreibst stimmt bis auf das eine, nämlich dass der Bundesrat ohne äussern Zwang gehandelt habe. Von sich aus würde er das Verbot schwerlich zurückgenommen haben: aber nun sind wir von allen Seiten eingekreist und können restlos ausgehungert werden, sobald es nur unsern Nachbarstaaten gefällt. Das aber wird ihnen gefallen, sobald wir uns renitent erweisen.

Die Schaffner-Pilet-Affäre nehme ich nicht übermässig tragisch und freue

---

351 Unter dem Titel *Der «Völkische Beobachter» wieder erlaubt* ist hier zu lesen, der Entscheid des Bundesrates sei «vor zwei oder drei Wochen» gefasst worden: «Man wundert sich darüber, daß ein solcher Beschluß nicht früher bekanntgegeben wurde.» (*Der Bund*, Nr. 438, 18. 9. 1940)

352 Am 10. 9. 1940 empfängt Bundespräsident Pilet-Golaz eine Delegation der im Juni 1940 gegründeten «Nationalen Bewegung der Schweiz». Der prominenteste Delegierte ist der Schriftsteller Jakob Schaffner, der 1936 in der nationalsozialistischen Propagandaschrift *Volk zu Schiff* geschrieben hat: «Ich [...] erkläre heute offen und verantwortlich, dass ich die Grundlage des Nationalsozialismus als massgebend betrachte für den Neuaufbau Europas» (vgl. Peter Kamber: *Audienz für Schweizer Nazis*, in: *Aargauer Zeitung*, 10. 9. 2010).

353 Vgl. Anm. 187.

mich immerhin darüber, dass sowohl der Bundesrat, wie die mehrheitliche schweizerische Presse von dem welschen, übrigens überrumpelten und missbrauchten Bundespräsidenten unverzüglich und unzweideutig abgerückt ist.

[...]

Du sprichst von der Unmöglichkeit der Auswanderung und vom Schicksal der Kinder! Freilich, – wo könnten wir hinfliehen! Und wo würde unsern Kindern ein menschenwürdigeres Los erblühen!

Aber auch wenn ich auswandern könnte, würde ich es heute nicht mehr tun. Ich würde mich verpflichtet sehen, wärs auch nur zum platonischen Protest, auszuharren bis zum bittern Ende. Und die Kinder, – unsere grösste Sorge! – ja, die müssen wir eben auch zum wenn auch nur stillschweigenden Protest gegen die Korruption erziehen und sie stählen, damit, wenn einmal, – was für mich ausser jeder Frage steht, – die Möglichkeit der Gesundung eintritt, Leute vorhanden sind, die stark, gerüstet und befähigt genug sind, ihr zum Durchbruch zu verhelfen.

[...]

1401. Loosli an Fränkel, Bern-Bümpliz, 5. Oktober 1940

[...]

Bei dieser Gelegenheit hat mir Bührer sein neustes Opus, eine dramatische Dichtung, – Die beiden Freunde[354] – im Manuskript zum Lesen geschickt und ich muss gestehen, dass mich seit Spittelers Tagen keine neuzeitliche Dichtung so tief ergriffen hat. Abgesehen von einigen Unebenheiten, die leicht zu korrigieren sind, ist das Werk so gross, so schön und zeugt von einem so tiefen, wahrhaftigen und begabten Menschen, dass ich fürchte, es werde das Rampenlicht schon um seiner hochwertigen Qualitäten willen nie erblicken, – wenigstens nicht in unsern Tagen. Enthält es doch in edler Form gerade das und nur das, was heute zu hören unserem Volke und nicht nur diesem einzig Not tut. Ich hoffe immerhin es werde demnächst gedruckt und dann werde ich nicht verfehlen, es Dir zu unterbreiten, in der Ueberzeugung, auch Du werdest Deine helle Freude dran haben.

Dabei wird geklagt, die Schweiz hätte keine Dramatiker!

[...]

---

354 Jakob Bührer: *Die beiden Freunde. Eine dramatische Dichtung in fünf Aufzügen.* Die Arbeit bleibt unveröffentlicht (vgl. SLA-Buehrer-A-05-2).

1408. Fränkel an Loosli, Thun-Riedegg, 3. November 1940
Mein lieber Loosli,

ich danke Dir für Deinen Artikel über die Emigrantenfrage.[355] Diese Frage gehört meines Erachtens zu jenen, über die man lieber nicht laut spricht, um dafür umso entschiedener nötigenfalls zu *handeln*, Ja, könnte man den Artikel den Lesern u. Mitarbeitern von «Maß u. Wert»[356] zustecken oder die Redaktion einladen, den Namen der Zeitschrift in «Maß u. Takt» zu ändern, so wär es ein heilsames Unternehmen. Immerhin, soviel ich in den Heften, die mir zu Gesicht gekommen sind (vielleicht im ganzen 3 oder 4) zu beobachten Gelegenheit hatte, wird Schweizerisches geflissentlich umgangen – man kann also den Herausgebern: Konrad Falke und Th. Mann nicht gut Takt absprechen; und eigentlich scheint die Zeitschrift weder vom einen noch vom andern, sondern persönlich von Dr. E. Oprecht redigiert zu werden. Doch dies nur nebenbei – die Frage an sich ist ja weit umfassenderer Natur; ich hatte bloß Freude an Deiner Formulierung: Maß u. Takt.

[...]

1413. Loosli an Fränkel, Bern-Bümpliz, 23. November 1940

[...]

Heute vormittag nun überraschte und erfreute mich nach langen Jahren wieder einmal mein Jugendfreund Dr. Marcel Godet, der Direktor der Landesbibliothek, mit einem recht herzlichen Besuche. Wir sprachen über dies und das und u. a. auch über mein Hodler-Archiv, das die Landesbibliothek gerne erwerben würde. Ich erklärte ihm frei und offen, freilich hätte ich früher auch schon daran gedacht, sei aber davon vollkommen abgekommen, nachdem ich gesehen hätte, wie der letzte Wille Spittelers vom Bundesrat und der Landesbibliothek geachtet werde und wie man ausgerechnet Dir das Spitteler-Archiv sperre, während ein Hr. Dr. Hoffmann in Basel daraus allerhand veröffentliche.[357]

---

355 Ausgangspunkt für Looslis Kommentar *Das schweizerische Asylrecht und die Emigranten* in der *Freiwirtschaftlichen Zeitung*, Nr. 86, 26. 10. 1940, ist die Affäre Fiedler-Burri: Der Berner Pfarrer Eduard Burri hat das 1939 im Haupt-Verlag erschienene Buch *Glaube, Gnade und Erlösung* des in die Schweiz geflüchteten deutschen Pfarrers Kuno Fiedler kritisch besprochen. Daraufhin hat Fiedler Burri in einer Replik als «von Minderwertigkeitsgefühlen geplagter Hohlkopf» beschimpft, der seine «schmutzigen Stiefel» an einer Grösse wie Thomas Mann abzuwischen wage (vgl. Marti: *Loosli* 3/2, S. 148).

356 *Mass und Wert* ist eine Exilzeitschrift, die im Oprecht Verlag in Zürich erscheint.

357 In der *National-Zeitung*, Nr. 234, 22. 5. 1938, ist Karl Emil Hoffmanns Beitrag *Carl Spittelers Aufenthalt in Russland* erschienen, was Fränkel am 25. 5. 1938 gegenüber Loosli so kommentiert: «Der Mann hatte sich dem Departement des Innern gegenüber schriftlich verpflichtet,

Godet erwiderte, er erinnere sich lediglich der Schottbriefe, die von der Landesbibliothek direkt erworben worden wären.³⁵⁸ Im übrigen betrachte sich die Landesbibliothek lediglich als die Depositärin besagten Archives und handle strickte nur nach den Weisungen des ihr vorgesetzten Departementes des Innern. Worauf er einige Bemerkungen anschloss, aus denen hervorging, dass er grundfalsch unterrichtet sei. Ich stellte aus dem Gedächtnis das Wichtigste richtig und vertraute ihm auf seinen Wunsch zur vorläufigen Orientierung eben meinen vorerwähnten Vortrag³⁵⁹ an, mich bereit erklärend, ihn auf Wunsch an Hand meiner Erinnerungen und Korrespondenz mit Spitteler bis in alle Einzelheiten zu vervollständigen.

Die Ausführungen machten einen wesentlichen Eindruck auf ihn und er erbat sich das Vortragsmanuskript zur eingehenden Kenntnisnahme. Ganz besonders war er überrascht zu vernehmen, wie sich die Sache betreffend den in den Papieren Spittelers aufgefundenen Zettel betreffend das Eigentum an seinen Papieren³⁶⁰ in Wirklichkeit verhält.

[...]

1419. Fränkel an Loosli, Thun-Riedegg, 28. Dezember 1940

[...]

Ich lebe ständig in großen Sorgen. Die jetzt zu Ende des Jahres zu bezahlenden Steuern betragen beinahe 50 % meines Jahreseinkommens auf der Hochschule. Andere Einnahmen aber gibts nicht mehr für mich. Ich war letzte Woche in Zürich, um zu sehen, ob ich eine Möglichkeit fände, das Huttenwerk unterzubringen. Die Aussichten sind leider minim. Ich habe vor Kurzem in Amerika angefragt, ob man mich dort an einer Universität brauchen könnte. Die Verhältnisse können aber bei uns so rasch eine böse Wendung nehmen, daß mir keine Rettung bliebe als zu flüchten. Ich wäre froh, wenn ich in einem solchen Falle Dein Diplom aus Coimbra bei Dir leihen könnte, um wenigstens

---

keine Abschriften auszufertigen von den Papieren des Nachlasses, die er zu katalogisieren hatte – der Artikel aber veröffentlicht Aufzeichnungen Spittelers, die dieser seinerzeit für Frau Wilisch und mich gemacht hat.»

358 Diese Briefe werden, ebenfalls von Karl Emil Hoffmann, nach der Erwerbung in Auswahl veröffentlicht: *Zwanzig Briefe Spittelers an Sigmund Schott*, in: *Der kleine Bund*, Nr. 31, 31. 7. 1938. Die Orginalbriefe liegen heute nicht im Spitteler-Nachlass, sondern in der Sammlung von Einzelautografen der Nationalbibliothek unter der Signatur Ms L 34-1 (Recherche: Magnus Wieland, Mail, 29. 6. 2021).
359 C. A. Loosli: *Spittelers Wille und Rechte*, siehe Anm. 207.
360 Vgl. Anm. 203.

ein Visum nach Portugal zu erhalten. Leider wirst Du mirs ja nicht leihen können. – Seit ich neulich erfahren habe, daß man in Oerlikon tatsächlich Kanonen u. s. w. für Deutschland fabriziert, was die Bombardierung der Bahnen um Zürich durch englische Flieger ohne weiteres erklärt,[361] gebe ich mich keinen Illusionen mehr hin. Wenn man Leute wie Pilet u. Etter zu Wächtern der Eidgenossenschaft setzt, soll man sich über nichts wundern …

Laß Dirs gut gehen, mein Lieber, im neuen Jahre – wenigstens gesundheitlich musst Du wieder auf der Höhe sein. Dir u. den Deinigen das Herzlichste von Deinem alten

Fränkel

---

361 Am 22. 12. 1940 wird die Werkzeugmaschinenfabrik Oerlikon mit Brand- und Sprengbomben bombardiert. Was offiziell als Irrtum bezeichnet wird, gilt in der Öffentlichkeit als Warnung an die im Krieg neutrale Schweiz, Deutschland weiterhin mit Waffen zu beliefern (Marti: *Loosli* 3/2, S. 184 f.).

1941

Während die Auseinandersetzungen um den Spitteler-Nachlass vorderhand ruhen, gerät Fränkel in denen um die Keller-Edition immer mehr unter Druck. Im Januar reicht die Benteli AG eine Schadensersatzklage gegen ihn ein. Die Freundschaft mit Albert Benteli geht endgültig in die Brüche. Im Lauf des Jahres entscheidet die Zürcher Regierung, Fränkel als Herausgeber der Keller-Ausgabe zu ersetzen. Im November wird ihm vom zürcherischen Erziehungsdirektor in einer Kantonsratsdebatte «hebräische Bosheit» attestiert. Mit Repliken in grossen Tageszeitungen versucht Fränkel, sich zu wehren. Auf verlorenem Posten steht auch Loosli gegen die Pro Helvetia. Weil diese ihn bei der Fortführung seiner Hodler-Studien nicht unterstützen will, plant er, sein über Jahrzehnte zusammengetragenes Hodler-Archiv entweder zu zerstören oder fünfzig Jahre über seinen Tod hinaus zu sperren. Der Weltkrieg dauert an. Am 22. Juni eröffnet Deutschland gegen die Sowjetunion die Ostfront.

1423. Fränkel an Loosli, Thun-Riedegg, 9. Januar 1941

[...]
Weißt Du, womit ich mich gegenwärtig beschäftige? Du rätst kaum: mit dem Studium der englischen Sprache. Was man in seiner Jugend versäumt hat, indem man alle seine Kräfte an die Eroberung der einen deutschen Sprache wandte, holt man im Alter nach. Natürlich ohne Lehrer. Die englische Sprache macht mir Freude u. ich hoffe, es in ihr so weit zu bringen, um sie mir wenigstens für schriftlichen Ausdruck untertan zu machen. Ich lese bereits dichterische Prosa ohne Schwierigkeit.
[...]

1425. Fränkel an Loosli, Thun-Riedegg, 16. Januar 1941

[...]
Und vor ein paar Stunden wurde mir vom Appellationshof (Obergericht) die Klage zugestellt (29 Folioseiten!). Es ist ein abscheuliches Stück. Es bestätigt leider, daß B. ein *absolut unzuverlässiger* Mensch ist, daß er Privatestes, das man ihm als Freund anvertraut hat u. das mit der Sache *nichts* zu tun hat, mißbraucht – resp. mißbrauchen läßt. Damit ist unter die alte Freundschaft, von der ich glaubte, sie könnte trotz dem gegenwärtigen Konflikt aus Ehrfurcht

vor der Vergangenheit wenigstens gefühlsmäßig für die Zukunft gerettet werden – jetzt ist ein dicker Strich darunter gesetzt.

Daß das so einmal enden würde – wer hätte das gedacht?

[...]

1426. Loosli an Fränkel, Bern-Bümpliz, 18. Januar 1941
Mein lieber Fränkel,

so sehr ich verstehe und mitfühle, wie sehr dich Deine Entdeckung schmerzt und schmerzen muss, so sehr bin ich auf der andern Seite froh, dass Dir endlich volle Klarheit wurde, da eine klare Sachlage, und sei sie an sich noch so unerfreulich einer Täuschung, die zwar an sich lieblich sein mag, aber stets Gefahren bietet, immerhin vorzuziehen ist.

Und damit ich mir ganz offen alles vom Herzen rede, – ich habe seit meiner Dir seinerzeit vermeldeten Unterredung mit Frau B.[362] eigentlich nichts sehnlicher gewünscht, als dass Dir die Augen aufgehen. Trug ich doch damals die materiell allerdings beweislose, – denn die Besprechung fand unter vier Augen statt, – aber darum nichts weniger als unerschütterliche Ueberzeugung dessen davon, das Dir nun offenbar geworden ist. Vielleicht vertraust Du mir an wie es geschah!

Offen gestanden: – es war mir seit jenem Tage bei der ganzen Sache nie mehr ganz wohl. Einerseits hatte ich die Situation klar erkannt, anderseits sah ich keine Möglichkeit, Dich davon zu überzeugen und so blieb mir tatsächlich nichts anderes übrig als zuzuwarten, in der zuversichtlichen Hoffnung, die Einsicht werde Dir nicht zu spät werden.

Nun weisst Du Bescheid und kannst Dich gottlob danach einstellen. Die verwerflichen Mittel, von denen Du mir mitteilst, dass sie gegen Dich angewandt werden, – Missbrauch privaten Freundschaftsvertrauens usw. – sind mir seit Jahrzehnten bekannt und haben mich s. Zt. veranlasst, das Schloss jahrelang ganz zu meiden und meinen Verkehr mit B. vorsichtig auf das Unumgängliche

---

[362] Sicher ist, dass Loosli im Konflikt um die Keller-Ausgabe verschiedentlich im Hause Benteli zu vermitteln versucht: Am 22. 8. 1939 hat er Fränkel noch geschrieben, «nur dank der wirklich sehr vernünftigen einsichtigen Stellungnahme von Frau Benteli» Albert Benteli «überzeugt zu haben». Bis zum 13. 9. 1939 entwickelt sich der Konflikt aber so, «dass jeder weitere Vermittlungsversuch meinerseits nun endgültig hinfällig und unmöglich geworden ist», wie Loosli an Fränkel schreibt. Am 13. 4. 1942 wird er dann in einem Brief an Fränkel die später verschiedentlich zitierte Aussage von Frau Benteli erstmals erwähnen: «Entweder der Fränkel pariert, oder er wird ruiniert!» Wann sie das gesagt hat, erschliesst sich aus dem Briefwechsel nicht.

zu beschränken, obwohl ich schon damals wusste, dass B. lediglich das Opfer höherer Gewalt war und es zeitlebens geblieben ist und bleiben wird. Für ihn habe ich lediglich Bedauern übrig, denn er ist, abgesehen von seiner geradezu unverzeihlichen Schwachheit, die ihn von jeher immer und immer wieder ans Messer lieferte, bei weitem der innerlich anständigste Mensch der ganzen Firma. Er brachte nie den Mut auf, auf die Gefahr hin einiges Porzellan zu zerschlagen, seinem in Wirklichkeit gutartigen Naturell zu folgen und sich den ihn umgebenden und schliesslich restlos beherrschenden Einflüssen zu entziehen. Das aber war immer so und immer, wenn der bessere Mensch in ihm die Oberhand zu gewinnen versuchte, wurde er, wie in casu, auf ein totes Geleise geschoben.
[...]

1430. Loosli an Fränkel, Bern-Bümpliz, 22. Februar 1941

[...]

Immerhin, – und das tröstet mich ein wenig, – bin ich nicht mehr so ganz mundtot wie in den letzten Jahren. Abgesehen vom «Bund» der ja für mich selbstverständlich nur sehr akzidentiell in Betracht fällt, habe ich nun doch immerhin die Möglichkeit, ab und zu in der «Nation»[363] und im «Freien Volk», (in diesem allerdings nur gratis und franco!) ein Wörtchen zu reden. Angesichts der Press- und Gedankenfreiheit würgenden, – ach wie saudummen Zensur, habe ich mir ein Refugium in der Form von Besprechungen französischer Bücher geschaffen, wo sich allerhand sagen lässt, ohne dass Tante Anastasia[364] mit ihren klobigen Fingern so leicht Zugriff findet.

Wäre das Biest auch nur um ein Kleines klüger, so würde es sich darauf beschränken, lediglich militärisch bedenkliche Nachrichten, Gerüchte und Salbadereien zu unterdrücken und im übrigen der Presse, insofern sie inhaltlich und formal nicht gegen die guten Sitten verstösst oder wirklich das Land gefährdet, freie Hand lassen. So aber zwingt einen die launische, boshaft dumme alte Jungfer geradezu dazu, ihr Fallstricke zu legen, auf die sie, da sie doch nicht zu massiv werden darf, eben regelmässig hineinfällt und die Sache schlimmer macht, indem sie die öffentliche Meinung gegen sich aufbringt und sich obendrein noch lächerlicher macht, als sie ohnehin schon ist, – das Rindvieh!

---

363 1940 wird Hans Graf von Peter Surava als Chefredaktor der *Nation* abgelöst.
364 «Les ciseaux d'Anastasie» ist eine seit dem ausgehenden 19. Jahrhundert gebräuchliche französische Umschreibung der Pressezensur.

Ich habe für sie noch allerhand im Salz, das ich ihr in allernächster Zeit frischgebacken und noch heiss vom Ofen aufzutischen gedenke.

[...]

1432. Loosli an Fränkel, Bern-Bümpliz, 27. Februar 1941

[...]

Kürzlich hatte ich in einer neu erscheinenden westschweizerischen Zeitschrift «Traits» eine Definition der sog. «Administrativjustiz» auf deren Wunsch losgelassen,[365] der nun dort herumzugehen scheint wie ein Wurmpulver und indirekt den derzeitigen Ständeratspräsidenten Prof. Albert Malche, meinen guten alten Bekannten, zum Entschlusse antrieb, seinerseits die Sache an die Hand zu nehmen. Ich fürchte bloss, wenn er erst einmal erfahren wird, welche Widerstände sich ihm entgegensetzen, er sich entmutigen lässt.

[...]

Immerhin, – und nicht nur in dieser Hinsicht, – gelange ich je länger je bestimmter zur Ueberzeugung, dass wenn unsere kulturelle, geistige und damit wohl auch unsere politische Schweiz noch gerettet werden kann und soll, wir dies vor allem unsern welschen Eidgenossen zu verdanken haben werden. Dort ist man seit nun ungefähr einem oder zwei Jahren zur klaren Einsicht unserer Lage, Verhältnisse und zum Teil auch unserer Korruption gelangt und es ist hoch erfreulich, mit welchem Mut, mit welcher Zielstrebigkeit, wenn auch nicht immer mit aller wünschbaren Einsicht, sich dort Alt und Jung zusammenfindet um unsere geistigen Güter zu retten, zu bewahren und zu mehren.

Einige Buchbesprechungen, die ich jüngst verfasste und die der baldigen Veröffentlichung harren, werden Dir, mehr als ich hier zu umreissen vermöchte zeigen, was und wie ichs meine. Wie 1914–1918 sehe ich mich wieder in meine alte Rolle als Verbindungsoffizier zwischen der deutschen und der welschen Schweiz gedrängt. Nur liegen heute die Dinge anders als damals. Günstiger, weil zwischen den wirklichen und einsichtigen Schweizern beider Sprachgebiete diesmal kein Graben besteht, – ungünstiger, weil die allgemeine Korruption seither so reissende Fortschritte gemacht und so tiefe Verheerungen angerichtet hat, dass es fraglich ist, ob man sich noch rechtzeitig zu gemeinsamer, namentlich aber wirksamer Abwehr wird zusammenfinden können. Und gerade dieses ist vielleicht die schwerste meiner gegenwärtigen Sorgen,

---

365 C. A. Loosli: *La soi-disant justice administrative et les camps de concentration en Suisse*, in: *Traits*, Nr. 4, Januar 1941.

gegenüber der alles persönlich Drückende wichtigkeitshalber zurücktritt aber eben doch dazu beiträgt mich noch schwerer zu belasten.
[...]

1434. Loosli an Fränkel, Bern-Bümpliz, 13. März 1941

[...]
Sollte es sich früher oder später erweisen, dass es vielleicht doch nicht ganz umsonst geschah, dass ich als braver Pflasterträger ein klein Weniges zum Bau einer besseren Zukunft beigetragen habe, je nun, so lass ich mirs gefallen und solls mich freuen. Aber bis dahin wird mir längst kein Zahn mehr weh tun.

Nicht als ob ich darob an der Zukunft Europas oder auch nur der Schweiz verzweifelte. Im Gegenteil: – je mehr ich mir die Gegenwart ansehe, je überzeugender kommt mir zum Bewusstsein, dass wir gegenwärtig in einer Zeit leben, wie wir sie seit den Zeiten der Barbareninvasionen ins alte Römerreich nicht mehr geschaut haben. Ebenso gewiss ist für mich, dass sich daraus eine neue, bessere Welt- und Gesellschaftsordnung ergeben wird. Aber dazu wird es, genau wie damals, einiger Jahrhunderte bedürfen und dann wird sie so beschaffen sein, wie wir sie uns heute überhaupt noch gar nicht vorzustellen vermögen.

Zu erahnen zwar vermöchte ich zur Not, und mitunter sticht mich sogar der Hafer, meine Ahnungen darstellend zusammenzufassen. Aber dann überlege ich, dass ich damit weder der Welt noch mir irgendwelchen Dienst leisten würde und begnüge mich in mich hinein zu träumen, weil ich weiss, dass ich anders ja doch nicht verstanden und, – was noch schlimmer wäre, – meine Aeusserungen in einer Weise verballhornt und verfälscht würden, dass ich sie selber nicht einmal mehr mit einem Stecken anrühren möchte.

Zum verlorenen Posten in dem Freiheitskriege aber mag ich, als alter Franctireur, noch gerade solange gut genug sein, bis mein Don Quichottedasein verqualmt haben wird.

[...]

1461. Fränkel an Loosli, Thun-Riedegg, 19. Mai 1941
Mein lieber Loosli,
herzlichen Dank für Deinen letzten Brief. Am meisten freute mich an ihm die Meldung, daß Du zur Mitarbeit an der Du-Zeitschrift[366] eingeladen wurdest. Dazu gratuliere ich Dir u. der Zeitschrift. Ich würde Dir vorschlagen, Dich nunmehr – wenn irgendmöglich! – in zwei Personen zu spalten: der Kämpfer soll auch fernerhin seine Stimme unerschrocken in der «Nation» erheben, im «Du» aber laß den *Schriftsteller* glänzen! Und laß nicht den einen dem Andern die Wege verstellen!
[...]

1467. Fränkel an Loosli, Thun-Riedegg, 7. Juni 1941
Mein lieber Loosli,
ein paar Stunden, nachdem ich Dir gestern Strodtmanns Heine-Biographie[367] gesandt hatte, erhielt ich von einer englischen Dame, mit der ich seit einiger Zeit in Verbindung stehe, einer großen Heine-Enthusiastin, einen Brief, darin sie mich bittet, meine Absicht, eine Heine-Biographie zu schreiben, endlich auszuführen; sie wolle das Manuskript ins Englische übersetzen. Die Aussicht ist so verlockend, daß ich mich am liebsten, da mir doch die Arbeit an Keller und Spitteler vielleicht noch für lange Zeit verschlossen bleibt, sofort ins Heine-Meer stürzen würde, um das Buch in einem Jahre fertig zu haben. Entschließe ich mich dazu, so wäre es möglich, daß ich Dich bald um Rücksendung des Strodtmann bitten würde.
[...]

1469. Loosli an Fränkel. Bern-Bümpliz, 9. Juni 1941
[...]
Was nun Deine Heinebiographie anbetrifft, so muss ich Dir gestehen, dass mir der Wunsch, eine solche von Dir zu lesen schon seit langen Wochen, wo ich mich mit Heine beschäftige, immer dringlicher aufgestiegen ist. Ich würde jedenfalls die Sache allen Ernstes in Aussicht nehmen, denn ganz abgesehen davon, dass Du uns da etwas bieten würdest, was uns derzeit kein zweiter zu bieten vermag, würde es auch Deine Stellung gegenüber Deinen schweizerischen

---

366 Die erste Nummer der Monatszeitschrift *Du*, gegründet von Arnold Kübler im Verlag Conzett & Huber in Zürich, erscheint im März 1941.
367 Adolf Strodtmann: *Heinrich Heine's Leben und Werk*, 2 Bände, Berlin: F. Duncker, 1867 und 1869.

Widersachern insofern stärken, als ihnen zum Bewusstsein gelangen würde, Du seiest schliesslich um Dich zu behaupten, nicht auf unsere schweizerischen Klassiker angewiesen, worauf die Herren wohl doch bis zu einem gewissen Punkt gerechnet haben und sich vorgestellt haben mögen, Dich vermittelst Hungersperre kirre zu machen.

Ganz abgesehen davon, dass Dir in diesem Falle zweifelsohne ein derzeiten nicht zu verachtendes Honorar sicher wäre und um einen anständigen Verlag brauchtest Du wohl in casum nicht heftig besorgt zu sein.

Also feste druff wenn's immerhin möglich ist!

[...]

1470. Fränkel an Loosli, Thun-Riedegg, 10. Juni 1941

[...]

Die Frage der Heine-Biographie geht mir sehr durch den Kopf. Wär ich wirklich frei von Verpflichtungen, so würde ich mich nicht lange besinnen, sondern sofort an die Ausführung eines seit langem gehegten Wunsches gehen. Aber ich bin ja nicht frei.

In deutscher Sprache könnte das Buch nicht erscheinen. Welcher Schweizer Verleger würde heute ein Heine-Buch – und gar eines von mir – drucken wollen? Es könnte also nur in einer englischen Ausgabe erscheinen, was natürlich für unsereinen schon eine einmalige Ehre bedeutet. Aber auch ein englischer Verlag, der sich zur Veröffentlichung entschließen würde, könnte kaum ein Honorar – wenigstens kein anständiges – zahlen; wäre doch der Interessentenkreis von vornherein ein beschränkter.

Ich will sehen, wie die Dinge in nächster Zeit laufen werden. Spitteler bleibt eben doch mein Nummer 1. Und die Beschäftigung mit Heine würde mich doch abbringen von meinen nächsten Pflichten. Gleichwohl: die Sache lasse ich mir durch den Kopf gehen.

[...]

1471. Loosli an Fränkel, Bern-Bümpliz, 12. Juni 1941

[...]

Ich schaue mich ziemlich oft bei meinem Freunde, dem Buchhändler Kober in Bümpliz um und er gibt mir jeweilen die neusten Zensuredikte zu lesen. Verboten wurden neulich Briefe Jakob Burckhardts, dagegen liegt gegenwärtig ein dicker Band von Paul Fechter, «Geschichte der Deutschen Literatur» (bei Knaur) auf, der ein reines Propagandawerk ist.

Höchste Blüte der deutschen Literatur ist «Mein Kampf» von Hitler;[368] Keller wird geringschätzig abgetan, Spitteler mit keiner Silbe erwähnt. Auch der niedrige Preis des Wälzers (9.50 Fr.) zeigt worauf es abgesehen ist. Aber diesen Schund lässt unsere Zensur unbeanstandet.

[...]

Anbei eine Buchbesprechung (Seite 8).[369] Ich muss mich schon in diese Rubrik flüchten, um von der Zensur unbehelligt ab und zu meinen Eidgenossen dies und das zu sagen, das mir sonst schwerlich durchgelassen würde. Bis jetzt gings, aber wie lange noch. Gerade gestern zeigte mir Kober einen Zensurukas, wonach das Ausstellen eines Buches über den Ueberfall Hollands, *ebenso wie seine öffentliche Erwähnung und Besprechung* verboten ist.[370] Soweit sind wir in unserer herrlichsten und ältesten aller Demokratien.

[...]

1477. Fränkel an Loosli, Thun-Riedegg, 23. Juni 1941

[...]

Nun sind sich Hitler u. Stalin in die Haare geraten,[371] was ja vorauszusehen war u. eigentlich das Allernatürlichste ist. Hoffentlich bedeutet aber dieses Husarenstücklein Hitlers den Anfang vom Ende, hoffentlich haben England + U. S. A. heute genügend Macht, um Hitler von hinten zu packen. Möchte es so sein!

Alles Gute u. Herzliche!

Dein Fr.

1479. Loosli an Fränkel, Bern-Bümpliz, 24. Juni 1941

[...]

Der russisch-deutsche Krieg: – C'est le commencement de la fin des dictatures. Ich habe nie an der endgültigen Niederlage Hitlers gezweifelt, aber dass er

---

368 Paul Fechter: *Geschichte der deutschen Literatur. Von den Anfängen bis zur Gegenwart*, Berlin: Knaur, 1941, S. 758: «Das Buch, das alle die verschiedenartigen Strebungen und Tendenzen der grossen nationalsozialistischen Bewegungen in sich zusammenfasst, das den Übergang zu der neuen Form des Sprechens zum Leser am schärfsten vollzieht und damit die Grundlagen der Literatur schafft, [...] ist Adolf Hitlers Bekenntnisbuch ‹Mein Kampf›.»

369 C. A. Loosli: *Ehrenmänner und «Realpolitiker». Der dritte Richelieu*, in: *Die Nation*, Nr. 23, 5. 6. 1941 (Besprechung von J. Fouques Dupare: *Le troisième Richelieu. Libérateur du Territoire en 1815*). Der Verweis auf den Artikel findet sich im Beilagenverzeichnis von Looslis Brief.

370 Eelco Nicolaas van Kleffens: *Der Einfall in die Niederlande*, Zürich, New York: Europa-Verlag, 1941 (vgl. Marti: *Loosli 3/2*, S. 180).

371 Am Morgen des 22. 6. 1941 hat Deutschland den Krieg gegen die Sowjetunion begonnen.

Stalin mit in den Abgrund reissen würde, habe ich nicht erhofft, wenn auch gewünscht. Mag Hitler militärisch auch neuerdings siegen, sein System ist zum Tode verurteilt und hingerichtet wird es von seiner eigenen Partei und ihrer Bureaukratie. Aber wann?!
Immerhin: – Ça ira!
[...]

1488. Loosli an Fränkel, Bern-Bümpliz, 10. Juli 1941
Mein lieber Fränkel,
Deine «Erklärung»[372] scheint mir durchaus zweckmässig, sowohl der Form

---

372 An seiner Sitzung vom 15. 5. 1941 hat der Zürcher Regierungsrat laut Protokoll beschlossen, die Erziehungsdirektion zu beauftragen, «dem Regierungsrat so rasch als möglich über die Nachfolgerschaft für Prof. Fränkel als Herausgeber der vom Staate subventionierten Gottfried Keller-Ausgabe Antrag zu stellen» (StAZH, MM 3.62 RRB 1941/1269). Deshalb entschliesst sich Fränkel, zuhanden der Presse die erwähnte *Erklärung* abzugeben. Sie beginnt mit den Sätzen: «Ich erfahre, dass der Regierungsrat des Kantons Zürich beschlossen hat, meiner Gottfried-Keller-Ausgabe, die in aufopferungsvoller Arbeit im Laufe von zwei Jahrzehnten auf siebzehn Bände gediehen ist, die Subvention zu entziehen und ihr die fehlenden Bände durch einen andern Herausgeber anhängen zu lassen, nachdem ich mich geweigert habe, auf die regierungsrätliche Zumutung einzugehen, Fabrikarbeit mit meinem Namen zu decken und derart Verrat an meinem eigenen Werke zu üben.» Des Weiteren betont Fränkel, dass er seinem Werk «die Treue halten werde und nicht daran denke, mich von ihm zu trennen». Aufgrund «ausgedehnter Vorarbeiten» sei es ihm nämlich möglich, seine Keller-Ausgabe «auch gegen den Willen des Nachlassbesitzers», also des Kantons Zürich, herauszubringen, falls er dafür «einen opferwilligen Verlag» gewinnen könne. Diese Erklärung erscheint am 12./13. 7. 1941 in der *National-Zeitung*, Nr. 317, am 14. 7. im *Bund*, Nr. 323, und am 15. 7. in der *Neuen Zürcher Zeitung*, Nr. 1094 – dort zusammen mit einer Stellungnahme der Staatskanzlei Zürich. Diese repliziert, dass Fränkel mit dem Regierungsrat «in keinem Vertragsverhältnis» stehe, sondern mit der Firma Benteli AG einen «Verlagsvertrag» eingegangen sei, wonach die Keller-Ausgabe Ende 1939 hätte abgeschlossen sein sollen. Im Mai 1939 habe Fränkel mit der Mitteilung, «seine Arbeit an der Gottfried Keller-Ausgabe niederzulegen», «einen offenkundigen Vertragsbruch» begangen. Nach gescheiterten Vermittlungsversuchen habe die Benteli AG auf Schadenersatz geklagt, Fränkel habe mit einer Gegenklage geantwortet. In dieser Situation habe der Zürcher Regierungsrat nun entschieden, die Frage eines Nachfolgers für Fränkel zu prüfen. «Die Verhandlungen sind noch im Gange.» Fränkels Duplik darauf dokumentiert der *Bund*, Nr. 329, vom 17. 7. 1941: Zwar gebe es tatsächlich kein Vertragsverhältnis zwischen ihm und dem Zürcher Regierungsrat, jedoch sei dieser subventionierende Behörde der Keller-Ausgabe. 1939 habe er den Grund seines Rücktritts dem Zürcher Regierungsrat so erklärt: «Ich habe der Vollendung des Keller-Werkes meinen wissenschaftlichen Namen verpfändet. Jede Verpflichtung hat jedoch ihre Grenzen an der materiellen Erfüllungsmöglichkeit.» Weil sich nach dem Ausbruch des Krieges seine Emigrationspläne zerschlagen hätten, habe er seine Meinung geändert und erklärt, «dass er sein Werk nunmehr nicht aus der Hand geben werde», dass er aber «Voraussetzungen» benötige, die «eine ungestörte Fortführung des Werkes» erlaube. Im Übrigen hätten die seitherigen Verhandlungen gezeigt, «dass seitens der Zürcherbehörde der Wille mangelte, im Interesse des nationalen Werkes durchzugreifen und gesunde Vertragsgrundlagen zu schaffen».

als dem Inhalt nach. Immerhin möchte ich Dir zu bedenken geben, ob es nicht besser wäre zu sagen statt «in jahrelangen Kämpfen *ertrotzt*», «nach jahrelangen Kämpfen *errungen*». Das «ertrotzt» möchte Deinen Prozessgegnern nämlich Handhabe zu Anwürfen bieten.

Ferner würde ich nicht erschrecken, hättest Du den Schlusssatz in die Form einer regelrechten Urheberrechtsverwahrung gekleidet verbunden mit der Kundgebung Deines Entschlusses Deine Urheberrechte an der Ausgabe unter allen Umständen auch rechtlich zu wahren.

Vielleicht berätst Du Dich noch mit Deinem Anwalt darüber.
[…]

1507. Fränkel an Loosli, Thun-Riedegg, 29. Juli 1941
[…]
[Die Front[373] nimmt] die Gelegenheit wahr, um auf meine «Tendenzschrift» über Kellers politische Sendung als die Tat eines Juden hinzuweisen und zu bemerken, die Folge sei gewesen, daß der Zürcher GK-Ausgabe «das gesamte deutsche Sprachgebiet außerhalb der Schweiz gesperrt ist». Der Artikel schließt: «Wir wollen nur hoffen, die Zürcher Regierung bleibe jetzt restlos konsequent u. sie sorge dafür, daß das Werk GK's so herausgegeben werde, daß es für Zürich u. die Schweiz im gesamten deutschen Kulturbereich Ehre einlegt.»
[…]

1513. Fränkel an Loosli, Thun-Riedegg, 4. August 1941
Mein lieber Loosli,
    danke für die Mitteilung Deiner Antwort an Lauchenauer![374] Ein Punkt

---

[373] Ohne Verfasser: *Glossen zum Zeitgeschehen. Ein literarischer Konflikt*, in: *Die Front*, Nr. 29, 24. 7. 1941.

[374] Als Verteidiger Fränkels schickt Loosli am 23. 7. 1941 dem Chefredaktor des *Aargauer Tagblatts* Eduard Lauchenauer eine Entgegnung auf dessen am 17. 7. erschienenen Artikel *Wem gehören die schweizerischen Dichter?*. Darin wurde Fränkel zur Last gelegt, dass es noch keine Spitteler-Gesamtausgabe gebe. Seither sind mehrere Briefe hin- und hergegangen, Durchschläge von Looslis Briefen gehen jeweils an Fränkel. Am 31. 7. schreibt Lauchenauer: «Ich bezweifle, dass ein einziger Mann parallel zwei so bedeutende Werke wie die kritische Ausgabe der Kellerschen und der Spittelerschen Dichtung besorgen und sogar noch die Biographie Spittelers schreiben kann. Die Ungeduld nach dem Werk nimmt mich infolgedessen zunächst einmal gegen Fränkel ein. Sodann zählt allein die Zürcher Hochschule durchschnittlich 80 Studerende der Germanistik. Für die ganze Schweiz wird es das doppelte sein. Angenommen, dass nur 5 % davon wirklich zählen, so fehlt doch diesem Nachwuchs irgend eine grössere aktuelle Aufgabe.» Loosli antwortet am 2. 8.: «[F]inden Sie nicht auch

ist darin nicht zutreffend formuliert: Spitteler hat das Spitteler-Archiv *nicht* schaffen lassen. Hans Bodmer, der ihm das vorschlug, hat er höhnisch heimgeschickt. Es sollte *kein* Spitteler-Archiv geben! Er hat seine Papiere nicht verbrannt, damit *ich* es tue, mir anheimstellend, das eine oder andere, was etwa aufbewahrenswert (in *seinem* Sinne aufbewahrenswert) wäre, aufzuheben – also etwa Dokumente seiner Freundschaft mit Widmann usw. Ich wehre mich also vor allem um *Sp's Willen* – nicht gegen den Vorwurf eines Monopols, das ich in diesem Falle nicht aufgeben *darf*, es den schreiblustigen Zürchern überlassend, sich an die *Werke* Sp's zu halten, wenn sie über ihn schreiben oder dozieren wollen.

Und bei Keller handelt es sich ganz einfach um meine wissenschaftliche Arbeit, nicht in erster Reihe um Publikationen aus dem Keller-Archiv. Und diese meine wissenschaftliche Arbeit bin ich gesonnen in Zukunft nur dem Verleger zu geben, der mich nicht nur anständig behandelt, sondern meine Arbeit *nach Gebühr bezahlt*. Niemand tut in unserm Lande etwas umsonst u. Niemand hat das Recht von mir Geschenke zu *fordern*.
[...]

1540. Loosli an Fränkel, Bern-Bümpliz, 23. Oktober 1941
Mein lieber Fränkel,

nun ist der erste Schuss hinaus,[375] genau so, wie ich ihn erwartete und wie Du ihn aus den Beigaben ersehen wirst, die ich mir zurückerbitte.

---

mit mir, es möchte sich wohl lohnen, beispielsweise nach nun 43 Jahren seit seinem Tode, eine kritische Gesamtausgabe C. F. Meyers zu schaffen? Ebenso dürfte es nach 164 Jahren nicht mehr zu früh sein, sich etwa mit dem unserem Geschlecht unverdientermassen sozusagen unbekannt gewordenen Albrecht von Haller zu befassen. Ebenso möchten kritische Gesamtausgaben von Pestalozzi, Jakob Burckhardt, Arnold Ott, J. V. Widmann u. a. wirklich nicht mehr verfrüht sein. Ich für mich sehe da noch weite Betätigungsfelder, ohne dass unsere jungen Germanisten unbedingt darauf angewiesen wären, die Gruben, die Fränkel mit allgemein anerkannter Meisterschaft erschlossen hat, unbedingt auszubeuten und ihn um die Früchte seiner jahrzehntelangen Forschungen zu prellen.» Auf diesen Brief bezieht sich Fränkel mit seinen Präzisierungen. Die Korrespondenz mit Lauchenauer findet sich im Loosli-Nachlass unter SLA-Loosli-Ms-B-Sq-6.1.32, Beilagen.

375 Loosli hat bei der Arbeitsgemeinschaft Pro Helvetia, die 1939 im Zuge der Geistigen Landesverteidigung gegründet und 1949 in eine Stiftung umgewandelt worden ist, ein Unterstützungsgesuch gestellt, um sein vierbändiges Werk *Ferdinand Hodler. Leben, Werk, Nachlass* um weitere Bände zu erweitern und so sein laufend wachsendes Hodler-Archiv publizistisch auswerten zu können. Für dieses Projekt steht er mit dem Holbein-Verlag in Basel im Kontakt. Erwin Marti schreibt: «Am 22. Oktober 1941 erfolgte der Bescheid der Pro Helvetia. Man anerkannte, ‹dass Sie sich wesentliche Verdienste um die Hodlerforschung erworben haben. Wenn der Ausschuss sich trotzdem nicht zu einem Eingehen auf Ihr Gesuch hat entschlies-

Es geht daraus hervor, dass, was ich beabsichtigte, geschah, nämlich dass Godet meinen Brief den Du ja kennst, der Arbeitsgemeinschaft unterbreitete, da ich ja nur ihm gegenüber meinen allfälligen Entschluss äusserte, das Archiv Coimbra zu überschreiben.

Immerhin hatte ich mir gedacht, würde die Arbeitsgemeinschaft erst dann mit Ihrem Wunsche, das Archiv der Schweiz zu erhalten, ausrücken, wenn sie sich erst einmal zu einer Subvention entschlossen haben würde. Nun aber ist ihr Begehren zu durchsichtig.

[...]

Auf eine Ablehnung war ich ja, wie Du weisst, schon lange gefasst, aber auf deren Begründung gespannt. Sie mutet mich köstlich an, besonders wenn ich bedenke, dass der bescheidene Buchdrucker Suter seinerzeit im Vertrauen auf mich und im Glauben an mein Werk, dessen vier erste Bände unter Bedingungen herausgebracht hat, die ein unverhältnismässig grösseres Risiko für ihn bedeuteten als das, welches hier der Arbeitsgemeinschaft gegebenenfalles zugefallen wäre.

Wie sich nun auch die Angelegenheit weiter entwickeln wird, kann ich es zufrieden sein und bin es. Ich habe mir nichts, aber auch gar nichts vorzuwerfen, möge nun auch geschehen was wolle, ob es der «offiziellen Schweiz» genehm sei oder nicht.

Das Angebot der Arbeitsgemeinschaft, zwischen mir und der Landesbibliothek vermitteln zu wollen, – als ob ich dazu ihrer bedürfte! – finde ich ebenso naiv als unverschämt. Ein Versuch mehr, meine materielle Notlage ausbeuten zu wollen, als ob ich mich nicht auch mit dieser abzufinden wüsste!

Das Ding beginnt nachgerade mir Spass zu machen und bestärkt mich wieder einmal mehr in meiner Wertung der führenden geistigen Schweiz. Es wäre schwer keine Satire zu schreiben, wenn ich dafür noch die nötige Galle aufbrächte. Aber diese ist versiegt und übrig bleibt mir lediglich ein wenig

---

sen können, so geschah dies vor allem deshalb, weil wir es nicht, wie bei Ihrem bisherigen Werk und Ihrem Hodler-Archiv, mit einem sicher übersehbaren Werk zu tun haben.»» Dagegen würde die Arbeitsgemeinschaft den «Ankauf» von Looslis Hodler-Archiv durch die Landesbibliothek unterstützen. Marti weiter: «In einem geharnischten Antwortschreiben betonte Loosli, man werde es ihm ‹gewiss nicht verübeln noch missdeuten, wenn ich meine jahrzehntelange, opfer- und mühevolle ausdauernde Arbeit zu hoch schätze, um sie dem Zugriff beutelustiger Nachlasshyänen, merkantiler Spekulanten, ehrgeiziger Dilettanten gewissermassen verräterisch auszuliefern oder sie dem Schicksal des Carl Spittelerschen Nachlasses auszusetzen.›» (Marti: *Loosli* 3/1, S. 126)

Ekel und viel Bedauern mit unseren Schriftgelehrten und Pharisäern, den Plattfussvölkern!
Lebe wohl und lache!
Herzlich Dein
C. A. Loosli

1549. Fränkel an Loosli, Thun-Riedegg, 7. November 1941
[...]
Schmid-Ammann, der Brave, berichtet mir über seine Unterredung mit Wettstein, zu der dieser extra nach Chur gefahren war: «Wettstein trug seine Ansichten mit sehr viel Übelwollen, ja Gehässigkeit gegen Sie vor u. ich hatte sofort den Eindruck, daß hier mit raffinierter Systematik eine Anschwärzerei u. Entstellung Ihrer Persönlichkeit am Werke ist. Selbstverständlich erreichte er bei mir das Gegenteil.»[376]
[...]

1562. Loosli an Fränkel, Bern-Bümpliz, 26. November 1941
[...]
Heute erhielt ich einen ziemlich ausgiebigen Antwortbrief von Dr. Witz auf zwei erfolglose, längst fällige Fragen, das «DU» betreffend. Darin steht u. a.: «Dann ist da die Keller- und die Spittelerangelegenheit. Die Kellersache kam gestern im Zürcher Kantonsrat zur Sprache,[377] und ich muss schon sagen, dass

---

[376] Die Zürcher Kantonsregierung hat definitiv entschieden, Kellers *Sämtliche Werke* ohne Fränkel als Herausgeber abzuschliessen. Dafür engagiert sich der ehemalige Regierungsrat Oscar Wettstein mit dem Anspruch der «Friedensstiftung» (Fränkel: *Der neue Medius*, S. 38). Um diesem Plan entgegenzutreten, wird in Fränkels Umfeld die Idee lanciert, analog zur bestehenden Gottfried Keller-Gesellschaft, deren Mitglieder sich zur Subskription der Benteli-Keller-Ausgabe verpflichtet haben, eine Gesellschaft zu gründen, die Fränkel die Weiterführung seiner Keller-Ausgabe in einem anderen Verlag ermöglichen soll. Hierfür engagieren sich unter anderen Paul Schmid-Ammann, Walter Greminger und Werner Schmid.

[377] Zur Sprache kommt am 24. 11. 1941 im Zürcher Kantonsrat die Interpellation des Freisinnigen Fritz Hunziker: «Weite Kreise der geistig interessierten Zürcher Bevölkerung sind wegen des ferneren Schicksals der vom Zürcher Regierungsrat auf Grund eines Kantonsratsbeschlusses subventionierten und bisher von Prof. Jonas Fränkel in Bern besorgten Ausgabe der Werke Gottfried Kellers beunruhigt. In verschiedenen Zuschriften und Zeitungsartikeln von vermutlich Prof. Fränkel nahestehender Seite sind gegen die Zürcher Regierung und ihre Haltung in dieser Angelegenheit Vorwürfe erhoben worden, die unzweifelhaft eine gewisse Verwirrung geschaffen haben und der Abklärung bedürfen. Ist der Regierungsrat bereit, dem Kantonsrat über den Stand der Angelegenheit Aufschluss zu geben und seine Haltung darzulegen?» (StAZH, MM 24.60 KRP 1941/066/0616) Die Interpellation gibt dem zuständigen Erziehungsdirektor Karl Hafner Gelegenheit, die regierungsrätliche Sicht zu erläutern.

es mir unglaublich schwer fällt, in diesen Angelegenheiten so klar zu sehen, dass ich mich mit gutem Gewissen auf eine bestimmte Seite stellen dürfte. Professor Fränkel riet mir seinerzeit, ich solle Ständerat Wettstein fragen, der sei mit ihm befreundet, und wie ich mit Wettstein mich besprechen wollte, fuhr der in die Höhe, wie von einer Wespe gestochen, und liess ein antifränkelisches Donnerwetter los, dass ich beinahe vom Stuhl fiel. Fränkels Charakterbild, von der Parteien Hass und Gunst verwirrt (scheint) in der Geschichte zu schwanken.»
[...]

1569. Fränkel an Loosli, Thun-Riedegg, 28. November 1941

Mein lieber Loosli,

als ich heute vor dem Colleg mit Dir telephonierte, hatte ich keine Zeit, Dir das Wichtigste zu sagen, nämlich: die Antwort der Regierung (natürlich von Aeppli aufgesetzt) ist in Form eines Protokollauszugs in der Sitzung verteilt u. (wie es scheint) sofort nach der Sitzung an die Mitglieder der Keller-Gesellschaft versendet worden: das ist nun das *Aller*infamste, was sich die Zürcher geleistet haben – sogar von meiner «hebräischen Bosheit» ist die Rede![378]

[...]

---

378 Das Dokument, von dem Fränkel spricht, trägt den Titel *Aus dem Protokoll des Regierungsrates 1941. Sitzung vom 6. November 1941. 2791. Interpellation (Gottfried Keller-Ausgabe)* (StAZH, MM 24.60 KRP 1941/066/0616). Darin sind die Ausführungen des Erziehungsdirektors Karl Hafner vor dem Kantonsrat dokumentiert. Hafner zitiert unter anderem aus einem Brief, den er am 19. 8. 1936 an Benteli geschrieben hat und in dem er ein Zitat Fränkels in dessen Einleitung zum 14. Band der Keller-Ausgabe beanstandet: Fränkel hat dort geschrieben Adolf Ludwig Follen habe «zwei Jahre harter Untersuchungshaft in der Berliner Stadtvogtei» erdulden müssen – und beigefügt: «der idyllischen Vorläuferin deutscher Konzentrationslager des 20. Jahrhunderts» (vgl. Keller: SW 14, S. XVI). Dieser «überflüssige Erguss» sei von anderer Seite als «hebräische Bosheit» bezeichnet worden. Anschliessend führt Hafner aus: «Nebenbei bemerkt hat Prof. Fränkel auch bei der Veröffentlichung seines Buches über Gottfried Kellers politische Sendung den Namen Gottfried Kellers benutzt, um seiner Antipathie gegenüber dem heutigen Deutschland unbeherrschten Ausdruck zu geben. Er hat damit dem Gottfried Keller-Werk einen schlechten Dienst erwiesen.» Im Gesamten zeichnet Hafner von Fränkel das Bild eines Querulanten, der mit seinen Verlegern Streit suche, als Herausgeber die Fristen nicht einhalte und immer wieder mehr Geld für seine Arbeit fordere: «Wenn dem Regierungsrat heute ein Vorwurf gemacht werden kann, so ist es der, Prof. Fränkel gegenüber zuviel Geduld und Entgegenkommen gezeigt zu haben.»

1583. Loosli an Fränkel, Bern-Bümpliz, 13. Dezember 1941
Lieber Fränkel,
Dank für die National-Zeitung,[379] die ich soeben las. «Die Nation»[380] sah ich gestern flüchtig beim Buchhändler und freue mich, sie von Dir zu kriegen, um sie in aller Musse nochmals lesen und dann Deinen Akten einzuverleiben.

Ich halte nach wie vor dafür, dass was bis anhin über den Fall öffentlich von Dir und Deinen Freunden geschrieben wurde, durchaus geboten war. Wir dürfen es uns heute weniger denn je leisten, Wahrheitsentstellungen, auch wenn sie von hohen Behörden und Regierungsmännern ausgehen, einfach zu ignorieren, denn damit werden sie in der leider oft zutreffenden Annahme bestärkt, es genüge einfach zu schwindeln, um sich und ihre unlauteren Absichten durchzusetzen, da ja doch die Oeffentlichkeit protestlos alles hinnehme und glaube, was sie ihr bieten.

[...]

Wer anders denkt und handelt gilt ihnen als verrückt, weil sie gerade durch ihre sittliche Feigheit, die Korruption allerdings dermassen förderten, dass ein unerschrockener Kampf dagegen bereits ziemlich aussichtslos geworden ist. Ducken und schlucken ist ihr Wahlspruch und ich denke sie werden dazu in Bälde noch mehr Gelegenheit bekommen als wir, die wir uns zu wehren suchten.

Es entgeht den Leuten absolut der Umstand, dass es sich bei derartigen Händeln noch um etwas anderes, höheres handelt, als um den bloss materiellen und gesellschaftlichen Erfolg und gerade diese Leute sind die Rufer zum Streit für die geistige Landesverteidigung der Schweiz. Arme Schweiz!

---

379 Jonas Fränkel: *Um die Gottfried Keller-Ausgabe*, in: *National-Zeitung*, Nr. 574, 10. 12. 1941. Fränkel beginnt seine Replik auf Karl Hafners Kantonsratsrede mit den Sätzen: «In der Sitzung des Zürcher Kantonsrates vom 24. November hat eine Verleumdungs- und Vernichtungskampagne ihren Höhepunkt erstiegen, die seit Jahr und Tag gegen den Herausgeber der kritischen Gottfried Keller-Ausgabe geführt wird. Man will ihm in Zürich nicht verzeihen, dass er es gewagt hat, den Nachlass Gottfried Kellers, den die Zürcher sorgsam einbalsamiert hatten, zum Leben zu erwecken und ihm in hingebender Arbeit dichterische Schätze zu entlocken, an denen die Gralshüter an der Limmat jahrzehntelang blind und nichtsahnend vorbeigegangen.»
380 Jonas Fränkel: *Streit um Gottfried Keller. Offener Brief an den Zürcher-Erziehungsdirektor Dr. Hafner*, in: *Die Nation*, 11. 12. 1941. Der offene Brief beginnt mit den Worten: «Es ist nicht ritterlich, einen anzugreifen vor einem Forum, zu dem der Zutritt dem Angegriffenen gesperrt ist; es zeugt von bedenklicher Verwirrung öffentlicher Sitten, wenn im Kampf um geistige Güter die Grenzen nicht respektiert werden, hinter denen die Privatsphäre jedes Bürgers liegt. Seit Jahr und Tag wird von Zürich aus eine Verleumdungskampagne gegen mich geführt [...].»

Man feiert heute Lavater[381], feierte vorgestern Paracelsus, ab und zu Pestalozzi, Gotthelf, Spitteler, Hodler, tut gross damit, die alle nur darum bedeutend waren, weil sie sich den Luxus erlaubten nicht Konformisten zu sein und die, wären sie es gewesen, der Nachwelt verdientermassen nichts bedeuten würden.
[...]

1584. Fränkel an Loosli, Thun-Riedegg, 15. Dezember 1941
[...]
Ich habe Dir neulich 2 kleine Sätzlein gesandt, die mir beim Druck des Aufsatzes in der Nat-Ztg gestrichen wurden. Sei so gut u. sag mir, ob ich sie wieder einsetzen soll – mit andern Worten: ob die Erwähnung der «hebräischen Bosheit» für den gewöhnlichen Leser genügt, damit er das Skandalöse dieses just im Zürcher Ratssaal geübten Antisemitismus empfinde – oder ob es nötig sei, zu diesem Zweck noch Kellers Schatten zu beschwören, wie ich's im Manuskript getan habe. Ich weiß Niemanden außer Dir, dem ich diese Frage vorlegen könnte. Und doch ist sie mir insofern wichtig als ich ja den Aufsatz aus der Nat-Ztg in die vorbereitete Broschüre aufnehmen will.[382]
[...]

1585. Loosli an Fränkel, Bern-Bümpliz, 17. Dezember 1941
[...]
Nun Deine Frage! – Ich würde den Passus betr. «hebräische Bosheit» wieder einrücken, denn er charakterisiert zu treffend die Mentalität Hafners und seiner schmutzigen Taktik. Aber ich würde sie mit einer Fussnote begleiten, die Gottfried Kellers Stellung zu den Juden klarlegt, was geschehen könnte, würdest Du Dich auf sein Bettagsmandat von 1862, es vielleicht zitierend berufen.[383]

---

381 Johann Caspar Lavaters 200. Geburtstag wurde am 15. 11. 1941 gefeiert.
382 Fränkel: *Die Keller-Ausgabe*. Der hier angekündigte Abdruck seines ungekürzten Beitrags aus der *National-Zeitung* findet sich in der Broschüre auf S. 13–20. Dort erwähnt Fränkel eine Rezension zu seinem Buch *Kellers politische Sendung*, die festgehalten habe: «Das Buch von Jonas Fränkel [...] ist von echtem Schweizergeist erfüllt und gehört in den Tornister jedes Soldaten», um anzufügen: «Doch in der regierungsrätlichen Anklageschrift wird mir just dieses Büchlein als ein Verbrechen angerechnet und der Geist, aus dem es entstanden, als – ‹hebräische Bosheit› denunziert!» Danach beschwört Fränkel «Kellers Schatten»: «Die Worte wurden im gleichen Saale verlesen, in dem Meister Gottfried während vieler Jahre gewissenhaft als Protokollführer des Rates amtete. Wenn sein Schatten in jener Stunde im Saale verweilte, so mag er sich weggewandt und schleunigst in selige Höhen geflüchtet haben ...» (S. 19)
383 Im ersten, von der Regierung noch zurückgewiesenen Bettagsmandat, das Keller 1862 nach seinem Amtsantritt als Staatsschreiber des Kantons Zürich geschrieben hat, heisst es vor

Denn anders würden die wenigsten Leser, die sich ja in ihrer grossen Mehrheit nur ausnahmsweise mit Keller gründlich befassen, die Gemeinheit und die Verleugnung Kellers verstehen. Dass in diesem Falle unsern Antisemiten Keller entgegengehalten würde, wäre dabei ein kleiner Nebengewinn, der sie vielleicht künftig davon abhalten würde auch ihn zu «be-unsern».
[...]

1586. Fränkel an Loosli, Thun-Riedegg, 17. Dezember 1941

[...]

Ich werde also Deinen Rat, für den ich Dir danke, befolgen u. den ausgelassenen Passus wieder aufnehmen. Die von Dir vorgeschlagene Note jedoch wäre hier nach meinem Urteil nicht am Platz, denn schließlich ist ja die Broschüre nicht für weitere Kreise bestimmt (was interessiert die mein Handel?), sondern in erster Reihe für die Mitglieder der Keller-Gesellschaft u. bei denen muß man *höflichkeitshalber* einige Vertrautheit mit Kellers Geist voraussetzen.

[...]

---

dem Hintergrund des liberalisierten *Gesetzes betreffend die Rechtsverhältnisse der Juden* an die Adresse der Zürcher: «An Euch wird es sodann sein, das geschriebene Gesetz zu einer fruchtbringenden lebendigen Wahrheit zu machen, indem Ihr den Entfremdeten u Verfolgten auch im gesellschaftlichen Verkehre freundlich entgegen gehet und ihrem guten Willen, wo sie solchen bezeigen, behülflich seid, ein neues bürgerliches Leben zu beginnen. Was der verjährten Verfolgung u Verachtung nicht gelang, wird der Liebe gelingen; die Starrheit dieses Volkes in Sitten u Anschauungen wird sich lösen, seine Schwächen werden sich in nützliche Fähigkeiten seine manigfaltigen Begabungen in Tugenden verwandeln, und Ihr werdet eines Tages das Land bereichert haben anstatt es zu schädigen, wie blinder Verfolgungsgeist es wähnt.» (Keller: HKKA 15, S. 374)

1942

Fränkel stellt seine Anti-Hafner-Abwehrschrift fertig, sie erscheint im Herbst. Loosli polemisiert gegen die «Geistige Landesverdürftigung». Weil Spittelers 100. Geburtstag naht, wird der Handel um den Nachlass wieder aktuell: Etter droht mit Prozess, Loosli versucht, wie 1933 im Faesi-Streit, Fränkel zu beraten: Er solle nach dem Wort «Fortiter in re, suaviter in modo» handeln und sich nicht zum «Allerweltsquerulanten» machen lassen. Diesmal folgt nach Looslis Brief von der Riedegg nicht wie 1933 langes Schweigen, sondern ein herzlicher Dank. Im Oktober schlägt Loosli Alarm wegen der Zustände im Flüchtlingslager Eriswil. Aus der Antwort wird klar, dass das Ehepaar Fränkel für die Flüchtlinge schon seit Jahren das Möglichste tut. Und: Fränkel weiss um das «Grauenhafte», das sich «seit Wochen in Frankreich abspielt». Dort haben die Deportationen zur industriellen Vernichtung von jüdischen Menschen begonnen.

1601. Loosli an Fränkel, Bern-Bümpliz, 18. Januar 1942
Mein lieber Fränkel,

anliegend sende ich Dir die Beilagen Deines mir heute früh gewordenen Eilbriefes, nämlich

a. den Protokollauszug des Zürcher Regierungsrates vom 6. XI. 41 und
b. das Manuskript Deiner Abwehrschrift[384] zurück.

Nachdem ich beide aufmerksam und mit Bedacht gelesen habe, stellte sich mir vor allem die Frage, welche Folgen das Erscheinen der Abwehrschrift wohl für Dich und die Kellerausgabe zeitigen möge.

Nach reiflicher Ueberlegung und Erwägung aller mir bekannten Tatsachen komme ich zu dem Schluss, dass Deine Lage auch durch diese Veröffentlichung nicht mehr zu verschlimmern, möglicherweise aber materiell, moralisch jedoch zweifelsohne, zu verbessern ist.

Es kann nämlich niemandem gleichgültig sein, dass Dir Deine Arbeit durch *solche Mittel* verunmöglicht und unserm Land der Ruhm und die Ehre eines *solchen Werkes* entwendet werde.

Möglich freilich, – denn wir leben ja in der Schweiz! –, dass damit jeder Rückweg zu Deiner Arbeit endgültig verlegt werden wird. Aber in diesem Falle wäre dieser Rückweg m. E. auch ohnehin nicht mehr zu finden gewesen.

---

384 Fränkel: *Die Keller-Ausgabe*.

Der allgemeine Eindruck, den Deine Schrift auf mich macht ist darum ein durchaus erfreulicher, weil sie sich bei aller Schärfe und gerechtfertigten Angriffigkeit aktenmässig belegter und belegbarer Sachlichkeit befleisst. Ferner, weil sie, da wo sie das Beweismaterial nicht direkt anführt, wenigstens dermassen unzweideutig darauf hinweist, dass der unbefangene Leser von der Richtigkeit Deiner Ausführungen überzeugt wird. Endlich, weil die Schrift nirgends, – was ich befürchtete und worin eine gefährliche Klippe lag, – dem Prozessurteil i./S. ca. Verlag vorgreift oder es gar präjudiziert.

Ich halte im Gegenteil dafür, dass sie so abgefasst ist, dass sie sehr wohl, zur Beweisergänzung und Abklärung, für das Gericht orientierend, zu den Akten erkannt werden sollte, welches zu beantragen Sache Deines Anwaltes ist.

Also: – ich bin materiell und grundsätzlich mit der Schrift durchaus einverstanden und begrüsse sie nicht bloss um Deinet- und der Kellerausgabe willen, sondern auch um der literarischen und moralischen Reinlichkeit willen, die uns leider in unserem Lande je länger je mehr abhanden gekommen ist.

Ich begrüsse sie aber auch um das Ansehen der geistigen Arbeit überhaupt willen. Denn sie illustriert trefflich, wie es bei uns leider damit bestellt ist und vielleicht bietet sie den Ausgangspunkt und den Auftakt zu einer – Gott weiss wie notwendigen – Besserung in diesen Dingen, indem sie verschlafene Gewissen aufrüttelt und zur Wahrung unserer allgemeinen geistigen Interessen aufmuntert.

[...]

1607. Loosli an Fränkel, Bern-Bümpliz, 22. Januar 1942
Mein lieber Fränkel,
die Schriftleitung der «Nation» sandte mir gestern meinen Artikel «Geistige Landesverdürftigung» mit folgendem Kommentar zurück:
«So gerne wir den ersten Teil Ihres beiliegenden Artikels bringen würden, so ungern möchten wir für Prof. Fränkel nochmals eine Lanze brechen. Der Genannte hat sich uns gegenüber recht undankbar erwiesen, und wir haben den Eindruck eines notorischen Querulanten bekommen. Wenn alle Israeliten so vorgehen würden, dann müsste man sich allerdings nicht über den in unserem Volke vorhandenen Antisemitismus wundern.»
Ich glaubte Dir die Mitteilung obiger Zuschrift schuldig zu sein und, da wir nicht eben an Ueberfluss von Pressorganen leiden, die bereit sind und sein werden, Deine gerechten Belange zu verfechten, werde ich versuchen, – nicht

um meines Artikels, sondern um Deiner Sache willen, – die Geschichte mit der «Nation» wieder einzurenken.[385]

[...]

1626. Loosli an Fränkel, Bern-Bümpliz, 14. Februar 1942

[...]

Bei mir zu Hause gehts so miserabel als möglich. Zwar, meine Frau erholt sich allmälich, doch wird es noch lange gehen, bis sie wiederum vollkommen valid sein wird. Dagegen mussten wir gestern Hals über Kopf meine Schwiegertochter[386], die sich in letzter Zeit arg überanstrengt hatte, nach dem Frauenspital befördern. – Blutungen, von denen zwar unser vorzüglicher Arzt sagt, sie seien nicht gefährlich und die Patientin werde sich nach einigen Tagen Bettruhe vollständig erholen.

Allein, Du kannst Dir denken, wie es nun bei uns aussieht! Meine Schwägerin hat sich von ihrem Schlaganfall letzten Sommers noch nicht soweit erholt, dass sie die ganze Haushaltung besorgen könnte. Nun hat sich meine ältere Tochter vorderhand eine Woche Ferien bewilligen lassen und daneben helfe ich, was ich kann. Insoweit kommt und kam mir von jeher meine Anstaltserziehung zu Gute, die mich befähigt, auch in der Haushaltung allerhand zu bewältigen und da ich gegenwärtig keine dringliche Arbeit, wenigstens keine Brotarbeit zu verrichten habe, hoffen wir der Lage Herr zu werden.

[...]

1642. Fränkel an Loosli, Thun-Riedegg, 2. April 1942

[...]

Ich schicke Dir hier einen Durchschlag meines am Dienstag abgegangenen Einschreibebriefes an Etter[387]; Du magst ihn vielleicht bei Deinen Akten be-

---

385 Looslis Artikel *Geistige Landesverdürftigung* erscheint schliesslich in *Freies Volk*, Nr. 6, 1942 (vgl. auch Marti: *Loosli* 3/2, S. 193 und 593).
386 Höchstwahrscheinlich meint Loosli die Frau seines Sohnes Hans, Klara Loosli.
387 Am 28. 3. 1942 hat Fränkel an Bundesrat Etter geschrieben: «Hochgeehrter Herr Bundesrat, / am Schlusse unserer Konferenz vom 8. Juli 1936 versprachen Sie mir, den Ihnen von mir unterbreiteten Vorschlag zur Herbeiführung einer Einigung in der Spitteler-Angelegenheit in einer zweiten Konferenz eingehend besprechen zu wollen, zu der Sie mich nach Ihren Ferien einladen würden. Ich habe auf diese Einladung seither vergeblich gewartet, mich aber an die damals angeknüpfte persönliche Verhandlung insofern moralisch gebunden gehalten als ich trotz wiederholter Aufforderungen von seiten interessierter Stellen gezögert habe, die Konsequenzen aus Ihrem Schweigen zu ziehen. Nun aber erfahre ich zu meinem Staunen, dass Sie inzwischen, ohne sich mit mir wieder in Verbindung gesetzt zu haben, beim Bundesrat

halten. Ich glaube nicht, daß der Brief unmittelbar wirken wird, aber ich habe mit ihm eine bestimmte Position eingenommen, auf der ich beharren werde.
[...]

1645. Loosli an Fränkel, Bern-Bümpliz, 6. April 1942

[...]
Gestern habe ich mein 65. Altersjahr vollendet, wobei es unvermeidlich war, auf den begangenen Lebensweg zurückzublicken und mir allerhand halb Vergessenes wieder vor Augen zu führen. Offen gestanden: – gerade erbaulich war das Ergebnis nicht! Und doch! Trotz allem mir selbst und von andern zugefügten Leid möchte ich nicht mit jenen tauschen, die erfolgreicher waren und sich beliebt zu machen verstanden, dabei aber preisgaben, was mir immerhin stets das Wertvollste war und ist, nämlich meine geistige Freiheit und meine Selbstheit. Und was mir nun noch zu leben und zu erleben übrig bleibt wird

---

den Auftrag zur Einleitung eines Prozesses gegen mich wegen Herausgabe der in meinen Händen befindlichen, angeblich zur Verlassenschaft Spittelers gehörenden Schriftstücke erwirkt haben. / Ich gestatte mir Sie darauf aufmerksam zu machen, dass ich mich von Anfang an, zuletzt noch in meinem Schreiben an Sie vom 5. Juni 1936, bereit erklärt habe, die vom Rechtsnachfolger Spittelers reklamierten Schriftstücke, ohne dessen Rechtsanspruch anzuerkennen, freiwillig zu übergeben, wenn ein vernünftiges Verhältnis zwischen dem Rechtsnachfolger und dem von Spitteler mit der Wahrung seines literarischen Nachlasses Betrauten geschaffen würde, das geeignet wäre mir die Erfüllung meiner Pflichten gegenüber dem toten Spitteler zu ermöglichen. / Ich beehre mich Ihnen zur Kenntnis zu bringen, dass ich an jener Erklärung noch heute festhalte und nach wie vor bereit bin Hand zu bieten zur Schaffung einer sicheren Grundlage für den Bundesrat behufs Ordnung der Nachlassverhältnisse im Sinne des unzweideutigen Willens von Carl Spitteler. Ich bin also bereit meine Rechte auf den Nachlass, die ja eher Pflichten als Rechte zu nennen sind, durch einen unparteiischen Schiedsmann, für den man sich evt. auf ein Mitglied des Bundesgerichtes einigen könnte, untersuchen zu lassen. Hingegen habe ich an der gerichtlichen Austragung einer isolierten Streitfrage, deren Berechtigung ich verneinen muss, kein Interesse. Ein Festhalten an diesem Begehren aber und eine Ablehnung meines Wunsches nach endlicher Ordnung meines Verhältnisses zum Rechtsnachfolger würde mich in einen schweren Konflikt zwischen dem schuldigen Respekt vor der höchsten Landesbehörde und meinen Pflichten gegenüber Carl Spitteler stürzen und mich zwingen, die Rechte des toten Spitteler gegen dessen – nicht von ihm bestellten – Rechtsnachfolger vor dem Forum der Oeffentlichkeit zu verteidigen, was ich gerade in diesen Zeiten zu vermeiden wünsche. Ich appelliere an Sie, mir diesen Konflikt zu ersparen. / Ich sehe Ihrer Antwort entgegen und verharre / in vorzüglicher Hochachtung / Jonas Fränkel». Mit Brief vom 15. 4. 1942 antwortet Etter, Fränkels Erinnerung, man habe «eine weitere Konferenz in Aussicht genommen», müsse «auf Missverständnis oder Irrtum beruhen». Es gehe jetzt darum, «dass die Angelegenheit nunmehr in kürzester Zeit ihre endgültige Erledigung finden» müsse. Ein letzter Versuch, «zu einer schiedsgerichtlichen Erledigung zu kommen», sei nicht ausgeschlossen. Zuständig sei für die Eidgenossenschaft jetzt Fürsprech Schüpbach in Thun (beide Briefe BAR, E3001B#1980/53#1314*).

sich umso eher und leichter ertragen lassen, als mir der sichere Trost eines in absehbarer Zeit eintretenden Endes erblüht.

Bis dahin aber gedenke ich zu verbleiben, Dein unverbesserlicher Narr, Don Quichotte und Freund

C. A. Loosli

1648. Fränkel an Loosli, Thun-Riedegg, 7. April 1942

Mein lieber Loosli,

Du darfst schon bei vollendetem 65., zu dem ich Dir herzlich gratuliere, zufrieden sein mit dem, was Du geleistet; ist es doch abgerungen dem Mißwollen der Zeit bzhw. der Zeitgenossen. Was bei uns Erfolg hat, muß sich irgendwie dem helvetischen Berlin an der Limmat angepaßt haben; was sich der dortigen Tyrannei nicht beugt, ist bei uns verloren; was einer unter solchen Umständen gleichwohl leistet, muß ihm doppelt u. dreifach angerechnet werden.

[...]

1649. Fränkel an Loosli, Thun-Riedegg. 9. April 1942

[...]

PS. Überleg Dir bitte, ob ich Dich irgendwie als Zeugen zitieren kann: bei Keller wohl kaum, obwohl Meyer eine Unmenge von Zeugen lädt, die gegen mich aussagen sollen. Du könntest da vielleicht einiges über Benteli aussagen, aber dazu möchte ich Dich nicht verleiten. Hingegen beim Spitteler-Prozeß glaube ich Dich als wichtigen Zeugen zitieren zu sollen. Vielleicht bist Du so freundlich zu formulieren, in welcher Richtung Deine Zeugenschaft in Anspruch genommen werden soll. Dank im voraus! –

1654. Loosli an Fränkel, Bern-Bümpliz, 13. April 1942

[...]

Meine Zeugenschaft i. S. Kellerhandel. – Ich halte es nicht für unfair der Wahrheit als Zeuge die Ehre zu geben. Frau Benteli käme in diesem Falle einzig in Betracht und zwar lediglich in Bezug auf meinen Vermittlungsversuch mit ihr, bei welcher Gelegenheit sie sich eben äusserte, wie ich Dir mitgeteilt habe: «Entweder der Fränkel pariert, oder er wird ruiniert!» Es war das einzige Mal, dass ich mich mit Frau B. über die Kellerausgabe besprach und die Art und Weise, wie ich, trotz allen versöhnlichen Bemühungen abgeführt wurde, hat mich damals dermassen betrübt und empört, dass sich mir die Besprechung unvergesslich einprägte.

Anders verhält es sich mit Benteli, mit dem ich mich viel und oft über Dich und Deine Angelegenheiten unterhielt. Hier möchte ich, weil mich mein Gedächtnis nicht so zuverlässig bedient und ich nicht, wie es Gesetz und Anstand verlangen, absolut zuverlässig aussagen könnte, allerdings der Zeugenschaft entbunden werden.

Selbstverständlich stelle ich Dir anheim, mich als Zeuge zu laden oder nicht zu laden. Solltest Du jedoch lediglich aus Rücksicht auf mich auf meine Zeugenschaft betreffend meiner Unterredung mit Frau Benteli verzichten zu glauben müssen, so erkläre ich Dir hiemit, dass von mir aus Dich eine derartige Erwägung in keiner Weise zu beeinflussen braucht. Höher als Rücksichten auf Personen, die sie nicht verdienen, steht mir immerhin die Wahrheit und das Recht.

Also handle in dieser Sache ganz nach Deinem Gutfinden, aber ohne irgendwelche, mich persönlich betreffende Bedenken.

Und nun zum Spittelerhandel! – Selbstverständlich erachte ich es als gegeben, dass mein Vortrag[388] als integrierender Bestandteil meiner Zeugenaussage behandelt werde. Ich las ihn dieser Tage neuerdings aufmerksam und gewissenhaft noch einmal durch und kann Dir versichern, dass ich nach gründlicher Selbstprüfung materiell kein Wort davon weder zu revozieren noch irgendwie abzuschwächen habe. Wohl aber zu kommentieren und zu ergänzen. Denn der Vortrag, obwohl er ohnehin gerade ausführlich und lang genug war, war eben doch nur eine Zusammenfassung des Wesentlichsten und Wichtigsten meines Wissens.

Ich halte übrigens den Vortrag auch darum als immerhin ordentlich probant, als er zu einer Zeit gehalten wurde, wo die heute eingetretenen Umstände noch gar nicht vorauszusehen waren. Man wird ihm also nicht entgegenhalten können, er sei ad hoc, pour les besoins de la cause présente, abgefasst worden.
[...]

1660. Loosli an Fränkel, Bern-Bümpliz, 23. April 1942

[...]

Morgen soll die II. Commission der Arbeitsgemeinschaft pro Helvetia sich mit meiner Hodlerangelegenheit befassen. Inzwischen wurde mir offiziös versichert, die Sache stehe für mich gut, was ich jedoch erst dann glauben werde, wenn sie wirklich realisiert wird.

---

388 Vgl. Anm. 207.

Gestern habe ich, nach mehrmonatiger Arbeit, den Hauptbestand meines Hodlerarchivs fertig eingeordnet. Er ist ungemein viel reichhaltiger als ich mir vorstellte, da ich ihn seit Jahren nie mehr in seiner Gesamtheit übersah. Pro Helvetia weiss nun auch, nachdem sie zwei Gutachten wovon eines von Prof. v. Mandach, das andere von einem mir Unbekannten eingeholt hat, dass sie es schwerlich verantworten könnte, mitschuldig oder hauptschuldig daran zu werden, im Falle es der Schweiz endgültig entzogen würde.

Ich aber stelle mich auf den Standpunkt:

1. Das Hodlerarchiv ist meine Schöpfung und mein ausschliessliches Eigentum und geht niemanden was an, auch die pro Helvetia nicht.

2. Sie hat mein Gesuch um Ermöglichung meiner Hodlerarbeiten nach einjähriger Ueberlegung in aller Form abgewiesen, so dass ich von mir aus nicht mehr an sie gelangen kann.

Will sie ihren Beschluss wiedererwägen, so ist das ausschliesslich ihre Sache, die mich nichts angeht.

3. Die einzige Möglichkeit, das Archiv der Schweiz zu erhalten, besteht allerdings darin, dass mir die materielle Möglichkeit gegeben werde, mein Hodlerwerk fortzusetzen und zu vollenden.

Allein, verquicken lasse ich die beiden Sachen nicht und werde weder meine Arbeit noch das Archiv verschachern oder sie zum Gegenstand eines faulen Kompromisses machen lassen.

Ich habe dafür gesorgt, dass dieser mein Standpunkt wenigstens einigen Mitgliedern der Commission unzweideutig bekannt wurde. Mögen sie nun morgen beschliessen, was sie wollen, à eux la responsabilité!

[...]

1672. Loosli an Fränkel, Bern-Bümpliz, 30. Mai 1942

Mein lieber Fränkel,

empfange meinen herzlich aufrichtigen und gerührten Dank für Deine prächtige Arbeit über Weingartner und Spitteler,[389] die nur Du so schlicht ergreifend schreiben konntest.

Hätten wir jene Kulturstufe wirklich erreicht, die erklommen zu haben unsere Landsleute und unter ihnen namentlich die «Gebildeten» erreicht zu

---

[389] Jonas Fränkel: *Weingartner und Spitteler*, in: *National-Zeitung*, Sonntagsbeilage, 31. 5. 1942. Nachgedruckt in Fränkel: *Spitteler. Huldigungen und Begegnungen*, S. 129–144, dort unter dem Titel *Weingartner. Ein Nachruf*.

haben vorheucheln, so müsste dieser Aufsatz allein bewirken, was seinerzeit die Schrift Weingartners für Spitteler bewirkte, – sie müsste Dich von den unverantwortlichen Hindernissen, die sich Deinen Arbeiten entgegenstellen, befreien.

Leider wird dem nicht so sein und wir wissen aus langjährigen stets wiederholten, immer schmerzlicheren Erfahrungen, warum.

Du wirst begreifen, wie sehr ich jene schöne Zeit gemeinsamer Vergangenheit, der Zeit unserer Freundschaft mit Spitteler, ob der Lektüre Deiner Arbeit wieder recht lebendig, ob auch schmerzlich bedrückt, an mir vorbeiziehen sah, heute in einer Zeit und einer Umwelt, wo Kakokles die Welt regiert und die Plattfussvölker stets neue, unerhörte Gangrenopteren zeugen.[390]

Es freut mich auch, und fast beneide ich Dich darum, dass es Dir trotz allem, was Dich gegenwärtig bedrückt und quält, gelungen ist, Dich über all die üblen Dünste hinauszuschwingen und uns diesen neuen Beweis nicht bloss Deines Könnens, denn an dem zweifelt ja eigentlich weder Freund noch Feind, sondern namentlich Deiner überlegenen geistigen Freiheit zu erbringen. Und dass es Kleiber druckte, das soll ihm sobald nicht vergessen sein!

Vielleicht, hoffentlich führt es doch diesen oder jenen Leser zu besinnlicher Einkehr ...

Lebe wohl, besuche mich bald und sei noch einmal von ganzem Herzen bedankt von

Deinem

C. A. Loosli

1679. Loosli an Fränkel, Bern-Bümpliz, 6. Juni 1942

[...]

Ausserdem bitte ich Dich um Deiner Ruhe und um des Enderfolges Deiner Sache willen, die Presse, was sie auch gegen Dich schreiben mag, vorderhand vollkommen zu ignorieren. Die Leute werden von selber schweigen, vom Augenblick an, wo Du sie keiner Antwort würdigst. Andernfalls taucht Dein Name immer wieder und zwar in stets neue Händel verwickelt auf, womit schliesslich beim oberflächlich lesenden Publikum der Eindruck erweckt wird, Du seiest überall und um jeder auch der geringfügigsten Sache willen, der Angreifer. (Was weiss beispielsweise das grosse Publikum vom Urheberrecht

---

[390] In Spittelers *Olympischem Frühling* ist das Gangreopteros ein zu kriegerischen Zwecken gebautes Luftschiff «von Meilenlänge» (vgl. Spitteler: GW 2, S. 433).

usw.?) Und da Deine Haupthändel nun gerichtlich anhängig sind, halte ich dafür, Du solltest wirklich alles vermeiden, was Dich auch nur entfernt in den Verruf des Querulantentums zu bringen vermag.

Ich sage Dir das aus Jahrzehnte langer, persönlicher journalistischer und rein menschlicher Erfahrung, die mich aber auch lehrte, dass immer der am besten lacht, der zuletzt und über die wesentlichste Kernfrage zu lachen vermag.
[...]

1680. Fränkel an Loosli, Thun-Riedegg, 6. Juni 1942
Mein lieber Loosli,

ich danke Dir für Deinen Brief, der vorhin kam. Der bewußte Artikel empörte mich – offen gestanden – mehr um Deinet- als um meinetwillen. In der gleichen Nr., in der man einen Leitartikel von Dir publiziert, einen derart hässlichen Anwurf auf mich zu bringen, ist mehr als taktlos.[391] Du bittest mich, nicht auf jeden Angriff in der Presse zu antworten. Ich hatte aber keinen Augenblick daran gedacht, auf den Artikel der «Nation» zu erwidern.

---

391 Fränkel bezieht sich auf *Die Nation*, Nr. 22, 4. 6. 1942. Darin schreibt Loosli einen Leitartikel über Aktualitäten im Bereich der Administrativjustiz unter dem Titel *Wehret dem Rechtszerfall!*. Auf Seite 8 der gleichen Ausgabe wird unter dem Titel *Eine massive Professorenschlacht* eine öffentliche Auseinandersetzung kommentiert, in die neben Fränkel der Zürcher Germanist Max Nussberger verwickelt ist. Fränkel hatte 1928 in seinem *Euphorion*-Artikel zu neuen Gottfried-Keller-Ausgaben (vgl. Anm. 121) Nussbergers achtbändige «historisch-kritische und kommentierte» Edition von *Kellers Werken* (Leipzig, Wien: Bibliographisches Institut, 1921) scharf kritisiert. Mitte Januar 1942 protestiert Fränkel dagegen, dass im von Erwin Jaeckle betreuten Gedichtband der Keller-Werkausgabe, die Martin Hürlimann 1941 in seinem Atlantis-Verlag herausgegeben hat, gewisse Texte ohne Quellenangabe in dem von ihm rekonstruierten Wortlaut der Ausgabe Keller: SW abgedruckt sind (Jonas Fränkel: *Wider unberechtigten Nachdruck*, in: *Volksrecht, Der Sonntag*, Nr. 3, 17. 1. 1942). Max Nussberger, der nach längerem Wirken in Riga kürzlich in die Schweiz zurückgekehrt ist, verteidigt die Angegriffenen (*Im Streit um die Keller-Ausgaben*, in: *Volksrecht, Der Sonntag*, Nr. 4, 24. 1. 1942), und auch der Verlag wehrt sich (*Noch einmal: Streit um die Keller-Ausgaben*, in: *Volksrecht, Der Sonntag*, Nr. 5, 31. 1. 1942). Als Fränkel erst zwei Monate später von den beiden Repliken Kenntnis erhält, schreibt er, erneut unter dem Titel *Wider unberechtigten Nachdruck*, eine umfangreiche, insbesondere Nussberger attackierende Stellungnahme (*Volksrecht, Der Sonntag*, Nr. 15, 11. 4. 1942). Darauf kontert Nussberger mit massiven Anwürfen, polemisiert gegen den «Schwerhörigen», der «die Werke Gottfried Kellers [...] ins Hebräische» übersetze und dessen philologische Arbeit daran kranke, dass seine «Sprachbeherrschung [...] sowohl im Schweizerdeutschen als auch im Hochdeutschen unzulänglich» sei (*Um die Gottfried-Keller-Ausgaben*, in: *Volksrecht, Der Sonntag*, Nr. 19, 9. 5. 1942). Die Redaktion der Zeitung erklärt nun Schluss der Debatte und verweist «die Herren Philologen auf ihre Fachpresse». Daraufhin veröffentlicht *Die Nation* den hier von Fränkel angesprochenen Kommentar und stellt die Frage, warum «sich die akademischen Kreise [...] solche Bombardemente» gefallen liessen, ohne die Streitenden «disziplinarisch zur Verantwortung zu ziehen».

Erich Schmidt sagte mir einmal: So lange man Ihnen nicht vorwirft, sie hätten silberne Löffel gestohlen, antworten Sie nicht! Daran halte ich mich u. habe mich *immer* gehalten. Ich erwidere auf einen Angriff nur, wenn Tatsachen, objektive Tatsachen gefälscht werden; so hab ich denn die Behauptung des Atlantis-Verlages in seiner Keller-Ausgabe, bestimmte Gedichte wären dem ersten Gedichtbändchen Kellers entnommen, mit der Feststellung quittiert, sie seien im besagten Bändchen *nicht* vorhanden, sondern erst von *mir* veröffentlicht worden.

[…]

Also: tatsächliche Fälschungen als solche anprangern muß ich, solange ich auf den kleinen Raum der Schweiz angewiesen bin, wo Zeitungsklatsch die Existenz eines Menschen untergraben kann u. untergräbt! Lebte ich im Ausland, so würde mich kalt lassen, was X oder Y in diesem oder jenem Schweizer Blatt über mich u. meine Arbeiten drucken läßt. Hingegen reagiere ich grundsätzlich nicht auf bloß *persönliche* Anwürfe, auf Äußerungen voreingenommener Meinung über mich usw.

[…]

1681. Loosli an Fränkel, Bern-Bümpliz, 7. Juni 1942

Mein lieber Fränkel,

je mehr ich über Deine Angelegenheiten nachdenke, je mehr fühle ich mich verpflichtet, Dir einmal in alter und stets treuer Freundschaft ganz rückhaltlos meine Ansicht über Deine Verteidigungstaktik zu unterbreiten.

Ich habe sie in meinem gestrigen Brief und nicht nur dort, schon zu wiederholten Malen angedeutet, scheine mich aber entweder nicht klar genug ausgesprochen zu haben, oder dann nicht verstanden worden zu sein, so dass ich es mir zum Vorwurf machen müsste, hielte ich länger damit hinter dem Berge. Und zwar lediglich darum, weil ich durchaus überzeugt bin, dass Du Dir mit Deiner bis anhin verfolgten Kampfesweise Deine Widerwärtigkeiten, die ohnehin gerade gross genug sind, noch vermehrst und Dir Sympathien lähmst, die anders wohl leicht zu Deinen Gunsten nutzbar zu gestalten wären.

Erlaube mir, auf die Gefahr hin, dass Du es mir verübeln wirst, Dir bekümmerten Herzens zu gestehen, wie sehr ich fürchte, Du werdest Deine endliche Niederlage durch Dein Vorgehen, insofern Du es fortsetzen solltest, geradezu, ich will nicht sagen heraufbeschwören, aber doch erleichtern und näher rücken.

Verzeihe also, wenn es Dir möglich ist, wenn ich ganz offen zu Dir spreche und vor allem: – was ich nun auch nachstehend anführen mag bitte ich Dich, nicht als Vorwürfe, sondern lediglich als illustrative, meine Auffassungen erläuternde Feststellungen entgegenzunehmen.

Dies vorausgeschickt, brauche ich Dir wohl hoffentlich nicht noch zu versichern, wie lieb Du mir bist und wie ungemein hoch ich Deinen Charakter, aber auch Dein Werk und Deine Arbeitsauffassung schätze und verehre. Ebensowenig, – nicht wahr? – dass ich mit Deiner *grundsätzlichen* Auffassung Deines materiellen Rechtes sowohl im Keller- wie im Spittelerhandel einig gehe und sie teile. Endlich, dass ich es nicht bloss als ein nicht zu sühnendes Unrecht empfinden würde, solltest du schliesslich doch unterliegen. Im Gegenteil: – ich würde davon ebenso betroffen sein, wie wenn es sich um mich selber handeln würde.

Ganz abgesehen davon, dass ich es nicht bloss für mein Land und Volk, sondern für die Poesie und die Wissenschaft als einen geradezu unersetzlichen Verlust betrauern würde, sollte es Dir, wie mir nun bei Hodlern, endgültig verwehrt bleiben, das zu schaffen, was Du, Du allein zu schaffen fähig bist.

Das alles hindert nun nicht, dass mir Deine jüngsten acta et gesta ernstliche Besorgnisse um Dich und den Ausgang Deiner Händel einflössen, die Dir zu verhehlen nicht länger in meiner Macht steht und die Dir zu unterbreiten mich mein Gewissen und meine Freundschaft zu Dir drängen.

Dabei fällt es mir nicht eben leicht, in medias res zu gelangen, ohne Dir unfreundlich zu scheinen, obwohl ich immerhin hoffe, Du kennest mich nun nachgerade lange und gut genug um zu wissen wie wohlgesinnt und wie ergeben ich Dir bin.

Also: – Ich sehe Dich als einen Mann, der sich von früher Jugend an eine eiserne Arbeitszucht zur unbedingten Gebieterin seines Denkens und Wirkens erhoben hat, von der auch nur in Nebensächlichkeiten abzuweichen ihm sozusagen unmöglich ist.

Als einen Mann ferner, dessen Sonderberuf der textkritischen Philologie dessen Genauigkeit und Peinlichkeit auch in allen kleinsten Einzelheiten stetsfort noch schärfte und immer noch schärft, der nichts durchgehen lassen kann, das noch irgendwie zu korrigieren oder zu verbessern ist.

Gerade darin besteht, abgesehen von Deinem wunderbaren Einfühlungsvermögen und Deinem hohen Bildungsstand, einer der Hauptwerte Deines Schaffens. Was Du schaffst und veröffentlichst ist bis in alle Einzelheiten überdacht, überprüft und vollendet und zwar in einer geradezu beispielslosen Art.

Dazu kommt, dass Dich Dein geradezu dämonisches Stilbewusstsein zur höchsten Einfachheit, zur weitmöglich reinen Synthese, folglich zur qualitativen Zusammendrängung auf Kosten der Quantität des von Dir Geschaffenen zwingt.

Darin bist Du auf Deinem Schaffensgebiete vielleicht einzig. Aber gerade darin liegt eine erste Gefahr für Dich. Nämlich, Du sprichst mit Deiner Arbeit zu einer Welt, die gerade diese reinste, höchste qualitative Vollkommenheit, ich will gar nicht sagen zu schätzen, sondern auch nur zu erkennen versteht. Von Tausenden Deiner Leser sind es vielleicht höchstens ein schwaches Dutzend, die Toten miteingerechnet, die dazu fähig sind oder waren. Die erdrückend gewaltige Mehrheit aber hat von dem integralen, transzendenten Wert und der Bedeutung Deines Schaffens auch nicht die leiseste verständnisvolle Ahnung und kann sie nicht haben, weil ihre Bildung, ihre Erziehung, ihr Leben sie grundsätzlich, bewusst und absichtlich, daneben vorbei führen.

Höchstens zollt sie Dir günstigstenfalles jenen scheuen Respekt, den man gegenüber Leistungen aufbringt, die man zwar nicht weder versteht noch begreift, noch klar erfühlt, sondern höchstens unbestimmt ahnt und sich im Vorbeigehen davor verneigt.

Mit einem Worte: – die gemeinsame Verständigungsgrundlage auf geistigem und arbeitsdisziplinarischem Gebiet zwischen Dir und der Umwelt ist sozusagen unvorhanden, und dort wo sie wenigstens ahnungsweise aufdämmert, wird sie von den meisten – und zwar mit vollem Recht – als stillschweigender Vorwurf, weil als für sie unerreichbares Beispiel empfunden.

Das nun, glaube ich, übersiehst Du allzusehr in Deinem Verkehr mit der Umwelt auf die Du rein materiell und praktisch denn doch unmittelbar angewiesen bist und bleibst.

Was nun diesen und Deinen Verkehr mit der Umwelt auch im weiteren, gesellschaftlichen Sinne anbetrifft, so stehen Dir dazu, das heisst um ihn für Dich fruchtbar und gewissermassen urban zu gestalten drei ganz ausgesprochene Hindernisse entgegen. Zunächst Dein Gebrechen, zweitens das, was Dein Leben ausfüllt und bedingt nämlich Dein Werk, das Dich in eine andere als die uns andern gewöhnliche und geläufige Welt verbannt und darin festhält, und drittens Deine sich daraus ergebende Abneigung Dich zu vergesellschaftlichen, gelegentlich Allotria oder Blödsinn zu treiben, im trauten Verein mit den holden Philistern, die Dich anöden, auf die wir aber materiell eben doch angewiesen bleiben und die wir auch wenn wir dazu die Macht hätten, nicht umbringen dürften, weil sie auf uns fremden Gebieten halt eben doch ebenso fruchtbar und zwar unmittelbarer unentbehrlich sind als wir geistigen Arbeiter und wären wir lauter vierundzwanzigkarätige Koryphäen.

Wer nun aber, namentlich bei uns in der Schweiz und auf dem Lande, (und wir leben, abgesehen vielleicht von Genf und Basel in der Schweiz in dieser Hinsicht alle auf dem Lande!) nicht gelegentlich mit Gevatter Schuster und Handschuhmacher einen halben Liter ausstechen, einen Jass klopfen, ein wenig seichten Alltagsschwatz über sich ergehen lassen und sich daran beteiligen kann, – vorübergehend und ohne Präjudiz, selbstverständlich, der wird von der Mehrheit als ein Fremder, wenn nicht als ein der Ueberheblichkeit, der Schrullenhaftigkeit oder der Feindschaft Verdächtiger empfunden.

Das, mein lieber Fränkel ist in hervorragendem Masse Dein Fall. Du bist in dieser Hinsicht nicht erdverbunden und bodenständig und wenn Du's auch wärest, so würde es den braven Eidgenossen von denen weitaus die meisten als solche Dir nicht das Wasser zu reichen vermöchten noch aus einem anderen Grunde nicht eingehen.

Nämlich, du überträgst Deine Arbeitsgewissenhaftigkeit, Dein seelisches und geistiges Arbeitsgewissen, das Dich auf Deinem Gebiete unvergleichlich hoch über alle anderen stellt, mit all seinen dort angebrachten Peinlichkeiten und Sorgfalten, auf das gewöhnliche Umgangs- und Gesellschaftsleben. Du bist nicht im Stande Fünfe gerade sein zu lassen, auch auf Gebieten, die Dich nur mittelbar berühren und Dir eigentlich von Gottes und Rechts wegen Hekuba sein dürften.

Du fassest Gemeinschaftsleben an – verzeihe den Vergleich – wie einen Korrekturbogen, wo Du erst dann das «Gut zum Druck» anbringst, wenn Du Dich verschwören kannst, dass jedes Komma an der richtigen Stelle stehe und kein Ipunkt fehle, kein lädierter Typ das Satzbild wenn auch noch so unbemerkbar beeinträchtige.

Daher, mein Lieber, ein grosser Teil Deiner steten und neuen Anfechtungen, Deiner Leiden und immer wieder neuen Händel. Und das nun wird Dir jeder übel nehmen, der dich nicht so gründlich kennt und nicht so herzlich liebt, wie die wenigen, die Dir durch dick und dünn Treue halten und nicht gesonnen sind, komme was da wolle Dich preiszugeben oder gar von Dir abzufallen.

Aber auch diesen machst Du es gelegentlich nicht leicht, Dir immer und überall den Schild zu halten. Darum nicht:

Wenn es um das geht, was du als Wahrheit und als Recht anerkennst und was es auch, – das sei Dir von vorneherein zugestanden, in der Regel auch sein mag, – ist Dir alles gleich wichtig, das Komma, der fehlende Ipunkt wie die Satzfälschung, wie die Entstellung des Sinnes oder des Gehaltes. Und dann ziehst du mit Kanonen gegen Spatzen zu Felde, die um eine Mücke umzubringen genau so vernehmbar donnern, wie wenn der Schuss auf einen Festungswall gerichtet wäre.

Jede irgendwie ungenaue oder unfreundliche oder auch nur gedankenlose Falschmeldung der Presse ruft Dich in den Harnisch, als hätte sie die Bedeutung eines existenzwichtigen Angriffes auf Dein Leben, Deine Ehre oder Dein Werk. Du fühlst Dich gezwungen, darauf mit dem gleichen Ernst und der gleichen Kraft- und Zeitverschwendung einzugehen, als handelte es sich um etwas Dauerbedeutendes, Entscheidendes.

Du gibst Dich damit zum Mistaufleser von Ununterrichteten, oder von Oberflächlichen, oder von Hohlköpfen oder Intriganten, Lausbuben her. Und zersplitterst damit Deine besten Kräfte, die Du zunächst einmal für Deinen Hauptkampf, dann aber vornehmlich für Dein Werk wahrhaftig besser zu brauchen hättest.

Sieh mal: – Du kannst die Frucht Deines Rechtes nicht reifen lassen, sondern fingerst immer, immer wieder daran herum, bis sie zuletzt unreif vom Baum fallen und Dich unglücklich, weil unwiederbringlich wehrlos machen wird.

Lass doch um Gotteswillen all den Unrat sich ruhig anhäufen bis zum grossen, endgültigen Auskehren. Vieles davon wird inzwischen obsolet geworden sein und das Uebrige wird dann, weil aus der überlegenen Fernperspektive gesehen und behandelt, viel leichter als in stetem Guerillakampf eines Schlages endgültig zu bewältigen sein.

Solange Du auf jeden Dreck reagierst hört die Stänkerei nicht auf und du erleidest Doppelschaden steter widerwärtiger, sich immer erneuernder Präokkupationen und den Munitionsverlust für den schliesslichen Hauptkampf obendrein, der von Dir um Deinet- und Deines Werkes willen gewonnen werden muss.

Lass Dir von einem Freunde raten, der nun seit langen Jahrzehnten als autochthoner und sicher auch nicht eben schlappschwänziger oder grundsatzloser Knabe seine Pappenheimer und ihre Einrichtungen, ihre Mentalität und ihre Gepflogenheiten entschieden besser kennt als es Dir je vergönnt sein wird und bleibe fortiter in re, suaviter in modo, guten Mutes, kühn, aber gross und werd mir kein Peinling und kein Allerweltsquerulant.

Und nun, noch einmal, ich schrieb Dir um Deinet- nicht um meinetwillen so, aus besorgter und bedrückter Freundschaft, nicht aus Nörgelsucht und nicht um Dich zu tadeln, sondern um Dir womöglich wirksam beistehen zu können.

Herzlich Dein
C. A. Loosli

1682. Fränkel an Loosli, Thun-Riedegg, 8. Juni 1942

Mein lieber Loosli,

ich danke Dir herzlich für Deinen lieben, sorgenvollen Brief. Ich habe keinen Grund, Dir auch nur *ein* Wort in demselben übel zu nehmen. Es findet sich dort nichts, was mir nicht bekannt wäre. Alles, was Du über meine Vereinsamung vorlegst, bedeutet für mich keine Eröffnung: es sind Tatsachen, in deren Erklärung wir absolut einig gehen, die aber eben bestehen und nicht zu ändern sind. Der Konfliktgrund liegt darin, daß ich mich innerlich durchaus als zur Schweiz gehörend betrachte, weil all mein Denken u. Sinnen der Schweiz gilt, und mir daraus Rechte (Mitsprache-Rechte) «anmaße», die man mir als dem «Fremden» ungern zugesteht. Das ist tragisch, kommt aber zur Erscheinung nur im Zusammenstoß mit Böswilligen. Im täglichen Leben, hier in Thun, spüre ichs nicht, besonders seit meine Frau konsequent nur berndütsch spricht. Meine Frau ist hier beliebt, meine Kinder ebenfalls u. vor mir hat man – Achtung, nachdem man mich zweimal in den letzten Jahren öffentlich sprechen gehört u. das Thuner Blättlein mit Wohlwollen u. Respekt über mich geschrieben hat.[392] So etwas wirkt Wunder in einem kleinen Städtchen – man verzeiht mir seither sogar mein Hochdeutsch!

Es ist ein Glück für mich, daß ich diesen Halt habe. Ich könnte glücklich dahinleben, wenn ich das Dasein eines Privatmenschen oder Privatgelehrten führen würde, dessen Arbeiten nicht mit der Schweiz so eng verbunden wären, wie sie es sind. Hier erst erwacht der Haß gegen den «Fremden», mit Neid der «Kollegen» verbunden. Gewiß hast Du darin recht, daß meine Arbeiten in der Art, wie sie ausgeführt sind, auf Leser berechnet sind, die es – nicht gibt; die es heute nicht mehr gibt. Es gibt keine sechs Menschen in der Schweiz, die wirklich wissen, um was es bei meinem Keller zu tun ist; vielleicht ein Dutzend Menschen außerhalb der Schweiz, die es wissen. Ausnahme: Kellers politische Sendung – denn dieses Büchlein schrieb ich *als Schweizer* und *ausschließlich*

---

[392] Im *Oberländer Tagblatt* findet sich am 19. 3. 1937 die sehr respektvolle Ankündigung, Fränkel werde am 22. über «Gottfried Kellers politische Sendung» sprechen. Auf diese Rede wird am 2. 11. 1938 in einem längeren Beitrag zur *Geistigen Landesverteidigung* Bezug genommen: «Unvergesslich sind uns die kraftvollen Keller-Zitate, die Professor Jonas Fränkel in seiner vortrefflichen Thuner Rede anführte.» Am 24. 3. 1942 berichtet die gleiche Zeitung in einer ausführlichen Voranzeige darüber, dass Fränkel, «ein Gelehrter von europäischer Bedeutung», auf Einladung der Kunstgesellschaft Thun über Josef Viktor Widmann sprechen werde. Unter anderem heisst es: «Fränkel hat es in der Kunst der Philologie zur höchsten Meisterschaft gebracht, und man sähe am liebsten die Werke aller Dichter von ihm herausgegeben. Seine nicht nur kritische, sondern zugleich schöpferische, enthusiastische Art sucht ihresgleichen.»

für die Schweiz (daß ich *deswegen* gerade in Zürich angefeindet werde, ist ja nur in der Ordnung). Aber nun: was verlange ich von der Schweiz? Nichts als daß man sich gefallen läßt, was ich als Ergebniß meiner Arbeit dem Lande darbringe.

Auf das, was Du von meinen Reaktionen auf Anfechtungen der Außenwelt, genauer: der Presse, schreibst, enthielt mein gestriger Brief, der sich mit dem Deinigen kreuzte, die Antwort vorweg. Darin irrst Du Dich, wenn Du meinst, ich nehme die Presse u. ihre Äußerungen allzu ernst. Das ist nicht der Fall. Ich habe wohl die Zürcher Machenschaften um meinen Keller an die Öffentlichkeit gebracht, um zu verhindern, daß man mich im Stillen abmurckse, um den offiziellen Verlautbarungen, ich hätte die Keller-Ausgabe im Stich gelassen, den Boden zu entziehen. Ich habe dann zu Beginn dieses Jahres öffentlich gegen Plünderung meines Keller, unter Verschweigung meines Namens, protestiert. Hätte ich das nicht getan, so wüßte es Niemand – und mein Keller wäre für den nächsten Verleger entwertet. Als dann Hürlimann und Nußberger antworteten, da ergriff ich die Gelegenheit, um – *zu Handen meiner Richter* – die Frage des Urheberrechtes an meiner Keller-Ausgabe grundsätzlich zu erörtern. Ich weiß, daß jener Aufsatz überall klärend wirkte. Niemand hatte bis dahin gewußt (weil ich es selbst in dem Werke niemals ganz deutlich gesagt hatte), daß mein Anteil am Texte der Gedichte Kellers so weitgehend sei.

[...]

1689. Fränkel an Loosli, Thun-Riedegg, 16. Juli 1942

Mein lieber Loosli,

Schmidlin stellte mir heute die Antwort von Etter zu.[393] Du siehst, wie die Dinge stehen: die Gesamt-Ausgabe wird vorbereitet – ohne mich! Und dabei lügt der Mann, indem er behauptet, man hätte mich eingeladen, die Gesamtausgabe zu machen, ich aber hätte unannehmbare Bedingungen gestellt. In

---

393 Am 11. 6. 1942 schreibt Nationalrat Fritz Schmidlin an Bundesrat Etter, er und «sehr viele Mitglieder das Rats» könnten sich nicht damit abfinden, dass nun gegen Fränkel «doch rechtliche Schritte eingeleitet werden sollen»: «Eine Ausschaltung Prof. Fränkels bei der Vorbereitung einer Gesamtausgabe von Spittelers Werken stände in klarem Widerspruch mit dem wiederholt bekundeten Willen des verstorbenen Dichters.» Mit Datum vom 29. 6. antwortet Etter unter anderem, trotz «grossem Entgegenkommen» seien alle «Bemühungen zum Scheitern verurteilt» gewesen, «da Herr Prof. Fränkel in bezug auf die Benützung des nunmehr der Eidgenossenschaft gehörenden Dichternachlasses und auf die Veranstaltung der Gesamtausgabe unerfüllbare Bedingungen stellte (vollständige Sperrung des Nachlasses zu seinen Gunsten auf lange Zeit, Beanspruchung eines Bestimmungsrechtes über die Benützung und Auswertung des Nachlasses u. a.).» (BAR, E3001B#1980/53#1317*)

Wahrheit hat Etter in den 8 Jahren mir *niemals* einen Vorschlag wegen der Gesamtausgabe gemacht noch mir machen lassen.

Jetzt bleibt nichts übrig als Kampf.

[...]

1695. Loosli an Fränkel, Bern-Bümpliz, 25. Juli 1942

[...]

Deine gestrigen Nachrichten[394] haben mir eine schlaflose Nacht bereitet. Offensichtlich ist es nicht bloss auf Deinen moralischen, sondern auch auf Deinen materiellen Ruin abgesehen. Nun glaube ich zwar nicht, dass es der Bande gelingen wird. Aber angesichts des allgemeinen Rechtszerfalles muss man sich bei uns leider auf das Schlimmste gefasst machen und entsprechende Vorsorge treffen.

Daher meine Frage: – Lebst Du mit Deiner Frau in Gütergemeinschaft oder nicht? Wenn ja, dann wäre Gütertrennung unverzüglich anzubegehren, damit Dein Haus und Vermögen Deiner Frau und Deinen Kindern auf alle Fälle gesichert bleibt. Sprich mit Deinem Anwalt darüber wenn Gütergemeinschaft vereinbart wurde.

[...]

1704. Fränkel an Loosli, Thun-Riedegg, 15. August 1942

[...]

Zu VI.[395] Den Eingang zu dieser Aussage hätte ich gern anders formuliert gesehen, doch das läßt sich seinerzeit bei mündlicher Aussage korrigieren. «Daß das Sp. Archiv überhaupt geschaffen wurde ...» das erweckt den Eindruck, als besäße *ich* das Sp. Archiv. Das besitzt *in Wirklichkeit* die Landesbibliothek. Es ist *nach* dem Tode entstanden dank meiner Ordnung der Massen der Nachlaßpapiere für Zwecke meiner Biographie *nach dem Tode Spittelers*. Ehe ich dazu kam, den so geordneten Nachlaß zu nutzen, wurde mir die Benutzung, d. h. der Besuch des Hauses Spitteler, unmöglich gemacht.

---

394 Im Brief an Loosli vom folgenden Tag, dem 26. 7. 1942, erwähnt Fränkel, dass er «vorgestern bei dir war». Also war Fränkel am 24. 7. 1942 bei Loosli in Bümpliz und der Hinweis auf «Deine gestrigen Nachrichten» bezieht sich auf bei diesem Besuch mündlich Besprochenes.

395 Fränkel kritisiert hier den Punkt VI von Looslis «Zeugenaussage» zu seinen Gunsten in der gerichtlichen Auseinandersetzung mit der Eidgenossenschaft um die Rechte am Nachlass Spittelers. Loosli hat diese Zeugenaussage im 14. 8. 1942 in einem sechsseitigen Typoskript beim Notar Ernst Ramseyer hinterlegt, weil er in seinem Alter «keine Gewähr habe, das besagte Prozessverfahren bis zu meiner Zeugenaussage zu erleben» (SLA-Loosli-Ms-B-Sq-6.68).

Was sich in *meinen* Händen befindet, ist im Verhältnis zum eigentlichen Nachlaß, d. h. zu den der Eidgenossenschaft übergebenen Papieren, sehr wenig. Es umfaßt allerdings solche Dokumente, die Spitteler *nicht im Hause haben wollte*, die er meiner Obhut und meiner Verfügung anvertraut hat.

Dies also zur Präzisierung Deiner mir sehr wertvollen Aussagen, für die ich Dir in Gedanken herzlich die Hand drücke. –
[…]

1707. Fränkel an Loosli, Thun-Riedegg, 30. August 1942
Mein lieber Loosli,
ich war jetzt fort, auf einer Wanderung im Wallis, die mir gut tat. Ich hatte mich in letzter Zeit gar nicht wohl gefühlt, konnte in den Nächten nicht schlafen und war ziemlich arbeitsunfähig. Nun tat mir das Wandern und Fernsein vom Alltag gut, es hat mich gekräftigt u. mir wieder Zuversicht wenigstens zu meinen physischen Kräften gegeben. Ich war doch immerhin mit eigenen Beinen beinahe bis auf 3000 Meter gekommen.
[…]

1718. Loosli an Fränkel, Bern-Bümpliz, 2. Oktober 1942
[…]
Gegenwärtig habe ich andere Sorgen und lade Dich ein, sie mit mir zu teilen. Nämlich, wenn Du alte Kleider, Wäsche, Schuhwerk, Toilettengegenstände, Nähbedarf, Bücher aller Sprachen hast, die Du nicht mehr brauchst so sende sie, bitte, an das
Kommando Flüchtlingslager
Feldpost Nr. 5487 Eriswil.[396]
Mein Sohn Hans ist, weil darin erfahren, zu dessen Einrichtung abkommandiert. Insassen: – Lauter Juden, die nichts haben als was sie seit mehr als einem Jahr auf dem Leibe tragen. Unglaubliches Elend und der Winter steht vor der Tür. Was wir dem Lumpensammler sonst geben, bedeutet für die Leute wertvolles Gut. Und es eilt! – Unsere Behörden aber verfolgen widerwillig den Instanzengang, so dass sich die Flüchtlinge, abgesehen von den steten Misshandlungen und der Todesgefahr nicht viel besser als zuvor befinden.

Unerhörtes ist geschehen; – das Elend unbeschreiblich. Ein Beispiel: – Ist da eine Mutter, der man ihr *13-jähriges Töchterchen* weggenommen, sterilisiert

---
396 Vgl. Marti: *Loosli* 3/2, S. 240 f.

und einem Offiziersbordell überwiesen hat. Und das ist nur ein Fall! – Deutsche Kultur!

Ich bettle gegenwärtig in meinem ganzen Freundes- und Bekanntenkreis herum, um wenigstens soweit es möglich ist, dem Elend einigermassen zu steuern. Die schweizerische Judenschaft ist nun annähernd erschöpft und kann nicht mehr viel helfen, da sie seit 1939 (und schon zuvor) Millionen ausgab.

Und wir Schweizer ... pfui Teufel!

Dank zuvor für alles was Du tun kannst und sei herzlich gegrüsst.

Dein

C. A. Loosli

1719. Fränkel an Loosli, Thun-Riedegg, 3. Oktober 1942

[...]

Ich danke Dir herzlich, daß Du mich auf die Not im Flüchtlingslager hinweisest. Wir tun ja im Stillen – seit Jahren – so viel wir können für diese Ärmsten, sowohl finanziell wie auch sonst. Aber nun will meine Frau die Garderobevorräte noch einmal genau auf alles irgendwie Entbehrliche durchmustern.

Ich weiß nicht, ob Dir das Grauenhafte, das sich seit Wochen in Frankreich abspielt,[397] genau bekannt ist. Wer hätte es je für möglich gehalten, daß Frankreich – «la grande nation» – sich zum Schergen Hitlers herabwürdigen würde! Der Sieg Hitlers über Frankreich ist gründlicher als Hitler selber sichs je geträumt hat! –

[...]

1721. Fränkel an Loosli, Thun-Riedegg, 10. Oktober 1942

[...]

Für unsere Verhältnisse bezeichnend, ist folgendes: Gegen Ende August erhielt ich von meiner bis dahin in Antwerpen ansässigen Schwester[398] 2 Zeilen auf einer Postkarte aus – Paris: sie habe ihren Wohnort verlassen u. würde mir sobald als möglich ihre Adresse mitteilen. Ich begriff sofort, was das zu

---

397 Ab dem Frühling 1942 lässt das Vichy-Regime schliesslich insgesamt 75 000 jüdische Menschen aus Frankreich in das Vernichtungslager Auschwitz deportieren, zuerst Männer, ab Juli 1942 auch alte Menschen, Frauen und Kinder.

398 Sidonia Wald-Fränkel ist die jüngste Schwester von Jonas Fränkel. Sie sei ihm, sagt dessen Grosssohn David, als «rothaarig und voller Spass» geschildert worden. Zusammen mit ihrem Mann Alexandre Wald hat sie in Antwerpen gelebt. Ihr Mann sei in einem Handelsgeschäft tätig gewesen. Im Sommer 1942 versucht das Ehepaar, via Paris in die Schweiz zu flüchten, was misslingt. Die beiden werden vermutlich im November 1942 in Auschwitz ermordet.

bedeuten habe, begab mich zur eidgen. Fremdenpolizei u. ersuchte um eine Einreisebewilligung, die man mir (unter dem Drucke der gerade einsetzenden öffentlichen Diskussion) in Aussicht stellte. Seither vernahm ich leider nichts mehr von meiner Schwester u. muß annehmen, sie sei vom gleichen Schicksal betroffen worden wie so viele jüdische Flüchtlinge aus Belgien und Holland, denen nicht gelungen ist, sich rechtzeitig über die Schweizer Grenze zu flüchten. Nun bekam ich aber dieser Tage durch Vermittlung der Thuner Polizei eine Anfrage der Kantonalen Polizei: 1) wann ich in Bern eingebürgert wurde? 2) ob ich bereit sei, sofort eine Kaution von Fr. 4000 zu hinterlegen mit alleinigem Verfügungsrecht des Polizeidirektors des Kt. Bern?

Ist das nicht schön?[399]

[...]

1722. Loosli an Fränkel, Bern-Bümpliz, 12. Oktober 1942
Mein lieber Fränkel,

die Zumutung der Thuner, bezw. der die Forderung nach Kaution stellenden Behörde ist erbärmlich, gerade in diesem Falle, charakterisiert jedoch wieder einmal die echt schweizerischen, freundeidgenössischen Gepflogenheiten.

[...]

Es glimmt allerorten unter der Asche, wie mir fast täglich neue Berichte melden. Man ist dagegen machtlos und wirds kaum erwehren können und eines schönen Tages, nämlich wenn das Geschirr in Scherben und es zu spät sein wird, wird man an massgebender Stelle dann bitter bereuen, verfassungs- und rechtswidrig generalvollmächtelt und dringlich bundesbeschlüsselt zu haben.

[...]

1724. Loosli an Fränkel, Bern-Bümpliz, 13. Oktober 1942
Mein lieber Fränkel,

ich danke Dir für Deine freundlich ermunternde Beistimmung zu meinen allerdings kunstpädagogisch gedachten Bundbeiträgen, die ich bis auf weite-

---

399 Die Frage ist sarkastisch gemeint. Fränkel legt Loosli eine Kopie seines Briefs vom 10. 10. 1942 an die Einwohnerkontrolle Thun bei. Darin hält er einleitend fest, dass er seit Einreichen seines Gesuchs «jede Spur von Frau Wald verloren habe». Die erste Frage weist er dann als «verfassungswidrig» zurück, auf die zweite antwortet er: «Ich finde die Zumutung ungeheuerlich gegenüber einem Schweizerbürger, der seit Jahrzehnten unter grössten persönlichen Opfern der Schweizer Wissenschaft Dienste leistet, die ihr zur Ehre gereichen, und ich zweifle nicht daran, dass jene Zumutung nicht die Billigung des kantonalen Polizeidirektors findet.» (SLA-Loosli-MS-B-Sq-6.1.33)

res fortzusetzen gedenke, bis mir der Stoff oder der Redaktion die Geduld ausgeht.⁴⁰⁰

[...]

Was ich da in meinem letzten Beitrag auseinandersetzte und was Dich offenbar besonders angesprochen hat, nämlich der Unterschied zwischen einem einwandfreien Bild und einem Kunstwerk, hat sich allerdings aus meiner Eigenerfahrung und meinem Nachdenken ergeben, ist aber dennoch nicht so neu als es den Anschein haben mag.

In seiner griechischen Kulturgeschichte verlautbart Jakob Burckhardt ähnliche Einsichten, formuliert sie jedoch anders und vor allem, zieht er daraus keine Nutzanwendung auf das neuzeitliche, gegenwärtige Kunstgeschehen.

Mir ist gegenwärtig, abgesehen von dem kleinen materiellen Vorteil, der immerhin damit verbunden ist, wertvoll, diese Artikel gerade jetzt und im «Bund» veröffentlichen zu können, um dem kunstverständigen Publikum wenigstens einigermassen begreiflich zu machen, dass allenfalls die schweizerische Kunstliteratur etwas dadurch verlieren wird, wenn mir nicht vergönnt wird meine Hodlerarbeiten fortzusetzen.

Denn ein Band derselben sollte gerade sehr eingehend und sinnenfällig vor Augen führen, was ich in diesen Artikeln doch kaum andeuten kann, nämlich

1. dass eine wohlverstandene Kunst eine unentbehrliche, kulturelle Lebensbedingung schlechthin für die gesittete Gesellschaft bedeutet;

2. dass sie als solche organisch und biologisch wachsen, blühen und gedeihen muss, und nicht auf dem rationalistischen Fabrikationsweg, der auf «Erzeugnisse», auf marktfähige Produkte [zielt], die allenfalls in Krisenzeiten dem Spekulantentum eine Flucht in die Sach- (lies) Kunstwerte ermöglichen dürfen.

3. dass Kultur, Kunst, Recht u. s. w., weil gesellschaftlich lebensbedingt, denselben ewigen Gesetzen unterstellt sind, wobei diese Gesetze einmal umschrieben und sinnenfällig erläutert werden sollten. Das Alles mit Mehrerem und Weiterem!

Insofern glaube ich nun allerdings selber auch, ich würde da neue Wege

---

400 Tags zuvor hat Fränkel erwähnt, er sei beim Durchblättern der *Bund*-Nummern der letzten Tage auf zwei Feuilletons von Loosli gestossen: C. A. Loosli: *Die Berufslehre der bildenden Künstler*, in: *Der Bund*, Nrn. 466 und 468, 6. und 7. 10. 1942. Bereits zuvor erschienen ist *Noch einmal Jury-Fragen* (*Der Bund*, Nrn. 316 und 318, 10. und 11. 7. 1942). Danach werden folgen *Vom Kunsthandel* (Nr. 584, 14. 12. 1942), *Private Kunstsammler* (Nr. 67, 10. 2. 1943) sowie *Öffentliche Kunstsammlungen* (Nr. 212, 8. 5. 1943). Die drei zuletzt erwähnten Beiträge sind nachgedruckt in Loosli: *Werke* 7, S. 403–421.

einschlagen; wenigstens ist mir aus der Literatur nichts bekannt, das darauf ausgegangen wäre. Freilich; – Künstler wie Leonardo, Dürer, Rubens, Menn, Hodler und mit ihnen viele andere, waren davon innig überzeugt und haben in ihren Aeusserungen und Schriften nie etwas anderes verfochten. Aber sie taten es als Künstler zu Künstlern, zu Ausübenden sprechend, die sie entweder nicht oder missverstanden.

Ich bin mir auch vollkommen bewusst, dass, wäre es mir vergönnt gewesen, diese Arbeit zu schaffen, ich – übrigens bewusst und gewollt, – das ganze grosse Heer namentlich der geeichten Kunsthistoriker, dann aber auch der ach so gescheiten Aesthetiker und nicht zu vergessen, der zerebralistischen, praktisch ausübenden Kunstfexen, gegen mich mobilisiert haben würde. Immerhin mit der Gewissheit in einigen Jahrzehnten (oder Jahrhunderten) doch Recht gekriegt zu haben.

Je nun, so wie die Dinge heute liegen, bleibt den Katheder- und Buch-Kunstbeflissenen dieser bittere Kelch wohl erspart.

[...]

1730. Loosli an Fränkel, Bern-Bümpliz, 25. Oktober 1942

Mein lieber Fränkel,

nun habe ich Deine Schrift[401] eines Zuges gelesen und bin nun überrascht, wie wuchtig sie durch die blossen Tatsachen wirkt. Ich kannte sie ja, aber im Laufe der Zeit verdämmern einem auch jene Einzelheiten, die einen zur Zeit als sie akut waren, ordentlich bewegten. Zusammengefasst nun, wie es hier der Fall ist, kommen sie auch mir, dem doch längst Eingeweihten, geradezu neu und namentlich überwältigend, was aber noch mehr ist, so überzeugend vor, dass ich Dir wohl, ohne befürchten zu müssen, mich zu irren, voraussagen darf, Du habest mit dieser mannhaften, rückhaltlosen Kundgebung Deinen Handel in den Augen aller anständigen und gebildeten Menschen für Gegenwart und Zukunft gewonnen.

Hafner ist damit nicht bloss gerichtet, sondern hingerichtet und mit ihm seine Komparsen, Aeppli, Wettstein und Konsorten. Darüber hilft ihnen fortan weder Gott noch Teufel mehr hinweg. [...]

---

401 Fränkel: *Die Keller-Ausgabe*.

1732. Fränkel an Loosli, Thun-Riedegg, 26. Oktober 1942
Mein lieber Loosli,
hab herzlichen Dank für den Trost, den mir Dein Brief bedeutet! Er ist, wie immer, das erste Echo, das einem in der Einsamkeit, in der ich lebe, auf seinen Ruf antwortet. Ich habe mich in den letzten Tagen wiederholt im Stillen bang gefragt, ob die Schrift nicht wie der Eigensinn eines Michael Kohlhaas wirkt, der sich in einen Gedanken verbohrt hat und ihn der Umgebung à tout prix aufdrängen will. Dein Urteil ist mir wie eine Erlösung. Ich darf nun hoffen, die Schrift sei nicht langweilig, sondern werde wirken.
[...]

1735. Loosli an Fränkel, Bern-Bümpliz, 27. Oktober 1942
Mein lieber Fränkel,
was ich längst voraussah und was ich Dir in meinem gestrigen Briefe andeutete,[402] ist also eingetroffen: – die Zürcher Regierung hat sich durch den Vertrag mit Dr. Helbling vorderhand den Weg zu Gottfried Keller und zu Dir selber verlegt und erklärte sich mit ihrem Erziehungsdirektor moralisch und materiell solidarisch.

Dieses Abderitenstücklein wird sie nun ein für allemal brandmarken, auch wenn sie später gesonnen sind, oder gezwungen werden sollte Contredampf zu geben.

Meine Meinung? – Ich denke, dass Deine Schrift in keinem geeigneteren Augenblick als gerade in dem jetzigen hätte erscheinen können, wo die Eselei der Zürcher und deren offensichtliche Gutheissung durch die Gottfried Kellergesellschaft der Oeffentlichkeit bekannt wird.

Wenn es Dir, was nicht wahrscheinlich ist, nicht gelingen sollte, rasch einen Verleger für die Fränkelsche Ausgabe zu finden und diese anzukünden, womit der Tölpelschlag der Zürcher durchkreuzt würde, so wäre wenigstens darauf hin zu tendieren, Deine Freunde zu der öffentlichen Erklärung zu veranlassen, dass die Fortsetzung Deiner Ausgabe von ihnen vorbereitet und in absehbarer Zeit ermöglicht wird.

Du aber wirst praktisch vorderhand nichts tun können, als die Angele-

---
402 In seinem Brief vom 26. 10. 1942 spekuliert Loosli darüber, wie die Zürcher Regierung wohl auf Fränkels Schrift *Die Keller-Ausgabe* reagieren werde. Tatsächlich hat Carl Helbling den Herausgebervertrag mit der Firma Benteli AG bereits am 15. 10. unterzeichnet. Am 22. 10. beschliesst der Zürcher Regierungsrat, dass Helbling «die noch fehlenden Bände» der «Gesamtausgabe Gottfried Kellers Werke» herausgeben solle (StAZH, MM 3.65 RRB 1942/2833).

genheit mit Deinem Anwalt rechtlich zu erörtern und dann das Ergebnis des Prozesses abzuwarten.

Mit andern Worten, Keller ruhen lassen und Deine ganze Energie nun auf Spitteler konzentrieren.

[…]

1768. Fränkel an Loosli, Thun-Riedegg, 18. November 1942
Mein lieber Loosli,

hab Dank für die Zusendung Deines schönen Artikels,[403] der von der traurigen Vergangenheit zur lebendigen Gegenwart überleitet. Der Artikel ist – echter Loosli; nur schade, daß ihm nicht die Resonanz wird, die er verdiente – im Interesse unseres Landes. Warum erscheint er eigentlich nicht gleichzeitig auch in der «Tagwacht» und in der «Nation»? Es müsste ihm ein Widerhall in der gesamten Presse gesichert sein – auch in der welschen. Kann das nicht noch geschehen? –

Zum Prozeß gegen den Landesverräter hätte ich gern das Wort öffentlich ergriffen, wenn mir ein Blatt offen stünde; denn es gibt da noch weitere Konsequenzen zu ziehen. Mit dem Verscharren der drei Landesverräter ist das Schicksal von 3 Menschen erledigt,[404] aber die Angelegenheit selbst sollte nicht erledigt sein. Warum soll man nicht die Hand abhacken, die die jungen Leute dem Verbrechen zuleitete? Warum sollen nur die Verführten gebüßt worden sein, nicht auch die Verführer, die im Lande sind? Und dann: wie schlimm muß es bei uns wohl aussehen! Die drei hat man gefaßt – wie viele aber sind da, die ähnlich gehandelt haben oder handeln und *nicht* entdeckt werden!

Das sind so meine Gedanken bei dieser Affaire, abgesehen von der Trauer ob der Tatsache, daß man die einmal abgeschaffte Todesstrafe nun doch durch ein Hinterpförtchen ins Land hereinläßt. Weh aber, wenn man den Anfängen nicht wehrt! (Selbstverständlich sind die Gedanken nicht vom Mitleid mit den drei armen Verblendeten diktiert, für die sich ein Mitleidgefühl kaum zu regen vermag, wohl aber Trauer, daß so etwas bei uns möglich ist …)

Sei herzlich gegrüßt u. für Deine schöne Haltung bedankt!
Der Deinige
Fränkel

---

[403] C. A. Loosli: *Epilog zum Landesverräter-Prozess*, in: *Seeländer Volksstimme*, Nr. 267, 16. 11. 1942.
[404] In seiner Agenda notiert Loosli am 10. 11. 1942, dass die «Fouriere Zürcher + Fehr», und am 11., dass der «Fahrer Schrämli» erschossen worden seien (vgl. Marti: *Loosli* 3/2, S. 129 f. und 572 f., Anm. 213). Die Genannten sind wohl die «3 Menschen», die Fränkel erwähnt.

1770. Loosli an Fränkel, Bern-Bümpliz, 20. November 1942

[...]

Dass es bei uns schlimm, sehr schlimm aussieht und wir versäumten, was alle, mit Ausnahme der Russen, verplemperten, nämlich rechtzeitig der 5. Kolonne das Handwerk zu legen, oder was noch wirksamer gewesen wäre, zu rechter Zeit Zustände wenigstens ernsthaft anzustreben, die ihre Werbeaktion zum Voraus zur Unfruchtbarkeit verurteilt hätten, ist wahr. Immerhin steht es heute besser als noch vor einem Jahr.

Die militärische Todesstrafe wurde bei uns (im Militärstrafrecht) nie abgeschafft, sondern nur im bürgerlichen Schweiz. StrG.

Dass sie jedoch angewandt werden musste und aller Wahrscheinlichkeit nach demnächst neuerdings angewandt werden wird, ist allerdings tief traurig und ebenso zutreffend ist, was Du von den höher stehenden Verantwortlichen als von den von ihnen Verführten und Verurteilten sagst.

Immerhin wird die Stunde der Abrechnung auch für sie schlagen.

[...]

1775. Loosli an Fränkel, Bern-Bümpliz, 30. November 1942

[...]

Ich bin in diesen Tagen tief bedrückt von Toulon[405] und den neuerlichen Todesurteilen.[406] Diese betreffen wenigstens zum Teil von Major Leonhardt und seinem Volksbund verführte Leute. Den Kerl aber, der sie ans Messer lieferte, liess man über die Grenze entweichen und Dank unserem famosen Oberrichter Peter wurde ich seinerzeit dafür verurteilt, ihn entlarvt und nachgewiesen zu haben, was dann später durch kriegsgerichtliches Urteil in noch vermehrtem Umfang restlos bestätigt ward. O sancta justitia ...!

Die Franzosen werden sich erholen, dafür ist mir heute nicht mehr bange, – aber wir ...?

[...]

---

405 Am 27. November 1942 versenkt die französische Armee im Hafen von Toulon die knapp hundert Schiffe ihrer Vichy-Flotte, damit sie nicht in die Hände der angreifenden Wehrmacht fallen.
406 Amtliche Mitteilung: *Vier weitere Todesurteile*, in: Der Bund, Nr. 560, 30. 11. 1942.

1776. Fränkel an Loosli, Thun-Riedegg, 1. Dezember 1942
[...]
Auch mich hat die Tat von Toulon zugleich bedrückt u. erhoben. Sie richtig zu verstehen wird man in Deutschland niemals fähig sein – aber auch die Meisten bei uns sind dafür unfähig. Im «Bund» wurde vom Ausland-Redaktor (Keller) die Frage gestellt: Wem haben die Franzosen damit *genutzt*?[407] – Es ist die typische Einstellung einer Zeit, die überhaupt keine anderen Werte kennt als das Nützliche.
Sei herzlich gegrüßt!
Dein Fr.

1777. Loosli an Fränkel, Bern-Bümpliz, 2. Dezember 1942
[...]
Dass Frankreich durch die Versenkung der Flotte in Toulon seine Ehre und wahrscheinlich auch seine Zukunft als Staat und demokratische Macht gerettet und gesichert hat, braucht ja unseren «demokratischen» Zeitungen nicht aufzudämmern. Ehre und sittlicher Mut, auch wenn sie einen hohen Preis kosten, werden einer dem St. Fünfliberkult ausschliesslich ergebenen, korrupten bürgerlichen Gesellschaft nie etwas bedeuten können, denn das sind Begriffe und Güter, die sie auch nur zu erahnen schlechtweg unfähig ist. Sie wird, noch bevor sechs Jahre um sind, belehrt werden, wie schlecht sie rechnet und dass eben jene Güter und Begriffe letzten Endes sich auch als die einzig dauerhaft auch materiell «nützlichen» erweisen. Unsere Quislinge, Lavals & Cie. werden sich jedoch immerhin sagen müssen, dass die Menschen, die dort für ihre Ehre in den Tod gingen, auch noch zu etwas anderem tauglich gewesen wären und dass diesmal die Toten über sie gesiegt haben.
[...]

1780. Loosli an Fränkel, Bern-Bümpliz, 8. Dezember 1942
Mein lieber Fränkel,
Soeben überraschte mich Hr. Dr. Werner Lauber mit seinem Besuch und erklärte mir folgendes:
1. Es bestehe eine fünfgliedrige, vom Bundesrat eingesetzte Kommission,[408]

---

407 Im Kommentar von A. K.: *Die Tragödie von Toulon*, in: *Der Bund*, Nr. 560, 30. 11. 1942, findet sich die Formulierung «Fragt man allerdings: wem wird dies nützen ...».
408 Diese zweite Spitteler-Kommission besteht unter dem Präsidium von Gottfried Bohnenblust aus Wilhelm Altwegg, Robert Faesi, Gustav Keckeis und Werner Lauber. Sie ist am 14. 9. 1942 erstmals zusammengetreten und wird im Protokoll dieser Sitzung als «Expertenkom-

die beauftragt sei, z. H. des Bundesrates eine Gesamtausgabe der Werke Spittelers, die im Jahre 1944 erscheinen werde, alles Erforderliche zu veranlassen.

2. Er, Hr. Lauber, sei Mitglied dieser Kommission, komme jedoch weder in ihrem Namen noch in ihrem Auftrag, sondern aus rein persönlichem Antrieb zu mir, um mich zu fragen, ob ich bereit sei, Dich meinerseits zu seinen Handen anzufragen, ob Du, im Interesse der Wahrung des Dichterwillens und in dem seines Werkes allenfalls bereit wärest, den zwischen Dir und Spitteler vereinbarten Plan der Gesamtausgabe zu verlautbaren, um die Kommission in die Lage zu versetzen, sich weitmöglich nach dem Willen des Dichters zu richten.

3. Die Kommission trete voraussichtlich noch im Laufe dieses Monats zusammen, bei welcher Gelegenheit denn wohl Entschlüsse gefasst würden, die sich je nach dem Ausfall Deiner Antwort allenfalls gestalten würden.

So befremdend mich im ersten Augenblick dieser Vorfall anmutete und ich bereits entschlossen war, jegliche Vermittlung abzulehnen, liess ich mich dennoch, nach der wiederholten Versicherung Dr. Laubers, dass er nicht in offizieller, sondern in seiner Eigenschaft als Privatmann diesen Schritt unternommen habe, dazu bestimmen, Dir vorstehendes zu unterbreiten und ihm zu versprechen, ihm Deine Antwort gleich nach Eingang mitzuteilen.

Jenes geschieht hiermit und nun sehe ich gerne Deiner Antwort zu seinen Handen entgegen.

Mit herzlichen Grüssen bin ich, wie immer,
Dein
C. A. Loosli
1 Durchschlag geht an Hrn. Dr. W. Lauber in Luzern.

1787. Fränkel an Loosli, Thun-Riedegg, 12. Dezember 1942

Mein lieber Loosli,

nachdem Du mich gebeten hast, mich zu dem von Dir übermittelten Ansinnen Deines Besuchers zu äussern, erfülle ich hiemit Deinen Wunsch. Meine Antwort lautet: Spitteler hat mich mit der Gesamtausgabe wie mit sonstigen sein literarisches Nachleben betreffenden Aufgaben nicht betraut in der Meinung, ich würde mich Seines Auftrags in der Weise entledigen, dass ich ihn auf Andere, Unzuständige, die Sein Vertrauen nicht genossen, abschiebe.

Ich bitte Dich, von weiterer Vermittlung abzusehen, da es mir zu meinem

---

mission […] für die Vorbereitung einer Carl-Spitteler-Gesamtausgabe» bezeichnet (BAR, E3001B#1980/53#1312*).

Bedauern nicht möglich wäre, künftig Mitteilungen in dieser Sache von anderer als der zuständigen Seite entgegenzunehmen.
Mit bestem Gruss
der Deine
Fränkel[409]

1796. Loosli an Fränkel, Bern-Bümpliz, 19. Dezember 1942
Mein lieber Fränkel,
vor allen Dingen lasse Dich zu Deiner Auseinandersetzung des posthumen Schicksals Spittelers beglückwünschen.[410] Ich habe sie nun wiederholt und aufmerksam gelesen. Materiell bestätigt sie lediglich, was mir längst bekannt war und hebt durchaus einleuchtend und überzeugend hervor, was hervorzuheben war, nämlich den eindeutigen Wunsch und die ebenso eindeutigen Rechte Spittelers, gegen die Deine Widerparten einzig die in seinem Kassenschrank vorgefundene Erklärung von 1910[411] ins Feld zu führen vermögen, wie ich mich neuerdings, anlässlich des Lauber'schen Besuches überzeugen konnte.

Damit aber dringt man, angesichts der allzuoft und allzupräzis seither wiederholten und auch öffentlich klar dokumentierten Willensäusserungen vor einem auch nur einigermassen unbefangenen Richter nicht durch.

Das mögen sich Etter und seine Kommission wohl selbst schon gesagt haben, daher ihre plötzliche Eile, nun die Gesamtausgabe in Arbeit zu vergeben und sowohl Dich wie das Gericht vor eine vollendete Tatsache zu stellen. Leider urteilt in den letzten Jahren auch das Bundesgericht nicht mehr mit der früher ihm gewohnten Unabhängigkeit und versteigt sich allzuoft in seinen Urteilen und deren Begründungen zu Spitzfindigkeiten, die dem normalen Rechtsempfinden und dem gesunden Menschenverstand einfach Hohn sprechen.

[...]

---

409 Fränkel schreibt diesen Brief mit Schreibmaschine. Die zweite Sitzung der zweiten Spitteler-Kommission findet dann am 21. 12. 1942 statt. Im Protokoll heisst es unter anderem: «Herr Dr. Lauber teilt mit, dass er auf eigene Verantwortung noch einmal versucht habe, durch Vermittlung von Fränkels Freund Loosli bei ersterem gütlich zu insistieren. Sein privates Vorgehen sei aber, wie zu erwarten war, ohne Erfolg geblieben.» (Quelle wie Anm. 408)
410 Jonas Fränkel: *Spittelers posthumes Schicksal*, in: *National-Zeitung*, 17. und 18. 12. 1942. Wiederabgedruckt in Fränkel: *Spittelers Recht*, S. 39–49. In der Sitzung vom 21. 12. 1942 informiert Gottfried Bohnenblust als Präsident der zweiten Spitteler-Kommission über diesen «ausserordentlich scharfen Angriff von Prof. Fränkel auf die geplante Ausgabe» und fügt bei: «Auf Wunsch des Departementes soll die Kommission zuhanden des Departementes einen Antwortentwurf vorbereiten.» (Quelle wie Anm. 408)
411 Vgl. Anm. 203.

1797. Fränkel an Loosli, Thun-Riedegg, 19. Dezember 1942
Mein lieber Loosli,

ich danke Dir recht herzlich für Deinen heutigen Brief, der mich über die Wirkung meines Manifestes beruhigt hat. Ganz so, wie Du es sagst, empfand ichs beim Schreiben und sagte es auch neulich Kleiber am Telephon: es soll meine Rechtfertigung vor der Nachwelt sein, gleichgültig wie die Gegenwart darauf reagieren wird. Hätte ich einen Verleger, so würde ich ihn bitten, den Aufsatz als Broschüre zu drucken, damit er in den Bibliotheken niedergelegt u. in die offiziellen Bibliographien aufgenommen werden kann und nicht verloren gehe. Ich würde ihm noch ein paar kleine Dokumente im Anhang beigeben, um meine Erklärungen zu vervollständigen.

[...]

Sonntag. Ich habe in der Nacht, nachdem ich den Brief geschrieben, geträumt, ich wäre in einer großen Gesellschaft. Da kam eine Person herein u. sagte gleichgültig, Lessing wäre eben gestorben. Das übermannte mich so sehr, daß ich in Schluchzen ausbrach u. über dem Schluchzen aufwachte – –

1798. Loosli an Fränkel, Bern-Bümpliz, 21. Dezember 1942
[...]

Dein Traum! – Sonderbar und doch begreiflich! Jaja, wir haben schon Grund zur Trauer, die Lessinge sind gestorben – ohne derzeitige Nachfolger ... Die Götze[412] dagegen ... die Lesezirkler ... Gott behüte uns vor allem Bösen!

[...]

1799. Fränkel an Loosli, Thun-Riedegg, 21. Dezember 1942
[...]

Das neue Hodler-Buch von Mühlestein[413] wird man Dir kaum zugestellt haben. So dürfte Dich das aufschlußreiche Referat interessieren, dem ich in der Nat-Ztg[414] begegnet bin. Daß Du in diesem Zusammenhang nicht genannt wirst, gehört ja zu den Gebräuchlichkeiten unserer einheimischen Kritik (der

---

412 Wortspiel mit dem Namen von Lessings Gegenspieler Johann Melchior Goeze, auf den sich Lessings religionskritische Schrift *Anti-Goeze* (1778) bezieht.
413 Hans Mühlestein, Georg Schmidt: *Ferdinand Hodler 1853–1918. Sein Leben und sein Werk*, Erlenbach: Rentsch Verlag, 1942. Was Loosli von Mühlesteins Koautor hält, hat er am 4. 4. 1942 an Fränkel so formuliert: «Inzwischen ist Mühlestein in einem Vortrag von Dr. Georg Schmidt, Konservator des Kunstmuseums in Basel, an Taktlosigkeit und Eroto-Kakographie gegen Hodler überholt worden.»
414 Kn.: *Hodlers Leben und Werk*, in: *National-Zeitung*, Nr. 591, 20. 12. 1942.

Rezensent dürfte das Redaktionsmitglied Kuhn sein). Du brauchst mir das Blatt natürlich nicht zurückzusenden.
[...]

1805. Loosli an Fränkel, Bern-Bümpliz, 31. Dezember 1942
[...]
Ich selbst ziehe mit dem heutigen Tage einen dicken endgültigen Strich unter mein Hodlerwerk. Möglich, aber lieber nicht, werde ich noch ab und zu, für den Tagesgebrauch öffentlich darauf zurückkommen. Hätte es noch eines Beweises bedurft, mich von der Richtigkeit, – nein, von der Notwendigkeit der endverbindlichen Sperre meines Hodlerarchivs bis 50 Jahre nach meinem Tode zu überzeugen, so hätte ich mir das Mühlesteinbuch, das ich heute früh fertiglesen konnte, erbracht.[415]

Ein typischer Fall das! Ein von Natur aus fraglos begabter Bursche, der nie zum Pubertätsalter hinaus zu wachsen vermochte und zum anspruchsvoll oraklenden Herostrates und geistigen Industrieritter gedieh. Armer Teufel!

Das Buch werde ich nun leider besprechen müssen.[416] Weisst Du, dass Mühlestein auch mit Spitteler befreundet war und bei ihm häufig aus- und einging? Ich wusste es nicht, Du und Spitteler wahrscheinlich auch nicht. Und wie der Kerl Spitteler behandelt! Und über das Verhältnis Hodler-Spitteler schwindelt!

Und das schamlos zu meinen Lebzeiten ... Wo er doch damit rechnen musste, dass er der Lüge überführt würde. [...]

---

415 Vgl. Marti: *Loosli* 3/1, S. 122 ff.
416 C. A. Loosli: *Zu einem neuen Hodlerbuch*, in: *Der öffentliche Dienst*, Nrn. 5 und 6, 29. 1. und 5. 2. 1943, nachgedruckt in: Loosli: *Werke* 7, S. 453–462.

Fränkel gerät im Kampf für seine Keller- und Spitteler-Editionen immer mehr in die Defensive. Im März scheitert er mit einer Beschwerde vor Bundesgericht und muss zusehen, wie Carl Helbling im Benteli-Verlag seine Keller-Ausgabe weiterführt. Im September wird zwar eine Keller-Gesellschaft für Fränkels Ausgabe gegründet, aktiv wird sie jedoch kaum. Vor dem Ständerat hält Bundesrat Etter im Juni eine Rede für die von ihm geplante Spitteler-Ausgabe und gegen Fränkels Ansprüche auf den Nachlass. In Bümpliz geht das Gerücht um, Fränkel habe seinerzeit zehn Jahre lang gratis bei Bentelis gewohnt und sei ein «schwarzherzig schuftiger Undankbarer». Und der Literaturwissenschaftler Walter Muschg schreibt in einem Gutachten, Fränkel führe sich wohl «deshalb so unmöglich auf, weil er galizischer Jude» sei. Loosli veröffentlicht die Gedichte *Aus Zeit und Leid* und die Zweitauflage von *Die Schattmattbauern*. Er ist zunehmend ratlos, wie er seinen Freund unterstützen könnte.

1811. Loosli an Fränkel, Bern-Bümpliz, 9. Januar 1943

[...]
Ich habe mir dieser Tage wieder einmal die Zürchernovellen und den Salander zu Gemüte geführt und bin mehr als je, namentlich auch vom Salander ergriffen und erschüttert worden. Ja, ja; – die schon damals aufkeimende, von Meister Gottfried vorgeahnte Halunkenbrut hat sich gehörig vermehrt und unser ganzes Land und Volk dermassen durchseucht, dass uns einzig noch, – wenn überhaupt, – eine entsetzliche Radikalkur zu helfen vermag.
[...]
Aber nun merke auf! Ich komme je länger je mehr zur Ueberzeugung, dass Etter, die Züricher und Konsorten planmässig, und zwar von ihrem Standpunkte aus von einem durchaus berechtigten, richtigen Selbsterhaltungstrieb geleitet, gegen uns als die eigentlichen Repräsentanten Kellers, Spittelers, Meyers, Hodlers, auf die es eigentlich abgesehen ist und im Unterbewusstsein stets war, kämpfen. Den Esel schlägt man und den Müller meint man.
[...]
Gestern starb Simon Gfeller, der besser war als seine Gesellschaft und der Ruf, den er ihr zu verdanken hatte. Sicherlich taugte er ursprünglich mehr als v. Greyerz und seine übrigen Protagonisten und wenn ihm etwas zum Vorwurf gereicht, so ist es das, dass er der Versuchung sich tagesberühmt machen zu

lassen, nicht widerstanden hat. Freilich war es ihm, der keinen allzuweiten Horizont hatte, da er nie aus seinem Emmenthal heraus kam, der dazu noch Lehrer war, besonders schwer gemacht, sich nicht unter die Konformisten einreihen zu lassen. Dass ihm aber trotzdem Dinge gelungen sind, die ihn, hätte er sich selbst und nur sich selbst treu bleiben können, zu einem tüchtigen Meister wenigstens zweiten Ranges hätten erheben können, muss man ihm immerhin hoch anrechnen, denn es erhebt ihn turmhoch über die meisten seiner «Kollegen». Nun er dahingegangen ist, reut er mich aufrichtig. Es gab eine Zeit, wo wir gute Freunde waren und es steckte ein prächtiger Kern in ihm, der immerhin nie ganz zerstört ward, wenn er auch arg angesteckt worden war.
[...]

1812. Fränkel an Loosli, Thun-Riedegg, 12. Januar 1943
[...]
Was Du mir vom Eindruck der Lektüre des Salander berichtest, wundert mich gar nicht. Das Buch ist heute noch aktueller als vor 60 Jahren, da es geschrieben wurde. Keller sah den Beginn dessen, was seither gekommen ist; er sah genau, wie es kommen *wird*, und eiferte wie ein Prophet u. Künstler[417] zugleich. Spitteler hat die Entwicklung bereits auf ihrer Höhe erlebt – er eiferte nicht gegen diese Leute, er *verachtete* sie u. ignorierte sie – u. schaffte sich seinen Olymp.
[...]

1818. Loosli an Fränkel, Bern-Bümpliz, 18. Januar 1943
Mein lieber Fränkel,
    dass man mich, im Zusammenhang mit von Tavel, Greyerz, Gfeller u. s. w. nicht mehr als Dialektschriftsteller anführt,[418] ist durchaus in Ordnung und ich verlange nichts besseres. Denn als ich mich s. Zt., das heisst vor drei Jahrzehnten mit der Mundart befasste, war ich von allem Anfang an überzeugt und entschlossen, es würde dies bloss eine Episode in meinem Schaffen bedeuten, hervorgerufen durch den sich mir damals aufdringlich sinnenfällig gestaltenden Mundartzerfall und den noch schlimmeren des Charakters und der Wesens-

---
417 Lesung des Wortes unsicher.
418 Fränkel hat in der Sonderausgabe des *Kleinen Bund* zu Simon Gfellers Tod (Nr. 3, 17. 1. 1943) den einleitenden Beitrag von Heinrich Baumgartner gelesen und sofort reagiert. Noch am Samstag, 16. 1., schreibt er Loosli zur Beilage, die auf den Sonntag datiert ist, es sei «niederträchtig», dass der Autor «bei der Musterung des berndeutschen Schrifttums vor Gfeller nur Greyerz und Tavel» nenne: «Du existierst für den Herrn nicht!» Darauf reagiert Loosli hier.

beschaffenheit der emmentalischen Landleute. Ich war mir von allem Anbeginn an bewusst, lediglich unrettbar anders Verlorenes gewissermassen zu archivieren und zwar in einer allgemein geniessbareren und gemeinverständlicheren Form als etwa Friedli in seinem «Berndeutsch»[419] oder das Schweizerische Archiv für Volkskunde.[420]

Ich glaube sogar etwas derartiges bereits in dem Vorwort zu meinem «Dörfli» gesagt zu haben.[421] Gerade aus dieser Einstellung heraus habe ich mich damals zu meiner so viel getadelten phonetischen Orthographie entschlossen, womit ich mir selbst den Riegel zu weiteren Auflagen und «Erfolgen» vorschob.

Wenn also, wie Du meinst, die Sachen dereinst wieder aufgelegt werden sollten, so wird mir längst kein Zahn mehr weh tun, was mir wurst wäre, könnte ich nicht die anders möglichen Nachdruckhonorare so verdammt wohl brauchen. Diese aber werde ich nicht kriegen, nicht einmal für das «Aemmitaw», dessen Neuauflage nun glücklich von allen mir auch nur einigermassen zugänglichen Verlagshäusern in rührender Einstimmigkeit abgelehnt wurde.

Ueberhaupt: – Mundart! – Wenn sich Greyerz je ein Verdienst erwarb, dann sicher auf dem Gebiet ihrer Neubelebung und Erhaltung in ihrer ursprünglichen Reinheit. Aber es stellt sich doch je länger je deutlicher heraus, dass sowohl seine, wie seiner Mitkämpen Arbeit lediglich Versuche am untauglichen Objekt bedeuten. Das hängt eng mit der Verdämmerung des allgemeinen bernischen Kulturbewusstseins unseres Volkes zusammen, wozu die schweizerische Zivilrechtsvereinheitlichung Erkleckliches und die fortschreitende politische wie wirtschaftliche und gesellschaftliche Korruption das Unheilbarste beigetragen haben.

[...]

---

419 Emanuel Friedli: *Bärndütsch als Spiegel bernischen Volkstums*, 7 Bände, Bern: A. Francke, 1905–1927.

420 Das *Schweizerische Archiv für Volkskunde* ist die Zeitschrift der Schweizerischen Gesellschaft für Volkskunde und erscheint seit 1897.

421 Am ehesten findet sich der Gedanke des Dokumentierens und Archivierens in der folgenden Passage: «U du ha-n-i täjcht, we-n-es mer tät graate-n-ech öppis us mym Dörfli z'prichte, eso wi dert i mym Dörfli de Lüte der Schnabu g'wachse-n-isch, su chönnt es derzue cho, das diese-n-oder jene, wo meint, üsi gueti Sprach syg nümme guet gnue, em Änd doch lehrti y'gseh, das sech i der Sprach aus laht säge, was der Verstang u d's Gmüet z'säge hei.» (C. A. Loosli: *Mys Dörfli* 1, S. 12)

1839. Loosli an Fränkel, Bern-Bümpliz, 21. Februar 1943

Mein lieber Fränkel,

Dein lieber, gestriger Besuch hat mir einen bittren Nachgeschmack hinterlassen, der mir diese letzte Nacht aufstiess, den ich nicht los werde und der mich dazu veranlasste, unsere gestrige Unterredung noch einmal Punkt um Punkt durchzudenken. Darob kam ich zu folgenden Ergebnissen, die vielleicht sehr, sehr pessimistisch scheinen werden. Allein, wenn man schon in ernsten Angelegenheiten Voranschläge macht, namentlich in unserer Zeit und in unserer Umwelt, so wird man jeweilen wohlberaten sein, das Schlimmste als das Wahrscheinlichste ohne weiteres vorauszusetzen. Erweist dann die Erfahrung, dass man sich im negativen Sinne getäuscht hat, so darf man den Gewinn lediglich als einen günstigen Zufallsgewinn, ja nicht aber als einen solchen buchen, auf den man praktisch, – ich sage nicht moralisch, – zu rechnen berechtigt war.

Von dieser Kalkulationsbasis ausgehend scheint mir die Sache so zu liegen:

Kellerausgabe. – Bei dem allgemeinen Rechtszerfall und den schweizerischen, forensischen Gepflogenheiten, kann Dein Prozess gegen Benteli alias Zürcher-Regierung noch jahrelang andauern, ohne zu einem klaren Abschluss zu gelangen.

Günstigstenfalles wirst Du Dich, auch vor Bundesgericht, denn das ist heute nicht mehr wesentlich besser als das bernische Obergericht, auf ein Kompromissurteil gefasst machen dürfen, das keine der beiden Parteien befriedigen wird. Inzwischen aber werden an den Handel Zeit, Kräfte und Geld verschwendet, die eines schönen Tages unerträglich werden. Dabei wirst Du, auch im grundsätzlich obsiegenden Falle, der jedoch, so wie ich unsere Gerichtsbarkeit und Rechtspflege nachgerade kenne, nicht zu erwarten ist, von beiden Parteien die benachteiligtere sein.

Du hast gegen Dich Deine Vereinsamung, Deine Abstammung und den Mangel an Mitteln, die die Gegenpartei unbedenklich aus den Steuergeldern des Volkes und aus Spekulationsgewinnen ziehen und damit das Recht beugen kann.

Darüber musst Du Dir unbedingt klar werden.

[…]

Spitteleriangelegenheit. Dein mir gestern neuerdings vorgetragener Standpunkt ist m. E. grundsätzlich allerdings der einzig richtige und auch der einzige, den Du einzunehmen hast.

Darüber rechte ich nicht mit Dir, denn ich würde ihn in Deinem Falle ebenfalls einnehmen und habe ihn im meinen, dem Hodlerfalle, bereits eingenommen.

Mein Vorschlag betreffend die Biographie war also lediglich diktiert von der taktischen Erwägung, es könnte damit eine Diversion geschaffen und damit das Departement des Innern in eine Lage versetzt werden, die es zum wenigstens teilweisen Nachgeben zwingen könnte.

Was Du mir gestern jedoch dagegen vorbrachtest, leuchtet mir nun auch, nach reiflicher Ueberlegung, durchaus ein.

Damit aber läufst Du fast unabwendbare, sichere Gefahr, endgültig vom Spittelerarchiv ausgesperrt zu bleiben, womit alle Deine wertvollen Vorarbeiten, wie auch die zum Keller, Deinem Nachlass anheimfallen werden.

[...]

Dein Nachlass. Es wäre unverantwortlich, wenn alle Deine Vorarbeiten, wie Du sie mir gestern umrissest und wie ich sie schon seit langem teils übersehen, teils erahnt hatte, der Zukunft und der Wissenschaft dauernd entzogen blieben.

Da nun bist Du Dir schuldig, die nötigen Vorkehren zu treffen. Entweder kennst Du jemanden, der jung und fähig genug ist, diese Vorarbeiten nach Deinem Ableben auszuführen (vielleicht eines Deiner Kinder!), oder Dir bleibt nichts anderes übrig, als es ähnlich zu machen wie ich, nämlich ihn auf die Dauer von 50 oder mehr Jahre zu sekretieren und ihn inzwischen einem Institut anzuvertrauen, das einige Gewähr bietet, später den von Dir erwarteten und angestrebten Ertrag zu ziehen.

[...]

1841. Fränkel an Loosli, Thun-Riedegg, 23. Februar 1943

[...]

An die Verfügung über meinen Nachlaß mag ich heute noch nicht denken, obwohl das leichtsinnig sein mag. Er verhält sich damit anders als bei Dir. Du hast Hodler ein Monument errichtet, das bestehen bleibt – es ist ein *Surplus*, auf dessen Ausführung Du nunmehr verzichten willst. Ich aber habe meine Pflicht Spitteler gegenüber *nicht* getan und würde nicht ruhig sterben können bei diesem Gedanken. Also darf ich vorläufig an meinen Abgang nicht *denken*.

[...]

1842. Loosli an Fränkel, Bern-Bümpliz, 23. Februar 1943

[...]

Nun noch eins! Von Benteli und Consorten wird nach wie vor, wie ich mir gestern neuerdings durch einen alten Freund bestätigen liess, ausgestreut und gegen Dich ausgemünzt, Du seiest jahrelang der Gratisgast des Hauses Bentelis gewesen, das ohne irgendwelche Entschädigung für Deinen leiblichen Unterhalt aufgekommen sei. Natürlich bist Du nun ein schwarzherzig schuftiger Undankbarer und wirst als solcher entsprechend gekennzeichnet.

Auch wenn das stimmen würde, d. h. wenn Du wirklich der Gratisgast des Hauses Bentelis gewesen wärest, so würde es dieses immerhin noch lange nicht berechtigen, Dich in der Weise auszubeuten, dass es Dein ganzes Lebenswerk auf alle Zeiten mit Beschlag belegen würde.

[...]

Nun aber hast Du mir s. Zt. versichert, Du hättest daselbst regelmässig ein Kostgeld entrichtet. Ich bitte Dich nun, mir ad usum proprio und streng vertraulich mitzuteilen, wie lange Du im Schloss weiltest und welchen Pensionspreis du entrichtet hast.

Es würde mich diese Mitteilung in die Lage versetzen, dem vorerwähnten Gerücht allüberall, wo es mir begegnen würde, mit voller Bestimmtheit entgegenzutreten.

[...]

1843. Fränkel an Loosli, Thun-Riedegg, 24. Februar 1943[422]

Mein lieber Loosli,

Du berichtest mir, es werde vom Hause Benteli ausgestreut, ich sei jahrelang Gratisgast im Schloss gewesen, wo man ohne irgendwelche Entschädigung für meinen leiblichen Unterhalt aufgekommen sei, und bittest mich um Aufklärung. Die Gelegenheit, gegenüber meinen Freunden diesen Punkt klarzustellen, kommt mir sehr erwünscht.

Ich habe im Schloss gewohnt vom Jahre 1909 bis 1918. Ich zahlte während dieser Zeit an Frau Benteli-Kaiser ein monatliches Kostgeld von 60 Franken. Das mag heute wenig erscheinen, war gewiss auch damals ein bescheidenes Entgelt unter Freunden. Bedenkt man jedoch, dass es die Zeit war, wo ein Ei bloss 5 Rappen und ein Liter Milch 12 Rp. kostete, dass man mir zum Wohnen zwei sonst unbewohnte Kammern anwies und dass ich selbst seit 1911 vom Staate eine Jahresbesoldung von Fr. 600 bezog, so war jene Entschädigung doch wohl den Umständen angemessen. Als ich im Sommer 1918 nach Tägertschi auszog, zahlte ich einer mir fremden Bauersfrau kein höheres Pensionsgeld als meinen Freunden in Bümpliz.

Es ist nicht nötig, dass Du die obige Aufklärung konfidentiell behandelst.

---

422 Fränkel schreibt dieses «ostensible» Dokument mit Schreibmaschine (vgl. Anm. 65).

Mit freundschaftlichem Gruss
Dein
Fränkel

1851. Loosli an Fränkel, Bern-Bümpliz, 2. März 1943
Mein lieber Fränkel,
   mit der gleichen Post, die mir Deine gestrigen Zeilen überbringt, erhalte ich soeben von Dr. Schwengeler mein «Hodler-Spitteler»-Manuskript zurück, wozu er mir schreibt:
   «mit grossem Interesse habe ich Ihre Ausführungen über Hodler und Spitteler gelesen. Ich würde den Aufsatz wegen Prof. Fränkel gern bringen, habe aber (aus der Praxis!) einige Bedenken wegen der Zensur (Differenzen Hodlers u. Spittelers mit Deutschland) und vor allem: ich sehe wenig Möglichkeiten, die umfangreiche Arbeit vor dem Sommer im Kl. Bund abzustossen, da der Raum auf lange hinaus ziemlich blockiert ist.»[423]
   [...]

1854. Fränkel an Loosli, Thun-Riedegg, 3. März 1943
Mein lieber Loosli,
   die Antwort von Schwengeler hat mich nun doch sehr überrascht; ich hatte das Gegenteil bestimmt erwartet. Nun wissen wir, woran wir auch mit ihm sind. Seine Ausreden sind zu durchsichtig u. geradezu plump. Schon der Hinweis auf mich ist töricht: ist doch bei einem für schweizerische Geistesgeschichte so wichtigen Dokument die Erwähnung meiner Person *nebensächlich* – doch gerade damit hat sich der Mann verraten: *weil* ich darin mit Auszeichnung genannt werde, kann er den Aufsatz nicht bringen. Bedenken wegen der Zensur sind – in *diesem* Fall – eine gar zu dumme Ausflucht.
   [...]

1855. Loosli an Fränkel, Bern-Bümpliz, 4. März 1943
Mein lieber Fränkel,
   in einem tust Du Schwengeler Unrecht: – was er nämlich von der Zensur schreibt trifft leider zu, wofür ich vollgültige andere Beweise habe. Und der

---

[423] Publiziert wird dieses Manuskript schliesslich mit der Autorenzeile «Aus dem Hodler-Archiv, mitgeteilt von C. A. Loosli» unter dem Titel *Ferdinand Hodler und Carl Spitteler*, in: *Die Kunst-Zeitung*, Juni 1943.

«Bund» muss sich in Acht nehmen, nicht nur vor dem Einspruch gewisser Gesandtschaften, sondern auch vor dem gewisser Bundesräte.

Selbstverständlich wird das nicht offen zugestanden, sondern, wenn sich eine Zeitung oder Zeitschrift gegen das Prestige unserer Hochmögenden vergeht, dann wird sie nicht darum gemassregelt, sondern man lauert auf irgend einen Satz oder eine Satzwendung, die aussenpolitisch als «neutralitätswidrig» gedeutet werden kann, wozu sich natürlich auch die harmloseste Bemerkung eignet, denn: – à coups de textes on assomme tout! – Das haben nicht nur die Schweizer-Zeitung am Sonntag, die «Nation», sondern auch der «Bund» erfahren, dessen Chefredaktor Schürch nicht vornehmlich wegen seiner international-politischen Haltung hinausgewimmelt wurde.[424] Sein, des «Bundes» Finanzredaktor, Dr. Keller, hatte vor einiger Zeit einen Artikel geschrieben, der dem Chef unseres eidg. Finanzdepartementes nicht passte. Bundesrat Wetter bedeutete dem Bundverlag (Hrn. Pochon), dass, wenn dem Mann kein Maulkorb vorgehängt werde, seiner Druckerei der Druck des «Schweiz. Handelsamtsblattes» entzogen werde. U. s. w. mit Mehrerem!

[...]

1861. Fränkel an Loosli, Thun-Riedegg, 22. März 1943
Mein lieber Loosli,

soeben erhalte ich den Bericht, daß das Bundesgericht meine Beschwerde *abgewiesen* hat (u. mich zu den Kosten verknurrt hat).[425] Damit bin ich vollkommen geschlagen u. alles ist mir aus den Händen gewunden, wenn mir nicht

---

424 Ernst Schürch selber begründet seinen Rücktritt als Chefredaktor so: «Ich habe mich entschlossen, heute von der Leitung des ‹Bund› zurückzutreten, um die mir noch beschiedene Zeit und Kraft in freierer Weise nützen zu können.» Er werde mit der Zeitung «als Mitarbeiter auch fernerhin verbunden» bleiben. (*Der Bund*, Nr. 458, 1. 10. 1941)

425 Die Rede ist vom «Kellerhandel». Später wird Fränkel schreiben: «Der Prozeß vor dem bernischen Obergericht geht um die Anerkennung meiner Urheberrechte an meiner Keller-Ausgabe als einem wissenschaftlichen Werke und um gerichtliche Feststellung, daß dem Verlage das Recht zur Fortführung des Werkes mit einem andern Herausgeber nicht zustehe. Doch kaum war der Prozeß angehoben worden, so kündigte der Verlag einen neuen Band meines Keller an, bearbeitet von – Dr. Helbling in Zürich! Der Prozeß hatte damit seinen Sinn verloren und wurde zu einer Farce, wenn das Gericht nicht eine einstweilige Verfügung gegen das Vorhaben meines Prozeßgegners erließ. Das Berner Gericht lehnte aber mein Gesuch um eine solche Verfügung ab. Ich appellierte gegen den Entscheid an das Bundesgericht. ‹Das Bundesgericht kann nicht anders als den berner Entscheid aufheben›, versicherte mir ein bewährter Kollege von der juristischen Fakultät. Doch das Bundesgericht konnte anders!» (Fränkel: *Spittelers Recht*, S. 35)

gelingt, so schnell wie möglich von mir aus die Fortsetzung anzukündigen. Aber wie ist das möglich?

Ich sehe gar keinen Ausweg.

Meine ganze Arbeit der letzten 20 Jahre ist nun kaputt! –

Herzlich Dein Fr.

1862. Loosli an Fränkel, Bern-Bümpliz, 23. März 1943
Mein lieber Fränkel,

Dein Bericht hat mich tief, tief niedergeschlagen, noch mehr als ich es sonst schon anderer Umstände halber dieser Tage war. Und was das Schlimmste und Dümmste dabei ist, – ich weiss weder Rat noch Hilfe.

Es scheint uns beiden beschieden zu sein, an unseren besten Lebenswerken kaputt zu gehen. Und das alles nur, weil Unzuständige und Gewissenlose die Finger in kulturellen Belangen haben, die sie nicht einmal von ferne zu begreifen vermögen.

Das ist himmeltraurig! Zum heulen!

Nun soll also auch diese prächtige Kellerausgabe, die der geistigen Schweiz zur Ehre und zum Ruhm hätte gereichen können, ein Torso bleiben.

Ich habe mich gerade in den letzten Tagen immer und immer wieder gefragt, ob nicht alles, was wir voller Idealismus unternommen haben für die Katze sei und wir nicht besser daran getan hätten, ein kleines Bauerngütlein zu bearbeiten oder ein Spezereilädelein zu betreiben.

Denn auch wenn wir den Krieg überstehen, welche Welt, welcher Friede (!) wird uns da entgegen grinsen?

Ob die nachkommende Generation überhaupt noch Sinn und Bedürfnis für das, was uns als Höchstes und Schönstes galt aufbringen wird?

Bis jetzt habe ich mich immer und immer wieder, eigentlich gegen mein innerstes Gefühl, zur Hoffnung gezwungen, um nicht zu verzweifeln, und nun scheint es, ich habe dabei mich und andere belogen. Das tut weh!

Ich möchte Dir so gerne etwas Liebes, Tröstliches sagen und fühle mich leer, leer … Hols der Teufel!

Herzlich Dein

C. A. Loosli

1871. Loosli an Fränkel, Bern-Bümpliz, 5. April 1943
[…]

Ich werde heute, mit recht gemischten Gefühlen, 66-jährig und bin eben daran mich mit meinem Seelenheil zu befassen, wozu ich eines tüchtigen Schluckes Schnaps bedarf.

Weisst Du, was eigentlich trotz allem was uns geschehen ist, geradezu wunderbar ist? – Dass uns unsere nicht hoch genug zu verehrenden Lumpenhunde nicht klein kriegten.

Sie werden es auch fürderhin nicht vermögen!
Herzlich Dein
C. A. Loosli

1872. Fränkel an Loosli, Thun-Riedegg, 6. April 1943
Mein lieber Loosli,

vor allem meinen herzlichsten Glückwunsch zu Deinem Geburtstag. Ich bedaure, daß ich nicht die Möglichkeit habe, Dir eine Flasche Falerner zu senden – der wäre in diesem Falle stilvoller als Schnaps. Ich hoffe, es komme noch die Zeit, wo wir an solchen Tagen selbander eine Flasche edlen Weines leeren und all der Hunde gedenken werden, die wir überlebt haben. Denn darin hast Du ja recht: es ist wie ein Wunder, daß man uns bisher nicht klein kriegte.

Bei mir hat die Bande, die mich fürchtet, ein leichtes Spiel: man betitelt mich, wie es Muschg in seinem Briefe tat: «galizischer Jude» (dabei hat Krakau mit Galizien nichts zu schaffen, das ich selber niemals betreten habe, u. nur vom Hörensagen kenne) u. hat gewonnenes Spiel beim gedankenlosen Pöbel ...[426]

[...]

1877. Fränkel an Loosli, Thun-Riedegg, 12. April 1943
[...]
Den Artikel Schwengelers zu Fäsis 60. Geburtstag[427] war noch nichts gegen die Art, wie der Mann in Zürich gefeiert wurde. Man hat ihm bei dieser Gelegenheit

---

426 Fränkel spielt auf einen Brief an, den Walter Muschg 1943 als Nationalrat des Landesrings der Unabhängigen an einen Fraktionskollegen geschrieben hat. Darin heisst es, Fränkel habe «Keller zu einer politischen Agitation gegen das Dritte Reich missbraucht, die [...] eine schwere Taktlosigkeit ist und uns allen die Freude an seiner Ausgabe genommen hat. [...] Vielleicht führt sich der Mann wirklich deshalb so unmöglich auf, weil er galizischer Jude und ausserdem mit den Defekten eines abnorm Schwerhörigen behaftet ist. [...] Ich heisse deshalb meinerseits die Massnahmen gut, die endlich dazu geführt haben, dass ihm das Alleinverfügungsrecht [am Spitteler-Nachlass] entzogen wurde, obschon dadurch ein gewisses Unrecht begangen wird.» (Fränkel: *Spittelers Recht*, S. 166 f.)
427 A. H. S.: *Robert Faesi. Zum 60. Geburtstag*, in: *Der Bund*, Nr. 169, 10. 4. 1943.

(ihm, dem Sohne eines reichen Zürcher Bankiers!) den – Gottfr. Keller-Preis zuerkannt! (2000 Fr.) Der Festredner in Zürich und Verfasser des Festartikels in der NZZ war – Helbling![428] Du siehst: es hängt alles zusammen ...
[...]

1889. Loosli an Fränkel, Bern-Bümpliz, 2. Mai 1943
Mein lieber Fränkel,
  seit gut einer Woche und wohl noch die nächste, wenn nicht sogar einen Teil der übernächsten, übe ich die Funktionen einer vorarbeitenden Putzfrau aus, was besagen will, dass ich in meiner Bude, meinem Archiv usw. ausmiste, abstaube, mit einem Wort, von Morgen bis zum Abend im seit Jahren angesammelten und jedes Jahr stets vermehrten Staub und Dreck hantiere. Ich kann Dir durch zuverlässige Zeugen eidlich versichern lassen, dass mein sonst so einnehmendes, hübsches Wesen dadurch nicht eben gewonnen hat.
  Aber ab und zu muss einmal ein grosses Reinemachen vor sich gehen und da in meinen Papieren nur der ergebenst Unterfertigte Bescheid weiss, so blieb mir nichts anderes übrig, als selbst die Hemdärmel aufzukrempeln. Freilich, wenn es mir allzudick wurde, habe ich die knarrende Maschine sei es ab und zu mit einem Schuss Schnaps oder einem halben Liter Waadtländer geölt.
  Das mag Dir erklären, dass ich nicht übermässig eifrig hinter meiner Korrespondenz her, sondern froh war, wenn nichts eintraf.
  [...]

1924. Fränkel an Loosli, Thun-Riedegg, 10. Juni 1943
  [...]
[D]ie Debatte über Spitteler im Ständerat findet wohl gerade statt (wenn sie überhaupt stattfindet u. die Herren sich nicht einfach darauf beschränken, Etters Erklärungen zur Kenntniß zu nehmen[429]), während ich diese Zeilen schreibe; wenn sie in Deine Hände kommen, wird das Geschäft für den Stän-

---

428 Carl Helbling: *Robert Faesi. Zu seinem sechzigsten Geburtstag, 10. April*, in: NZZ, Nr. 580, 9. 4. 1943. Die NZZ unterstreicht die Bedeutung Faesis, indem sie den Artikel mit einem Porträtfoto illustriert, was zu der Zeit in dieser Zeitung noch sehr selten vorkommt. Vor dem Artikel Helblings findet sich die Meldung, Faesi sei mit dem Gottfried Keller-Preis der Martin Bodmer-Stiftung ausgezeichnet worden.

429 Am 10. 6. 1943 berät der Ständerat den bundesrätlichen Geschäftsbericht. Den Abschnitt über das EDI referiert der Tessiner Ständerat Antonio Antognini, der sich auch nach dem Stand von Spittelers Gesamtausgabe erkundigt (*Der Bund*, Nr. 268, 11. 6. 1943).

derat bereits abgeschrieben sein. Nur der Nationalrat wird sich mit der Sache voraussichtlich nächste Woche u. jedenfalls in der Herbstsession befassen.
[...]
PS. *Nachmittag 2 Uhr*. Soeben telephonierte Böschenstein: Etter hat eine volle Stunde gesprochen – nach einem Manuskript. Sehr gehässig-persönlich, er sprach von meinen «Machenschaften» usw.[430] Eine Diskussion fand nicht statt. Antognini, der Referent, hatte nur einen Satz gesprochen: er bitte um Auskunft. Also: eine richtige bestellte Interpellation. Löpfe u. Malche schwiegen.
[...]

1931. Fränkel an Loosli, Thun-Riedegg, 22. Juni 1943
[...]
Nun steht ja die Sache mit der Gesamtausgabe *schlimm*. Schmidlin wird nichts ausrichten – er ist zwar energisch u. intelligent und (im Gegensatz zu seinen sozialistischen Kollegen) nicht träge, doch was macht sich Etter aus einem Sozialisten, wo er doch hinter sich Moeschlin, Fäsi u. ganz Zürich weiß? Und tatsächlich *bin* ich in der Öffentlichkeit geschlagen – dadurch, daß niemand das Wort zu meinen Gunsten ergriffen hat, weder im Ständerat noch im Nationalrat noch in der Presse. Und da frage ich mich, ob da nicht noch Raum wäre für eine Intervention von Deiner Seite – entweder indem Du selber, sei es in der NatZtg, sei es im «Bund», das Fazit der abgegebenen Erklärungen ziehst u. feststellst: Was hatte Etter Fränkeln Ernsthaftes vorzuwerfen? Daß er der Aufforderung, bestimmte Briefschaften [herauszugeben], die ihm Sp. anvertraut hatte, nicht entsprach, vielmehr wünschte, die Frage möchte vorher gründlich durch einen gemeinsamen Vertrauensmann bzw. Schiedsmann aufgeklärt werden, u. sich bereit erklärte, diesem alles Zeugnismaterial vorzulegen. – Ist das nun ein genügender Grund, um Spittelers Willen zu mißachten u. Fränkel, der im Laufe der Jahre die rechtlichen u. sonstigen Voraussetzungen für eine Gesamtausgabe geschaffen hat (ohne ihn wäre heute eine Gesamtausgabe Sp's überhaupt nicht möglich), wegzudrängen? Von der Seldwylerei natürlich abgesehen.
Und wenn man Fr'n pharisäisch das Ausbleiben der Biographie vorwirft,

---
430 Laut dem 13-seitigen maschinengeschriebenen Redemanuskript hat Etter gesagt: «Nachdem sich alle Bemühungen der Erben Spittelers, mit Fränkel zu einer Einigung zu kommen, zerschlagen hatten, entschlossen sie sich im Jahre 1929, den literarischen Nachlass ihres Vaters dem Bunde als Schenkung anzubieten, um ihn so den Machenschaften Fränkels zu entziehen [...].» (BAR, E1401#1960/58#266)

deren Vollendung man ihm verunmöglichte, so denke man doch daran, wie Fr. diese Behandlung durch die Behörden uns gelohnt hat: durch die 17 Bände seines Keller, die in diesen Jahren entstanden.

[...]

1934. Fränkel an Loosli, Thun-Riedegg, 24. Juni 1943

[...]

Wie niederschmetternd das Netz von Lügen u. Verleumdungen gewirkt hat, das Etter im Ständerat über mich geworfen, ersah ich gestern aus einem Schreiben von Löpfe,[431] das ich beilege (schick mirs dann bitte zurück!). Für die Herren im Ständerat stehe ich da im Bilde, das Etter von mir entworfen: als einer, der Spitteler betrogen hat, der die Töchter betrogen hat, der die Gottfr. Keller-Gesellschaft u. Wettstein betrogen hat, außerdem seinen alten Freund Benteli (der mit *Namen* genannt wurde![432]) – so daß es eine patriotische Tat war, Fr. sowohl die Gesamt-Ausgabe wie die Biographie wegzunehmen. Die «Beweise» waren für die Zuhörer «erdrückend»…

[...]

1936. Loosli an Fränkel, Bern-Bümpliz, 26. Juni 1943

[...]

Was uns momentan wieder einmal mehr trennt und worüber wir uns verständigen müssen, – nicht nur zwischen uns beiden, sondern auch mit unseren Freunden, – sind rein taktische Fragen. So sehr ich nun Deine Bedrängnisse zu würdigen weiss und mir bewusst ist, was Du seit Jahrzehnten unter den Dir in den Weg gelegten Hindernissen zu leiden hattest und noch hast, so sehr begreife ich nun auch Deine Ungeduld und Deinen Wunsch, möglichst rasch und möglichst restlos die Dir wünschbar erscheinenden und Dir von rechtswegen zukommenden Positionen zu erobern.

---

431 Wie Löpfe-Benz über Fränkel denkt, ergibt sich aus Looslis Brief an Fränkel vom 31. 1. 1947.
432 In seiner Rede vor dem Ständerat (vgl. Anm. 430) hat Etter «den mit Fränkel früher befreundete[n] Verlag Benteli» erwähnt und ausgeführt: «Die Gottfried Keller-Ausgabe wurde dann ohne unser Zutun durch Fränkel doch nicht vollendet, da er im Jahr 1939, entgegen den vertraglich übernommenen und klar umschriebenen Verpflichtungen, seine weitere Arbeit im Dienste der Gottfried Keller-Ausgabe von einem Tag auf den anderen aufsagte und der Gottfried Keller-Gesellschaft, der Zürcher Regierung und dem Verlag Benteli das Bünteli vor die Füsse warf. Es folgten dieser einseitigen Lösung des Vertragsverhältnisses noch Verhandlungen zwischen den beteiligten Parteien, die aber nur zum definitiven Bruch und – wenn ich nicht irre – zu einem Prozess zwischen Fränkel und dem Verleger Benteli führten.»

Zu diesem Zwecke habe ich bereits Fäden angesponnen und werde weiteres vorkehren, dessen Wirkung ich abwarten muss und will, bevor ich um einen auch noch so geringen Schritt weiter gehe.

Nun aber stellt sich für mich und Deine Freunde die Frage so: – Bist Du überzeugt, dass wir wirklich restlos für Dich einstehen und für Dich zu gewinnen suchen werden, was überhaupt noch zu gewinnen und allenfalls noch zu retten ist?

Und wenn Du es bist, kannst Du Dich damit einverstanden erklären, uns soviel Vertrauen zu schenken, uns nun einmal, nach bestem Wissen und Gewissen, machen zu lassen, was wir, nach reiflicher Ueberlegung und Erwägung, gut finden werden?

Und wirst Du Dich mit dem, was wir allenfalls erreichen werden, wirklich auch zufrieden geben? –

Auf diese drei Fragen erbitte ich mir Deine klare, unzweideutige und endverbindliche Antwort. Dabei ist es ganz selbstverständlich für uns alle, dass Dir nichts zugemutet werden soll, was sich *grundsätzlich* weder mit Deiner Ehre noch Deinem Gewissen allenfalls nicht vertragen sollte.

Dagegen werden wir, insoweit überhaupt noch etwas zu retten ist, um gewisse *praktische*, materielle Zugeständnisse nicht herumkommen.

[...]

Im weiteren gebe ich Dir heute noch eines ernstlich zu bedenken: – Wir sind alle beide alt geworden und wenn uns noch zehn Jahre des Wirkens und Schaffens vergönnt sind, so werden wir, nach menschlichem Ermessen, ungefähr den Zeitpunkt erreicht haben, wo uns von höherer Gewalt abgepfiffen wird.

Diese Galgenfrist aber darf nicht in schliesslich ergebnisloser Polemik, in Prozessen und davon bedingten Schaffenslähmungen draufgehen, sondern soll dazu benützt werden, unser Werk tunlich auszubauen. Dein Werk vor allem, denn darin bist Du ja einzig! Du bist auf Deinem Gebiet unersetzlich, wenn vielleicht nicht überhaupt, so doch wohl auf lange Jahrzehnte hinaus. Menschheit, Wissenschaft, Jugend und Zukunft brauchen aber dringlich, was Du uns bieten könntest. So wenig wie ich, wirst Du uns noch alles das erarbeiten können, was Dir unter günstigeren Verhältnissen längst weitgehend gelungen wäre. Also heisst es sich mit dem Möglichen, dem noch Möglichen bescheiden und Dich darauf so ausschliesslich als nur immer tunlich, zu konzentrieren.

Du hast schliesslich noch andere Möglichkeiten als Kellern und Spitteler zu bearbeiten, obwohl ich diese beiden Unternehmen als Deine dringlichsten, wesentlichsten betrachte und selbstredend alles was mir möglich sein wird, dafür einsetzen werde, Dir sie, oder doch wenigstens eines davon zu retten.

Ich beschwöre Dich, überlege Dir das, bevor Unwiderrufliches geschieht. Ueberlege es Dir ruhig, rein sachlich und schreib mir darüber, aber besuche mich erst, wenn Du darüber restlos im Klaren sein wirst.

[…]

1940. Fränkel an Loosli, Thun-Riedegg, 29. Juni 1943[433]

[…]

Was nun *meine* Angelegenheiten betrifft, so habe ich keinen Augenblick an Deiner Treue und Waffenkameradschaft gezweifelt. Freilich siehst Du meine gegenwärtige Situation anders als ich, ich hoffe aber, dass meine folgenden Erklärungen das Missverständnis beheben werden.

Du stellst mir drei Fragen zur Beantwortung, die ich aber überhaupt nicht beantworten kann, sie gehen nämlich davon aus, dass meine Freunde (wer sind denn die ausser Dir?) mir in meinem Kampfe helfen sollen. Die Annahme ist unrichtig. In dem Kampfe, vor den ich gegenwärtig gestellt bin, handelt es sich nicht um Fränkel, sondern um *Spitteler*. Und diesen Kampf muss ich *ganz allein* ausfechten. Das bin ich Spittelern *schuldig*. Ich muss ihn ausfechten bis zu seinem Ende – ob er mir Sieg bringen wird oder Verurteilung. Werde ich vor dem Bundesgericht den Sieg in Spittelers Sache *nicht* erringen, dann erst bin ich vor der Geschichte, vor der Nachwelt entlastet; vorher nicht.

[…]

Ob nun jene moralische Unterstützung[434] in der Oeffentlichkeit noch erfolgt oder nicht (sie hätte nach meiner Meinung schlagartig auf die Ereignisse in der Bundesversammlung folgen müssen, um zu wirken), hat mit *meinem* Kampfe *nichts zu tun*.

Verwundert hat mich aber in Deinem Briefe die Ermahnung, ich dürfe meinen Freunden nicht dreinreden noch «durch meine Eingriffe unter ihnen Entmutigung und Verwirrung stiften». Was bedeutet das? Wo sind denn die hilfsbereiten Freunde, unter denen ich durch meine Eingriffe Verwirrung stifte?

---

433 Fränkel schreibt mit Schreibmaschine, was hier wohl die Förmlichkeit der Stellungnahme betont.
434 Im zurzeit intensiv geführten Briefwechsel hat Fränkel am 26. 6. 1943 eine schnell zu veröffentlichende Solidaritätserklärung von «Freunden u. Verehrern Spittelers» vorgeschlagen. Loosli bleibt in seiner Antwort gleichentags skeptisch, Fränkel widerspricht in einem Brief, an dem er über das Wochenende vom 26.–28. 6. geschrieben hat.

Ich habe vergangene Woche, ausser an Dich, nur noch an Schmidlin ein paar Zeilen geschrieben, um ihm *verabredetermassen* zu melden, ich sei auch jetzt noch zu einem Schiedsgericht bereit unter der von mir seinerzeit gestellten Bedingung. Schmidlin musste selbstverständlich eine Richtschnur von mir erhalten für seine beabsichtigten Verhandlungen mit Etter, sollen diese nicht zwecklos sein, d. h., ein Ergebnis zeitigen, das ich nicht akzeptieren könnte. Ausser ihm weiss ich niemand, der die Vollmacht hätte, für mich zu handeln.

Ausser dieses von Schmidlin erwarteten Schreibens, das dieser unmöglich so hat auffassen können, wie Du in Deinem Briefe, wo Du von «Freunden» (in der Mehrzahl) sprichst, andeutest, hab ich nur noch an Dich jene Anregung gerichtet, die Du sofort mit Entschiedenheit abgelehnt hast. Ich habe sie allerdings in zwei oder drei aufeinanderfolgenden Briefen entwickelt, wie mir die Gedanken kamen – und wie ich es seit je gewohnt bin, Dir meine Gedanken, wenn sie mir dringend scheinen, unmittelbar mit fliegender Feder anzuvertrauen. Ich bedaure aufrichtig, unter dem Drucke dieser mir dringlich scheinenden Gedanken Deiner gegenwärtigen Aufnahmefähigkeit zu viel zugemutet zu haben. Das musst Du entschuldigen.

Ich hoffe, diese Zeilen werden die Situation aufklären – soweit sie Spitteler betrifft. Im übrigen danke ich Dir im voraus für das, was Du in dieser Sache etwa von Dir aus noch zu tun beabsichtigst. Ich werde davon als einen weiteren Beweis Deiner unermüdlichen Freundschaft dankbar Kenntnis nehmen. Mich *binden* aber kann selbstverständlich nur, was ich selber nach aussen erkläre oder drucken lasse.

[...]

1941. Loosli an Fränkel, Bern-Bümpliz, 30. Juni 1943
Mein lieber Fränkel,
wir haben uns, will mir scheinen, gegenseitig missverstanden und da kann nur eine gegenseitige mündliche Aussprache Klarheit schaffen. Sobald Du kommen kannst, teile es mir mit, damit ich mich danach einrichte und sende mir inzwischen womöglich bald Deine schon von mir erbetene Duplik.[435]

---

[435] Fränkels Stellungnahme auf Etters Rede im Ständerat erscheint am 17. 6. 1943 gekürzt in der *National-Zeitung*, Nr. 272: *Eine Erklärung Fränkels zum Streit um den Spitteler-Nachlass*; vollständig dann unter dem Titel *Protest gegen Bundesrat Etter*, in: *Freies Volk*, Nr. 26, 25. 6. 1943. Das EDI veröffentlicht eine Replik: *Zur Abklärung in der Spitteler-Angelegenheit*, in: *National-Zeitung*, Nr. 279, 21. 6. 1943. Um sich «gegen Vorwürfe und Unterschiebungen Bundesrat Etters zur Wehr» zu setzen – so die Vorbemerkung der Redaktion – stellt Fränkel die Geschichte in seiner späteren Duplik unter den Titel: «*Kulturplanung*». Bundesrat Etter

In aller Eile und mit herzlichen Grüssen bin ich
Dein
C. A. Loosli

1945. Fränkel an Loosli, Thun-Riedegg, 9. Juli 1943
[...]
Der Schuß in der Keller-Angelegenheit ist nun losgegangen. Den Mitgliedern der Keller-Gesellschaft ist vor 3 Tagen der neue Band angekündigt worden, der ihnen Anfang Oktober zugestellt werden soll. Mitte nächster Woche wird von Zürich aus mein Protest[436] versandt mitsamt der Abhandlung über Philologie[437] – d. h. wenn Birkhäuser sein Wort hält.
Hoffentlich geht es Dir gut!
Herzlich Dein Fr.

2001. Fränkel an Loosli, Thun Riedegg, 5. September 1943
Mein lieber Loosli,
wie ich gestern abend telephonisch erfuhr, ist die Gesellschaft gegründet worden. Anwesend waren, außer den Mitgliedern des Actionscomités, nur *zwei* Eingeladene: Freund Merckling, der extra aus Montagnola hingereist ist (obwohl ich ihn gebeten hatte, es doch nicht zu tun), und ein Zahnarzt aus Basel. Freilich hat man bei der Gelegenheit festgestellt, daß die Einladung in ungeschickter Form erfolgt war u. daß wenig vorgearbeitet wurde; daß man

---

und der Spitteler-Nachlass, in: *Freies Volk*, Nr. 37, 10. 9. 1943. Fränkel schliesst dort mit den Worten: «Vollends unvereinbar mit der Ehre und der Verantwortung des Bundesrates als Vertreter der schweizerischen Nation vor der Nachwelt wäre eine staatliche Spitteler-Ausgabe, die ich als Spittelers Freund und Bewahrer seines letzten Willens schon heute als eine apokryphe bezeichnen muss.»
436 Jonas Fränkel: *An die Mitglieder der Gottfried Keller-Gesellschaft, 8. Juli 1943*. Fränkel schreibt, die Weiterführung seiner Keller-Ausgabe durch den «Zürcher Gymnasiallehrer Dr. C. Helbling» laufe auf eine «Täuschung der Subskribenten» hinaus, und schliesst: «Im Juli 1940 habe ich öffentlich das Versprechen abgegeben, meiner Keller-Ausgabe die Treue halten zu wollen. Jenem Versprechen kann ich heute die Mitteilung folgen lassen, daß dank dem Zusammenschluß von Freunden des Werkes dessen Fortsetzung nunmehr der Verwirklichung entgegengeht. Die Mitglieder der Gottfried Keller-Gesellschaft werden demnächst eingeladen werden, zwischen der Helblingschen Fortsetzung der Fränkelschen Keller-Ausgabe und der Fränkelschen Fortsetzung seines Werks zu wählen.»
437 Jonas Fränkel: *Von der Aufgabe und den Sünden der Philologie*, verlegt vom «Aktionscomité zur Förderung der Fränkelschen Gottfried-Keller-Ausgabe», Broschüre, 23 Seiten, «Ostern 1943». Der Aufsatz ist nachgedruckt worden in: *Der kleine Bund*, Nr. 30, 25. 7. 1943, und, als Eingangstext, in Fränkels Aufsatzsammlung *Dichtung und Wissenschaft* (S. 10–24).

also sofort mit Volldampf dahinter gehen muß, wenn das Neugeborene am Leben bleiben soll.
    Sei herzlich gegrüßt!
    Dein Fr.

2010. Loosli an Fränkel, Bern-Bümpliz, 20. September 1943
Mein lieber Fränkel,
    leider muss ich Dir mitteilen, dass von den Herren, denen ich den Aufruf der Neuen Keller-Gesellschaft mit der Bitte um Mitunterzeichnung sandte, auch nicht einer reagiert hat.
    [...]

2016. Fränkel an Loosli, Thun-Riedegg, 12. Oktober 1943
    [...]
Von Schwengelers mutigem Artikel im heutigen Morgen-Bund[438] wirst Du wohl Kenntnis haben. Leider kam er zu spät, obwohl er seit 2 Wochen gesetzt war u. es nur von uns abhing, wann er erscheinen sollte. Aber das Aktions-Comité blieb in der entscheidenden Zeit – angeblich enttäuscht durch die Absage Ramseyers[439] – untätig u. nun ist vergangene Woche bereits der neue Band bei Benteli erschienen (als Bd. XII meiner Ausgabe[440]) eindrucksvoll angekündigt im letzten Heft des «Schweizer Buchhandels» u. inzwischen wohl schon in den Händen aller Subskribenten, die ihn z. Teil wohl resigniert annahmen, weil das Erscheinen *meiner* Fortsetzung nicht angezeigt wurde u. das Aktions-Comité (wegen Geldmangel!) die öffentliche Ankündigung der neuen Gesellschaft versäumt hat ...
    [...]

---

438 Arnold H. Schwengeler: *Die Gottfried Keller-Ausgabe*, in: *Der Bund*, Nr. 476, 12. 10. 1943. Der Text vermeldet die Gründung der «Gesellschaft zur Förderung der Fränkelschen Gottfried-Keller-Ausgabe» am 5. 9. 1943 in Olten und dokumentiert den «Aufruf» des Gründungskomitees. Danach kommentiert Schwengeler: «Wenn man uns fragt, ob die Möglichkeit einer Fortsetzung der Keller-Ausgabe durch Prof. Fränkel zu begrüssen sei, antworten wir unbedenklich mit ja.»
439 Looslis Freund und Notar Ernst Ramseyer hat ein Engagement im Aktionskomitee der Gesellschaft abgelehnt, wohl auch aus gesundheitlichen Gründen. Er stirbt am 14. 3. 1944, der Nachruf im *Bund*, Nr. 129, 16. 3. 1944 erwähnt: «nach langer Krankheit».
440 Gottfried Keller: *Martin Salander* (Keller: SW 12, hg. von Carl Helbling).

2022. Loosli an Fränkel, Bern-Bümpliz, 31. Oktober 1943

[...]

Unsere Gegner stellen sich wie eine dichte Wand zwischen uns und die wirklich Gebildeten aber auch das Volk. Könnten wir unmittelbar an dieses gelangen, wäre so manches ganz anders. Zum neuerlichen Beweis gereicht mir der Umstand, dass, laut ihrer letzter Tage erfolgten Abrechnung, die Büchergilde Gutenberg bis zum Datum derselben 3678 Exemplare «Schattmattbauern»[441] vertrieben hatte, was, wenn man bedenkt, dass sie erst vor drei Monaten erschienen, für gegenwärtige und schweizerische Verhältnisse überhaupt, allerhand sagen will. Namentlich, dass das Volk uns sehr wohl fördern würde, gelänge es bloss, mit ihm in unmittelbare Fühlung zu treten. Und das gilt auch für Dich und Dein, freilich beschränkteres Fachgebiet.

[...]

2023. Fränkel an Loosli, Thun-Riedegg, 1. November 1943

Mein lieber Loosli,

was Du mir vom Erfolg der «Schattmattbauern» berichtest, ist wunderschön, aber auch erstaunlich; es wäre auch erstaunlich, wenn es sich um das gesamte deutschsprachige Gebiet handeln würde. Ich gratuliere Dir herzlich dazu. Bedenkt man, daß bisher weder im «Bund» noch in der N. Zürcher Ztg noch in der Nat-Ztg (soviel ich letztere verfolgen kann) ein Wort über das Buch erschienen ist, so läßt das Schlüsse zu über den geringen Einfluß dieser Blätter auf die eigentlichen Leserscharen in unserm Lande. Es ist ein Glück, daß Du endlich an einen Verlag geraten bist, der wirklich etwas vermag. Der Erfolg der «Schattmattbauern» wird sich wohl auch auf die Gedichte auswirken, auf deren Erscheinen ich gespannt bin.[442]

[...]

2031. Fränkel an Loosli, Thun-Riedegg, 16. Dezember 1943

Mein lieber Loosli,

nun hab ich Dein Gedichtbuch durchblättert. Die meisten Gedichte kannte ich ja. Die Sammlung ist vorzüglich komponiert. Daß Du gleich zu Anfang Deine Kritiker, die diese Gedichte als «Lyrik» werten möchten, entwaffnest durch das Eingeständnis, Du wissest selber, daß es keine Lyrik ist, war gut.[443]

---

441 Loosli: *Die Schattmattbauern 2*.
442 Loosli: *Aus Zeit und Leid*.
443 Bereits in seinem Brief vom 1. 10. 1939 hat Fränkel Loosli ja vorgeworfen, er schreibe nicht Lyrik, sondern «gereimte Prosa». In *Aus Zeit und Leid* nimmt Loosli diese Kritik auf. Das

Nun wollen wir sehen, ob sich unter unseren «ästhetischen» Kritikern solche finden, denen es aufleuchtet, daß Verse auch als *Waffe* dienen können – als eine nützliche u. wichtige Waffe, jedenfalls nützlicher in unserer Zeit als das Bereimen von Gefühlen, die hundertmal besungen wurden. Ich bin froh, daß Oprecht den Mut hatte, die Gedichte herauszubringen – ich rechne es ihm hoch an; es ist ein größeres Verdienst als die Veröffentlichung Dutzender von wohltemperierten Lyrikern in seinem Verlage.

Sei herzlich beglückwünscht zu dieser Publikation. Willst Du nicht ein Exemplar an Löpfe senden? Vielleicht daß er dann den guten Einfall hat, Dich zu bitten, ihm gegen gute Honorare ab u. zu von dieser Kost für seinen Nebelspalter zu liefern.

[...]

Und was Spitteler betrifft, so bleibt mir, will ich nicht *alles* verlieren, nach der Konferenz mit Herrn N.[444] nichts übrig als selber einen Prozeß gegen den Bundesrat anzustrengen (Feststellungsklage).[445] Allerdings wird mich das zwingen, mich zu verschulden auf unser Häuschen; das ja nicht *mir* gehört, das nicht ich erarbeitet habe. Hab ich dazu das Recht? Aber es wird wohl sein müssen. Ich habe morgen eine Konferenz mit meinem Anwalt.

Sei herzlich gegrüßt!

Dein Fr.

---

zweite Gedicht der Sammlung heisst *Nur Prosa!* und beginnt so: «'s ist nur gereimte Prosa, keine Poesie, / Was hier erklingt! – Und will man drob mich schelten, / Geschiehts mit Fug und Recht! – Allein noch nie gedieh / Ein reines Lied, wo tolle Hunde bellten [...].»

444 Max Neuhaus.

445 Mit dieser Feststellungsklage will Fränkel erreichen, dass mit einer «gerichtlichen Feststellung» der Willen Spittelers geklärt wird zum Schutz sowohl der Rechte Spittelers als auch seiner eigenen (Fränkel: *Spittelers Recht*, S. 120 und 196).

1944

Während Oskar Wettstein vor der Gottfried Keller-Gesellschaft die Politik der Zürcher Regierung verteidigt und seine Rede drucken lässt, kommt die Gründung der Gesellschaft zur Förderung der Fränkel'schen Gottfried-Keller-Ausgabe nicht voran, obwohl etwa hundert Personen ihr Interesse anmelden. Fränkel schreibt als Replik auf Wettstein die Broschüre *Der neue Medius*, die im Sommer erscheint. Im Herbst kündigt der Artemis-Verlag auf einer Pressekonferenz in Anwesenheit von Bundesrat Etter für das kommende Jahr die ersten Bände seiner Spitteler-Ausgabe an. Loosli führt mit der Berner Kantonsregierung eine öffentliche Auseinandersetzung um die Administrativjustiz. In Bümpliz leiden er und seine Familie unterdessen an «qualitativer Unterernährung». Mitte Dezember stirbt ein paar Häuser weiter Albert Benteli. In Europa zeichnet sich die Niederlage der Nationalsozialisten zwar ab, aber Monat für Monat dauert der Zweifrontenkrieg gegen Deutschland an.

2038. Loosli an Fränkel, Bern-Bümpliz, 25. Februar 1944

Mein lieber Fränkel,

so sehr es mich freute, gestern wieder einmal Deine Stimme zu hören, so sehr war ich empört über den neuen Schurkenstreich Wettsteins.[446] Weniger fast um das was er in der Gesellschaft vorgebracht haben mag, als darum, weil er nicht Anstand genug aufbrachte, dafür besorgt zu sein, Dich davon in Kenntnis zu setzen. Denn was der Mann etwa vorbringen mag, das wird weder Dich noch

---

446 Nachdem Fränkel die Gottfried Keller-Gesellschaft am 8. 7. 1943 mit einem vierseitigen Flugblatt über den Stand des «Kellerhandels» aus seiner Sicht orientiert hat, kontert Oskar Wettstein, indem er an der Jahresversammlung der Gesellschaft im Oktober darüber aus der Sicht der Zürcher Kantonsregierung referiert. Seine Ausführungen werden Ende Jahr im Rahmen des Berichts zur Jahresversammlung als Broschüre veröffentlicht. Zusammenfassend sagt Wettstein: «Über die Fränkelsche Gottfried Keller-Ausgabe spreche ich mich hier nicht weiter aus. Ich weiss, was für eine Arbeit in ihr steckt, und ich hatte keinen grösseren Wunsch, als dass sie in vernünftiger Zeit vollendet worden wäre. Aber unter den heutigen Umständen ist jede Aussicht auf eine gedeihliche Fortsetzung und Vollendung der Arbeit ausgeschlossen. Herr Fränkel vertrödelt seine Zeit mit unnötigen Streitigkeiten und mit Dingen, die mit der Gottfried Keller-Ausgabe gar nichts zu tun haben. Ich erinnere nur an die Spitteler-Affäre. Wenn der Kanton Zürich sich nicht schwer kompromittieren wollte, so *mußte* er dazu übergehen, eine Fortsetzung des Werkes auf anderer Basis zu finden.» (Gottfried Keller-Gesellschaft Zürich [Hg.]: *Bericht des Vorstandes an die Mitglieder über das Herbstbott am 24. Oktober 1943*, Zürich, 15. 12. 1943)

mich überraschen. Doch wohl nach dem Motto: – Entweder Fränkel pariert oder er wird ruiniert! –

Je nun, soweit sind wir glücklicherweise nicht und ich hoffe, es werde noch zu erleben sein, die Lausbuben zur Tränke geführt zu sehen.

[...]

2042. Fränkel an Loosli, Thun-Riedegg, 6. März 1944
[...]

Hier ein Brief, der soeben kam u. der auf mich deprimierend wirkte. Er ist von Dr. Janko, auf den ich noch die größten Hoffnungen gesetzt hatte, der den Karren in Verbindung mit Dr. Schatzmann[447] wieder auf den Weg bringen wollte – doch dieser hat sich inzwischen zurückgezogen, wahrscheinlich unter dem Eindruck von Wettsteins Broschüre, u. nun ist niemand mehr da, um die neue Gesellschaft zu retten u. alle Bemühungen vom vorigen Jahr – meine Schrift über Philologie, die Versendung des Aufrufs u. des Heftes mit den Urteilen[448] – sind für den Teufel gewesen. Und wenn keine Gesellschaft hinter mir steht, die die neue Schrift vertreiben kann, so ist auch deren Druck sinnlos.

[...]

2053. Fränkel an Loosli, Thun-Riedegg, 4. April 1944
Mein lieber Loosli,

ich danke Dir für Deinen Brief von heute morgen, der soeben kam. Nein, die Flagge einziehen – daran hab ich nicht gedacht trotz der Niedergeschlagenheit darüber, daß mich meine Zürcher Freunde im Stich lassen. *Kann* die Arbeit[449] gedruckt werden, so *soll* sie gedruckt werden – u. wär es auch bloß, damit auf der Landes- u. auf der Stadtbibliothek Bern je ein Exemplar niedergelegt werden kann.

[...]

Die neue Gottfr. Keller-Gesellschaft! Eigentlich müßte sie seit dem Herbst da sein, denn ca 80 Liebhaber haben die unterzeichnete Beitrittsanmeldung

---

447 Leo S. Janko und Leonz Schatzmann sind Initianten der Gesellschaft zur Förderung der Fränkel'schen Gottfried Keller-Ausgabe.
448 Der undatierte, dreiseitige *Aufruf!* zum Beitritt in die Gesellschaft (Bühler Buchdruck, Zürich) ist von knapp dreissig Personen unterzeichnet (unter anderen von C. A. Loosli und C. F. Ramuz). Die zwölfseitige, in einer Auflage von 2000 Exemplaren gedruckte Broschüre *Urteile der Kritik über die Gottfried Keller-Ausgabe von Jonas Fränkel* enthält teils vollständig, teils auszugsweise gedruckte Rezensionen aus den 1930er-Jahren.
449 Fränkel: *Der neue Medius*.

eingesendet, *ohne* die rund 20, die sich seinerzeit *Dir* gegenüber schriftlich verpflichtet hatten und die *bis heute* ein Beitrittsformular *nicht* erhalten haben – trotz wiederholten Bitten, die ich an Herrn Greminger gerichtet habe. Erst letzter Tage hat mir das ein Basler Herr, der Dir seinerzeit zustimmend geantwortet hatte, in einem Brief bestätigt. Es ist halt niemand da, der sich der Sache ernsthaft annehmen würde, der willens wäre, energisch einzugreifen. Mit 100 Mitgliedern für den Anfang könnte man ja schon etwas anfangen, *wenn* man ernsthaft wollte.

[…]

2057. Fränkel an Loosli, Thun-Riedegg, 8. April 1944
Aus der National-Ztg. 8/9. April 1944
Ausstellung Konkrete Kunst in der Kunsthalle
Die Ausstellung, die nach Ostern in die letzte Woche ihrer Dauer eintritt, findet zunehmendes Interesse in Basler Kunstkreisen. Freitag, den 14. April abends acht Uhr wird eine Führung durch Herrn Dr. Hans Meyer-Benteli (Bern) abgehalten.

Mein Lieber, weisst Du vielleicht, was konkrete Kunst ist?
Herzlichst Dein
Fränkel

2060. Loosli an Fränkel, Bern-Bümpliz, 10. April 1944
Mein lieber Fränkel,

was konkrete Kunst ist, weiss ich nicht, ahne es aber, da der Mann, den wir kennen, die Führung ihrer Ausstellung übernimmt. Er hat s. Zt. ein Buch über den Expressionisten Klee geschrieben, das ich zwar nicht las, wohl aber beim Buchhändler durchgeblättert habe. Ich hätte es auch nicht lesen können, denn dort war alles so abstrakt und konfus, dass unsereinem der Atem ausgeht.

Klee selbst war nicht talentlos, verschrieb sich jedoch jenem Expressionismus, den ich je länger je mehr, – trotz gelegentlicher Qualitäten, – als eines der sichersten Merkmale unserer Kulturverdämmerung erkennen lernte.

Cerebralismus mit Anmassung und weithinreichendem Schwindel! Snobismus und Selbstvergötzung dürften das Konkreteste daran sein.

Ich habe für diese Kulturfälscher längst einiges im Salz, das bloss noch der Ausarbeitung harrt um sie zu verprügeln und mich, – wieder einmal mehr, – in die Nesseln zu setzen.

[…]

2069. Loosli an Fränkel, Bern-Bümpliz, 15. April 1944

[...]

Meiner Frau gehts wieder besser und mir auch. Der Arzt, ein wirklich tüchtiger, menschlicher und um seine Patienten besorgter Mann hat sie gestern untersucht. Herz jedenfalls nicht schlimmer, dagegen gesteigerte Nervosität und – wie allüberall, – qualitative Unterernährungserscheinungen.

[...]

2090. Fränkel an Loosli, Thun-Riedegg, 6. Mai 1944

[...]

NB. Birkhäuser. Ich trug ihm den Verlag von Spittelers «Entscheidendem Jahr» an, fügte aber bei, daß ich nicht einen Verleger für Spitteler u. einen für Keller haben kann. So bekam Keller wieder Interesse für ihn. Er hat mir ehrlich gestanden, daß er Etters Rache fürchte.

[...]

2092. Fränkel an Loosli, Thun-Riedegg, 9. Mai 1944

[...]

Birkhäuser hat heute definitiv abgelehnt. Er schreibt wörtlich: «Durch andere große Verlagsprojekte bin ich mit den Bundesbehörden, den kant-zürcherischen Behörden u. der ‹Pro Helvetia› so eng verbunden, daß ich einen allfälligen Abbruch der Beziehungen infolge der Herausgabe Ihrer Ausgabe nicht riskieren kann.»

Ich bin nun ziemlich am Ende meines Lateins, zumal sich die Zürcher Gesellschaft nicht konstituieren kann, weil kein Präsident in Aussicht ist.

[...]

2116. Loosli an Fränkel, Bern-Bümpliz, 7. Juli 1944

[...]

Und nun meinen herzlichen Dank für den «Neuen Medius», den ich gleich nach Eingang aufmerksam und mit stets spannender Anteilnahme las. Ich hatte mir nämlich in der letzten Zeit mitunter die Frage vorgelegt, die mir fast Gewissensbisse verursachte, ob ich wirklich recht daran tat, Dich zu dessen Herausgabe tale quale zu ermutigen. Davon bin ich nun glücklicherweise erlöst, obwohl ich mir keineswegs verhehle, dass Du Dir den Weg zum praktischen Erfolg möglicherweise wenigstens vorläufig verlegtest.

Das aber darf, angesichts der Bedeutung der Belange, um die es hier geht,

m. E. schon darum nicht in Frage kommen, weil Deine gegenwärtige Situation schwerlich verschlechtert, wohl aber möglicherweise verbessert werden kann.

Wichtig ist mir vor allem, dass durch die Schrift die kulturpolitischen Dokumente, die Du bereits veröffentlicht hattest, nämlich den Anti-Hafner und die Sünden der Philologie nun abgerundet und schonungslos ergänzt wurden. Es war dies ebenso wichtig als notwendig und ich denke, dass sich Wettstein von diesem Schlage ebenso wenig erholen wird, als Deine übrigen Widerparten in der G. Keller-Angelegenheit.

Dass Du nicht davor zurückschrecktest, gleichzeitig auch Etter gebührend auszuprangern[450] und nicht davor zurückschrecktest, endlich auch einmal Dein wahres Verhältnis zum «Verlag» Benteli A.-G. der Oeffentlichkeit preiszugeben, halte ich für nützlich und gut, ob es auch rein vorsichtig-taktisch gesprochen, von Vielen als allzugewagt angesprochen werden mag. Wir müssen schliesslich, soweit es in unserem Vermögen liegt, den Augiasstall, in dem wir nun seit Jahrzehnten eingepfercht sind, ohne irgendwelche persönlichen Rücksichten und Vorsichten walten zu lassen, nach Möglichkeit ausräumen helfen, geschehe uns dann was nur immer wolle.

Auch Dein gegen Helbling gerichteter Epilog, von dem ich Dir, wäre er mir vorher bekannt gewesen, vielleicht abgeraten hätte, billige ich nun nach reiflicher Ueberlegung durchaus, denn er enthält eben Feststellungen, die irgendwie verlautbart werden mussten und die zu verlautbaren nicht im Jedermannsvermögen liegt.[451]

[...]

---

450 Weil Wettstein an der Jahresversammlung der Gottfried Keller-Gesellschaft auch erwähnt hat, Fränkel habe unter anderem mit der «Spitteler-Affäre» seine Zeit «vertrödelt», geht dieser im *Neuen Medius* auch kurz auf diesen zweiten «Handel» ein. Insbesondere hält er fest: «Nachdem Herr Bundesrat Etter den seit Jahr und Tag urbi et orbi angekündigten Prozeß bisher unterlassen hat durchzuführen, bin ich nunmehr, so schwer auch ein solcher Entschluss einem Privatmanne fällt, im Begriffe, das Bundesgericht anzurufen, um die Ehre der Eidgenossenschaft als der Rechtsnachfolgerin des grossen Carl Spitteler gegen Bundesrat Etter zu wahren.» (S. 21)

451 Fränkels *Medius* schliesst mit einem ausführlichen Verriss von Carl Helblings Ausgabe des Keller-Romans *Martin Salander* (vgl. Anm. 440). Helbling sei ein «Dilettant» und ein «Schulmeister», der «faselt», und «wo er Entscheidungen fällt, sind sie meist falsch». Abschliessend kündigt er «die Fortsetzung meines Keller» an (S. 44–47).

2143. Loosli an Fränkel, Bern-Bümpliz, 4. August 1944

Mein lieber Fränkel,

gestern erhielt ich einen recht enttäuschten Brief Bührers, worin er mir mitteilt, es habe die Lektorenkommission der Büchergilde es nicht bloss abgelehnt, meine Spittelererinnerungen auch nur für ihren Verlag in Betracht zu ziehen, sondern es sei ihm nur knapp gelungen, auch die Ablehnung meiner Novellen zu umschiffen, von denen er glaubt, sie, wie weiland die «Schattmattbauern», schliesslich doch noch durchsetzen zu können.[452]

Offen gestanden, – sonderlich überrascht oder enttäuscht war ich von diesen Neuigkeiten, die für mich eigentlich längst keine mehr sind, keineswegs, so dass ich meinerseits Bührern, dem dort noch verschiedenes Andere durch die Binsen ging, trösten konnte.

Mein Spitteler bleibt nunmehr wahrscheinlich ungeschrieben[453] und was die Novellen anbetrifft, so bin ich darauf gefasst, sie mir abgewiesen zu sehen und zwar gerade des Erfolges der «Schattmattbauern» wegen, dann aber auch, weil unsere nebenberuflichen Schriftsteller und Kritiker-Lektoren den Berufsschriftsteller einfach nicht aufkommen lassen dürfen, weil es anders ihnen selbst über kurz oder lang an den Kragen gehen, oder sie dann zu Anstrengungen nötigen würde, denen sie entweder nicht gewachsen, oder die zu leisten sie ganz einfach zu feig sind.

Denn was sie gegen die Novellen geltend machten, zeugt von einem so trostlosen Unverstand, dass man darob, um ihretwillen, einfach heulen möchte.

Bührern geht es bei unseren Bühnen mit seinem Drama «Perikles», – wohl vom Besten, das die dramatische Literatur überhaupt je in der Schweiz gezeigt hat, gerade so. Nun druckt ers wenigstens – auf seine Kosten. Die Begutachter des Dramas, zwei hochgebildete Akademiker, wovon sich einer als Hellenist aufspielt, haben in ihren Berichten darüber Standpunkte vertreten, die wirklich nur engstirnig verbuchten und miserabel verschulten Schweizgern einfallen und von andern, ebenso kritiklosen und poesieentfremdeten geistigen Landesverteidigern hochachtungsvoll entgegengenommen wurden.[454]

---

452 Looslis Novellenband *Ewige Gestalten* wird 1946 bei der Büchergilde erscheinen.
453 Loosli irrt sich: Er wird die *Erinnerungen an Carl Spitteler* später schreiben und 1956 herausbringen.
454 Jakob Bührer: *Perikles. Dramatische Dichtung in fünf Akten*, Zürich: Limmat Verlag, 1945. Ein halbes Jahr später, am 28. 2. 1945, wird das Stück im Berner Stadttheater uraufgeführt (A. H. S.: *Perikles*, in: *Der Bund*, Nr. 103, 2. 3. 1945). Die Namen der beiden «Begutachter» sind nicht nachgewiesen.

Mit seinem Drama «Galilei»[455] ist es Bührer ähnlich gegangen. In Moskau hat es Hunderte von Aufführungen erlebt und wurde stürmisch begrüsst, – bei uns in Bern kam eine, übrigens dermassen von der Regie (oder vom Dramaturgen) verkorkste Aufführung davon zu Stande, dass das Stück vom Spielplan abgesetzt und damit wohl für die Schweiz erledigt wurde bis vielleicht später einmal, wenn über Bührers Grab längst Gras gewachsen sein wird, auch er der echt schweizerischen Ehre posthumer «Be-unserung» teilhaftig werden wird.

Man darf sich eben nicht verhehlen, dass wir schon darum, weil wir weder Mass- noch Konfektionsarbeit liefern, geächtet sind und bleiben.

[...]

2152. Fränkel an Loosli, Thun-Riedegg, 14. August 1944

[...]

Vorgestern, am Samstag, wurde mir eine sehr erfreuliche Überraschung zuteil: die Post brachte mir einen prächtigen Blumenkorb mit einem Schreiben des Rektors, der mir im Namen der Universität zu meinem 65. Geburtstag gratulierte … daß man sich in solchen Fällen nach dem Dezimalsystem richtet, wußte ich, nicht aber daß nun auch das Halbdezimalsystem maßgebend sein soll. Immerhin: man ist von der Seite nicht so verwöhnt, um dafür unempfindlich zu sein …

[...]

2159. Fränkel an Loosli, z. Zt. Evolène (Val d'Haudères), 27. August 1944

[...]

Herr Gurtner[456], den persönlich kennen zu lernen mir eine große Freude war (aus den Gründen, die auch Du nennst: weil er ein Mensch ist u. kein Routinier, so daß mir seine Bekanntschaft wertvoll bliebe, selbst wenn er auch nicht *einen* Band von mir herauszubringen in der Lage sein sollte) – Herr Gurtner

---

455 Jakob Bührer: *Galileo Galilei. Dramatische Dichtung in fünf Akten*, Zürich: Oprecht und Helbling, 1933. Die Uraufführung findet am 27. 1. 1942 im Stadttheater Bern statt (*Der Bund*, Nr. 39, 24. 1. 1942) und wird kein Erfolg: «Das Publikum der Premiere, für manche witzige Bemerkung des Dichters gern zum Beifall bereit, nahm das Stück als ganzes ziemlich reserviert auf. Der Schlussapplaus, für den Bührer inmitten seiner Interpreten danken konnte, klang auffallend schwach.» (A. H. S.: *Galileo Galilei*, in: *Der Bund*, Nr. 47, 29. 1. 1942)

456 Fränkels Kontakt mit dem Verleger Othmar Gurtner ist zustande gekommen, weil Loosli mit Gurtner im Moment weitreichende Pläne schmiedet, die sich allerdings zum grössten Teil zerschlagen werden. Loosli hat ein Jahr zuvor erstmals mit ihm zusammengearbeitet, als er einen Aufsatz beigesteuert hat zu Othmar Gurtner (Hg.): *Ferdinand Hodler. Ein zeitgenössisches Dokument*, Bern: Aare Verlag, 1943.

hat mich ein bischen mißverstanden, indem er unter dem Eindruck unserer – unvorbereiteten – Unterhaltung einen weitläufigen Verlagsplan ausarbeitete. Nun, darüber hoffe [ich] ihn bald mündlich aufklären zu können, bei welcher Gelegenheit ich ihm einen oder zwei positive, unmittelbar zu realisierende Vorschläge unterbreiten werde. Die Spitteler-Biographie gehört dazu leider nicht. Wäre sie so weit, wie Du annimmst, so hätte ich sie ja längst herausgebracht. Wohl hab ich in meinem Schreibtisch das dicke Manuskript[457] liegen, das wesentlich die Grundlage für den biographischen Band gebildet hätte, den ich Diederichs würde übergeben haben zur Veröffentlichung auf den 80. Geburtstag. Nach Spittelers Tode mußte das aber viel breiter angelegt werden, doch mitten in den vorbereitenden Arbeiten wurde ich vom Nachlaß weggedrängt: die Materialien, die ich mir bei meiner letzten Anwesenheit in der Gsegnetmatt[458] für das nächste zu bearbeitende Kapitel zurechtgelegt, hab ich seither nicht wiedergesehen. Seit 1926 kämpfe ich darum. Die Biographie kann also nicht wieder in Angriff genommen werden, ehe meine Rechte an den Nachlaß klar festgelegt u. mir der Nachlaß wiedergeöffnet wird (daß dies aber geschehen wird, unterliegt keinem Zweifel). Unter diesen Umständen scheidet die Biographie für den Verleger für das Jahr 1945 aus. Ich könnte nicht sagen, daß ich hierüber sehr unglücklich wäre. Ich kann ruhig warten (u. der willige Verleger ebenfalls), bis die Narren ausgenarrt haben werden. Mögen nur die Bohnenblust, Faesi etc. zum 100. Geburtstag mit ihren Spitteler-Büchern herauskommen[459] – mein Spitteler-Buch wird auch nach zwei u. drei Jahren nicht zu spät kommen.

[...]

---

457 Bislang wurde im Fränkel-Nachlass kein zusammenhängendes Manuskript der geplanten Spitteler-Biografie gefunden. Nebst verstreuten Notizen und Entwürfen von Fränkel findet sich im Nachlass auch das von Spitteler selbst weit ausgearbeitete Material zur Verfassung seiner Biografie. Nach Fränkels Tod waren seine Angehörigen bemüht, die Arbeit an der Biografie fortzusetzen, das Vorhaben wurde allerdings aufgegeben.

458 Von 1892 bis zu seinem Tod hat Carl Spitteler an der Gsegnetmattstrasse 12 in Luzern gewohnt.

459 Gottfried Bohnenblust wird 1945 neben zwei Festreden die Broschüre *Carl Spitteler: Dichter und Heimat*. Bern: P. Haupt, 1945 (Schweizer Heimatbücher 8), veröffentlichen. Robert Faesi hat seine grosse Spitteler-Monografie schon 1933 publiziert (vgl. Anm. 193) und lässt 1945 bloss noch eine Rede drucken.

2162. Loosli an Fränkel, Bern-Bümpliz, 2. September 1944

[...]

Ich zweifle auch nicht daran, dass es auch ohne mich im Laufe nächsten Jahres der Spittelerbücher gerade genug geben wird. Freilich schwirrt mir darob die Erinnerung an Ibsen durch den Kopf, der an Brandes schrieb: «Schreiben Sie nur, sonst schreibt ein dummer Kerl!»[460] Aber, gemessen an Dir, würde ich eben auch nur ein dummer Kerl sein. Folglich lege ich meinen Spitteler vorderhand zurück und werde mich ihm erst wieder annähern, entweder wenn Du mit Hrn. Gurtner irgendwie ins Reine gekommen sein wirst, oder wenn es sich ergeben sollte, dass ich Dir mit meinen «Erinnerungen» einen wirklichen Dienst erweisen kann und dazu die materielle, praktische Möglichkeit habe.

Dazu kommt, dass ich mit meiner Schriftstellerei keineswegs am Ende meines Lateins bin, sondern, – ganz abgesehen von meinen Hodleriana, – noch allerhand zu schreiben hätte, zu dem ich mich entschieden zuständiger weiss.

Zunächst einmal Sozialkritisches, das nun je länger je dringlicher wird und wozu mein neulicher Beitrag in der «Nation»[461] bloss den Auftakt bildet. Der nun rumort ordentlich und ich habe in Verbindung damit eine ganze Zahl Briefe zu schreiben, Besuche zu empfangen, zu konferieren, zu raten und zu organisieren, soweit es mir altem Knaben von meiner Klause aus überhaupt noch möglich ist.

Dann lauert mir auch noch, neben manchem anderen, die mehr oder weniger nahe bevorstehende Revision des Urheberrechtes, da ich der einzige militante Ueberlebende der extraparlamentarischen Kommission von 1912 bin.[462] Und schliesslich grinsen mich traurig und höhnisch eine ganze Reihe einstmals umrissener Roman- und Novellenentwürfe an, von denen ich möglicherweise doch noch den einen oder den andern wieder näher ansehen möchte.

Aber vor allem bin ich müde, müde ... Wenn ich überhaupt noch schaffe, dann aus Gewohnheit und zur Betäubung zunächst, denn:

«Zum Teufel ist der Spiritus!»[463] Die Sorgen aber um das tägliche Brot sind

---

460 Nicht nachgewiesen.
461 C. A. Loosli: *Notwendige Feststellungen und Fragen*, in: *Die Nation*, Nr. 34, 24. 8. 1944. Dieser Artikel steht am Anfang einer politischen Kontroverse um die «Administrativjustiz» (Loosli: *Werke 2*, S. 302–320 und 487–500).
462 Zwischen 1912 und 1914 hat Loosli als Delegierter der Gesellschaft Schweizerischer Maler, Bildhauer und Architekten (GSMBA) in der eidgenössischen Expertenkommission für ein «Urheberrecht an Werken der Literatur und Kunst» mitgearbeitet. (Vgl. Marti: *Loosli 2*, S. 140 ff., und Loosli: *Werke 7*, S. 145–165)
463 Vgl. Friedrich Schiller: *Kastraten und Männer*.

neben anderen, noch drückenderen, geblieben. Nur um ihnen zu steuern, und zwar unzulänglich genug, versuche ich es immer noch, und muss es versuchen, ein hochverehrtes Publikum mit meinen Skripturen zu belästigen, denn aus innerem Antrieb bin ich längst nicht mehr drucksüchtig, wohl aber gelegentlich schreiblustig.
[...]

2165. Fränkel an Loosli, Thun-Riedegg, 5. September 1944
Mein lieber Loosli,
ich habe mit Wehmut Deine neue Schrift zu Ende gelesen – mit Wehmut ob des Ausklangs, den Du ihr gibst.[464] Sie selbst nämlich bezeugt den unerschrockenen Kämpfer, der in Dir nicht erloschen ist und dem ich noch manche Tat, manchen nötigen Waffengang zutraue.

Die Schrift ist eine gerechte Abrechnung mit der heutigen Schweiz und mit ihren Kulturmächten. Es ist gut, daß sie da ist, u. ich hoffe nur, es werde Oprecht gelingen, sie zu veröffentlichen – auf diese oder jene Weise.

Hab Dank dafür, daß Du mich das Manuskript hast lesen lassen. Ich habe, Deinen Wunsch erfüllend, es mit dem Bleistift in der Hand gelesen, was Du merken wirst, wenn Du die Blätter aufmerksam durchgehst (in der Regel bezeichnet ein Strichlein am Rande, wo ich etwas geändert habe).

Ich habe der Lektüre diesen ganzen Tag gewidmet, der in die Geschichte als der Augenblick eingehen wird, da in die innere Festung Hitlers eingedrungen

---

[464] Tags zuvor hat Loosli Fränkel sein 112-seitiges Typoskript *Als freier Schriftsteller* zugeschickt. Der «Ausklang», von dem Fränkel spricht, lautet so: «Möge also mein Name vergessen werden, möge mein Werk verschollen bleiben, – mich wenigstens hat es beglückt, einigen Wenigen mag es vielleicht sogar über diese oder jene Daseinsnot hinweggeholfen haben. / Darum möchte ich nichts anderes als Schriftsteller geworden sein und werde als solcher enden. Auch wenn ich von Neuem, ausgerüstet mit all den erworbenen Lebenserfahrungen und Einsichten, wieder jung, unternehmungsfroh und kräftig, vor die Wahl gestellt würde, möchte ich nichts anderes werden als eben Schriftsteller. Aber vielleicht würde es mir dann gelingen, mich frühzeitiger, einsichtiger, zielbewusster als ich dereinst geschah, zu diesem, meinem einzig möglichen Beruf zu ertüchtigen. / Doch auch das ist fraglich und beweist lediglich, dass man sich, man sei so erfahren als man nur könne und wolle, doch stets wieder Illusionen hinzugeben geneigt und sie zu hätscheln bereit ist. / Nun aber ist es eben wie es ist und es bleibt mir nichts mehr übrig als gelassen und endlich auch voll beruhigt zu warten, bis der bekannte Sensenmann mit seiner Hippe das Deleaturzeichen unter mein Leben und Schaffen setzen wird und dieses Zeichen wird mir nicht unwillkommen sein, denn ich bin alt und müde geworden.» (S. 111 f.) Die *Nation* veröffentlicht zwei Jahre später den Anfang von *Als freier Schriftsteller* in sechs Teilen (Nrn. 24–28 und 30, 19. 6.–31. 7. 1946), danach wird der Abdruck abgebrochen. Das Typoskript findet sich in Looslis Nachlass unter SLA-Loosli-E-03-A-03-ce/1.

wurde. Du kannst Dir denken, mit welcher Anteilnahme ich die gegenwärtigen Geschehnisse erlebe. Ich zittere lediglich um das Leben meiner und Spittelers hoher Freundin, die um meines nunmehr etwa 87-jährigen Schwiegervaters willen sich nicht fortbegeben mochte. Wollte nur das Schicksal, daß sich Montgomery rasch und überraschend des linken Rheinufers bei Bonn bemächtigte![465] – Ein Zufall will es, daß auf meiner Spitteler-Truhe seit einigen Tagen ein vollgestopftes Köfferchen[466] steht, an dessen Öffnung ich heute gegangen wäre, hätte mir die Morgenpost nicht Dein Manuskript gebracht. Das Köfferchen birgt nämlich Briefe (mehrere Hundert!) Spittelers an seine Freundin. Obwohl es bei mir seit Mitte 1939 deponiert ist, mochte ich nie daran, bis ich vor kurzem von der Eigentümerin aufgefordert wurde, die Briefe zu lesen, denn ich fände in ihnen sicher wertvolles Material für meinen Prozeß. So will ich denn morgen daran gehen und werde wohl während vieler Tage jene hohe Zeit Spittelers mit- u. aufs neue erleben.

Sei herzlichst gegrüßt u. bedankt von Deinem
Fr.

2168. Loosli an Fränkel, Bern-Bümpliz, 8. September 1944

[...]

Auch ich hoffe und ersehne den möglichst raschen Einfall und die Besetzung Deutschlands durch die Alliierten. Ich, der ich sonst keine Tageszeitungen lese, gehe allabendlich ins Wirtshaus, um sie mir wenigstens anzuschauen. Frau Willisch und ihr Gemahl sind mir noch in zu freundlicher Erinnerung, als dass ich ihnen nicht recht baldige, gründliche Befreiung wünschte. – Aber täuschen wir uns nicht, die RMB, so nenne ich abgekürzt die deutsche Raubmörderbande, wird uns und sich auch das Schrecklichste, Unvernünftigste und Dümmste nicht ersparen und dann wehe uns und ihnen!

[...]

---

465 Der 5. 9. 1944 ist als der «Dolle Dinstag» in die Geschichte des Zweiten Weltkriegs eingegangen. Der Name bezieht sich auf Radiofehlmeldungen dieses Tages, wonach die alliierten Bodentruppen unter Feldmarschall Montgomery in den Niederlanden eingerückt seien, was Fränkel Anlass zu den geäusserten Hoffnungen gibt. Tatsächlich aber hat zu jenem Zeitpunkt ein Stosstrupp der Alliierten von Frankreich her kommend erst Antwerpen in Belgien erreicht.

466 Das mit Korrespondenz zwischen Antonie Wilisch und Spitteler gefüllte Köfferchen ist in Fränkels Nachlass im SLA erhalten, bei Redaktionsschluss allerdings noch ohne Signatur.

2177. Loosli an Fränkel, Bern-Bümpliz, 23. September 1944

[...]

Inzwischen wirst Du meine *Replik an Reg.-Rat Moeckli* erhalten und gelesen haben.[467] Der Mann konnte mir und der Sache keinen besseren Dienst, – nun freilich vor allem auf seine Kosten, – erweisen, denn jetzt habe ich freie Bahn und darf rücksichtslos auftreten. Da war sein unmittelbarer Amtsvorgänger auf der Armendirektion, Reg.-Rat Dürrenmatt, einsichtiger und klüger und der lacht sich im Stillen ins Fäustchen ob dem Betriebsunfall seines Kollegen.

[...]

2178. Loosli an Fränkel, Bern-Bümpliz, 25. September 1944

[...]

Im Uebrigen habe ich Dir eine wundervolle Neuigkeit mitzuteilen, die Dich wie mich belustigen wird.

Schon vor einiger Zeit wurde mir zugetragen, unser kant. Polizeidirektor[468] sei ob meinen Kritiken ordentlich nervös geworden und habe, nur so ganz nebenbei, den Wunsch geäussert, mir irgendwie «das Handwerk zu legen», am besten vermittelst meiner Bevormundung.[469]

Nun, nach den neusten Vorfällen wurde diese Lösung von ihm und dem Armendirektor Moeckli allen Ernstes erwogen, so dass ich mich auf allerhand gefasst machen darf. Bei der geistigen Beschränktheit und der absoluten Rücksichtslosigkeit dieser Leute ist nämlich ein Gewaltstreich dieser Art keineswegs ausgeschlossen.

Nur schade, dass ich nun rechtzeitig davon unterrichtet wurde und daher meine Vorkehren treffen kann und sie bereits teilweise getroffen habe.

Die guten Leute haben nicht nur mich unterschätzt, sondern auch die Zuverlässigkeit ihrer eigenen Komparsen überschätzt, denn einer davon, der zwar nicht aufmucken durfte, da es ihm an der dazu erforderlichen Zivilcourage nach echt schweizerischem Muster gebricht, hatte nichts eiligeres zu tun, als den

---

467 Nachdem im aktuellen Handel um die Administrativjustiz Regierungsrat Moeckli gegen Looslis Kritik (vgl. Anm. 461) am 13. 9. 1944 vor dem Grossen Rat ausführlich Stellung genommen hat (vgl. Loosli: *Werke 2*, S. 310–315), kontert Loosli in diesen Tagen mit einer *Öffentliche[n] Replik an Herrn Regierungsrat Georges Moeckli, Armendirektor des Kantons Bern!*, die in *Freies Volk*, Nr. 38, 22. 9. 1944, und *Die Nation*, Nr. 39, 27. 9. 1944, veröffentlicht wird. (Loosli: *Werke 2*, S. 316–318)
468 Arnold Seematter.
469 Vgl. hierzu Marti: *Loosli 3/2*, S. 372 f.

hübschen Plan einem meiner Bekannten zu verraten, der ihn mir brühwarm überbrachte.

[...]

2180. Fränkel an Loosli, Thun-Riedegg, 2. Oktober 1944
Mein lieber Loosli,

hast Du etwas von dem Kesseltreiben gegen mich in den letzten Tagen vernommen? Man konnte ja annehmen, daß man meine Kritik an dem ersten Helbling-Band nicht schweigend hinnehmen würde, da durch sie der Vorstand der Keller-Gesellschaft vor den Mitgliedern blamiert ist. Als Drachentöter wider den immer wieder aus seiner Höhle am Thunersee verheerend ausfallenden Drachen wurde Ermatingers Schüler u. sein Nachfolger als Ordinarius, Emil Staiger, gewonnen. Der hat nun im Septemberheft der «Schweizer Monatshefte» etwas sehr Böses gegen mich veröffentlicht,[470] das ich willens war zu ignorieren angesichts der geringen Verbreitung des Blattes. Aber dann kam Korrodi und hat dafür mit Trompeten Reklame gemacht: endlich einer, der den Mut hatte u. der es auch kann! (NZZ, Abendblatt vom letzten Donnerstag).[471] Daraufhin sandte ich an Korrodi eine kurze Erwiderung, die ihn in Verlegenheit bringen sollte – und zu meiner Überraschung bekam ich heute von ihm die Mitteilung, meine Erwiderung werde im Montag-Abendblatt erscheinen; mit welcher Begleitmusik, das werden wir ja sehen. Ich gehe jetzt (am Abend) hinunter nach Thun, um mir am Bahnhof das Blatt zu kaufen; falls ichs bekomme, werde ichs diesen Zeilen beilegen.

Mein Spitteler-Band «Huldigungen u. Begegnungen» wird im Frühjahr herauskommen: eben meldet mirs ein Brief von Tschudy, nachdem er den Sonntag an die Lektüre des Manuskriptes gewendet hat.

Ferner: der Spitteler-Prozeß *ist bereits im Gange.*

Und nun leb wohl!

Herzlich Dein

Fr.

Bahnhof. Das Abendblatt hat meine Erwiderung nicht. Umfall? Kauf Dir vielleicht am Kiosk das Morgenblatt vom Dienstag.[472]

---

470 Emil Staiger: *Die kritische Ausgabe des «Martin Salander»*, in: Schweizerische Monatshefte, Nr. 96, 1944, S. 380 f.
471 *Zur kritischen Ausgabe des «Martin Salander»*, in: NZZ, Nr. 1642, 28. 9. 1944.
472 Der Text erscheint tatsächlich am Dienstagmorgen: Jonas Fränkel: *Antwort an Emil Staiger*, in: NZZ, Nr. 1670, 3. 10. 1944.

2185. Loosli an Fränkel, Bern-Bümpliz, 19. Oktober 1944

[...]

[In Bezug auf Hodler] habe ich Dir Folgendes zu berichten: – Seit letztem Dezember habe ich das Hodlerarchiv überhaupt endgültig gesperrt und verweigere grundsätzlich jede Mitteilung oder Dokumentierung aus seinem Bestande, wem es auch nur sei und zwar jeweilen mit der Begründung, ich hätte keine Veranlassung, andern Früchte meiner Arbeit zukommen zu lassen, die man mir zu gewinnen verunmöglichte, wobei ich nie unterlasse zu betonen, man möge mich als Hodlerschriftsteller samt meinem Archiv fortan bis 50 Jahre post mortem als überhaupt nicht mehr vorhanden betrachten, da ich es dem Andenken Hodlers gegenüber nicht verantworten könnte, dazu auch nur im Geringsten Hand zu bieten, ihm ein ähnliches posthumes Schicksal zu bereiten, wie es Spittelern beschieden war.

Die absolute Konsequenz, die ich mir in dieser Richtung auferlege, beginnt nun selbstverständlich gewisse Kreise zu beunruhigen und nun werden in letzter Zeit stets neue Wege gesucht, mich davon abzubringen. Das ist begreiflich, denn in 4 Jahren wird Hodler urheberrechtlich frei, – verschiedene Verleger spekulieren schon jetzt darauf Hodleriana herauszubringen und da sollten sie schon etwas Neues, Unveröffentlichtes bieten können, was nur vermöge meines Archivs möglich wäre.

Auch den offiziellen Stellen liegt meine Haltung ordentlich schwer auf dem Magen, denn dass am Ende des Liedes eine Blamage für sie herausschaut, scheinen sie endlich begriffen zu haben.

[...]

2187. Loosli an Fränkel, Bern-Bümpliz, 22. Oktober 1944

[...]

Du möchtest meine Spittelerbriefe sehen! – Schade, dass Du mir das nicht früher vermeldetest, denn nun habe ich sie nicht mehr zur Hand. Als nämlich vor einiger Zeit, – ich meldete es Dir ja! – die Frage meiner Entmündigung höheren Ortes erwogen wurde, war mir klar, dass der Zweck der Uebung vor allem darin bestehen würde, einmal mich mundtot zu schlagen, dann aber auch meinen für die Behörden unbequemen Aktenbestand zu klauen. Folglich habe ich unverzüglich gerade das, auf das sie es hauptsächlich abgesehen haben konnten, ausser Kantones in Sicherheit gebracht. Darunter befindet sich u. a. auch meine Korrespondenz mit Spitteler, die ich schon persönlich holen müsste, da mein Treuhänder und Depositär meine Sendung tale quale, ohne um ihren Inhalt zu wissen, sekretiert hat.

[...]

2188. Loosli an Fränkel, Bern-Bümpliz, 24. Oktober 1944
Mein lieber Fränkel,

mein Sohn, der gestern Abend spät aus der Stadt heimkehrte, brachte mir die heutige Morgennummer 499 des «Bund», enthaltend den Bericht über die «Spitteler-Gesamtausgabe», der Dir inzwischen wohl auch bekannt geworden ist.[473]

Daraus ergibt sich nun mit aller, unwiderlegbaren Klarheit, dass das Departement, unbekümmert um das Urteil des Schiedsgerichtes, wie ich es vorausgesagt habe, einfach seinen verräterischen Plan unentwegt weiter verfolgt und Dich wie die Oeffentlichkeit vor eine vollendete, nicht mehr rückgängig zu machende Tatsache stellen wird, welches auch das Urteil des Schiedsgerichtes sein mag.

Auch wenn dieses, was ich nicht zu hoffen wage, hundertprozentig zu Deinen Gunsten ausfallen sollte, so wird damit materiell an der nun einmal gegebenen Sachlage nichts mehr geändert werden. Das Höchste und Beste, das Du günstigstenfalles erreichen wirst, ist

1. eine moralische Satisfaktion, die Dir zwar praktisch hell nichts nützen, Dich aber befähigen wird, Deinen Schild vor Mit- und Nachwelt blank zu halten;

2. die Restitution Deiner Spittelerbriefe und sonstigen Dokumente, deren Eigentumsrecht Du unwiderlegbar wirst nachweisen können, womit wohl das Interdikt verbunden werden kann, sie für die Herstellung der nun beschlossenen apokryphen Ausgabe zu benutzen. Du darfst jedoch schon heute darauf gefasst sein, dass, falls ein solches Interdikt ausgesprochen wird, es von der Spitteler-Kommission ebensowenig wie von den Herausgebern respektiert

---

[473] *Die Spitteler-Gesamtausgabe*, in: *Der Bund*, Nr. 499, 24. 10. 1944. An einem Empfang im Zürcher Kongresshaus hat der Artemis-Verlag die Presse über die geplante Spitteler-Gesamtausgabe orientiert. Als Redner sind Friedrich Witz (Verlagsleiter), Gottfried Bohnenblust (Leiter der Herausgebergruppe) und Bundesrat Philipp Etter aufgetreten. Der *Bund*-Bericht zitiert Bohnenblust – «Der ‹Helfer seiner [Spittelers] letzten Jahre› leistete wertvolle Vorarbeit» – und Etter: «Es gilt, Spitteler das Wort wiederzugeben, auch wenn sich Schatten über den Weg legen sollten. Der Bund amtet als Treuhänder des ihm anvertrauten Erbes, und er wird das Werk des Dichters verteidigen.»

werden wird und dass diese auch im Falle dieses neuen Rechtsbruches oberbehördlich gedeckt werden.

3. die Anerkennung und den Schutz Deiner Urheberrechte an Deinen Briefen an Spitteler, und, falls sich welche im Besitze des Bundes befinden, Dein Eigentumsrecht an den Briefen und Dokumenten, die Spitteler persönlich an Dich gerichtet hat oder deren Eigentum er Dir ausdrücklich zusicherte.

Da Deine Widerparten die Macht und den Willen sie zu missbrauchen haben, werden sie sich praktisch auch daran nicht kehren. Im weiteren, sei dessen versichert, werden sie Dir das Spitteler-Archiv zum allermindesten solange, wenn nicht auf alle Zeiten sperren, bis sie ihre apokryphe Ausgabe unter Dach gebracht haben werden.

Das alles wird Dich, über Deine jahrzehntelangen Arbeiten und Bemühungen hinaus obendrein noch eine mächtige Stange Geldes kosten und dann bleibt Dir nur übrig, um wenigstens Deine Ehre und Deinen Ruf zu wahren, auch in Sachen Spittelers einen «Neuen Medius» zu veröffentlichen, für den Du, wenigstens in der Schweiz, keinen Verleger finden wirst.

Das alles ist himmeltraurig, erbärmlich und empörend, aber es ist nun einmal so, nämlich unabänderlich. Angesichts dieser Sachlage bleibt uns lediglich übrig, die Bilanz zu ziehen und dann Schluss zu machen und da bitte ich Dich nun inständig, meinen folgenden, ebenso aufrichtigen als tief bekümmertem Freundesrat in ernsthafte Erwägung zu ziehen.

Du hast seit 1908 alles getan und nichts unterlassen den Ruhm und das Werk unseres grossen Freundes zu fördern und zu verbreiten. Du hast es Dich weder Mühe, Anstrengungen, noch Zeit und Geld reuen lassen, Dein Ziel zu erreichen und Spittelern bis lange über seinen Tod hinaus die ihm angelobte Freundschaftstreue zu halten.

Heute stehst Du vor der materiellen Unmöglichkeit ein Mehreres zu tun, ohne Dich in seelischer wie in materieller Hinsicht zu ruinieren und vielleicht damit auch das Los Deiner nächsten Angehörigen zu gefährden. Das aber ist mehr als man von Dir billigerweise verlangen kann und darf und das wäre ein Opfer, das Spitteler selbst nie gebilligt haben würde, sondern gegen das er sich, – darin wirst Du mir bei ruhiger Ueberlegung doch wohl beistimmen! – des entschiedensten verwahrt haben würde.

Du hast Dein Möglichstes getan; Unmögliches aber anzustreben wäre ebenso widersinnig als es unverantwortlich wäre. Folglich bleibt vernünftigerweise nur eines übrig: – den Spruch des Schiedsgerichtes abwarten und dann Schluss machen! Ueber das «wie» wird dann, ist einmal das Urteil ausgefällt, noch zu reden [sein]. Ein letzter, öffentlich erklärender Protest wirst Du Dir freilich ebenso wie Spittelern selbst, schuldig sein. Aber dann wirklich Schluss!

Du hast noch andere Arbeitsgebiete, die Du um Spittelers und Kellers willen nun jahrelang brach liegen lassen musstest. Bearbeite diese solange es noch Zeit dazu ist und Du die Kraft dazu aufbringst, denn Du hast uns noch Vieles zu geben. Und jedes Werk, das Du uns schenken wirst, wird zugleich zur Beschämung und zur moralischen Verurteilung Deiner Gegner gereichen.

Sei Dir wenigstens dieses Mal selber lieb und der Nächste! Kein Einsichtiger wird Dich darob tadeln und Dein Gewissen muss Dich freisprechen. Um deinet- und der Deinigen willen beschwöre ich Dich, befolge diesen, meinen uneigennützigen, herzlichen Freundesrat! Es ist der letzte, den ich Dir erteilen kann und Gott weiss, wie innig ich wünschte, Dir einen anderen guten Gewissens erteilen zu können.

Aber die vampyrhafte Sibylle hat richtig prophezeit, wenn Du ihn nicht befolgst, als sie äusserte: – Entweder er pariert oder er wird ruiniert! – Das bedenke!

Solltest Du mich diese Woche noch besuchen wollen, dann wirst Du mir jeden Tag, mit Ausnahme des nächsten Donnerstags, wo ich bereits anderweitig in Anspruch genommen bin, willkommen sein. Und nun sei herzlich gegrüsst von Deinem ebenso betrübten als getreuen
   C. A. Loosli

2190. Fränkel an Loosli, Thun-Riedegg, 25. Oktober 1944

Mein lieber Loosli,

nimm meinen herzlichsten Dank für Deinen wahren Freundesbrief. Ich zeigte ihn meiner Frau; nachdem sie ihn gelesen, sagte sie: «Loosli hat recht!»

Ich stimme mit Dir überein: Spitteler ist nun endgültig verraten und sein Werk an die Epimetheusse ausgeliefert. Wovor er bewahrt sein, wovor ich ihn bewahren wollte, das ist nun für immer vereitelt – durch den Verrat seiner Töchter. Aus dem Bericht in der Nat. Ztg[474] erfährt man noch mehr über die Ausgabe: sie wird so sein, um alle jungen Menschen von Spitteler abzuschrecken u. ihn den Händen unserer Schulmeister zu überliefern. Es ist furchtbar!

Spitteler verabschieden kann ich heute gleichwohl noch nicht. Die Biographie *muß* fertig werden – und dazu wenigstens soll mir der Prozeß verhelfen. Wenn ich auch Spittelers Werk nicht beschützen kann, zu seiner unmittelbaren

---

[474] C. S.: *Spitteler-Ausgabe*, in: *National-Zeitung*, Nr. 497, 24. 10. 1944.

Auswirkung nicht beitragen kann, um sein Denkmal soll er deswegen nicht kommen; das bin ich ihm schuldig. Hätte ich die Biographie schon heute fertig, ich würde sie gleichwohl nicht veröffentlichen, sondern höchstens das Manuskript unter einigen Freunden zirkulieren lassen; aber fertig muß sie werden.

So sehe ich die Dinge an. Wären die Grenzen offen u. die Welt draußen nicht halb verwüstet, ich würde morgen auswandern, um wenigstens ungestört der Vollendung meiner Aufgaben zu leben – ungestört: d. h. nicht alle Tage gemahnt an das Erlebte und Erlittene. –

[…]

2196. Fränkel an Loosli, Thun-Riedegg, 6. November 1944

[…]

Zu der Artemis-Ausgabe (schauderhaft, daß dieser Mann sich *diesen* Namen hat zulegen dürfen!)[475] erfuhr ich neulich aus einem Zeitungsbericht, daß sie ein Vorwort von – Etter!!! bringen soll.[476] Nun versteht man Etters Eifer, der sich auf diesem Wege in die Unsterblichkeit hineinschleichen/-stehlen[477] will. Eine Spitteler-Ausgabe, geschmückt mit einer Einleitung von Etter! Schlimmeres hätte Anna Spitteler ihrem Vater nicht zufügen können.[478]

Sei herzlich gegrüßt!

Der Deinige

Fränkel

2197. Loosli an Fränkel, 7. November 1944

[…]

Da besuchte mich nun dieser Tage der Geschäftsführer der Büchergilde Gutenberg, Hr. Dressler, der mir allerhand Deutsches, Allzudeutsches erzählte. Als ehemaliger Gefangener der NSDAP, der immer noch Beziehungen mit dem unsichtbaren, unterirdischen Deutschland unterhält, vermochte er mir

---

475 Der Name «Artemis», den Friedrich Witz seinem Verlag gegeben hat, war seinerzeit Spittelers Ehrentitel für Antonie Wilisch.

476 Philipp Etters auffallend kurzes *Geleitwort* (in: Spitteler: GW 1, S. VII f.) wird einen Seitenhieb gegen Fränkel enthalten: «Leider war es bisher noch nicht möglich, den gesamten literarischen Nachlaß Carl Spittelers in der Hand des Bundes zu vereinigen, wie die Erben des Dichters beim Vollzug der Schenkung es gewünscht hatten. Den Herausgebern wird durch diese Sachlage die Arbeit in erheblichem Ausmaß erschwert […].»

477 Fränkel schreibt zuerst: «… schleichen», setzt dann darüber «… stehlen», ohne «schleichen» zu streichen.

478 Die jüngere der Spitteler-Töchter, Marie-Adèle, ist 1940 erst 49-jährig gestorben.

gar manches zu erklären, das ich zwar ahnte, aber nicht klar sah. Es lohnte sich ihn zu hören und namentlich auch seine durchaus vernünftigen, klugen Prognositica zu vernehmen. Da ich mich gegenwärtig in die griechische Kulturgeschichte Burckhardts recht eigentlich verbohrt habe und namentlich das langsame, grausame Sterben der hellenischen Poleis recht innig miterlebte, fielen seine Mitteilungen auf umso fruchtbareren Boden bei mir.

Nämlich so: – Zunächst erklärte er mir, meine «Ewigen Gestalten» (ein Novellenband) würde wohl im 3. Quartal nächsten Jahres erscheinen, wenn es die Zeit und die Umstände ermöglichen würden. Dann aber drang er in mich, ihm einen neuen Roman zu schreiben, da er, – einsichtiger als seine Lesekommission, mit Ausnahme meines braven Bührers, – den rein geschäftlichen Erfolg meiner «Schattmattbauern» zu schätzen weiss.

Nun trage ich seit langen Jahren mehrere Romanstoffe in mir herum, die ich eigentlich lediglich bloss darum stets abgewiesen habe, weil mich meine Erfahrungen gelehrt hatten, dass ja doch alles was ich dichterisches schaffe für die Katz sei. Nun aber hat Dressler mit seiner Bitte meine längst narkotisierte Muse gewissermassen wieder geweckt und da habe ich nun unverzüglich ihrem Winke Folge geleistet und einen Roman «Es starb ein Dorf» in Angriff genommen. Wohin mich das führen wird und ob ich ihn vollende, so vollende, dass ich mit meinem mehr oder weniger ehrlichen Namen dazu stehen kann, mag sich später erweisen.[479] Vorderhand leistet mir die Arbeit den unschätzbaren Dienst, mich von der lausigen Gegenwart abzulenken und mich zu einer Konzentration zu zwingen, deren ich wahrhaftig bedurfte, um mich nicht gelegentlich am ersten besten Nagel aufzuhängen. Dafür schulde ich dem prächtigen «Köbi» eine schwere, dicke Kerze, denn gerade seine Kulturgeschichte hat mir die Stoffwahl erleichtert.

[...]

2198. Fränkel an Loosli, Thun-Riedegg, 8. November 1944

Mein lieber Loosli,

ich freue mich herzlich über Deinen Entschluß u. beglückwünsche Dich dazu. Nichts Schöneres hättest Du mir berichten können. Denn (das steht für mich heute fest) helfen können wir nicht, alle unsere Mühe, durch Polemik die Leute aufzuklären, ist Verschwendung unserer Kräfte. Der Bresten ist zu tief. Das Einzige, was bleibt, ist das Werk. –

---

[479] Loosli schreibt diesen Roman tatsächlich, erscheinen wird er allerdings erst 1975.

Hast Du das «Aide-mémoire» aus dem Bureau Pilet gelesen (an Moskau adressiert)?[480] Was sitzen doch für Trottel im Bundeshaus, die ein solches Schriftstück – bei einer so wichtigen Gelegenheit! – ablassen? So ganz ohne Fingerspitzengefühl, halt ein kleines Fürsprechlein ohne jegliche Bildung. Da ist denn die überlegene Antwort eines gescheidten Kopfes im Kreml verständlich.

Was für eine Blamage für unsere Schweiz im Ausland! Und wie schämt man sich, indem man sich sagen muß: nicht unverdient.

[...]

2199. Loosli an Fränkel, Bern-Bümpliz, 9. November 1944

[...]

Du kannst Dir denken, dass mich in diesen Tagen die Folgen des bundesrätlichen Geniestreiches stark beschäftigen oder vielmehr tief bekümmern. Nun ist es genau so gekommen, wie ich in meinem Vortrag «Russland aus der Fernschau»,[481] vor neun Jahren prophezeite und davor warnte. Es ist schon zum Teufel holen, auf diese Weise nachträglich Recht zu bekommen! Das dürftig-dumme Aide-Mémoire habe ich freilich gelesen und mich für mein Land geschämt wie ein geprügelter Hund. Dabei wäre es so verdammt leicht gewesen, die Sache dermassen einzurenken, dass im Abweisungsfalle die UdSSR von dem Weltgewissen ins Unrecht versetzt worden wären!

[...]

Dagegen konnten wir es nicht eilig genug haben, das ephemere italienische Imperium über Abessynien und auch Franco de jure anzuerkennen, – wir älteste Demokraten! Auch das wird uns unvergessen bleiben und sich bei Gelegenheit in politischer und wirtschaftlicher Hinsicht bitter rächen.

Es war mir seit Jahrzehnten ein sicheres Gefühl, dass wenn die Schweiz schon einmal zu Grunde gehen würde, sie es ihrer anmasslichen Einbildung, ihrer hochnasigen Ueberheblichkeit und dem Préstigefimmel unserer Politiküsser samt ihrem Presseanhang zu verdanken haben würde. Nun sind wir auf dem besten Wege dazu und je weiter wir segelten, je schwieriger ist es

---

480 Am 1. 11. 1944 weigert sich die UdSSR, mit der Schweiz diplomatische Beziehungen aufzunehmen, solange diese daran festhalte, «une politique pro-fasciste envers l'Union soviétique» zu betreiben (*Aide-mémoire russe du 1er novembre 1944*, vgl. https://dodis.ch/47881, 30. 5. 2021). Dieses Dokument ist die Antwort auf ein schweizerisches Aide-Mémoire vom 13. 10. 1944 mit dem Titel *Outlining the swiss federal Government's view on the matter of relations between Switzerland and USSR* (vgl. https://dodis.ch/47861, 30. 5. 2021).
481 Vgl. Anm. 252.

geworden, das Steuer entschlossen herumzureissen und einen vernünftigen, landes-, volks- und selbsterhaltenden Kurs einzuschlagen.

[...]

Da ist unser Hundertmillionenbeitrag zum internationalen Nachkriegsaufbau,[482] mit dem man gut Wetter zu machen hofft und dem Schweizervolk eine hohe Meinung von sich und ihm selber beizubringen bestrebt ist. Dabei ist es, – wie mir dieser Tage überzeugend dargelegt wurde, – im Ausland schon heute kein Geheimnis mehr, dass auch diese philantropophagische Geste vor allem den krämerhaften Zweck verfolgt, unsere in absehbarer Zeit unbrauchbar werdenden und uns belastenden Kriegsvorräte mit möglichst wenig Verlust, womöglich sogar mit einem kleinen Profitchen, abzustossen.

[...]

2210. Loosli an Fränkel, Bern-Bümpliz, 13. Dezember 1944

Mein lieber Fränkel,

soeben erreicht mich die Nachricht des Todes Albert Bentelis, der dadurch vor langem, schmerzlichem Siechtum bewahrt wurde.

Offen gestanden, der Hinschied dieses alten Freundes wäre mir unter anderen Umständen näher gegangen und hätte mich tiefer betrübt. Aber nachdem er, wie allzuoft, schwach genug war, sich in Deiner Angelegenheit von den Leuten, die wir ja wissen, missbrauchen zu lassen, habe ich, eingedenk auch früherer Erfahrungen, seine Gesellschaft eher gemieden als aufgesucht, obwohl es dieses Mal nicht, wie früher einmal, zur jahrelangen, vollständigen Aufgabe unserer Beziehungen gekommen ist. Wir verkehrten, wenn wir uns, was selten genug geschah, etwa im Dorfe trafen, immerhin freundschaftlich, wobei er es ebenso wie ich vermied, über Dich und Deine Belange zu sprechen.

Immerhin sei zu seiner Ehrenrettung gesagt, dass er wenigstens, wie mir Pickel[483] inzwischen wiederholt versicherte, es zu vermeiden suchte, mit Dir in

---

482 In diesen Tagen lässt der Bundesrat in einer Auflage von 1,5 Millionen Exemplaren im Land eine Broschüre verteilen mit dem Titel *Unser Volk will danken*. Aufgrund des darin enthaltenen Spendenaufrufs kommen in der Folge rund 47 Millionen Franken zusammen. Der Betrag wird vom Bund auf insgesamt gut 200 Millionen Franken aufgestockt. Mit dieser «Schweizer Spende» leisten das Schweizerische Rote Kreuz und verschiedene schweizerische Hilfswerke in den folgenden Jahren humanitäre und Wiederaufbauhilfe in achtzehn europäischen Ländern (inklusive Deutschland).

483 Pickel ist ein gemeinsamer Bekannter in Bümpliz, der in der Druckerei Benteli gearbeitet hat. Am 15. 7. 1942 schreibt Loosli an Fränkel: «Ich bin neulich in Bern dem alten Pickel begegnet, der mir erzählte, er sei nach 50-jähriger Arbeit endlich aus der Druckerei ausgetreten, ohne dass man ihm auch nur 1 Rappen Gratifikation gegeben hätte.»

der nun eingetroffenen Weise zu brechen, sondern wiederholt versucht hatte, die Angelegenheit dennoch friedlich zu begleichen.

Schliesslich allerdings unterlag er dem auf ihn ausgeübten Druck, dem er zeitlebens, obwohl von Natur aus gutherzig, aber schwach, in entscheidenden Momenten keinen erfolgreichen Widerstand entgegenzusetzen vermochte.

Ich habe das auch für ihn, immer bedauert, denn seiner ursprünglichen, nie vollständig verleugneten Veranlagung nach, hätte er ein entschieden besseres Los verdient, als ihm in Wirklichkeit zu Teil geworden ist. Und da mich soviele Erinnerungen freundlicher und leider auch anderer Art mit ihm verbanden, betrübt mich sein Tod eben doch. Wie es eigentlich um ihn stand, – und er selber gab sich gelegentlich klare Rechenschaft davon und verhehlte sie mir gegenüber eigentlich nie, – wusste ich seit nun bald vierzig Jahren.
[…]

2211. Fränkel an Loosli, Thun-Riedegg, 14. Dezember 1944

Mein lieber Loosli,

die Nachricht vom Ableben Bentelis hat mich nicht weiter berührt, denn er sowohl wie seine Frau sind für mich seit drei Jahren tot. *Damals* hat mich der Tod von Freunden, an deren Tisch ich während eines Jahrzehntes gesessen und mit denen ich das tägliche Leben geteilt hatte, tief erschüttert u. ich glaubte lange nicht, daß ich darüber würde wegkommen können. Seither ist es für mich nicht wichtig, ob mich die Kunde vom tatsächlichen Weggang heute oder morgen erreicht. Glücklicherweise hat mir während dieser letzten Jahre kein Zufall ihn oder sie auf der Straße als auferstandene Gespenster vor die Augen geführt. Darüber bin ich froh.

Daß sich Menschen, mit denen man einmal so nahe stand, *so* wandeln können, *das* ist das Unheimliche und Rätselhafte an unserm Leben. Seit 20 Jahren, so oft ich das Manuskript meines Meyer-Buches[484] in die Hand nahm, sah ich immer davor eine Widmung an Bentelis als Dank und Erinnerung an die Jahre des Zusammenlebens im Schloß, die auf die Weise nachleuchten sollten noch eine Weile über unsern Tod hinaus … Nur mit wehmütigen Gefühlen streift mein Auge heute jenes Manuskript. An jene Jahre darf ich nicht mehr zurückdenken; sie haben mir nur *ein* Festes und Unvergängliches geschenkt: das ist Deine Treue, für die ich Dir bei dieser Gelegenheit herzlich danke. –
[…]

---

484 Dieses Manuskript ist bisher in Fränkels Nachlass nicht nachgewiesen.

1945

Zu Carl Spittelers 100. Geburtstag am 24. April hält Gottfried Bohnenblust in der Landesbibliothek die offizielle Rede. Fränkel spricht zum gleichen Anlass tags darauf in der Universität vor der Freistudentenschaft. Nachdem Mitte Februar die Geschichte vom zu Tode geschundenen Verdingbuben Päuli Zürcher bekannt geworden ist, engagiert sich Loosli mit einer grossen Serie zum Thema im *Tages-Anzeiger*. Daneben kämpft er mit seinem Asthma. Am 1. Mai erleidet er auf offener Strasse einen Zusammenbruch und muss nach Hause gebracht werden. Eine Woche später datiert Fränkel eine Postkarte an Loosli mit «am Victory-Day»: Der Krieg ist zu Ende. Die Gesellschaft zur Förderung der Fränkel'schen Gottfried-Keller-Ausgabe bleibt eine Totgeburt. Anfang Juli findet vor dem Bundesgericht das Schiedsgerichtsverfahren um Spittelers Nachlass statt. Das Urteil erlebt Fränkel Anfang November als niederschmetternd. Loosli plädiert einmal mehr dafür, den Niederlagen den Rücken zu kehren und neue Projekte in Angriff zu nehmen. Fränkel setzt sich hin und vollendet noch vor Ende Jahr seine fast hundertseitige *Protestschrift gegen das Urteil*.

2230. Loosli an Fränkel, Bern-Bümpliz, 2. Februar 1945
[...]
Zwar werden wir jetzt bald von Ost und West gleichzeitig in die Klemme kommen, was nicht ohne erhebliche Erschütterungen längst steif und fest ersessener Positionen und Thrönlein ablaufen wird. Uns beiden und den wenigen, die mit uns von jeher den Mut des Nicht-Konformismus aufbrachten wird das zwar, wenigstens insoweit es unsere Eigenbelange anbetrifft, nichts mehr nützen, wohl aber steht zu wünschen und zu hoffen, dass endlich unseren eigenen zwar gutgesinnten aber gleichgültigen oder trägen Schlafmützen die Augen aufgehen und sie die drohenden Gefahren erblicken und darob dermassen erschrecken werden, dass wenigstens unseren geistigen Jungen die Bahn geebneter sein wird als sie uns war.
[...]

2233. Fränkel an Loosli, Thun-Riedegg, 15. Februar 1945
Mein lieber Loosli,
etwas für unsere Kulturverhältnisse Bezeichnendes:
Gestern vor 8 Tagen ersuchte ich Strich, er möchte in der Fakultät – als Ordinarius für deutsche Literatur – eine offizielle Spitteler-Feier aus Anlaß des 100. Geburtstages beantragen. Am Montag stand denn auch auf der Traktandenliste der Fakultätssitzung die «Spitteler-Feier». Strich verwies in der Sitzung auf den Kalender, erklärte aber, er selber habe kein Verhältnis zu Spittelers Dichtung, überlasse also der Fakultät darüber zu entscheiden, ob ein Anlaß zu einer Feier bestehe; mich zu nennen hat er unterlassen. Mit Ausnahme von Herbertz, der ausdrücklich auf mich hinwies, hat die Fakultät einstimmig (auf Antrag von Wili, der den Spitteler-Töchtern seinerzeit ihren Artikel gegen mich im «Bund» aufgesetzt hat[485]) beschlossen, von einer Spitteler-Feier sei Umgang zu nehmen (weil Niemand in der Fakultät in der Lage wäre, die Rede zu halten, als ich, dieses aber eine Herausforderung des Bundesrates bedeuten würde).
Das Schönste wäre, wenn wir in Bern eine beherzte Gesellschaft hätten, die mir an Spittelers Geburtstag Gelegenheit gäbe, bei einer öffentlichen Spittelerfeier den Bundesrat «herauszufordern». Doch eine solche Gesellschaft gibt es ja nicht ...
[...]

2235. Loosli an Fränkel, Bern-Bümpliz, 1. März 1945
[...]
Ich bin gegenwärtig sehr beschäftigt, doch die sonstige Beglückung an der Arbeit wird durch ihren himmeltraurigen Gegenstand, den Verbrechen an schuldlosen Verdingkindern und ähnlichem, so sehr vermindert, dass ich nur mühsam vorwärts komme und immer wieder aufs Neue vom Elend, mit dem ich mich auseinander zu setzen habe, ergriffen und deprimiert werde.[486]

---

485 Vgl. Anm. 203.
486 Zwischen dem 6. 3. 1945 und dem 10. 3. 1949 veröffentlicht Loosli im *Tages-Anzeiger* eine schliesslich 19-teilige Serie zum Verdingkinderwesen (vgl. Loosli: *Werke* 1, S. 299–378). Die erste Folge dieser Serie beginnt mit der Schilderung jenes Falles, der in diesen Tagen weit herum Betroffenheit auslöst: In einer Berghütte zwischen Frutigen und Adelboden ist der fünfjährige Verdingbub Päuli Zürcher in einer Art zu Tode gekommen, dass der Dorfarzt von Frutigen dessen Leiche ans gerichtsmedizinische Institut nach Bern überstellt. Ein Student, der die Leiche sieht, geht mit seinem Wissen an die Presse (*Das ist Kindsmord*, in: *Berner Tagwacht*, Nr. 39, 16. 2. 1945, vgl. auch SLA-Loosli-D-Ms-Dok-11: *Fall Päuli Zürcher*, 43 Zeitungsartikel, sowie Marti: *Loosli* 3/2, S. 397–401).

Solltest Du in der Presse über die Behandlung der Motion Reinhard betreffend die Verdingkinder, die heute im Grossen Rat eingereicht und begründet wird, etwas unter den Grossratsberichten lesen, so sei so gut und mach mich darauf aufmerksam, denn ich habe und lese seit längerer Zeit keine Tageszeitungen mehr.[487]

[...]

2257. Fränkel an Loosli, Thun-Riedegg, 26. April 1945

Mein lieber Loosli,

ich habe es nun doch ertrotzt, mit Hilfe der Studentenschaft, daß gegen den Willen der Philosophischen Fakultät in der festlichen Aula der Hochschule Spitteler gefeiert wurde, d. h. daß ich zu Seinem Andenken das sagte, was gesagt werden mußte. Mit Ausnahme von Strich und W. Stein (also der beiden Juden in der Fakultät) ist kein einziger Kollege erschienen. Gleichwohl strömte das Publikum so heran, daß man die Galerie öffnen und überdies vorn noch Stühle aufstellen mußte. Das geschah, obwohl Schwengeler im «Bund» die Veranstaltung durch Schweigen sabotiert hatte: es durfte kein Hinweis im «Bund» erscheinen, nicht einmal ein indirekter durch eine Anzeige meines Buches. Während Schwengeler der Feier in der Landesbibliothek beigewohnt und persönlich über die Rede von Bohnenblust geschrieben hatte,[488] erschien er gestern nicht ...

[...]

---

487 Die Motion, die Ernst Reinhard aus Anlass des «furchtbare[n] Schicksal[s] des Frutiger Verdingbuben» einreicht, fordert Erziehung von Pflegekindern nach allgemeingültigen Grundsätzen, Garantien, dass Pflegekinder nur «tauglichen» Familien anvertraut werden, Ausbau von Erziehungsanstalten zu Erziehungsheimen und verschärfte staatliche Aufsicht (vgl. *Schutz und Liebe für Pflegekinder. Verdingkinder-Debatte im Berner Grossen Rat*, in: *Der Bund*, Nr. 224, 16. 5. 1945).

488 A. H. S.: *Eine Spitteler-Ausstellung*, in: *Der Bund*, Nr. 166, 11. 4. 1945. Laut Schwengeler spricht Bohnenblust – in Anwesenheit unter anderen von Anna Spitteler und Bundesrat Etter – zum Thema «Der Dichter und das Buch». Übrigens berichtet der *Bund* unter dem Kürzel Sr. dann auch über Fränkels Spitteler-Rede an der Universität: Fränkel habe versucht, «den prometheischen Heroismus als sinnvolle Antwort auf den kosmischen Pessimismus des religiösen Erlebnisdichters zu verstehen» (vgl. *Carl Spittelerfeier der Studentenschaft*, in: *Der Bund*, Nr. 194, 27. 4. 1945).

2268. Fränkel an Loosli, Thun-Riedegg, «am Victory Day» (8. Mai 1945)
Mein lieber Loosli,
ich bin sehr bekümmert. Spann doch für einige Zeit gänzlich aus, wenn immer möglich, damit Konrad wieder ins Gleichgewicht kommt.[489] Ich habe vor einigen Jahren Ähnliches erlitten, dann ist es vergangen. Nur keine falschen Schlüsse ziehen, obwohl wir im übrigen wissen, woran wir sind.
Herzlichst Dein Fränkel

2269. Loosli an Fränkel, Bern-Bümpliz 10. Mai 1945
Mein lieber Fränkel,
der Hallunke Konrad ist ein heimtückischer Geselle. Er führt sich monate-, – ja, mitunter jahrlang annähernd anständig auf, um mich dann zu überfallen, wenn ich es am wenigsten erwarte.

Allerdings müssen ihm dazu ein paar schlimme Geister zu Hilfe kommen, die ich in der Regel zu wenig beachte. Nämlich andauernde Aufregungen und Sorgen, ferner jene unfreiwillige Musse, die jedesmal eintritt, wenn ich eine grössere Arbeit vollendet habe und nach einer neuen lechze, die sich erst programmatisch in mir kristallisieren muss bevor ich ans Werk gehen kann, und endlich der Föhn.

So hat er mich neulich wieder einmal überrumpelt, zum dritten oder vierten Mal in den letzten Jahren. Was ich dann bin ist nicht viel mehr als ein leerer, morscher Balg, der sich geradezu zwingen muss, auch nur das allernotwendigste, unumgänglichste zu verrichten.

Da ich nie zum Voraus weiss, wann der Spitzbube versagt, habe ich mir auferlegen müssen, wie eine Schnecke das Haus zu hüten. Darum verlasse ich seit Jahren das Haus nicht mehr und reise nicht. Nicht einmal nach der Stadt, wenn ich nicht absolut dazu gezwungen bin. Und darum habe ich seit Jahren darauf verzichtet, Vorträge zu halten. Hat er mich doch eines Tages mitten in einem Vortrag im Stiche gelassen, nur weil ihm die Eisenbahnfahrt nicht behagt hatte.

Aber, den Rat, den Du mir gibst, eine Weile gänzlich auszusetzen, den be-

---

489 Am 1. Mai hat Loosli gemeldet, er habe «auf offener Strasse» einen «Anfall» erlitten und heimgeschafft werden müssen. «Konrad» ist Looslis gebräuchliches Wort für seinen gebrechlicher werdenden Körper. Dabei bezieht er sich auf Spittelers Figur Viktor in *Imago*: «‹Zur Gesundheit›, wünschte ihm sein Körper. ‹Danke, Konrad›, erwiderte er freundlich. Er pflegte nämlich, weil er mit ihm so gut auskam, seinen Körper kameradschaftlich Konrad zu nennen.» (Spitteler: GW 4, S. 280 f.)

folge ich dann jeweilen ganz instinktiv. Das heisst, ich tue gar nichts, sondern greife zu Spitteler und nach einer Woche oder zweien gehts dann wieder.

Auch dieses Mal hilfts, aber langsam und noch will sich Bruder Konrad nicht ganz ergeben. Immerhin sehe ich voraus, dass ich in acht bis vierzehn Tagen wieder vollkommen auf dem Damm sein werde, so vollkommen, als es bei meiner Leibesbeschaffenheit überhaupt möglich ist, denn man wird eben nicht jünger.

Sein letzter Streich, mich wie ein besoffener Vagant auf die Strasse hinzuschmeissen, hat mir immerhin einen Hinweis gegeben, wessen ich mich eines Tages zu versehen haben werde, und, wenn mich nicht alles täuscht, wird es nicht schlimm sein, sondern rasch gehen. Was ihn, neben den vorerwähnten Gehilfen diesesmal dazu gereizt haben mag, mir den Possen zu spielen war einmal die qualitative Unterernährung an der wir alle leiden, die wir nicht mehr von Eisen und Stahl sind. Dann ferner, – lach mich aus! – die tiefe Trauer, die sich meiner ob des Unterganges, nicht des Dritten Reiches, aber jenes Deutschlands überwältigte, das wir liebten, verehrten, dem wir so unermesslich viel zu danken haben. Verschärft durch den Zerfall des eigenen Landes, das das, ich möchte fast sagen, zweifelhafte Glück zum zweiten Mal erlebte, sozusagen ganz verschont zu bleiben. Ein Glück, das offiziell und privat in einer Weise gefeiert wird, die mich fast bis zur Verzweiflung beschämt und bedrückt.

[...]

2270. Fränkel an Loosli, Bern-Bümpliz, 13. Mai 1945
Mein lieber Loosli,
hab schönsten Dank für Deinen klärenden Brief, der mich beruhigten Gemütes gestern morgens nach Zürich fahren ließ.

Ich fuhr hin unter dem niederdrückenden Eindruck eines Briefes von Werner Schmid, der die Vermutung aussprach, es dürfte statt zur Konstituierung der Gesellschaft zu deren Liquidierung kommen. Es kam glücklicherweise anders – dank vor allem dem tapfern Eingreifen von Freund Merckling, der unerwartet in der Sitzung erschienen war. Ich erzähle Dir davon mündlich.

Wie schwach das Interesse für die Gesellschaft bei deren 100 Mitgliedern ist, dafür bot die Feststellung ein Beispiel, daß – vom Einberufer abgesehen – kein einziger Zürcher erschienen war – zu einer Mitglieder-Versammlung in Zürich! Erschienen sind: 2 Herren aus Chur (Schmid-Ammann u. Dr. Meuli), Jakobus Weidenmann aus St. Gallen, Guido Müller, ein Herr aus Basel, einer aus Zug, Merckling – und Weldler (also doch noch ein Zürcher!). Die Gesellschaft hat sich konstituiert u. einen Vorstand gewählt (Präsident: Dr. Gottfried Stiefel, Anwalt in Winterthur, ein Freund Mercklings; Sekretär: Prof. Berger in Zug). Jetzt soll der Vorstand (ohne den Präsidenten, der wegen Krankheit in den nächsten Monaten nur den Namen hergeben wird) versuchen, die Mittel aufzubringen für Herausgabe des 1. Bandes. Wir wollen das Beste hoffen!

Hier – für den Fall, daß Du ihn nicht inzwischen zu Gesicht bekommen – der Kleine Bund mit meinem kurzen Artikel über Bloesch.[490]

Laß Dirs gut gehen, mein Lieber, u. sei herzlichst gegrüßt von Deinem alten Fränkel

2284. Loosli an Fränkel, Bern-Bümpliz, 26. Juni 1945

[...]

Ob der Katalogisierung der Hodlerurkunden ist mir nun allerhand, das ich zum Teil vergessen, zum Teil ins Unterbewusstsein verdrängt hatte, wieder recht lebensnahe geworden und da man mich schon wiederholt dazu verführen wollte, meine Memoiren zu schreiben, wogegen ich eine einfach unüberwindliche Abneigung habe, so fiel mir ein, ich könnte am Ende einen oder zwei Bände Episoden aus meinem Leben schreiben, die recht amüsant ausfallen könnten und keinesfalls langwierig zu lesen sein würden. Umsoweniger, als ich heute alle diese Erlebnisse aus der Fernschau sine irae et studio zu betrachten, zu empfinden und zu schildern in der Lage wäre.

Das nun war die vorhabende Arbeit, die ich gestern antönte.[491] Und nun, gerade im Hinblick darauf, erbitte ich mir Deinen Rat. Ich denke mir nämlich die Sache ungefähr so:

In Frage kämen bloss Ereignisse und Erlebnisse, die von mehr als bloss eigenpersönlichem Belange sind, wobei ich selber eigentlich bloss die Rolle des wohlunterrichteten, aber nicht mehr innerlich daran beteiligten Berichterstatters spielen würde. Das erschlösse mir die Möglichkeit, gar manches recht launig und lustig, anderes freilich auch mit der erforderlichen Strenge und erworbenen, verachtenden Unempfindlichkeit zu behandeln.

Recht summarisch und unverbindlich lege ich Dir das noch durchaus unverbindliche Gerüst vor, Dich bittend, mir in aller freundschaftlichen Offenheit

---

490 Jonas Fränkel: *Der Schriftsteller*, in: *Der kleine Bund*, Nr. 19, 13. 5. 1945. Hans Bloesch ist am 28. 4. 1945 gestorben.
491 Auf einer Postkarte hat Loosli tags zuvor angetönt: «Obwohl ich gegenwärtig immer noch, physisch und seelisch ziemlich reduziert bin, keimt in mir Mut zu neuen Unternehmen (lies Dummheiten!).»

zu sagen, wie Du darüber denkst und was Dir allenfalls dafür oder dagegen spricht.

Hodler (mein Verhältnis zu und meine Erlebnisse mit ihm).

(Gesellschaft Schweizerischer Maler, Bildhauer & Architekten – mein Zentralsekretariat und meine Redaktionstätigkeit an der «Schweizerkunst» unter dem Vorsitz des Zentralpräsidenten F. Hodler).

Daran anschliessend, – wie das derzeitige, positive Schweizerische Urheberrecht entstand.

Mein Hodler-Archiv und seine Leidensgeschichte.

Spitteler. Meine Beziehungen zu ihm. – Fränkel. – Epilog – (Hier böte sich Gelegenheit, meinen Vortrag doch noch zu veröffentlichen, wenigstens en substance).

Gotthelf. Geschichte der grossen Gotthelfausgabe. – Der Gotthelfstreit von 1913 (Meine Mystifikation) und diese Illustrierend, «Der Beweis, dass Napoleon nie gelebt hat».[492]

Gründungsgeschichte des Schweiz. Schriftstellervereins.

Erziehungsfeldzüge. – Anstaltskämpfe der 20er-Jahre – Jugendrecht – Langhans – Verdingkinder u. s. w.

Antisemitismus – Die Schlimmen Juden – Der Prozess um die sog. Protokolle der Weisen von Zion u. s. w.

Administrativjustiz und alles, was sich Antihumanes und Antidemokratisches damit unzertrennlich vermählt.

Wat meenste nu?[493] –

[...]

2290. Fränkel an Loosli, Thun-Riedegg, 5. Juli 1945

Mein lieber Loosli,

ich sende Dir hier das heute in Lausanne, In Abwesenheit meiner Prozeßgegner, Vorgetragene[494] – einiges mußte allerdings beim Vortrag gekürzt werden, weil es bereits nach 12 Uhr war, als das Schiedsgericht nach kurzer Beratung

---

492 Jean-Baptiste Pérès: *Comme quoi Napoléon n'a jamais existé ou Grand erratum source d'un nombre infini d'errata, à noter dans l'histoire du XIXe siècle*, Paris 1827. Diese Mystifikation hat Loosli 1917 im Rahmen eines literarischen Abends im Berner Grossratssaal vorgetragen (Marti: *Loosli 2*, S. 353 f. und 497).

493 In Looslis Nachlass hat sich kein Typoskript oder Fragment erhalten, das mit dieser siebenteiligen Inhaltsskizze in Zusammenhang gebracht werden könnte.

494 Am 5. 7. 1945 hält Fränkel sein *Schlusswort vor dem Schiedsgericht bei der Hauptverhandlung im Bundesgericht* (vgl. Fränkel: *Spittelers Recht*, S. 163–173).

verkündete, daß es beschlossen habe, mich trotz dem Proteste des Gegenanwalts anzuhören. Andrerseits durfte ich aus der Abwesenheit der Gegenpartei Profit ziehen u. das u. jenes deutlicher sagen (die Manuskripte, deren Titel ich zuerst verschweigen wollte, sind Früheste Erlebnisse und Imago).

Ein starkes Stücklein von dem Mitarbeiter Schüpbachs gegenüber dem Präsidenten des Bundesgerichtes u. zwei andern Bundesrichtern ist es schon, die Verkündigung, daß das Gericht mich anhören wolle, mit der Erklärung zu beantworten, er habe eine Verabredung zum Mittagessen u. daraufhin zusammen mit Etters Sekretär den Saal zu verlassen. Von Seiten eines Vertreters der Eidgenossenschaft eigentlich verletzend – findest Du nicht auch? Ich glaube nicht, daß das in einem andern Lande möglich wäre.

Sei herzlich gegrüßt!
Dein Fränkel

2292. Fränkel an Loosli, Thun-Riedegg, 11. Juli 1945
[...]
Ich komme nunmehr auf Deinen Brief vom 26. Juni zurück – auf den Plan eines Erinnerungsbuches, den Du mir vorlegtest. Es wäre jammerschade, wenn Du es nicht schreiben würdest, denn es handelt sich um einen Abschnitt schweizerischer Kulturgeschichte, der für die Nachwelt (gleich ob es eine schweizerische oder eine andere sein wird) von eminenter Bedeutung sein wird – als Zeugnis des Niedergangs der Schweiz von einem, der ein Warner in der Wüste war.
[...]

2294. Loosli an Fränkel, Bern-Bümpliz, 14. Juli 1945
Mein lieber Fränkel,

der hocherfreuliche Beschluss des Thuner-Stadtrates, sich Ettern, die graue Eminenz des Bundesrates, als Redner an der diesjährigen 1. Augustfeier zu verbieten, ist hocherfreulich und steht ohne Präzedenzfall da, könnte aber sehr wohl einen solchen schaffen, auf den man sich auch künftig berufen dürfte.[495]

---

495 Seit Mitte Juni ist in Thun ein öffentlicher Streit im Gang um die Einladung von Bundesrat Etter als 1.-August-Redner. Für den Gemeinderat mit sozialdemokratischer Mehrheit ist diese Einladung durch ein privates «Bundesfeierkomitee» ein «Skandal», weil Etter «ein extremer kathol.-konservativer Politiker» sei (*Oberländer Tagblatt*, Nr. 140, 19. 6. 1945). In der Folge reicht der Stadtrat Eugen Stähli, ein Freiwirtschaftler, eine Motion ein: «Der Gemeinderat wird eingeladen, das Bundesfeierkomitee zu veranlassen, die Berufung von Herrn Bundesrat Etter als Festredner für die 1. Augustfeier rückgängig zu machen. Es wäre ausserordentlich zu bedauern, wenn durch diesen Redner, der in Thun in mehr als einer Hinsicht ganz

Dass dieser Beschluss gerade vom Stadtrat der Gemeinde ausgeht, in der sowohl Du, wie Dein Gegenanwalt[496] wohnen, setzen meinem Vergnügen darob die Krone auf und wirkt gewissermassen symptomatisch.

Obwohl es verfrüht wäre, daraus allzu rosige Hoffnungen abzuleiten, darf doch immerhin angenommen werden, dass die Ettern erteilte Ohrfeige im ganzen Land herum einen gewissen Widerhall finden und auch anderswo dazu ermutigen wird, gegen einen Politiker Stellung zu beziehen, der das Vertrauen des Volkes nie besessen hat, nie besitzen konnte und seine hohe Stellung bloss jenen uns seit Jahrzehnten nur allzubekannten, nicht eben ruhmvollen parteibedingten Wahlmanövern verdankt.

Wenn, wie ich wünsche und hoffe, der Thunerbeschluss die Reperkussionen auslöst, die auszulösen er sehr wohl geeignet ist, dann sollst Du sehen, wie sich die lieben Kollegen des Hohen Bundesrates schleunigst von dem sinkenden Stern abwenden und mit ihnen auch viele Gesinnungsfeiglinge der Bundesversammlung.

[...]

2295. Fränkel an Loosli, Thun-Riedegg, 16. Juli 1945

Mein lieber Loosli,

hab schönsten Dank für den heute angekommenen Brief. An dem erfreulichen Beschluß des Thuner Stadtrates bin ich gänzlich unschuldig (übrigens auch mein Anwalt, obwohl er Mitglied des Gemeinderates ist[497]); ich habe von dem Beschluß erst aus dem Sonntags-Bund erfahren und habe mir dann heute das Oberländer Tagblatt beschafft, um Näheres über die Sitzung des Stadtrates zu erfahren. Ich sende Dir hier den Bericht, der Dich sicher auch interessieren wird (Du brauchst mir ihn nicht zurückzusenden, denn ich habe noch ein Exemplar). Der Motionär Stähli ist Primarlehrer hier und, wenn ich nicht irre, Präsident der Thuner freiwirtschaftlichen Gruppe.

Nichts würde mich heute mehr freuen als am 1. August den Thunern eine patriotische Rede unserer Façon [zu halten], die aber gleichwohl erhebend

---

unwillkommen ist, und der sehr gut ersetzt werden könnte, ein starker Misston in unsere erste Bundesfeier nach dem Kriege gebracht werden sollte.» In der Ratsdebatte vom 13. 7. wird die Motion beraten und mit 20 zu 16 Stimmen gutgeheissen. Als ersten Grund für die Ausladung nennt Stähli in der Debatte folgenden: «1. Ist sein Verhalten gegenüber unserem Thuner Mitbürger Professor Fränkel ungerecht und und es wurde schon als ein ‹Verrat an Spitteler› gekennzeichnet.» (*Oberländer Tagblatt*, Nr. 162, 14. 7. 1945)
496 Hermann Schüpbach.
497 Karl Zollinger.

sein könnte – an Stelle von Etter oder neben Etter. Doch ich mag mich nicht aufdrängen u. am Ende wäre das nicht einmal «klug» – aber freuen würde es mich.

Alles Herzliche von Deinem
Fränkel

2301. Fränkel an Loosli, z. Zt. Arolla, 28. Juli 1945
Mein lieber Loosli,

hier oben, auf 2000 m, erreicht mich die Nachricht von dem gewaltigen, vorbildlich elegant vollzogenen Umschwung in England.[498] Nun bekommt der konservativste Staat der Welt (neben Japan der konservativste!) eine rein-sozialistische Regierung und unsere liebe Schweiz bleibt der einzige Staat mit einer reaktionären Regierung! Was wird uns die Zukunft bringen? Es sind trübe Gedanken, die mich hier oben beschäftigen.

Ich lese hier Aristophanes. Kannst Du Dir ihn verschaffen: «Frieden», «Wolken»? Was durfte der vor 2300 Jahren von der Bühne herab in Athen alles sagen, was man heute in der demokratischen Schweiz nicht sagen dürfte. Nun keine Zensur sich einmischen könnte, würde der Verwegene durch andere Mittel unschädlich gemacht werden. Wenn Du Aristophanes nicht besitzest, so laß michs wissen, dann schicke ich Dir meinen. Was waren das für hübsche Zeiten, als man den ganzen Aristophanes in 2 gebundenen Bänden zu je 1 Mark in jeder Buchhandlung bekommen konnte.

Am Montag werde ich wieder zu Hause sein. Laß Dirs wohl ergehen!
Herzlichst
Dein Fränkel

2302. Loosli an Fränkel, Bern-Bümpliz, 30. Juli 1945
Mein lieber Fränkel,

auch mich haben die englischen Wahlen tief ergriffen und ich bereite darüber eine Betrachtung für «Traits»[499] vor, eine mutige, schweizerische, natürlich welsche Zeitschrift, zu deren Mitarbeiterstab ich seit ihrer Gründung gehöre, an der ich übrigens ein wenig mitbeteiligt war.

Und die fairness, mit der das Wahlergebnis von der unterlegenen Torypartei

---

498 Am 5. 7. 1945 hat die Labour-Partei die Unterhauswahlen gegen Churchills Konservative gewonnen und besetzt nun 393 von 640 Sitzen im Parlament. Der Sozialist Clement Attlee wird daraufhin neuer Premierminister.
499 C. A. Loosli: *Deux démocraties*, in: *Traits*, Nr. 8/9, August/September 1945.

entgegengenommen wurde! Grossbritannien hat uns Schweizern speziell wieder einmal eine gründliche Lektion wirklicher, praktischer Demokratie erteilt, die natürlich nicht beherzigt werden wird.

Schadet nichts! – Wer nicht hören will muss fühlen!

Der olle, ehrliche Aristophanes gehört seit langen Jahren zu meinen Lieblingsautoren. Ich besitze ihn in einer ungemein originellen Uebersetzung, nämlich in der Ludwig Seegers weiland (1838–48) Lehrer und Professor in Bern. Sie ist auch sprachlich eigenartig, denn, um den Unterschied zwischen den Attikern und den Lakedämoniern sinnenfällig zu gestalten, lässt er jene in der Schriftsprache, diese in berndeutschen Anklängen sprechen.

Muss ein geistvoller Kerl gewesen sein; – übrigens ein Revoluzger, ein Achtundvierziger.

Eine ebenfalls gute französische Uebersetzung ist mir leider abhanden gekommen.

Recht hast Du schon: – es wäre weder dem Dichter noch seinem Uebersetzer wohl bekommen in unseren Tagen in der Schweiz zu wirken. Zensur und Papierkontingentierung würden ihnen wohl das böse Maul gestopft haben als hiessen sie Fränkel oder Loosli.

Dafür sind wir ja Tellensöhne der «ältesten Demokratie»! Schwer ists da keine Satire zu schreiben!

Da nun Etter doch in Thun augustfeierreden wird,[500] warte ich mit meinem vorhabenden Kommentar ab, bis mir kund geworden ist, welchen Austrag das Intermezzo zeitigen wird.[501]

Lass Dirs inzwischen wohl ergehen, kräftige Dich und sei herzlich gegrüsst von Deinem

C. A. Loosli

---

500 Das Votum des Thuner Stadtrats gegen die Einladung Etters als Redner für die 1.-August-Feier (vgl. Anm. 495) hat in den Zeitungen landesweit Aufsehen erregt (*Oberländer Tagblatt*, Nr. 167, 20. 7. 1945). Tags darauf erscheint in der gleichen Zeitung unter dem Titel *Die Thuner und der Bundesrat* ein Kommentar, der den Stadtratsbeschluss als Ergebnis sozialdemokratischer Taktiererei kritisiert. Schliesslich setzen sich jene durch, die Etter reden lassen wollen: Das «Bundesfeierkomitee» habe an seiner Einladung festgehalten und die Thuner Bevölkerung habe dem «Sabotierungsversuch» durch die SP «die einzig würdige Antwort gegeben: mit einem Massenaufmarsch und mit dankbarem Beifall [...] für Bundesrat Etter» (*Oberländer Tagblatt*, Nr. 178, 2. 8. 1945).

501 Dass Loosli zum Thema einen Kommentar veröffentlicht hat, ist nicht nachgewiesen.

2307. Fränkel an Loosli, Thun-Riedegg, 8. August 1945

[...]

Meine finanzielle Basis ist durch die Geschehnisse der letzten Zeit arg erschüttert worden, die Verpflichtungen gegen die Kinder aber, die alle studieren, sind groß (mein älterer Sohn ist in Zürich an der ETH – Du kannst Dir denken, was das heute kostet!), dazu kommen die Steuern, die an der Substanz selber fressen, und nun verlangt Peter wieder 800 Fr, nachdem 1000 Fr bereits eingezahlt worden sind![502] Und dazu die Aussicht, in 4 Jahren von der Hochschule zurücktreten zu müssen u. damit die *letzte* Erwerbsmöglichkeit zu verlieren ...

Leb wohl u. sei herzlich gegrüßt!

Dein alter Fränkel

2310. Loosli an Fränkel, Bern-Bümpliz, 20. August 1945

Mein lieber Fränkel,

der heutige Tag, der auch unserm Lande die lang ersehnte Demobilisation bringt, sollte eigentlich mit ungetrübter Freude begangen werden können, wüssten wir nicht, was der Volksmund treffend geprägt hat, dass «der General geht, die Obersten aber blieben». Und nicht nur die militärischen, sondern Gott sei's geklagt, auch unsere zivilen Hochmögenden, auch wenn sich darunter Pétainisten und Quislinge befinden.

Unsere dringlichste, notwendigste Aufgabe wird nun die sein, jeder an seinem Ort dazu beizutragen, auch diese aus dem Sattel zu heben und dafür besorgt zu sein, dass an ihrer Stelle wirkliche Demokraten treten.

Aus dieser Erwägung heraus habe ich mich entschlossen, an der Presse der Partei der Arbeit[503] mitzuarbeiten, obwohl es mir selbstverständlich nicht einfällt, mich ihr als Mitglied anzugliedern.

Aber sie bietet mir heute die *einzige* Möglichkeit, noch ein offenes Wort zu sagen.

[...]

---

502 Am 3. 8. 1945 hat Fränkel Loosli berichtet, dass er, von Arolla zurückgekehrt, «Unangenehmes» vorgefunden habe: Die Expertenantworten auf seine Erläuterungsfragen vor dem Berner Obergericht in Sachen Keller-Ausgabe seien Antworten «eines unverantwortlichen Lumpen».

503 Die Partei der Arbeit (PdA) ist die 1944 gegründete Nachfolgeorganisation der Kommunistischen Partei der Schweiz, die 1940 verboten worden ist. Die PdA gibt die Zeitung *Vorwärts* heraus.

2328. Loosli an Fränkel, Bern-Bümpliz, 31. Oktober 1945

[...]

Dringlich wären nun, – und zeitgemäss auch! – meine zusammenfassenden Expektorationen über die Armenerziehung, das Pflegekinder- und Fürsorgewesen. Aber das gährt noch in mir dermassen, dass ich gar nicht klar darüber zu werden vermag, in welche Form ich diesen Stoff giessen soll. Ob abhandelnd didaktisch oder episch, d. h. in der Form eines Romans.

Da bin ich ganz einfach am Hag und solange ich keinen sicheren Arbeitsplan vor mir sehe ist es für mich erfahrungsgemäss besser, überhaupt nichts zu unternehmen. Denn Nachlassmanuskripte habe ich nachgerade genug aufgespeichert, so dass ich stark mit dem Gedanken umgehe, wieder einmal einen Teil davon zu Heizungszwecken zu benutzen, um sie vermindern und damit sie mir aus den Augen, aus dem Sinn kommen ohne mich weiterhin anzuöden und zu deprimieren.

Man hat in der Schweiz für alles Papier, – uns bleibt es kontingentiert und zwar nicht etwa von Staates wegen, denn die konformistischen Herdenschreiber merken nichts davon und schreiben dem Teufel Ohr, Horn und Klaue ab.

Ich komme mir oft so recht als der lebenslängliche Verdingbube des schweizerischen Schrifttums vor und mein einziger Trost dabei ist nachgerade der, dass alles einmal ein Ende nimmt und dass ich nicht mehr solange darauf zu warten haben werde.

[...]

2331. Fränkel an Loosli, Thun-Riedegg, 6. November 1945

Mein lieber Loosli,

da meine arme Frau, die mit mir leidet, gerade nach Thun muß, so schicke ich Dir hier das Urteil:[504] Du bist dann schon im Bilde, wenn ich gegen 1/2 4 Uhr komme.

In tiefer Trauer
Dein
Fr.

---

504 Das «Urteilsdispositiv» des bundesgerichtlichen Schiedsgerichts datiert vom 15. 10. 1945 und betrifft das «Rechtsbegehren der Klägerin (Schweizerische Eidgenossenschaft)» sowie Fränkels «Widerklage» (Fränkel: *Spittelers Recht*, S. 84 f. und 174 f.). In den für Fränkel wichtigen Punkten wird gegen ihn entschieden. Insbesondere wird er zur «Rückerstattung» eines beträchtlichen Teils seines Spitteler-Archivs verpflichtet. Aushändigen soll er unter vielem anderen «das Manuskript ‹Aus dem Dänischen›», von dem später noch die Rede sein wird (vgl. insbesondere Fränkels Briefe vom 3. 8. 1947 und 19. 10. 1948).

Hoffentlich kann ich mich bis zu Dir schleppen, denn ich fühle mich heute nach der durchwachten Nacht ziemlich kraftlos.

2332. Loosli an Fränkel, Bern-Bümpliz, 8. November 1945
Mein lieber Fränkel,

es wird Dich schwerlich sonderlich überraschen zu erfahren, dass ich, unter dem Eindruck unserer gestrigen Besprechung,[505] nicht eben eine geruhsame Nacht hatte, sondern dass ich unwillkürlich immer wieder darauf zurückkam und daran weiterspann.

Je mehr ich die ganze Angelegenheit rekapitulierte, je eindringlicher kam mir zum empörten Bewusstsein, dass was nun dem toten Spitteler angetan wird, schlimmer ist als eine eigentliche Leichenschändung und dass was Dir angetan wurde und wohl noch angetan werden wird, auch dann noch als schmählicher Raub und himmelschreiendes Unrecht angesprochen werden muss, wenn man Deinen Gegnern in weitmöglichem Masse mildernde Umstände zubilligen könnte.

Nun habe ich mich ernstlich gefragt, was allenfalls noch vorzukehren sei. Restlos schlüssig bin ich darob allerdings noch nicht geworden, aber immerhin halte ich dafür, dass Du wohl daran tun wirst, zunächst einmal Dein Schreiben an das Schiedsgericht, das Du mir gestern im Entwurf vorlasest, sei es unmittelbar, sei es vermittelst Deines Anwaltes, an das Schiedsgericht abgehen zu lassen.

[...]

Dann aber Strich drunter und Schluss und an die Arbeit, gleichviel welche! Wichtig scheint mir bloss, dass sie Dich ganz absorbiert und Dich, soweit möglich, von der erbärmlichen Vergangenheit entlastet und Dich von ihr distanziert.

[...]

So schwer es uns auch gegenwärtig fallen mag, mit so durchaus unbestreitbarer Berechtigung wir auch an unserer Umwelt und unserem Land verzweifeln müssen, dürfen wir uns trotz alledem, gerade jetzt am allerwenigsten, unterkriegen lassen. Unser beider dringlichste Aufgabe wird demnach wohl darin bestehen, uns zur restlosen Klarheit darüber durchzuringen, was nun zu unternehmen sei und wie es durchgeführt werden kann. Den ersten, wichtigsten Schritt hiezu erblicke ich in der entschlossenen Verabschiedung dessen, was uns bis jetzt enttäuschte und uns misslang. Zwar materiell wird uns das vorderhand noch

---

505 Offenbar ist Fränkel schliesslich erst am 7. 11. 1945 nach Bümpliz gefahren.

lange schon darum nicht gelingen, weil wir wohl oder übel damit verhaftet bleiben und es nicht in unserer Macht steht, es uns vom Leibe zu halten. Aber uns seelisch und geistig davon loszulösen und uns davon zu befreien, das steht, glaube ich, doch noch in unserer Macht und in unserem Vermögen. Dazu sind wir – nicht wahr? – doch noch kräftig und eigenwillig genug!

Es handelt sich darum, ein Blatt unseres Lebensbuches umzuwenden und ein neues solange zu beschreiben, bis uns eine höhere Gewalt Halt gebietet und gelingt uns das, dann werden wir sicherlich, – oder meinst du nicht? – doch noch ein paar gesunde Stunden erleben. Dass wir dabei darauf angewiesen sein werden, uns noch mehr als wir es ohnehin schon übten, auf uns selbst und unsere Allernächsten zurückzuziehen, weil allen anderen halt in Gottesnamen eben doch nicht über den Weg zu trauen ist, betrachte ich nicht einmal als grosse Einbusse. Wir wissen ja nun reichlich genug Bescheid, folglich versuchen wir es nun einmal mit unserem bewährten felix tandem![506]

Und nun sei mit Deiner lieben Frau recht herzlich gegrüsst, fasse neuen Mut und halte mich über Deine acta et gesta auf dem Laufenden, wie auch ich meinerseits tun werde, wenn mir etwas Bemerkenswertes über den Weg laufen oder etwas Gescheites einfallen sollte, – was zwar nicht eben gross zu befürchten steht!

Und nun nochmals alles Herzliche von Deinem getreuen
C. A. Loosli

2334. Fränkel an Loosli, Thun-Riedegg, 11. November 1945

Mein lieber Loosli,

sei herzlich bedankt für Deinen eingehenden Brief vom Donnerstag. Ich habe mich noch immer von dem Schlage nicht erholt und vermag in der Nacht nur zu schlafen, wenn ich Schlafmittel nehme. Das Schreiben an die Bundesrichter, das ich Dir vorlas, erwies sich nachträglich als bloße Skizze; woran ich jetzt arbeite, ist ein richtiges Revisionsgesuch auf Grund von neuen Beweismitteln und von nachgewiesenen faktischen Irrtümern bei der Urteilsbildung. Daß das Gesuch Erfolg haben werde, bilde ich mir nicht ein; aber wenigstens wird eine Durchleuchtung des ungeheuerlichen Urteils da sein, die später gedruckt werden kann.

---

506 Carl Felix Tandem war zwar das Pseudonym des jungen Carl Spitteler, aber Loosli setzt hier Kleinbuchstaben. Offenbar will er die Wendung wörtlich verstanden wissen: «endlich glücklich!»

Ich habe in diesen Tagen vernommen, daß Leuch sich im Laufe des Sommers einem Berner Kollegen gegenüber äußerte, der Augenschein bei mir hätte auf das Gericht einen sehr guten Eindruck gemacht[507] – gleichwohl, das Staatsinteresse mußte vorgehen!
[...]

2343. Loosli an Fränkel, Bern-Bümpliz, 29. November 1945
Mein lieber Fränkel,
    unter dem frischen Eindruck unserer soeben stattgehabten telephonischen Unterhaltung, glaube ich es unserer Freundschaft schuldig zu sein, Dir meinen Eindruck und meine Ansicht in aller Offenheit zu unterbreiten. Dabei ist mir klar und möchte ich von vorneherein unzweifelhaft festgestellt haben, dass der letzte Entscheid natürlich bei Dir liegt und dass Du Dich lediglich mit Dir selbst und Deinem Gewissen auseinanderzusetzen hast, ob Du die Nichtigkeitsklage erheben willst oder nicht.
[...]
Wer war es schon, der zur Zeit als es sich überhaupt um die Einsetzung eines Schiedsgerichtes handelte, äusserte, dessen Entscheid möge lauten wie er wolle, so würdest Du Dich doch nicht damit zufrieden geben, noch Dich ihm fügen? Damit bezeichnete Dich Dein Gegner, – ich weiss nicht mehr welcher es war, – der unheilbaren Querulanz und diesem Vorwurf wirst Du nicht entgehen, welches auch das Ergebnis der Nichtigkeitsklage sei, die übrigens alle Aussicht hat, überhaupt abgewiesen zu werden, folglich Dir, zu den bereits auferlegten Kosten, noch neue aufzubürden.
    Ich weiss nun, was von dem Vorwurf der Querulanz zu halten ist und weiss auch dass das, was man Querulant nennt, nicht als solcher geboren, sondern durch die Verhältnisse und Vergewaltigungen geprägt wird. Aber mit dieser meiner Erkenntnis befinde ich mich in einem wirklich seltenen Ausnahmezustand, der nicht einmal von sonst sehr billig und weitherzig denkenden Leuten geteilt wird.
    Die Folgen dieses einmal gewissermassen zur abstempelnden Bezeichnung gewordenen Vorwurfes der Querulanz gegenüber einer noch so achtbaren,

---

507 Am 24. 3. 1945 hat Fränkel an Loosli geschrieben: «Heute vormittag waren nun die 3 Schiedsrichter, samt dem Bundesgerichtsschreiber, bei mir u. ließen sich während 3 Stunden eingehend von mir informieren. Sie waren alle sehr anständig und ich habe den Eindruck, daß meine Demonstrationen ihre Wirkung nicht verfehlten.» Zur Delegation der Schiedsrichter hat auch der Bundesrichter Georg Leuch gehört.

redlichen Person sind bei uns ganz besonders vernichtend und gefährlich. Sie berechtigen, positiv rechtlich gesprochen, die öffentlichen Behörden praktisch zur Bevormundung des davon Betroffenen und Du wärest nicht der Erste, dessen Stimme auf diese Weise abgewürgt würde. Das bedenke!
[...]

2344. Fränkel an Loosli, Thun-Riedegg, 29. November 1945
Mein lieber Loosli,
es ist spät; ich kam vor einer Stunde von Biel heim und fand Deinen Brief vor. Obwohl sehr müde, denn ich war vergangene Nacht bloß 4 Stunden im Bett, will ich doch nicht zur Ruhe gehen, ohne vorher Deinen Brief rasch beantwortet zu haben.
[...]
Und nun zur Sache. Du ahnst, mein Lieber, gar nicht, wie sehr die Angelegenheit u. damit die Gründe für einen Entschluß kompliziert sind. Etter war es, der im Ständerat erklärte, ich würde mich niemals einem Schiedsgericht fügen. Das würde mich keinen Augenblick daran hindern, eine Nichtigkeitsklage einzureichen. Der Vorwurf der Querulanz? Mein Gott, um den brauche ich mich nicht erst zu bemühen! Schlimmer als es heute ist, kann es nicht werden. Es gibt für mich nichts mehr zu verlieren in der Schweiz. Und gerade deswegen war ich entschlossen, die Nichtigkeitsklage, sei es mit Hilfe, d. h. durch Vermittlung meines Anwalts, sei es auf eigene Hand am 1. Dezember einzureichen, nachdem ich festgestellt hatte, daß eine Nichtigkeitsklage in meinem Falle nicht aus formalen Gründen abgewiesen werden könnte. Ich war vorgestern, am Dienstag, in Biel, und hatte mehrere Stunden lang mit Herrn Neuhaus das Pro u. Contra erwogen. Beim Abschied am Bahnhof wiederholte er: *keine* Nichtigkeitsklage einreichen! Das ging mir nach; denn ich bin wohl glücklich, den Rat aufrichtiger Freunde anzuhören, und gar eines in Justizsachen so hervorragend erfahrenen Freundes wie Neuhaus, aber – wie Du richtig sagst, den Entscheid treffe ich immer selbständig. Und so kam ich heute früh zum Entschluß, an der Nichtigkeitsklage (die ja geschrieben ist) festzuhalten und meldete mich, *nach* unsrem Telephon, für den Nachmittag noch einmal bei Neuhaus an. Er gestand mir, er hätte sich letzte Nacht im Bett Gewissensbisse gemacht, weil er mir von einer Nichtigkeitsklage abgeraten hatte, er trug schwer an der Verantwortung und hatte am Morgen einen langen Brief an mich begonnen.
Das Ergebniß unserer heutigen Beratung ist, um es kurz zu melden, daß ich nun definitiv auf die Nichtigkeitsklage verzichte, nicht weil sie aussichtslos ist,

sondern weil die Wahrscheinlichkeit besteht, daß sie mir zugesprochen würde. Nämlich *im Falle des Obsiegens* würden die Gefahren für mich beginnen: darüber hat mich der gute Neuhaus heute belehrt. Und diese Gefahren wären bei der gegenwärtigen Justiz derart groß für mich, daß Etter u. Schüpbach sich ins Fäustchen lachen würden, wenn das Urteil kassiert würde: dann erst wäre ich ihnen ganz ausgeliefert. Mehr läßt sich im Briefe nicht sagen.
[...]

2345. Loosli an Fränkel, Bern-Bümpliz, 1. Dezember 1945
Mein lieber Fränkel,
Dein Brief hat mir wirklich eine grosse Erleichterung gebracht und zwar namentlich auch aus den Erwägungen, die Du durchaus zutreffend umschreibst.
[...]
Uebrigens, – wer weiss! Bundesräte und Kulturharlequine haben mit den Diktatoren das Eine gemein, dass sie nach relativ kurzer Zeit ruhmlos vernürnbergert werden.[508] Das wird auch hier geschehen. Aber auch das wird das Dir Geschehene ebensowenig ungeschehen machen als die Opfer der Nazi wieder lebendig gemacht werden können. Dein so grosses und schön geplantes Lebenswerk ist weitgehend gescheitert, denn inzwischen gingen Zeit und Kräfte dahin. Darum rette davon was noch zu retten ist, nämlich die Spittelerbiographie!
Schon auch darum, weil sie Deine beste, dauerndste Rechtfertigung vor aller Augen erbringen wird. Und auch die einzig noch mögliche!
Wogegen ich altes Wrack nun wohl endgültig abgetakelt bin.
Herzlich Dein
C. A. Loosli

2354. Fränkel an Loosli, Thun-Riedegg, 24. Dezember 1945
Mein lieber Loosli,
nun hab ich endlich letzte Nacht den Schlusspunkt hinter meine Auseinandersetzung mit meinen Richtern gesetzt. Das Manuskript hat sich zu einem richtigen Buch ausgewachsen – aber, wie ich glaube, zu einem notwendigen Buch.[509] Meine Tochter geht sofort nach Weihnachten daran, es auf der Ma-

---
508 Am 20. 11. 1945 haben die «Nürnberger Prozesse» der Alliierten begonnen gegen die für die Kriegsverbrechen und Massenvernichtungen verantwortlichen Nationalsozialisten.
509 Vgl. *Protestschrift gegen das Urteil*, in: Fränkel: *Spittelers Recht*, S. 176–255. Dort hat Fränkel den Text mit «20. Dezember 1945» datiert.

schine abzuschreiben, damit die Herren Schiedsrichter ihre Exemplare noch in diesem Jahre zugestellt bekommen. Einer von ihnen, Hasler,[510] ist ja letzter Tage ins Rampenlicht der Öffentlichkeit gestellt worden – die Rolle, die er bei den Verhandlungen mit Nazis gespielt hat, passt vorzüglich zu seinem Verhalten als mein Richter.

[...]

---

510 Ab Herbst 1939 haben Vertreter des deutschen Propagandaministeriums verschiedentlich Kontakt zu schweizerischen Persönlichkeiten gesucht, um «über die Schweizer Presse» zu sprechen. An den drei ersten Gesprächen nimmt auch Bundesrichter Eugen Hasler in seiner Funktion als Oberst und Leiter der militärischen Zensurbehörde Abteilung Presse und Funkspruch teil. (Vgl. *Was machte der Nazipropagandist Dr. Hügel in der Schweiz?*, in: *Der Bund*, Nr. 508, 21. 12. 1945.)

1946

Die Diktaturen im Norden und im Süden sind besiegt und in der Schweiz beginnt die Geistige Landesverteidigung zu bröckeln. Für Loosli bleibt das Land einer der «letzten Diktaturstaaten Europas» – eine Plutokratie, die «vom internationalen Finanztrust» regiert wird. Ein Wechsel im Regierungsrat des Kantons Bern gibt Professor Fränkel neue Hoffnung auf eine faire Pensionsregelung, und eine deutsche Zeitschrift bemüht sich um seinen 1941 ungedruckt gebliebenen Nachruf auf den Nazi-Germanisten Julius Petersen. In Bonn werden seine Schwiegereltern Wilisch nun von den Besatzungsbehörden drangsaliert. Loosli erhält von der Stadt Bern eine Ehrengabe, die Partei der Arbeit bietet ihm einen Listenplatz bei den Grossratswahlen an und beim Obergericht überlegt man sich, seine Verurteilung wegen «Verleumdung» des Landesverräters Ernst Leonhardt zu revidieren. Im Frühling erscheint Looslis Novellenband *Ewige Gestalten*, im Herbst Fränkels «Dokumente eines Kampfes» unter dem Titel *Spittelers Recht*.

2363. Loosli an Fränkel, Bern-Bümpliz, 12. Januar 1946

[...]

Inzwischen ist mir der erste Teil des Berichtes des Bundesrates an die Bundesversammlung über die antidemokratische Tätigkeit von Schweizern und Ausländern m Zusammenhang mit dem Kriegsgeschehen 1939–1945 (Motion Boerlin)[511] zugegangen. Gelesen habe ich das Ding noch nicht, aber durchgeblättert. Entsetzliche, wenn auch weitmöglich verwedelte Geständnisse!

Man kommt kaum darum herum, die oberste Landesbehörde als Komplize der Landesverräter einzuwerten. (Erhältlich für 2.50 Fr. bei der Druckschriftenverwaltung der Bundeskanzlei).

Alles ist verettert und verpetert! Gott bessere es!

[...]

2364. Fränkel an Loosli, Thun-Riedegg, 12. Januar 1946

[...]

PS. *Sonntag* [13. 1. 1946]. Wenn Du wüsstest, was für einen Ekel ich empfinde, wenn ich sehe, wie unsere Zeitungen, z. B. heute wieder die N. Zürcher Ztg.,

---

511 *Bundesblatt*, Nr. 1, 4. 1. 1946.

sich – auch im literarischen Teil – krampfhaft vom Nationalsozialismus zu distanzieren suchen, die gleichen Blätter, die sich über «Kellers politische Sendung» entsetzten u. damals schrieben, es sei begreiflich, daß Fränkel gegen die Deutschen sei, da er Jude ist ...[512] Das war ein Jahr *vor* dem Kriege! Und alles, was dann kam: die Wegnahme meines Keller durch die Zürcher Regierung und die Geschichte mit Etter war die Folge jenes meines Büchleins. Man durfte sich von da ab *alles* mir gegenüber erlauben, nachdem ich die heiligsten Gefühle der Herren verletzt u. mich über die eidgenössischen Gebote der «Neutralität» hinweggesetzt hatte.

Heute ist der Band derart verschollen, daß man ihn wieder hervorgraben müßte – dann wäre er plötzlich aktuell. Aber Niemand hat ein Interesse daran. –

Leb wohl!

Dein Fr.

2372. Loosli an Fränkel, Bern-Bümpliz, 20. Januar 1946

[...]

Nun eine erfreuliche Meldung! Reinhard ist mit seinem Antrag im Gemeinderat durchgedrungen und gestern hat mich der Stadtpräsident[513] offiziell besucht und mir, ausser einem schmeichelhaften Schreiben des Gemeinderates, eine Ehrengabe von 3000 Fr. zu meinem bevorstehenden 70. Geburtstag überreicht. Sie wird mir ermöglichen die grossen, während sechs Jahren durch stets ansteigende Teuerung und durch allseitige Rationierungen entstandenen Haushaltungsinventarlücken auszufüllen und – wenn ich gesund werde und bleibe, – einige Zeit materieller Sorgen entledigt, zu schaffen.

[...]

---

512 Eduard Korrodi: *Gottfried Kellers politische Sendung*, in: NZZ, Nr. 456, 14. 3. 1939. Korrodi referiert differenziert und zustimmend Fränkels Darstellung von Kellers Versuch, die nationale Eigenständigkeit der Schweiz trotz der gleichen deutschen Sprache diesseits und jenseits des Rheins zu verteidigen. Im letzten Abschnitt folgt die Abgrenzung gegen Fränkels Kritik am nationalsozialistischen Deutschland: «Sein leidenschaftliches Temperament führt gegen das Nachbarland eine Sprache, die keine Beherrschung kennt. [...] Sätze wie der folgende: ‹Deutsche Kultur besteht heute nur noch als ein Schatz der Vergangenheit, den sein Eigner verworfen hat› [werden] der wahren Situation keineswegs gerecht.» Zusammenfassend heisst es, es sei «der Gehalt der Schrift Fränkels so bedeutend [...], dass sie ohne die grossen Affektausbrüche noch eindrucksvoller, ja würdiger im Sinne schweizerischer objektiver Darlegung wirken müsste.» Dass Fränkel Jude ist, wird in dieser Rezension nicht erwähnt.

513 Gemeint sind Ernst Reinhard und Ernst Bärtschi. Eigentlich wird Loosli erst am 5. 4. 1947 70 Jahre alt. Am 22. 1. 1946 schreibt er an Fränkel erklärend, die Stadt Bern habe den «erste[n] als eigentlichste[n]» Geburtstag mitgezählt, «um mir baldmöglich ein wenig unter die Arme zu greifen».

2391. Loosli an Fränkel, Bern-Bümpliz, 8. März 1946

[...]

Und nun halte Dich fest: – vorgestern Abend empfing ich eine Delegation der PdA, die mir, in Verbindung mit anderen – ein Grossratsmandat anerbot. Meine Antwort kannst Du Dir denken!

Ferner: – im Obergericht scheint ein eigentümlicher Wind der Beklemmung und Angst umzugehen. Man beschäftigt sich mit der Frage, meinen Prozess gegen den Landesverräter Leonhardt zu revidieren. Ich erklärte, wenn dies geschehen könne ohne dass ich damit das Mindeste zu tun habe und nicht vorgeladen werde, so sei mir die Sache recht, andernfalls ich mich in meiner «Märtyrerrolle» auch fernerhin wohlfühlen würde.

[...]

2402. Fränkel an Loosli, Thun-Riedegg, 14. März 1946

[...]

PS. Im Sommer 1941 hatte Kleiber bei mir telegraphisch einen Nekrolog auf Erich Schmidts Nachfolger bestellt.[514] Den hab ich dann innerhalb dreier Tage abgeliefert. Als ihn aber Kleiber gelesen hatte, erklärte er, das dürfe er nicht drucken u. schickte mir das MS zurück (ohne Entschädigung!).

Vor kurzem gab ich das MS einem Deutschen,[515] der eine Zeitschrift in Deutschland herausgeben soll u. der ein Schüler des von mir Behandelten war, zum Lesen, und nun bittet er mich um die Erlaubniß, meinen Nekrolog nach 4 Jahren abdrucken zu dürfen – quasi als Verabschiedung des Geistes der bisher offiziellen deutschen Literaturwissenschaft durch einen – Schweizer. Bei uns aber durfte das Ding nicht gedruckt werden! (Dabei wissen wir beide, daß Kleiber noch der Anständigste unter unseren Feuilletonredaktoren ist). Nebenbei fragte mich der Mann, der wohl bald drüben ein entscheidendes Wort haben wird, ob ich in etwa 2 Jahren, wenn sich die Verhältnisse ein wenig konsolidiert haben würden, einen eventuellen Ruf nach Berlin annehmen würde ...

---

514 Schmidts Nachfolger Julius Petersen ist am 22. 8. 1941 gestorben, vgl. Jonas Fränkel: *Verratene Wissenschaft. Ein nichtgedruckter Nekrolog (1941)*, in: Fränkel: *Dichtung und Wissenschaft*, S. 256–264.
515 Konnte nicht identifiziert werden.

2411. Loosli an Fränkel, Bern-Bümpliz, 21. März 1946

[...]

Dass, komme es wie es wolle, für mich i. S. Hodleriana praktisch nichts mehr zu holen ist, dessen war ich mir längst bewusst. Die besten Arbeitsjahre gingen dahin; – man warf uns Knüppel zwischen die Beine und nun, wo schliesslich einige Aussicht zu Besserem wäre ist man alt, abgehundet und gebrechlich. Und was wir hätten leisten können bleibt ungetan.

Ich habe heute im Hodler-Archiv herumgestöbert. Dann übernahm mich der Verdruss und der Kummer, so dass ich alles wieder verschloss. Vielleicht rapple ich mich noch auf es in grosso modo einmal zu katalogisieren, vielleicht auch nicht; – was liegt schliesslich daran! – Schwamm drüber!

Der russischen Regierung muss es gewohlet haben, dass sich die Schweiz herbeiliess ... Gott, wie das alles lächerlich, blödsinnig ist! Nun hofft man mit den bösen Kommunisten wieder zu machen ein Geschäft![516]

Leb herzlich wohl und sei fröhlicher als Dein grantiger

C. A. Loosli

2414. Loosli an Fränkel, Bern-Bümpliz, 26. März 1946

Mein lieber Fränkel,

Lach mich gründlich aus! Freilich hatte ich den Weimarerartikel im «Freien Volk» bemerkt und schmunzelnd gelesen, aber Deine Urheberschaft daran so wenig vermutet, dass ich Dich darauf aufmerksam machen wollte, was denn auch geschehen wäre, hätte mich konstantes Unwohlsein und Vergesslichkeit nicht daran verhindert.[517]

[...]

Auf Mitte April erscheinen meine «Ewigen Gestalten» in der Büchergilde, nachdem sie seit 1928 druckfertig vorlagen. Bührer kündigt sie geschickt im

---

516 Mit dem Austausch von diplomatischen Noten in Belgrad nehmen die Schweiz und die Sowjetunion am 18. 3. 1946 die seit der Russischen Revolution unterbrochenen diplomatischen Beziehungen wieder auf.

517 Dr. K. Mn. [Jonas Fränkel]: «*Kunst hat mit Politik nichts zu tun*», in: *Freies Volk*, Nr. 12, 22. 3. 1946. Der Text erinnert daran, dass 1935 die Professoren Ermatinger, Faesi und Bohnenblust an die «Weimarer Propagandafeier» zum 50-jährigen Bestehen der Goethe-Gesellschaft eingeladen worden und hingefahren seien, «um sich vor Hitler zu verneigen». Während aber «im neuen Deutschland» der Dirigent Wilhelm Furtwängler «aus dem musikalischen Leben» ausgeschlossen werde, weil er sich nicht klar von den Nazis distanziert habe, sei in der Schweiz Faesi «Präsident der dem Bundesrate unterstehenden Schweizerischen Schiller-Stiftung» und Bohnenblust «Präsident der Kommission für die Spitteler-Ausgabe von Etters Gnaden».

Gildenblatt an,[518] wobei er zwar als von mir erreicht bewertet, was ich bloss angestrebt hatte.

Er findet in der Novelle «Caligula minor» die Charakteristik Hitlers und da kann ich ihm beistimmen.[519] Daraus ergibt sich, dass eben solche Gestalten wirklich ewig wiederkehren. Sobald das Buch erschienen sein wird, kriegst Du's für heute jedoch bloss meine herzlichen Grüsse und den Ausdruck des Bedauerns, dass Werner Schmid nicht wiedergewählt wurde.[520] Aber, so wie die Dinge liegen, rechne ich es ihm sozusagen als Auszeichnung an, die ihn keineswegs vermindert, – im Gegenteil!

Herzlich Dein

C. A. Loosli

2445. Fränkel an Loosli, Thun-Riedegg, 7. August 1946

Mein lieber Loosli,

ich bin am Samstag [= 3. 8. 1946] ins Kiental und von dort auf die Griesalp hinaufgestiegen, aber ich blieb oben bloß 24 Stunden, denn schon am folgenden Morgen packte mich ein Hexenschuß, der mich zwang, mit dem nächsten Postauto herunter ins Tal und nach Hause zu fahren. Heute geht es schon besser, so daß ich sitzend schreiben kann.

Der kurze Aufenthalt auf der Griesalp hatte das Gute, daß ich Deine Novellen zu Ende lesen konnte, wofür ich mich zu Hause nicht hatte konzentrieren können ob dem Vielen, das alle Tage auf mich eindrang. Nun erst kann ich Dich zu dem Buche aufrichtig beglückwünschen. Es ist ein Spiegel der Eidgenossenschaft, wie er der Schweiz seit Martin Salander nicht wieder geschenkt worden. Erschüttert hat mich die Erzählung von Deinem Lebrecht Gnäppi. Ich kann mir nicht denken, daß darin allzuviel Erfindung steckt. Wenn Du aber auch nur ein Zehntel davon der Wirklichkeit entnommen hast, so würde mich das in der schmerzlichen Feststellung bestärken, daß die Schweiz, an der ich hange, als wär ich hier geboren, in der ich jedenfalls mit allen meinen Fasern verwurzelt bin, für den Untergang reif ist. Ich betone: ich bin von der Erzählung erschüttert worden – daß die Fäulnis so tief geht, hatte ich bisher

---

518 Jakob Bührer: *C. A. Loosli: Ewige Gestalten. Novellen*, in: *Büchergilde*, Nr. 4, 1946.
519 Bührer spielt auf die in der Novelle *Caligula minor* geschilderte Figur des Lebrecht Gnäppi an. Loosli setzt mit ihr dem Vorsteher der Zwangserziehungsanstalt Trachselwald, Friedrich Grossen, ein Denkmal. Zwischen 1895 und 1897 war Loosli unter Grossen in Trachselwald interniert (vgl. Marti: *Loosli* 1, S. 46–67, sowie Loosli: *Werke* 1, S. 23–91 und 507).
520 Am 24. 3. 1946 ist Werner Schmid als Gemeinderat der Stadt Zürich abgewählt worden.

nicht glauben mögen. Es wirkt halt ein Bericht in erzählender Form viel unmittelbarer u. nachhaltender als eine Aktenzusammenstellung, bei der man immer geneigt ist anzunehmen, es handle sich um Vereinzeltes, um ein Einmaliges, um eine Ausnahme. Es ist alles so lebendig dargestellt, daß man nicht daran zweifeln kann, daß diese Besserungsanstalt tatsächlich existierte, daß Du mit ihr wohlvertraut warst. Und Burier – der ist doch nicht eine Phantasiegestalt? Am Ende kanntest Du ihn nur allzugut? Wie muß Dir bei der Schilderung dieser Erlebnisse zu Mut gewesen sein!

Ich wiederhole: das Buch ist nicht minder wichtig für uns als Martin Salander u. wird als ein Zeuge dieser Zeit bestehen bleiben.

[...]

2446. Loosli an Fränkel, Bern-Bümpliz, 7. August 1946

[...]

Zu Caligula minor: – Darin ist leider nichts erfunden; – es war die Zwangserziehungsanstalt Trachselwald, in der ich zwei Jahre verbrachte, die ich dort schildere. Ich habe meine Erlebnisse daselbst lediglich in epische Form gebracht und dabei, um nicht zu langweilen, entsetzliche Episoden, deren mir die Fülle zur Verfügung standen, unterdrückt. Burier stand, wie Du richtig erahnt hast, in meinen Hosen, und erst 1912 gelang es mir, Dank des energischen Vorgehens meines unvergesslichen Freundes, dem Generalprokurator Langhans, Gnäppi endlich unschädlich zu machen. Wenigstens an jener Stelle, denn später hat er sich noch allerhand, wenn auch weniger Gravierendes (Päderastie mit Jugendlichen) zu Schulden kommen lassen. Er ist dann vor etwa 15 oder mehr Jahren gestorben und zwar nicht in bestem Ruf, wie Du Dir denken kannst.[521]

Der Kerl hatte die Unverfrorenheit sich nicht bloss an weitere Anstalten als Vorsteher zu melden, sondern sich sogar einmal in seiner engeren Heimat als Nationalratskandidat aufstellen zu lassen. Freilich, nach seiner Vergangenheit in Trachselwald überall erfolglos. Aber dass man seine Kandidatur dort droben überhaupt zuliess, erklärt manches Scheussliche, das wir seither zu buchen hatten.

Das Positive, das aus meinem Handel mit ihm, zwar erst 1930 hervorging, war das bernische Jugendrecht, das Langhans, Reg.-Rat Merz, Prof. Thormann

---

521 Loosli irrt sich: Es sind erst sieben Jahre her seit Friedrich Grossens Tod. Als er von diesem erfuhr, schrieb er am 27. 6. 1939 an August Gruner, «zum mildernden Umstand» gereiche dem Verstorbenen, dass er «ein Psychopath» gewesen sei: «Friede seiner Asche!» (Loosli: Werke 1, S. 22)

und ich vorbereitet hatten und das dann durch das Schweiz. Strafgesetzbuch 10 Jahre später ordentlich vermindert ward.
[...]

2454. Loosli an Fränkel, Bern-Bümpliz, 19. August 1946
Mein lieber Fränkel,
    am gestrigen Sonntag habe ich es mir doch nicht versagen können, Dein Spitteler-Buch[522] zu lesen, – bis zum bitteren Ende, – bis um Mitternacht.
    Ich las es bald tränenden Auges, bald mit geballten Fäusten, bald schamgeröteten Gesichts und schliesslich blieb mir nichts übrig als ein abgrundtiefer, würgender Ekel. Es ist ein bleibendes Denkmal der untilgbaren Schande meines Landes, dessen Behörden sich schlimmer als Meuchelmörder und Buschklepper, – wie Du richtig hervorhebst, – an Spitteler, einem seiner grössten Söhne, dann aber auch an Dir, an uns allen, für die Geist und Poesie, Recht und Gerechtigkeit noch etwas mehr als blosse, leere, heuchlerische Worte bedeuten, begangen haben.
    Ich habe ja, wie kaum ein zweiter, die ganze, lange Tragödie, – und Du weisst mit welch inniger Anteilnahme, – miterlebt und miterlitten. Aber Du weisst ja, – jeder Tag bringt neue Plage, neue Pflichten und Aufgaben, so dass ich wohl subkonscient oder bewusst stets innig an der Sache beteiligt war. Aber nun Dein Buch, – diese zusammenfassende Rekapitulation, die so gar Vieles wieder so ungemein lebendig vor mir erstehen und noch einmal rückerinnernd miterleben liess, hat mich dermassen erschüttert, empört und gelähmt, dass ich, als ich schlags Mitternacht die letzte Zeile gelesen und Dein Buch aus der Hand legte, einfach wie ein Kind, wütend, niedergeschlagen und ratlos geheult habe.
    Eine solche erlesene Kette von Gemeinheit, Niedertracht und moralischer Verkommenheit wirkt überwältigend, trostlos, verwirrend.
    Und doch, – das Buch musste geschrieben werden, – leider! Es wird in die Geistesgeschichte unserer Zeit und unseres Landes zu seiner Schande und Schmach eingehen. Aber was nun?
[...]
    Spitteler, Du, Hodler, ich, alles was wir in besten Treuen anstrebten und wofür wir uns lebenslang einsetzen ist geschändet, entwürdigt, versaut worden, – von der offiziellen, geistigen Landesverteidigung. Und unsere «Volksvertretung» (!) die sesselkleberische Koalition, versagt auf der ganzen Linie.

---

522 Fränkel: *Spittelers Recht*.

Inzwischen sind wir alt geworden und unsere Projekte werden, insoweit sie's nicht schon sind, eines nach dem andern, sang- und klanglos begraben.

Immerhin, – wir wollen sehen! Bleibt mir doch ohnehin nichts mehr übrig als entweder mich noch einmal aufzurappeln oder zu verrecken!

Aber jenes wird dieses Mal schwer halten, bin ich doch in den letzten 24 Stunden um Jahre älter, müder, impotenter geworden. Man möchte sich in Lethe ertränken, wäre sie bloss nicht rationiert!

Sei mir also gnädig, gib mir Zeit und bleibe versichert der unwandelbaren Freundschaft und des besten Helferwillens

Deines

C. A. Loosli

2458. Fränkel an Loosli, Thun-Riedegg, 27. August 1946

[...]

NB. Ich ersticke unter der Last meiner Sorgen. Zu allem andern kommt noch die Lage meiner armen Schwiegereltern, die gleich nach Besetzung des Rheinlandes aus ihrem Haus gejagt wurden, so daß sie beide (mein Schwiegervater ist jetzt 90 Jahre alt) seit 1 1/2 Jahren in 2 gemieteten Zimmerchen hausen. Alles mussten sie im Hause lassen. Meine Schwiegermutter konnte außer ihren Spittler-Manuskripten, die sie während den Bombardierungen immer im Luftschutzkeller bei sich gehabt (Herr Frölicher hatte es abgelehnt, sie mit dem diplomatischen Kurier in die Schweiz verbringen zu lassen), nur Weniges retten können, so daß die alten Leute nicht einmal in eigenen Betten schlafen können. Und nun kam neulich die Nachricht, daß alles Vermögen, das in einer Berliner Bank war, verloren sei u. daß, was sie noch haben, kaum für ein Jahr reiche. Meine arme Schwiegermutter schreibt, sie besitze nur 2 Trachsel[523] und ihren Flügel, aber dafür bekäme man nicht viel ... Du kannst Dir denken, was für Verpflichtungen mir nun entstehen, während man mich um den Lohn meiner Arbeit von Jahrzehnten gebracht hat und ich in 3 Jahren nicht einmal mehr mein Professorengehalt beziehen werde. Man kommt sich buchstäblich beraubt vor – beraubt durch unsere löblichen Behörden, weil man immer sein Bestes uneigennützig gab. Doch gerade letzteres geht über den Begriff der Leute ...

---

523 Gemeint sind wohl zwei Gemälde von Albert Trachsel.

2460. Loosli an Fränkel, Bern-Bümpliz, 28. August 1946

Mein lieber Fränkel,

was Du mir von Deinen Schwiegereltern schreibst tut mir sehr, sehr leid, umsomehr als ich sie alle beide noch in bester Erinnerung habe und ihnen ein herzlich gutes Andenken bewahrte.

Es ist nicht das erste Mal, dass ich erfahre, wie blödsinnig, dumm, europa- und kulturfremd ausgerechnet die Amerikaner in Deutschland hausen. Hol sie der Teufel!

Dass Frölicher versagte, wundert mich nicht; – ich hatte vor 10 Jahren, als er noch im Politischen Departement wirkte, anlässlich der spanischen Revolution, für meinen Sohn und Suchard, viel und oft mit ihm zu schaffen und konnte mich damals von seiner Unzulänglichkeit dermassen überzeugen, dass ich ihn die Empfangsdame Mottas nannte. Wir, d. h. die Fa. Suchard und ich waren jeweilen rascher und besser über die spanischen Vorgänge unterrichtet als er, der immer, – ich glaube in guten Treuen, – das Beste versprach und nie etwas halten konnte, bis mir dann eines Tages die Geschichte zu dumm ward und ich mir fernere Unterhaltungen mit ihm ziemlich eindeutig vom Leibe hielt.[524]

Dass wir im Verkehr mit unseren Behörden hin und her immer die Beschissenen sind, wenn wir uns nicht selbst zu helfen wissen, weiss ich ja längst und habe gelernt, mich wenigstens in Einzelfällen, danach einzurichten.

[…]

2460. Fränkel an Loosli, Thun-Riedegg, 28. August 1946

[…]

Meine armen Schwiegereltern. Um der Wahrheit die Ehre zu geben: die Amerikaner haben damit nichts zu tun; die Gegend um Köln u. Godesberg ist von den Engländern besetzt. Aber auch die Engländer trifft keine Schuld. Es geschah, wie das immer in solchen Fällen im Kriege geschieht: als die Engländer erschienen, da waren die Nazibehörden geflüchtet. An ihrer Stelle tauchen plötzlich unbekannte Elemente auf, die als Lokalbehörde gegenüber dem fremden Armeekommando fungieren und diesem die besten Räume in der Stadt zur Verfügung stellen. Es erscheint ein Deutscher mit 2 schwarzen Soldaten u. befiehlt: innerhalb einer halben Stunde ist das Haus zu räumen! Mitnehmen darf man nur, was in 2 Wäschekörbe hineingeht! Mein kranker Schwiegervater kann sich nicht wehren, meine Schwiegermutter aber denkt: das

---

524 Vgl. Marti: *Loosli* 3/2, S. 280 f.

ist ja nur vorübergehend, es kann sich nur um ein Mißverständniß handeln – und birgt Manuskripte und die ihr liebgewordenen Bilder und Stiche, schenkt den schwarzen Soldaten je ein Bild, worüber sie so glücklich sind, daß sie die Geberin mit dem Kostbarsten belohnen wollen, was es für eine Dame gibt: einem Lippenstift! – Und dann verschwindet aus dem Hause eben alles, was die einziehenden britischen Offiziere nicht für sich benötigen – mit Ausnahme des großen Flügels, der sich nicht ohne weiteres fortschaffen läßt … Von all dem erfuhren wir erst nach einem Jahr, als endlich der erste Brief kam; bis dahin konnten wir nicht einmal durch das Rote Kreuz in Genf in Erfahrung bringen, ob die Eltern überhaupt noch am Leben seien. Und jetzt läßt sich nichts mehr machen. Und das trifft gerade meine brave Schwiegermutter, um deren Leben wir immer zitterten, denn wir wußten, daß sie auf der Liste der Verdächtigen stand, daß sie Juden zur Flucht verhalf usw. Überdies: ihr Vetter war jener General Witzleben, der an der Spitze der Verschwörung gegen Hitler stand und der dann in so grässlicher Weise hingerichtet wurde.[525] Sie selbst trug bei sich immer Gift: sie wollte nicht lebend in die Hände der Gestapo fallen. Und just *sie* trifft jetzt dieses Schicksal!

Dabei ist es unmöglich, eine Einreiseerlaubnis nach Deutschland für unsereins zu erhalten, um nachzuforschen, ob noch etwas zu retten sei: nach allen Berichten aber ist eben nichts zu retten! Die Leute erklären heute: wenn wir damals gewußt hätten, was wir jetzt wissen: daß die einen jüdischen Schwiegersohn haben u. keine Nazis waren – aber nun ists geschehen u. im Kriege geschehe eben allerhand! Meine Schwiegermutter brachte es damals nicht über sich, sich zu verteidigen u. ihre Nazi-Gegnerschaft nachzuweisen, wo alle Nazi unisono beteuerten, sie wären niemals Nazi gewesen. Sie würde sich eher die Zunge abgebissen haben als daß sie sich ihrer wahrhaft rühmlichen, aber verborgenen Taten rühmte.

So geht es halt immer vornehmen Menschen im Konflikte mit dem Pöbel: Man verstummt.

Es ist ein Jammer! –

[…]

---

525 Erwin von Witzleben wird als an der Stauffenberg-Verschwörung Beteiligter am 8. 8. 1944 durch Erhängen hingerichtet.

2470. Fränkel an Loosli, Thun-Riedegg, 30. Oktober 1946

[...]

Ich hatte heute eine Unterredung mit dem Nachfolger Rudolfs. Der ist nun doch ein Mann ganz andern Formates![526] Er will meine Berner Angelegenheiten in Ordnung bringen, soweit das heute noch möglich ist, und es ist ihm damit ernst, so daß ich hoffen darf, daß mir wenigstens für die 3 Jahre, die mir noch auf der Hochschule verbleiben, der Ausfall an Honorar für einen Keller-Band pro Jahr eingebracht wird – was ich angesichts meiner 3 studierenden Kinder sehr gut brauchen könnte. Auch meiner Pensions-Angelegenheit will er sich energisch annehmen – freilich haben die Herren Rudolf u. Guggisberg eine Situation geschaffen, die jetzt nur noch durch Gesetzes*übertretung* eingerenkt werden könnte. Ob die anderen Herren im Regierungsrate ebenso die Courage aufbringen können, sich über den Buchstaben zu erheben, werden die nächsten Wochen erweisen. Ich traue den Sozialisten nicht den Freimut zu, den dieser kluge (und intelligente) Kopf hat. Wie vieles wäre bei mir anders geworden, wenn der Mann schon vor 10 Jahren in der Regierung gewesen wäre!

[...]

2475. Loosli an Fränkel, Bern-Bümpliz, 12. Dezember 1946

[...]

[E]in Parlament, das im 100sten Gedenkjahr des Sonderbundskrieges einen Etter als Bundespräsidenten zu wählen sich nicht hundemässig schämt, würde ihn, – weil es ihn nicht zu Unrecht fürchtet und zu schonen gezwungen ist, – auch dann noch decken, wenn er restlos entlarvt würde. Denn das Parlament ist in seiner Mehrheit seit langen Jahren sein Komplize! Es duldete ihn in seinen diktatorisch-frontistisch-jesuitischen Elukubrationen nicht bloss, sondern billigte sie ausgesprochen oder stillschweigend. Complicité oblige!

Meiner Meinung nach hast Du, haben wir, hat unser Volk von diesem Parlament nichts, aber auch gar nichts erträgliches mehr zu erwarten. Die Verhandlungen über die AHV und die Wehrmannsausgleichskassen, die Armeereform und die Staatsrechnung sprechen da, denke ich, klar genug.[527]

Im Laufe nächsten Herbstes werden Erneuerungswahlen stattfinden, die

---

526 Markus Feldmann.
527 Loosli sieht zu schwarz: Die Alters- und Hinterbliebenenversicherung (AHV) zum Beispiel wird nach der Volksabstimmung vom 6. 7. 1947 auf 1. 1. 1948 in Kraft gesetzt.

grundsätzlich an der nun einmal eingeschlagenen despotischen Vollmachtenrichtung des Bundesrates wenig ändern werden.[528]

Man hat sich gegenseitig allzuviel zu verschweigen und sich zu schonen.

Meiner Ansicht nach, treiben wir unaufhaltsam der Zersetzung zu, die möglicher-, aber nicht einmal wahrscheinlicherweise in einem zu verspäteten Volksaufstand enden wird, der alles andere als Anerkennung oder gar Förderung rein kultureller Werte verheisst.

Aber nicht einmal das darf erhofft werden, denn dazu ist unsere Plutokratie zu mächtig. Wir werden vom internationalen Finanztrust regiert und haben die zweifelhafte Ehre, mit Spanien und Portugal die letzten Diktaturstaaten Europas zu sein und werden als letzte von dieser Diktatur befreit werden. Und wenn schon, dann unter dem Druck ausländischer Mächte!

[...]

Dabei ists ja so, dass im Volk und besonders in der Jugend, prächtige, saubere Kräfte die Fülle vorhanden sind, die sich jedoch nicht zusammenzufinden vermögen, während die Alten, die korrupten Sünder fest und gründlich verbunden und vertrustet sind.

Et voilà pourquoi votre fille est malade![529]

Empfange mit Deinen Lieben meine besten Wünsche zu den kommenden Festen und zum neuen Jahr, das uns schwerlich Neues bringen wird und sei herzlich gegrüsst von

Deinem

C. A. Loosli

---

528 Das Vollmachtenregime des Bundesrates gerät 1949 dank der Volksinitiative «Rückkehr zur direkten Demokratie» der konservativen Ligue vaudoise unter Druck. Die Bundesversammlung hebt die letzten Vollmachtenerlasse schliesslich auf Ende 1952 auf.

529 Aus Molières *Le Médecin malgré lui* (2. Akt, 6. Szene). Der genaue Wortlaut in deutscher Übersetzung: «Und das ist der Grund, warum ihre Tochter stumm ist» (bei Molière «muette», nicht «malade», wie Loosli parodiert).

1947

Im Frühling erscheint von Loosli der Erzählband *Der Mutzlikeller*. Für seine *Lebenserinnerungen eines Unehelichen* findet er aber keinen Verlag. Es geht ihm nicht gut, «der endgültige Feierabend» wäre ihm «das Erwünschteste», schreibt er. Im Juni stirbt seine Schwägerin, die in Bümpliz viele Jahre im Haushalt mitgearbeitet hat. Nicht zum ersten Mal verschärft Loosli unter dem Eindruck der Auseinandersetzung um Spittelers Nachlass die testamentarischen Verfügungen zu seinem Hodler-Archiv, denn Fränkel kommt weiter unter Druck: Er wird mit einer Vollstreckungsklage konfrontiert und muss nun damit rechnen, dass auf der Riedegg eines Tages die Polizei vor der Tür steht, um für die Eidgenossenschaft sein Spitteler-Archiv zu beschlagnahmen. In der Keller-Angelegenheit geht es im Herbst um die Schadensersatzklage des Benteli-Verlags gegen ihn als Herausgeber.

2481. Loosli an Fränkel, Thun-Riedegg, 31. Januar 1947
Mein lieber Fränkel,
Hr. Loepfe-Benz schreibt mir u. a.:
«Das Schicksal Fränkels in seinen Beziehungen zu Spitteler beschäftigt mich immer wieder, deshalb habe ich im Nebelspalter* ein Bild darüber publiziert.[530] Ich sah nie klar, obwohl Hr. Fränkel einmal bei mir in Bern war und mich zu orientieren suchte. Liegt es doch auch an ihm, dass es so unglücklich herausgekommen ist? Mir tut Fränkel leid und tat es mir immer, innerlich den Weg zu ihm nie gefunden zu haben.»
* Nebelspalter, Nr. 4 v. 23. 1. 47.
[...]
Für heute nur noch die Mitteilung, dass mein neuer Novellenband[531] gesetzt wird und Ende März erscheinen soll. Ich arbeite von Morgens früh bis Abends spät was das Zeug hält, bin aber gesundheitlich und gemütlich sehr behindert.
[...]

---

530 Vgl. Abbildung S. 517.
531 Loosli: *Der Mutzlikeller*.

2483. Loosli an Fränkel, Bern-Bümpliz, 11. Februar 1947

[...]

Bei uns zu Hause ist alles krank oder fast. Vorgestern kam meine ältere Tochter vom Spital heim, wo sie operiert wurde und mein Sohn Rudolf hat erst gestern, nach ca. vier Wochen, wieder seine Arbeit angefangen. Meiner Frau geht es sosolala, meine zweite Tochter ist seit gestern bettlägerig wie auch zwei Enkel.

Und was mich selber anbetrifft ... Nanu! Es geht eben auch dem Ende zu, wogegen ich eigentlich nichts mehr einzuwenden habe. Gerade gestern habe ich meine letzte Willensverordnung abgefasst. Hier ein Zitat daraus:

«5. Da durch das Schiedsgerichtsurteil der HH. Bundesrichter Bolla, Hasler und Leuch vom 15. Oktober 1945 in Sachen des Bundesrates gegen Prof. Dr. Jonas Fränkel in Thun und den ausdrücklich klaren Willenskundgebungen Carl Spittelers, deren Urheberrechte vergewaltigt und aufgehoben und Spittelers Andenken geschändet wurde, ist damit jeder freie Schriftsteller auch rechtlich vogelfrei erklärt und ein Präzendenzfall von unabsehbaren Folgen geschaffen worden.»

In der Folge verfüge ich über mein Hodler-Archiv in einer Weise, die, falls meinen Erben nicht dessen Sekretierung bis 50 Jahre nach meinem Tod gesichert und gewährleistet wird, es zu vernichten.

[...]

2484. Fränkel an Loosli, Thun-Riedegg, 12. Februar 1947

Mein lieber Loosli,

Dein Brief, der soeben kam, machte mich traurig. Ich bedaure Dich u. Deine Kranken von Herzen. Laß aber nicht den Mut sinken und bedenke, daß es mehr oder weniger anderswo gegenwärtig nicht viel besser bestellt ist, z. B. in der Riedegg. Vor etwa 5 Wochen fing meine Tochter, als sie im Polyklinikdienst Krankenbesuche in der Stadt machte, Masern u. lag krank längere Zeit zu Hause. Mein jüngerer Sohn, der Gymnasiast u. Musikus, lag 10 Tage zu Hause im Bett an einer Grippe u. meine Frau hat sie jetzt, ohne sich ins Bett legen zu dürfen, weil sie seit Jahr u. Tag gar, aber auch gar keine Hilfe hat u. unsere Tochter wieder in Bern arbeitet u. nur am Sonntag heimkommt. Ich war auch gezwungen, meine Vorlesungen während einer Woche auszusetzen. Daß mein älterer Sohn, der in Zürich Architektur studiert, demnächst sein Studium abbrechen muß, um vorzeitig Geld auf einem Bureau zu verdienen, weil ich ihm die Mittel zum Studium nicht mehr beschaffen kann, werde ich Dir vielleicht schon erwähnt haben. Doch ich lasse mich nicht unterkriegen, so-

lange ich noch schaffen kann, und ich nehme mir ein Beispiel an Dir, an Deiner bewunderungswürdigen Arbeitsversessenheit. Krankheiten u. Mißgeschicke gehören zum Leben und letzteres wollen wir ausnutzen zum Schaffen – trotz allen Teufeln –, auf daß die Spur unserer Tage nicht mit unsrem Tode verweht wird wie bei all den Lumpen, von denen die Eidgenossenschaft wimmelt (einer von ihnen, Hafner in Zürich, ist – wie ich soeben in der Zeitung las – vom Teufel geholt worden[532]).
[...]

2485. Loosli an Fränkel, Bern-Bümpliz, 13. Februar 1947
Mein lieber Fränkel,
gestern wurde mir amtlich und begründet notifiziert, der Kassationshof des Kantons Bern habe, dem Wiederaufnahmegesuch des Generalprokurators folgend, das gegen mich von der Strafkammer I des Obergerichtes am 16. III. 38 gefällte Urteil wegen Verleumdung des Majors und Landesverräters Ernst Leonhardt kassiert und es zur neuen Beurteilung der Vorinstanz in Bern zugewiesen. Ich hatte mich, trotz verschiedenen Anregungen dazu stets geweigert, in dieser Sache ein Wiederaufnahmebegehren zu stellen, mit der Begründung, es habe unser Obergericht, wenn es schon einen Fehlspruch abgegeben habe, diesen von sich aus zu korrigieren, da ich mich von meiner Vorstrafe moralisch nicht belastet fühle. Nun hat der Generalprokurator von sich aus dem Oberrichter Peter, der s. Zt., wohl auf Weisung Mottas hin, das Fehlurteil veranlasste, den Streich gespielt. Die Begründung des Kassationshofes ist vernichtend, – nicht für mich![533]
[...]

2488. Loosli an Fränkel, Bern-Bümpliz, 17. Februar 1947
[...]
Mein guter Fränkel, wir haben es uns nicht leicht gemacht und habens auch nicht leicht gehabt. Was mich anbetrifft, ist mir heute der endgültige Feierabend das Erwünschteste. Ekel und Schwäche erwürgen mich! Was ich leisten wollte,

---

532 Der ehemalige Zürcher Regierungsrat Karl Hafner ist am 11. 2. 1947 gestorben.
533 Am 14. 9. 1949 wird Loosli an Fränkel den Leonhardt-Prozess noch einmal kurz resümieren: «Das [...] an die Erstinstanz zurückgewiesene Verfahren endigte am 10. April 1947 mit meinem Freispruch und es wurde mir eine Entschädigung im Gesamtbetrag von 1500.– Fr. zugebilligt.»

ward mir versagt; was ich leistete ist Pfuschwerk, wie das Leben überhaupt! Das sind meine Passiven!

Die Aktiven dagegen, die mich heute noch erhalten sind Freundschaften lieber grosser Toter und weniger noch Lebender, von welchen Du, mein lieber Fränkel, einer der wenigen bist.

Hab Dank dafür und sei herzlich gegrüsst von Deinem
C. A. Loosli

2503. Loosli an Fränkel, Bern-Bümpliz, 15. April 1947
Mein lieber Fränkel,
endlich bin ich annähernd so weit, Dir ein wenig ausführlicher als in blossem Telegraphenstil zu schreiben. Denn mein «Wiegenfest» dehnte sich aus und weiss der Kuckuck, ob's nun damit fertig ist oder nicht. Denn gestern noch kam ein Auto vorgefahren, das mir im Namen des Gemeinderates Wein aus dem Stadtkeller brachte.
[...]
Drollig! – Von allen Seiten, auch behördlichen, werde ich zu meiner Revoluzgertätigkeit beglückwünscht und ermuntert noch manches Jahr zuzufahren. Dabei ist mir die Presse hermetisch verschlossen.

Zu Hause, wieder ein Spital! Zwar, ich erhole mich, ob auch langsam. Aber meine Frau überarbeitet sich mit ihrem Herzfehler, – der Not gehorchend.
[...]

2519. Fränkel an Loosli, Thun-Riedegg, 20. Mai 1947
Mein Lieber,
das Urteil ist da: bis morgen 12 Uhr *alle* verlangten Manuskripte auf der Gerichtskanzlei abzuliefern (incl. das sexuelle Manuskript);[534] die Kantonspolizei Thun «erhält schon jetzt den ausdrücklichen Auftrag», sie bei mir am Nachmittag zu erheben, falls ich der Verfügung bis 12 Uhr nicht nachgekommen bin.

2) Bis morgen Mittags soll ich der Eidgen. das Inventar meines Archivs ausliefern.

3) Sämtliche Kosten (einige Hundert Frs)

---

534 Zur Vollstreckungsklage in der Auseinandersetzung um Spittelers Nachlass hat Fränkel am 16. 3. 1947 an Loosli geschrieben: «Man verlangt von mir u. a. die sofortige Auslieferung des sog. dänischen Manuskriptes, das man für die Fortsetzung der von der Eidgenossenschaft veranstalteten Gesamtausgabe der Werke Carl Spittelers benötige (es ist das sog. d. h. von Anna Sp. nach meinen Briefen an ihren Vater so benannte – ‹sexuelle Manuskript›).»

Glücklicherweise hat mein Anwalt sofort Appellation angemeldet, so daß die Vollstreckung (wie er meint) vorläufig suspendiert wird.
[...]
Die Folgen des Entscheides sind gar nicht abzusehen. Ich fürchte, sollte es dabei bleiben, so bedeutet das ein Begräbnis für die Spitteler-Biographie.
Du kannst Dir denken, wie mir seither zu Mute ist.
Herzlichst
Dein Fr.

2527. Loosli an Fränkel, Bern-Bümpliz, 4. Juni 1947

[...]
Gestern früh starb meine Schwägerin[535], die mehr als 35 Jahre mit uns gedarbt und still, selbstlos und treu gearbeitet hat. Vor zwei und einem halben Jahr wurde sie von stets wiederholten Hirnschlägen heimgesucht, dann so gelähmt, dass es uns unmöglich war, sie zu Hause zu behalten, zu pflegen und ihr wenigstens auf diese Weise einigermassen zu vergelten, was sie so redlich und bescheiden an uns verdient hatte.

Nun ist sie, nach mehrjährigem, zunehmendem Siechtum im Krankenhaus zu Belp endlich erlöst worden.
[...]

2536. Fränkel an Loosli, Thun-Riedegg, 7. Juli 1947

[...]
PS. Eben kam ein Brief von meiner Schwiegermutter, der ich meinen Aufsatz über Dich[536] gesandt hatte. Sie bittet mich, Dich von ihr zu grüßen. Sie schreibt dazu: «Immer wieder darf man sich bei ihm daran freuen, wie er immer auf der richtigen Seite steht, ob nun im Dreyfushandel oder während der deutschen Judenhetze, ob es sich um die Nazisache oder um Spittelers Recht handelt. Überall blieb er unbestechlich. Hätten sie im Schiedsgericht Männer gehabt, so unbeirrt brav, so mutig u. ehrlich, der verräterische Anschlag auf Spitteler wäre nicht geglückt. Und wieviel nicht wieder gutzumachendes Unglück, wieviel Schande! wäre vermieden worden.»

---

535 Lina Bertha Schneider.
536 Jonas Fränkel: *Gruss an C. A. Loosli* (vgl. Anm. 8).

2549. Fränkel an Loosli, Thun-Riedegg, 3. August 1947

[...]

Ich habe sehr bewegte Tage hinter mir. Es ist also doch so gekommen, daß ich die Spitteler-Sachen, die ich allerdings dem Departemente immer zur Verfügung gestellt hatte, jetzt habe herausgeben müssen,[537] ohne daß das Departement das seit 15 Jahren mir vorenthaltene große MS, zu dessen Auslieferung es durch das Schiedsgericht verurteilt worden ist (weil das Schiedsgericht halt nicht anders konnte!), herausgegeben hat[538] – u. daß ich, weil ich mich beim Obergericht über das zweierlei Recht beschwert hatte, noch obendrein zur Zahlung von Bussen von insgesamt ca. 400 Fr verurteilt wurde. Das dänische MS hab ich aber dennoch nicht ausgeliefert u. das Inventar, das ich am 31. Juli dem Departemente habe übergeben müssen, zählte nicht einige Tausend Nummern, wie man erwartete, sondern bloß – 5 Zeilen (ohne meinen Protest!).[539] Ich hatte vor 8 Tagen Etter ein Ultimatum gestellt, auf das hin man es mit «Konzessionen» versuchte, ich wich aber von meinen Bedingungen nicht ab,[540] selbst nachdem Etters Anwalt mich in letzter Stunde telegraphisch zur Auslieferung aufgefordert hatte, und sandte dem Richteramt die andern Sachen, aber nicht dies heißbegehrte MS. Ich sorgte auch dafür, daß man mir keine Polizei

---

537 Laut seinem Schreiben vom 31. 7. 1947 an das Richteramt I in Thun übergibt Fränkel diesem vier der fünf im Urteilsdispositiv des Schiedsgerichts vom 15. 10. 1945 aufgelisteten Spitteler-Manuskripte und -Dokumente (Fränkel: *Spittelers Recht*, S. 174, und BAR, E3001B#1980/53#1317*). Dies, nachdem der Appellationshof des Kantons Bern am 17. 5. 1947 Fränkels Berufung gegen den Entscheid zur Vollstreckung des Urteils abgelehnt hat.

538 Laut Punkt II/2 des Urteilsdispositivs wird die Klägerin (also die Eidgenossenschaft) verpflichtet, «dem Beklagten die im Nachlass befindliche Reinhandschrift des ‹Prometheus und Epimetheus› herauszugeben» (Fränkel: *Spittelers Recht*, S. 175).

539 In seinem Brief vom 31. 7. 1947 an das EDI führt Fränkel auf fünf Zeilen Briefe an von Gottfried Keller, C. F. Meyer, Friedrich Nietzsche, Felix Weingartner und Ferdinand Avenarius (BAR, E3001B#1980/53#1317*).

540 Fränkel fragt in Bezug auf das «dänische Manuskript» mit Brief vom 26. 7. 1947 das EDI, «ob das Departement bereit wäre, mir gegenüber in rechtskräftiger Form die Verpflichtung einzugehen, die auch für künftige Leiter des Departementes des Innern in jeder Weise verbindlich wäre: die Siegel, die ich an der Verpackung des genannten Manuskriptes anbringen würde, zu respektieren und sie nicht vor dem Jahre 2025 zu erbrechen.» Der Anwalt des EDI schlägt dagegen mit Brief vom 29. 7. statt der Frist bis 2025 vor, «auf das *Ableben der* einzig überlebenden *Tochter von Carl Spitteler* abzustellen», was Fränkel gleichentags ablehnt: «Die Geheimhaltung kann sich nach Spittelers Willen nicht auf die heute lebende Generation beschränken. [...] Was mit dem Manuskript nach dem Jahre 2025 geschehen soll, darüber würde ein von mir anzulegendes Schreiben Weisungen gemäss dem Willen Carl Spittelers enthalten.» (BAR, E3001B#1980/53#1314* sowie #1315*) Eine Einigung kommt nicht zustande.

ins Haus schickte, die durch das Obergericht für den 31. Juli nachmittags mobilisiert worden war.

Selbstverständlich ist die Auseinandersetzung nur *vertagt*, denn wahrscheinlich ging der Anwalt des Departementes am Freitag in die Ferien. Jedenfalls hab ich seit dem 31. nichts mehr gehört, nachdem ich bis dahin täglich durch Expressbriefe bombardiert worden war.

[...]

2556. Loosli an Fränkel, Bern-Bümpliz, 13. August 1947

[...]

Ich bin uns beiden schuldig Dir zu sagen, dass ich noch heute der Ueberzeugung bin, dass, hättest Du es mir im Jahr 1933 nicht verunmöglicht, meinen in Bern und Thun öffentlich gehaltenen Vortrag über «Carl Spittelers Wille und Rechte»[541] auf dem mir damals einzig gangbaren Weg zu veröffentlichen, so wäre Dir manches Bittere erspart geblieben. Denn damals war noch Bundesrat Meyer Departementschef des Innern, mit dem ich, wenige Tage vor dem Vortrag, länger als eine Stunde konferiert hatte und den ich damals bei seinen mir gegebenen Zusicherungen nötigenfalls auch öffentlich hätte behaften können.

Die Spitteler- und Fränkelfeinde würden sich dann nicht gegen Dich, sondern vor allem gegen mich gerichtet haben, daher auch der scharfe, provokatorische Ton, den ich gegen jene in besagtem Vortrag anschlug.

[...]

Was Du mir damals, insofern ich Dich richtig verstund, vor allem übel genommen hattest war, dass ich mich, um die Veröffentlichung zu ermöglichen, um die Deckung der Druckkosten an Frau Willisch gewandt hatte, die ohne weiteres dazu bereit war. Und, – ich bitte Dich, mir zu verzeihen, wenn ich heute restlos aufrichtig zu Dir rede:

Was die ‹Hohe Freundin› Spittelers glaubte verantworten zu können, das, wähnte ich damals, hätte auch Deinen Konsens finden dürfen.[542]

[...]

---

541 Vgl. Anm. 207.
   542 Looslis Brief vom 4. 3. 1933 an Antonie Wilisch liegt als Durchschlag unter SLA Loosli-Ms-B-Sq-6.1.24 und als Abschrift, wohl von Wilisch für Fränkel, unter SLA-Fraenkel-B-2-LOO, 1933.

2559. Fränkel an Loosli, Thun-Riedegg, 14. August 1947[543]

[...]

Es war gut, dass Du im gleichen Briefe Dir die Nachgeschichte zu Deinem Vortrag vom Herzen schriebst, nachdem Du sie bis heute nicht verwunden hattest. Ich bedaure es sehr, dass da einiges unabgeklärt von damals her geblieben war.

Du hattest Dich damals wegen Uebernahme der Druckkosten direkt an Frau W. gewendet – natürlich in der lieben Absicht, mich mit dem gedruckten Vortrag zu überraschen, der nach Deiner Meinung eine Wendung in dem Handel bringen sollte. Du wusstest aber nicht – und konntest es natürlich nicht wissen – dass Frau W. über keine eigenen Mittel verfügte, die sie Dir zu diesem Zwecke hätte zur Verfügung stellen können, und dass eine Beanspruchung meines Schwiegervaters hiefür nicht in Frage kam. Frau W. schickte mir damals Deinen Brief zu und bot sich in ihrer grossen Liebe an, ein Schmuckstück, das sie als Andenken an ihre verstorbene Mutter besass, zu verkaufen, um auf diese Weise zu Geld für Dich zu kommen. Das musste ich ihr ausreden.

[...]

Ich hätte es selbstverständlich gern gesehen, wenn Dein vortrefflicher Vortrag damals hätte im Druck erscheinen können. Wenn Du aber annimmst, es würde die Stellungnahme von BR. Meyer geändert haben, so bist Du leider im Irrtum. Meyer hatte sich damals Deinen Vortrag von Dir erbeten und er wird ihn zweifellos mit Interesse gelesen haben. Er war in der Sache selbst gut orientiert, aber er konnte sich nicht frei machen von den ‹literarischen Kreisen› Zürichs, wie er mir selber gestand. Immerhin hat er wenigstens alles unterlassen, was mein Verhältnis zum Rechtsnachfolger irgendwie hätte ungünstig präjudizieren können. Eine Wendung hätte nur eintreten können, wenn nach seinem Uebertritt in das Finanzdepartement ein gänzlich unabhängiger und aufrechter Mann das Dep. des Innern übernommen hätte.

[...]

2569. Loosli an Fränkel, Bern-Bümpliz, 15. September 1947

[...]

Die Arbeit aber, die ich in der Reinschrift fertigstellte und die ich nur noch einmal durchzulesen habe, um allfällige Abschreibefehler zu korrigieren ist

---

543 Fränkel schreibt diesen Brief mit Schreibmaschine.

betitelt «Kindheitserinnerungen eines Unehelichen», meine Selbstbiographie der ersten 12 Lebensjahre in Schüpfen.⁵⁴⁴

Ich habe sie sozusagen in einem Zuge geschrieben, nicht bloss um dem Wunsche eines lieben Schüpfers nachzukommen, der mich ermunterte, die Schilderung des Dorfes, wie ich es vor mehr als einem halben Jahrhundert erlebte, schriftlich niederzulegen, sondern auch und hauptsächlich zu meiner Selbstbefriedigung und Selbstbetäubung.

Ob und wann ich es verlegen kann ist freilich eine andere Frage, die mich jedoch vorderhand gar nicht sonderlich beschäftigt.

Heute werde ich auch mit dem Rest der Manuskriptkorrektur hoffentlich fertig werden und dann mag das ziemlich voluminös ausgefallene Büchlein die Zahl meiner unveröffentlichten Werke um eines bereichern.

[...]

2572. Fränkel an Loosli, Thun-Riedegg, 25. September 1947

Mein lieber Loosli,

es kam, wie vorauszusehen war. Nachdem Peter vor 5 Jahren den Vorentscheid getroffen u. dem Meierlein⁵⁴⁵ die Chance gegeben hatte, 5 neue Bände herauszubringen, hatte sich die Kammer nicht mit der Hauptsache zu befassen, da diese entschieden war, sondern ausschließlich mit Meyers Schadenersatzforderung. Diese beträgt – nach detaillierter Aufstellung – 60 000 Fr! Begründung: dadurch, daß ich nicht mehr dabei bin, sind 141 Subskribenten abgesprungen, ferner: die Herstellungskosten sind heute bedeutend höher, also der Gewinn bei gleichen Subskriptionspreisen geringer. Und daran bin ich schuld.

Das Gericht stimmt im Prinzip zu, nur findet es die Schadenersatzsumme zu hoch u. wird sie im schriftlichen Urteil herabsetzen. Es wünschte eine Verständigung (dem Peter ist die Sache doch nicht ganz geheuer) u. fragte nach meinen Bedingungen. Ich erwiderte: Benteli soll die Weiterführung meines Keller untersagt werden, die von ihm mit Helbling herausgebrachten Bände sollen ein neues Titelblatt erhalten, damit sie nicht als Fortsetzung meiner Ausgabe sich ausgeben; B. soll die 7 Bände, die er von mir verlegt hat, einem von mir zu bezeichnenden Verleger gegen eine Entschädigung von 20% des

---

544 C. A. Loosli: *Kindheitserinnerungen*, Typoskript, in: SLA-Loosli-E-3-A-01-m.
545 Die Rede ist vom Prozess der Benteli AG gegen Fränkel vor dem Appellationshof des Kantons Bern. Fränkel gibt dem Verlagsleiter der Benteli AG Hans Meyer-Benteli hier den Übernamen einer Romanfigur Gottfried Kellers: Meierlein ist der Jugendfreund des grünen Heinrich (Keller: SW 3, S. 160 und öfter).

Sortimentspreises abtreten. Der Vorschlag des Gerichtes aber lautete: ich soll mich abfinden mit der Tatsache, daß Helbling meine Ausgabe fortsetzt, u. künftig nichts mehr gegen ihn unternehmen; dafür würde Meierlein seine Schadenersatzklage zurückziehen. Ich lehnte ab.

[...]

NB. Der Verlag Diederichs hat nunmehr dem Artemis-Verlag das Verkaufsrecht für Einzelbände abgetreten, so daß nunmehr Spitteler Monopol des Witz-Verlages bleibt. So ist mir alles zerstört u. alle Hoffnung genommen. Ich bin auf der ganzen Linie geschlagen. –

2581. Fränkel an Loosli, Thun-Riedegg, 13. Dezember 1947
Mein lieber Loosli,
es ist mir soeben – Montag Vormittag – das Urteil des Obergerichtes wegen Keller zugestellt worden. Ich bin am Studium des umfangreichen Dokumentes (80 Blätter!) u. kann deswegen heute nicht zu Dir fahren.
Wie das Urteil lautet, kannst Du Dir denken. ich soll ca. 20 000 Fr blechen. Und selbstverständlich werden mir alle Rechte abgesprochen.[546]

[...]

---

546 Das Urteil vom 12. 11. 1947 auferlegt Fränkel eine Schadenersatzzahlung von 8000 Franken. Dazu kommen Bentelis Parteikosten von 5538.20 Franken, Gerichtskosten von 1000 Franken sowie Kanzleiauslagen von 1894.65 Franken. Der Benteli-Verlag dagegen ist der Gewinner des Prozesses: «Es wird gerichtlich festgestellt, dass die Klägerin ermächtigt ist, die kritische Ausgabe von Gottfried Kellers sämtlichen Werken, soweit dieselbe noch nicht durch den Beklagten besorgt worden ist, im Einverständnis mit der Erziehungsdirektion des Kantons Zürich durch einen Dritten vornehmen zu lassen.» Fränkels Widerklage in diesem Verfahren «wird in vollem Umfange abgewiesen». (StAZH, U 181.31.2–8, U 181.31.11–12 sowie U 181.31.15–18)

1948

Loosli hat nach einem Unfall eine verletzte Hand, er sei kaum noch arbeitstauglich, schreibt er Ende April. Ihn plagt, dass er seine «beste Schaffenszeit verpolemisierte». Im Juni scheitert Fränkel mit einer Beschwerde gegen die Benteli AG vor Bundesgericht: Auch der Kampf um seine Keller-Edition ist nun endgültig verloren. Im Sommer erscheinen Looslis *Bau- und Gliederungsgrundsätze für Erziehungs- und Fürsorgeheime*, im Oktober steht bei Fränkel eine Gerichtskommission samt Polizeieskorte vor der Tür, um sein Spitteler-Archiv abzuholen. Fränkel rückt kein einziges Blatt heraus – das ominöse «dänische Manuskript» Spittelers hat er sicherheitshalber verbrannt. Im November verhindert er wegen ihres Ehemanns, dass die Universität Bern der Schriftstellerin Cécile Lauber den Ehrendoktortitel verleiht.

2586. Loosli an Fränkel, Bern-Bümpliz, 24. Februar 1948
Mein lieber Fränkel,

Deine Kritik der Goethe-Ausgabe,[547] der «schweizerischen!» hat mich erschüttert und noch tiefer deprimiert als ich es ohnehin schon war und bin. Das also wagt man der «gebildeten» Schweiz vorzusetzen und das wird von ihr protestlos entgegengenommen! Wozu haben sich da unsere Grössten und Besten, wozu hast Du Dich zeitlebens abgerackert, entbehrt, bemüht für Wahrheit und Schönheit zu kämpfen?

[...]

---

547 Jonas Fränkel: *Vom Staubbach in Weimar und von der Schweizer Goethe-Ausgabe*, in: *Die Nation*, Nr. 3, 21. 1. 1948. Fränkel kommentiert den Ankündigungsprospekt für die Edition Johann Wolfgang Goethe: *Gedenkausgabe der Werke, Briefe und Gespräche in 24 Bänden*, Zürich: Artemis-Verlag, deren erste Bände 1949 erscheinen sollen. Sowohl dem Herausgeber als auch der Verlag sprächen gegen das Vorhaben. Am deutschen Literaturhistoriker Ernst Beutler kritisiert Fränkel, dass er Goethe zum christlichen Dichter stilisiere, indem er Verse aus ihrem Zusammenhang reisse (Fränkel wird in *Dichtung und Wissenschaft*, S. 229–234, unter dem Titel «Goethes Christlichkeit» auf diesen Vorwurf zurückkommen). Den Artemis-Verlag sieht er durch die Spitteler-Ausgabe diskreditiert. Dass in der Ankündigung stehe, die erste, nachweislich auf Goethes zweiter Schweizer Reise erfolgte Niederschrift des vom Lauterbrunner Staubbuch inspirierten Gedichts *Gesang der Geiser über den Wassern* sei in Weimar entstanden, lasse Schlimmes erwarten. Fränkel merkt ausserdem an, dass die Ausgabe von der Zürcher Goethe-Stiftung für Kunst und Wissenschaft unterstützt werde, «die ihr Dasein den Kanonen verdankt, die Hitler während des Weltkrieges aus der Schweiz geliefert wurden». Fränkel kann voraussetzen, dass man weiss, wer da gemeint ist: Emil G. Bührle, der jene Stiftung 1945 ins Leben gerufen hat.

Du frägst, wie es mir gehe! – Mit der verunglückten Hand langsam, langsam besser,⁵⁴⁸ obwohl es wohl noch lange dauern wird, bis ich sie zur Arbeit werde brauchen können, wenn überhaupt je! – Zum Schreiben bin ich auf den Bleistift angewiesen, da sich damit mein alter Schriebkrampf, der mich in schon recht jungen Jahren zur Schreibmaschine zwang, langsamer regt als wenn ich mich der Feder bediente.

Aber von eigentlichem Schaffen ist noch immer keine Rede und zwar nicht bloss aus physisch pathologischen Gründen. Noch nie fühlte ich mich so hoffnungslos leer, so mutlos, so erschöpft, erdrückt von stets neuem Kummer, neuen Sorgen. Basta! Ich werde auch das noch ausfressen müssen, bis, hoffentlich bald, mein Kramladen von höherer Gewalt geschlossen wird.
[...]

2587. Loosli an Fränkel, Bern-Bümpliz, 30. April 1948
Mein lieber Fränkel,

ob Du nun noch, so kurz vor der bundesgerichtlichen Verhandlung⁵⁴⁹ öffentlich reagieren könntest und solltest, scheint mir umso fraglicher, als es am Endergebnis doch nichts mehr ändern würde.

Bietet sich die Möglichkeit, es durch eine Drittperson oder selbst, nach dem Gerichtsentscheid machen zu lassen, so mag es drum sein, wenn es Dir an einer moralischen Genugtuung gelegen ist.

Dabei ist jedoch in Betracht zu ziehen, an wen Du Dich (oder Dein Vertrauensmann) wendest. Nämlich an ein Publikum, das sich um geistige Belange nicht kümmert, das von Deiner Sache nichts versteht, noch zu begehren versteht und das, – wäre dem anders, – zu träg und zu feig ist, darauf irgendwie zu reagieren.
[...]
Und dann sind wir nicht mehr jung! Du hast noch Besseres zu tun als Dich um eine materiell nun einmal verlorene Sache zu kümmern und Dich davon lähmen zu lassen. Beträfe sie mich und verfügte ich über Deine Fähigkeiten,

---

548 Im Brief vom 21. 11. 1947 erwähnt Fränkel, er habe «vorgestern am Telephon von Deinem Unfall erfahren». Was passiert ist, erschliesst sich aus dem Briefwechsel nicht.
549 Unterdessen hat Fränkel im Kampf um seine Keller-Ausgabe das Urteil des bernischen Appellationshofs vom 12. 11. 1947 ans Bundesgericht weitergezogen. Worauf sich die Wendung «öffentlich reagieren» bezieht, bleibt offen. Zuvor sind, wohl wegen Looslis Unfall, gut zwei Monate lang keine Briefe gewechselt worden. Loosli wird hier auf zuvor mündlich Besprochenes anspielen.

dann würde ich einen Strich unter das Geschehene ziehen und etwas Neues schaffen, solange Du es noch kannst und vermagst.

Dass ich diese Einsicht für mich zu spät erwarb, rächt sich jetzt bitter an mir, der ich nicht mehr arbeitstauglich bin und meine beste Schaffenszeit verpolemisierte. Ich möchte Dir die Reue darüber, die mich heute unwiderruflich bedrückt, erspart wissen. Sich bei lebendigem Leib überleben ist vom Bittersten, das einem begegnen kann. Hüte Dich davor und – carpe diem!
Herzlich Dein
C. A. Loosli

2588. Fränkel an Loosli, Thun-Riedegg, 3. Mai 1948
Mein lieber Loosli,
Dank für Deinen Brief! Leider liegt ja die Sache nicht so einfach. Bin ich doch von Peter zu einer Busse von etwa Fr. 18 000 verurteilt worden. Überleg Dir nur die Konsequenzen für mich! Ich habe keine Möglichkeit, mich weise vom Kampfplatz zurückzuziehen.

Deine Warnung, mein Lieber, deckt sich mit dem, was ich mir selber alle Tage wiederhole und was einem die Einsicht in die fliehende Zeit schmerzhaft einprägt. Ich bin entschlossen, mich nicht nach meinem Tode als ein Opfer verhöhnen zu lassen.

Du aber darfst Dir keine Vorwürfe machen. Allen Respekt vor dem, was Du Deinem Schicksal entrungen hast!

Sei herzlich gegrüßt!
Dein Fränkel

2592. Fränkel an Loosli, Thun-Riedegg, 10. Juni 1948
Mein lieber Loosli,
die Schlacht in Lausanne hat mit einer vollständigen Niederlage geendet.[550] Ich hatte 2 Stunden gesprochen u. geglaubt, kein rechtlich Denkender könnte sich der Kraft meiner Argumente entziehen, doch nach den beiden Plädoyers begannen die einzelnen Richter ihre langen, *vor* der Verhandlung niedergeschriebenen Vorträge aus dem Manuskripte vorzulesen, so daß ich an die Luft gesprochen hatte, nicht an Richter. Man hat das Berner Urteil bestätigt und

---

550 In den Worten des Bundesgerichtsurteils in Sachen Fränkel gegen die Benteli AG vom 8. 6. 1948: «Die Berufung wird abgewiesen und das vorinstanzliche Urteil im Sinne der Erwägungen bestätigt.» (StAZH, U 181.31.2–8, U 181.31.11–12 sowie U 181.31.15–18)

mir neue Kosten aufgebrummt (850 Fr!). Man fand, ich hätte aus finanziellen Gründen gekündigt, ferner daß der Verlag das Recht hat zu verdienen, nicht aber ich. Ich soll also Benteli, dem ich seinerzeit meinen Keller geschenkt habe, nunmehr beinahe das Doppelte dessen bezahlen, was ich von ihm im Laufe von 10 Jahren an Honoraren empfangen (wegen entgangenem größerm Verdienst! Wer da hat, dem wird noch mehr gegeben …)

Nun wird also der II. Teil der Tragödie beginnen: Exekution des Urteils.

Ich erwarte aber auch jeden Tag die Wiederaufnahme des Exekutionsverfahrens von Seiten Etters. Man hatte mir eine Frist gesetzt, die am 31. Mai abgelaufen ist.

Zu meinem Staunen waren nicht weniger als 4 Journalisten zu der Verhandlung erschienen, die nun in alle unsere Zeitungen bringen werden, ich hätte aus «merkantilischen» Gründen die Arbeit am Keller niedergelegt u. noch die Fortsetzung verhindern wollen. Die Zürcher Regierung ist aber jetzt durch das Bundesgericht von jeder Schuld freigesprochen u. der Firma Benteli wird bestätigt, sie habe alle ihre Verlegerpflichten mir gegenüber erfüllt.

Der Ekel geht einem bis hinauf. Man kommt sich vor, als wäre man unter Räuber geraten.

Sei herzlich gegrüßt von Deinem
Fränkel

2593. Loosli an Fränkel, Bern-Bümpliz, 12. Juni 1948

Mein lieber Fränkel,

obwohl ich von Lausanne nichts Besseres erwartete als was nun eingetroffen ist, hat mich doch Dein Brief tief betrübt und erschüttert. Das also ist der Lohn für wissenschaftliche Arbeitstreue, für selbstlose Hingabe an sein Werk! Man schämt sich Schweizer, man schämt sich Zeitgenosse zu sein, man wird erstickt von unheilbar anwachsendem Ekel!

Wahrhaftig, – wir haben unsere Umwelt und unser Zeitalter schlecht gewählt, gab es doch welche, wo man mit blanken Waffen kämpfen und entweder ehrenvoll siegen oder ritterlichen Feinden unterliegen konnte. Wir aber dienen dem Ungeziefer zum Frass. Was fruchten Geist und Schwert gegen Läuse, Wanzen und Fäulnis!

Der Rechtsstaat Schweiz! Dessen Rechtspflege sich auf den Regeln aufbaut, – zeige mir den Mann und ich zeige dir das Recht, oder, – quand on veut tuer son chien on dit qu'il est enragé! –

Dabei gleichzeitig das Getue um die Verfassung von 1848, die just von denen gemeuchelt wurde, die sie heute feiern, statt sie zu achten.

Und sozusagen Tag um Tag erreichen mich in meiner je absichtlicher betonten Einsamkeit und Abgeschlossenheit von dem schändlichen Weltgetriebe Hilferufe, Klagen Vergewaltigter, willkürlich Entrechteter, die sich immer noch einbilden «man» könne ihnen raten und helfen.

Feiglinge beherrschen Feiglinge, – das ist's! Daran wird unser Volk ehrlos zu Grunde gehen, über uns hinweg, in die Pfütze!

Was soll da aus unsern Jungen werden? Was sollen sie beginnen, wohin sich begeben, um leben, um saubere Luft einatmen zu können?

Man möchte oft meinen, die Welt sei wirklich atombombenreif geworden und vielleicht ist sie's.

Doch nun Schluss! Was ich für Dich und überhaupt fühle weisst Du ja auch ohne lange Worte.

Sei herzlich gegrüsst und ... na!

Dein

C. A. Loosli

2594. Fränkel an Loosli, Thun-Riedegg, 16. Juni 1948

[...]

Wie arg mich der Lausanner Spruch trifft, davon machst Du Dir kaum ausreichende Vorstellung. Nicht nur bedeutet er den Sargdeckel auf meine Keller-Arbeit, darüber hinaus will er mich vollständig ausplündern. Ich komme um etwa 6000 Fr, die mir die Zürcher Regierung schuldig ist, um Honorare im Betrag von etwa 2000 Fr, die mir die Firma Benteli seit 1938 schuldet, um die bisherigen Prozesskosten (ohne Anwalt!) in ungefähr gleicher Höhe u. soll überdies rund 18000 Fr an Meyerlein u. seinen Anwalt bezahlen. Alle Bestimmungen in unserm Vertrag, die zu *meinen* Gunsten lauten, sind annulliert. Es ist, als hätten die 3 Schiedsrichter vom Spitteler-Prozeß, indem sie den Ausstand nahmen, es ihren Ersatzkollegen überlassen, Rache an mir für mein Buch gegen sie zu nehmen.

[...]

[P. S.] *Ein* Sonnenschein traf mich in diesen dunklen Tagen doch: meine Bettina hat ihr medizinisches Staatsexamen gemacht (40% sind beim Examen durchgefallen!). Freilich verdienen kann sie vorerst noch nicht. Immerhin: sie ist jetzt eidgenössischer Arzt.

2597. Fränkel an Loosli, Thun-Riedegg, 5. Juli 1948
Mein lieber Loosli,

Du wirst wohl den einen oder andern Zeitungsbericht über das bundesgerichtliche Urteil zu Gesicht bekommen haben. Der «Bund» hat ihn auf der 1. Seite mit einer sensationellen Überschrift gebracht,[551] andere Berner Blätter ebenso. Man steht also da als der schlimme Vertragsbrecher, der die Firma Benteli ruiniert hat, usw.

Ich habe nach einigen Tagen der Presse einen «Epilog» zugestellt, den mir «Bund» und Nat-Ztg prompt zurückgeschickt haben, während andere Blätter keinen Mucks machten; woraufhin ich denn bei der Tagwacht anläutete, der ich bei Übersendung des MS nicht verschwiegen hatte, daß es sich um den nämlichen Richter handle, der Dich wegen Leonhardt verurteilt hatte; der ruppige Redaktor (Nachfolger Vogels) gab mir den Bescheid: gegen das Bundesgericht dürfe man nicht polemisieren! (Schweizer Sozialisten! bei denen kann man sicher sein, daß sie niemals Revolution machen werden!) Auch die «Nation» schickte mir den Artikel sofort zurück. *Möglicherweise* bringt ihn das Fr. Volk in der nächsten Nr., aber das ist auch unsicher. Ich sende Dir deswegen einen Abzug, damit Du ihn kennen lernst.[552]

Es ist schon arg: man hat keine Möglichkeit sich zu wehren u. muß sich jede Diffamierung gefallen lassen. Man kommt sich vor, als wäre man in einem Gefängnis, der Willkür des Gefängnispersonals ausgesetzt. Man hat es mit bald 70 Jahren so weit gebracht, daß kein einziges Blatt im ganzen Schweizerland einem offen steht u. daß man kein Buch mehr herausbringen

---

551 *Benteli AG. gegen Jonas Fränkel*, in: *Der Bund*, Nr. 281, 19. 6. 1948. Der Bericht referiert die Geschichte der Keller-Edition ausführlich und kommentiert Fränkels Kündigung des Vertrags mit der Benteli AG vom Mai 1939 so: «Dieser Vertragsbruch macht den Herausgeber gegenüber dem Verlag schadenersatzpflichtig.»

552 Fränkels *Kleiner Epilog zum Prozess um die Gottfried Keller-Ausgabe* wird schliesslich abgedruckt im *Volksrecht*, Nrn. 189 und 190, 13. und 14. 8. 1948. Das *Freie Volk*, auf das Fränkel hier hofft, druckt stattdessen eine grosse Würdigung von Fränkels Arbeit für Keller durch Werner Schmid: *Der Kampf um die Gesamtausgabe der Werke Gottfried Kellers*, in: *Freies Volk*, Nr. 29, 16. 7. 1948. Schmid schliesst: «Der enge und feindselige Geist gewisser massgebender Leute verunmöglichte es, dass ein Werk vollendet werden konnte, das unserem Lande und einem seiner grössten Dichter zur Ehre gereicht hätte. Neid, Missgunst, Hass haben es verhindert. Es ist ganz klar: genügend Weitsicht und Tapferkeit massgebender Personen hätten den Skandal verhindern können. Das Urteil von Lausanne trifft in ungerechter Weise einen Mann, der für das Ansehen unseres Landes und seine geistigen Werte mehr getan hat als alle seine Widersacher zusammen.»

kann. Freie Schweiz, der man sein Leben u. seine besten Kräfte geopfert hat! –
Sei herzlich gegrüßt!
Dein Fränkel

2598. Loosli an Fränkel, Bern-Bümpliz, 7. Juli 1948
[...]
Was nun Dein «Kleiner Epilog» anbetrifft, so muss ich Dir gestehen, dass ich es sehr wohl begreife, wenn er nirgends erscheinen kann oder wird. Sogar ich würde als verantwortlicher Redaktor einer Zeitung oder Zeitschrift Bedenken haben, ihn tale quale zu drucken. Zwar würde ich diese Bedenken überwinden, freilich im Bewusstsein, mein Blatt allenfalls einem Pressprozess und mich dem Verlust meiner Stelle auszusetzen.

In jenem würde ich unterliegen, da ich den *materiellen* Beweis weder des Dilettantismus, noch den des Kausalzusammenhanges des Nazismus mit Deinen Gegnern zu erbingen vermöchte, so sehr ich auch von beidem überzeugt bin. Aber jenes ist eine reine Ermessensfrage, die vom Richter, mit oder ohne Experten entschieden würde und dieser ist materiell überhaupt unbeweisbar.

Ich sage Dir das, um Dir begreiflich zu machen, dass es nicht notwendigerweise Feigheit der Schriftleiter ist, die sie zu moralisch unverantwortlichen Ablehnungen führt, sondern ganz einfach – und zwar in den meisten Fällen! – die Vertragspflicht, die dem Redaktor obliegt, seinem Verlag keine absichtliche oder fahrlässige Nachteile, in der Folge verlorener Pressprozesse, zuzufügen.

Und da besonders scheuen gebrannte Kinder das Feuer. Daher wohl, – da man seine Abhängigkeit nicht gern eingesteht, – die Ablehnung der «Tagwacht» und wohl noch anderer Blätter.
[...]

2599. Fränkel an Loosli, Riedegg-Thun, 11. Juli 1948
Mein lieber Loosli,
hab schönsten Dank für Dein jüngstes Buch.[553] Es ist erstaunlich, was Du alles weißt und kannst. Du erweisest Dich hier nicht bloß als praktischer Pädagog, sondern auch als Architekt und Innenarchitekt (das sind ja heutzutage zwei verschiedene Berufe). Wer kann Dirs nachmachen? Hoffentlich wirst

---
553 C. A. Loosli: *Bau- und Gliederungsgrundsätze* 2.

Du für diese Riesenarbeit für Leute der Praxis besser honoriert als für rein literarische Arbeiten! –

Ich habe mich entschlossen, an die Mitglieder der – leider nur auf dem Papier existierenden – Fränkel-Keller-Gesellschaft, die ein Anrecht darauf haben zu erfahren, daß ich mich für das Keller-Werk bis zuletzt gewehrt habe und nicht der Nichtswürdige bin, als der ich in den Urteilspublikationen erscheine, den nichtgedruckten Epilog zu versenden (den Du ja hast) sowie mein Plädoyer vor dem Bundesgericht, begleitet von einigen Seiten aus der Berufungsschrift.[554]

[...]

2600. Loosli an Fränkel, Bern-Bümpliz, 13. Juli 1948

Mein lieber Fränkel,

freilich wäre es gut und recht, könnten die Aktenstücke, die Du mir sandtest, der breitesten Oeffentlichkeit erschlossen werden. Aber, so empörend, so niederschlagend, so beschämend, so traurig sie wirken, – nützen würde es ja doch nichts, denn dazu wäre erforderlich ein für geistige Werte empfängliches, durch dick und dünn mutiges, keinen Rechtszerfall duldendes Volk, das nicht, wie noch nie, von behördlich-syndikalistischer Korruption, bedrückt und gelähmt wäre.

Dazu kommt, in Deinem Fall erschwerend, dass latenter Antisemitismus wie noch nie, nicht einmal in den Jahren, da ich meine «Schlimmen Juden» schrieb, noch in den folgenden, in unserem Lande herumgeht und Unheil anrichtet, das wohl in Jahrzehnten nicht mehr gut gemacht werden kann.

Davon kriege ich sozusagen täglich neue Beweise. Dürfte man, wie unsere Leithammel wohl möchten, so würdest Du vergast und ich günstigstenfalles längst «auf der Flucht erschossen» worden sein.

Die Nachwelt? – Ganz abgesehen davon, dass sie ihre besonderen Sorgen haben, sich daher wohl wenig um unsere Literatur- und Rechtsgeschichte kümmern wird, wird auch bloss aus Menschen, den unmittelbaren Nachkommen der gegenwärtigen bestehen. Auch wenn sie Dich, woran ich zwar nicht zweifle, dereinst rehabilitiert, feststellt, es habe Dir Deine Zeit und Umwelt niederträchtig mitgespielt und sie um hohe Werte, die Du ihr hättest vererben können, betrogen, so werden wir doch nichts davon haben. Und zu ihrer Zeit

---

554 Fränkel scheint diesen Vorsatz nicht ausgeführt zu haben. Im Ordner «Fränkel Gesellschaft», der sich im Nachlass erhalten hat (SLA-Fraenkel-B-4-d-[genauere Signatur wird erst noch vergeben]) und der die Aktivitäten der Gesellschaft sehr detailliert dokumentiert, gibt es jedenfalls keinen Hinweis auf eine solche Mitteilung an die Mitglieder.

werden sich auch wiederum irgendwelche Spitteler, Fränkel finden, die sie schinden wird, wie es die ehrwürdigen Vorfahren taten.

[...]

2606. Fränkel an Loosli, Thun-Riedegg, 9. Oktober 1948
Mein lieber Loosli,
nun ist das Rad unversehens ins Rollen gekommen. Du wirst wohl wissen, daß WSchmids Postulat in der Spittelersache auf der Tagesordnung der gestern zu Ende gegangenen Session des Nationalrates stand. Nachdem Etter sich vergewissert hatte, daß das Postulat auch diesmal nicht zur Behandlung kommen würde, hat er sich beeilt, Schritte zu unternehmen, um es für die nächste Session gegenstandslos zu machen.[555] Heute vormittag erschien bei mir eine Gerichtskommission: der Gerichtspräsident von Thun, der Gerichtssekretär u. der Angestellte der Landesbibliothek, der mit dem Philologischen der Spitteler-Ausgabe betraut ist. Der Gerichtspräsident übergab mir seinen von gestern datierten Entscheid auf ein Gesuch des Etter-Departementes. 1) Das Spitteler-Archiv wird sofort sichergestellt u. der Landesbibliothek «zwecks Sicherung u. Inventarisierung» überwiesen, 2) Das Sp-Archiv ist mit polizeilicher Hilfe sofort bei mir zu erheben u. in amtliche Verwahrung zu nehmen; 3) ich werde zu allen Vollstreckungskosten (incl. Inventarisierungskosten) verurteilt.

Ich protestierte natürlich, aber der Gerichtspräsident stellte mich vor die Wahl: entweder wird die Inventarisierung gleich vorgenommen oder alles wird auf die Landesbibliothek geschafft u. dort die Inventarisierung vorgenommen. Man verlangte, daß ich die «autobiographischen Aufzeichnungen» vorlege. Daraufhin erklärte ich, die existierten nicht mehr. Der Mann von der Landesbibliothek, angestellt für die Sp.-Ausgabe, ist vor Schrecken aufgesprungen, während über das Gesicht des Richters ein Ausdruck der Befriedigung kam. Der Richter u. der Mann der L-Bibl. (sein Experte) entfernten sich hierauf in den Garten, um die Situation zu besprechen. Zufällig stand hoch in einer Tanne mein Nachbar, der mir später über das Gespräch berichtete: der Experte drang in den Richter, nunmehr *alles* bei mir zu beschlagnahmen, um mich daran zu hindern, noch mehr zu verbrennen. Der Richter weigerte sich (trotz des ausgefertigten Entscheides!). Er begnügte sich zuletzt mit der Aufnahme eines Protokolls auf Grund meiner Erklärungen, meinte aber beim Abschied,

---
555 Das Postulat kommt im Nationalrat schliesslich am 21. 9. 1949 zur Behandlung (vgl. Anm. 574).

sie würden wohl bald wiederkommen, denn wahrscheinlich werde man sich im Bundeshaus kaum damit zufrieden geben.[556]

Die Nachricht wird am Montag bei Etter, Lauber etc. wie eine Bombe einschlagen. Und ich muß nun auf *alles* gefaßt sein, selbst auf Einleitung eines Strafverfahrens u. auf Konfiskation aller meiner Papiere.[557] Ich überlege, ob ich nicht von mir aus dem Bundesrat eine Erklärung zustellen soll. Mein Anwalt (der mir freilich kaum viel helfen könnte) ist seit gestern für 14 Tage abwesend u. leider weiß ich keinen Juristen, der sich für die Sache interessiert u. den ich um Rat fragen könnte. Herzlichst Fr.

---

556 Beim Gerichtspräsidenten handelt es sich um Hans Ziegler, den Vater des Politikers und Soziologen Jean Ziegler, beim Experten um den späteren Spitteler-Biografen Werner Stauffacher. In einem Telefongespräch mit Fredi Lerch erzählt Jean Ziegler am 4. 3. 2010, sein Vater sei «ein guter Mensch» gewesen, der wohl gewusst habe, «dass Recht und Gerechtigkeit nicht das Gleiche» seien. Wenn er Leid und Unrecht gesehen habe, habe er mit Empathie für die Opfer reagiert. In Bezug auf Fränkel hat er die Äusserung seines Vaters im Kopf, jener sei «ein armer Mann, dem Unrecht geschieht». Bei der Aktion auf der Riedegg gehe er davon aus, dass sein Vater sein Amt «so schonend wie möglich» ausgeübt und möglichst wenig Druck auf Fränkel gemacht habe. Ein Jahr vor seinem Tod, am 6. 10. 2009, erinnert sich Werner Stauffacher im Gespräch mit Erwin Marti und Fredi Lerch in Lausanne nach der Lektüre von Fränkels Darstellung so an diesen 9. 10. 1948: «Ich bin von Basel nach Thun gereist, der Gerichtspräsident hat mich empfangen, und zusammen sind wir auf diese Riedegg hinaufgefahren mit zwei Landjägern hintendrein. Wir kamen zum Haus, die Landjäger haben etwa dreissig Meter vom Haus weg gewartet. Fränkel kam an die Tür, er hat natürlich gewusst, dass wir kommen. Er hat uns hineingeführt und ist, wie ich es in Erinnerung habe, ganz ruhig und beherrscht gewesen. Aber seine Frau hatte eine furchtbare Aufregung und hat sich während unserer Anwesenheit mit einem Küchenmesser verletzt. Mit einer blutigen Hand ist sie im Hintergrund erschienen. Ich habe dann, wie Fränkels Brief richtig sagt, schnell gemerkt, dass da absolut nichts zu machen ist, wenn Fränkel nicht selber alle Dokumente aus seinen Papieren heraussucht und uns vorlegt. Fränkel hat während dieser Sitzung nichts herausgegeben. Wie er schreibt, bin ich dann mit dem Gerichtspräsidenten vors Haus hinaus, um mit ihm unter vier Augen zu reden. So konnten wir eine Pause machen und ich konnte dem Gerichtspräsidenten sagen, was ich von der Situation halte. So wie ich es in Erinnerung habe, habe ich ihm gesagt, da sei für ihn nichts zu machen. Fränkel hatte uns ja auch gesagt, dass gewisse Dokumente, die bei ihm gewesen zu sein die nicht ihm gehört haben, nicht mehr existierten – ohne zu sagen, warum. So wie ich Fränkels Studierzimmer in Erinnerung habe … so viel Papier und für uns nicht nachvollziehbar geordnet. Da hätte jemand einige Monate bleiben müssen, um zuerst einmal eine allgemein verständliche Ordnung zu machen. Jeder frei Schaffende braucht eben seine eigene Unordnung.» (Zitiert nach der von Werner Stauffacher am 15. 10. 2009 handschriftlich autorisierten Fassung der Gesprächstranskription.)

557 In der Folge hat Jonas Fränkel das ganze auf der Riedegg liegende Spitteler-Material in insgesamt neun Koffer verpackt und diese zur Aufbewahrung an vertrauenswürdige Personen in seinem Umfeld verteilt. Laut aufgefundener Inventarliste sind schliesslich alle Koffer wieder auf die Riedegg zurückgekehrt.

2608. Fränkel an Loosli, Thun-Riedegg, 19. Oktober 1948
Mein lieber Loosli,
heute vor 8 Tagen ist dieser Brief eingeschrieben an den Bundesrat abgegangen.[558] Der Bundeskanzler hat ihn dem Dep. d. Innern überwiesen u. auf mein Ersuchen, er möchte das Schreiben doch der Behörde vorlegen, an die es adressiert war, nur bestätigt, daß er es Etter überwiesen habe.
[...]
Selbstverständlich wurde vor allem das dänische MS verbrannt.[559]
[...]

2612. Fränkel an Loosli, Thun-Riedegg, 31. Oktober 1948
[...]
Denk einmal: so weit sind wir, daß meine Telephongespräche, wie ich annehmen muß, auf Platten aufgenommen u. ein Teil meiner Korrespondenz zurückgehalten wird (dies vorläufig vertraulich! diesen Brief solltest Du mit der ersten Montagspost erhalten.)
[...]

2613. Loosli an Fränkel, Bern-Bümpliz, 1. November 1948
Mein lieber Fränkel,
da die Bundesverfassung das Post-, Telegraphen- und Telephongeheimnis gewährleistet, bin ich keineswegs darüber erstaunt, dass es unsere demokratischen, hohen Behörden nicht respektieren und Dir, zu den bereits erfolgten, auch diese Vergewaltigung zufügen.
Da nun aber anzunehmen ist, nicht bloss Deine ausgehende, sondern auch

---

558 Mit Datum des 11. 10. 1948 schreibt Fränkel «An den hohen Bundesrat der Schweizerischen Eidgenossenschaft Bern»: «Ich beehre mich, zu Ihrer Kenntnis zu bringen, dass Manuskripte von Carl Spitteler, die mir mein grosser Freund mit der ausdrücklichen Weisung anvertraut hat, dass sie nicht auf die Nachwelt kommen dürfen, auf die jedoch das Departement des Innern auf Grund eines rechtsirrtümlichen Urteils Ansprüche im Namen der Eidgenossenschaft erhob und diese trotz meinen Vorstellungen mit Zwangsmitteln durchzusetzen suchte, nicht mehr existieren. Ich habe sie vernichtet, um nicht Verräter zu werden am Vertrauen, das mir Carl Spitteler schenkte, und weil Spittelers Gebote für mich bindender sind u. sein müssen als Entscheide eines Schiedsgerichtes, das seine Kompetenzen überschritt, indem es sich über den Willen Carl Spittelers hinwegsetzte. Genehmigen Sie den Ausdruck meiner respektvollen Hochachtung! Jonas Fränkel» (BAR, E3001B#1980/53#1315*)
559 Im Kryptonachlass Carl Spitteler innerhalb des Nachlasses Fränkels hat sich 2021 eine «Negativkopie (im technischen Sinn: wie ein Fotonegativ, d. h. Hintergrund schwarz, Schrift weiss)» dieses Typoskripts gefunden, «sie hat aber noch keine verbindliche Signatur» (SLA, Magnus Wieland, Mail, 30. 4. 2021).

Deine eingehende Post werde über das Schwarze Kabinett geleitet, so verbietet mir die ganz elementare Vorsicht, Dir heute zu schreiben, was ich Dir eigentlich vorschlagen, will sagen, mit Dir beraten und allenfalls vereinbaren möchte.

Ich muss Dich daher schon um Deinen gelegentlichen Besuch bitten, der zwar um der Sache willen nicht sofort zu erfolgen braucht, da man sich Zeit gönnen darf, der jedoch vielleicht doch in Bälde angezeigt wäre, nämlich bevor Du noch, der Androhung des Hohohohen Bundesrates entsprechend, strafrechtlich belangt und allenfalls als Untersuchungsgefangener eingekapselt wirst.

Denn, nach allem was geschah ist ja bei uns nachgerade alles möglich!

Ich verschliesse diesen Brief in gleicher Weise, wie ich, zur Zeit des ersten Weltkrieges, als mir gegenüber ebenfalls Brief- und Telephonzensur angewandt wurde, zu tun pflegte. Zwar war ich damals vom ersten Tage dieser prachtvollen Verfügung davon unterrichtet und habe mich damals göttlich darob amüsiert, weil es mir Anlass bot, die Geheime Staatspolizei, im Verein mit ein paar eingeweihten Mitkorrespondenten, tunlichst zu mystifizieren.[560]

Nach dem Krieg wurde mir offiziell versichert, diese Massregel sei gegen mich nicht angewandt worden, ebensowenig habe unsere damalige Gestapo ein Dossier betreffend C. A. Loosli angelegt. Die zahlreichen Schnüfflerakten wurden dann nachträglich, wenigstens teilweise zerstört, weil obsolet geworden. Zur Vernichtung war auch das mich betreffende Dossier bestimmt, aber eine gelungene Verkettung von Umständen rettete es vor der Vernichtung und spielte es mir integral in die Hände. Ich habe mich mit einigen Vertrauten darob fast krank gelacht und dann habe ich es, nicht bloss weil es unsäglichen Blödsinn enthielt, sondern auch um den Bundesangestellten, der es herausgefischt und mir übermittelt hatte auf alle Fälle sicher zu stellen, selber vernichtet.

[...]

---

560 Im Sinn von «täuschen». Für Loosli ist die «Mystifikation» eine satirische Form, «die das Publikum durch Täuschung irritieren und mit Witz und Humor zu besserer Einsicht führen soll» (Loosli: *Werke* 4, S. 19). Looslis bekannteste Mystifikation ist der «Gotthelfhandel» von 1913 (vgl. auch Anm. 492).

2614. Fränkel an Loosli, Thun-Riedegg, 2. November 1948

[...]

Trotz dieser Schwierigkeiten[561] bin ich gestern Abend doch nach Bern gefahren, um die Fakultätssitzung zu besuchen und bei der Abstimmung über Verleihung des Ehrendoktors an Cécile Lauber mein Nein einzulegen. Da hiefür Einstimmigkeit verlangt wird, so wird also Frau Lauber nicht in 3 Wochen bei der Dies-Feier in Ehren in der Aula unserer Universität (in Begleitung ihres Herrn Gemahls)[562] empfangen werden. Da ich vielleicht schon seit 3 Jahren nie an einer Fakultätssitzung erschien und gleich nach der Abstimmung mich entfernte, um einen frühern Zug als den mitternächtlichen zu erreichen, so hat natürlich jedermann (trotz der geheimen Abstimmung) erraten, daß ich der Spielverderber gewesen bin. Übrigens war der Ordinarius Strich, den die Sache offiziell doch vor allem interessieren mußte, gar nicht zur Sitzung erschienen, die Sorge um den Ausfall der Abstimmung ganz dem Kollegen Wili (einem Luzerner, der mit Anna Spitteler und natürlich auch mit Laubers befreundet ist) als dem Antragsteller überlassend.

[...]

2620. Fränkel an Loosli, Thun-Riedegg, 4. Dezember 1948

[...]

Hab ich Dir schon berichtet, daß ich diesen Winter sowohl bei den Basler wie bei den Zürcher Studenten sprechen soll? Die Zürcher schrieben offen, es geschehe, weil ihre Professoren reaktionär u. oberflächlich seien usw.

[...]

2625. Fränkel an Loosli, Thun-Riedegg, 18. Dezember 1948

[...]

Ich habe gestern – schweren Herzens – die ersten Schritte unternommen, um die Riedegg zu verkaufen, nachdem ich schon vor 4 Jahren, um den Prozeß um Spitteler führen zu können u. Mittel für Entrichtung von Steuern zu reservieren, eine Hypothek aufgenommen hatte.

[...]

---

561 Fränkel berichtet zu Beginn des Briefs, er habe «einen schlimmen Unfall» erlitten, «durch den der ganze Brustkasten in Mitleidenschaft geraten» sei.
562 Cécile Laubers Ehemann ist Werner Lauber.

2626. Loosli an Fränkel, Bern-Bümpliz, 20. Dezember 1948

[...]

Geradezu schrecklich mutet mich Deine Nachricht an, Du seiest in Vorbereitungshandlungen zum Verkauf Deines Hauses. Ich hoffte doch es gehöre nicht mehr Dir, sondern Deiner Frau. Dass es soweit kommen musste ist empörend, erbärmlich und beschämend, – für mich trotz allem kaum vorstellbar!

Wird sich niemand, der hinreichend zuständig und einflussreich ist, finden, der die Oeffentlichkeit darüber unterrichtet, wie Du, dem Spitteler seinen Nobelpreis zu verdanken hatte,[563] für Deine ihm über den Tod hinaus erwiesene Freundschaftstreue belohnt, will sagen, mittelbar expropriert wirst?

[...]

2627. Fränkel an Loosli, Thun-Riedegg, 21. Dezember 1948

[...]

Die Riedegg ist allerdings als Eigentum meiner Frau im Grundbuch eingetragen. Wenn aber die Einnahmen – von meiner bescheidenen Professor-Besoldung abgesehen – beinah auf den Nullpunkt gesunken sind, so daß wir das Haus nicht länger halten können, so muß man sich mit dem Unabwendbaren abfinden, so schwer einem die Veränderung ins Ungewisse u. Unabsehbare mit 70 Jahren fällt – erst recht meiner Frau, die im Laufe von 3 Jahrzehnten hier Wurzeln gefaßt hat.

[...]

---

563 Zu Fränkels Engagement für diese Auszeichnung vgl. Lerch: *Carl Spittelers Literaturnobelpreis*.

1949

Mit Interesse verfolgen Loosli und Fränkel den Kampf um die Drucklegung des zweiten Bands von Ludwig Hohls *Notizen*, die der Artemis-Verlag vertragswidrig verweigert. Im April schickt das Betreibungsamt einen Zahlungsbefehl der Benteli AG auf die Riedegg, Fränkel überlegt sich, ob er Konkurs anmelden soll. Im Hinblick auf ein Treffen Looslis mit einem geheimnisvollen Verleger stellt Fränkel eine Liste mit über zwanzig druckfertigen oder fast druckfertigen Arbeiten zusammen: Die Hoffnung auf eine Fränkel'sche Spitteler-Ausgabe ist noch nicht begraben. Im Sommer greift Loosli in die Debatte um die Strafvollzugsreform ein, Fränkel lehnt eine Professur in Ostberlin ab. In der Herbstsession wird das Spitteler-Postulat von Nationalrat Werner Schmid, das eine unabhängige Kommission fordert, die «dem Willen des Dichters Nachachtung verschafft», mit 85 gegen 2 Stimmen abgeschmettert. Am 30. September wird Fränkel an der Universität altersbedingt entlassen, statt einer Pension erhält er eine monatliche Rente von 300 Franken. Auch der Familie Loosli droht die Armengenössigkeit.

2637. Fränkel an Loosli, Thun-Riedegg, 13. Februar 1949

[...]
NB. Seit Sonntag ist mein Jüngster, der Musicus, in der Rekrutenschule – in Bülach. Er ist einer vorwiegend welschen Kompagnie zugeteilt worden, worüber er sehr froh ist.

Ein arges Stücklein ist es schon, meine Söhne sind Schweizer Soldaten, aber mich hat man als Schweizer ausgeschieden! [...] Die Zürcher in Verbindung mit Bohnenblust haben vor einigen Jahren einen Schweizer Germanistenverband[564] gegründet – und mich zum Beitritt nicht aufgefordert! Und da bei uns – wie in der Zeit der Zünfte — Fachverbände offizielle Geltung haben, so existiere ich eben als Schweizer Germanist nicht ...

[...]

---

[564] Die Akademische Gesellschaft Schweizerischer Germanisten ist am 7. 4. 1940 in Bern gegründet worden.

2640. Loosli an Fränkel, Bern-Bümpliz, 2. März 1949

[...]

Schlimm, dass Du nicht verlegen kannst! Ich habe darüber seit Deinem neulichen Besuch viel nachgedacht, und frage mich heute, ob Du es nicht allenfalls mit dem Morgartenverlag in Zürich versuchen solltest (Conzett & Huber).

Was mich auf diesen Gedanken brachte, ist ein Rundschreiben des Schriftstellers Ludwig Hohl in Genf, der mit dem Artemis-Verlag empörend jämmerliche Erfahrungen machte und heute infolgedessen ungefähr da steht wo auch wir, nämlich vis-à-vis de rien![565]

Sollte er Dir besagtes Schreiben nicht ebenfalls zugestellt haben, so steht Dir wünschendenfalls das an mich gerichtete zur Kenntnisnahme zur Verfügung. Ich habe ihm ziemlich eindeutig, unter Bezugnahme auf den Spittelerhandel geantwortet und ihn darauf aufmerksam gemacht, dass der Artemisverlag sich der hohen Protektion des Bundesrates, bezw. des Eidg. Departementes des Innern erfreut, damit er sich keinen rosigen Illusionen hingebe.

[...]

2641. Fränkel an Loosli, Thun-Riedegg, 3. März 1949

Mein lieber Loosli,

gleichzeitig mit Deinem Brief brachte mir die Post auch das Rundschreiben von L. Hohl. Was ich ihm geantwortet habe, wirst Du aus dem Durchschlag ersehen, den ich beilege u. für dessen Rücksendung ich Dir verbunden wäre.[566] Eigentlich sollte man die Möglichkeit haben, derartiges laufend drucken zu lassen – *sollte* man!

[...]

---

565 Ludwig Hohl hat 1944 im Artemis-Verlag den ersten Band seiner *Notizen* publiziert. Sie werden nicht beachtet und kaum verkauft. Der Verlag, der im gleichen Jahr den Zuschlag für die Publikation der zehnbändigen Spitteler-Ausgabe erhält, ist an der Veröffentlichung des zweiten Bandes der *Notizen* nicht mehr interessiert. Hohl klagt und erhält Jahre später recht (vgl. Ludwig Hohl: *Die Notizen oder Von der unvoreiligen Versöhnung*, Frankfurt am Main: Suhrkamp, 1984, S. 5).

566 Fränkel rät Hohl in seinem Brief vom 2. 3. 1949 angesichts der «Willkür schweizerischer Verleger und der Korruption unserer Gerichte» davon ab, gegen den Artemis-Verlag zu prozessieren (Charles Linsmayer: *Ein typischer Fall von wehrloser Qualität*, in: Peter Erismann, Rudolf Probst, Hugo Sarbach [Hg.]: *Ludwig Hohl: Alles ist Werk*, Frankfurt am Main: Suhrkamp, 2004, S. 65).

2643. Fränkel an Loosli, Thun-Riedegg, 8. März 1949
Mein lieber Loosli,
nun ist Frau Benteli tot, nachdem sie es für mich schon seit langem war und das Gute, das sie mir einmal erwiesen, selbst ausgelöscht hatte in einem Maße, daß sich in mir heute nicht einmal eine Spur dankbarer Erinnerung regen will. Wer hätte das für möglich gehalten vor zwanzig, ja noch vor zehn Jahren? –
[...]

2644. Loosli an Fränkel, Bern-Bümpliz, 9. März 1949
[...]
Auch mich hat der Tod der Frau Benteli durchaus kalt gelassen. Genau wie sie Dir mitgespielt hat, versuchte sie es im Jahre 1908 auch mir gegenüber und von jenem Zeitpunkt an wusste ich, wessen ich mich von ihr zu versehen hatte. Meine damals gewonnene Ueberzeugung wurde mir übrigens von verschiedenen, Freunde und Bekannte betreffenden Vorfällen so nachdrücklich erhärtet, dass ich über ihre eigentliche Wesensbeschaffenheit volle, unerschütterliche Klarheit erwarb. Sie ist ein Typus von Frauen gewesen, deren hohes Geltungsbedürfnis in keinem Verhältnis zu ihren Fähigkeiten stand und daher im Vampirhaften verschlammte. Uebrigens nicht die einzige ihrer Gattung, die ich leider nur zu gründlich kennen lernte.

Wäre ich gesund und arbeitsfähig geblieben, so hätte ich wohl, wie geplant, diesen Typus in einer Novelle oder einem Roman eines Tages, en parfaite connaissance de cause, verwertet. Er ist häufiger als man sich gemeiniglich träumen lässt und wäre wirklich bedauernswert, würde das Mitleid mit ihm nicht aufgehoben durch das unsühnbare Unheil, das zwangsläufig aus seiner Wesensart entsteht. R. I. P.
[...]

2651. Loosli an Fränkel, Bern-Bümpliz, 21. März 1949
[...]
Dieses, wie Du siehst, noch recht unbestimmte Eventualvorhaben[567] bewog mich gestern, das mir jüngst übermittelte Verzeichnis Deiner bereits oder in absehbarer Zeit verlagsreifen Werke genau anzusehen. Hier das Ergebnis, das sich durchaus auf meine bloss persönlichen Eindrücke und Ueberlegungen

---

567 Eingangs erwähnt Loosli, dass «voraussichtlich ein Verleger bei mir vorsprechen» werde, den er wenn möglich auch auf Fränkel hinweisen wolle.

stützt und das ich Dich gegebenenfalles ebenso offen, wie ich Dir hier schreibe, zu rektifizieren bitte.

Von den fünf bereits für 1949 druckfertigen Werken halte ich, (abgesehen von Nr. 5 – Dichtung und Wissenschaft –, von dessen Inhalt ich ununterrichtet bin) höchstens die ungedruckten Gedichte Kellers[568] (und allenfalls Nr. 3 – Goethe's Erlebnis usw.) für einen schweizerischen Verlag gegenwärtig allenfalls interessant.

Die «Briefe an Frau von Stein» und den 1. Band der Goethebiographie dagegen dürften wohl die Kräfte, aber auch die Absatzmöglichkeiten eines schweizerischen Verlags gegenwärtig übersteigen.

Die Briefe an Fr. v. St. umfassen 3 Bände mit insgesamt annähernd 100 Druckbogen. Schlecht gerechnet würde sich, bei den gegenwärtigen Material- und Herstellungskosten und einer Auflage von mindestens 2000 Exemplaren, das Gesamtwerk im Ladenpreis auf 50 Fr. stellen.

Frage: – wer bezahlt für ein derartiges Werk diese Summe? Wann und in welcher Frist wäre es möglich, 2000 Exemplare an den Mann zu bringen, da der Verschleiss, aus währungspolitischen Gründen, auf die Schweiz beschränkt bleiben müsste?

Bei der Goethebiographie dürfte sich die Rechnung um ein klein Weniges besser, aber noch lange nicht hinreichend gut stellen. Denn, wer legt in unserer Zeit und ihrer Mentalität in unserem Lande doch wohl wiederum, obwohl in 2 Raten, ca. 50 Fr. aus? Und auch hier müsste m. E. der Absatz von mindestens 1500 Exemplaren sozusagen zum Voraus gesichert sein.

Anders, günstiger würde sich allenfalls die Herausgabe der Keller'schen Gedichte gestalten. Da wären ja als Subskribenten, zunächst die Mitglieder der G. K.-Gesellschaft, mit ihnen aber auch noch weitere Interessenten zu erreichen. Der Band würde als Fortsetzung Deiner, der ächten, Fränkel'schen Ausgabe, sicherlich beachtet (ob auch dementsprechend gekauft?) werden.

Was nun die Nrn. 6–23 anbetrifft, so scheint mir, würde, falls wenigstens ein Band noch im laufenden Jahr erscheinen könnte, eine authentische, finanziell

---

568 Die Gedichtbände von Keller: SW wurden mit Ausnahme des Bandes 15.2 *Nachgelassene Gedichte seit 1846* alle von Fränkel herausgegeben. Im 1949 nachgelieferten Band 15.2 findet sich folgende Notiz des Herausgebers Carl Helbling: «Band 15.1 ist von Prof. Jonas Fränkel bearbeitet worden. Der zugehörige Anhang hätte im vorliegenden Band erscheinen sollen. Aus Gründen des akademischen Taktes muss ich davon absehen, einen nicht von mir selbst betreuten Textband zu kommentieren.» (S. 276) Fränkel hat offenbar geplant, die Lücke zu schliessen und das ganze in den SW-Bänden 15.1 und 15.2 präsentierte Textmaterial in eigener Regie nochmals zu edieren.

einigermassen erschwingliche Ausgabe von Spittelers Werken zunächst am meisten Aussichten haben.

Dann die Biographien Goethe, Keller, Herder, Meyer. Eventuell Meyers Hutten und Kellers Briefwechsel mit Spitteler & Widmann.

[…]

2653. Loosli an Fränkel, Bern-Bümpliz, 23. März 1949

[…]

Freilich, als ich Dir vorgestern schrieb, dachte ich augenblicklich nicht daran, dass Spitteler erst am 1. Januar 1955 frei wird. Dennoch möchte ich grundsätzlich an meiner Insinuation festhalten.

Was mich dazu bewegt ist die Ueberlegung, dass Du die authentische Spitteleraugabe sowohl ihm, wie allen *wirklichen* Spittelerfreunden und endlich Dir selbst schuldig bist. Weil Du Fränkel heissest!

[…]

Daher meine inständige Bitte, Du möchtest die Spitteleraugabe wenigstens in satzfertigem Zustand bereit halten, geschehe dann was wolle. Denn vom Augenblick an, da Du sie satzfertig vorlegen kannst, ist Dir auch die Möglichkeit geboten, darüber verlagsvertraglich zu verhandeln, wobei vorgesehen werden müsste, dass Deine Gesamtausgabe am 1. Januar 1955 fix und fertig, ausgedruckt und verschleissfähig vorliegen würde.

[…]

2654. Fränkel an Loosli, Thun-Riedegg, 25. März 1949

[…]

Ob sich in absehbarer Zeit ein Schweizer Verlag finden wird, der den Mut hätte, […], ist sehr unwahrscheinlich. Die, die finanzielle Grundlage dafür hätten u. die Möglichkeit der Expansion obendrein, sind Artemis und Atlantis – diese aber scheiden aus. Im Ausland aber liegen die Dinge nicht besser. Was Deutschland betrifft, so muß man an den Bibelsatz denken: Es kam ein neuer Pharao, der wußte nichts von Josef … Da ich seit dem ersten Weltkriege ausschließlich in der Schweiz publizierte, so kennt dort die neue Generation nicht einmal meinen Namen. Und Spitteler ist ihr ebenfalls unbekannt – sie hat *ihre* Götter. Wohl hatte ich wegen Goethe – und nur wegen Goethe – gerade vor einem Jahre mit der Suche im Ausland begonnen, indem ich die Biographie nacheinander 3 Verlegern anbot, die alle nicht nur über die notwendigen Kapitalien verfügen, sondern auch grundsätzliches Interesse für das Werk hätten – wenn es nicht von einem Provinzler, einem Schweizer, der in der Welt unbekannt ist, herrührte. Der eine der 3 Verleger ist in Stockholm, der andere in London, der dritte in Amsterdam – alles deutsche bzhw. Wiener Juden, die sehr versiert sind im verlegerischen Geschäft u. die, wenn sie meinen Namen kannten, dann höchstens als den eines Spitteler-Propheten – also ein unmöglicher Mensch, so unmöglich wie Spitteler.

Die Schweizer Verleger aber sind in ihrer Einstellung zu mir in der überwiegenden Mehrzahl (die Anderen zählen nicht) genau so wie Dein Freund Haupt,[569] den ich selber niemals gesehen habe, der aber offenbar durch Rentsch und Meyer in der Dir bekannten Weise bearbeitet worden ist. Meinem ältern Sohne begegnete es vor einigen Jahren, kurz nachdem der Band «Huldigungen u. Begegnungen» erschienen war, daß er in eine Zürcher Buchhandlung eintrat u. nach meinem Buche verlangte. Die Antwort des Chefs war: «Wir führen nichts von Jonas Fränkel.» (An einem andern Orte, in St. Gallen, begegnete ihm – allerdings in einer kleinen Buchhandlung –, daß der Besitzer, als er für irgendeinen Zweck seinen Namen notieren sollte, ihn schüchtern fragte, ob er etwa mit mir verwandt sei, und hierauf ein Bekenntnis großer Anhänglichkeit u. Bewunderung ablegte usw. – aber das war eben eine kleine Buchhandlung!).

Spittelers Werke in meiner Redaktion u. in der autoritativen Fassung könnten schon morgen in den Satz gehen, wenn sich ein mutiger Verleger fände, dem ichs gäbe.

[…]

2659. Fränkel an Loosli, Thun-Riedegg, 14. April 1949

[…]

Es kam gestern endlich das Urteil vom Bundesgericht. Inhalt – uninteressant; Bestätigung aller Argumente des Obergerichtes.[570]

Unangenehmer ist, was mir gestern (erst gestern!) mein Anwalt eröffnet hat: daß das Betreibungsamt auf meine Besoldung zurückgreifen dürfte, da deren derzeitige Höhe von Fr. 7000 das Existenzminimum um $1/3$ überschreite … Und in dieser Lage verbindet sich der Präsident der Schweiz. Sozialdem. Partei mit meinem Feinde, um meine bescheidenen Honorare noch zu plündern![571]

Hoffentlich kommst Du in diesen herrlichen Tagen ein wenig an die Luft.

---

569 Paul Haupt.
570 Vgl. Fränkels Brief an Loosli vom 10. 6. 1948.
571 Hans Oprecht bringt in der Büchergilde Gutenberg in diesem Frühling Gottfried Kellers *Grünen Heinrich* neu heraus und lässt den Text dafür bei der Benteli AG neu setzen. Am 18. 3.

Ich erwarte für die Ostern den Besuch aller 3 Kinder, auch des Musikus, der einen 3-tägigen Urlaub bekommt.

Ich überlege, ob ich nicht Konkurs erklären soll, wogegen sich aber mein Anwalt (der mir aber nicht maßgebend ist) sträubt. Ich muß sehen, daß ich die Frage nächstens mit einem klardenkenden Juristen bespreche, denn leider hab ich keine Ahnung, wie man das in die Wege leitet u. welche Folgen es hätte.
[...]

2661. Loosli an Fränkel, Bern-Bümpliz, 17. April 1949
Mein lieber Fränkel,
kaum hatte ich meine gestrige Postkarte eingeworfen, als mich Dein Brief erreichte, der mir, wäre das noch möglich gewesen, die Osterfeier noch mehr verteufelt haben würde. Er hat mich aber auch in meinem ohnehin gefassten Vorhaben bestärkt, wenigstens testamentarisch, da mir keine andere Möglichkeit zur Verfügung steht, recht eindringlich gegen die Dir und Spittelern zu Teil gewordene Behandlung zu protestieren. Nämlich dadurch, dass ich die Vernichtung meines Hodlerarchives, insoweit ich sie nicht mehr selber werde vornehmen können, anordne und sie meinem Testamentsvollstrecker zur Pflicht machen werde.
[...]

2662. Fränkel an Loosli, Thun-Riedegg, 18. April 1949
Mein lieber Loosli,
hab herzlichsten Dank für Deinen ausführlichen Brief. Ich danke Dir auch für Dein mir angekündigtes Vorhaben betreffend Dein Hodlerarchiv. Überleg Dir das bitte doch gründlich, ehe Du zur Tat schreitest. Handelt es sich doch dabei *auch* um Vermögenswerte, auf die Deine Lieben Anspruch haben. Allein um des Protestes willen ließe sich eine derartige Handlung nicht rechtfertigen – schon weil Du den Protest vielleicht zu Lebzeiten zum Ausdruck bringen kannst. Und dann: was nützen Proteste? Es ist bei uns alles heillos verfahren.
[...]
Meine Bettine wird sich sicher die Freude, Dich aufzusuchen, nicht entgehen lassen, sobald sie wieder in Bern ist und sich dann für einen Nachmittag frei machen kann. Da meine Frau gegenwärtig sehr schonungsbedürftig ist und Haus

---

1949 hat Fränkel dies Loosli gemeldet und beigefügt, er figuriere «als Herausgeber – ohne Honorar! Nun aber will ich mich endlich wehren gegen diese Freibeuterei.»

u. Garten für den weit fortgeschrittenen Frühling bestellt werden müssen, so bleibt Bettine jedenfalls diese Woche zu Hause. Augenblicklich ist sie zusammen mit ihrem jüngern Bruder im Garten beschäftigt, den Boden aufzuhacken unter sengenden Sonnenstrahlen. Mein älterer Sohn ist für die Ostern nicht heimgekommen, weil er sich in Zürich nicht freimachen konnte. Der Rekrut aber muß heute wieder in der Kaserne schlafen – nur ist er nicht mehr Rekrut, sondern am Tage, bevor er Urlaub bekam, zum Pionier befördert worden.

Auch Deine Ruhe wird in diesen Tagen wohl in angenehmer Weise gestört sein. Grüße bitte die Deinigen, besonders Deine liebe Frau herzlichst. Vor zwei Wochen ist mein Schwiegervater im Alter von bald 92 Jahren verstorben. Er war Dr. h. c. der Technischen Hochschule Charlottenburg-Berlin, hatte seinerzeit ein ansehnliches Vermögen, und nun da er gestorben ist, ist die finanzielle Lage meiner Schwiegermutter nicht einmal gesichert und so hab ich zu meinen Sorgen auch ihre, die mich nicht minder drücken.

[...]

2663. Loosli an Fränkel, Bern-Bümpliz, 19. April 1949

[...]

Was das Hodler-Archiv anbetrifft, so hatte ich nun hinreichend Zeit, nämlich nicht weniger als sieben Jahre, zu überlegen, was ich damit anfangen solle. Du irrst, wenn Du es als einen materiellen Vermögenswert für meine Angehörigen betrachtest. Es wird sie dessen Vernichtung im Gegenteil vor Versuchungen und Irrtümern bewahren, die bloss zu ihrem Nachteil gedeihen könnten.

Freilich, handelte es sich um einen blossen Protest, liesse sich mein Vorhaben bloss teilweise rechtfertigen. Aber ich bin dem Andenken Hodlers einiges schuldig. Sein Werk bleibt, das ist die Hauptsache! Mein Archiv aber könnte Anlass zu Verirrungen und Vergehen bieten, denen ähnlich, die man Dir und Spittelern gegenüber beging und begeht.

Und dann: – was bleibt uns Geächteten anderes übrig als vorderhand nutzlose Proteste. Ich bin aber überzeugt, dass man sich ihrer früher oder später erinnern und wenigstens einige praktische Schlussfolgerungen daraus ableiten wird.

[...]

2673. Fränkel an Loosli, Thun-Riedegg, 25. Mai 1949
Mein lieber Loosli, da ich voraussichtlich auch am Freitag keine Zeit haben werde Dich aufzusuchen, so gebe ich Dir hier kurzen Rapport:

Das Betreibungsamt hat beschlossen, meine ganze Bibliothek als Kompetenzstück[572] zu erklären, es sieht ferner mit Rücksicht darauf, daß meine zwei Söhne noch studieren, davon ab, meinen Lohn zu pfänden. Es kommt jetzt darauf an, wie die Gegenanwälte diese Eröffnung aufnehmen u. welchen Verlauf das eventuelle Einspruchverfahren nehmen werde. Je nachdem kann ich dann noch Konkurs erklären, der immerhin mit einem beträchtlichen, von mir zu leistenden Vorschuß verbunden wäre u. den Nachteil hätte, daß der Bestand meiner Bibliothek dann genau aufgenommen werden müßte.

Jetzt kann ich mit etwas mehr Ruhe den weiteren Dingen entgegensehen.
[...]

2686. Loosli an Fränkel, Bern-Bümpliz, 26. Juli 1949
[...]
Ich bin seit einigen Tagen daran, mich wieder einmal bei den Behörden beliebt zu machen, – dieses Mal auf dem Gebiete des laut Strafgesetzbuch neu zu organisierenden Strafvollzuges. Für Derartiges habe ich noch immer aufnahmebereite Blätter gefunden und hoffe, sie werden auch dieses Mal nicht versagen.

Wenn nicht, dann sollen sich die Leute wundern, wie unpolemisch ich auf einmal vorgehen werde; aber die Knaben wissen allgemach, dass ich ihnen nie so gefährlich bin, als wenn ich mich der erlesensten Höflichkeit befleisse. Und daran soll es nicht fehlen; – die Sache selbst eignet sich vortrefflich dazu und überdies bin ich seit Jahrzehnten vorzüglich dokumentiert.

Komme ich durch diese Hintertür wieder zu presslichem Wort und Ansehen, müsste es sonderbar zugehen, wenn ich es nach einiger Zeit nicht auch für andere Gegenstände betätigen dürfte.
[...]

2691. Fränkel an Loosli, Thun-Riedegg, 2. August 1949
[...]
Ich habe vorgestern eine Anfrage aus Berlin erhalten, ob ich an die dortige Universität kommen wolle. Ich kann mich dazu nicht entschließen, obwohl ich sicher bin, daß es schlimmer als in unserm Pseudo-Rechtsstaat auch in

---

572 «Kompetenzstück» ist ein nicht pfändbares Gut.

einer Kommunistischen Despotie nicht sein kann. Und selbst wenn ich dort Enttäuschungen erleben sollte, so wären es Enttäuschungen in einem *fremden* Staate, an den ich keine Ansprüche auf Dank habe.

Ich fühle mich jedoch zu alt für eine Verpflanzung auf einen Boden, wo ich keine Wurzeln fassen könnte – usw. usw.

[...]

2693. Loosli an Fränkel, Bern-Bümpliz, 2. August 1949

[...]

Auf den Gebieten, die ich nun neuerdings wieder bearbeite, erblüht mir wenigstens die Genugtuung gerne gehört und geachtet zu werden. Man rechnet mit mir, jetzt, wo meine dereinstige Leistungsfähigkeit befristet und vermindert ist und gerade aus der Klasse der Anstaltsleute, die mich vor einem Vierteljahrhundert ungekocht fressen wollten, finde ich heute überzeugte, prächtige Mitkämpfer. Freilich sind viele alte dahingegangen und dann haben die andern inzwischen denn doch etwas hinzugelernt. Aber es sind keine Literaten und Verleger! Sie berufen sich nicht auf abgeschlossene, akademische Bildung, sind also von der Bildung noch nicht abgeschlossen. Und ein paar armen Teufeln ist meine Arbeit doch zu Gute gekommen und, wenn mich nicht alles täuscht, wird auch die letzte Schreckhub[573] in absehbarer Zeit der Vergangenheit angehören.

[...]

2701. Loosli an Fränkel, Bern-Bümpliz, 23. September 1949

Mein lieber Fränkel,

dass mir gestern Deine Tochter Bettina die Freude ihres Besuches schenkte, wird sie Dir wohl schon mitgeteilt haben. Ich hatte lediglich zu bedauern, dass er so kurz war, infolge falscher Wegweisungen unserer Verkehrsangestellten. Doch hoffe ich, sie werde sich nicht davon abhalten lassen, den Besuch gelegentlich zu erneuern und dann auch zu verlängern. Sie ist ein so herzerfrischend lieber Kerl, so ungeschminkt, klug und sonnig, dass ich für Deine Frau und Dich herzlich froh bin und Euch dazu beglückwünsche, sie so nahe zu haben, um sie täglich sehen zu können. Besonders jetzt, unter den gegenwärtigen Umständen.

---

573 In der Erzählung *Caligula minor* (vgl. Anm. 519) heisst die Institution «Schreckenhub» (Loosli: Werke 1, S. 37).

Danke ihr, bitte, nochmals für ihren so freundlichen Besuch, der mir ungeteilte, grosse Freude bereitet haben würde, hätte sie mir nicht das Ergebnis der gestrigen, Dich betreffenden Verhandlung im Nationalrat mitgeteilt.

Gleich nachdem sie sich verabschiedet hatte, liess ich mir die National-Zeitung mit dem Verhandlungsbericht holen.[574] Er hat mich tief konsterniert und niedergeschlagen. Nicht dass ich von der Haltung Etters, der die alten Lügen mit mehrerem auftischte, überrascht worden wäre; – von ihm erwartete ich nichts Besseres!

Aber dass der Nationalrat mit Ausnahme Schmids und Bernoullis ihm beipflichtete, und das nach den immerhin doch ordentlich eindeutigen Lektionen, die ihm und dem Bundesrat die paar letzten Volksabstimmungen erteilten, das bewies mir, dass ich, trotz allem Misstrauen, das ich gegen diese hohen Räte hegte, deren moralische Verlumpung immer noch unterschätzt habe.

[...]

2704. Fränkel an Loosli, Thun-Riedegg, 18. Oktober 1949

[...]

Die Erfahrungen der letzten Jahre haben mir den einstigen Glauben an eine schweizerische Zukunft völlig zerstört.

Ich kann Dir nicht sagen, in was für einer geistigen Verfassung ich gegenwärtig lebe. Ich bin heute völlig kaltgestellt im Lande. Das wurde mir, deutlicher als ichs bis dahin empfunden hatte, ins Bewußtsein gebracht an meinem 70. Geburtstage. Man behandelt mich wie einen, der zu den Toten gehört.

[...]

Unglücklicherweise fiel die Behandlung des Postulates im Nationalrate just in die Tage, da die Erziehungsdirektion, bei der meine Pensionierungsangelegenheit seit 3 Jahren hängig war, nicht umhin konnte, sie endlich einer Lösung

---

574 Im Nationalrat zur Sprache gekommen ist am 21. 9. 1949 das Postulat Werner Schmids zum Spitteler-Nachlass. Schmid kritisiert die zurzeit erscheinende, von Bundesrat Etter patronierte Ausgabe von Spittelers *Gesammelten Werken* als eine «Blamage vor der literarischen Welt» und lädt den Bundesrat ein, «unverzüglich eine unabhängige Kommission zur Prüfung der Frage einzusetzen, durch welche Maßnahmen dem Willen des Dichters Nachachtung verschafft und die Verpflichtungen gegenüber der Allgemeinheit aus dem Schenkungsvertrage mit den Erbinnen Carl Spittelers in würdiger Weise erfüllt werden können». In seiner Antwort beantragt Bundesrat Etter Ablehnung des Postulats und skizziert die Geschichte um den Nachlass aus seiner Sicht. Unter anderem sagt er: «In weitesten literarischen Kreisen hat die Kritik Prof. Fränkels kein Gewicht mehr.» Der Nationalrat lehnt das Postulat schliesslich mit 85 zu 2 Stimmen ab. Neben Schmid stimmt einzig sein Basler Parteikollege Hans Bernoulli für die Vorlage (*National-Zeitung*, Nr. 439, 22. 9. 1949).

zuzuführen, nachdem ich seit dem letzten September aus dem Staatsdienst nicht nur de facto, sondern auch de iure entlassen bin[575] und in diesem Monat auf keine Besoldung mehr Anspruch habe. Nun erfuhr ich vor 3 Tagen, daß ich, obwohl bei der Hilfskasse der Staatsbeamten ein erspartes (eingezahltes) Kapital von etwas über 31 000 Fr auf meinen Namen liegt, ich mit einer Jahresrente von bloß 3 100 Fr entlassen werden soll – d. h. nach 40-jähriger Arbeit soll ich in Zukunft von knapp 300 Fr im Monat leben (statt 650 Fr, die ich bisher bezog).

[...]

2708. Fränkel an Loosli, Thun-Riedegg, 26. November 1949

[...]

Ich bin heute in einer so furchtbaren Lage, wie Du sie Dir gar nicht vorstellen kannst. Nirgends will man etwas von mir drucken. Ich muß alles schweigend u. ohne einen Fürsprecher über mich ergehen lassen. Über meine Beschwerde beim Gr. Rat u. deren Abweisung hatte der «Bund» – natürlich hämisch – berichtet.[576] Ich schickte, diesmal nicht direkt, sondern durch meinen Anwalt, der beim berner Freisinn eine Rolle spielt, eine Richtigstellung.[577] Man schickte sie zurück. Ich versuchte daraufhin, sie bei der «Nation» unterzubringen – vergebens. Ich lege das betreffende kleine MS bei.

[...]

Übrigens von 2 deutschen Verlegern hab ich Einladungen, ihnen Manuskripte zur Publikation zu übergeben. Daß ich nicht gerade mit Freude an die Möglichkeit, in Deutschland zu verlegen, denke, brauche ich Dir nicht zu sagen. Ich

---

575 Verspätet wird die NZZ, Nr. 2305, am 9. 11. 1949 melden: «Der Regierungsrat hat Prof. Dr. Jonas Fränkel infolge Erreichens der Altersgrenze als ausserordentlichen Professor für neuere deutsche Literatur und vergleichende Literaturgeschichte mit dem Dank für die geleisteten Dienste entlassen.» Im Bund ist keine vergleichbare Notiz nachweisbar.

576 Fränkel hat bei der Berner Regierung eine «Verantwortlichkeitsbeschwerde» eingereicht im Zusammenhang mit dem unterdessen vom Bundesgericht bestätigten Urteil des Berner Appellationshofs vom 12. 11. 1947 in Sachen Benteli AG gegen Fränkel. Die wertendste Formulierung der erwähnten Meldung im Bund ist wohl die Feststellung, die Beschwerde sei «charakteristisch [...] für die Zähigkeit und Hartnäckigkeit, mit denen sich der Beklagte verteidigt» (Der Bund, Nr. 539, 17. 11. 1949).

577 Sowohl Fränkels «Richtigstellung» (ohne Titel), als auch der Absagebrief der Bund-Redaktion an Fränkels Anwalt Karl Zollinger und der um eine Einleitung erweiterte Textvorschlag für die Nation liegen im Nachlass Fränkels unter SLA-Fraenkel-[noch ohne Signatur]. Fränkel moniert in der «Richtigstellung», der Bund habe am 17. 11. 1947 zu «ungenau» berichtet über die Ernennung eines den Zürchern verpflichteten Experten im Zusammenhang mit dem Verfahren vor dem Appellationshof, bei der es zu «höchst gravierenden Inkorrektheiten» gekommen sei.

habe beinahe das Gefühl, wie wenn ich mein Bestes verriete. Andrerseits aber wär es Selbstmord, wenn ichs nicht täte. Ich überlege mit meiner Frau immer wieder, wohin man auswandern könnte; wir sehen noch keine Möglichkeit, selbst wenn es uns bald gelänge, die Riedegg zu verkaufen. Alle Tore sind heute mehr oder weniger versperrt; wohin man käme, man wäre «Einwanderer», also bestenfalls ein Geduldeter. Und die Lebenskosten sind heute anderswo nicht billiger als in der Schweiz.

[…]

Wir haben gegenwärtig noch andere, sehr schwere Sorgen. Vor 3 Jahren gelang es mir bei den Belgiern, das Haus meiner Schwiegereltern frei zu bekommen, d. h. einige Zimmer in demselben, so daß mein Schwiegervater letztes Frühjahr mit 92 Jahren in seinem eigenen Heim sterben konnte. Jetzt sind die Belgier aus dem Rheinland weg und Bonn ist Hauptstadt der westdeutschen Republik geworden. Vor einigen Tagen erhielten wir ein Telegramm von meiner armen Schwiegermutter, daß sie Weisung bekommen habe, das Haus innerhalb 14 Tagen zu verlassen, weil dasselbe – mitsamt dem geretteten Mobiliarteil – für das Hochkommissariat requiriert worden sei. Sie selbst kann eine Notbaracke beziehen! Ob es uns gelingen wird, sie zu uns zu ziehen, ob sie sich von ihren Töchtern dort, die ebenfalls ohne Heim bleiben, wird trennen wollen, und ob wir schließlich hier eine Niederlassungsbewilligung für sie erlangen würden, das alles ist noch ungewiß. Welcher Schmerz das für meine Frau u. mich ist, kannst Du Dir denken.

[…]

2711. Loosli an Fränkel, Bern-Bümpliz, 30. November 1949

[…]

Summa summarum: – wir haben von Politikern überhaupt nichts zu erwarten, denn ihre Wege sind nicht unsere Wege und wir sind und bleiben auf uns allein und unser Elend angewiesen, was mir gegenwärtig auch wiederum einmal recht schmerzlich in Erinnerung gerufen wird. Wenn sich nämlich nicht noch in letzter Stunde ein Rank findet, so werde ich nach Neujahr darauf angewiesen sein, ganz einfach mit meiner Frau armengenössig zu werden. Seit dem 1. Oktober bis zum heutigen Tage habe ich insgesamt 116 Frs. eingenommen.

[…]

1950

Endlich mehren sich die positiven Signale: Fränkels Angebot, der entnazifizierten Fachzeitschrift *Euphorion* Beiträge zur Verfügung zu stellen, wird von deren Herausgeber in Hamburg positiv beantwortet und trägt ihm zudem ein Lob seiner Keller-Edition ein. In einer italienischen Fachzeitschrift erscheint ein Beitrag unter dem Titel *Uno scandalo in Elvezia e la tragedia di Jonas Fränkel*. Der Kanton Bern erlässt Fränkel eine Busse und spricht ihm einen «Ehrenpreis» zu. Loosli erhält vom Schweizerischen Schriftstellerverein einen Werkbeleihungsbeitrag. Im April kommt Fränkel mit dem Schriftsteller Rudolf Jakob Humm ins Gespräch, der in der Folge in Zürich verschiedentlich für ihn das Wort ergreifen wird. Am 14. Oktober stirbt Looslis Ehefrau Ida Loosli-Schneider. Nach dem Kondolenzbesuch in Bümpliz erkrankt Fränkel an einer Lungenentzündung.

2718. Fränkel an Loosli, Thun-Riedegg, 24. Januar 1950

Mein lieber Loosli,

man hört leider nichts von einander. Hoffentlich befindest Du Dich aber wohl – u. Dein Kachelofen hält von Dir Kälte ab!

Ich möchte Deinen Rat. Euphorion, die alte Fachzeitschrift für Literaturwissenschaft, wo ich seinerzeit mit der Keller-Philologie abgerechnet habe, erscheint jetzt wieder. Man hat sich dort meiner erinnert u. mich zur Mitarbeit eingeladen. Ich will die Gelegenheit wahrnehmen, um zunächst einmal die internationale Wissenschaft, die keine Ahnung davon hat, was man Spitteler bei uns angetan hat, vor Anschaffung der «Gesamtausgabe» zu warnen. Der Skandal um Spitteler u. um Keller war ja nur möglich, weil die Schweiz abgeschlossen war von der Welt u. Spitteler wie Keller als helvetische Angelegenheiten behandelt wurden. Ich will aber meine Arbeit nicht durch die Tyrannei in unserem Rechtsstaate vollends erdrosseln lassen.

Freilich setze ich mich möglicherweise einem Entrüstungssturm aus, weil schmutzige Schweizerwäsche nicht im Ausland gewaschen werden soll. Laß mich bitte Deine Meinung über das beigeschlossene Manuskript für Euphorion[578] wissen u. sende mirs rasch zurück.

Herzlichst Dein Fränkel

2719. Loosli an Fränkel, Bern-Bümpliz, 24. Januar 1950

Mein lieber Fränkel,

hättest Du während allen den langen Kampfjahren, da Du Dich um die Ehre und die literarische Sauberkeit der Werke Kellers und Spittelers bemühtest, auch bloss an einer amtlichen Stelle ihr und Dein Recht gefunden, so würde ich Dir wahrscheinlich raten, die Dinge, wie sie nun einmal liegen, vorderhand auf sich beruhen zu lassen, in der Erwartung, es möchte schliesslich sogar in der Schweiz die Stunde Deiner Rechtfertigung schlagen, die Dir ermöglichen würde, wenigstens noch etwas von dem nun unwiederbringlich Verlorenen und Verschütteten zu retten.

Da man Dich aber stets als den fremden Eindringling und Juden behandelte und Dir jede wirksame Verteidigungsmöglichkeit abschnitt, sehe ich wirklich nicht ein, warum Du nicht vom korrumpierten schweizerischen an das literarische Forum der grossen Welt appellieren solltest. Zu verlieren hast Du dabei nichts, wohl aber möglicherweise allerhand zu gewinnen. Denn vielleicht nimmt sich ein deutscher Verleger dessen an, was kein schweizerischer Verlag auch nur einigermassen stubenrein herauszubringen vermochte.

[...]

2720. Fränkel an Loosli, Thun-Riedegg, 25. Januar 1950

Mein lieber Loosli, danke für Deinen Brief. Wenn es sich nun so verhält, daß ich im Falle eines Angriffs (der ja nur in einem *unsrer* Blätter, nicht in Deutschland erfolgen würde) darauf rechnen kann, daß Du zu mir stößt, dann schicke ich die Erklärungen ruhig an den Euphorion ab.

Im übrigen erfahre ich gegenwärtig die Wahrheit des Spittelerschen Ausspruches: Man darf den Leuten nur nicht den Gefallen erweisen zu früh zu sterben!

So erlebe ich denn jetzt, daß die Generation der Literarhistoriker, die heute in Deutschland obenauf ist, sich zu mir bekennt, daß der Germanist der Ham-

---

578 Fränkel legt höchstwahrscheinlich eine frühe Fassung von seinem *Forschungsbericht. Gottfried Keller-Philologie* (vgl. Anm. 618) bei. Laut Beilagenverzeichnis von Looslis Antwortbrief vom 24. 1. 1950 handelt es sich um ein «4-teiliges Manuskript». Die gedruckte Version des Textes wird schliesslich fünf Teile umfassen (vgl. *Euphorion*, Nr. 46, 1952, S. 440–463).

burger Universität⁵⁷⁹ mir berichtet, wie er seinen Studenten bei jeder Gelegenheit empfiehlt, meine methodologischen Arbeiten zu studieren, u. daß der Leiter des großen Weimarer Verlages, in welchem die 150-bändige «Weimarer» Goethe-Ausgabe erschienen ist, mir von den «einzigartigen» Kommentaren in meiner Keller-Ausgabe schreibt, deren Überlegenheit gegenüber der Weimarer Wissenschaft er einsieht; er möchte meinen Keller neu herausbringen usw. Läge Weimar nur nicht in der russischen Zone, aus der man kein Geld nach dem Ausland zahlt …⁵⁸⁰ Sei herzlichst gegrüßt!

Dein Fr.

---

579 Es handelt sich um den Germanisten Hans Pyritz (1905–1958), der zur Zeit des Nationalsozialismus rasch Karriere gemacht hat. Er trat 1933 in die SA ein und wurde 1942 als Nachfolger seines Lehrers Julius Petersen Ordinarius an der Berliner Universität. Nachdem er 1945 diesen Posten verloren hatte, gelang es ihm, an der Universität Hamburg Fuss zu fassen, wo er 1950 wieder Professor wurde. Laut Hempel-Küter: *Germanistik zwischen 1925 und 1955* ist Pyritz' erfolgreiche Karriere ein Paradebeispiel für die Kontinuität im deutschen Wissenschaftsbetrieb zwischen dem Dritten Reich und der Nachkriegszeit. Zusammen mit Hans Neumann wird er Herausgeber der 1897 gegründeten und 1949 neu lancierten literaturwissenschaftlichen Fachzeitschrift *Euphorion*, die zwischen 1934 und 1944 unter dem Namen *Dichtung und Volkstum* einen nationalsozialistischen Kurs verfolgt hat. Auf den öffentlichen Aufruf zur Mitarbeit am neuen *Euphorion* reagiert Fränkel positiv und kommt so mit Pyritz in Kontakt. In seinem Brief vom 6. 1. 1950 lehnt dieser zwar einen Abdruck des Aufsatzes *Von der Aufgabe und den Sünden der Philologie* (vgl. Anm. 437) mit der Begründung ab, dieser richte sich an ein allgemeines, nicht an ein Fachpublikum. Pyritz betont aber: «Ich möchte […] mit Nachdruck bekennen, dass ich niemals meine Bewunderung Ihrer Keller-Ausgabe verhehlt habe, auch im akademischen Unterricht der Kriegsjahre nicht; dass ich Burdachs begeisterte Besprechung (er schickte sie mir selber zu) voll zutreffend finde; und dass ich Ihren Euphorion-Aufsatz über die Keller-Ausgaben meinen Studenten bei jeder Erörterung über Methodenfragen eindringlichst anempfehle.» Es entwickelt sich in der Folge ein reger und in einem betont respektvollen Ton geführter Briefaustausch (SLA-Fraenkel-B-4-b-EUPH). Fränkel veröffentlicht im *Euphorion* die scharfen Abrechnungen mit Helblings Fortführung seiner Keller-Ausgabe und mit der Spitteler-Ausgabe des Artemis-Verlags. Zu einer längeren Auseinandersetzung zwischen den Briefschreibern führt dann Fränkels sehr kritischer Nachruf auf Julius Petersen von 1941 (vgl. Fränkel an Loosli, 14. März 1946, sowie Anm. 591), der 1954 in der Aufsatzsammlung *Dichtung und Wissenschaft* erstmals veröffentlicht wird. Pyritz nimmt seinen Lehrer in Schutz: Dieser sei kein Nationalsozialist gewesen. Fränkel reagiert darauf mit ungewohnter Diplomatie und versichert Pyritz am 30. 5. 1956, er besitze sein Vertrauen «in weitestem Maasse; das haben Sie sich durch Ihr Verhalten mir gegenüber in diesen Jahren wahrhaft redlich erworben. Sie sind der Einzige unter den Fachgenossen in Deutschland, mit dem ich nach dem Kriege in Verbindung getreten bin, und ich bin glücklich darüber.» Pyritz bot Fränkel mit dem *Euphorion* die Gelegenheit, seine Positionen in der Keller- und der Spitteler-Angelegenheit vor einem Fachpublikum ausserhalb der Schweiz zu vertreten. Im Gegenzug dürfte Pyritz der Kontakt zum jüdischen Gelehrten beim Versuch geholfen haben, seine nationalsozialistische Vergangenheit abzustreifen.

580 Die Rede ist vom Böhlau-Verlag, der bis um 1980 der Verstaatlichung entgehen wird.

2723. Fränkel an Loosli, Thun-Riedegg, 15. Februar 1950
Mein lieber Loosli,
Zeichen u. Wunder geschehen. Gestern telephonierte das Regierungsstatthalteramt, die mir vom großen Rat auferlegte Busse («Verfahrenskosten» in der Sache ca. Peter) sei mir vom Regierungsrate «in Anbetracht der Umstände» erlassen worden. Und soeben erhielt ich von der Erziehungsdirektion die Mitteilung, sie habe sich «auf Antrag der Kommission zur Förderung des Bernischen Schrifttums» zum Ankauf von 80 Expl. meiner Goethe-Schrift[581] entschlossen, überdies zur Ausrichtung eines «Ehrenpreises» von Fr. 300.

Ferner: vor drei Tagen kam eine Mitteilung von Etter, die Direktion der Landesbibliothek sei angewiesen worden, meine Briefe an Spitteler fortan zu sekretieren, und Prof. Wetzel sei verboten worden, in seinem Spitteler-Buch[582] meine unrechtmäßigerweise eingesehenen Briefe direkt oder indirekt zu citieren, er sei ferner aufgefordert worden, das Manuskript seines Buches vor der Drucklegung dem Departemente vorzulegen. Unterzeichnet von Etter persönlich.[583]

Was mag dahinter stecken? Etwa Nobs?[584]
[...]

2726. Loosli an Fränkel, Bern-Bümpliz 20. Februar 1950
[...]
Mir wurde dieser Tage von der Werkbelehnungskasse des Schriftstellervereins mitgeteilt, man habe mir einen Beleihungsbeitrag von 1000 Fr. zugebilligt und Beidler, der Sekretär werde mich demnächst besuchen, um das Nähere zu bereinigen. Das hat Bührer, dem es ebenso schlecht geht wie jedem, der bei uns kein Spekulant ist, zu Stande gebracht.
[...]

---

581 Fränkel: *Goethes Erlebnis* 2.
582 Justus Hermann Wetzels Buch *Carl Spitteler. Ein Lebens- und Schaffensbericht* erscheint erst 1973 bei Francke in Bern.
583 Dieser Brief Etters an den Direktor der Schweizerischen Landesbibliothek datiert vom 10. 2. 1950 (BAR, E3001B#1980/53#1314*).
584 Hier irrt Fränkel: Im Bundesarchiv gibt es ein Schreiben Fränkels an den Bundespräsidenten Ernst Nobs vom 28. 12. 1949, das dieser zuhanden des Gesamtbundesrats mit einer Notiz versehen hat, die den Satz enthält: «Die Eingaben dieses notorischen Querulanten verdienen eigentlich keine Beachtung mehr» (BAR, E3001B#1980/53#1314*).

2731. Fränkel an Loosli, Thun-Riedegg, 27. März 1950

Mein lieber Loosli, ich freue mich, daß es Dir soweit besser geht, daß Du mir schreiben konntest. Nimm Dich nur schön in Acht nach der Grippe! Daß man da schwach ist in den Beinen, ist leider normal. Sobald Du Dich wieder fest fühlst u. die Unterhaltung Dich nicht anstrengt, will ich Dich gern einmal aufsuchen.

Du wirst doch wohl nicht übersehen haben den übersetzten italienischen Artikel über mich in der vorletzten Nr. des Freien Volks?[585] Der hatte eine überraschende Nachwirkung. Das politische Departement gibt ein Pressebulletin heraus: «La Suisse vue par la presse étrangère». In der letzten Nr. führt sie jenen Artikel an (nicht ohne Sympathien für mich) u. citiert daraus wörtlich die beiden Schlussabsätze,[586] die für den Nationalrat u. das Departement Etter geradezu herausfordernd (wenn nicht verletzend) sind. Ich glaube nicht, daß Petitpierre[587] seinem Kollegen einen Streich hat spielen wollen, eher daß er selber überrascht war, als er die gedruckte Nr. (d. h. vervielfältigt) durchsah. Ich bekam sie von Böschenstein zugestellt, denn das Bulletin ist nur für die Gesandtschaften u. einige privilegierte Journalisten bestimmt.

[...]

---

585 Am 17. 2. 1950 hat Fränkel Loosli gemeldet, in der Mailänder Zeitschrift *Italia Contemporanea* sei über ihn ein «erstaunlicher Aufsatz mit dem Titel *Uno scandalo in Elvezia e la tragedia di Jonas Fränkel*» erschienen.

586 In diesem Pressebulletin ist der Beitrag mit *Ein einsamer Kämpe* überschrieben. Die beiden Schlussabsätze lauten in der verwaltungsinternen Übersetzung: «Wir trauern ob der parlamentarischen Gleichgültigkeit, ob der behördlichen Schäbigkeit, ob der erbarmungslosen Missachtung der Obrigkeit gegenüber einem überlegenen Geist. Wir trauern, dass so etwas in einer demokratischen Republik vorkommen kann; während sehr wohl eine Königin oder ein Fürst Genugtuung empfunden hätten, zugunsten eines Mannes von diesem Format einzugreifen, auch auf die Gefahr hin, die Herbe eines so stolzen und aggressiven Charakters spüren und ertragen zu müssen. / Die Schweiz ist eine Demokratie, wo die Parteien sich bekämpfen, der Regierung aber keine wirkliche Opposition gegenübersteht, und ein Mann allein steht gegen alle, mit Schmach und Beleidigungen bedeckt, nachdem er ein Leben voll unermündlicher Arbeit, voll Hingabe an sein Studium hinter sich hat.» In den Akten des Bundesarchivs ist ein Exemplar des Bulletins mit einem handschriftlichen Kommentar von Bundesrat Etter zur Wendung «mit Schmach und Beleidigungen bedeckt» erhalten. Etter: «bedeck*end* müsste es heissen! E». (BAR, E3001B#1980/53#1314*)

587 Bundesrat Max Petitpierre ist Vorsteher des Politischen Departementes, das dieses Pressebulletin herausgibt.

2735. Fränkel an Loosli, Thun-Riedegg, «An Spittelers 105. Geburtstag» (24. April 1950)
[...]
PS. Von meiner Schwiegermutter erfuhr ich, daß Anna Spitteler ihr vor einiger Zeit geschrieben hat, um ihr zu bekennen, (was ich ja wußte), daß der Artikel im «Bund», den die Töchter Spittelers seinerzeit unterzeichnet hatten, gar nicht von ihnen war, sondern von einer deutschen Dame, die als Spittelers «Muse» vor der Nachwelt erscheinen wollte, aber wußte, daß ich im Besitze von Geständnissen Spittelers bin, die ihre Prätensionen vereiteln würden – deswegen hetzte sie die Töchter Sp's u. die Zürcher u. auch – den Bundesrat (dem sie ihre Spitteler-Briefe verkauft hat!) auf, damit nur ich, der ihr gefährlich werden konnte, ausgeschaltet werde; sie steckt auch hinter Wetzel, für den sie meine Briefe an Sp. kopiert hat! Sie habe es in Zürich so arg getrieben, daß man sie in eine Irrenanstalt stecken mußte u. sie zuletzt in einem Auto nach Stuttgart zurückschaffte.[588] Also: Bundesrat u. Bundesgericht u. der gesamte Nationalrat sind Opfer einer durchtriebenen deutschen Närrin geworden! Ihr wurden leider auch Spittelers Werke geopfert.

Anna Sp. bereut es jetzt offenbar, aber nun ist es zu spät, denn öffentlich ihre Schuld zu bekennen, ist sie nicht groß genug.
[...]

2750. Loosli an Fränkel, Bern-Bümpliz, 13. Juni 1950
[...]
Humm![589] – Gewiss, eine erfreuliche Erscheinung, wie jeder senkrechte, ei-

---

588 Gemeint ist wohl die Stuttgarter Pianistin Margarete Klinckerfuss, die wegen kritischer Bemerkungen gegen den Nationalsozialismus ab 1937 in Deutschland mehrmals psychiatrisiert worden ist. Eine Psychiatrisierung in der Schweiz ist nicht nachgewiesen. Fränkel geht davon aus, dass der von Anna und Marie-Adèle Spitteler unterzeichnete *Standpunkt der Erbinnen* (vgl. Anm. 203) von Margarete Klinckerfuss verfasst worden sei. Aus dem Briefwechsel zwischen Fränkel und Klinckerfuss geht hervor, dass die beiden ab 1932 miteinander in Konflikt geraten sind, unter anderem weil Fränkel sich in einem Brief an Klinckerfuss gegen die von ihr geplante Veröffentlichung der Briefe zwischen Spitteler und ihr aussprach. In diesem Zusammenhang weigerte sich Fränkel, Briefabschriften zu retournieren, die ihm von Klinckerfuss einige Jahre zuvor für die Arbeit an der Spitteler-Biografie zugestellt worden waren (vgl. SLA-Fraenkel-B-4-c-KLINCK).
589 Anlass für diese Replik Looslis ist eine Zusendung Fränkels, der ihm am 10. 6. 1950 einen «merkwürdigen Brief» des Zürcher Schriftstellers Rudolf Jakob Humm zum Lesen schickt. Dabei handelt es sich um Humms Brief an Fränkel vom 2. 6. 1950, in dem der Schreiber gleich eingangs betont, dass er «über ‹Zürich› nicht viel anders denke als Sie und Herr Loosli. Der Unterschied ist, dass ich mitten in ihrem blauweissen Bauche wohne» (Zentralbibliothek Zürich, Nachlass Humm, Briefwechsel mit Jonas Fränkel, 70.1). Fränkel ist Ende März 1950 mit Humm in schriftlichen Kontakt getreten, nachdem dieser in seiner Zeitschrift *Unsere Meinung*

genwüchsige Kerl, der sich nicht ungestraft auf die Nase .... lässt! Und erfreulich ist sein aufrichtiges Streben nach Objektivität.

Deine Anregung, ihm Beiträge zu liefern will ich mir merken. Immerhin; – was ich s. Zt. Vaucher[590] zugedacht habe ist makuliert und dann fühle ich in mir gegenwärtig weder Lust noch Bedürfnis, mich mit den Zürchern auseinanderzusetzen. Schon darum nicht, weil ich mit meinen Kräften haushälterisch umgehen muss. Denn wenn es mir auch besser geht, so vermag ich dennoch nicht mehr als täglich höchstens 3 bis 4 Stunden intensiv zu arbeiten und diese Zeit und Kraft verwende ich vor allem zur Förderung der Reform des Strafvollzuges, auf welchem Gebiet ich nachgerade, wenn auch nicht unentbehrlich, so doch immerhin nützlich werde. Und gerade auf diesem Gebiet harren meiner der polemischen Auseinandersetzungen noch gerade genug, so dass ich deren nicht extra zu suchen brauche. Freilich, sollten sich Gelegenheiten bieten, unsern alten Erbfeinden im Vorübergehen einen Tritt in ihr Allerwertestes zu versetzen, soll er mich nicht reuen.

Aber abgesehen von dem verlesezirkelten, tentakulären, kulturverfälschenden snobistischen Zürich, gibt es noch ein anderes, dem ich stets zu Dank verpflichtet bleiben werde, weil es mir – und zwar seit reichlich einem Vierteljahrhundert, – in allen sozialkritischen und sozialpädagogischen Kämpfen, – stets treu und zuverlässig zur Seite gestanden ist. Es ist das Zürich, dessen typischster Vertreter einer unser Freund Werner Schmid ist. Und er ist nicht allein und durchaus nicht einflusslos.

Es weht in Zürich trotz alle- und alledem stets ein frischer Luftzug, der allen Industrie- und Handelsstädten eignet, der mitunter Merkwürdiges, vielleicht Abwegiges zeitigt, aber wenigstens lebt und braust und gelegentlich stürmt. Das ist mir immerhin noch erfreulicher als der bleierne Himmel bureaukratischer Stumpfheit und introvertierter, galliger Schnödigkeit, mit dem der Bund unser einstmals doch ziemlich lebendiges Bern verseuchte und uns erstickt.

Doch auch hier gibt es glücklicherweise Ausnahmen, aber sie vermögen sich nicht, wie etwa in Zürich ein Duttweiler, der öffentlichen Meinung aufzudrängen.

[...]

---

zwei Seiten aus dem *Neuen Medius* abgedruckt und die Schrift als «sterbenslangweilig» bezeichnet hat. Die Briefschreiber kommen sich rasch näher. Ihr Briefwechsel dauert bis zu Fränkels Tod an.

590 Charles Ferdinand Vaucher gibt ab 1945 zusammen mit Peter Surava für kurze Zeit die Zeitschrift *Der grüne Heinrich* heraus, für die Loosli Beiträge zu schreiben begonnen hat.

2752. Loosli an Fränkel, Bern-Bümpliz, 12. August 1950

[...]

Inzwischen leben wir inmitten des uns umgebenden Baulärms. Das alte Bauernhaus mit den seit dreieinhalb Jahrzehnten vertrauten, lieben Nachbarsleuten ist verschwunden und die alles würgende, im schlimmsten Sinne vorörtliche Verstädterung greift täglich mehr um sich in dem ehemals so heimeligen Bauerndorf.

[...]

2753. Fränkel an Loosli, Thun-Riedegg, 17. August 1950

[...]

Meine Aussichten in Deutschland scheinen sich zu verflüchtigen. Daß der Band «Dichtung und Wissenschaft» nicht erscheinen kann, hat zweierlei Gründe. Der Verlag in Weimar wagt nicht das Schluß-Kapitel, das eine Abrechnung mit der deutschen Literaturhistorie bringt,[591] zu veröffentlichen; man will dort an die Nazizeit nicht erinnert werden. Zweitens: ich soll gar kein Honorar erhalten, nicht einmal für die in der Schweiz abgesetzten Exemplare. Das ist nicht etwa der Wille des Verlages! Doch die Kommunisten wollen die ihnen aus dem Absatz zufallenden Schweizer Devisen nicht einmal mit dem Autor teilen! Also: Hitlers Methoden, aber noch übertrumpft. Dazu mag ich mich nicht hergeben.

Dem Verlag sind die Hände gebunden. Übrigens erfuhr ich bei dieser Gelegenheit, daß der Verlag mein Manuskript der Zensur hat einreichen müssen, um die Druckgenehmigung zu erhalten ... Und da rühmen noch die dortigen Kommunisten das Paradies, in dem sie leben u. das sie mir gern zeigen möchten ...

[...]

---

591 Das «Schluss-Kapitel» ist Fränkels bisher unpublizierter Nekrolog auf Julius Petersen von 1941 (vgl. Anm. 514). Es trägt den Titel *Verratene Wissenschaft* und endet mit den Worten: «Der Weg, den die offizielle deutsche Literaturwissenschaft in den verflossenen vier Jahrzehnten gegangen, war in der Gestalt Julius Petersens verkörpert. Sein Tod ist jedoch nicht von jenen tragischen Schatten umwittert, die heute auf den besten Deutschen im Reiche liegen. Keine Hoffnung wurde mit ihm ins Grab versenkt und für die Wissenschaft bedeutet dieser Tod keinen Verlust. Nur ein akademischer Lehrstuhl ist verwaist, der bald wiederbesetzt sein wird.» (Fränkel: *Dichtung und Wissenschaft*, S. 264)

2755. Fränkel an Loosli, Thun-Riedegg, 24. August 1950

[...]

Ich habe letzter Tage erfahren, daß Helbling nicht nur ein um 50 % höheres Honorar für Keller bekommt als ich bezog (Fr. 3000 statt 2000) u. daß man ihm nicht das Ansinnen stellte 2 Bände im Jahre zu liefern, sondern auch daß man ihm Urlaub gegeben hat am Gymnasium in Zürich, wo er angestellt ist, für die Zeit, wo er am Keller arbeitet, so daß er weiterhin seine Besoldung von etwa 10–12000 Fr bezieht u. sich um seine Pension, wenn er einst von seinem Schulamt zurücktreten wird, nicht zu sorgen braucht ...

[...]

2758. Loosli an Fränkel, Bern-Bümpliz, 25. September 1950

Mein lieber Fränkel,

entschuldige mein langes Schweigen! Aber ich konnte und mochte nicht schreiben. Am 5. d. M. wurde meine Frau von einem Schlaganfall betroffen, nachdem sie schon seit etwa vier Wochen, wegen offener Beine das Bett hüten musste, die damals annähernd geheilt waren.

Dank der zähen Konstitution der Patientin und der unermüdlichen, wirklich rührend aufmerksamen und sachkundigen Pflege unseres Hausarztes, Dr. Fankhauser, befand sie sich auch von ihrem Schlaganfall auf dem besten Wege der Besserung.

Heute vor acht Tagen nun versuchte sie, sich morgens um 3 Uhr vom Bette zu erheben, fiel um und brach sich den linken Oberarm, just an der dümmsten Stelle, nämlich knapp unter dem Gelenk-Kopf. Es wird langer Wochen bedürfen, bis sie auch nur einigermassen wieder hergestellt sein wird, da sie zu schwach ist, um zum röntgen nach dem Institut überführt zu werden.[592]

[...]

2767. Loosli an Fränkel, Bern-Bümpliz, 23. Oktober 1950

[...]

Nun da mein Sohn aus St. Sebastian mit seiner Frau und seinem Söhnchen abgereist ist und die Ausreise meiner jüngern Tochter samt den beiden kleinen Enkeln nahe bevorsteht,[593] beginnt mich die Vereinsamung erst recht zu

---

592 Ida-Rosa Loosli-Schneider stirbt am 14. 10. 1950.
593 Looslis jüngere Tochter Susanna Katherina lebt im Moment noch in Bümpliz, will aber nächstens zu ihrem persischen Ehemann ziehen, von dem Loosli Fränkel am 12. 8. 1950 berichtet hat, er sei Tierarzt, stehe im Dienst der Anglo Iranian Oil Co. Ltd. und arbeite in Abadan.

drücken. Nun heisst es die Zähne aufeinanderbeissen und, schon um der Bleibenden willen, weiter leben, schaffen und leiden. Nach dem Rezept Jacqui's in Spittelers «Lisele»![594]

Glücklicherweise fehlt es mir an Beschäftigung nicht, wohl aber an Kraft, ihr gerecht zu werden, wozu sich schlimme Asthma- und Rheumaanfälle gesellen, wie noch selten. Doch auch die sollen mich noch nicht unterkriegen! Nun nochmals Dank für Deinen und Deiner lieben Tochter Besuch und herzliche Grüsse an Euch alle.
Immerdar Dein
C. A. Loosli

2768. Fränkel an Loosli, Thun-Riedegg, 24. Oktober 1950
Mein lieber Loosli,

seitdem ich Dich mit Bettine besuchte, war ich immer im Bett – genauer: ich schreibe auch diese Zeilen noch im Bett, werde aber wohl heute bei dem schönen Wetter am Mittag aufstehen dürfen. Ich hatte mir auf der Fahrt zu Dir (oder von Dir – oder Gott weiß wo) eine Lungenentzündung geholt, die mich seit letztem – für Dich u. Deine Lieben so düstern Dienstag,[595] an dem meine Gedanken bei Euch waren, in ihren Fängen hatte. Zeitweise sah es schlimm aus, weil das Herz revoltierte, aber meine Bettine, die zweimal im Tage von Heiligenschwendi herunterkam, setzte ihm sofort energisch zu, so daß es sich nunmehr wieder ordentlich verhält. Seit 2 Tagen bin ich über den Berg u. werde mich nun allmählich wieder in meinem Arbeitszimmer ansässig machen.

Bei Dir wird es jetzt stiller geworden sein, zumal seitdem Dich Dein Fritz mit seiner reizenden, eleganten Frau u. seinem lustigen Bübchen, einem Gemisch von Emmentaler Energie u. südländischer Zappligkeit, verlassen hat. Ich bin nachträglich froh, einmal alle Deine Kinder als erwachsene Menschen gesehen zu haben, wozu ich bis dahin niemals Gelegenheit gehabt. Deine jüngere Tochter, die schöne junge persische Mama, hatte ich die beiden vorigen Male, da ich Dich besuchte, nicht zu Gesicht bekommen können. – [...]

---

594 In der Erzählung *Lissele* versucht der Hausknecht Jacqui die Mutter einer Jugendlichen, die Suizid begangen hat, zu trösten, indem er ihr unter anderem sagt: «Was gewinnst du, wenn du dich hintersinnst?» (Spitteler: GW 5, S. 17)
595 Fränkel schreibt an einem Dienstag, meint also den vorangegangenen vom 17. 10. An jenem Tag wird, drei Tage nach deren Tod, die Beerdigung von Looslis Frau stattgefunden haben.

2770. Loosli an Fränkel, Bern-Bümpliz, 27. Oktober 1950
Recommandé
Mein lieber Fränkel,

die Nachricht von Deiner Erkrankung hat mich umsomehr bestürzt und bemüht, als sie die Folge Deines lieben Freundschaftsdienstes letzte Woche war. Es freut mich, dass es Deiner liebwerten Tochter gelang, Dich wieder zu heilen und ich hoffe innig, die vollständige Genesung werde nicht ausbleiben. Auf jeden Fall schone Dich weitmöglich, denn nicht bloss Deine Angehörigen, sondern auch Deine wirklichen Freunde, besonders ich, haben Dich mehr denn je nötig.

Was mich betrifft, so suche ich mich nach und nach in meinen letzten, recht traurigen Lebensabschnitt zu fügen und werde, sobald das Allernötigste besorgt ist, das mit dem Hinschied meiner lieben Frau zusammenhängt, irgend eine Arbeit beginnen und darin Ablenkung und Trost suchen.

Ich werde das umso nötiger haben, als mich, voraussichtlich noch in diesem Jahr, meine jüngere Tochter, mit ihren beiden, lieben Büblein verlassen wird, um zu ihrem Manne nach Persien auszuwandern. Dann werde ich, abgesehen von den Mahlzeiten und der Nacht, allein in dem alten, verlassenen Hause sein, da meine ältere Tochter und mein prächtiger ältester Enkel tagsüber in Bern arbeiten.

[...]

2776. Fränkel an Loosli, Thun-Riedegg, 29. November 1950

[...]

Erschrick nicht über das, was ich Dir hier sende. Ich würde Dir nicht die Lektüre aufbürden, wüßte ich nicht, daß sie Dir Freude machen werde. Der Prozeß Hohl (Genf) contra Artemis-Verlag hat mit Verurteilung des Witz geschlossen. Die Urteilsbegründung ist derart intelligent, daß ich nach der Lektüre am liebsten einen Artikel losgelassen hätte mit der Überschrift: «Es gibt noch Richter – in Zürich!» Du wirst das Dokument mit gleicher Freude u. Genugtuung darüber, daß es doch Ausnahmen unter unsern Richtern gibt, lesen.[596] [...]

---

596 Laut Beilagenverzeichnis von Looslis folgendem Brief vom 2. 12. 1950 sendet ihm Fränkel das «Urteil i. S. Hohl ca. Artemis-Verlag». Dabei wird es sich um das 19-seitige Urteil des Handelsgerichts Zürich vom 4. 5. 1950 handeln. Der Artemis-Verlag zieht dieses Urteil weiter. Hohl wird den Handel am 24. 4. 1951 vor Bundesgericht letztinstanzlich gewinnen: Dort wird der Verlag dazu verurteilt, «‹Die Notizen oder von der unvoreiligen Versöhnung›, 2. Band [...] gemäss dem ihm überlassenen Manuskript [...] zu vervielfältigen und in Vertrieb zu setzen» (SLA-Hohl-B-02-b.14 466). Der zweite Band der «Notizen» erscheint schliesslich 1954.

1951

Nachdem seine jüngere Tochter mit ihren Söhnchen nach Persien abgereist ist, kämpft Loosli gegen die Vereinsamung, auch wenn ihn seine verbliebenen Angehörigen unterstützen. Er denkt über die aktuelle Situation Europas nach und bedauert, dass es in diesen Jahren des Wiederaufbaus keine «sittlich saubere Schweiz» gebe, die «zum Kristallisationspunkt eines neuen, föderativen Europas» werden könnte. Im Sommer veröffentlicht er im Selbstverlag ein Gedichtbändchen in Erinnerung an seine Ehefrau. Fränkel kommentiert, es sei «der herrlichste, dauerndste Denkstein, den Du der teuren Toten errichten konntest». Im September erzählt Loosli eine Episode, die ein Schlaglicht auf Bundesrat Etters Kulturpolitik nach dem Krieg wirft. Und Fränkel erzählt, wie es seiner Textsammlung *Dichtung und Wissenschaft* vor der ostdeutschen Zensurbehörde ergangen ist.

2781. Loosli an Fränkel, Bern-Bümpliz, 20. Januar 1951

[…]

Meine jüngere Tochter ist, wie ihr Telegramm vermeldet, glücklich mit ihren Büblein in Abadan angekommen. Nun erwarten wir täglich ausführlichere Nachrichten. Ihr Wegzug, so kurz nach dem Hinschied meiner Frau, geht mir sehr, sehr nahe, so begreiflich und gerechtfertigt er an sich auch war. Und das, obwohl meine zurückgebliebenen Angehörigen wirklich alles tun und nichts unterlassen, mich in meinen alten Tagen geradezu zu verwöhnen!

Gesundheitlich geht's mir wieder einmal schlecht! Zum üblichen Asthma und Rheuma hat sich eine noch unbestimmte, schmerzhafte Lähmung des rechten Fusses gesellt. Das Röntgenbild zerstreute den Verdacht einer Fraktur, nun aber ist der Fuss dermassen eingebunden, dass ich keinen Schuh anziehen kann und somit erst recht zu dauerndem Zimmerarrest verurteilt bin. Und heute noch erbärmliche, allerdings nicht andauernde Magenkrämpfe, die mich nun schon etliche Male heimsuchten. Man sollte schon nach Bimini[597] reisen können!

[…]

---

597 Anspielung auf Heinrich Heines spätes, Fragment gebliebenes Versepos *Bimini*, in dessen letzten überlieferten Versen ein «stilles Land» geschildert wird, durch das das Flüsschen Lethe fliesst: «Trink daraus, und du vergisst / All dein Leiden – ja, vergessen / Wirst du, was du je gelitten –».

2783. Loosli an Fränkel, Bern-Bümpliz, 1. Februar 1951

[...]

Immerhin bin ich noch nicht gerade so arg auf dem Hund, dass ich nicht wenigstens täglich während einigen Stunden lesen und manchmal schreiben könnte. Aber nur sachte! Habe ich da, leichtsinnig wie immer, Hrn. Rabbiner Messinger vor einiger Zeit einen Vortrag für die christlich-jüdische Arbeitsgemeinschaft zugesagt, den ich zwar nicht selber zu halten brauche, welches mir unmöglich wäre, sondern bloss im Manuskript einreichen muss, das dann von ihm oder irgendwem verlesen wird.

Da hab ich mir nun den Kopf über das Thema zerquält! Zum Voraus war ich entschlossen, den Fall Fränkel-Spitteler und Fränkel-Keller irgendwie – und zwar so drastisch als möglich – zur Sprache zu bringen, – aber wie?

Nun hat mich Stössingers Buch[598] dazu angeregt mich auf das Thema: «Antisemitismus schlägt seinen eigenen Herrn!» festzulegen. Da hab ich einen alten Schmöker hervorgeholt, den Du mir vor nun 40 Jahren geschenkt hast, nämlich Adolf Bartels Heinegenossen.[599] Und da fand ich nun, am Schluss des Buches, neben einigen anderen, früheren Randglossen, am Schluss folgende, 1910 eingetragene Bemerkung, die sich nun fast als erfüllte Prophezeiung erweist. Ich schrieb dort nämlich:

«Wenn der ‹Geist›, der aus diesem und andern Büchern Bartels spricht, in Deutschland Oberwasser gewinnt, und dies scheint der Fall zu sein, dann geht Deutschland nicht bloss kulturell, sondern auch als politische Grossmacht kaput, bevor ein halbes Jahrhundert um ist. Und langer Jahrzehnte, wenn nicht Jahrhunderte wird es bedürfen, um sich wieder zu erholen und namentlich zu rehabilitieren.»

[...]

Der Weg von Bartels zu Göbbels und von Weimar zu Buchenwald war so kurz und so schrecklich, dass er auch meine schwärzesten Prognostica weit hinter sich liess. Und nun haben wir die Bescherung!

[...]

---

598 Heinrich Heine: *Mein wertvollstes Vermächtnis. Religion, Leben, Dichtung*, hg. von Felix Stössinger, Zürich: Manesse-Verlag, 1950.
599 Adolf Bartels: *Heine-Genossen. Zur Charakteristik der deutschen Presse und der deutschen Parteien*, Dresden, Leipzig: C. A. Kochs Verlagsbuchhandlung, 1907.

2784. Fränkel an Loosli, Thun-Riedegg, 7. Februar 1951

[...]

Unter dem deutschen Übel litt ich (u. mit mir meine Frau) die ganze Zeit, da meine Schwiegermutter unser lieber Gast war (sie ist inzwischen wieder nach dem Rheinland heimgereist). Selbst die wenigen Deutschen, die sich in der Hitlerzeit brav gehalten haben, sind sich gar nicht der Schuld der deutschen Nation bewußt. Im Grunde hat sich dort nicht viel geändert.

Deine Anfrage wegen eines Vortrags[600] bringt mich in Verlegenheit. Bümpliz schmerzt mich so sehr in der Erinnerung, daß ich, wenn ich Dich besuchen will, niemals zur Nordstation fahre.[601] Wärest Du nicht dort, mein Fuß würde nie mehr Bümpliz betreten. Und gar der Gedanke, die «Prominenten», d. h. die Familie M-B., könnten sich zu einem Vortrag einfinden, würde mich arg beunruhigen. Ich bin froh, daß ich – ich weiß nicht, dank welchem gnädigen Zufall – seit Jahren Niemandem von der Familie begegnet bin.

Und dann noch etwas, worüber ich nicht leicht hinweg könnte. Mir erschiene es als stilwidrig, einen Vortrag über Dich – in Bümpliz! – auf hochdeutsch zu halten. Ich gelte ja als «Deutscher» und das würde als deutscher Hochmut berühren. Offen gestanden: ich selber schäme mich vor mir, daß ich nicht Berndütsch sprechen kann. Die mich nicht näher kennen, wissen nicht, daß das mit meiner Schwerhörigkeit zusammenhängt.

Kurz, es würde mich genieren.

[...]

2789. Loosli an Fränkel, Bern-Bümpliz, 5. März 1951

Mein lieber Fränkel,

das Festspiel von Humm[602] diente mir gestern zu selekter Sonntagslektüre und hat mir mehr als bloss willkommenen Spass gemacht, da es, bei allem guten

---

600 Für die Karwoche wird eine Ausstellung zum künstlerischen und literarischen Bümpliz geplant. Auch Looslis Werk soll gewürdigt werden. Im Brief vom 1. 2. 1951 hat Loosli Fränkel gefragt, ob er bereit wäre, in diesem Rahmen einen Vortrag über ihn zu halten (vgl. Marti: *Loosli* 3/2, S. 454 f.).
601 Bümpliz hat zwei Bahnhöfe: Bümpliz Süd an der Linie Bern–Freiburg und Bümpliz Nord an der Linie Bern–Neuenburg. Die Buchdruckerei Benteli und das Schloss, der Wohnsitz der Familie Benteli, liegen an der Bümplizstrasse, nicht weit von der «Nordstation». Loosli wohnt an der Wangenstrasse in der Nähe des Südbahnhofs.
602 Rudolf Jakob Humm: *Der Pfau muss gehen*. Schauspiel in zwei Akten (Festspiel zur 600-Jahr-Feier des Eintritts Zürichs in die Eidgenossenschaft).

Humor, einer Besinnlichkeit ruft, die gerade bei uns und just in unseren Tagen durchaus am Platze wäre, wenn sie sich nur einstellen würde.
[...]
Bührer hat mir ein dramatisches Gedicht «Die drei Gesichte des Dschingis-Khan»[603] gesandt, das mich tief beeindruckt hat und das ich gestern meinem Freund Steck lieh. Wenn Du's lesen magst, will ich Dir's senden. Es enthält seine Abrechnung mit dem Kommunismus und mit Stalin, von erhabener, menschlicher Warte geschaut, die sicherlich höher steht als die seines Dschingis-Khan selbst.

Obwohl es mir im Allgemeinen ordentlich besser geht, bin ich immer noch rasch müde und heute morgen so faul, dass ich mich mit herzlichen Grüssen, auch an Deine Lieben, für einmal verabschiede.
Toujours Dein
C. A. Loosli

2791. Loosli an Fränkel, Bern-Bümpliz, 21. Mai 1951
Mein lieber Fränkel,
Deine Bettina hat mir gestern eine ungeahnte Freude bereitet, indem sie mich, just als ich mich anschickte in's Wirtshaus zu gehen, mit ihrem Besuch überraschte. Wir haben ein paar köstliche Stunden zusammen verlebt und wäre es überhaupt noch möglich gewesen, so wäre sie mir noch lieber als zuvor geworden. Ein in jeder Hinsicht prächtiges Mädchen, auf das Du und Deine Frau stolz sein dürft. Klug, herzlich, gütig, humorvoll, – mit einem Wort, ein liebes, tüchtiges Kind! Es freute mich von ihr zu erfahren, dass es Euch da droben recht ordentlich geht und auch Frau Willisch wenigstens erträglich. Und dass sich Bettina in ihrem neuen Wirkungskreis wohl fühlt und tapfer schafft,[604] hat mich natürlich ebenfalls herzlich gefreut. Sie hat mir zugesagt ihre, mir jederzeit willkommenen Besuche gelegentlich zu wiederholen, was mich ebenfalls nicht wenig freute.
[...]

---

603 Jakob Bührer: *Die drei Gesichte des Dschingis-Khan. Dramatische Dichtung*, Zürich: Europa Verlag, 1951.
604 Am 1. 3. 1951 hat Fränkel Loosli mitgeteilt: «Bettine wird Dich in Zukunft wohl auch ab u. zu leichter besuchen können, denn nun zieht sie nächstens nach Bern bzw. in die Nähe Berns. Es ist ihr für den Herbst die Assistentenstelle am pathologischen Institut zugesichert worden u. für die Zwischenzeit hat sie eine Assistentenstelle am Nervensanatorium in Münchenbuchsee angenommen.»

Unsere Ausstellung,[605] die Du ja besuchtest und woselbst wir uns leider bloss im Vorübergehen sahen, war nicht bloss materiell insofern erfolgreich als sie, Dank des regen Besuches (ca. 2000), kein Defizit zeitigte, sondern auch für Steck und mich recht erfreulich abschloss und fortwirkt.

Einige der Veranstalter haben sich nämlich in den Kopf gesetzt, Mittel und Wege zu erschliessen, um zu ermöglichen, dass meine längst vergriffenen Werke neu und meine unveröffentlichten (belletristischen) überhaupt aufgelegt werden. Grosse Hoffnungen knüpfe ich freilich nicht daran: immerhin bleibt abzuwarten, was dabei herausschaut.

[...]

Bei mir zu Hause geht es erträglich. Heute rückt mein ältester Enkel Kurt, ein prächtiger, lieber Junge, in Thun zur Rekruten-Schule ein. Für mich ist's darum ein wenig peinlich, weil wir sehr, sehr eng miteinander verwachsen sind. Und letzten Dienstag trat meine zweite Enkelin, Vreneli, eine Bureaustelle in der Gillettefabrik in Monruz (bei Neuchâtel) an, wo sie gründlich französisch lernen und sich beruflich vortrefflich ertüchtigen wird, da es eine englische Firma ist, die zwar leistungshalber viel verlangt, aber in allem übrigen vorurteilslos menschlich mit allen ihren Angestellten auf dem Fuss gegenseitiger Förderung und menschlicher Achtung der Persönlichkeiten verkehrt.

Wie Du siehst, schmilzt unsere dereinst so zahlreiche Tafelrunde allmälig zusammen. Aber alle, auch die Abwesenden, sind bloss beflissen, mich nach allen Regeln der Kunst zu verwöhnen und mir alles Liebe und Gute zu erweisen, so dass ich Grund habe, herzlich dankbar zu sein, ob mich auch der Verlust meiner Frau noch immer, wie am ersten Tage schmerzt und ich sie in allen Ecken und Enden empfindlich vermisse.

[...]

2792. Fränkel an Loosli, Thun-Riedegg, 22. Mai 1951
Mein lieber Loosli,

ich habe mich sehr gefreut, daß Bettine, weil sie ihre ganze Monatsbesoldung sich vorausbezahlen ließ, um das sündhaft hohe Semestergeld von 500 Franken! im Konservatorium für ihren Bruder zu erlegen, und aus diesem Grunde sich ein Bahnbillet nach Thun nicht gönnte, auf den klugen Einfall kam, Dich am

---

605 Zwischen dem 31. 3. und dem 8. 4. 1951 hat der Bildungsausschuss des Arbeiterkartells Bümpliz im Saal des Restaurants Bären mit einer Ausstellung die einheimischen Kunstmaler Walter Plattner und Leo Steck sowie die Schriftsteller Johannes Guggenheim und C. A. Loosli geehrt (vgl. Anm. 600).

Sonntag zu besuchen. Meine Frau u. ich hörten gern Dein Loblied auf unsere Bettina, sind es doch auch für uns immer Stunden größter Freude, so oft sie in der Riedegg erscheint. Sie bringt immer Sonnenschein u. Jubel in unser stilles Haus.

Ihr Besuch bei Dir hatte die erfreuliche Nebenwirkung, daß ich einen Brief von Dir erhielt, der mich au courant bringt über Deine Dinge. Ich wollte Dich nämlich letzter Tage immer wieder fragen, wie es Dir gesundheitlich gehe, ob sich der Inhalationsapparat, den Du mir bei meinem letzten Besuche zeigtest, weiter bewährt habe usw.

[...]

2798. Fränkel an Loosli, Thun-Riedegg, 9. August 1951
Mein lieber Loosli,

in herzlicher Ergriffenheit drücke ich Dir die Hand. Das tut auch meine Frau, welche das Heft – da ich nicht zu Hause war, als es kam – vor mir gelesen. Die Gedichte sind der herrlichste, dauerndste Denkstein, den Du der teuren Toten errichten konntest.[606]

In herzlichem Gedenken
Dein alter Fränkel

2800. Loosli an Fränkel, Bern-Bümpliz, 8. September 1951
[...]

Letzten Donnerstag erhielt ich einen ordentlich langen Brief des Malers Wilhelm Schmid z. Zt in Lugano, früher in Berlin und Paris, wo seine Werke Aufsehen erregten. Er bat mich, anlässlich der bevorstehenden Salon-Ausstellung im Berner-Kunstmuseum sein Grosswerk (Heliands Abendmahl) anzusehen und womöglich mich darüber öffentlich vernehmen zu lassen, was ich natürlich ablehnen musste, da ich mich seit Jahren am schweizerischen Kunstgeschehen in keiner Weise mehr aktiv beteilige.[607]

Aber, was auch Dich interessieren wird, – er schreibt:

«Das Bild wurde damals, schon zum vorigen Salon National in Genf 1946 eingesandt. Es wurde von der Jury auch angenommen, aber gegen deren Protest, durch Intervention unseres schneidigen Departementschefs des Innern,

---

606 C. A. Loosli: *Ida*.
607 Vgl. SLA-Loosli-Ms-B/Dq-1624.

Herrn Bundesrat Etter, unter dem fadenscheinigen Vorwand der Anstössigkeit aus der Ausstellung herausgeworfen.»[608]

Der Mann setzt sich also auch hier über die fachmännische Jury, bestehend aus erfahrenen, meistens auch bewährten Künstlern. Dass das Bild nun doch, und zwar durch einstimmigen Juryentscheid dem Salon National eingegliedert wird, verdankt sein Urheber lediglich dem Umstand, dass ausnahmsweise dieser Salon diesmal nicht vom Departement des Innern, sondern vom Schweizerischen Kunstverein veranstaltet und durchgeführt wird.

Zur «geistigen Landesverteidigung» mag auch noch für Dich einigermassen aufschlussreich sein, dass die bernische Staatsrechnung für das Jahr 1950 keinen Rappen für Aufwendungen für Literatur und Kunst aufweist (abgesehen von Anschaffung für Bibliotheken, wobei es sich meistens um wissenschaftliche Fachwerke handelt).

Gleichzeitig erhielt ich den Bericht der Finanzdirektion an den Regierungsrat und den Grossen Rat über die Spezialfonds, die sich zusammensetzen aus
Zweckgebundenem Staatsvermögen
Stiftungsvermögen
Privatrechtliche Fonds des Staates
Im Gesamtbetrage von 251 788 063.53 Fr.
Von dieser Viertelmilliarde sind insgesamt von der Regierung 9944.90 Fr. zur Förderung des bernischen Schrifttums eingesetzt.
Da lohnt es sich schon als freier Schriftsteller oder Künstler zu leben!
[...]

2810. Fränkel an Loosli, Thun-Riedegg, 20. Dezember 1951

[...]

Hab ich Dir schon erzählt, was ich mit dem sowjetgesegneten Deutschland erlebt habe? Der Goethe-Verlag in Weimar wollte ja allerhand von mir herausbringen, sogar an meinen Keller wollte er sich heranwagen, aber zuerst sollte eine Sammlung meiner kleineren Arbeiten, zu einem Band, betitelt «Dichtung u. Wissenschaft», zusammengefasst, gedruckt werden. Der Verlag erhielt im Mai 1950 das Manuskript u. leitete es an die – Zensur.

Ich mochte nicht drängen u. wartete geduldig. Jetzt, nach anderthalb Jahren,

---

608 Das von Philipp Etter als blasphemisch eingestufte Bild Schmids zeigt Jesus und die Apostel als währschafte Schweizer Bauern an reich gedeckter Abendmahlstafel. Vgl. dazu Hans Beat Stadler: *In Brè sopra Lugano seinen Ort gefunden*, in: NZZ, Nr. 204, 2. 9. 2004.

kam die Antwort der Zensur: die Druckgenehmigung wird nicht erteilt, weil nach der Meinung des Zensors die «Wissenschaft» durch das Buch nicht gefördert werde ... So weit ist also Deutschland, 100 Jahre nach 1848! Und für mich schwindet dadurch jede Hoffnung, noch etwas veröffentlichen zu können.

Ich hätte selbstverständlich dem Verlag meine Zustimmung zur Einreichung des MS bei der Zensur nicht erteilt, hätte man mich vorher gefragt; ich erfuhr es aber erst, als ich nichts mehr dazu zu sagen hatte, so daß ich annahm, es handle sich um eine reine Formfrage in einem sozialistischen, d. h. geistig unfreien Staate.

Letzter Tage las ich dann, daß die gleiche Zensur Goethen von 36 Bänden, die ein Leipziger Verlag angekündigt hatte, 33 gestrichen hat mit der Begründung, ihr Inhalt sei für das heutige Deutschland veraltet ...

[...]

2811. Loosli an Fränkel, Bern-Bümpliz, 21. Dezember 1951

Mein lieber Fränkel,

natürlich habe ich es fertig gebracht, nachdem es mir letzte Woche ordentlich besser ging, mich vorgestern wiederum zu erkälten, so dass ich neuerdings das Zimmer hüten muss. Doch ist es dieses Mal nicht eben schlimm und mehr als die Erkältung plagt mich wiederum eine Sehnenscheidenentzündung am linken Fuss. Doch da ich kein Maratonläufer bin, ist schliesslich auch das noch erträglich.

Was Du mir von Deinen Verlagssorgen und von Pieckisten schreibst, ist erbärmlich, traurig, aber schliesslich durchaus logisch. So logisch, dass man eher vom Gegenteil überrascht sein würde.

Heine hat richtig vorausgesehen, was der Kommunismus für Kultur und Gesittung bedeuten würde![609]

Aber dass sich in den andern Zonen Deutschlands kein Verleger für Dich findet, das, ich gestehe es, kommt mir noch erbärmlicher vor. Just zu einer Zeit, wo es Deutschland, wie noch nie seit dem dreissigjährigen Krieg, nötig hätte, namentlich auch geistig wieder aufzubauen! Man verzweifelt schliesslich

---

609 Im Entwurf zur Vorrede von *Lutetia* (1854) schreibt Heine zum Beispiel, einerseits würde im Kommunismus der Krautkrämer aus seinem *Buch der Lieder* Tüten machen, «um Kaffee oder Schnupftabak darin zu schütten für die alten Weiber der Zukunft» – wenn er dies bedenke, ergreife ihn eine «unsägliche Betrübnis». Anderseits könne er «der Prämisse nicht widersprechen, ‹dass alle Menschen das Recht haben zu essen›».

an diesem Volk, das immer, immer unter irgend einer eisernen Fuchtel stehen muss, um – fast hätte ich gesagt, – überhaupt leben zu können.

Uebrigens geht es uns ja in der Schweiz um kein Haar besser! Die Anstrengungen meiner Freunde, mir zu einem Verlag zu verhelfen, scheinen allgemach im Sande zu versickern und auch das ist begreiflich in dem Ländchen, dessen Nationalheiliger St. Fünfliber ist.

Schau Dir mal die Weihnachtskataloge unserer Buchhändler an. Kaum dass ein Autor, sei er lebend oder tot, der noch im letzten Viertel des 19. Jahrhunderts zur Welt kam, noch erwähnt wird. Von J. V. Widmann ein einziges und nicht einmal eines seiner Hauptwerke, von Ilg, Falke u. a., nichts! Von Hesse, ein Bändchen!

Dagegen in der Welschschweiz, da kommen die einheimischen Schriftsteller sowohl der Gegenwart, wie der Vergangenheit reichlich zum Wort, obwohl es daselbst kaum ein Viertel so viel Verlagshäuser gibt, wie in der deutschen Schweiz!

Wir wurden, bei lebendigem Leibe zum alten Eisen geworfen!

Je nun, man wird sich wohl oder übel damit abfinden müssen. Eines Tages wird sicherlich auch unser Weizen blühen! Wir werdens nicht erleben und die Ernte noch weniger! Tant pis!

Was uns bleibt, ist unsere geistige Verbundenheit und unsere Freundschaften mit den wenigen, die noch etwas für eigentliche Geistigkeit und Schönheit aufbringen. Und um ihretwillen wollen wir ausharren. Trotz der Zensur, die bei uns zwar nicht kommunistisch, sondern ausgesprochen «füdleburgerlich» ist!

Und nun, trotz alledem, – Mut! – Und für Dich und Deine lieben Angehörigen, meine allerherzlichsten Glückwünsche und besten Grüsse.

Dein alter
C. A. Loosli

1952/53

Als Fränkel im Februar 1952 erfährt, dass die Berner Regierung den Antrag, seine Rente in eine Pension umzuwandeln, abgelehnt hat, erleidet er einen Zusammenbruch. Versuche von Politikern, gegen diesen Entscheid vorzugehen, verlaufen im Sand. Für den von Emil Zbinden illustrierten Neudruck von *Üse Drätti* arbeitet Loosli mit Hans Oprecht, dem Leiter der Büchergilde Gutenberg, zusammen und versucht, auch Fränkel von diesem Kontakt profitieren zu lassen. Die Wiederentdeckung von Looslis um 1910 erstmals veröffentlichtem Mundartschaffen wird nun sein übriges Werk für Jahrzehnte in den Schatten stellen. Im März 1953 schenkt er sein Hodler-Achiv dem Musée d'art et d'histoire in Neuenburg und belegt es mit einer 50-jährigen Sperre «post mortem». Fränkel bespricht im *Euphorion* 1952 die von Carl Helbling herausgegebenen Bände seiner Keller-Edition und 1953 die Etter'sche Spitteler-Ausgabe.

2812. Loosli an Fränkel, Bern-Bümpliz, 11. Januar 1952

Mein lieber Fränkel,

soeben hat mich Dr. Hans Oprecht, der Geschäftsleiter der Büchergilde verlassen, mit dem ich übereinkam, «Uese Drätti» neu aufzulegen.

Er hatte es verwünscht eilig; immerhin vermochte ich es, ihm einen Floh hinters Ohr zu setzen, nämlich den, Dich zu beauftragen, für das Jahr 1954 eine Spittelerbiographie zu schreiben. Er interessierte sich sehr lebhaft für den Vorschlag und nahm davon Vormerk.

Ich teile Dir dies lediglich darum mit, damit Du nicht allzusehr erstaunst, wenn er an Dich wachsen sollte.

[...]

Angesichts des Umstandes, dass er Präsident der schweiz. Sozialdemokratischen Partei und Nationalrat ist und die Bürgerlichen nun alles Interesse daran haben, sich mit den Sozialisten, im Hinblick auf die Rüstungsfinanzierung gut zu stellen, wird es gegebenenfalles Oprecht leicht möglich sein, sich gegen Etter und seinen Anhang durchzusetzen und Dich in Deine Rechte wieder einzusetzen.

Lauber intrigiere schon jetzt, um die Schutzfrist Spittelers zu verlängern. Da aber Oprecht der Kommission für die Revision des Urheberrechtes angehöre und diese bis anhin noch keine Sitzung abgehalten habe, werde es ihm leicht fallen, darum herumzukommen. *Dies konfidentiell!*

[...]

2813. Fränkel an Loosli, Thun-Riedegg, 12./13. Januar 1952

[...]

Ich habe zu Hans Oprecht kein großes Vertrauen, obwohl ich es ihm hoch anrechne, daß er sich Deiner Bücher annimmt. *Mir* gegenüber hat er sich bisher immer nur unfair benommen. Ich werde mirs also sehr überlegen müssen, ob ich auf seine Vorschläge eingehen soll, falls er an mich mit Vorschlägen herantreten sollte. Selbstverständlich habe ich nichts dagegen, wenn Du mit ihm über Spitteler sprichst, ja Du verpflichtest mich dadurch wieder einmal – zum so u. sovielten Mal! –, nur mußt Du mir erlauben, daß ich mir volle Entscheidungsfreiheit bewahre. Obwohl die Büchergilde heute zweifellos einer der finanzkräftigsten Verlage ist, würde ich jeden andern Verlag vorziehen, wenn er den Mut hätte mit mir zusammenzuspannen.

Was übrigens die Spitteler-Ausgabe betrifft, so habe ich Feldmann, als ich ihm zur Wahl in den Bundesrat gratulierte, darauf vorbereitet, daß ich ihn in seinem neuen Amte wegen Spitteler in Anspruch nehmen würde. Das geschah am Telephon u. er erklärte mir, er würde mir mit Vergnügen zur Verfügung stehen. (Nebenbei: meine Pensionsangelegenheit hat er noch immer nicht in Ordnung bringen können.)

Etwas, das einem Mut gibt. Mein älterer Sohn erzählte mir, als er am Neujahrstag zu Besuch war: In einer Zürcher Apotheke spricht ein Bücherreisender, Vertreter des Artemis-Verlages, vor u. bietet die Spitteler-Ausgabe an. Antwort: «Kein Interesse.» Darauf der Reisende: Und wenn die Ausgabe von Jonas Fränkel wäre, würden Sie dann Interesse haben? Antwort: «Dann ja!» Der Reisende mit einem Seufzer: Ich kann die Spitteler-Ausgabe nirgends verkaufen. Überall höre ich: ja, wenn sie von J. Fr. wäre!

[...]

2814. Loosli an Fränkel, Bern-Bümpliz, 14. Januar 1952

[...]

Ob sich Feldmann für die Spittelerbelange einsetzen kann und wird, erscheint mir sehr, sehr fraglich: wenigstens solange Etter sein Departement behauptet. Darum:

Regierungsrat Ritschard, den wir einmal wegen eines Regierungsbeschlusses, der nicht eben hochkarätig ausgefallen war, neckten, erklärte nämlich:

«Dihr wisset drum nonid wi dr Kanton Bärn regiert wird! Lueget, – da sy mer üsere nüün Regierigsrät u jede hocket uf sym Häfeli u het di grössti Tüfels Angst, der anger schys im dry!»

Und so wird es sich wohl auch im Bundesrat verhalten.

Dass die Artemis-Ausgabe hinreichend diskreditiert ist, berührt mich angenehm und was ich dazu tun konnte und noch werde tun können, soll nicht unterlassen werden. Aber Ettern dient sogar das in seinen Kram! Ihm, dem sturen, engstirnigen Katholiken, ist sehr daran gelegen, Spittelers Werk womöglich zu unterschlagen.

[...]

2829. Fränkel an Loosli, Thun-Riedegg, 19. März 1952

Mein lieber Loosli, beim Durchblättern des «Bund» stieß ich auf die Agentur-Meldung, daß man Dich zum «Ehrenpräsidenten» der neugebildeten Gesellschaft f. Strafrechtspflege ernannt habe.[610] Hierzu beglückwünsche ich Dich herzlich u. aufrichtig. Es gibt also noch Männer in der Schweiz!

Der Deinige Fränkel

2831. Fränkel an Loosli, Thun-Riedegg, 26. März 1952

Mein lieber Loosli,

ich erhielt gestern den Beschluß der Regierung zugestellt, der die definitive Verweigerung der Umwandlung meiner Rente in eine Pension feststellt.[611] Ich erlitt, nachdem ich das Schriftstück gelesen, eine schwere Herzattacke, von der ich mich erst nach zwei Stunden langsam erholen konnte. Ich wundere mich aber heute, daß ich noch unter den Lebenden weile.

So hat man mir denn *alles* geraubt: zuletzt also auch die Frucht 40-jähriger Arbeit an der Hochschule! Und weil ich seinerzeit mit letzterer Möglichkeit rechnete und deswegen die Arbeit an Keller wenigstens so honoriert wünschte,

---

610 *Schweizerische Gesellschaft für Strafrechtspflege und Strafvollzugsreform*, in: *Der Bund*, Nr. 130, 18. 3. 1952. Looslis Ernennung erfolgt «in Würdigung seiner Verdienste um das schweizerische Anstaltswesen».

611 Bis zu seiner Wahl in den Bundesrat auf Anfang 1952 ist Markus Feldmann als Erziehungsdirektor des Kantons Bern zuständig für Fränkels «Pensionsangelegenheit». Im Bundesarchiv finden sich unter E4001D#1973/125#1661* Unterlagen von Bundesrat Feldmann aus den Jahren 1952–1954 zu diesem Thema: Mit Datum vom 21. 3. 1952 erhält Fränkel einen weiteren abschlägigen Bescheid in der Streitfrage, bei der es, laut einem Brief Feldmanns an die Berner Regierung vom 23. 9. 1952, im Wesentlichen darum gegangen sei, «ob der Staat eine Verantwortung tragen soll, dass seinerzeit Prof. Jonas Fränkel nicht in die Pensionskasse aufgenommen, sondern lediglich der Sparversicherung zugeteilt wurde». Diese Frage habe er, Feldmann, seinerzeit als Erziehungsdirektor mit einem externen Gutachten klären lassen, das nicht in Fränkels Sinn ausgefallen sei. Feldmann resümiert: «Einmal mehr zeigt sich die verhängnisvolle Einstellung von Prof. Fränkel, welcher nun einmal keine Meinung gelten lässt, die nicht seiner eigenen Meinung entspricht.»

daß ich etwas Geringes noch für meine alten Tage hätte, wurde mir Keller genommen*). So bin ich nun heute, nach 40 Jahren Hochschule, Pensionär meiner Frau!

Sobald ich mich ein wenig erholt haben werde, will ich der Regierung eine Antwort schicken, die mir hoffentlich die «Nation» drucken wird. Vorläufig hat mir der Arzt jedes Schreiben, das mich im geringsten aufregen könnte, verboten.

[…]

*) mit Zustimmung solcher Sozialisten wie Oprecht u. Nobs!

2836. Loosli an Fränkel, Bern-Bümpliz, 14. April 1952
Mein lieber Fränkel,

man wird nicht ohne Gefährde gefeiert,[612] besonders wenn man alt und bresthaft ist. Zwar, meine braven Bümplizer haben ihre Sache wirklich gut gemacht; es war eine herzliche, aufrichtig freundschaftliche Feier, ohne offiziellen Zwang, ohne «Schützenfestreden», denn was gesagt wurde klang wahr und warm und das Bankett war ebenfalls nicht von schlechten Eltern.

Büssen musste ich es aber doch, denn ich bin nicht mehr gewohnt lange auf zu bleiben, am allerwenigsten in grosser Gesellschaft. Und da ungefähr 60 Personen da waren, zu denen man ein freundliches Wort zu richten hatte, ihnen zutrinken musste, war ich am andern Tage hundemüde und dann setzte erst noch der Föhn, damit meine beklemmende Atemnot ein, so dass ich ein paar Tage richtig marode war.

[…]

Vor allem vermisste ich meine Frau, die gute, welche sicherlich den besagten Abend voller Freude genossen haben würde und die mir eben stets recht fühlbar fehlt! Und dann meine Kinder und Enkel in Spanien und Persien!

Und auch Du fehltest mir, dem ich so viel verdanke, mit dem ich mich seit nun einem halben Jahrhundert durch Dick und Dünn verbunden weiss und dem ich so herzlich gern bewegt die Hand gedrückt hätte. Auch Deiner Frau und Bettina!

[…]

---

612 Am 5. 4. 1952 hat man Loosli in Bümpliz zu seinem 75. Geburtstag ein Fest ausgerichtet. Der *Bund* meldet den Geburtstag verspätet, aber mit dem Hinweis: «Heute wissen es alle, auch die früheren Feinde: Loosli kämpfte einen guten, einen gerechten Kampf.» (E. H.: *C. A. Loosli 75jährig*, in: *Der Bund*, Nr. 169, 9. 4. 1952)

2838. Loosli an Fränkel, Bern-Bümpliz, 26. Mai 1952
Mein lieber, alter Fränkel,
 seit Wochen wurmt es mich Tag um Tag, nichts von Dir zu hören, noch die Kraft aufbringen zu können, meinerseits ein Lebenszeichen an die Riedegg zu richten. Wenn Du aber das Nachstehende gelesen haben wirst, so bin ich überzeugt, Du werdest mir Absolution erteilen.
 Gesundheitlich zwar geht es mir wesentlich besser, so gut, wie seit Langem nie. Ich arbeite, wenn auch nicht gerade mit Volldampf, so doch ziemlich fleissig an meinen Hodlerbriefen,[613] eingedenk Deiner trefflichen Ratschläge, die ich Dich voraussichtlich bitten werde, noch zu ergänzen, wenn ich einmal so weit bin, das gesamte Material gesichtet vor mir zu haben.
 Das nun gibt eine weitschichtige Heidenarbeit, die ich jedoch, mein verhältnismässig körperliches Wohlbefinden vorbehalten, im Laufe der nächsten Monate zu bewältigen hoffe.
 [...]

2842. Loosli an Fränkel, Bern Bümpliz, 9. September 1952
Mein lieber Fränkel,
 gestern hatte ich u. a. auch den Besuch eines mir befreundeten Graphikers,[614] des Illustrators der Gotthelfwerke, die in der Büchergilde erscheinen. Ein aufgeschlossener, warmherziger, kluger Mann, dem ich mit meinen Gotthelfkenntnissen ab und zu dienen kann.
 Er verweilte über zwei Stunden bei mir und beklagte sich bitter über die Kulturwurstigkeit, nicht bloss unserer Regierungen, sondern über die unseres Volkes überhaupt.
 Es fiel mir nicht eben schwer, ihm zu erklären, woher sie rühre und warum es bei uns eben so und nicht anders sei.
 Bei dieser Gelegenheit kam *er* auf Deine Angelegenheit, von der er in der «Nation» Kenntnis genommen hatte, zu sprechen.[615] Da freut es mich nun, Dir mitteilen zu dürfen, dass Deine Ausführungen gerade in Künstlerkreisen offenbar sehr beachtet wurden und sie entrüsteten.

---

613 Am 31. 1. 1952 hat sich Loosli mit Hans Oprecht zu einer Besprechung getroffen, die der «Herausgabe der Hodlerkorrespondenz und -gespräche» gewidmet gewesen ist. Darüber hat Loosli Fränkel im Brief vom 1. 2. detailliert informiert. Das Buch soll zu Hodlers 100. Geburtstag 1953 erscheinen.
614 Emil Zbinden.
615 Jonas Fränkel: *Wie in Bern ein Hochschulprofessor nach 80 Semestern entlassen wird*, in: *Die Nation*, Nr. 36, 3. 9. 1952.

Praktisch mag dabei so viel oder so wenig herausschauen als nur immer möglich; aber ich trug den Eindruck davon, dass die Angelegenheit nun nicht länger beschwiegen werden kann. Das aber ist immerhin etwas! Denn es wird zum mindesten verhindern, dass über Deine Sache die Akten geschlossen werden können und vielleicht einer öffentlichen Auseinandersetzung rufen wird. Dass ich, falls sich mir dazu Gelegenheit bieten sollte, das Meinige beitragen werde, brauche ich Dir wohl nicht besonders zu versichern.
[…]

2847. Fränkel an Loosli, Thun-Riedegg, 19. Dezember 1952
[…]
Du wirst wohl bald nach Neujahr den Besuch meiner Bettina bekommen – einen Abschiedsbesuch vor ihrer Überfahrt nach U. S. A. Was ihr nämlich Walthard hier konsequent versagte, das wird ihr jetzt drüben geboten u. zwar unter glänzendsten Bedingungen: neben Wohnung u. vollständiger Versorgung im Spital ein Taschengeld, das höher sein wird als die Besoldung, die sie hier an einem staatlichen medizinischen Institut erhalten würde (u. die weit höher ist als was ich je als Professor bezog!). Nachdem sie letztes Jahr in Basel hatte umsonst im Spital arbeiten u. sich das Nötige zum Existieren durch Nachtarbeit bei Villars zu einem Stundenlohn von Fr. 1.20 hatte verdienen müssen, freut mich, wie Du Dir denken kannst, die Wendung in ihrem Schicksal ungemein. Vor allem: daß sie aus der Schweiz hinaus darf! Wäre das doch auch mir vergönnt! Ich schrieb neulich nach Amerika, ob dort eine Universität Verwendung hätte für einen 73jährigen Professor für deutsche Literatur, der von der Berner Regierung nach 80 Semestern ohne Pension entlassen wurde. Ob ich damit Erfolg haben werde, zweifle ich. Man lässt halt nicht einen alten Mann aus Europa herüberkommen. Ihre Gedanken werden sich aber die betreffenden Männer über die Zustände in der paradiesischen Schweiz machen …
[…]

2961. Loosli an Fränkel, Bern-Bümpliz, 21. Februar 1953
Mein lieber Fränkel,
da Du ja «Die Nation» oft zu Gesichte bekamst, ist Dir sicherlich der Name Hans Schwarz nicht fremd geblieben.
Er ist ein Mann, der Schnabel und Klaue hat, eine oft an Verwegenheit grenzende Sorglosigkeit und einen bewundernswerten, angriffsfrohen Mut.
[…]

Dieser Mann nun, von dem mich bloss sein teilweiser Mangel an kultiviertem Geschmack trennt, den ich aber im Uebrigen schätze und dem ich besten Erfolg wünsche, telephonierte mir gestern an, um mich als Mitarbeiter an einer Zeitung (Wochenschrift) zu gewinnen, die er demnächst zu starten gedenkt.[616]

Ich habe ihm nicht ohne weiteres zugesagt, sondern ihn gebeten, mich gelegentlich zu besuchen, um das Nähere mit ihm besprechen und uns gegebenenfalles einigen zu können.

[...]

Sein Entschluss, sich ein eigenes Organ zu schaffen, entspringt der Not, in die er durch das Eingehen der «Nation»[617] just in einem Zeitpunkt geraten ist, da er ihrer, zur Fortsetzung seines Feldzuges gegen hohe Militärpersonen gerade am dringlichsten bedurft hätte.

Obzwar ich keine grosse Lust habe, meinen Namen wieder einmal mehr mit einem ephemeren Presseerzeugnis in Verbindung gebracht zu sehen, möchte ich mit meiner Antwort an Schwarz solange zurückhalten, bis Du mir Deine Meinung darüber kund getan haben wirst.

[...]

2862. Fränkel an Loosli, Thun-Riedegg, 22. Februar 1953

[...]

Einen Mann wie Schwarz in seinem Kampfe zu unterstützen halte ich für unsere Pflicht. In welcher Weise das geschehen kann, wird sich weisen, wenn erst ein paar Nummern vorliegen werden.

So würde meine Antwort lauten, wenn Schwarz mich zur Mitarbeit eingeladen hätte. Ich hätte immerhin darauf Bedacht zu nehmen, daß ich persönlich noch mitten in schweren Kämpfen stehe und mich aus diesem Grund nicht allzu sehr exponieren darf, wo es nicht um Dinge geht, bei denen mitzusprechen ich nicht nur ein Recht, sondern auch die Pflicht habe – ungeachtet des Umstandes, daß man nach länger als einem halben Jahrhundert noch immer als ein Fremder – und als Jude behandelt wird. Bei Dir verhält es sich anders. Du bist doch heute so weit, daß man Dich persönlich nicht mehr angreifen *darf*. Dein 70. und Dein 75. Geburtstag wurde öffentlich gefeiert, Du wurdest

---

616 Die Zeitung, die Hans Schwarz gründen will, wird schliesslich *Schwarz auf weiss* heissen und den Untertitel tragen: *Wochenzeitung für den freien Bürger*. Im Katalog der Nationalbibliothek wird sie als Fortsetzung der *Nation* bezeichnet. *Schwarz auf weiss* erscheint bis zum Tod von Hans Schwarz 1965.

617 Die letzte Ausgabe der *Nation* ist Ende 1952 erschienen.

geehrt und man weiß an den entscheidenden Stellen, daß Du Freunde um Dich gesammelt hast, die keine Einzelgänger sind. Ich sehe somit keinen Anlaß für Dich, Schwarz nicht nach Möglichkeit zu unterstützen, selbst wenn es sich bei seinem Blatte um eine Eintagsfliege handeln sollte. Du kannst ihm zunächst einmal aus Deinem Gedichte-Füllhorn das u. jenes geben, was seinem Blatte sicher eine Zierde sein wird.
[...]

2865. Fränkel an Loosli, Thun-Riedegg, 26. Februar 1953
[...]
PS. Wegen *Euphorion* – bitte erwarte nicht zuviel von der Arbeit,[618] damit Du nicht enttäuscht bist. Es ist keine schriftstellerische Leistung, sondern reine Philologie; freilich eine Philologie, wie man sie heute – nicht nur bei uns – nicht mehr kennt. Gerade deswegen verspricht sich der Herausgeber des Euphorion[619] starke Wirkung von ihr – für die Wissenschaft. Und es ist rührend, wie er mir vor zwei Wochen schrieb, er erwarte nunmehr jeden Tag das neue Heft mit größter Ungeduld – wegen meines Beitrags! Und doch bildet dieser nur einen unter recht vielen, die den Band von rund 250 Seiten füllen.

Das Gute dabei ist, daß die Zeitschrift, obwohl sie erst vor einem Jahre wiedererstanden ist, überall studiert wird, wo an Universitäten germanistische Literatur getrieben wird, u. daß sie in allen Universitätsbibliotheken, auch in Amerika, aufliegt, so daß für die Wissenschaft die Helblingbände fortan tot sein werden. Freilich wird man sich dann auch fragen: wie war das in der *Schweiz* möglich? –

2866. Loosli an Fränkel, Bern-Bümpliz, 28. Februar 1953
Mein lieber Fränkel,

Deine Annahme, ich möchte von Deiner «Gottfried Keller-Philologie» irgendwie enttäuscht werden, hat sich nicht erwahrt und ich habe auch nie einen Augenblick daran gezweifelt, dass solches geschehen würde.

Ganz abgesehen von dem eigentlichen Zweck der Schrift, auf den ich noch zurückkommen werde, habe ich persönlich allen Grund, Dir herzlich für die

---

618 Jonas Fränkel: *Forschungsbericht. Gottfried Keller-Philologie*, in: *Euphorion*, Nr. 46, 1952, S. 440–463. Unter dem Titel *Staatsphilologie* mit einem kurzen neuen Einleitungstext nachgedruckt in Fränkel: *Dichtung und Wissenschaft*, S. 152–194.
619 Hans Werner Pyritz (vgl. Anm. 579).

vielen wertvollen Belehrungen, die ich ad usum delphini daraus schöpfte, zu danken.

[...]

Und nun zu Deiner Kritik im Hinblick auf ihr Objekt!

Ahnst Du, welch ein Bildnis sich mir bei und nach der Lektüre Deiner Arbeit aufdrängte? Das des Marsyas von Hellbrunn, dem Apoll überlegen, ruhig, sachlich die Haut abzieht![620] Zwar der Vergleich hinkt insofern als Marsyas, – wenigstens behauptet die Sage nicht das Gegenteil! – ein *guter* Flötenspieler war, was von Deinem Helbling nicht einmal mehr vermutet werden darf, wenn man Dich aufmerksam gelesen hat.

Ich zweifle zwar daran, ob er, obwohl geschunden, für die Schweizer und namentlich für die Züricher, die wir ja kennen, erledigt sein wird; für die Wissenschaft aber und für rechtschaffenes, geistig ehrliches Wesen sicherlich.

Es war ein Verdienst, diesen pseudowissenschaftlichen Parasiten angeprangert und aus dem Bereich der ernsthaften Philologie verwiesen zu haben. Aber noch höher schätze ich Dein anderes Verdienst ein, mit Deiner Arbeit die Wege zu wirklicher, zu befruchtender, zu lebendiger und belebender Philologie zu weisen, von dem ich innig hoffe es möchte anerkannt und beherzigt werden.

[...]

2878. Fränkel an Loosli, Thun-Riedegg, 28. März 1953

Mein lieber Loosli, ich lese in der NZZ, Du habest Deine Hodler-Sammlung nach Neuchâtel verschenkt.[621] Ich vermute, Du habest es getan aus Gründen der Finanzen, was Deinen Entschluß rechtfertigen würde. Verdient hat man es um Dich nicht.

[...]

---

620 Im Schlosspark Hellbrunn in Salzburg ist in einer Tuffsteingrotte «Apollo schindet den Marsyas» als Wasserautomat dargestellt.

621 In der NZZ, Nr. 703, 26. 3. 1953, gibt es in der Rubrik *Kleine Chronik* eine Meldung der Schweizerischen Depeschenagentur mit dem Titel *Eine Hodler-Schenkung*. Vermeldet wird, dass Loosli sein Hodler-Archiv – im einzelnen «Briefe, Photographien, Reproduktionen, Aufsätze, Kataloge und andere Drucke» – dem «Kunstmuseum Neuenburg geschenkt» habe: «Man darf sich über die Einsicht des ebenso eigenwillig-streitbaren wie um die Hodler-Kunde verdienten C. A. Loosli freuen, sein Material, das er schon verschiedenenorts, u. a. auch einer ausländischen Universität, angeboten hat, endlich einer öffentlichen Bleibe zuzuführen.» Nach Looslis Willen soll das Archiv «bis 50 Jahre nach meinem Tode» versiegelt dort verbleiben (Marti: *Loosli* 3/1, S. 128). Es ist schliesslich gut fünf Jahre früher, am 13. Januar 2004, im Beisein von Looslis beiden Grosssöhnen Kurt und Peter Loosli entsiegelt und danach ins Schweizerische Institut für Kunstwissenschaft nach Zürich überführt worden, wo es seither der Hodler-Forschung zur Verfügung steht (vgl. Loosli: *Werke* 7, S. 8–10).

2879. Loosli an Fränkel, Bern-Bümpliz, 30. März 1953

[...]

Mein Hodlerbuch wird, – wenn überhaupt, – dieses Jahr nicht erscheinen. Darüber haben Oprecht und ich uns geeinigt, wobei er sich als einwandfreier Gentleman erwiesen hat. Darüber eingehender gelegentlich!

Gegenwärtig regt man sich in Bern über meine Schenkung, oder besser, um mein Vermächtnis des Hodler-Archives, an das Kunstmuseum von Neuchâtel auf. Die Berner, die sich weder um Hodlern noch um mich je verdient gemacht haben, wären ganz bereit gewesen, es ... sagen wir einmal euphemistisch, – zu betreuen!

Sogar Prof. Huggler, der Konservator des Berner-Kunstmuseums, der, ebensowenig wie die Bernerregierung noch die Bernische Kunstgesellschaft, je von mir und meinen Hodlerarbeiten Notiz nahm, noch mich je zu ihren Veranstaltungen eingeladen haben, bat mich nun, ihm zur Organisation der im Mai geplanten retrospektiven Hodlerausstellung beizustehen.

[...]

2889. Fränkel an Loosli, Thun-Riedegg, 8. Mai 1953

[...]

Ich bin mit dem Abschluß eines Pendants zu der Helbling-Kritik beschäftigt: einer Kritik der Artemis-Spitteler-Ausgabe.[622] Laß bitte vorläufig nichts darüber verlauten. Bis das Ding gedruckt vorliegt, wird sicher *mindestens* ein halbes Jahr dahingehen (wahrscheinlich mehr). Daß gerade diese Kritik, die unsere eidgenössische Kulturpolitik ins mißlichste Licht bringt, im Ausland erscheinen wird, tut mir leid – aber das läßt sich ja, so wie die Dinge bei uns liegen, leider nicht ändern. Und einmal muß der Skandal u. der Betrug, der hier vorliegt, aufgedeckt werden. Überall sonst in der Welt müßte der verantwortliche Minister innerhalb 24 Stunden demissionieren. Das wird in diesem Falle nicht geschehen.

[...]

2899. Loosli an Fränkel, Bern-Bümpliz, 27. Juni 1953

Mein lieber, armer Fränkel,

seitdem ich Deine Spittelerkritik gelesen und wieder gelesen habe, ist mir unsagbar katzenjämmerlich zu Mute. Zwar, nach Deinen früheren Vernehmlas-

---

[622] Jonas Fränkel: *Die Spitteler-Ausgabe*, in: *Euphorion*, Nr. 47, 1953, S. 452–461.

sungen, war ich ja bereits auf allerhand gefasst, was Du aber da zu Tage bringst geht denn doch über die Hutschnur!⁶²³

Ich hoffe nur, «Euphorion» werde auch vor dieser Veröffentlichung nicht zurückschrecken, nicht bloss um Deinet- und Spittelerswillen, sondern auch um der Ehre und dem Ansehen aller schweizerischer Dichter und Schriftsteller willen.

Zu ihren Lebzeiten zur Vereinsamung und zum Totschweigen, zu steten Nöten und Schmähungen verdammt, werden ihre Leichen von dazu obrigkeitlich bestellten und besoldeten Literaturhyänen obendrein geschändet!

Da steigt einem der Ekel zum Halse herauf und würgt einen! Und man frägt sich, wozu man denn eigentlich ein ganzes, langes Leben lang nach bestem Wissen und Gewissen geschuftet und gewerkt habe und ob man nicht unvergleichlich besser daran getan hätte, sich rechtzeitig um eine pensionsberechtigte Schulhausabwarts- oder Tramführerstelle zu bewerben.

[...]

---

623 Fränkels *Euphorion*-Verriss von Spittelers *Gesammelten Werken* – ohne den zwei Bücher umfassenden abschliessenden *Geleitband*, der erst 1958 erscheinen wird – schliesst: «Ich fasse mein Urteil zusammen. Die zu Lebzeiten des Dichters gedruckten Werke kehren in dieser ‹Gesamtausgabe› zum Teil in verdorbenster Gestalt wieder. Die Bände, deren Inhalt sei es dem handschriftlichen, sei es dem gedruckten Nachlaß entnommen wurde, sind durch Unverantwortlichkeit und Willkür der Herausgeber gekennzeichnet; sie genügen selbst primitivsten Anforderungen der Wissenschaft ebensowenig wie sie die Erwartungen der Freunde des vielverkannten Dichters zu befriedigen vermögen, dessen Lebenswerk bisher nur in seinen Gipfeln sichtbar war. Dieser Ausgabe muß der Titel einer rechtmässigen Gesamtausgabe abgesprochen werden; sie bedeutet eine Versündigung an Spitteler. Den Nachruhm des Dichters wird sie nicht mehren, den Behörden aber, nach deren Willen und Weisung sie bearbeitet wurde, bringt sie keine Ehre.»

1954/55

Loosli arbeitet weiterhin an den Hodler-Briefen, liest Spitteler, korrigiert *Üse Drätti* für die Neuauflage und schreibt Gedichte für den *Nebelspalter*. Er ist froh, dass ihm Fränkel einen alten Hörapparat schenkt, und kommentiert hellsichtig die Indochinakonferenz von Genf. Der Kunstmaler Ernst Morgenthaler bittet den angesehenen Zürcher Juristen Zaccaria Giacometti um Rat, wie man Fränkel in seinen Fehden unterstützen könnte. Am 12. August 1954 treffen auf der Riedegg zu Fränkels 75. Geburtstag Telegramme und Expressbriefe auch aus Zürich ein. Im Herbst erscheint in Heidelberg seine Aufsatzsammlung *Dichtung und Wissenschaft* – für Loosli ein «prächtiges Buch», für Fränkel der «Abschied von der Philologie»; er wolle jetzt «Gescheiteres beginnen». Gemeinsam klären sie, was mit ihrem in Bümpliz und auf der Riedegg sorgfältig archivierten Briefwechsel geschehen soll.

2931. Loosli an Fränkel, Bern-Bümpliz, 16. Januar 1954
Mein lieber Fränkel

sei herzlich bedankt für Dein Requisitorium ca. Spittelerherausgeber,[624] das hoffentlich in unserer Presse nicht unbeachtet bleiben und unserm «hohen» Bundesrat eine Prise beissenden Schnupfes vermitteln wird.

[...]

Soeben erreicht mich ein Brief von Ernst Morgenthaler, der sich mit mir in Verbindung setzte, um Dir irgendwie beizustehen, nachdem er bereits Prof. Giacometti dafür interessiert hatte. Er schreibt:

«Nun hat mich Prof. Giacometti empfangen und wir haben mehr als eine Stunde lang die Fränkelschen Probleme durchsprochen. Sie gliedern sich von uns aus gesehen in die drei Angelegenheiten

Spitteler

Keller

Pensionsberechtigung.

Um es kurz zu resümieren:

In a. und b. ist juristisch nichts zu wollen. In einem Fall ist der Bundesrat, im andern der Regierungsrat des Kantons Zürich Eigentümer, der allein über

---

624 Offenbar ist das neuste Heft der Zeitschrift *Euphorion* eingetroffen (vgl. Anm. 622). «Requisitorium» meint hier wohl Beweisaufnahme.

die Sache verfügt. Spitteler hat keine rechtsgültige Verfügung hinterlassen. Das ist eine grosse Unterlassungssünde. Jedem Menschen guten Willens ist es klar, was Sp. gewollt und gewünscht hat. Trotzdem sei diese ganze, offen zu Tage liegende Verlogenheit juristisch unanfechtbar. Das Bundesgericht hat gesprochen, unter dem Vorsitz des Bundesrichters Hasler, den Fränkel *nach* dem Schiedsspruch der Voreingenommenheit bezichtigt. Hätte Fränkel diesen Herrn *vor* der Verhandlung beanstandet, so wäre ein anderer Richter an seine Stelle gekommen. Fränkel hätte das nicht getan, hätte sich dieses Einspruchsrechtes begeben, somit sei der Spruch gefallen, dem er sich zu unterziehen habe. Ich war enttäuscht über diese unerbittliche Logik, die ich eher eine Lügik nenne. Ich sagte Hrn. Giacometti, ich hätte bis jetzt geglaubt, wir lebten in einem Rechtsstaat. Nun, Prof. Giacometti ist ein 100%ig integrer Mann, hier hat er nur als Rechtskenner gesprochen.

Bei Keller liegt die Sache noch viel einfacher. Der Regierungsrat allein entscheidet, ob er Pfuscherarbeit der seriösen von Fränkel vorziehen will.

Im Falle c. wünscht Giacometti Unterlagen der Hochschule zu sehen, erst dann könne er sich über den Fall ein juristisch gültiges Urteil bilden. Ich werde meinem Bruder,[625] der ja Professor ist in derselben Hochschule, schreiben. Vielleicht kann er sich solche Unterlagen verschaffen.

Das ist kein positiver Bericht, den ich Ihnen hier vorlege. Aber ich hatte Ihnen versprochen, die Meinung Prof. Giacometti's mitzuteilen.»

Soweit Ernst Morgenthaler. – Sein Bruder, der Professor war neulich ebenfalls bei mir, sich mit mir über Deine Belange zu unterhalten. Er ist zu Dir ebenfalls durchaus positiv eingestellt.

[...]

2953. Loosli an Fränkel, Bern-Bümpliz, 12. März 1954

[...]

Nun muss ich Dich um Deine Meinung und Rat bitten! Ich stehe mit Rascher in Unterhandlung betreffend Herausgabe der «Hodler-Briefe».[626]

Hodler sprach korrekt Berndeutsch und Französisch, doch das Schriftdeut-

---

625 Otto Morgenthaler.
626 Die Veröffentlichung der Briefe zu Hodlers 100. Geburtstag 1953 ist nicht zustande gekommen, «da sich herausstellte, dass ein solches Buch für das Lesepublikum der Büchergilde sich kaum eignete» (Marti: *Loosli* 3/2, S. 501). Auch das Projekt mit dem Rascher-Verlag wird sich zerschlagen. Das Typoskript mit einer «Auswahl von 361 Briefen» liegt heute in Looslis Hodler-Archiv im Schweizerischen Institut für Kunstwissenschaft unter der Signatur HA 32B.

sche lag ihm, weil seine Schulbildung in deutschem Sprachgebiet zu dürftig war und früh unterbrochen wurde, nicht.

Französisch musste er ab 1871 erst wieder erlernen, so dass seine Briefe aus diesem und den paar folgenden Jahren von Fehlern, sowohl orthographischen als syntaktischen, gerade reich genug sind.

Ich habe mich bestrebt, wo es nur immer anging, das heisst, wo das unmittelbare Verständnis nicht gefährdet war, seine Texte wortgetreu zu belassen. Dort aber, wo allzu gröbliche Fehler, die das Verständnis erschweren oder verunmöglichen, habe ich sie ganz einfach korrigiert, besonders auch die willkürliche, oder überhaupt fehlende Interpunktion. Dazu glaubte ich mich berechtigt, da es sich ja hier nicht um eine philologisch textkritische, sondern lediglich um eine weitmöglich getreue Inhaltswiedergabe handelt.

Stimmst Du mir darin bei? Und wenn ja, – bist Du der Ansicht, ich solle mich in der Einleitung des Buches zu meinen Korrekturen bekennen, beziehungsweise sagen, ich hätte welche angebracht?

Und, wenn Du dieser letzterwähnten Ansicht huldigst, hälst Du mich für verpflichtet, die Korrekturen einzeln anzuführen, die mir, angesichts der Leser, für die das Buch bestimmt ist, lediglich als ein wenig pedantischer Ballast erscheinen?

[...]

2954. Fränkel an Loosli, Thun-Riedegg, 13. März 1954

[...]

Ich freue mich, daß Du nun doch noch Aussicht hast, die Hodler-Briefe herauszubringen. Deine Prinzipien bei der Textwiedergabe sind die einzig richtigen. Nur bei Kommata würde ich Dir empfehlen, größte Zurückhaltung zu üben u. bloß dort welche einzusetzen, wo es zum Verständniß des Textes *unbedingt* nötig ist. Rechenschaft hierüber abzulegen halte ich für überflüssig, höchstens ganz kurz die Sprachbehandlung durch Hodler charakterisieren. Vielleicht schickst Du mir dann den betreffenden Passus im Manuskript zu.

[...]

2962. Fränkel an Loosli, Thun-Riedegg, 18. Mai 1954

Mein lieber Loosli,

ich dachte in den letzten Tagen, ich könnte Dich demnächst besuchen. Da sich das aber doch noch eine Weile verziehen kann, so möchte ich nicht länger zögern Dir zu berichten, daß sich nun endlich ein Verlag gefunden hat, der den

Mut hat ein Buch von mir herauszubringen. Daß es kein Schweizer Verlag ist, wirst Du wohl erraten. Es ist ein Verleger in Heidelberg, der meinen Essayband «Dichtung u. Wissenschaft» für seinen Verlag angenommen u. bereits in den Satz gegeben hat. 75 Jahre mußte ich alt werden, um es glücklich so weit zu bringen!

Für einen deutschen Verlag gehört viel Mut dazu, den Band zu verlegen. Ist doch sein Inhalt eine Blossstellung der deutschen Philologie u. ihrer Methoden, eine Abrechnung mit ihren Größen. Oprecht hatte sich redlich darum bemüht, irgendwo Unterkunft für das Buch zu finden, nachdem der Europa- (bzhw. Oprecht-)Verlag sich für Übernahme nicht hatte entschließen können, Birkhäuser interessierte sich dafür ebensowenig wie Herr Tschudy u. die Berner Stiftung für wissenschaftliche Forschung lehnte eine Subventionierung zwecks Ermöglichung der Drucklegung ab. Nun wird das Buch also ohne jede Subvention bei einem nicht reichen Verlag in Deutschland erscheinen – nicht gerade zur Freude der Sünder unter unseren Politikern und Literarhistorikern.

[...]

2965. Loosli an Fränkel, Bern-Bümpliz, 29. Mai 1954

[...]

Mit meiner rein dichterischen Betätigung geht es nun sachte zur Neige. In ca. 2 Monaten, d. h. etwa bis Ende nächster Woche, werde ich wohl für einmal damit fertig sein. Ich habe während nun 2 Monaten ausschliesslich in bester Laune Verse geschmiedet, nun werde ich zunächst für den Nebelspalter meines Freundes Loepfe-Benz wieder ein paar heitere Geschichtlein zu schreiben haben, die für mich keinen andern als den Honorarwert aufweisen, der mir ermöglicht, meiner Rauch- und Sauflust noch ausgiebiger zu fröhnen als es ohnehin geschieht.

Daneben wüsste ich mir ernsthaftere Arbeit genug, aber ob ich den Mut und die Kraft dazu aufbringe ist vorderhand noch unentschieden. Umsomehr als damit doch bloss, angesichts unserer herrlichen Verlagsverhältnisse, mein schriftlicher Makulaturnachlass vermehrt würde.

[...]

2970. Fränkel an Loosli, Thun-Riedegg, 19. Juni 1954

[...]

Den Hörapparat (Provenienz: Maschinenfabrik Uster) werde ich Dir am Montag schicken. Der Gebrauch ist möglichst einfach: der eigentliche Apparat wird vorne am Hemd- oder Westenknopf befestigt, so daß er mit den beiden

Mikrophonen die Schallwellen bequem aufnehmen kann. Der Hörer wird mittels des Kopfbügels festgehalten vor der Ohröffnung. Das Kabel wird mit einer Batterie verbunden. Leider kann ich letztere nicht mitschicken, da sie längst abgelaufen ist u. das Geschäft in Thun, von dem ich ehemals Batterien bezog, befasst sich heute nicht mehr damit; ich bestelle diese Spezialbatterie gleichzeitig bei Leclanché in Yverdon mit dem Ersuchen, sie direkt an Dich zu senden.
[...]

2977. Loosli an Fränkel, Bern-Bümpliz, 12. Juli 1954
[...]
Da ich zu keiner anhaltenden Arbeit tauglich bin, solange das Wetter sich nicht bessert, habe ich mich wieder einmal mehr in Spitteler versenkt und geniesse ihn mit noch erheblich grösserem Genuss als die vielen Male, die ich immer wieder mit der Lektüre seiner herrlichen Werke zubrachte. Je älter ich werde, je strahlender und grösser erscheint er mir. – Und unsere Affen haben dieses herrliche Pandorageschenk nicht bloss entwendet, sondern verfälscht![627]

Heil dir Helvetia!
Ich habe dieser Tage mühsam, die Erstkorrekturen zur 2. Auflage von «Uese Drätti» verabschiedet. Er wird in neuem Gewand, mit zahlreichen Holzschnitten von dem tüchtigen Emil Zbinden versehen, Anfangs nächsten Jahres bei der Büchergilde erscheinen. Das Einzige, das mich dabei interessiert, ist lediglich das Honorar, denn zu meinen frühen Bärndütschbüchern habe ich den Weg verloren und Neues will mir nicht mehr gelingen, woraus übrigens der Literatur kein unheilbarer Schaden entstehen wird.

Hoffentlich geht es Dir besser!
Herzlichst Dein
C. A. Loosli

---

627 In Spittelers Prometheus-Dichtungen (*Prometheus und Epimetheus*, *Prometheus der Dulder*) wäre das Geschenk der Gottestochter Pandora (im Gegensatz zur Büchse der Pandora in der griechischen Mythologie) ein Segen für die Menschheit. Es wird aber von dieser verschmäht. In *Prometheus der Dulder*, wo es die Gestalt eines goldenen Apfels hat, schenken es Buben schliesslich einer Gauklertruppe, deren Äffchen es verspeist (Spitteler: GW 1, S. 466).

2979. Loosli an Fränkel, Bern-Bümpliz, 24. Juli 1954

[...]

Befriedigt war ich auch vom, obgleich mageren, doch immerhin einigermassen positiven Ergebnis der Genfer-Konferenz,[628] obwohl ich mir nicht verhehle, dass es wohl lediglich als Aufschub einer definitiven Abrechnung gewertet werden kann.

Dass unsere angeblichen Grossmächte noch immer nicht einzusehen und darnach zu handeln vermögen, dass die Kolonialpolitik endgültig abgeschrieben werden muss, ist mir ebenso peinlich wie ihre Kommunistenangst, die sie, bei einiger wirklich grosszügigen, sozialen Einsicht prophylaktisch zu überwinden vermöchten. Mais cela, c'est leur affaire!

[...]

2980. Fränkel an Loosli, Thun-Riedegg, 16. August 1954

Mein lieber Loosli,

hab herzlichsten Dank für Deinen telegraphischen Gruß zu meinem 75. Geburtstag, der mich sehr gefreut hat. Der Tag selber weckte wehmütige Gedanken, die Du errätst, die aber allmählich beschwichtigt wurden, als von Stunde zu Stunde Telegramme und Expressbriefe sich häuften aus – Zürich, zum Teil von Menschen, die ich nicht kenne u. die von meinem Geburtstag durch einen kleinen Artikel im «Volksrecht» erfahren hatten.[629] In Bern dagegen hatte Schwengeler, wie ich nachträglich erfuhr, einen Feuilleton-Artikel, den ihm Dr. Heuberger zugestellt hatte, zurückgewiesen und an seiner statt ein paar selbstfabrizierte Nekrologzeilen gebracht, unter die er sich doch genierte seine Initialen zu setzen.[630] So erfuhrens meine Freunde in Bern wie meine ehemaligen Hörer nicht. Auch die Hochschule schwieg. [...]

---

628 Zwischen dem 26. 4. und dem 20. 7. 1954 findet in Genf die Indochinakonferenz zwischen den Kriegsparteien Vietnam und Frankreich und den vier Grossmächten USA, Sowjetunion, China und dem Vereinigten Königreich statt. Auf dem Schlachtfeld in Dien Bien Phu wird der Indochinakrieg in diesen Wochen zugunsten der kommunistischen Viet Minh entschieden. Ergebnis der Genfer Konferenz ist, dass sich der Viet Minh hinter den 17. Breitengrad in den Norden des Landes zurückzieht. So entstehen Nord- und Südvietnam, zwischen denen ab 1964 – bei der «definitiven Abrechnung», wie Loosli voraussieht – die Front des Vietnamkriegs verlaufen wird.

629 *Jonas Fränkel 75jährig*, in: *Volksrecht*, Nr. 187, 12. 8. 1954.

630 Die 15-zeilige Notiz in der Rubrik «Kleines Feuilleton» ist nicht gezeichnet, trägt den Titel *Jonas Fränkel 75jährig* und endet mit dem Satz, Fränkel sei «der engste Freund Carl Spittelers» gewesen, «der jedoch in den beiden letzten Jahrzehnten der schweizerischen Öffentlichkeit vor allem durch seine literarisch-menschlichen Fehden um Spitteler und Keller immer wieder in Erinnerung gerufen wurde» (*Der Bund*, Nr. 372, 12. 8. 1954).

2985. Loosli an Fränkel, Bern-Bümpliz, 24. November 1954
Mein lieber Fränkel,
der Versuchung, alles andere liegen zu lassen, um Dein prächtiges Buch[631] eines Zuges zu lesen, vermochte ich nicht zu widerstehen. Ich habe es geradezu verschlungen und freue mich, es bei nächster Gelegenheit, Musse und der dazu erforderlichen ruhigen Stimmung recht eigentlich zu lesen, denn selbstverständlich vermochte mir meine Hast lediglich einen, allerdings erschütternden, Gesamteindruck zu vermitteln.

Mit eisernem Besen hast Du da ausgekehrt und hoffentlich verhallt Deine Stimme diesmal nicht, sondern ruft alle, die es lesen, zu ernsthafter Gewissenseinkehr auf.

Dass es um die sogenannte Philologie schlimm steht, war mir zwar nicht eben neu; – habe ich sie doch von jeher gehasst! Aber dass es *so* schlimm stünde, das freilich ahnte ich nicht. Auch heute noch übersehe ich ihre Verdämmerung bloss noch in den gröbsten, empörendsten Zügen und noch habe ich bloss eine freilich weithinreichende Ahnung von all dem Fluchwürdigen, das Du da anprangerst, aber auch von der Fülle des Lehrreichen, die ich noch daraus zu schöpfen gedenke und von der ich bloss bedaure, dass sie mir erst heute, in meinen alten Tagen, geoffenbart und überzeugend zu Gemüte geführt wird. – Wie Vieles hätte ich daraus lernen und für meine eigene Arbeiten schöpfen können, wäre es mir früher geboten worden!

Ich las Dein Buch unter stets wechselnden, mich fortwährend bedrängenden Stimmungen. Bald jubelte ich Dir von Herzen zu, bald fühlte ich mich von Deinen Ausführungen tief bedrückt, dann wieder schämte ich mich für die, die sich nicht zu schämen verstehen und wiederum rührte mich die grossherzige Huldigung, die Du Minor und Burdach angedeihen liessest, worauf ich der posthumen Hinrichtung Petersens beifällig beiwohnte.

Aber im Ganzen hat mich Dein Buch doch tief deprimiert. Aus jedem Abschnitt, wenn nicht aus jeder Zeile geht hervor, was Du als treuer Eckart[632] erlitten und erstrebt hast und lässt ahnen, welche reichen, dauerbefruchtenden Pandorageschenke Du uns hättest bieten können, wenn es Dir nicht hartnäckig, widersinnig, unheilbar versagt worden wäre.

Die Keller-, die Spittelerausgabe, die Spitteler-, die Goethebiographie, den

---

631 Fränkel: *Dichtung und Wissenschaft* ist erschienen.
632 Ludwig Tieck: *Der getreue Eckart und der Tannhäuser* (1799).

Hutten und wohl noch so Manches, von dem ich nichts weiss und das nun vom Affen auf dem Kameel rohsinnig gefressen ward!

Soviel für heute! Bald nehme ich das Buch wieder zur Hand um es mit grösserer Vertiefung und Andacht gebührend zu lesen. Und dann, wenn Du mich schon, wie ich wünsche und hoffe, besuchst, Weiteres darüber! Für heute bloss Dank! Herzlichen, tiefempfundenen Dank! Und alles Herzliche von
Deinem
C. A. Loosli

2986. Fränkel an Loosli, Thun-Riedegg, 26. November 1954

Mein lieber Loosli,

ich danke Dir herzlichst für Deinen Brief, der mich umsomehr freute als es das erste Urteil ist, das ich über mein Buch vernahm. Es ist mir eine große Befriedigung, daß das Buch nicht langweilig, nicht allzu fachmännisch wirkt trotz dem zu ausführlichen Kapitel über Keller-Philologie; doch hier handelte es sich darum, an einem Beispiel zu demonstrieren, was Philologie nicht ist u. was sie sein soll – zu Nutz und Frommen einer nachkommenden Generation von Literarhistorikern.

[...]

Hoffentlich gelingt es dem braven u. tapfern Verleger, das Buch bekannt zu machen – obwohl er nicht zu den sehr energischen Deutschen gehört u. auch nicht über reiche Mittel verfügt, so daß ich auf ein Varaushonorar verzichten mußte. Hoffentlich wird das Buch von unserer Presse nicht unterschlagen – hoffentlich![633]

[...]

2988. Fränkel an Loosli, Thun-Riedegg, 4. Januar 1955

Mein lieber Loosli,

ich danke Dir noch einmal herzlichst für Deinen Anruf am Neujahrstage, der mich außerordentlich gefreut hat. Ich bin glücklich, daß Du mein Buch hast bis zu Ende lesen mögen u. daß Du Freude an ihm hattest. Nachdem mir auch Morgenthaler – der Maler – spontan versichert hat, er habe das Buch mit Genuß gelesen, wird mir das Urteil der sogenannten Fachleute gleichgültig sein, wie immer es ausfallen mag. Bedeutet doch dieser Band für mich den

---

[633] Zumindest in Bern wird das Buch nicht unterschlagen, vgl. Robert Mächler: *Dichtung und Wissenschaft. Zu einem Buche von Jonas Fränkel*, in: *Der Bund*, Nr. 119, 11. 3. 1955.

Abschied von der Philologie, in deren Räume ich künftig nur wiederkehren würde, wenn ich gezwungen würde, d. h. im Falle, daß es gälte Spitteler in Schutz zu nehmen. Sonst werde ich mich sicher nicht wieder in jene Räume verirren, sondern Gescheidteres beginnen.
[...]

2996. Fränkel an Loosli, Thun-Riedegg, 4. Februar 1955
Mein lieber Loosli, Deinen Drätti im neuen Gewande wiederzusehen war mir eine rechte Freude. Ich beglückwünsche Dich dazu. Es ist doch schön, wenn mans erlebt, daß, was man in jungen Jahren geschaffen, nach Jahrzehnten wiederaufersteht und nicht, wie das Meiste, untergegangen ist. Und dieses Buch wird, glaube ich, auch der heutigen Generation Freude bereiten, denn es ist von unverwüstlicher Lebendigkeit. Das konnte ich feststellen, als ich gestern Abend Seite für Seite darin wieder las. Was das Sprachliche betrifft, so wird das Buch für die künftigen Linguisten eine unerschöpfliche Fundgrube sein. Dein kleines Wörterbuch am Schlusse ist mir eine willkommene Hilfe, aber für meine Wünsche viel zu klein. Wo es mich im Stich läßt, da hilft mir der brave Stalder[634] – z. B. auf S. 90 *schmürzele*, aber bei *Techi* (S. 89 unten) hat er mich im Stich gelassen, so daß ich vermute, das Wort sei nicht weit herum bekannt. Bei *Trossu* in Deinem Wörterbuch wäre da nicht auf trousseau hinzuweisen?

Wenn es zu einer neuen Auflage kommen sollte – was ich gar nicht für ausgeschlossen halte –, so würde ich Dir empfehlen, das Wörterbuch ein wenig zu erweitern, wofür Dir, glaube ich, mancher Nichtemmenthaler u. erst recht die Linguisten dankbar sein würden.

Zbinden hat seine Sache recht gemacht.
Nochmals: Glückwunsch u. Dank!
Und alles Gute!
Dein alter
Fränkel

2998. Loosli an Fränkel, Bern-Bümpliz, 7. Februar 1955
[...]
Ob nun «Uese Drätti» auch buchhändlerischen Erfolg zeitigen wird, bleibt abzuwarten. Ich selber bin nichts weniger als davon überzeugt!

---

634 Franz Josef Stalder (1757–1833): *Versuch eines Schweizerischen Idiotikon, mit etymologischen Bemerkungen untermischt*, 2 Bände, Basel und Aarau 1806 und 1812.

Sollte es jedoch, wider Erwarten, dazu kommen, dann werde ich auch das Wörterbuch dazu ergänzen.

Techi = Decke, auf Seite 89 Bettdecke, Bodetechi = Teppich. *Trossu* hast Du richtig interpretiert, es bedeutet die Ausstattung der Braut, also «trousseau».

[...]

3007. Loosli an Fränkel, Bern-Bümpliz, 28. Juni 1955

Mein lieber Fränkel,

dieser Tage habe ich nun, in einem Kodizill zu meiner letzten Willensverordnung vom Jahre 1953, Deiner Frau vermacht:

1. Meine Korrespondenz mit Spitteler;

2. " Spitteleriana (von denen Du wahrscheinlich die grosse Mehrzahl ohnehin besitzest);

3. " Fränkeliana (d. h. alles was Du veröffentlicht und mir übermittelt hast, ferner was ich sonst über Dich, Dein Leben und Wirken im Laufe der Jahre zusammengetragen habe).

Dabei sind bis anhin nicht die seit 1907 zwischen uns gewechselten Briefe und da nun wäre ich Dir dankbar, wolltest Du mir raten, was ich damit anfangen soll. Es sind immerhin ein paar stattliche Bände, die ich unter gar keinen Umständen irgendwann noch irgendwo literarischen Nekrophoren zugänglich gestalten möchte. Da ich mir testamentarisch die Anlage eines Loosli-Archivs verbeten und angeordnet habe, dass alle meine Korrespondenzen, die meine Rechtsnachfolger nicht unmittelbar persönlich berühren, nach meinem Tode vernichtet werden sollen, (mit Ausnahme derjenigen mit Hodler und unserm Kreis, die dem Hodler-Archiv bereits eingegliedert sind,) unser Briefwechsel jedoch, in richtigen, zuverlässigen Händen immerhin nicht ganz unerheblich für unsere Zeit sein dürfte stellt sich mir die Frage, die ich Dir vorstehend ebenfalls unterbreite.

Ich blättere gegenwärtig darin, weil ich mich nun doch entschlossen habe, schriftlich niederzulegen, wie ich Spitteler erlebte. Dazu drängt mich ein lieber, opferwilliger Freund, ein gescheiter Bümplizer-Lehrer,[635] dem ich sie, als einem gewandten Stenographen, wenigstens im Rohbau werde diktieren können. Dieser auch geschäftstüchtige, uneigennützige Freund hat in den letzten

---

635 Fritz Gfeller.

paar Monaten mehr von meinen Büchern an den Mann gebracht als das ganze schweizerische Sortiment in den letzten 10 oder mehr Jahren.
[...]

3008. Fränkel an Loosli, Thun-Riedegg, 30. Juni 1955
[...]
Ich danke Dir für die getroffenen Verfügungen. Was nun unsere Korrespondenz betrifft, so dürfen meine Briefe ohne weiteres vernichtet werden, weil ich immer, wenn ich an Dich schrieb, mich kurz fasste, Eingehenderes mündlicher Besprechung vorbehaltend. Nicht so Du, Du gehst und gingst immer lobenswerterweise aus Dir heraus, wenn Du an mich schriebst, so dass Deine Briefe an mich ein wertvolles document humain bilden, aber auch für einen künftigen Historiker der Schweiz unbezahlbares Material sein werden. Ich konnte mich deswegen nie entschliessen einen Brief von Dir zu vernichten, ich habe sie alle aufgehoben. Ich frage mich, ob sie nicht im Lande aufbewahrt werden sollten, natürlich unter bestimmten Kautelen, und ob nicht die Berner Stadtbibliothek der richtige Ort hiefür wäre. Wenn Du nichts dagegen hast, würde ich bei nächster Gelegenheit mit Dr. Strahm, dem Nachfolger von Hans Bloesch in der Leitung der Stadtbibliothek, darüber sprechen. Er lässt von sich aus auf der Stadtbibliothek alle Fränkeliana sammeln, auch alles was sich auf mich und meine Auseinandersetzungen mit unseren Behörden bezieht. Überleg Dir das bitte und lass mich dann Deine Meinung wissen.
[...]

3009. Loosli an Fränkel, Bern-Bümpliz, 4. Juli 1955
[...]
Und nun unser Briefwechsel! – Im Gegensatz zu Dir halte ich dafür, dass meine Briefe an Dich bloss insofern irgendwelchen Wert für unsere Zeitgeschichte haben können, wenn auch Deine Briefe dabei sind, andernfalls allzu Vieles, das ich Dir schrieb, späteren Lesern kaum verständlich sein, folglich wertlos sein würde.
Grundsätzlich bin ich mit Deinem Vorschlag, betreffend Hrn. Dr. Strahm und die Stadtbibliothek einverstanden. Immerhin halte ich dafür, dass, da dort Fränkeliana ohnehin gesammelt werden, dass dann auch Deine Briefe an mich hingehören, wie vorbemerkt.
Ferner würde ich die Bedingung stellen, dass der ganze Briefbestand bis 50 Jahre nach meinem Tode sekretiert bleiben würde und dass mir anheim-

gestellt bliebe, auch noch andere Korrespondenzen, die von einigem allgemeinen oder zeit- und kulturgeschichtlichem Belang sein dürften, beifügen könnte.
[...]

3011. Fränkel an Loosli, Thun-Riedegg, 26. Juli 1955
Mein lieber Loosli,
ich hatte nun Gelegenheit mit Dr. Strahm zu sprechen. Er erklärte sich bereit, alles zu übernehmen, was Du der Stadtbibliothek überweisen willst, Einzelheiten einer direkten Verständigung zwischen Dir u. ihm vorbehaltend.[636]
[...]

3014. Fränkel an Loosli, Riederfurka, 30. August 1955
[...]
Daß es Dir gesundheitlich befriedigend geht, freut mich zu vernehmen; nicht minder, daß Du schaffen kannst u. schaffst. Selbstverständlich werde ich mir gern das MS Deiner Erinnerungen ansehen.[637] Die Daten, nach denen Du fragst: ich heiratete im Juni 1920, nachdem ich schon vorher monatelang wegen Spannungen mit Frau Benteli meist am Thunersee gewohnt hatte in Gemeinschaft mit meiner Freundin u. ihrer mir besonders zugetanen Tochter. Sobald ein Häuschen am Thunersee gefunden war, zogen wir zu dritt ein, noch bevor Möbel aus Deutschland da waren, und vollzogen gleichzeitig beim Zivilstandsbeamten in Bümpliz (wie hieß nur der Mann mit einem lahmen Arm?) den Trauungsakt. Als Spitteler ein paar Wochen später vom Brünig aus seinen Besuch anmeldete, da waren die Möbel noch immer nicht da und es mußte rasch ein Bett für ihn und das Notwendigste in Thun ebenso gemietet werden wie vorher unsere eigene Noteinrichtung. Was da war, das war meine Bibliothek u. ein Flügel, den mein Schwiegervater seiner Tochter in Bern gekauft hatte. Näheres darüber steht in «Spittelers Recht».
[...]

---

636 «Der umfangreiche schriftliche Nachlass C. A. Looslis kam zunächst an die Berner Stadtbibliothek. Seiner eingegangenen Verpflichtung gemäss hat dort Werner Schmid die Dokumente kontrolliert. Der gesamte Nachlass wurde 1960 der Schweizerischen Landesbibliothek übergeben. Die Nachkommen seien darüber nicht informiert worden, berichtet Annemarie Loosli.» (Marti: *Loosli* 3/2, S. 505) 1990 wird das Schweizerische Literaturarchiv als Unterabteilung der Landesbibliothek (seit 2007 Schweizerische Nationalbibliothek) gegründet. Seither liegt Looslis Nachlass dort (neben dem Spittelers und seit 2021 dem Fränkels).
637 Loosli: *Erinnerungen an Carl Spitteler*.

3019. Fränkel an Loosli, Thun-Riedegg, 2. November 1955
Mein lieber Loosli,

ich habe Dein Manuskript, sofort nachdem es angekommen, alles Dringliche beiseiteschiebend, selbst die gleichzeitig eingetroffene Post ungeöffnet lassend, vorgenommen u. es in einem Zug, aber mit größter Aufmerksamkeit gelesen. Ich beglückwünsche dich zu der vorzüglich gelungenen, wohldisponierten Arbeit. Sie wirkt auch bei zweiter, soeben (24 Stunden später) erfolgten Lektüre ergreifend – ich bin überzeugt: nicht bloß auf mich, den sie vielfach mitbehandelt. Ich danke Dir allerherzlichst für alles, was Du in meiner Sache bezeugst u. was Du Freundliches von mir aussagst.

Ich habe bei der Lektüre ab u. zu mir erlaubt mit dem Bleistift etwa ein Wort oder einen Satz zu bessern. Nimm bitte das MS noch einmal gründlich vor, berücksichtige meine wenigen Korrekturen, wo Du ihnen zustimmen magst, u. säubere den Stil von Ausdrücken kaufmännischen Stils, wie z. B. betreffend, obgenannt – usw. Wo er nicht von solchen Floskeln verunziert wird, ist er bemerkenswert farbig und plastisch – was eben die Vorbedingung der erfreulichen Wirkung des Ganzen bildet.
[...]

3033. Fränkel an Loosli, Thun-Riedegg, 21. Dezember 1955
[...]
PS. Soeben kam ein Telephon mit dem Bericht, daß unser älterer Sohn – Heini – bei einem Wettbewerb für den Bau eines großen Schulhauses in Zürich unter 100 Mitbewerbern mit dem 3. Preis ausgezeichnet wurde. Nun wird er also aus der Masse der Namenlosen heraustreten u. nicht mehr für reiche Architekten arbeiten müssen, die seine Pläne als eigene Produkte auszeichnen ließen. Von unseren 3 Kindern machte mir bisher dieses die größten Sorgen.

3034. Loosli an Fränkel, Bern-Bümpliz, 22. Dezember 1955
[...]
Vorgestern schrieb mir mein ältester Jugendfreund, Prof. Pierre Bovet, der zürcher Brauereibesitzer Hürlimann habe für den Klub der jungen Naturfreunde in Neuchâtel einen Bauplatz erworben und werde darauf ein Gebäude errichten lassen, woselbst dessen Sammlungen und Archiv aufbewahrt und woselbst er seine Sitzungen abhalten können werde. Dieser Klub wurde nämlich von uns beiden im Jahre 1892 gegründet und hat sich trotz allen Stürmen, bis zur Stunde ehrenhaft behauptet. Aus seinem Schoss sind eine ganze Anzahl prominenter

Wissenschafter und daneben auch ihr vorgedachter Mäcenas hervorgegangen. Dieser unser Schülerstreich hat demnach die denkbar erfreulichsten und nachhaltigsten Folgen gezeitigt![638]

[...]

---

638 Die Société des jeunes amis de la nature, später Club des amis de la nature, schliesslich Amici Naturae ist 2017 «wegen mangelnden Interesses der neuen Generationen» aufgelöst worden, www.sens-neuchatel.ch/AmiciNaturae, 14. 5. 2021.

1956–1958

Fränkel veröffentlicht eine Studie über Heinrich Heines Judentum, und bei Tschudy in St. Gallen erscheinen Looslis *Erinnerungen an Carl Spitteler*. Vom Verlag des *Euphorion* erfährt Fränkel, dass der deutsche Bundespräsident gegen seinen Verriss der Spitteler-Ausgabe protestiert habe. 1957 treffen bei Fränkel weitere Publikationsanfragen aus Deutschland ein, Loosli erhält zum 80. Geburtstag ein persönliches Gratulationsschreiben von Bundesrat Etter. Der Kanton Bern würdigt Fränkel mit einem Preis für sein «Gesamtschaffen» und legt gleichzeitig seine Pensionsansprüche definitiv ad acta. Die schon zu Beginn der 1950er-Jahre einsetzende Tendenz, weniger und kürzere Briefe auszutauschen, verstärkt sich. Während Fränkel für einen Berliner Verlag eine Neuauflage seiner Edition von Goethes Briefen an Frau von Stein vorbereitet, schreibt Loosli im Juni 1958, er fühle sich «wie eine Lampe, der das Oel ausgeht» – und ein halbes Jahr später, er sei «schach-matt». Gestorben ist er am 22. Mai 1959.

3051. Loosli an Fränkel, Bern-Bümpliz, 3. März 1956
Mein lieber Fränkel,
   sei herzlich bedankt für «Heine den Juden»,[639] der so eindrucksvoll und überzeugend den wahren Heine dem Leser vor Augen führt.
   Wenn ich etwas dabei zu bedauern hätte, wäre es vielleicht das, dass dieser prächtige Aufsatz lediglich den Lesern des Isr. Wochenblattes und nicht der ganzen, deutschlesenden Oeffentlichkeit bekannt werden wird oder wurde. Doch gibt es vielleicht später einmal eine Gelegenheit, ihn auch einem weiteren Leserkreis zu erschliessen.
   [...]
Obwohl sich der sanitäre Zustand meines Hauses gebessert hat, ohne darum einwandfrei zu sein, bin ich immer noch nicht so arbeitsfähig, wie ich möchte und sollte. Ich bereite einen neuen Feldzug zu Gunsten der Pflegekinder vor, angesichts des Selbstmordes des 16-jährigen Verdingbuben in Schwarzenburg.

---

639 Jonas Fränkel: *Heine, der Jude*, in: *Israelitisches Wochenblatt für die Schweiz*, Nr. 7, 17. 2. 1956.

Allein dazu braucht es Zeit, nicht zuletzt um der zu diesem Ende erforderlichen Dokumentierung willen.[640]

Immerhin hoffe ich, in den nächsten Monaten irgendwie damit ins Reine zu kommen.

Inzwischen werden wohl meine Erinnerungen an Spitteler erschienen sein und ich hoffe, dass sie die von uns erwartete Wirkung zeitigen werden.

[...]

3059. Fränkel an Loosli, Thun-Riedegg, 20. Mai 1956

Mein lieber Loosli, noch einmal möchte ich Dir ergriffenen Herzens danken für den Freundschaftsdienst, den Du mir mit der Niederschrift Deiner Erinnerungen an Spitteler erwiesen hast, die das gewichtigste Zeugnis darstellen, das das Bundesgericht seinerzeit anzuhören abgelehnt hat. Nun werdens Viele vernehmen – hoffentlich! Allzu zuversichtig dürfen wir freilich nach unseren Erfahrungen nicht sein.

[...]

3060. Fränkel an Loosli, Thun-Riedegg, 21. Mai 1956

[...]

Ich wurde heute vormittag durch den Besuch eines der wissenschaftlichen Leiter des Winter-Verlages in Heidelberg, bei dem «Euphorion» erscheint, überrascht, der die Pfingsttage am Thunersee verbringt und mit mir die Hutten-Angelegenheit besprechen wollte. Bei der Gelegenheit erfuhr ich, dass meine Kritik der Spitteler-Ausgabe im Euphorion ein sehr merkwürdiges hochpolitisches Nachspiel hatte. Es traf eines Tages beim Verlag ein Schreiben vom Bundespräsidenten Heuss ein! Er war von Schweizer Seite bestimmt worden, beim Verlag zu intervenieren und zu verlangen, dass im Hinblick auf die freundschaftlichen Beziehungen zur Eidgenossenschaft meine Kritik an der offiziellen Spitteler-Ausgabe auf irgendwelche Weise berichtigt werden müsste. Natürlich: Aufregung im Verlage; aber mein Besucher hat Heuss im gleichen Sinne geantwortet wie einige Monate vorher dem Dr. Witz: es entspreche nicht den Traditionen deutscher Wissenschaft, sich durch andere als rein wissenschaftliche Rücksichten bestimmen zu lassen.

---

640 Am 1. 2. 1956 erhängt sich in der Region Schwarzenburg der 16-jährige Verdingbub Karl Regez in einem Schuppen (SLA-Loosli Ms-Dok-9 Fall Karl Regez; vgl. auch Marti: *Loosli* 3/2, S. 423, und c. c.: *Eine Tragödie – kein Skandal*, in: *Der Bund*, Nr. 115, 8. 3. 1956).

Wer hinter Heuss steckte, ob der Artemis-Verlag oder Etter, das weiss ich natürlich nicht. Aber wer hätte geglaubt, dass man bei uns so weit gehen würde!

Ich hoffe, der heutige Besuch werde gute Folgen für mich haben. Es gibt jedenfalls im heutigen Deutschland Kreise, die nicht nur anständiger, sondern auch tapferer sind als unsere Schweizer.

[...]

3061. Loosli an Fränkel, Bern-Bümpliz, 24. Mai 1956

[...]

Die unerhörte Intervention des Bundespräsidenten Drs. Heuss ist sicherlich auf dem Wege diplomatischen Ersuchens seiten der Schweiz zu Stande gekommen, da sich kein Staatsoberhaupt dazu hergeben möchte oder könnte, einen derartigen, unerhörten Schritt bloss auf Begehren eines Privaten oder eines Verlages zu wagen.

Die vorliegende nun ist freilich der Gipfel, aber mir nicht ganz unwillkommen, für den nicht unmöglichen Fall, dass ich, ob dem Büchlein, in eine Polemik vermittelt werde. In welchem Fall ich nicht anstehen würde, diese neuste Gemeinheit öffentlich zu verlautbaren, was dann möglicherweise zu einer Nichtigkeitsklage beim Bundesgericht hinreichende Begründung geben würde.

Doch darüber unterhalten wir uns noch, falls der Fall, – den ich, offen gestanden, wünsche, – eintreten sollte.

[...]

3064. Loosli an Fränkel, Bern-Bümpliz, 2. Juni 1956

Lieber Fränkel

Ich vergass vorhin meinem Brief die Bitte beizufügen, Du möchtest mir Dein von Dir s. Zt. neu, bei Diederichs, herausgegebenes und bevorwortetes Exemplar der *EXTRAMUNDANA* auf einige Tage leihen,[641] damit ich in meinem, mir, von Widmann dereinst geschenkten Exemplar der 1. Auflage, allfällige Textverbesserungen nachtragen und namentlich auch Dein Vorwort lesen kann.

Alles Herzliche und Dank zum Voraus von

Deinem

C. A. Loosli

---

641 Carl Spitteler: *Extramundana*, Jena: Diederichs, 1912.

3065. Fränkel an Loosli, Thun-Riedegg, 6. Juni 1956

[...]

Extramundana. Hätte ich seinerzeit eine Einleitung dazu geschrieben – richtiger: drucken lassen, so besässest Du selbstverständlich in Deiner Bibliothek ein Exemplar. Ich bin aber damals von der Absicht, die Neuausgabe mit einer Einleitung zu versehen, wozu mich Spitteler, der sich ursprünglich überhaupt gegen einen Neudruck gewehrt hatte, animierte, doch abgestanden. Das heisst: ich habe wiederholt versucht etwas Angemessenes aufs Papier zu werfen, aber schliesslich den Geschmack daran verloren, vorne als Spittelers Privatdozent aufzutreten,[642] nachdem ich hinten Spitteler als seinen eigenen Privatdozenten hinausgewiesen hatte (denn Spittelers «Erläuterungen», die ihn seinerzeit Kellers Freundschaft gekostet haben,[643] mussten diesmal aus dem Buch verschwinden). Ich habe mich schliesslich darauf beschränkt, auf die Rückseite des Titelblattes folgende (anonyme) Notiz setzen zu lassen:

Die «Extramundana» sind im Jahre 1882 erschienen und seither nicht wieder gedruckt worden. An dieser Neuausgabe, die der Verlag aus eigener Initiative unternommen hat, hat sich der Verfasser nicht beteiligt.

Spitteler hatte an seine Zustimmung zu einem Neudruck die Bedingung gestellt, dass gesagt würde, er hätte damit nichts zu tun und er verdamme das Buch.

Textliche Änderungen habe ich *nicht* vorgenommen, weil ich Spitteler immer nur *Anregungen* gab, es ihm überlassend, ob er sie genehmige, und wenn er einmal darauf bestand, ich möchte ein von mir durchgearbeitetes Manuskript direkt an die Druckerei, bzhw. an Diederichs leiten, so wurde ihm dann doch der Korrekturabzug gesandt, so dass er die Möglichkeit hatte, Ja oder Nein zu einer von mir vorgenommenen Änderung zu sagen. Freilich konnte in einem solchen Falle geschehen, dass mir Spitteler den Korrekturabzug ohne eine Bemerkung zurücksandte, worauf ich ihn dann sofort fragte, ob er denn keine Änderungen bemerkt hätte; auf seine Antwort, er hätte den Text sehr aufmerksam gelesen, aber nichts bemerkt, schickte ich ihm den Korrekturabzug noch einmal zu, indem ich die geänderten Stellen am Rande anstrich. Da aber Spitteler bei Extramundana sich Zusendung von Korrekturabzügen verbat, so beschränkte ich

---

642 Vgl. Anm. 21.
643 Spitteler liess Gottfried Keller solche Erläuterungen zu *Prometheus und Epimetheus* zukommen, nachdem Josef Viktor Widmann ihm hinterbracht hatte, dieser tue sich schwer mit dem Werk. Keller empfand Spittelers Erläuterungen als Zudringlichkeit (vgl. Stauffacher: *Spitteler*, S. 323 und 344).

mich darauf, meinerseits die Korrektur sorgfältig zu lesen und die verwilderte Interpunktion des Erstdruckes nunmehr in Ordnung zu bringen, damit sie den Leser nicht störe, sondern, was ja ihre Aufgabe ist, das Lesen erleichtere.
Kurz und gut: sei zufrieden mit dem Exemplar von Widmann!
[...]

3090. Loosli an Fränkel, Bern-Bümpliz, 6. November 1956
Mein lieber Fränkel,
inzwischen sind sowohl von der Buchhandlung, wie vom Verlag die erbetenen Exemplare des Bücherblattes[644] eingetroffen, wovon ich Dir 2 Exemplare anliegend zustelle. Ferner auch die Todesanzeige von Dr. Meyer-Benteli.[645]

Es tut mir aufrichtig leid, Dich immer noch nicht vollständig hergestellt zu wissen und wünsche und hoffe das Beste. Was mich wurmt ist, dass Dir der Unfall[646] ausgerechnet infolge Deines so lieben Besuches bei mir passieren musste.

Dass mich gegenwärtig der mörderische Einbruch der Russen in Ungarn empört und fortwährend beschäftigt, kannst Du Dir denken. Das Einzige, das mich bei dieser Gelegenheit freut, sind die Protestkundgebungen aller Schweizer ohne Partei- und Konfessionsunterschied. Sie haben also doch noch, sozusagen wider Erwarten, irgendwo noch ein anderes Ideal als das auf den Nationalheiligen Sankt Fünfliber gerichtete!

Gestern Abend fand in Bern eine grosse Demonstration vor der russischen Gesandtschaft statt, an der mein Enkel Kurt teilnahm und mir nachher berichtete, dass, wäre nicht ein starkes Polizei- und Feuerwehraufgebot bereit gestanden, tätliche Ausschreitungen wohl kaum unterblieben wären.[647]

Mit besten Wünschen zu baldiger, endgültiger Gesundung grüsst herzlich
Dein
C. A. Loosli

---

644 Kurzbesprechung von Loosli: *Erinnerungen an Carl Spitteler*, in: *Das Bücherblatt*, Nr. 9, 12. 10. 1956.
645 Hans Meyer-Benteli ist am 4. 11. 1956 gestorben.
646 Aus dem Briefwechsel ergibt sich, dass Fränkel nach einem Besuch bei Loosli in Bümpliz, der kurz vor dem 1. 10. 1956 stattgefunden haben muss, auf der Rückfahrt in Bern einen Unfall erlitten hat, der eine Gehirnerschütterung und eine Verletzung des rechten Arms zur Folge hat und einen Aufenthalt im Lindenhofspital nötig macht.
647 Nach einer grossen, ruhig verlaufenen Kundgebung gegen den sowjetischen Einmarsch in Ungarn auf dem Waisenhausplatz seien «mehrere tausend Personen» vor die Russische Botschaft im Elfenauquartier gezogen. Dort seien «junge Hitzköpfe» gegen den Polizeischutz der Botschaft «tätlich» geworden und hätten nur «mit Gummiknütteln und Tränengasbomben» in Schach gehalten werden können. (*Der Bund*, Nr. 521, 6. 11. 1956)

3096. Loosli an Fränkel, Bern-Bümpliz, 9. Februar 1957

[...]

Nächster Tage werde ich die letzten Korrekturen zu der 2. vermehrten Auflage von «Mys Dörfli» verabschieden. Bei dieser, nun bald vollendeten Arbeit ist mir recht eindringlich zum Bewusstsein gedrungen, wie unerhört viel berndeutsches Sprachgut verwittert wurde und verloren ging, seitdem ich, vor 50 Jahren, das Büchlein schrieb. Ich werde mir daher zur Pflicht machen, die zuständigen Instanzen anzuregen, von alten Leuten, die ihrer noch mächtig sind, unsere Mundarten auf Schallplatten und Tonbänder aufzunehmen.

[...]

3097. Fränkel an Loosli, Thun-Riedegg, 18. Februar 1957

Mein lieber Loosli, Du bist mir mit Deinem letzten Briefe zuvorgekommen, denn ich war im Begriffe, in diesen Tagen bei Dir anzufragen, wie es Dir gehe. Ich freue mich, daß Du mir Gutes über Deinen Gesundheitszustand berichten kannst. Daß Du den Leuten, die Dich am bevorstehenden Geburtstag laut feiern wollten, abgewinkt hast, gefällt mir sehr. Lieber einen solchen Tag still mit den Seinigen zubringen u. nicht der Öffentlichkeit den falschen Schein bieten, als wäre man im Alter versöhnt u. all das Bittere, das man hat schlucken müssen, vergessen.

Ich selber ziehe es vor, Dich bei Gelegenheit aufzusuchen, obwohl ich seit meinem Unfall nie mehr nach Bern komme u. schon meines Gehörs wegen Gesellschaften seit langem meide. Es kommt hinzu, daß ich seit dem Unfall doch ein gezeichneter Mann bin u. jetzt erst weiß, daß ich alt bin. Eine Gehirnerschütterung, auch wenn sie keine unmittelbar bösen Auswirkungen hinterläßt, ist halt doch keine Bagatelle. Das spüre ich nachträglich. Im November u. Dezember, als ich längst nicht mehr Patient war, waren meine geistigen Suffizienzen ganz tief. Damals glaubte ich nicht, ich würde fähig sein, auch noch einen ordentlichen Brief zu schreiben. Der leider nur allzu kurze Aufenthalt im Engadin hat meinen Zustand doch bedeutend gebessert, so daß ich allmählich hoffe, noch arbeiten zu können, aber ich muß mich schonen, sehr schonen.

Und nun – Ironie des Schicksals! Nachdem ich Jahrzehnte lang nach Verlegern ausgeschaut, melden sich gerade jetzt Verleger – aus Deutschland! Die Akademie in Berlin wünscht meine Frau v. Stein in neuer Bearbeitung u. Mitarbeiter in Weimar werden mir für die Korrekturen zur Verfügung gestellt. Das Gleiche gilt von meinen 3 Heine-Bänden. Ferner: die Deutsche Forschungsgemeinschaft in Bonn (unserm Nationalfonds für wissenschaftliche

Forschung entsprechend) erklärt sich bereit, meinen Hutten (2 große Bände!) herauszubringen, nachdem ihre 3 Fachgutachter (Vertreter der Germanistik an 3 deutschen Universitäten, die ich nicht einmal dem Namen nach kenne), wie mir mitgeteilt wird, glänzende Gutachten abgegeben haben (während der Nationalfonds seinerzeit seine Absage – auf Grund eines Zürcher Votums – damit begründet hat, die Arbeit sei uninteressant u. überflüssig!). Bitte behalte das *vorläufig* für Dich! Ich habe gewichtige Gründe, daß das Erscheinen meines von *sämtlichen* zuständigen Schweizer Instanzen abgewiesenen Hutten nicht vorzeitig in Zürich bekannt werde. Näheres mündlich. Ich teile es auch Niemandem mit als nur Dir u. Freund WSchmid.

Und nun das Seltsame. Eine Woche, bevor ich den Bescheid aus Bonn erhielt, wurde ich vom Direktor des Goethe- u. Schiller-Archivs in Weimar durch einen Brief überrascht: man vernehme, mein Hutten-Manuskript habe noch keinen Verleger, man lade mich ein, das Werk dem Goethe-Archiv anzuvertrauen, das es auf seine Kosten drucken lassen würde (ohne das MS zu kennen!). Somit bewerben sich gleichzeitig in West- u. in Ostdeutschland [Verlage] um ein Werk über Meyer, das von *unsern* Instanzen abgewiesen wurde! (Selbstverständlich nehme ich das Anerbieten Bonns an.)[648]

Wäre mir das doch vor 20, vor 10 Jahren zugefallen, nicht jetzt, wo ich in vermindertem Maße – u. wer weiß, wie lange noch? – arbeitsfähig bin!

[...]

3098. Loosli an Fränkel, Bern-Bümpliz, 19. Februar 1957

[...]

Meine Bümplizer ließen mir keine Ruhe; – sie wollen mir nun einmal zu meinem 80. Geburtstag, Ehre antun. Ich habe sie jedoch dazu vermocht, den bewussten Höck auf den Tag nach meinem [für] mich nichts weniger als feierlichen Tag der Erinnerung an meine Hinfälligkeit, zu verschieben und dazu nicht, wie erst beabsichtigt, Behörden und offizielle Persönlichkeiten dazu einzuladen. Und mit meinen Bümplizern zusammen zu sitzen ist mir erfreulich, da sie sich mir gegenüber, wie schon ihre Eltern und Grosseltern, anständiger und freundschaftlicher benommen haben als so Viele, von welchen ich solches eher hätte erwarten dürfen.

---

648 Die Projekte der Heine- und der Meyer/Hutten-Ausgaben zerschlagen sich. *Goethes Briefe an Charlotte von Stein* erscheinen in einer überarbeiteten Neuauflage 1960 im Akademie-Verlag in Berlin.

Dass Du mir Deinen gelegentlichen Besuch in Aussicht stellst, ist mir lieb und ich freue mich unbändig darauf!

Inzwischen alles Herzliche von Deinem alten Sürmel

C. A. Loosli

3103. Loosli an Fränkel, Bern-Bümpliz, 20. April 1957

Mein lieber Fränkel,

endlich, endlich ist es mir möglich Dir vor allen Dingen für Deine guten Wünsche und Deine erneute, öffentliche Freundschaftsbezeugung von ganzem Herzen zu danken.[649]

Und nun, in Erwartung Deines mir angekündigten, Gott weiss wie hochwillkommenen Besuches, rasch das Wichtigste, Dringlichste, da ich auch heute noch nicht aus den Nachwehen der Feste (meinem Geburtstag und der Hochzeit meines Enkels) heraus bin, wozu sich noch allerhand mehr oder weniger komplizierte Familienangelegenheiten gesellen.

[...]

Unter den Gratulanten fanden sich u. a. ein: unser Busenfreund Bundesrat Etter, der mich mit einem eigenhändigen Schreiben beehrte.[650] Dann, oh Wunder, – eben die NZZ[651] und andere, ehemalige Gegner. Ferner die Gemeinderäte von Bern, Neuchâtel und Schüpfen (mein Geburts- und früher Kindheitsort), dann Reg.-Rat Moine, der mich mit Dr. Oprecht besuchte und auf dessen Anregung «Mys Aemmitaw» von der Unterrichtsdirektion subventioniert, neu aufgelegt werden soll.

Ferner von Hrn. Tschudy, St. Gallen. Er telephonierte mir seine Glückwünsche und erklärte sich bereit, meine «Erinnerungen an Ferd. Hodler» zu verlegen, womit er mich in eigentliche Verlegenheit setzt. Ich habe ihn gebeten, sich noch eine Weile zu gedulden, da ich das Manuskript doch noch zuerst einmal nachlesen wolle.[652] [...]

---

649 Jonas Fränkel: *Zu C. A. Looslis 80. Geburtstag*, in: *Büchergilde*, Nr. 4, April 1957.
650 Vorgedruckt steht auf der Karte «Bundesrat Philipp Etter / Vorsteher des eidg. Departements des Innern». Darunter folgt in Etters Handschrift: «übermittelt Ihnen zu Ihrem 80. Geburtstag seinen herzlichen Glückwunsch. Mögen Ihnen noch viele gute und glückliche Jahre beschieden sein! 4. 4. 57 Philipp Etter» (SLA-Loosli-B-04-09-e-5)
651 C. S.: *Carl Albert Loosli. Zum 80. Geburtstag (5. April)*, in: NZZ, Nr. 975, 5. 4. 1957. Loosli wird hier als ein so «unerschrockene[r] wie idealistische[r] Polemiker» gewürdigt, der «von der Leidenschaftlichkeit sittlicher Empörung und von mitmenschlicher Verantwortung am Haushalt unseres Staates und unserer Bürger durchglühte Schriften» verfasst habe.
652 Mit Brief vom 15. 12. 1956 bietet Loosli dem Verleger Henry Tschudy die *Erinnerungen an Ferdinand Hodler* an. Tschudy kann sich, wie er Loosli am 25. 12. schreibt, nicht zum Druck

3107. Loosli an Fränkel, Bern-Bümpliz, 25. Mai 1957
Mein lieber Fränkel,
wenn Dir der berühmte Wonnemonat Mai ebenso arg zugesetzt hat und noch zusetzt, wie mir, so versichere ich Dich meines aufrichtigen Beileides. Denn, ohne im eigentlichsten Sinne «krank» zu sein, und obwohl mein chronisches Asthma mich weniger peinlich heimsucht als auch schon, fühle ich mich fortwährend abgespannt, müde, zu jeder auch nur einigermassen ernsthaften Anstrengung ebenso untauglich, wie zu irgendwelcher vernünftiger Arbeit.

Inzwischen vertreibe ich mir die Zeit mit Lektüre und habe mich darin in jene Jahre zurückversetzt, wo wir noch sozusagen täglich miteinander verkehren durften. So habe ich vor Kurzem viel von Widmann gelesen und mich herrlich daran erbaut. Und gegenwärtig bin ich bei Jakob Burckhardt zu Gast, der mir wieder wie neu erscheint und dessen feinen Gedankengängen ich, gemächlich geniessend, folge.

Zwar hatte ich noch vor ein paar Monaten zwei oder drei einigermassen ernsthafte Arbeiten vor, zu welchen ich mich heute durchaus unfähig fühle und befürchte, ich werde die dazu erforderliche Lust und Kraft schwerlich mehr aufbringen.

Dabei ists nicht bloss das vorgerückte Alter, das mich lähmt, sondern vor allem der grossenteils witterungsbedingte Verleider, gepaart mit der Einsicht, dass ich schwerlich mehr etwas auch bloss einigermassen Annehmbares oder Nützliches zu Stande bringen könnte.

Was mir heute noch am besten und für mich am erfreulichsten gelingt, ist, meine Rolle als nachsichtiger Gross- und Urgrossvater, – offensichtlich zu voller Befriedigung der davon unmittelbar Betroffenen, – zu spielen. Wie mir überhaupt mein nun ziemlich ausgedehntes und mannigfaltiges Familienleben als das beste Glück meiner alten Tage erscheint.

[...]

---

entschliessen. Auf diese Absage kommt Tschudy anlässlich des erwähnten Telefongesprächs zurück. Am 25. 4. 1957 wird Loosli an Tschudy schreiben: «Nachdem ich nun meine *Erinnerungen an Hodler* nochmals nachgeprüft habe, bin ich zur Überzeugung gelangt, dass für Sie und mich deren Herausgabe unfehlbar mit einem gewaltigen Misserfolg enden würde», weil sie «lediglich Parerga zu meinem grossen 4-bändigen Hodlerwerk» und «der lebendigen Rede Hodlers getreu, zum grossen Teil in französischer Sprache abgefasst» seien (SLA-Loosli-Ms B-Vq-59). Ein Typoskript findet sich weder in Looslis Nachlass noch in dessen Hodler-Archiv.

3109. Loosli an Fränkel, Bern-Bümpliz, 12. Juni 1957

[...]

Was mich anbetrifft, so geht es wenigstens so gut, als es die gegenwärtige Witterung, die mir immer noch sehr zusetzt, gestattet. Und dann habe ich ziemlich Arbeit in naher Aussicht. Zwar, – die Neuauflage von «Mys Dörfli»[653] ist gegenwärtig unter der Presse. Aber nun erwarten mich die Korrekturarbeiten für meine Neuauflage von «Mys Ämmitaw»,[654] die um einen Gedichtzyklus wesentlich erweitert und meiner Dialektschreibweise, die ich bei «Uese Drätti» und dem «Dörfli» angewandt habe, angepasst werden wird. Eine Benediktinerarbeit, so trocken und prosaisch als möglich, die ich jedoch ohne allzugrosse Beschwerden zu bewältigen hoffe. Ferner wurde ich von dem Studio Radio Bern eingeladen, daselbst einen Vortrag aus meinen Dialektschriften auf Tonband zu halten. Und zwar auf Veranlassung Dr. Oprechts, der sie auf Schallplatten übertragen wird.[655]

Dieser Tage hatte ich mit dem Verleger vorgenannter Firma über ein Hörspiel aus meinen «Schattmattbauern»[656] zu verhandeln, das demnächst in Angriff genommen werden soll. Der mir vorgelegte Plan dazu scheint mir Gutes verheissen zu wollen. Qui vivra verra! [...]

3113. Fränkel an Loosli, Thun-Riedegg, 23. Juli 1957

Mein lieber Loosli, ich danke Dir herzlich u. beglückwünsche Dich zu dem glücklich wiedererstandenen Dörfli. Obwohl tief in der Arbeit steckend, konnte ich mir nicht versagen, mich gleich in dem Bande umzusehen. Er hat nach 50 Jahren nichts von seiner Frische eingebüßt u. dürfte jetzt auf dem Wege sein zu einem Volksbuch zu werden.

Du klagst im Anhang über den Untergang berndeutschen Sprachgutes. In der Riedegg aber kennen wir nur Nidle und Anke, doch wenn meine Frau in der Molkerei Nidle verlangt, so wird sie verbessert: Rahm weit ir, und wenn sie Hamme wünscht, so sagt man ihr: Schinke weit ir. Das spielt sich nicht in der Stadt ab, sondern hier im Oberland! Sei herzlichst gegrüßt! Dein alter Fränkel

---

653 Loosli: *Mys Dörfli* 2.
654 Loosli: *Mys Ämmital* 3.
655 Auf Veranlassung von Hans Oprecht trägt Loosli um den Jahreswechsel 1957/58 im Radiostudio Bern einige seiner Gedichte aus *Mys Ämmital* vor. «Die Aufnahme wurde Anfang nächsten Jahres von der Schallplatten AG in Zürich realisiert, das genaue Datum ist nicht bekannt.» (Marti: *Loosli* 3/2, S. 497)
656 «Die Hörspielfassung *D Schattmattbure* wurde in sieben Sendungen ausgestrahlt, der erste Teil am 8. Januar, der letzte am 19. Februar 1958.» (Marti: *Loosli* 3/2, S. 503)

3114. Loosli an Fränkel, Bern-Bümpliz, 2. September 1957

[...]

Um jedoch trotzdem nicht vollständig in ob auch noch so erfreulichen Zerstreuungen aufzugehen, las ich, – zum ersten Mal! – Deine drei Bände der Briefe an Frau von Stein,[657] an welchen ich bis anhin bloss gelegentlich, wenn mich die Laune dazu antrieb, herumgepickt hatte.

Und nun fällt es mir schwer zu sagen, welchen unermesslichen Gewinn ich aus dieser, nun bewältigten, systematisch gewissenhaften Lektüre gezogen habe. Nicht bloss ward mir zum Gewinn, der so überwältigenden Menschlichkeit Goethes bewundernd näher gekommen zu sein, woran ich wohl noch lange zu verdauen haben werde. Sondern ich lernte dabei auch Deine so imponierend zuverlässige, überzeugend gewissenhafte, mir so ungemein fruchtbare philologische Arbeit besser erkennen und sie noch höher als bisher schätzen. Diese finde ich geradezu genial und ich beglückwünsche Dich dazu ein dermassen vorbildliches, wirklich klassisches Werk vollbracht zu haben.

[...]

3115. Fränkel an Loosli, Thun-Riedegg, 3. September 1957

[...]

Daß Dir die Briefe an Frau v. Stein einen so starken Eindruck gemacht haben, war mir eine große Genugtuung, denn nun wirst Du verstehen, wie ich in ständiger Hingerissenheit seit Monaten hinter dieser Arbeit sitze.[658] Man spricht von Liebesbriefen – gewiß sind sie das, doch vor allem überwältigende Zeugnisse des großen Menschen – sowohl wie des ringenden Künstlers. Diesem Menschen in alle Schlupfwinkel nachzugehen bedeutet für mich ständige Bereicherung. Freilich: Goethe ist wie ein grenzenloses Meer: will man die nächste Insel erreichen, so zieht es einen weiter u. immer weiter. Man muß sich alle Gewalt antun, um endlich umzukehren.

So geht es mir mit dem Kommentar, der diesmal als besonderer – ich fürchte: ziemlich umfangreicher Band den Textbänden sich anschließen wird. Er gibt mir viel Arbeit, denn ich habe natürlich heute mehr zu sagen als ich vor 50 Jahren konnte und – wußte. Und alles muß ja mit größter Exaktheit formuliert sein, damit die Bände, nachdem sie ein halbes Jahrhundert überlebt haben, noch einige Jahrzehnte unveraltet bleiben. Ich hoffe es zu erreichen.

---

657 *Goethe an Charlotte von Stein* 1.
658 Fränkel bereitet *Goethe an Charlotte von Stein* 2 vor.

Also: auf baldiges Wiedersehen! Herzlich Dein
Fr.

3116. Fränkel an Loosli, Thun-Riedegg, 11. Oktober 1957
Mein lieber Loosli, ich bin heute durch die Nachricht überrascht worden, die Berner Regierung hätte mir «auf Antrag der Kommission zur Förderung des bernischen Schrifttums» einen Preis von Fr. 2000 für mein «Gesamtschaffen» zugesprochen u. die Erziehungsdirektion habe beschlossen, von meinem letzten Buche 70 Exemplare zur Verteilung an bernische Bibliotheken anzukaufen.

Eine schöne Geste, die ich nicht erwartet hatte! «Spät kommt ihr, doch ihr kommt!»

Ich hoffe sehr, es werde mir im Laufe der nächsten Woche möglich sein, Dich endlich zu besuchen.

Sei herzlichst gegrüßt!

Dein Fränkel

3126. Fränkel an Loosli, Thun-Riedegg, 8. Februar 1958
[...]

Mit Deiner Deutung meines Literaturpreises hattest Du leider recht: man wollte mich, bzw. die Freunde Otto Morgenthaler u. Heuberger, zum Schweigen bringen, u. hat sich beeilt den negativen Bescheid in der Pensionsangelegenheit zu bestätigen. Hätte ich das geahnt, so hätte ich den Literaturpreis abgewiesen. Jetzt ist es zu spät.

[...]

3132. Loosli an Fränkel, Bern-Bümpliz, 2. Juni 1958
Mein lieber Fränkel,

falls sich ein tüchtiger Verlag dafür fände, wärest Du im Stande das vollständige, druckfertige Manuskript Deiner authentischen Ausgabe von Spittelers Werken unverzüglich vorzulegen? Wäre dies der Fall, der nicht bloss mir so wünschenswerte Fall, so würde ich versuchen die Möglichkeit der Ausgabe anzubahnen.

Mach Dir aber noch nicht die geringste Hoffnung auf Gelingen, – ich habe dem betreffenden Verlag bis anhin kein Wort davon gesagt und würde es erst tun, wenn Du mir die eingangs gestellte Frage bejahen, verbindlich bejahen könntest.

[...]

Wie geht es Dir? Darf ich hoffen, Dich wieder einmal zu sehen?

Mir geht es soso-lala! Zum Schaffen tauge ich nicht mehr, aus Furcht lediglich zu pfuschen. Ich bin wie eine Lampe, der das Oel ausgeht,[659] ohne darob sonderlich zu leiden. Umsoweniger als mich alle meine Lieben um die Wette verwöhnen.

Lass bald von Dir hören und sei herzlich gegrüsst von
Deinem
C. A. Loosli

3137. Loosli an Fränkel, 14. Juli 1958

[...]

Aber auch wenn ich nicht arbeitsunfähig wäre, – schon ein paar Briefe zu schreiben erschöpft mich, – würde ich Deinen Rat, meine Lebenserinnerungen zu schreiben, nicht befolgen, sondern ich suche sie, wenigstens insofern es den wichtigsten Teil meiner Jugend anbetrifft, nach Möglichkeit zu vergessen. Und überdies habe ich ohnehin zeitlebens schon gerade genug gefabelt, um mir diese Fron ersparen zu dürfen.

[...]

3142. Fränkel an Loosli, Thun-Riedegg, 11. September 1958

Mein lieber Loosli,

Frau Wilisch ist gestern gestorben, nachdem sie vor 2 Wochen ihr 86. Lebensjahr vollendet hatte.

Hoffentlich fühlst Du Dich leidlich, mehr kann man in unserm Alter ja nicht erwarten.

Herzlich Dein Fränkel

3144. Fränkel an Loosli, Thun-Riedegg, 23. Dezember 1958

Mein lieber Loosli,

ich wünschte sehr zu hören, wie es Dir geht. Als ich das letzte Mal anläutete, berichtete mir Deine Tochter, Du seiest noch bettlägerig. Hoffentlich gehört das heute der Vergangenheit an und Du stehst wieder auf u. gehst Deinem

---

659 Im Band 1 von Kellers *Grünem Heinrich* heisst es vom fast neunzigjährigen Mann der Frau Margret: «Endlich ging er aus, wie ein Licht, dessen letzter Tropfen Öl aufgezehrt ist [...].» (Vgl. Keller: SW 3, S. 87, respektive Keller: SW 16, S. 152) Erwin Marti hat das abschliessende Kapitel seiner Loosli-Biografie unter den Titel *Wie eine Lampe, der das Öl ausgeht* (Marti: Loosli 3/2, S. 451) gestellt.

stillen Leben unter Büchern und an Deinem Schreibtisch nach. Schade, daß die Entfernung zwischen der Riedegg u. Bümpliz heute größer ist als zur Zeit, da man jünger war u. ein Ausflug zu Dir kein mühsames Unternehmen war. Ich gehe wenig aus u. fahre nach Bern nur, wenn sehr Dringendes mich hintreibt, und bleibe dann sozusagen nur zwischen zwei Zügen da, zumal gegenwärtig, wo die Tage kurz u. kalt sind.

Dir ist zu gratulieren, denn nun bist Du endlich mit Deinen Mundartbüchern (aber *nur* mit diesen!) gnädig in den Schweizer Bücher-Katalog aufgenommen. Ich bin noch nicht so weit.

Laß bald von Dir hören! Und sei mit Deinen Lieben herzlichst gegrüßt! Und möchte Dich das kommende Jahr in schützende Hut nehmen!

– Auch meine Frau läßt schön grüßen.

Herzlichst

Dein Fränkel

3145. Loosli an Fränkel, Bern-Bümpliz, 28. Dezember 1958

Lieber Fränkel,

Hab Dank für Deinen lieben Brief und dessen Beilage,[660] die ich gerne eingehend lesen werde, wenn es in meinem Kopf ein wenig besser aussieht. Ich muss immer noch das Bett hüten und fühle mich bis auf weiteres ziemlich schach-matt.

Mit herzlichen Grüssen und besten Wünschen wie immer Dein alter

C. A. Loosli[661]

---

660 Jonas Fränkel: *Ernst Grumach (Hg.): Kanzler von Müller. Unterhaltungen mit Goethe. Kritische Ausgabe*, in: *Deutsche Literaturzeitung*, Nr. 7/8, Juli/August 1958.

661 Am 22. Mai 1959 stirbt Loosli in Bümpliz. In einem Brief vom 25. 5. 1959 spricht Rudolf Jakob Humm Fränkel seine «Teilnahme» aus, weil er wisse, dass «Sie einen treuen Freund an ihm verloren haben». Fränkel kehrt am 31. 5. von einer Reise aus Rom zurück und antwortet Humm am 2. 6. unter anderem: «Loosli hatte sich eine laute Bestattung verbeten. So ist er, nur von seiner Familie umgeben, ungeehrt in die Grube versenkt worden – nicht einmal Schwengeler hat sich aufgerafft, ihm ein paar Zeilen im Feuilleton des ‹Bund› zu gönnen, dem die Berner das schönste Gedichtbuch in ihrem Dialekt verdanken! Man hat ihn mit einem kurzen, schnöden Nekrolog im politischen Teil abgefertigt.» (Zentralbibliothek Zürich, Nachlass Humm, Briefwechsel mit Jonas Fränkel, Signatur 70.2, sowie *Der Bund*, Nr. 214, 25. 5. 1959)

Nachwort

Im Sommer 1905 begegnen sich im Haus des Buchdruckers Albert Benteli in Bümpliz zwei junge Männer, die unterschiedlicher nicht sein könnten. Der 28-jährige Carl Albert Loosli (1877–1959) verkehrt hier regelmässig: Er ist von Benteli dafür angestellt, dessen zweimal wöchentlich erscheinende Gratiszeitung *Berner Bote* zu füllen und zu redigieren. Nach einer schweren Kindheit und Jugend – zuerst bei einer Pflegemutter, später in einem Kinderheim in der französischen Schweiz und schliesslich in einer Zwangserziehungsanstalt – sucht er jetzt seinen Weg als Publizist zwischen Journalismus und Literatur. Der in Berlin lebende 26-jährige Jonas Fränkel (1879–1965) ist während seiner Ferien hier zu Besuch. Er kennt Benteli, seit er für dessen Verlag ein Buch[1] aus seiner Muttersprache, dem Polnischen, übersetzt hat. Er wuchs in Krakau in einer jüdischen Familie auf und wollte zuerst Rabbiner werden. Als Jugendlicher brachte er sich die deutsche Sprache selber bei, ging zum Studieren nach Wien und von dort nach Bern, wo er als Literaturwissenschaftler promovierte. Seit einem Jahr arbeitet er an der Edition des Briefwechsels zwischen Goethe und Bettina von Arnim.

Auf der Rückreise nach Berlin schreibt Fränkel am 14. September 1905 Loosli eine Postkarte, das erste überlieferte Dokument ihrer Freundschaft: «Lieber Herr Loosli, ich habe vorhin an Herrn u. Frau Benteli geschrieben, bin etwas müde, möchte aber doch auch Ihnen einen recht herzlichen Gruß übersenden.»

So verschieden die bisherigen Wege der beiden gewesen sind, ihre Freundschaft wird sich als unverbrüchlich erweisen und sie für den Rest ihres Lebens verbinden. 1909 zieht Fränkel von Berlin zurück in die Schweiz, wohnt im Haus des Ehepaars Benteli in Bümpliz und habilitiert sich an der Berner Universität, wo er zuerst als Privatdozent, später als ausserordentlicher Professor tätig ist. Weil auch Loosli mit Frau und Kindern in Bümpliz wohnt, sehen sich die Freunde oft. Häufiger Gesprächsgegenstand ist Carl Spitteler, dessen Werk sie gemeinsam entdeckt haben und den sie 1908 persönlich kennenlernen. 1918 zieht Fränkel weg, ab 1920 lebt er auf der Riedegg in Thun, nachdem auch er eine Familie gegründet hat (seine drei Kinder kommen in den Zwanzigerjahren auf die Welt und sind so deutlich jünger als die fünf zwischen 1903 und 1920 geborenen Loosli-Kinder). Weiterhin bevorzugen sie das Gespräch. Weil das aber viel zu selten möglich ist,

---

[1] Henryk Sienkiewicz: *Ums liebe Brot. Erzählungen*. Autorisierte Übersetzung aus dem Polnischen von Jonas Fränkel. Bern: A. Benteli, Leipzig: K. F. Köhler, 1902.

C. A. Loosli, Jonas Fränkel, Frau Benteli-Kaiser mit Tochter und Carl Spitteler in der Wohnung der Familie Benteli in Bümpliz, Juli 1910.

schreiben sie sich, manchmal in längeren, manchmal in sehr kurzen Abständen. Am intensivsten ist der Austausch während des Zweiten Weltkriegs (Grafik 1). In den Nachlässen der beiden sind insgesamt 3145 Briefe, Post- und Ansichtskarten sowie einige Telegramme erhalten geblieben.

Der Briefwechsel umfasst 1659 Schreiben von Fränkel und 1486 Schreiben von Loosli, insgesamt 3145 Dokumente.

Grafik 1: Loosli an Fränkel, Fränkel an Loosli: Anzahl Briefe pro Jahr, 1905–1958

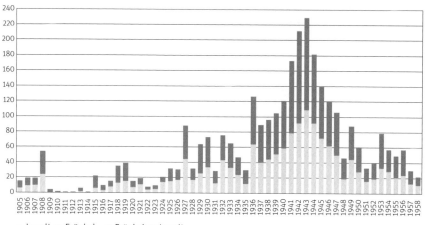

Loosli an Fränkel ■ Fränkel an Loosli

	Loosli an Fränkel	Fränkel an Loosli		Loosli an Fränkel	Fränkel an Loosli
1905	6	9	1932	43	33
1906	9	10	1933	33	32
1907	10	9	1934	24	23
1908	24	30	1935	12	18
1909	0	4	1936	64	62
1910	0	2	1937	40	49
1911	0	1	1938	44	52
1912	0	1	1939	51	54
1913	2	4	1940	59	62
1914	0	1	1941	79	94
1915	6	16	1942	92	120
1916	3	7	1943	109	120
1917	8	7	1944	92	90
1918	13	22	1945	72	68
1919	15	24	1946	62	59
1920	7	8	1947	50	56
1921	11	8	1948	19	27
1922	4	4	1949	44	44
1923	5	5	1950	28	33
1924	14	7	1951	16	17
1925	15	17	1952	19	21
1926	17	14	1953	33	46
1927	44	44	1954	29	28
1928	17	15	1955	21	28
1929	26	38	1956	24	33
1930	34	39	1957	13	17
1931	13	16	1958	11	11

C. A. Loosli, undatiert.

Warum dieser riesige Briefwechsel?

Der Austausch, der in besonders heissen Phasen täglich stattfindet, wird für die beiden Briefpartner eine Lebensnotwendigkeit. Die Post wird zweimal ausgetragen und so kommt es vor, dass bis zu fünf Dokumente das gleiche Datum tragen. Dabei tauschen sie sich nur am Rand über persönliche Dinge aus. Dass Fränkel sich verheiratet und seine drei Kinder auf die Welt kommen, ist kein Thema, und auch das Leid, das der Nationalsozialismus und der Zweite Weltkrieg über seine Familie bringt, klingt in den Briefen nur an. Von den persönlichen Dingen kommen am ehesten Krankheiten, eigene und solche von Familienangehörigen, zur Sprache, besonders in den späteren Jahren. Der Publizist und Schriftsteller auf der einen, der Literaturwissenschaftler, Editor und Universitätsdozent auf der anderen Seite unterhalten sich in allererster Linie über ihre Arbeit. Loosli legt dem Germanisten neue literarische Texte zur Begutachtung vor und nimmt dankbar, ja fast unterwürfig dessen Ratschläge entgegen, wogegen Fränkel von den Erfahrungen des Publizisten profitiert, wenn er die Probleme, die sich ihm in seiner akademischen Karriere und in seiner Arbeit als Editor in den Weg stellen, mehr und mehr mithilfe der Presse in die Öffentlichkeit trägt. Gerne profitiert Fränkel auch von Looslis beachtlichem Wissen in Verwaltungs- und Rechtsfragen. Die Freunde beraten

Jonas Fränkel, um 1908.

sich, entwerfen Schlachtpläne, sprechen sich Mut zu, lästern über ihre Gegner, feiern ihre Erfolge und versuchen, einander über ihre Niederlagen – die Fränkel stärker zuzusetzen scheinen als Loosli – hinwegzuhelfen. Weil die Briefpartner auch die Rahmenbedingungen ihrer Arbeit diskutieren – Verlags-, Presse- und Bildungswesen, Literaturbetrieb, Kulturpolitik und Politik generell –, dokumentiert ihr Austausch nicht nur, was jeweils gerade auf ihren Schreibtischen liegt, sondern er vermittelt auch einen tiefen und oft berührenden Einblick in die Geschichte der Schweiz in der ersten Hälfte des 20. Jahrhunderts. Und dies aus der Perspektive zweier Intellektueller von seltener Klarsicht und Unbestechlichkeit.

Briefkultur

Heutige Leserinnen und Leser mag erstaunen, wie ausführlich die Briefe sind und wie viel Sorgfalt und rhetorischer Schwung zu ihrer Formulierung aufgewendet werden. Loosli und Fränkel vergessen ihre Berufe beim Schreiben von Briefen nicht, einer Kulturtechnik, der man zu ihrer Zeit allgemein noch einen hohen Wert beimisst. In den gut fünfzig Jahren, über die sich der Austausch erstreckt, treibt sie ihre letzten Blüten – man denke etwa an Rainer Maria Rilke, für den die

Das Schreibatelier auf der Riedegg: Jonas Fränkels Schreibtisch inmitten der Bibliothek, 2019.

Briefwechsel Teil seines literarischen Werks sind. Loosli und Fränkel stehen auch mit anderen Personen in intensivem Briefverkehr, aber nie über einen so langen Zeitraum. Wichtig sind insbesondere der Pate ihrer Freundschaft, Carl Spitteler, und Josef Viktor Widmann, der seinerseits bis zu seinem Tod 1911 mit Spitteler, dem engen Jugendfreund, korrespondiert. Der vorliegende Briefwechsel ist so Teil eines nicht nur epistolarischen Netzwerks. Er dürfte erst dann ganz angemessen zu würdigen sein, wenn dieses einmal erschlossen sein wird.[2]

Fränkel legt sich über die Briefkultur auch als Philologe Rechenschaft ab. Er ediert unter anderem die Briefwechsel Goethes mit Charlotte von Stein und Bettina von Arnim und denjenigen Gottfried Kellers mit seinem ersten Verleger Eduard Vieweg. Wie er am 30. Juni 1955 Loosli gegenüber einräumt, geht er als

---

2 Von der Korrespondenz zwischen Spitteler und Widmann sind die Briefe publiziert, die bisher zugänglich waren (Spitteler/Widmann: *Briefwechsel*), nicht aber die nochmals sehr zahlreichen Briefe, die Spitteler Fränkel in Verwahrung gab und die erst 2021 mit dessen Nachlass ins Schweizerische Literaturarchiv gekommen und so zugänglich geworden sind (vgl. S. 504, Anm. 4). In Fränkels Nachlass liegt auch der grösste Teil seines umfangreichen Briefwechsels mit Spitteler. Für jenen Looslis mit Spitteler ist bei der Carl Albert Loosli Gesellschaft eine Edition in Planung.

C. A. Loosli an seinem Schreibtisch, zwischen 1938 und 1945.

Briefschreiber etwas weniger aus sich heraus als sein Freund. Das ist wohl eine Temperamentsfrage. Während Fränkel etwas häufiger schreibt (es sind rund 200 Dokumente mehr von ihm erhalten als von Loosli), sind die Briefe Looslis in der Regel deutlich länger. Das «saftige Deutsch», das Fränkel seinem Brieffreund attestiert (1. Januar 1937), verrät, dass Schreiben, auch das von Briefen, besonders für Loosli mit Lust verbunden ist. Zudem hat die Korrespondenz für ihn, stärker noch als für Fränkel, die Funktion eines Arbeitsjournals, in dem Projekte skizziert, Grundsätze der eigenen Arbeit reflektiert und Formulierungen oder Argumentationen erprobt werden, die danach zu anderweitigem Gebrauch bereitstehen. So findet er 1943 in seinem Brief an Fränkel vom 7. April 1915 eine bereits sorgfältig ausgearbeitete Vorlage für einen Aufsatz über die von ihm arrangierte Porträtsitzung,[3] bei der Hodlers grossartige Spitteler-Bildnisse entstanden. Solche Rückgriffe bereitet Loosli, der seine Briefe auf der Maschine tippt, vor, indem er Durchschläge anfertigt und sorgfältig archiviert, was er ebenfalls mit den meist handgeschriebenen Briefen

---

3 *Ferdinand Hodler und Carl Spitteler*, in: *Kunst-Zeitung*, Nr. 6, 1943, und Loosli: Werke 7, S. 88–101.

Fränkels tut. Auch auf der Riedegg werden die Schreiben aus Bümpliz systematisch abgelegt, sodass diese in beiden Nachlässen erhalten sind. Der Nachlass Looslis kam 1960 in die Landesbibliothek und wird seit seiner Eröffnung 1991 im Schweizerischen Literaturarchiv aufbewahrt. Derjenige von Jonas Fränkel befindet sich dort seit 2021.[4]

Im Bewusstsein des Werts ihrer Korrespondenz hecken die beiden in einer Mischung aus Stolz und Selbstironie einen Plan aus, wo die Briefe nach ihrem Tod aufbewahrt werden sollen (Loosli an Fränkel, 28. Juni 1955, und folgende). Schon ganz am Anfang, am 3. Januar 1908, schreibt Loosli nach Berlin: «Schreibe mir bald wieder, wäre es auch nur um den braven Dr. phil. der sich einst an der Herausgabe unseres Briefwechsels bereichern will nicht allzu sehr zu enttäuschen.»

Telefon, Hörapparat und Radio

Erste Hinweise auf ein Telefon in Looslis Haushalt finden sich 1918, etwa am 29. Juni, wenn Fränkel sich bei Loosli dafür entschuldigt, «dich nach allen Seiten für mich telephonieren zu lassen». Als sich Fränkel auf der Riedegg niederlässt, hat auch er schnell einen Apparat: «Telephoniere nur rechtzeitig», schreibt er am 2. September 1921. Den Briefwechsel ersetzt das neue Medium aber nicht. Dass der schriftliche Austausch dem Telefon vorgezogen wird, wenn das direkte Gespräch nicht möglich ist, hat bei beiden gesundheitliche Gründe.

Am 25. Dezember 1937 schreibt Fränkel an Loosli: «Mit ungefähr fünfzehn Jahren stellte sich ein heftiges Ohrenleiden ein mit Gehörabstumpfung.» Die Schwerhörigkeit behindert Fränkel zeitlebens stark. Er führt darauf auch die Tatsache zurück, dass er, anders als seine in Deutschland aufgewachsene Frau, nie Berndeutsch zu sprechen gelernt hat (7. Februar 1951). Im Vorfeld einer heiklen Gerichtsverhandlung schreibt er am 6. September 1943, er befürchte, nicht schlagfertig genug zu sein, «weil ich den Verhandlungen, selbst mit meinem gegenwärtigen vorzüglichen Hörapparat, schwer werde folgen können». Am 29. November 1950 schreibt er in Sachen Hörapparate: «Der erste war mir ein treuer Kamerad, bis fortschreitende Gehörabnahme mich vor 3 Jahren zwang, ihn mit einem stärkern zu vertauschen.» Und am 22. Juli 1954: «*Ich* höre auf dem linken Ohr seit Jahrzehnten nicht mehr, mein Apparat dient nur meinem rechten Ohr.» Verständlich deshalb, dass Fränkel das direkte Gespräch mit Loosli vorzieht, das dank des Lippenlesens

---

4 Dazu Wirtz: *Wie Jonas Fränkels Nachlass [...] ins Schweizerische Literaturarchiv fand.*

das Verstehen erleichtert – notabene das direkte Gespräch unter «drei Augen», wie Loosli am 10. Dezember 1931 bemerkt (er hat als Bub bei einem Unfall das linke Auge verloren). Auch Loosli telefoniert nur noch, «wenn's absolut unvermeidlich ist» (4. Juni 1947 an Fränkel), weil auch er nach einer Scharlacherkrankung in der Kindheit «an einem Hördefekt leidet» (21. Juli 1943).

Nun kann man sich fragen, warum die beiden sich nicht häufiger zu Gesprächen treffen: Fränkel ist ja während des Semesters zum Unterrichten jede Woche in Bern. Aus Bümpliz in die Stadt zu fahren, fällt Loosli aber zunehmend schwer. Schon am 4. Dezember 1926 – der starke Raucher Loosli ist 39 – bedauert Fränkel, «daß Dir Dein Asthma das Ausgehen an Abenden nicht gestattet». «Das verdammte Asthma» wird insbesondere bei «jähe[n] Witterungsumschläge[n] oder Föhn» immer behindernder, so Loosli am 26. Juli 1943. Als Fränkel Loosli am 17. Mai 1944 einlädt, doch wieder einmal auf der Riedegg vorbeizukommen – «Du warst das letzte Mal vor 12 Jahren bei mir!» –, sagt Loosli ab, weil er «von Asthma und Rheuma dermassen gepiesackt» werde. Und am 25. Juli 1944: «Dagegen muss ich Dich bitten, Dir – unvorhergesehene Umstände vorbehalten, – ein für allemal aus dem Kopfe zu schlagen, dass ich, wenn es nicht auch nur einigermassen vermeidbar ist, Bümpliz auch nur für einen Tag oder auf wenige Stunden verlassen werde.»

Neben dem Telefon und dem Hörapparat bekommt auch eine weitere Errungenschaft der Audiotechnik eine freilich weniger persönliche Bedeutung für die beiden Freunde: das Radio. Loosli steht diesem anfänglich sehr kritisch gegenüber, insbesondere aus Gründen des Urheberrechts, mit dem das junge Medium noch sehr sorglos umgeht (Loosli an Fränkel, 24. November 1926). Verschiedene kritische Verlautbarungen gipfeln 1927 in der Schrift *Die Radioseuche!*. So muss Fränkel seine Mitteilung, dass er die Einladung zu einem Radiovortrag über Gottfried Keller angenommen habe, als Beichte vorbringen (Fränkel an Loosli, 2. Juli 1930). Loosli zeigt sich nachsichtig und ist später sogar bereit, am Radio eigene Mundartgedichte zu lesen (Loosli an Fränkel, 12. Juni 1957).

Es sind also auch die körperlichen Behinderungen der Freunde, die den Briefwechsel im Zeitalter des Telefons so umfangreich haben werden lassen. Dieser erlaubt es uns heute aber, ihre grossen «Händel», wie vor allem Loosli die Kontroversen nannte, manchmal von Tag zu Tag mitzuerleben.

Der «Gotthelfhandel» und der «Hodlerhandel» von Loosli

Looslis «Gotthelfhandel» hat im Briefwechsel kaum Spuren hinterlassen, weil er in die Zeit fällt, in der Fränkel in Bümpliz lebt und wo geredet, nicht geschrieben wird. Der satirische Publizist Loosli leistet sich 1913 den Spass – gleichsam ein literatursoziologisches Experiment –, öffentlich die These zu vertreten, nicht Albert Bitzius habe die Bücher von Jeremias Gotthelf geschrieben, sondern der Lützelflüher Bauer Johann Ulrich Geissbühler. Notariell hinterlegt er vor der Veröffentlichung seines Textes *Jeremias Gotthelf, ein literaturgeschichtliches Rätsel?*, dass er eine «Mystifikation» publiziere, um «den Nachweis zu erbringen, wie leicht es ist, auf dem Gebiete der Philologie Hypothesen aufzustellen, die einfach unhaltbar sind, und mir das Vergnügen zu machen, die gelehrten Herren, welche auf meine Ausführungen hereinfallen werden, weidlich auszulachen».[5] Die «gelehrten Herren» fallen tatsächlich reihenweise auf Looslis Satire herein: Innert weniger Wochen erscheinen in der Schweiz über vierhundert Zeitungsartikel, die seine These zumeist empört – nur in der Welschschweiz amüsiert – aufgreifen. Die Rache des deutschschweizerischen Feuilletons ist hart. In der NZZ dekretiert Hans Trog, «daß, wer einmal derartiges begangen hat, für immer aus der Reihe der ernst zu nehmenden Schriftsteller ausscheidet». Loosli verliert wegen seines «Gotthelfhandels» den Zugang zu vielen Zeitungen und Verlagen.

Der «Hodlerhandel» hat eine lange Vorgeschichte. Kennengelernt hat Loosli Ferdinand Hodler 1897 in Bern. Er beginnt schnell, alles Hodler Betreffende zu sammeln, und legt so den Grundstock zu seinem schliesslich kunstgeschichtlich bedeutenden Archiv. Seit 1908 ist er unter dem Präsidenten Hodler Sekretär der Gesellschaft Schweizerischer Maler, Bildhauer und Architekten (GSMBA), ein Amt, das er auch seinen ausgezeichneten Französischkenntnissen verdankt. Nach Hodlers Tod 1918 veröffentlicht er zwischen 1921 und 1924 seine Monografie *Ferdinand Hodler. Leben, Werk und Nachlass*, die vier grossformatige, reich illustrierte Bände füllt. Zum «Hodlerhandel» kommt es, als sich Loosli Anfang der 1940er-Jahre daran macht, sein Werk über den Maler wieder aufzunehmen, «zu dem immer noch etwa fünf Bände fehlen», wie er am 23. Juni 1942 an Gertrud Dübi-Müller schreibt.[6] Wiederholt klagt er Fränkel, dass ihm Pro Helvetia, die im Zug der Geistigen Landesverteidigung 1939 ins Leben gerufene Kulturstiftung,

---

5 Zu den Zitaten in diesem Abschnitt und allgemein zum «Gotthelfhandel» vgl. Loosli: *Werke* 4, insbesondere S. 60–66, 93 und 115.
6 Marti/Uebelhart: *Loosli*, S. 101.

C. A. LOOSLI den 8.April 1933.
BERN-BÜMPLIZ

No. 3.   Herrn Prof. Dr. J o n a s F r ä n k e l

DIESE NUMMER IST IN DER ANTWORT
ZU WIEDERHOLEN
PRIÈRE DE RÉPÉTER CE NUMÉRO DANS
LA RÉPONSE

TEL. ZR. 60.80
POSTCHECK-KONTO III. 1001

R i e d e g g bei Thun.

Mein lieber Fränkel, obwohl ich von vorneherein daran verzweifle, von Dir verstanden zu werden und also das Aussichtslose meiner Bemühung einsehe, zwingen mich Gewissen und meine Freundschaft zu Dir dennoch, in der Spittelerangelegenheit ein letztes, aber nun wirklich letztes Wort zu Dir zu sagen, auf die Gefahr hin neuerdings missverstanden oder gar des Verrates an Dir bezichtigt zu werden.
 Niemand weiss besser als ich, dass Du von allem Anfang an, nämlich schon bevor Du Dich in Bern als Hochschullehrer auftatest, mit einer heimtückischen, unversöhnlichen Gegnerschaft stets und überall zu rechnen haben würdest. Ich erinnere mich noch zu wohl an gewisse Unterredungen, die ich zu einer Zeit mit verschiedenen Leuten pflog, um Dir den Weg zu einem Lehrstuhl zu ebnen, um nicht zu wissen, dass Du immer und überall auf die Widerstände stossen würdest, die sich kleinlich und gehässig in unserm trostlosen Lande stets dem tüchtigen Manne auf jedem Gebiete, der vortrefflichen Leistung, welcher Art sie auch sei, unerbittlich, heimtückisch und gehässig entgegenzustellen pflegen. Bei Dir wurde die Lage noch durch zwei wesentliche Tatbestände erschwert: - Du wardt Ausländer und bist Jude. Seit nun mehr als zwanzig Jahren kam ich ungezählte Male in die Lage, Dich gegenüber allen möglichen Leuten, dummen und klugen, rechtdenkenden und Hallunken verteidigen zu müssen, und ich kann mir das Zeugnis ausstellen, dass ich keine Gelegenheit versäumte es so nachdrücklich als möglich zu tun; - immer und immer wieder auch da zu tun, wo es nicht gerade leicht war, wo Du es mir durch Dein Verhalten, durch Deine mitunter an eigentliche Verblendung grenzende Unkenntnis oder Missachtung der gegebenen Verhältnisse erschwertest. Nicht mir allein, sondern allen, wirklich allen Deinen Freunden,
 Es bedurfte unseres ganzen Grimmes gegen die Verworfenheit vieler Deiner Gegner, unserer unverwüstlichen Freundschaft zu Dir, unserer restlosen Ueberzeugung Deiner hervorragenden Befähigungen und Eigenschaften, uns immer, immer wieder für Dich einzusetzen und wenigstens einen Teil der Hiebe, die Dir zugedacht waren, auf uns überzuleiten. Wir haben uns, - unserer ein paar wenige, - oft für Dich und Deine Belange in einer Weise eingesetzt und sie verteidigt, mit einer nachhaltigen Zähigkeit und Kraft, die wir für unsere Eigenbelange nicht aufgebracht haben würden, nicht aufgebracht haben. Wir taten es um Deiner und der Sache willen, die Du vertrittst, weil Du uns teuer und die Sache selbst auch uns heilig ist. Daraus glaubten wir irrtümlicherweise, - wie wir nun nachträglich einsehen gelernt haben, - die Befugnis abzuleiten, Dich gelegentlich in Deinen zahllosen Fehden beraten zu dürfen. Wir wähnten, unser guter Wille, unsere stete Hilfsbereitschaft unsere nie verleugnete Freundschaftstreue habe uns wenigstens ein wenig Deines Vertrauens zum mindesten auf den Gebieten erworben, die uns

Offene Worte gegen Fränkels «mitunter an eigentliche Verblendung grenzende Unkenntnis oder Missachtung der gegebenen Verhältnisse»: Brief Looslis vom 8. April 1933.

nicht einmal eine minimale Finanzierung der weiteren Arbeit gewähren wolle.[7] An mangelnden Verlagsinteressen scheitert auch der Versuch, seinen Briefwechsel mit Hodler zu dessen hundertstem Geburtstag 1953 als Buch zu veröffentlichen. Loosli resigniert, denkt daran, sein Hodlerarchiv zu vernichten, schenkt dieses dann aber schliesslich dem Musée d'art et d'histoire von Neuenburg, wo es allerdings fünfzig Jahre über seinen Tod hinaus versiegelt bleiben soll.

Der «Spittelerhandel» und der «Kellerhandel» von Fränkel[8]

Loosli begründet das Zögern, seinen Hodler-Nachlass der Öffentlichkeit zu überlassen, mit den bösen Erfahrungen Fränkels rund um den Spitteler-Nachlass. Die Freunde sind sich einig, dass es sich da um parallele Fälle handelt. Die Feststellung, mit der Loosli am 19. April 1949 seinen Entscheid gegen eine Vernichtung begründet – «ich bin dem Andenken Hodlers einiges schuldig» –, hat auch für Fränkel in Bezug auf Spitteler Gültigkeit.

Heute fallen eher die Unterschiede zwischen den Fällen auf. Loosli behielt mit dem Zusatz zu seiner Feststellung von 1949 recht: Hodlers «Werk bleibt, das ist die Hauptsache!» Schon in den 1940er-Jahren begann sich abzuzeichnen, das dies für das Werk Spittelers nicht so fraglos gilt. Fränkel schrieb das auch dem Umstand zu, dass ihm verwehrt blieb, sich für dessen Ruhm einzusetzen. Vor allem liegt der Unterschied aber darin, dass Loosli vier Bände seiner Hodler-Monografie veröffentlichen konnte und sein Hodler-Archiv heute der Wissenschaft zur Verfügung steht.[9] Fränkels grosse Spitteler-Vorhaben dagegen, die Spitteler-Werkausgabe und die Spitteler-Biografie, blieben unrealisiert, und was die verhältnismässig kleine Spitteler-Forschung aus Fränkels Nachlass machen wird, ist noch ungewiss. Der «Spittelerhandel» war für Fränkel viel bitterer als der «Hodlerhandel» für Loosli und gab zwischen den beiden auch sehr viel mehr zu reden.

---

7 Vgl. Anm. 375 im Textteil.
8 Bisher am gründlichsten untersucht wurden diese Auseinandersetzungen von Julian Schütt (*Germanistik und Politik*, S. 177–204), der dafür auch den Briefwechsel zwischen Loosli und Fränkel auswertete. Dasselbe gilt für Erwin Marti (*Loosli 3/2*, S. 427–450). Schlaglichter auf die Auseinandersetzungen werfen auch zwei kürzere Beiträge von 1995: Linsmayer: «*Ein Jude uns unsere grossen Dichter vermitteln! Merci vielmals!*», sowie Luck: *Carl Spitteler und Jonas Fränkel*. Fränkel selber hat die beiden Konflikte in zwei Schriften dargestellt (*Der neue Medius* und *Spittelers Recht*), die sich «insgesamt als verlässliche Quellen erwiesen» haben (Schütt: *Germanistik und Politik*, S. 178).
9 Vgl. Anm. 621 im Textteil.

Offene Worte gegen Looslis «Jargon der nationalsozialistischen ‹Literatur›» in einem gegen den Nationalsozialismus geschriebenen Text: Brief Fränkels an Loosli vom 20. Oktober 1934.

Nachdem Jonas Fränkel Carl Spitteler 1908 in Luzern persönlich kennengelernt hat, engagiert er sich bald als Gesprächspartner, Lektor und zunehmend auch als Freund für den Dichter und dessen Werk. Fränkel spielt eine ausschlaggebende Rolle dafür, dass Spitteler 1920 mit dem Nobelpreis ausgezeichnet wird.[10] Wie gross der beratende Einfluss Fränkels auf die definitive Fassung des *Olympischen Frühlings* (1910) und auf das Spätwerk *Prometheus der Dulder* (1924) gewesen ist, wird die Forschung anhand von Fränkels Nachlass erst noch rekonstruieren müssen. Klar ist zwischen den beiden, dass die Rechte und Pflichten für die autorisierte Spitteler-Werkausgabe und die Spitteler-Biografie bei Fränkel liegen. Im Hinblick darauf vertraut der Dichter Fränkel wichtige Stücke seines Arbeitsarchivs an.[11] Verhängnisvollerweise unterlässt es Spitteler aber, seinen Willen in einem Testament niederzulegen. Nach seinem Tod Ende 1924 lassen die Hinterbliebenen Fränkel die in Luzern verbliebenen Nachlassteile notdürftig ordnen, was einer Anerkennung der ihm vom Verstorbenen zugedachten Rolle gleichkommt. Danach verschlechtert sich aber das Verhältnis zwischen der Familie und dem Gelehrten. Nach dem Tod von Spittelers Frau 1929 suchen die beiden Töchter, Anna und Marie-Adèle Spitteler, anderweitig Rat.[12] Mit dem Schenkungsvertrag vom September 1933 vermachen sie den Nachlass ihres Vaters der Eidgenossenschaft. In den folgenden Jahren versucht Fränkel vom zuständigen Departement des Innern, dem ab 1934 Bundesrat Philipp Etter vorsteht, zu erstreiten, dass ihm ein privilegierter Zugriff darauf eingeräumt werde, damit er die Werkausgabe und die Biografie erarbeiten kann. In seinem Brief an Loosli vom 4. August 1941 bringt Fränkel auf den Punkt, was er unermüdlich als «den Willen und das Recht Spittelers» einfordert, denen nur er Nachachtung verschaffen könne: «Es sollte *kein* Spitteler-Archiv geben! Er hat seine Papiere nicht verbrannt, damit *ich* es tue, mir anheimstellend, das eine oder andere, was etwa aufbewahrenswert (in *seinem* Sinne aufbewahrenswert) wäre, aufzuheben – also etwa Dokumente seiner Freundschaft mit Widmann usw. Ich wehre mich also vor allem um *Sp's Willen* – nicht gegen den Vorwurf eines Monopols, das ich in diesem Falle nicht aufgeben *darf* [...].»

Während Max Brod sich aus freien Stücken über die Anweisung Franz Kafkas hinweggesetzt hat, dessen literarischen Nachlass zu zerstören, wird Fränkel durch äusseren Zwang daran gehindert, genau dies mit nicht für die Nachwelt bestimmten Teilen des Nachlasses von Spitteler zu tun. In beiden Fällen bürden die Erblasser

---

10 Vgl. dazu Lerch: *Spittelers Literaturnobelpreis*.
11 Als Kryptonachlass Spittelers ist dieser Bestand als Teil des Fränkel-Nachlasses Anfang 2021 ins SLA gekommen.
12 Dazu Wieland: *Front gegen den Juden*.

im Unvermögen, selber für klare Tatsachen zu sorgen, ihren Vertrauten Unzumutbares auf, was Brod schliesslich Ruhm, Fränkel die Ächtung einträgt.

Die eidgenössischen Behörden versuchen im Gegenzug, von Fränkel die Herausgabe der in seinem Besitz befindlichen Nachlassstücke zu erzwingen, um gestützt auf den Schenkungsvertrag eine Spitteler-Werkausgabe in Auftrag geben zu können.[13] Fränkel bleibt der Zugang zum Nachlass in der Landesbibliothek verschlossen[14] und er muss zusehen, wie ausgerechnet Gottfried Bohnenblust, dem er 1919 bei der Besetzung des Germanistiklehrstuhls in Genf unterlegen ist, zwischen 1945 und 1958 gemeinsam mit Robert Faesi, Wilhelm Altwegg und weiteren Mitarbeitern die Spitteler-Ausgabe herausbringt. Fränkel wehrt sich mit publizistischen und juristischen Mitteln und verliert seinen Kampf 1945 letztinstanzlich vor dem Bundesgericht. Dass er die ihm von Spitteler anvertrauten Dokumente, die er in zahlreichen Koffern verteilt bei Vertrauenspersonen in Sicherheit bringt, vor dem Zugriff des Staates retten kann, ist ein kleiner Trost. Es bleibt die bittere Bilanz: «Ich aber habe meine Pflicht Spitteler gegenüber *nicht* getan» (Fränkel an Loosli, 23. Februar 1943).

In Berlin hat sich Fränkel als Herausgeber von Goethe-Briefen oder Heines Gedichten einen Namen gemacht – in der Schweiz, in der er heimisch wird und sich 1919 einbürgern lässt, stellt er seine herausgeberischen Kompetenzen vor allem in den Dienst Gottfried Kellers. Ab 1921 – 30 Jahre nach dem Tod des Dichters sind eben die Rechte freigeworden – gibt er im Wiener Schroll-Verlag die ersten zehn Bände einer populären Ausgabe von Kellers Werken heraus. Mitte der Zwanzigerjahre übernimmt der Verleger Eugen Rentsch in Zürich-Erlenbach die Verlagsrechte von Schroll,[15] was dazu führt, dass Fränkel noch einmal von vorn beginnt, die Bände nun aber mit einem wissenschaftlichen Anhang versieht. Fränkel und Rentsch überwerfen sich 1930, weil der Herausgeber die vertraglich abgemachten Lieferfristen nicht einhalten kann. Ein Versuch von Hans Bodmer, dem Quästor der Schweizerischen Schillerstiftung, die Zusammenarbeit zwischen

---

13 Vgl. Anm. 214 im Textteil.
14 Mit Brief vom 3. 3. 1965 verfügt Etters Nachfolger Hans-Peter Tschudi als Chef des Eidgenössischen Departements des Innern gegenüber der Landesbibliothek drei Monate vor Fränkels Tod, dass diesem die «Mappe 72 […], enthaltend seine eigenen Briefe, Postkarten, Telegramme etc. an Carl Spitteler aus den Jahren 1909–1924, nach Hause auszuleihen» seien (in: Korrespondenz im «Bestandsdossier zum Nachlass Carl Spitteler der Schweizerischen Landesbibliothek»).
15 Fränkel: *Die Keller-Ausgabe*, S. 29.

Verlag, Herausgeber und Kanton Zürich neu zu regeln, scheitert.[16] Rentsch tritt die Ausgabe an den Verlag von Fränkels Freund Albert Benteli in Bümpliz ab, der die Keller-Ausgabe ab 1931 weiterführt.

Damit sind die Probleme aber nicht aus der Welt geräumt. Das Honorar für die editorische Arbeit, die Fränkel mit äusserster Akribie betreibt, ist nicht nur sehr bescheiden, sondern es wird auch immer erst mit grosser Verspätung ausbezahlt. Hitlers Machtantritt und der «Anschluss» Österreichs erschweren den Absatz der von einem jüdischen Gelehrten edierten Ausgabe ausserhalb der Schweiz.[17] Und dem inzwischen Sechzigjährigen wird bewusst, dass er nach seiner Pensionierung als ausserordentlicher Professor nicht mit einer existenzsichernden Rente rechnen kann. Deshalb kündigt er im Frühling 1939 seinen Herausgebervertrag mit Benteli. Obwohl der Schritt in den Briefen erörtert wird, geht daraus nicht eindeutig hervor, was Fränkels Strategie ist. Will er mit der Kündigung eine Verbesserung der Vertragsbedingungen erzwingen, oder ist er tatsächlich entschlossen, nach Südfrankreich auszuwandern, um dort eine neue Existenz aufzubauen?

Anfang September bricht der Zweite Weltkrieg aus. Jetzt muss Fränkel mit seiner Familie auf jeden Fall in der Schweiz bleiben. Er versucht, auf die verhängnisvolle Vertragskündigung zurückzukommen. Der Verlag, der inzwischen von Albert Bentelis Schwiegersohn Hans Meyer geleitet wird, scheint aber nicht unglücklich zu sein, nicht mehr mit einem so kompromisslosen Herausgeber zusammenarbeiten zu müssen. Nach zermürbenden juristischen und öffentlichen Auseinandersetzungen beauftragt der Kanton Zürich als Eigentümer von Kellers Nachlass schliesslich Carl Helbling damit, die letzten Bände der Fränkel'schen Ausgabe herauszugeben. Auch der «Kellerhandel» endet für Fränkel in einem hoffnungslosen juristischen Kampf. 1948 geht auch dieser letztinstanzlich vor dem Bundesgericht verloren.

In beiden «Händeln» wirft Fränkel in jeder Phase das ganze moralische Gewicht seiner Überzeugungen in den Kampf. Sein Briefwechsel mit Loosli hilft verstehen, was für ihn dabei jeweils auf dem Spiel steht und was die Hintergründe eines Agierens sind, das immer wieder viel Geschirr zerschlägt: Im Fall des Spitteler-Nachlasses basiert Fränkels Kompromisslosigkeit auf dem Bewusstsein, als langjähriger Vertrauter und enger Mitarbeiter Spittelers einen Wissensvorsprung vor allen anderen Spitteler-Experten zu besitzen, auf den Skrupeln, eine Gesamtausgabe und eine Biografie in Angriff zu nehmen, ohne über den gesamten Nachlass zu verfügen,

---

16 Bodmers Analyse der Situation und seine Anregungen für eine «Sanierung» der Finanzierung der Ausgabe sind dokumentiert im Archiv der Schweizerischen Schillerstiftung (SLA SSS-01-c-04).
17 Dazu Schütt: *Germanistik und Politik*, S. 190.

vor allem aber auf dem Imperativ, Spittelers «Wille und Recht» Nachachtung zu verschaffen. Im Fall der Keller-Ausgabe basiert die Kompromisslosigkeit ebenfalls auf der Überzeugung, Vollstrecker eines Dichterwillens zu sein. Fränkel kann sich hier zwar nicht auf die persönliche Bekanntschaft mit dem Dichter berufen, aber auf eine in hartnäckiger Arbeit erworbene Vertrautheit mit dessen Werk und Nachlass. Niemand, Keller selber eingeschlossen, dürfte diesen Nachlass zuvor so gut gekannt haben wie Fränkel. Er sieht seine Aufgabe nicht, wie andere Editoren, darin, den Nachlass und die Druckgeschichte der einzelnen Werke akribisch zu dokumentieren, sondern macht sich anheischig, im Geiste des Dichters in der Überlieferung die Spreu vom Weizen zu sondern und – wie er in einem Kommentar seiner Keller-Ausgabe schreibt – dem Vergessen zu überantworten, «was nicht an die Öffentlichkeit gehört».[18] In einer bemerkenswerten Grundsatzerklärung schreibt er Loosli, es sei ihm «nicht anders möglich als mit dem Stoff umzugehen wie der Künstler» (1. April 1940).

Es wäre aber ein Irrtum zu glauben, Fränkel sei schliesslich wegen der Anfechtbarkeit des editorischen Verfahrens ausgebootet worden. Anstoss erregt vielmehr, dass Fränkel in seiner Gewissenhaftigkeit nicht schneller vorankommt. In den Briefen und im Archivmaterial gibt es zudem zahlreiche Hinweise, dass Ausländerfeindlichkeit und Antisemitismus gegen Fränkel zunehmend wichtig geworden sind.[19] Kein Geringerer als der Erziehungsdirektor des Kantons Zürich, Karl Hafner, bezichtigt Fränkel 1941 vor dem Kantonsrat der «hebräischen Bosheit».[20] Nachdem sich Fränkel 1942 dagegen gewehrt hat, dass man seine Keller-Ausgabe plagiiert, bekommt er vom Germanisten Max Nussberger zu hören, er sei mit seiner Ausgabe daran, Keller «ins Hebräische» zu übersetzen.[21] Ein anderer Germanistikprofessor, Walter Muschg, mutmasst 1943 in einem internen Papier, das er als Landesring-Nationalrat verfasst, Fränkel führe sich deshalb «so unmöglich auf, weil er galizischer Jude und ausserdem mit den Defekten eines abnorm Schwerhörigen behaftet» sei.[22]

Anhand des reichen Materials, das sich im Staatsarchiv Zürich zum «Keller-» und im Bundesarchiv zum «Spittelerhandel» erhalten hat, bleibt abzuklären, welches

---

18 Keller: SW 2.2, S. 6.
19 Dazu ausführlich Schütt: *Germanistik und Politik*, S. 188–190.
20 Hafner versteckt sich hinter einem anonymen Sachverständigen, der mit diesem Verdikt Fränkels Bemerkung quittiert habe, die «Berliner Stadtvogtei», in der Kellers Mentor Adolf Ludwig Follen eine Zeitlang einsass, sei die «idyllische Vorläuferin deutscher Konzentrationslager des 20. Jahrhunderts» gewesen (vgl. Anm. 378 im Textteil).
21 Vgl. Anm. 391 im Textteil.
22 Vgl. Anm. 426 im Textteil.

Gewicht solche Anfeindungen hatten. Wie ausschlaggebend waren sie, dass auch Fränkel, ohne Looslis resolutes gesellschaftskritisches Auftreten, zum «borstigen Einsiedler» wurde und man ihn zunehmend als «notorischen Querulanten»[23] belächelte und ausgrenzte?

«Sie beide tun einander gut»

Im langen Brief vom 11. März 1916 hält Loosli seine Erinnerungen an den renommierten Feuilletonredaktor der Berner Tageszeitung *Der Bund*, Josef Viktor Widmann, fest, über den Fränkel ein Buch schreiben will. Er rapportiert folgenden mündlichen Kommentar Widmanns: «Sie beide tun einander gut und es freut mich, dass Sie Freunde sind. Fränkel ist ein gründlicher, feiner Mensch, ein Wissenschafter vor dem ich den grössten Respekt habe, weil er mit dem Herzen forscht. Und er weiss viel. Das kommt Ihnen zu Gute. Und ihm Ihre Art, die Welt und die Dinge von der fröhlichen und ulkigen Seite zu betrachten. Sie können in Bezug auf Ihre Freundschaft von Glück reden. Man gibt und man empfängt und jeder hat das Gefühl, dass nur er der Empfangende sei. So war's mit Spitteler und mir. [...]»

Widmanns Bestimmung dessen, worin die Freunde voneinander profitieren können, scheint sich in den Briefen zu bestätigen. Das Wissen des Wissenschaftlers und dessen Vermögen, Dinge zu hinterfragen, auf der einen Seite, der weltläufige Witz des Schriftstellers und Publizisten auf der anderen tragen wesentlich dazu bei, dass ihre Korrespondenz heute noch lesenswert ist. Widmanns Einschätzung, Fränkel sei ein Forscher mit Herz, deckt sich mit dessen Selbstverständnis, aus dem auch seine eigenwilligen editorischen Verfahren resultieren.

Zweifellos: Fränkel und Loosli «tun einander gut». Sie bestärken sich gegenseitig in ihren Überzeugungen, was die Grundlage eines Vertrauens bildet, das auch Raum für Kritik schafft. Kommt diese von Loosli, besteht die Chance, dass Fränkel sie entgegennimmt, er, der zermürbt von all den Widerständen, die ihm in den Weg gelegt werden, sonst schon einen leichten Einwand eines Rezensenten als bösen Angriff empfindet. Schwer vorstellbar, dass die beiden den Anfeindungen, denen sie ausgesetzt waren, ohne den Rückhalt ihrer Brieffreundschaft hätten trotzen können. Dazu kommen der Zuspruch und eine oft akribische Begutachtung, wenn

---

23 Als das wird Fränkel von der Schriftleitung der Zeitschrift «Die Nation» in einem Brief an Loosli bezeichnet (Loosli an Fränkel, 22. 1. 1942). Loosli argumentiert analog, wenn er Fränkel wiederholt mahnt, alles zu «vermeiden, was Dich auch nur entfernt in den Verruf des Querulantentums zu bringen vermag» (6. 6. 1942).

der eine dem anderen ein neues Projekt oder einen Textentwurf vorlegt. Immer wieder unterstützt der selber nicht auf Rosen gebettete Fränkel den Freund auch materiell.

Der Briefwechsel wirft gelegentlich aber auch die Frage auf, ob die beiden Freunde sich immer nur «gut tun». Fränkel ist zwar ein sorgfältiger Ratgeber seines Schriftstellerfreundes. Hindert er diesen aber nicht daran, sich als Autor des 20. Jahrhunderts zu begreifen, wenn er ihn immer nur an Vorbilder des 18. und 19. Jahrhunderts verweist, an Wieland, Goethe und Heine? Als Loosli sich beim Ausbruch des Zweiten Weltkriegs zu nichts anderem fähig sieht «als zur täglichen Entleerung meiner Versliblase» (26. September 1939), empfiehlt ihm Fränkel beispielsweise Goethes *Venezianische Elegien* als Vorbild für eine tagebuchartige Lyrik (1. Oktober 1939). Loosli weist solche Ratschläge nie zurück. Obwohl er sich in verschiedensten Sparten auf eigene Faust ein beachtliches Wissen erworben hat, lässt er sich als Autodidakt von der Bildung des Professors immer neu beeindrucken. Im Gegenzug lockt Loosli den Wissenschaftler, der sich eigentlich nur in seiner Studierstube und vielleicht noch auf dem Katheder ganz und gar wohl zu fühlen scheint, weniger durch Ratschläge als durch die bewunderungswürdige Zivilcourage, mit der er selber in der Öffentlichkeit agiert, in die publizistische Arena. Zwar gelingt es Fränkel als junger Wissenschaftler, in führenden Tageszeitungen wie dem *Berliner Börsen-Courier*, der *Vossischen Zeitung* oder der *Neuen Zürcher Zeitung* eine verblüffend grosse Zahl von Artikeln, meist Rezensionen, zu veröffentlichen. Erst Ende der 1920er-Jahre beginnt er die Presse dazu zu nutzen, seine Auseinandersetzungen in der Spitteler- und der Keller-Angelegenheit vor die Öffentlichkeit zu tragen, was zur Folge hat, dass er seine Fachbeiträge kaum noch unterbringen kann. Er scheut nicht vor scharfer Polemik zurück und schlägt sich den Kopf blutig, anders als Loosli, der seine Kämpfe immer mit einem Rest an ironischer Reserve zu führen vermag.

Aus heutiger Sicht ist bemerkenswert, wie viel Platz die Presse Debatten über einen Dichternachlass oder über eine Klassikeredition einzuräumen bereit gewesen ist. Nach Loosli, dem vermeintlichen Leugner von Gotthelfs Autorschaft, wird Fränkel in der ganzen deutschen Schweiz zur verpönten Figur. Das belegen unter anderem zwei Karikaturen aus der Satirezeitschrift *Nebelspalter*, die sich auf die Auseinandersetzung über den Spitteler-Nachlass beziehen. Der Fall erscheint dabei in einem signifikant unterschiedlichen Licht. Die Zeichnung von Gregor Rabinovich von 1933 stellt den Literaturprofessor als zänkischen Wicht dar, der den grossen Geist Spittelers daran hindern will, sich zu entfalten. Das entspricht der Sicht Robert Faesis, der in seinem im gleichen Jahr erschienenen Spitteler-Buch Fränkel

«Prof. Fränkel – der ‹geistige› Erbe Karl Spittelers». Zeichnung von Gregor Rabinowich im *Nebelspalter*, Nr. 6, 1933, S. 4.

vorwirft, «durch sein prätendiertes Monopol»[24] andere von einer Beschäftigung mit dem Dichter abhalten zu wollen. In der Karikatur von 1947 ist es nun Bundesrat Philipp Etter, der als kleines Männchen dargestellt wird, dem ein grosser Geist gegenübersteht, Pegasus, das geflügelte Pferd. Diese Verkörperung der Dichtkunst zieht den obersten Verwalter des Spitteler-Nachlasses zur Rechenschaft. Die neue Sicht ist, wie Loosli aus erster Hand zu berichten weiss (Loosli an Fränkel, 31. Januar 1947), auf einen Sinneswandel des *Nebelspalter*-Herausgebers Ernst Loepfe-Benz zurückzuführen, in dem sich Fränkels Rehabilitierung ankündigt.

Die grosse Publizität dieser «Händel» lässt darauf schliessen, dass die Germanistik in der fraglichen Zeit noch einen beträchtlichen öffentlichen Stellenwert besitzt. Zudem dreht sich die Debatte mit Keller und Spitteler um zwei Figuren, welche die

---

24 Robert Faesi: *Spittelers Weg und Werk*, Frauenfeld: Huber-Verlag, 1933, S. 307; vgl. dazu Fränkel an Loosli, 16. 12. 1932.

«Pegasos protestiert! – Entgegen dem ausdrücklichen Willen des Dichters Carl Spitteler, der zu Lebzeiten stets mit Nachdruck den von ihm geschätzten und verehrten Professor Jonas Fränkel als Verwalter seines Nachlasses bezeichnete, hat das eidg. Departement des Innern die Herausgabe der Gesamtwerke Spittelers übernommen. Damit wird der Wille des verstorbenen Dichters in unmißverständlicher Weise mißachtet.»
Nebelspalter, Nr. 4, 1947, S. 20.

Pegasos protestiert!

Geistige Landesverteidigung mit besonderer Vorliebe für ihre Zwecke einspannt. Das bestätigt Fränkel selber mit seinem Buch *Gottfried Kellers politische Sendung* von 1939, das in seiner Art durchaus auch als ein Produkt der Geistigen Landesverteidigung angesehen werden kann, spielt es doch den berühmten Exponenten des schweizerischen Geisteslebens gegen Hitlerdeutschland aus.

Loosli und erst recht Fränkel stehen wegen ihrer Kompromisslosigkeit und ihrer Unbestechlichkeit immer wieder auf verlorenem Posten. Sich gegenseitig in der Überzeugung zu bestärken, es besser zu wissen als die vielen anderen, ist eine wichtige Funktion ihrer Korrespondenz. Aus heutiger Sicht betrachtet, war der hohe Anspruch in vielen Fällen gerechtfertigt, weswegen es auch lohnend ist, sich die Positionen der beiden wieder zu vergegenwärtigen. Von Spitteler scheinen sie das Konzept einer Art geistigen Aristokratie geerbt zu haben. Dieses verführte sie manchmal dazu, aus der Tatsache, dass diejenigen, die über eine höhere Einsicht verfügen, oft allein stehen, den riskanten Umkehrschluss zu ziehen, dass ihre Einsamkeit Beweis höherer

Einsicht sein müsse. Vor allem Fränkel lief Gefahr, nicht nur gegenüber denjenigen, die er als seine Feinde ansah, sondern auch gegenüber potenziellen Freunden stärker auf Distanz zu gehen, als es der Sache dienlich sein mochte. In einer ganzen Reihe eindringlicher Briefe warnte der in diesen Dingen hellsichtigere Loosli seinen Freund vor dieser Gefahr – es gehe darum, «Recht zu bekommen», Fränkel solle sich nicht auch noch darauf versteifen, «Recht zu behalten» (Loosli an Fränkel, 5. März 1933).

Die Briefe dokumentieren zwischen Kampf- und Durchhalteparolen aber auch immer wieder berührende Momente der Selbstbefragung, in denen Loosli sich etwa mit Don Quichotte (6. April 1942) oder Fränkel mit Michael Kohlhaas (26. Oktober 1942) vergleicht. Dass die beiden es auch als Freundschaftsdienst aufgefasst haben, sich infrage zu stellen[25] und nicht bloss zu bestärken, ist ein deutliches Zeichen dafür, wie gut sie sich aufs Ganze gesehen eben doch taten.

Rehabilitation

Am stärksten leiden die beiden vor und nach dem Ende des Zweiten Weltkriegs an ihrer Isolation. Der «Keller-», der «Spitteler-» und der «Hodlerhandel» gehen verloren, und Fränkels Aussichten auf eine existenzsichernde Rente schwinden. Loosli scheint sein Humor abhandengekommen zu sein; immer wieder setzt er in seinen Briefen zu Schimpftiraden über die korrupten Verhältnisse in der Schweiz an. Für einmal fällt die Rolle des Trösters Fränkel zu. Zu steten Klagen gibt den beiden besonders die Tatsache Anlass, dass ihnen die Presse zur Verteidigung ihrer Positionen fast gänzlich verschlossen ist und die Verlage ihre Bücher nicht drucken.

Im Zug einer ersten kritischen Befragung des Verhältnisses des schweizerischen Kulturbetriebs zur nationalsozialistischen Ideologie gibt es nach 1945 aber auch Zeichen der Anerkennung: eines davon ist die zweite Fränkel-Karikatur im *Nebelspalter*. Am 1. Dezember 1945 bemerkt Loosli sarkastisch zur Zeitenwende: «Bundesräte und Kulturharlequine haben mit den Diktatoren das Eine gemein, dass sie nach relativ kurzer Zeit ruhmlos vernürnbergert werden.»

Zaghaft beginnt sich die Rehabilitation abzuzeichnen. Wie bestimmt Loosli damit rechnet, dass die «Nachwelt» für eine solche sorgen wird, geht aus seinem Brief an Fränkel vom 13. Juli 1948 hervor: «Auch wenn sie Dich, woran ich zwar nicht zweifle, dereinst rehabilitiert, feststellt, es habe Dir Deine Zeit und Umwelt

---

25 Vgl. etwa Loosli an Fränkel, 8. 4. 1933 oder 7. 6. 1942.

niederträchtig mitgespielt und sie um hohe Werte, die Du ihr hättest vererben können, betrogen, so werden wir doch nichts davon haben.»

Loosli denkt hier wohl an den erst spät zu Ruhm gekommenen Ferdinand Hodler, den er gerne mit dem Satz zitierte: «Man kann nicht nachessen!» (zum Beispiel Loosli an Fränkel, 8. Juni 1936)

Zu Looslis 80. Geburtstag, am 5. April 1958, wird in Bümpliz eine grosse Feier veranstaltet; «unser Busenfreund» Bundesrat Etter gratuliert mit einer handschriftlichen Karte (Loosli an Fränkel, 20. April 1957) und die NZZ mit einem sehr respektvollen Artikel. In Sachen «Anstaltsleben» und «Administrativjustiz» ist Loosli ein geachteter und gefragter Experte. Seine Mundartbücher werden neu aufgelegt. So wird Loosli zuteil, was er verschiedentlich ironisch eine «Be-unserung» nennt (4. August 1944).

Die Anerkennung Fränkels kommt aus dem Ausland, aus den akademischen Kreisen der BRD und der DDR. Die literaturwissenschaftliche Zeitschrift *Euphorion*, die zwischen 1934 und 1944 *Dichtung und Volkstum* geheissen hat und jetzt versucht, ihr altes Ansehen zurückzugewinnen, druckt gerne Artikel des jüdischen Germanisten aus der Schweiz ab: Fränkels scharfe Abrechnungen mit Carl Helblings Fortführung der Keller-Ausgabe und mit der Spitteler-Ausgabe.[26] 1954 erscheint im Lambert-Schneider-Verlag in Heidelberg unter dem Titel *Dichtung und Wissenschaft* eine Aufsatzsammlung und 1960 im angesehensten Wissenschaftsverlag der DDR, dem Akademie-Verlag, eine überarbeitete Neuauflage seiner Edition *Goethes Briefe an Charlotte von Stein* von 1908. Ein Jahr vor seinem Tod, 1964, wird Fränkel von der Universität Jena mit dem Ehrendoktortitel geehrt. Neue Editionsprojekte, etwa das Fränkel sehr wichtige «Huttenwerk» – eine historisch-kritische Ausgabe von Conrad Ferdinand Meyers «Dichtung» *Huttens letzte Tage* –, kommen aber nicht zustande. Spätere Editoren begegnen Fränkels Leistungen zwar mit Respekt, können sich deren autoritative Prinzipien aber nicht mehr zu eigen machen.[27]

---

26 Vgl. Anm. 579 im Textteil.
27 Vgl. Keller: HKKA, Einführungsband, S. 209–215.

C. A. und Ida Loosli-Schneider umgeben von ihren Kindern Hans, Annemarie, Fritz, Käthi und Rudolf (stehend von rechts) sowie sitzend von rechts Klara (Frau von Hans), den Grosskindern Kurt, Ruth und Vreni sowie Looslis Schwägerin Bertha Schneider, Anfang der 1940er-Jahre.

Zur Textauswahl

Wollte man den Briefwechsel zwischen Fränkel und Loosli vollständig abdrucken, würde dies rund sechs Bände im Umfang des vorliegenden Buches füllen. Eine einbändige Auswahl kann somit lediglich erste Einblicke in einen Briefwechsel vermitteln, der in all seinen Verzweigungen einen noch kaum entdeckten Kontinent darstellt, auf dem man sich aber auch leicht verlieren kann. Trotzdem erheben die Herausgeber den Anspruch, Hauptthemen, Ton und Stil dieser einmaligen Korrespondenz repräsentativ wiederzugeben.

Die Auswahl ist das Ergebnis eines mehrstufigen Verfahrens. Die beiden Herausgeber sichteten unabhängig voneinander das Gesamtkorpus der Briefe. Das wurde dadurch erleichtert, dass Fredi Lerch bereits in den Jahren 2009–2011 vom gesamten Bestand und vielen Annexdokumenten eine Rohtranskription hergestellt

Salomo, Erika, Jonas und Felix Heinrich Fränkel im Gespräch mit einer unbekannten Person, undatiert.

hatte, welche diese Publikation überhaupt erst möglich machte. Die beiden Herausgeber trafen ihre erste Auswahl. Beim Abgleichen zeigten sich über Erwarten viele Übereinstimmungen. In einer zweiten Runde wurde dann die definitive Auswahl getroffen.

Angesichts der erstaunlichen Länge der Briefe mussten die Herausgeber bald den Vorsatz fallen lassen, sie immer integral abzudrucken. Ein solches Vorgehen hätte es vollends unmöglich gemacht, dem Facettenreichtum des Briefwechsels gerecht zu werden. Auch die Hoffnung, dass sich die Auswahl durch die Bestimmung eindeutiger Kriterien gewissermassen automatisieren liesse, erfüllte sich nicht. Bei jedem einzelnen Dokument musste neu entschieden werden. Im Lauf der Arbeit zeichneten sich aber gewisse Leitlinien ab, an denen man sich orientieren konnte:

– Der Briefwechsel wird über seine ganze Dauer von 53 Jahren kontinuierlich dokumentiert. Dabei wird nicht versucht, die Frequenz des Austausches, wie sie aus der Grafik 1 hervorgeht, zu spiegeln. In Phasen, in denen er besonders intensiv ist, wird die Selektion strenger.

– Bevorzugt werden Briefe und Briefpassagen, die aus sich heraus verständlich, als Zeitdokument sprechend, prägnant formuliert sind und in denen die Briefschreiber die sie bedrängenden Fragen aus einer gewissen Distanz zu betrachten vermögen.

– Im Gegenzug muss aber auch zur Geltung gebracht werden, wie wichtig den beiden Einzelheiten sind, etwa wenn sie mit akribischer Genauigkeit die Texte kommentieren, die sie sich gegenseitig zur Begutachtung vorlegen.

– Eine nachvollziehbare Dokumentation der oben umrissenen «Händel» hat Priorität. Ihr werden Briefsequenzen geopfert, die einem Nebenthema gelten.

– Passagen, die einerseits den privaten Alltag – insbesondere die Gesundheit, die finanzielle Situation, die Familie –, andererseits die allgemeine Politik beleuchten, sind gegenüber solchen, die von der Arbeit und deren Rahmenbedingungen handeln, deutlich in der Minderzahl. Das verleiht ihnen eine besondere Bedeutung, sodass sie in der Auswahl überproportional vertreten sein dürfen.

– Passagen, in denen sich die Briefschreiber ihrer Lust hingeben, über Personen zu polemisieren, können dann aufgenommen werden, wenn diese Personen heute noch von Interesse sind oder die Aversion für die Briefschreiber handlungsleitend gewesen ist. Dass Fragen des Takts und des Persönlichkeitsschutzes bei der Auswahl kaum eine Rolle spielten, verdankt sich dem primär professionellen Charakter des Briefwechsels und der zeitlichen Distanz.

– Die Freude und das Vermögen, prägnant und bilderreich zu formulieren, zeichnet vor allem C. A. Loosli aus, den Schriftsteller. Dass ein Brief oder eine Briefpassage ein besonderes Lesevergnügen zu vermitteln vermag, spricht für einen Abdruck. So darf auch in Kauf genommen werden, dass Loosli in der Auswahl leicht übervertreten ist.

Indem die Herausgeber auswählen, ausschneiden und weglassen, konstruieren sie Zusammenhänge, setzen Schwerpunkte und blenden Facetten aus. Ihre Textcollage ist geradliniger als das Originalmaterial. Sie nähert sich so einem Briefroman. Die Repräsentativität der Auswahl für das ganze Textkorpus stellt eine für die Leserinnen und Leser kaum überprüfbare Behauptung dar. Die Resümees, die einleitend wichtige Ereignisse eines Jahres oder – in Phasen, in denen weniger Briefe hin- und hergegangen sind – von zwei oder mehr Jahren verzeichnen, sollen zusätzliche Lesehilfen bieten, sind aber auch das offene Eingeständnis, dass die Herausgeber in diesem Buch die Regie führen.

Zur Quellenlage und zur Wiedergabe der Texte

Die Briefe Jonas Fränkels an Carl Albert Loosli sind im Loosli-Nachlass im Schweizerischen Literaturarchiv (SLA) in Bern aufbewahrt. Dort lag seit einigen Jahren als Dauerleihgabe auch Fränkels Sammlung der Loosli-Briefe, die 2021 in Fränkels Nachlass integriert werden konnte. In Form von Durchschlägen sind die Briefe Looslis, der für die Korrespondenz zumeist die Schreibmaschine benutzte, auch in dessen eigenem Nachlass enthalten. Diese Durchschläge waren die Grundlage der Rohtranskription. Für die vorliegende Edition wurde überprüft, ob Loosli in den Originalen, die er an Fränkel sandte, noch handschriftliche Ergänzungen oder Korrekturen eingefügt hat, was kaum je der Fall war.

Während der Arbeit am vorliegenden Buch wurde ein vollständiges Verzeichnis aller Briefe, Post- und Ansichtskarten erstellt, die zwischen Loosli und Fränkel hin- und hergingen. Diese Liste ist auf der Website des Schweizerischen Literaturarchivs in Bern abrufbar (https://ead.nb.admin.ch/html/korrespondenz_loosli_fraenkel.html, 14. Oktober 2021). Die Dokumente sind dort in chronologischer Reihenfolge durchnummeriert und nach verschiedenen Parametern charakterisiert. Diese Nummern, gefolgt von Datum und Ort, bilden in diesem Buch die Kopfzeile, die am Anfang jedes ganz oder teilweise abgedruckten Briefs steht. Aufgrund der Nummern kann jeweils erschlossen werden, wie viele Dokumente zwischen zwei berücksichtigten Briefen weggelassen worden sind.

Die Briefe werden hier als Lesetexte wiedergegeben. Korrekturen, welche die beiden sehr routinierten und sicheren Schreiber vergleichsweise selten vornahmen, werden nicht dokumentiert. Ausnahmen bilden einige wenige aufschlussreiche Fälle, wo Korrekturvorgänge in Anmerkungen wiedergegeben werden. Eindeutige Verschreibungen sind stillschweigend korrigiert worden. Die Zeichensetzung, die in Looslis Briefen eigenwillig beziehungsweise nachlässig ist – der oben zitierte, mehrgliedrige Satz ohne jegliches Komma, in dem Loosli von dem Dr. phil. spricht, der den Briefwechsel einmal edieren werde, ist dafür ein Beispiel – wird unangetastet wiedergegeben, so wie Fränkel dies Loosli für dessen schliesslich nicht realisierte Veröffentlichung seines Briefwechsels mit Hodler empfohlen hat (Fränkel an Loosli, 13. März 1954). Unübliche Schreibungen von Personennamen bleiben dann unangetastet, wenn sie konsequent verwendet werden. Wo die Briefschreiber mal die übliche, mal eine abweichende verwenden, wird Letztere stillschweigend angepasst. Nicht normalisiert werden abweichende Schreibungen von Namen, wenn man dahinter eine ironische Spitze vermuten kann. Loosli schreibt zum Beispiel mit Vorliebe Fäsi statt Faesi (so wie

Robert Musil in seinen Tagebüchern Göthe statt Goethe) oder macht den Namen Emil Ermatingers durch die Schreibweise zu einem sprechenden: «Ermattinger» (zum Beispiel 7. Januar 1917). Nicht angetastet werden schliesslich orthografische Besonderheiten, die konsequent angewendet werden (wie etwa Looslis «Hallunke» oder Fränkels «ß»).

Die Angaben über Datum und Ort der Abfassung wurden vereinheitlicht, bilden also nicht den Wortlaut ab, welche die Briefschreiber wählten (Loosli verwendet zum Beispiel gerne alte Monatsnamen wie «Horner», «Weinmonat» und so weiter; Fränkel datiert ab und zu mit dem Wochentag und lässt in vielen Fällen die Jahresangabe weg). Hervorhebungen durch Unterstreichung werden in kursiver Schrift wiedergegeben.

Kommentare, Literaturnachweise und Personenregister

Die Kommentare zu Sachfragen finden sich in den Anmerkungen, diejenigen zu Personen im knapp kommentierten Personenverzeichnis. Die Kommentare richten sich an ein Lesepublikum, das mit schweizerischen Verhältnissen vertraut ist. So wird zum Beispiel nicht erklärt, dass ein Bundesrat ein Mitglied der siebenköpfigen Landesregierung ist. Berndeutsche Wendungen, die nicht nur Loosli, der Mundartschriftsteller, sondern auch Fränkel, dessen Muttersprache Polnisch war, gelegentlich einfliessen lässt, werden nicht übersetzt, ebenso wenig französische, die der so gut wie zweisprachige Loosli gerne verwendet. Die Kommentaranstrengungen richten sich dagegen vor allem darauf, die aktuellen Hintergründe von Sachverhalten zu erläutern, die in den Briefen zur Sprache kommen, und Aufschluss zu geben über heute nicht mehr bekannte Personen, mit denen die Briefschreiber in Kontakt kamen. Oft dienen die Kommentare auch dazu, notdürftig die Informationslücken zu überbrücken, an denen einerseits die vielen Auslassungen, anderseits die Tatsache schuld sind, dass die Briefschreiber sich zwischendurch auch mündlich austauschten oder beim Schreiben Tagesaktuelles als bekannt voraussetzten.

Ein wertvolles Reservoir für Kommentierungswissen bilden die Nachlässe der beiden Briefschreiber. Derjenige von C. A. Loosli wurde von Erwin Marti für seine Loosli-Biografie und die Loosli-Werkausgabe bereits gründlich durchforscht – von dieser Forschung haben nun auch die Kommentare dieses Buches profitiert. Bei Jonas Fränkels Nachlass ist im SLA die Erschliessung zurzeit im Gang.[28] Hier hat die

---

28 Zahlreiche Dokumente sind deshalb noch nicht mit einer festen Archivsignatur versehen.

Germanistin und Urgrosstochter Fränkels, Jael Bollag, als zurzeit beste Kennerin des seit Fränkels Tod auf der Riedegg liegenden Nachlasses mit Archivrecherchen die Kommentierungen unterstützt.

Herangezogen wurde zudem Archivmaterial, das den Herausgebern vom Schweizerischen Bundesarchiv, von den Staatsarchiven der Kantone Zürich und Bern, vom SLA aus anderen Nachlässen und von der Handschriftenabteilung der Zentralbibliothek Zürich (Nachlass Rudolf Jakob Humm) in zuvorkommender Weise zur Verfügung gestellt wurde.

Im Literaturverzeichnis sind die Buchpublikationen der Briefschreiber zusammengestellt. Ausserdem sind die massgeblichen Gesamtausgaben der Werke von Spitteler, Keller und Loosli aufgeführt, die hier herangezogen wurden, um Zitate nachzuweisen. Dokumentiert ist, soweit bekannt, auch die eher schmale Sekundärliteratur zu Loosli und Fränkel und zu den Debatten, in die sie involviert waren. Die Nachweise von Titeln, die in den Briefen erwähnt werden – eigenen und solchen Dritter –, sowie weiterführende Literatur zu Einzelkommentaren, die von punktueller Bedeutung sind, finden sich an den betreffenden Stellen in den Anmerkungen.

Dank

Die Herausgeber danken für Ratschläge und Hinweise oder für die Hilfe bei Archivrecherchen Niklaus Bütikofer (Archiv der Universität Bern), Willi Egloff, David Fränkel, Marlies Hertig (Schweizerisches Bundesarchiv), Karin Huser (Staatsarchiv des Kantons Zürich), Andrea Krebser-Loosli, Martin und Irene Kober, Stefanie Leuenberger, Joanna Nowotny (Schweizerisches Literaturarchiv), Marco Paganini (Zivilstandskreis Bern-Mittelland), Rudolf Probst (Schweizerisches Literaturarchiv), Peter Schmocker, Martin Uebelhart, Peter Utz, Magnus Wieland (Schweizerisches Literaturarchiv), Irmgard Wirtz (Schweizerisches Literaturarchiv), Mürra Zabel.

Quellen

Die Nachlässe von C. A. Loosli und Jonas Fränkel werden im Schweizerischen Literaturarchiv in Bern aufbewahrt. Die in der vorliegenden Publikation abgedruckten Briefe finden sich unter folgenden Signaturen:

Briefe von Loosli an Fränkel, diverse handschriftliche Entwürfe Fränkels sowie Beilagen: SLA-Fraenkel-B-2-LOO. Weil Fränkel Loosli-Briefe zum Teil unter thematischen Gesichtspunkten ablegte (zum Beispiel bei seinen Materialien zur Ausgabe Gottfried Keller: *Sämtliche Werke*), sind unter der erwähnten Signatur nicht alle Briefe Looslis zu finden.
Briefe von Fränkel an Loosli, Durchschläge der Briefe von Loosli an Fränkel sowie Beilagen: SLA-Loosli-Ms-B-Sq-6.1.1 bis SLA-Loosli-Ms-B-Sq-6.70.

Für den Anmerkungsapparat wurden Dokumente aus folgenden Archiven herangezogen:

Schweizerisches Literaturarchiv, Bern (SLA): Nachlässe von C. A. Loosli, Jonas Fränkel, Carl Spitteler, Ludwig Hohl, Jakob Bührer sowie Archiv der Schweizerischen Schillerstiftung.
Schweizerisches Bundesarchiv (BAR): Dokumente im Zusammenhang mit der Schenkung des Nachlasses von Carl Spitteler an die Eidgenossenschaft und der Ausgabe von Spittelers *Gesammelten Werken*.
Staatsarchiv des Kantons Zürich (StAZH): Dokumente im Zusammenhang mit der Ausgabe Gottfried Keller: *Sämtliche Werke*.
Staatsarchiv des Kantons Bern (StABE): Dokumente im Zusammenhang mit Fränkels Anstellung an der Universität Bern sowie Looslis Rolle als Sachverständiger im Prozess um die Protokolle der Weisen von Zion.
Bibliothèque de Genève, Manuscrits et Archives privées: Dokumente im Zusammenhang mit der Besetzung der Professur für Deutsch an der Universität Genf, 1919.
Zentralbibliothek Zürich: Nachlass Rudolf Jakob Humm.
Schweizerisches Institut für Kunstwissenschaft: Hodler-Archiv von C. A. Loosli.

Die Signaturen der konsultierten Dokumente sind in den Anmerkungen verzeichnet. Da der Nachlass von Jonas Fränkel erst 2021 ins SLA kam (mit Ausnahme des Dossiers mit den Briefen Looslis, das schon früher übergeben wurde), standen bei Redaktionsschluss für den vorliegenden Band zahlreiche Signaturen noch nicht fest. Eine Reorganisation im Staatsarchiv Zürich brachte es mit sich, dass einige 2010 bei Recherchen aufgefundene Dokumente inzwischen andere Signaturen erhalten haben, sodass ihre Standorte nur in sehr allgemeiner Form nachgewiesen werden können.

Bibliografie

Jonas Fränkel

Bibliographie seit MCM, Unikat, SLA-BJF, vgl. https://ead.nb.admin.ch/html/fraenkel.html, 10. 6. 2021.

Monografien

Zacharias Werners Weihe der Kraft. Eine Studie zur Technik des Dramas, Hamburg, Leipzig: Verlag von Leopold Voss, 1904.
J. V. Widmann. Drei Studien, Zürich, Leipzig, Wien: Amalthea Verlag, 1919. (Zweitauflage: St. Gallen: Tschudy-Verlag, 1960.)
Goethes Erlebnis der Schweiz, Bern-Bümpliz: Benteli A. G., 1932. (Zweitauflage: St. Gallen: Tschudy-Verlag, 1949.)
Gottfried Kellers politische Sendung, Zürich: Verlag Oprecht, 1939.
Die Gottfried Keller-Ausgabe und die Zürcher Regierung. Eine Abwehr, Zürich: Kommerzdruck und Verlags AG, 1942. [Fränkel und Loosli sprechen diese Schrift gelegentlich als «Anti-Hafner» an.]
Der neue Medius. Antwort an den Vizepräsidenten der Gottfried Keller-Gesellschaft Dr. Oscar Wettstein, Olten: Buchdruckerei J. Hirsig, 1944.
Spitteler. Huldigungen und Begegnungen, St. Gallen: Tschudy Verlag, 1945.
Spittelers Recht, Winterthur: Mondial-Verlag, 1946.
Dichtung und Wissenschaft, Heidelberg: Verlag Lambert Schneider, 1954.

Editionen

Bettina von Arnim. Goethes Briefwechsel mit einem Kinde, hg. von Jonas Fränkel, 2 Bände, Jena: Diederichs, 1906.
Aus der Frühzeit der Romantik, hg. von Jonas Fränkel, Berlin: B. Behr, 1907.
Goethes Briefe an Charlotte von Stein. Kritische Gesamtausgabe, 3 Bände, hg. von Jonas Fränkel, Jena: Diederichs, 1908. (Zweitauflage: Berlin: Akademieverlag, 1960).
Heines Sämtliche Werke, Bände 1–3: Gedichte, hg. von Jonas Fränkel, Leipzig: Insel-Verlag, 1911–1913.
Keller: SW (Schroll): Gottfried Keller: *Sämtliche Werke*, Wien: Anton Schroll, 1921–1924. [Die Ausgabe wird nach zehn Bänden abgebrochen.]
Keller: SW: Gottfried Keller: *Sämtliche Werke*, hg. von Jonas Fränkel [1926–1939] und Carl Helbling [1942–1949], 22 Bände in 24, Erlenbach-Zürich, München: Eugen Rentsch, und Bern-Bümpliz: Benteli A. G., 1926–1949.
Gottfried Kellers Briefe an Vieweg, Zürich, Bern: Corona/Benteli, 1938.

C. A. Loosli

Werkausgabe, hg. von Fredi Lerch und Erwin Marti, Zürich: Rotpunktverlag.
Loosli: *Werke 1: Anstaltsleben. Verdingkinder und Jugendrecht*, Werke, Bd. 1, 2006.
Loosli: *Werke 2: Administrativjustiz. Strafrecht und Strafvollzug*, Werke, Bd. 2, 2007.
Loosli: *Werke 3: Die Schattmattbauern. Kriminalliteratur*, Werke, Bd. 3, 2006.
Loosli: *Werke 4: Gotthelfhandel. Literatur und Literaturpolitik*, Werke, Bd. 4, 2007.
Loosli: *Werke 5: Bümpliz und die Welt. Demokratie zwischen den Fronten*, Werke, Bd. 5, 2009.
Loosli: *Werke 6: Judenhetze. Judentum und Antisemitismus*, Werke, Bd. 6, 2008.
Loosli: *Werke 7: Hodlers Welt. Kunst und Kunstpolitik*, Werke, Bd. 7, 2008.

Bücher

Bümpliz und die Welt, Bümpliz: Benteli Verlag, 1906.
Narrenspiegel, Bern: Unionsdruckerei, 1908.
Loosli: *Dörfli 1–2: Mys Dörfli*, Bern: A. Francke Verlag, 1910. (Zweitauflage mit Holzschnitten von Emil Zbinden, Zürich: Büchergilde Gutenberg, 1957.)
Loosli: *Ammitaw 1–3: Mys Ämmitaw*, Bern: A. Franke Verlag, 1911. (Zweitauflage: *Mys Ämmitaw!* [mit eingelegter Broschüre *Begleitwort*], Bern: Pestalozzi-Fellenberghaus, 1928; Drittauflage: *Mys Ämmital*, Bern: Scherz-Verlag, 1957.)
Ist die Schweiz regenerationsbedürftig?, Bümpliz: Benteli Verlag, 1912.
Satiren und Burlesken, Bümpliz: Benteli Verlag, 1913.
Schweizerische Zukunftspflichten, Bümpliz: Selbstverlag, 1915.
Was ich in England sah, Bümpliz: Benteli Verlag, 1918.
Loosli: *Hodler: Ferdinand Hodler. Leben. Werk. Nachlass*, in vier Bänden bearbeitet und hg. von C. A. Loosli, Bern: R. Suter & Cie., 1921–1924.
Anstaltsleben. Betrachtungen und Gedanken eines ehemaligen Anstaltszöglings, Bern: Pestalozzi-Fellenberg-Haus, 1924.
Ich schweige nicht! Erwiderung an Freunde und Gegner auf ihre Äusserungen zu meinem «Anstaltsleben», Bern: Pestalozzi-Fellenberg-Haus, 1925.
Ialdabaot, Bern: Pestalozzi-Fellenberg-Haus, 1925.
Sansons Gehilfe und andere Schubladen-Novellen, Bern: Pestalozzi-Fellenberg-Haus, 1926.
Die Radioseuche!, Bümpliz: Selbstverlag, 1927.
Die schlimmen Juden! Bern: Pestalozzi-Fellenberg-Haus, 1927.
Erziehen, nicht erwürgen! Gewissensfragen und Vorschläge zur Reform der Jugenderziehung, Bern: Pestalozzi-Fellenberg-Haus, 1928.
Die Juden und wir, Zürich: Verlag Dr. Erich Marx-Weinbaum, 1930.
Aus meinem Urnenhof, Bümpliz: J. Berthoud, 1930.
Loosli: *Schattmattbauern 1–2: Die Schattmattbauern*, Bern-Bümpliz: Verlags-

genossenschaft C. A. Looslis Werke, 1932. (Zweitauflage: Zürich: Büchergilde Gutenberg, 1943.)

Umschalten oder Gleichschalten?, Bern-Bümpliz: Verlagsgenossenschaft C. A. Looslis Werke, 1934.

Loosli: *Bau- und Gliederungsgrundsätze 1–2: Bau- und Gliederungsgrundsätze für Erziehungs- und Versorgungsanstalten*, Bern: Benteli Verlag, 1934 (Zweitauflage unter dem Titel: *Bau- und Gliederungsgrundsätze für Erziehungs- und Fürsorgeheime*, Zürich: Hospitalis-Verlag F. F. Otth, 1948.)

Demokratie und Charakter, Zürich: Verlag E. & K. Scheuch, 1937.

Erlebtes und Erlauschtes, Rorschach: E. Loepfe-Benz, 1937.

Aus der Werkstatt Ferdinand Hodlers, Basel: Birkhäuser-Verlag, 1938.

Schweizerdeutsch. Glossen zur schweizerischen Sprachbewegung, Basel: Birkhäuser-Verlag, 1938.

Administrativjustiz und Schweizerische Konzentrationslager, Bern-Bümpliz: Selbstverlag, 1939.

Aus Zeit und Leid. Gedichte, Zürich: Verlag Oprecht, 1943.

Ewige Gestalten, Zürich: Büchergilde Gutenberg, 1946.

Der Mutzlikeller, Zürich: Verlag Graphia AG, 1947.

Ida. Zum Andenken an meine am 14. Oktober 1950 verstorbene Frau Ida Loosli-Schneider. Gedichte, Bümpliz: Selbstverlag, 1951.

Erinnerungen an Carl Spitteler, St. Gallen: Tschudy, 1956.

Es starb ein Dorf. Roman, Zürich, Wien, Frankfurt am Main: Büchergilde Gutenberg, 1975.

Weitere Literatur

Diederichs, Ulf: *Eugen Diederichs und sein Verlag*, Göttingen: Wallstein Verlag, 2014.

Feilchenfeldt, Konrad: Jonas Fränkel. Ein «jüdischer Philologe» und die säkulare Wissenschaft, in: *Jüdische Intellektuelle und die Philologien in Deutschland 1871–1933*, hg. von Wilfried Barner und Christoph König, Göttingen: Wallstein, 2001, S. 147–152.

Hempel-Küter, Christa: *Germanistik zwischen 1925 und 1955. Studien zur Welt der Wissenschaft am Beispiel von Hans Pyritz*. Berlin: Akademie Verlag, 2000.

Keller: HKKA: Keller, Gottfried: *Sämtliche Werke. Historisch-Kritische Ausgabe*, hg. unter der Leitung von Walter Morgenthaler im Auftrag der Stiftung Historisch-Kritische Gottfried Keller-Ausgabe. 32 Bände und ein Einführungsband. Basel, Frankfurt am Main: Stroemfeld Verlag, und Zürich: Verlag Neue Züricher Zeitung, 1996–2012.

Keller: GB: Keller, Gottfried: *Gesammelte Briefe*. In vier Bänden hg. von Carl Helbling. Bern-Bümpliz: Benteli, 1950–1954.

Lerch, Fredi: Achtung: ein intellektueller Kontinent. Zum Briefwechsel zwischen Jonas

Fränkel und C. A. Loosli, in: *Quarto. Zeitschrift des Schweizerischen Literaturarchivs* 28 [*Dossier C. A. Loosli*], 2009, S. 54–60.
Lerch, Fredi: Carl Spittelers Literaturnobelpreis, in: *Journal B*, 15., 17., und 19. 10. 2019; https://fredi-lerch.ch/journalistisches/portraets/kulturschaffende/einzelseite-portraets/carl-spittelers-literaturnobelpreis-1238, 26. 7. 2021.
Lerch, Fredi: Der Philologe als Künstler, in: *Neue Zürcher Zeitung*, Nr. 15, 19. 1. 2013, https://fredi-lerch.ch/journalistisches/portraets/kulturschaffende/einzelseite-portraets/der-philologe-als-kuenstler-168, 26. 7. 2021.
Linsmayer, Charles: «Ein Jude uns unsere grossen Dichter vermitteln! Merci vielmals!», in: *Quarto. Zeitschrift des Schweizerischen Literaturarchivs* 4/5 [*Dossier Carl Spitteler*], 1995, S. 162–168.
Luck, Rätus: Carl Spitteler und Jonas Fränkel. Ein Fall und ein Plädoyer, in: *Quarto. Zeitschrift des Schweizerischen Literaturarchivs* 4/5 [*Dossier Carl Spitteler*], 1995, S. 150–161.
Marti: *Loosli 1*: Marti, Erwin: *Carl Albert Loosli 1877–1959. Zwischen Jugendgefängnis und Pariser Boheme 1877–1907*, Zürich: Chronos Verlag, 1996.
Marti: *Loosli 2*: Marti, Erwin: *Carl Albert Loosli 1877–1959. Eulenspiegel in helvetischen Landen 1904–1914*, Zürich: Chronos Verlag, 1999.
Marti: *Loosli 3/1*: Marti, Erwin: *Carl Albert Loosli 1877–1959. Im eigenen Land verbannt 1914–1959*, Zürich: Chronos Verlag, 2009.
Marti: *Loosli 3/2*: Marti, Erwin; Grunder, Hans-Ulrich: *Carl Albert Loosli 1877–1959. Partisan der Menschenrechte*, Zürich: Chronos Verlag, 2018.
Marti, Erwin; Uebelhart, Martin: *Carl Albert Loosli (1877–1959). Biografie*, Basel: Schwabe-Verlag, 2021.
Schütt, Julian: *Germanistik und Politik. Schweizer Literaturwissenschaft in der Zeit des Nationalsozialismus*, Zürich: Chronos Verlag, 1996.
Spitteler: GW: Spitteler, Carl: *Gesammelte Werke*, Bände 1–10, Zürich: Artemis Verlag, 1945–1958.
Spitteler, Carl; Widmann, Joseph Viktor*: Briefwechsel*, hg. von Werner Stauffacher, Bern, Stuttgart, Wien: Paul Haupt, 1998.
Stauffacher: *Spitteler*: Stauffacher, Werner: *Carl Spitteler*, Zürich, München: Artemis, 1973.
Wieland, Magnus: Front gegen den Juden, in: *Republik*, 15. 7. 2021, www.republik.ch/2021/07/15/der-gecancelte-jude, 27. 7. 2021.
Wirtz, Irmgard M.: Wie Jonas Fränkels Nachlass mit dem Krypto-Nachlass Spitteler nach einem halben Jahrhundert ins Schweizerische Literaturarchiv fand, in: *Passim. Bulletin des Schweizerischen Literaturarchivs*, Nr. 27, 2021, S. 22 f.

Bildnachweise

S. 498	SLA Spitteler C-1-a-2/23.
S. 499	Peter Schmocker, PSI Software, Interlaken.
S. 500	Familienarchiv Loosli (Dank an Andrea Krebser-Loosli).
S. 501	Familienarchiv Fränkel (Dank an David Fränkel).
S. 502	Foto: Simon Schmid © Schweizerische Nationalbibliothek.
S. 503	Foto: Fritz Gurtner (Dank an Alice Gurtner).
S. 507	SLA-Loosli-Ms-B-Sq-6.1.24.
S. 509	SLA-Fraenkel-B-2-LOO 1934.
S. 516	Nebelspalter Nr. 6, 1933, S. 4.
S. 517	Nebelspalter Nr. 4, 1947, S. 20.
S. 520	Familienarchiv Loosli (Dank an Andrea Krebser-Loosli).
S. 521	Familienarchiv Fränkel (Dank an David Fränkel).

Personenregister

Wo Angaben fehlen (Vorname, Geburts- und Todesjahr, Kurzinformationen zur Person), konnten diese nicht eruiert werden. Gelegentlich werden Namensnennungen verzeichnet, die sich nicht direkt auf die Person beziehen, sondern zum Beispiel – im Fall von Albert Benteli – auf den Benteli-Verlag oder – im Fall von Gottfried Keller – auf Fränkels Keller-Ausgabe. Nicht verzeichnet sind die Namen von Autorinnen oder Autoren der zitierten Sekundärliteratur.

Abramowitsch, Rafail (1880–1963), russischer Politiker und Publizist. 163

Aeppli, Hans (1885–1978), Dr. iur., Staatsschreiber des Kantons Zürichs zwischen 1935 und 1950. 258, 260–264, 266 f., 294, 319

Ahab († 852 v. Chr.), König des Nordreichs Israel. 61

Altwegg, Wilhelm (1883–1971), ab 1936 ausserordentlicher Professor für deutsche Lyrik und Erzählung an der Universität Basel; Mitglied der zweiten Spitteler-Kommission des Eidgenössischen Departements des Innern (EDI), ab 1945 Mitherausgeber von Spittelers *Gesammelten Werken*. 323, 511

Antognini, Antonio (1893–1972), ab 1935 Nationalrat und ab 1943 Ständerat für die Schweizerische Konservative Volkspartei des Kantons Tessin. 338 f.

Aretino, Pietro (Aretin, 1492–1556), italienischer Schriftsteller, Verfasser unter anderem der «Wohllüstigen Sonette» (*Sonetti lussuriosi*). 212

Aristophanes (um 445 bis um 380 v. Chr.), Komödiendichter in Athen. 379 f.

Arnim, Bettina von (1785–1859), deutsche Schriftstellerin. 15, 18, 497

Asef, Jewno Fischelewitsch (1869–1918), sozialrevolutionärer Terrorist und gleichzeitig Mitarbeiter der zaristischen Geheimpolizei Ochrana. 163

Attlee, Clement (1883–1967), Premierminister Grossbritanniens zwischen 1945 und 1951. 379

Avenarius, Ferdinand (1856–1923), Lyriker, ab 1887 Herausgeber der Zeitschrift *Der Kunstwart* in München. 33 f., 406

Baechtold, Jakob (1848–1897), Literaturwissenschaftler, Professor für deutsche Literatur an der Universität Zürich, Nachlassverwalter und Biograf von Gottfried Keller. 139

Bally, Charles (1865–1947), zwischen 1913 und 1939 Professor für Allgemeine Sprachwissenschaft an der Universität Genf. 50

Barraud, François (1899–1934), Schweizer Kunstmaler. 126

Bartels, Adolf (1862–1945), deutscher Schriftsteller mit antidemokratischer und antisemitischer Haltung. 450

Bärtschi, Ernst (1882–1976), freisinnig-demokratischer Politiker, zwischen 1937 und 1951 Stadtpräsident von Bern. 390

Bassanesi, Giovanni (1905–1947), italienischer Antifaschist, Fotograf und Menschenrechtsaktivist. 122

Baumgartner, Heinrich (1889–1944), Sprachwissenschaftler und Mitbegründer des Sprachatlasses der deutschen Schweiz. 329

Baumgartner, Wilhelm (1820–1867), Musiker und Freund Gottfried Kellers. 219

Behrens, Eduard (Pseudonym von *Gottlieb Krähenbühl*, 1884–1944), Schweizer Journalist und Schriftsteller. 15, 37

Beidler, Franz W. (1901–1981), zwischen 1943 und 1972 Generalsekretär des Schweizerischen Schriftstellervereins. 441

Benteli, Albert (1867–1944), seit 1899 Buchdrucker und Verleger in Bümpliz. 9, 11, 13, 15, 22 f., 48, 94, 109, 128, 135, 137, 146, 155 f., 199, 215, 226, 228, 231, 235, 242, 244–249, 256, 259, 261–265, 267 f., 281 f., 289, 293 f., 302 f., 320, 328, 331–333, 340, 345, 348, 352, 368 f., 401, 409–411, 413–416, 425, 430, 436, 451, 497, 512

Benteli-Kaiser, Maria Bertha Candelaria (1867–1949), Ehefrau von Albert Benteli. 9, 11, 16, 18, 22 f., 35, 245, 282, 302 f., 328, 332 f., 369, 427, 480, 497 f.

Berger, Hans, Professor am Poehlmann-Institut in Zug, Sekretär der Gesellschaft zur Förderung der Fränkel'schen Gottfried-Keller-Ausgabe. 375

Bernoulli, Carl Albrecht (1868–1937), Schweizer Schriftsteller und protestantischer Theologe. 96

Bernoulli, Hans (1876–1959), Architekt und Professor an der ETH in Zürich, zwischen 1947 und 1951 für Basel-Stadt Nationalrat des Landesrings der Unabhängigen. 435

Beutler, Ernst (1885–1960), ab 1946 Professor für Neuere deutsche Literaturgeschichte in Frankfurt am Main, Goethe-Forscher. 411

Bie, Oscar (1864–1938), Publizist, zwischen 1894 und 1922 Herausgeber der *Neuen Deutschen Rundschau*. 27

Birkhäuser, Emil (1850–1930), Verleger in Basel, Loosli korrespondiert auch mit dessen Sohn Albert (1892–1978). 227, 246, 344, 351, 472

Bismarck, Otto von (1815–1898), zwischen 1871 und 1890 Reichskanzler des Deutschen Reichs. 169, 183

Bitzius, Albert (1797–1854), Pfarrer in Lützelflüh, Schriftsteller unter dem Pseudonym Jeremias Gotthelf. 32, 39, 90, 95, 111, 162, 296, 376, 422, 462, 506, 515

Blatter, Theodor E. (?–?). Verfasser einer Polemik gegen Fränkel in der Zeitung *Zürcher Student*. 156

Bloesch, Hans (1878–1945), Germanist und Journalist, seit 1927 Oberbibliothekar der Stadt- und Universitätsbibliothek Bern; Mitherausgeber der von Loosli 1911 initiierten Ausgabe von Jeremias Gotthelfs *Sämtlichen Werken*. 37, 76, 98, 128, 135 f., 156, 181, 375, 479

Boccaccio, Giovanni (1313–1375), italienischer Schriftsteller. 31

Bodmer, Hans (1863–1948), Germanist und Lehrer an der Gewerbeschule Zürich, Gründer des Lesezirkels Hottingen, Sekretär der Schweizerischen Schillerstiftung, Mitglied der ersten Spitteler-Kommission des EDI. 69 f., 94, 98, 110, 128 f., 135 f., 146 f., 149, 291, 511 f.

Bodmer, Martin (1899–1971), Privatgelehrter und Stifter des Gottfried-Keller-Preises in Zürich. 338

Boerlin, Ernst (1905–1975), Journalist und freisinniger Politiker des Kantons Basel-Landschaft, zwischen 1943 und 1963 Nationalrat. 389

Bohnenblust, Gottfried (1883–1960), Theologe und Literaturwissenschaftler, ab 1920 Professor für deutsche Sprache und Literatur an der Universität Genf, Präsident der zweiten Spitteler-Kommission, ab 1945 Mitherausgeber von Spittelers *Gesammelten Werken*. 49–52, 66, 72 f., 78, 94, 149, 323, 325, 355, 362, 370, 372, 392, 425, 511

Bolla, Plinio (1896–1963), zwischen 1925 und 1950 Bundesrichter. 402

Boor, Helmut de (1891–1976), zwischen 1930 und 1945 Professor für deutsche Sprache und Literatur an der Universität Bern, ab 1935 Mitglied der Nationalsozialistischen Deutschen Arbeiterpartei (NSDAP). 161

Böschenstein, Hermann (1905–1997), zwischen 1939 und 1950 Bundeshausredaktor der *National-Zeitung*. 339, 442

Bovet, Pierre (1878–1965), ab 1919 Professor für Erziehungswissenschaften in Genf, Jugendfreund C. A. Looslis. 481

Briner, Robert (1885–1960), zwischen 1935 und 1951 Regierungsrat des Kantons Zürich. 244

Brod, Max (1884–1968), Schriftsteller in Prag, Freund Franz Kafkas. 510 f.

Brüstlein, Alfred (1853–1924), Anwalt und Politiker in Bern, zwischen 1902 und 1911 SP-Nationalrat, als Verwaltungsratspräsident der Presseunion Bern 1907 zuständig für Looslis Anstellung bei der Tageszeitung *Berner Tagwacht*. 21, 23 f., 232, 269

Bührer, Jakob (1882–1975), Schweizer Schriftsteller und Freund Looslis, Programmgestalter und Hörspielautor beim Radio, Mitglied der Programmkommission der Büchergilde. 111 f., 128, 277, 353 f., 366, 392 f., 441, 452

Bührle, Emil G. (1890–1956), Mehrheitsaktionär der Werkzeugmaschinenfabrik Oerlikon, Waffenfabrikant und Kunstsammler. 411

Burckhardt, Jacob (1818–1897), Kulturhistoriker, Publizist, Professor für Geschichte und Kunstgeschichte an der Universität Basel. 111, 137, 287, 291, 318, 366, 491

Burdach, Konrad (1859–1936), Professor für deutsche Sprache und Literatur in Berlin. 165, 184, 440, 475

Burri, Eduard (1892–1985), Pfarrer in Bern. 278

Burzew, Wladimir Lwowitsch (1862–1942), russischer Publizist. 163

Cervantes, Miguel de (1547–1616), spanischer Schriftsteller. 14

Churchill, Winston (1874–1965), Premierminister Grossbritanniens zwischen 1940 und 1945 sowie 1951 und 1955. 379

Cicero, Marcus Tullius (106–43 v. Chr.), römischer Politiker und Schriftsteller. 183

Corneille, Pierre (1606–1684), französischer Dramatiker. 253

Dante, Alighieri (1265–1321), italienischer Dichter. 168

Däpp, Hans (1899–1933*)*, Fürsprecher in Bern-Bümpliz. 148

Daudet, Léon (1867–1942), französischer Schriftsteller, antideutscher Nationalist und Antisemit. 67, 81

Diederichs, Eugen (1867–1930), Verleger in Leipzig und Jena, ab 1898 gibt sein Verlag die Werke Carl Spittelers heraus. 15, 42, 78, 87, 89 f., 99, 104, 111, 117 f., 148, 156, 355, 410, 485 f.

Dimitroff, Stephan (1864–1943), gebürtiger Bulgare, Arzt, Journalist und Mitarbeiter der bulgarischen Gesandtschaft in Bern. 23

Dressler, Bruno (1879–1952), Gründer und bis 1933 Geschäftsführer der gewerkschaftlichen Büchergilde Gutenberg in Deutschland. Zwischen 1933 und 1946 Leiter der Genossenschaft Büchergilde Gutenberg in Zürich. 365 f.

Dübi-Müller, Gertrud (1888–1980), Fotografin und Kunstsammlerin, insbesondere von Werken Ferdinand Hodlers. 506

Dürer, Albrecht (1471–1528), deutscher Maler und Universalgelehrter. 131, 319

Dürrenmatt, Hugo (1876–1957), zwischen 1927 und 1946 Regierungsrat des Kantons Bern für die Bauern-, Gewerbe- und Bürgerpartei, zuständig für die Armen-, später die Justiz-, schliesslich die Finanzdirektion. 275, 359

Duttweiler, Gottlieb (1888–1962), Publizist, als Unternehmer Gründer der Migros, als Zürcher Politiker Gründer der Partei des Landesrings der Unabhängigen. 444

Eckermann, Johann Peter (1792–1854), deutscher Schriftsteller und Vertrauter Goethes. 54 f.

Egger, Karl (1881–1950), zwischen 1932 und 1938 Gesandter der Schweiz in Madrid. 191

Engel, Eduard (1851–1938), Sprach- und Literaturwissenschaftler in Berlin; Verfasser der *Deutschen Stilkunst* (1911). 63, 73, 169–172

Ermatinger, Emil (1873–1953), zwischen 1912 und 1943 Professor für deutsche Literatur an der Universität Zürich. 43, 96, 149, 190, 217, 229, 271, 360, 392, 524

Escher, Alfred (1819–1882), Zürcher Unternehmer und radikalliberaler Politiker. 118

Etter, Philipp (1891–1977), zwischen 1934 und 1959 als Bundesrat der Schweizerischen Konservativen Volkspartei Vorsteher des EDI und in dieser Funktion zuständig für den Spitteler-Nachlass. 159, 176 f., 184 f., 190, 200, 207, 238, 276, 280, 298, 300 f., 313 f., 325, 328, 338–340, 343, 348, 351 f., 362, 365, 372, 377–380, 386 f., 389 f., 392, 399, 406, 414, 419–421, 435, 441 f., 449, 455, 458–460, 483, 485, 490, 510 f., 516, 519

Faesi, Robert (1883–1972), Schriftsteller und ab 1922 Professor für neuere deutsche und schweizerische Literaturgeschichte an der Universität Zürich; Mitglied der zweiten Spitteler-Kommission des EDI, ab 1945 Mitherausgeber von Spittelers *Gesammelten Werken*. 96, 133, 141–147, 298, 323, 337–339, 355, 392, 511, 515 f., 523

Falke, Konrad (eigentlich *Karl Frey*, 1880–1942), Schweizer Schriftsteller, zwischen 1937 und 1940 zusammen mit Thomas Mann Herausgeber der Exilzeitschrift *Mass und Wert*, die im Oprecht-Verlag in Zürich erscheint. 278, 457

Fankhauser, Max (1890–1967), seit 1921 Hausarzt in Bümpliz. 446

Fazy, Henri (1842–1920), Nationalrat, Ständerat und in Genf Regierungsrat der radikal-demokratischen Partei. 53

Fechter, Paul (1880–1958), deutscher Schriftsteller und Kulturjournalist. 287 f.

Feer, Jakob (1918–1942), als Landesverräter hingerichteter Fourier der Schweizer Armee. 321

Feldmann, Markus (1897–1958), seit 1945 für die Bauern-, Gewerbe- und Bürgerpartei Regierungsrat des Kantons Bern, zuerst Vorsteher der Gemeinde- und Sanitätsdirektion, ab 1946 der Erziehungsdirektion, ab 1952 als Bundesrat Vorsteher des Justiz- und Polizeidepartements. 399, 459 f.

Feller-Richi, Adolf (1879–1931), Kaufmann und Unternehmer in Bümpliz. 30

Fiedler, Kuno (1895–1973), 1936 in die Schweiz geflüchteter deutscher Pfarrer aus dem Umfeld Thomas Manns. 278

Fischer, Theodor (1895–1957), 1931 Gründer der Nationalsozialistischen Eidgenössischen Arbeiterpartei (NSEAP). 160

Fleischhauer, Ulrich (1876–1960), nationalsozialistischer Publizist in Erfurt, als Gutachter der Frontisten 1934/35 Gegenspieler von Loosli im Prozess um die *Protokolle der Weisen von Zion*. 175, 181

Follen, August Adolf Ludwig (1794–1855), deutscher Schriftsteller, Mentor von Gottfried Keller. 294, 513

Fonjallaz, Arthur (1875–1944), faschistischer Politiker, Namensgeber der Fonjallaz-Initiative für ein Verbot der Freimaurerei (1937). 165, 199, 206, 218

Fontane, Theodor (1819–1898), deutscher Schriftsteller. 61

Ford, Henry (1863–1947), Gründer des Automobilkonzerns Ford in den USA, antisemitischer Publizist. 80

Förster-Nietzsche, Elisabeth (1846–1935), Schwester und Nachlassverwalterin von Friedrich Nietzsche, Herausgeberin von dessen Werken sowie Gründerin und Leiterin des Nietzsche-Archivs in Weimar. 19, 39

France, Anatole (1844–1924), französischer Schriftsteller. 86

Francke, Alexander (1853–1925), Verleger in Bern. 23, 146, 210, 330, 441

Fränkel, Dora (1881–1971), Schwester Jonas Fränkels, Kinderärztin in Berlin, verheiratet mit dem Arzt Josef Bergmann. Im Juli 1939 emigriert das Paar nach St. Louis in die USA. 29, 225, 234, 243

Fränkel, Eleazar (*Lazar*, 1846–1934), Kaufmann in Krakau, Vater von Jonas Fränkel. 161, 214, 237

Fränkel-Wilisch, Erika (1894–1992), Ehefrau von Jonas Fränkel. 51, 57, 62, 65, 83, 100, 105 f., 109, 138, 142, 153, 177, 196, 231, 237, 246, 275, 312, 314, 316, 364, 382, 384, 402, 420, 424, 431, 434, 437, 451 f., 454, 461, 478, 480, 492, 496, 504, 521

Fränkel, Felix Heinrich (1923–2000), Architekt ETH SIA, älterer Sohn von Jonas und Erika Fränkel-Wilisch. 196, 237, 312, 381, 402, 430, 432 f., 459, 481, 521

Fränkel-Pitzele, Rebecca (1854–1915), Mutter von Jonas Fränkel. 214

Fränkel, Salomo (1929–2018), Musiker, jüngerer Sohn von Jonas und Erika Fränkel-Wilisch. 100, 196, 237, 240, 251, 312, 402, 425, 430, 432 f., 453, 521

Fränkel(-Wald), Sidonia (*Sedonia* oder *Süssel*, 1891–1942), jüngste Schwester Jonas Fränkels, verheiratet mit Alexandre Wald. 316 f.

Frankfurter, David (1909–1982), Medizinstudent in Bern, erschiesst am 4. Februar 1936 in Davos den Landesgruppenleiter der NSDAP Wilhelm Gustloff. 188 f.

Franzos, Karl Emil (1848–1904), österreichischer Schriftsteller mit speziellem Interesse für das Ostjudentum, seit 1886 Herausgeber der Zeitschrift *Deutsche Dichtung*, die zwischen 1899 und 1904 Gedichte Jonas Fränkels veröffentlicht. 215

Frey, Adolf (1855–1920), Professor für deutsche Literatur an der Universität Zürich. 103, 159

Frey-Beger, Lina (1853–1942), Philologin und Historikerin, als Witwe von Adolf Frey 1933 Herausgeberin des Briefwechsels zwischen ihrem Mann und Carl Spitteler. 103

Friedli, Emanuel (1846–1939), Bärndütsch-Dialektologe, Publizist, Lehrer und Pfarrer. 330

Friedrich der Grosse (Friedrich II., 1712–1786), König von Preussen. 169

Frölicher, Hans (1887–1961), Botschafter der Schweiz in Berlin zwischen 1938 und 1945. 396 f.

Furtwängler, Wilhelm (1886–1954), deutscher Dirigent und Komponist. 392

Galilei, Galileo (1561–1642), italienischer Universalgelehrter. 233, 354

Gapon, Georgi Apollonowitsch (1870–1906), Pope und wichtiger Aktivist in der russischen Revolution von 1905, daneben Agent provocateur des zaristischen Geheimdiensts Ochrana. 163

Geiser, Karl (1862–1930), ab 1904 ausserordentlicher Professor für bernisches Verfassungs- und Staatsrecht an der Universität Bern, Vater des Bildhauers Karl Geiser. 112

Geiser, Karl (1898–1957), Schweizer Bildhauer. 112

George, Stefan (1868–1933), deutscher Lyriker. 85, 111

Gfeller, Fritz (1898–1977), ab 1926 Lehrer in Bümpliz. 478

Gfeller, Simon (1868–1943), Schweizer Schriftsteller. 160, 328 f.

Giacometti, Zaccaria (1893–1970), Professor der Rechtswissenschaften an der Universität Zürich. 469 f.

Glatt, Louis (1885–1978), Jurist und Geschäftsmann, Mitglied der ersten Spitteler-Kommission des EDI. 110, 135

Godet, Marcel (1877–1949), zwischen 1909 und 1945 Direktor der Schweizerischen Landesbibliothek, Jugendfreund Looslis. 278 f., 292

Goebbels, Joseph (1897–1945), nationalsozialistischer Reichsminister für Volksaufklärung und Propaganda. 450

Goethe, Johann Wolfgang (1749–1832), deutscher Schriftsteller. 15, 22, 29–31, 33, 45, 54 f., 60, 67, 108, 111, 129, 135, 162, 190, 207, 216, 218, 247 f., 252, 392, 411, 428 f., 440 f., 455 f., 475, 483, 489, 493, 496 f., 502, 511, 515, 519, 524

Goeze, Johann Melchior (1717–1786), orthodoxer lutherischer Theologe in Hamburg und Gegenspieler von Lessing. 326

Göring, Hermann (1893–1946), führender nationalsozialistischer Politiker. 165, 273

Gotthelf, Jeremias vgl. Bitzius, Albert.

Graf, Hans (1905–1982), Journalist, zwischen 1933 und 1940 Redaktor bei der *Nation*, dann Wechsel zum *Schweizer Jungbauern*. 186, 213, 283

Greminger, Walter (1917–1992), Reklameberater in Zürich, freiwirtschaftlicher Kantonsrat zwischen 1943 und 1947, Mitglied des Aktionskomitees der Gesellschaft zur Förderung der Fränkel'schen Gottfried-Keller-Ausgabe. 293, 350

Greulich, Herman (1842–1925), Gewerkschaftler und sozialdemokratischer Politiker in Zürich. 269

Greyerz, Otto von (1863–1940), Schriftsteller, zwischen 1916 und 1933 Professor für Methodik des Deutschunterrichts und für Sprache und Literatur der deutschen Schweiz an der Universität Bern. 53, 91, 95–97, 99, 160, 328–330

Grimm, Jacob (1785–1863), deutscher Sprach- und Literaturwissenschaftler. 165

Grimm, Robert (1881–1958), sozialdemokratischer Politiker und Publizist, zwischen 1909 und 1918 Chefredaktor der *Berner Tagwacht*. 270

Grossen, Friedrich (1868–1939), zwischen 1893 und 1913 Vorsteher der Zwangserziehungsanstalt Trachselwald. 393 f.

Grün, Oscar (1890–1953), 1917 Gründer und bis 1940 Redaktor der Jüdischen Pressezentrale in Zürich. 203, 218

Guggenheim, Werner Johannes (1895–1946), Schriftsteller und Präsident der Gesellschaft Schweizerischer Dramatiker. 453

Guggisberg, Hans (1880–1977), ab 1912 Professor für Geburtshilfe und Gynäkologie an der Universität Bern, Direktor des Berner Frauenspitals. 275

Guggisberg, Paul (1881–1946), zwischen 1926 und 1945 Regierungsrat des Kantons Bern für die Bauern-, Gewerbe- und Bürgerpartei, zuständig für die Finanz- und Militärdirektion. 222, 399

Gurtner, Othmar (1895–1958), Verleger des Aare-Verlags in Bern. 354–356

Gustloff, Wilhelm (1895–1936), Landesgruppenleiter der NSDAP-Auslandsorganisation in der Schweiz. 188

Haab, Robert (1893–1944), bis 1929 Extraordinarius an der Universität Bern, danach Professor für Zivilrecht und Rechtsgeschichte an der Universität Basel. 105

Hablützel, Albert (1865–1940), Redaktor beim *Neuen Winterthurer Tagblatt*. 208

Hafner, Karl (1878–1947), zwischen 1929 und 1943 freisinniger Regierungsrat des Kantons Zürich, zuerst Justiz- und Polizei-, ab 1935 Erziehungsdirektor. 293–296, 298, 319, 352, 403, 513

Haller, Albrecht von (1708–1777), Schweizer Wissenschaftler, Publizist und Dichter. 71, 291

Hanselmann, Heinrich (1885–1960), Schweizer Heilpädagoge. 107

Harden, Maximilian (1861–1927), Publizist und zwischen 1892 und 1922 Herausgeber der Zeitschrift *Die Zukunft*. 189, 216

Hasler, Eugen (1884–1965), ab 1937 Bundesrichter, 1945 Mitglied des Schiedsgerichts im «Spittelerhandel». 388, 402, 470

Haupt, Paul (1889–1978), Buchhändler und Verleger, freisinniger Politiker in Stadt und Kanton Bern. 278, 355, 430

Hauser, Fritz (1884–1941), sozialdemokratischer Nationalrat und als Basler Regierungsrat zwischen 1918 und 1941 Vorsteher des Erziehungsdepartements. 190

Hebel, Johann Peter (1760–1826), deutscher Schriftsteller. 179

Heer, Jakob August (1867–1922), Schweizer Bildhauer und Medailleur. 34

Heine, Heinrich (1797–1856), deutscher Schriftsteller. 22, 54, 72, 173, 189, 216, 218, 252, 286 f., 449 f., 456, 483, 488, 511, 515

Helbling, Carl (1897–1966), Germanist, Gymnasiallehrer und später ausserordentlicher Professor an der ETH Zürich. Ab 1942 Nachfolger von Fränkel als Herausgeber von Keller: SW. 162, 271, 320, 328, 335, 338, 344 f., 352, 360, 409 f., 428, 440, 446, 458, 465–467, 512, 519

Herbertz, Richard (1878–1959), zwischen 1910 und 1948 Professor für allgemeine Philosophie an der Universität Bern. 371

Herder, Johann Gottfried (1744–1803), deutscher Dichter. 207, 429

Herriot, Édouard (1872–1957), französischer Politiker der Radikalen Partei und dreimal Regierungschef Frankreichs. 68

Hertz, Wilhelm Ludwig (1822–1901), Buchhändler und Verleger in Berlin. 24

Herwegh, Georg (1817–1875), deutscher Schriftsteller und Revolutionär. 183

Hesse, Hermann (1877–1962), deutscher Schriftsteller. 457

Hettner, Hermann (1821–1882), Literatur- und Kunsthistoriker, Freund Gottfried Kellers. 224

Heuberger, Hanns (1899–1977), Jurist in Bern, ehemaliger Student von Fränkel. 474, 494

Heuss, Theodor (1884–1963), Publizist und Politikwissenschaftler, zwischen 1949 und 1959 erster Bundespräsident der Bundesrepublik Deutschland. 484 f.

Heyse, Paul (1830–1914), deutscher Schriftsteller. 24

Hindenburg, Paul von (1847–1934), 1925–1934 deutscher Reichspräsident. 135

Hitler, Adolf (1889–1945), deutscher Politiker. 67, 135, 140, 164, 169, 183, 196, 203, 221, 223, 225 f., 257, 272 f., 276, 288 f., 316, 357, 392 f., 398, 411, 445, 451, 512, 517

Hodel, Mitglied der Berner Literaturszene um 1915. 37

Hodler, Ferdinand (1853–1918), Schweizer Kunstmaler. 32–35, 37 f., 45, 49, 54 f., 57, 59, 61 f., 112 f., 119 f., 153, 157, 185, 199, 207 f., 222, 246 f., 266, 278, 281, 291 f., 296, 303 f., 308, 318 f., 326–328, 331 f., 334, 354, 356, 361, 375 f., 392, 395, 401 f., 431 f., 458, 462, 466 f., 469–471, 478, 490 f., 503, 506, 508, 518, 523

Hoffmann, Karl Emil (1874–1957), Kulturhistoriker, katalogisiert 1935/36 in der Landesbibliothek den Spitteler-Nachlass. 180, 278 f.

Hohl, Ludwig (1904–1980), Schweizer Schriftsteller. 425 f., 448

Huch, Ricarda (1864–1947), deutsche Schriftstellerin. 11 f., 228

Huggler, Max (1903–1994), von 1946 bis 1973 Professor für Kunstgeschichte an der Universität Bern, zwischen 1944 und 1965 Direktor des Kunstmuseums Bern. 467

Humm, Rudolf Jakob (1895–1977), Schriftsteller in Zürich. 438, 443, 451, 496, 525

Hürlimann, Hans (1891–1974), Eigentümer der gleichnamigen Bierbrauerei in Zürich. 481

Hürlimann, Martin (1897–1984), Schweizer Verleger, gründet 1930 in Berlin den Atlantis-Verlag, dessen Hauptsitz er 1939 nach Zürich verlegt. 306, 313

Hunziker, Fritz (1886–1960), Rektor des Zürcher Literaturgymnasiums, freisinniger Kantonsrat. 293

Ilg, Paul (1875–1957), Schweizer Schriftsteller. 457

Imer, Florian (1898–1981), Richter am Obergericht des Kantons Bern, Beisitzer im Ehrverletzungsprozess Leonhardt contra Loosli 1938. 256

Indermühle, Karl (1877–1933), Architekt in Bern. 59

Iwan III. (Iwan der Grosse, 1440–1505), Grossfürst von Moskau und erster russischer Zar. 187

Jaeckle, Erwin (1909–1997), Lektor im Atlantis-Verlag, zwischen 1943 und 1971 Chefredaktor der Tageszeitung *Die Tat*, zwischen 1947 und 1962 Nationalrat für den Landesring der Unabhängigen. 306

Janko, Samuel Leo (?–1958), doktoriert 1913 an der Universität Bern über Goethes *Wilhelm Meister*, später in Zürich als Kaufmann tätig, Mitglied des Aktionskomitees der Gesellschaft zur Förderung der Fränkel'schen Gottfried-Keller-Ausgabe. 121, 349

Kafka, Franz (1883–1924), Schriftsteller in Prag. 510

Kägi, Werner (1901–1979), Professor für mittlere und neuere Geschichte an der Universität Basel. 147

Kant, Immanuel (1724–1804), deutscher Philosoph. 67, 207

Keckeis, Gustav (1884–1967), Schriftsteller, Mitglied der zweiten Spitteler-Kommission des EDI. 323

Keller, Alfred (1882–1961), zwischen 1919 und 1955 Auslandredaktor des *Bund*. 323, 335

Keller, Augustin (1805–1883), freisinniger National- und Ständerat sowie Regierungsrat im Kanton Aargau. 118

Keller, Gottfried (1819–1890), Schweizer Schriftsteller. 11, 25, 43, 46, 49, 54, 57 f., 60 f., 66, 73 f., 76, 78, 84, 88–90, 92, 94 f., 98 f., 105, 109–111, 123, 127 f., 130–133, 136, 138 f., 145, 149, 155, 157, 159, 161 f., 165, 174, 177 f., 182, 184, 190, 195, 197, 199, 203–205, 207 f., 210, 213, 216 f., 219, 224, 226–229, 231, 235 f., 241–243, 247–249, 252, 256, 258–263, 268, 271, 281 f., 286, 288–291, 293–299, 302, 306–308, 312 f., 319–321, 328 f., 331 f., 335–338, 340 f., 344 f., 348 f., 351 f., 360, 364, 370, 381, 390, 399, 401, 406, 409–412, 414–416, 418, 428–430, 438–440, 446, 450, 455, 458, 460 f., 465 f., 469 f., 474–476, 486, 495, 502, 505, 508, 511–513, 515–519, 525

Kerr, Alfred (1867–1948), deutscher Schriftsteller und Journalist. 61

Kippenberg, Anton (1874–1950), ab 1905 Leiter des Insel Verlags in Leipzig. 86 f., 98

Klee, Paul (1879–1940), deutscher Kunstmaler. 350

Kleffens, Eelco Nicolaas van (1894–1983), zwischen 1939 und 1946 Aussenminister der Niederlande. 288

Kleiber, Otto (1883–1969), zwischen 1919 und 1953 Feuilletonredaktor der *National-Zeitung*. 305, 326, 391

Klinckerfuss, Margarethe (1877–1959), deutsche Pianistin. 443

Knuchel, Eduard Fritz (1891–1966), zwischen 1917 und 1956 Feuilletonredaktor der *Basler Nachrichten*. 228

Kober, Paul (1873–1947), Buchhändler in Bümpliz und Freund Looslis. 287 f.

Koigen, David (1879–1933), promoviert 1901 an der Universität Bern in Philosophie und lebt später als Kulturphilosoph und Soziologe in Berlin. Zwischen 1925 und 1927 Herausgeber der Zeitschrift *Ethos*. 95, 132, 164

Konrad von Masowien (Konrad I., um 1187–1247), Herzog von Masowien im heutigen Polen. 168

Korrodi, Eduard (1885–1955), zwischen 1914 und 1950 Feuilletonchef der *Neuen Zürcher Zeitung* (NZZ). 45, 49, 94, 96, 142, 190, 271, 360, 390

Kraus, Karl (1874–1936), österreichischer Schriftsteller und Publizist. 189

Kübler, Arnold (1890–1983), Schweizer Schriftsteller und Journalist, 1941 Gründer der Zeitschrift *Du*. 286

Kuhn, Heinrich (1903–1995), ab 1930 Redaktor, zwischen 1964 und 1974 Chefredaktor der *National-Zeitung*. 327

Landmann-Kalischer, Edith (1877–1951), deutsche, in Basel lebende Philosophin. 57, 60 f., 77, 95

Landmann, Julius (1877–1931), aus Lemberg stammender Nationalökonom, 1910–1927 Professor an der Universität Basel. 60

Lang, Carl Emil (1876–1963), ab 1925 Leiter des Francke-Verlags in Bern. 210

Lang, Siegfried (1887–1970), Schweizer Schriftsteller. 15

Langhans, Friedrich (Fritz, 1869–1931), Generalprokurator (erster Anwalt) des Kantons Bern und Freund Looslis. 59, 133 f., 376, 394

Lauber, Cécile (1887–1981), Schweizer Schriftstellerin, Ehefrau von Werner Lauber. 411, 423

Lauber, Werner (1887–1967), ab 1929 Bundesrichter am Eidgenössischen Versicherungsgericht in Luzern, Mitglied der zweiten Spitteler-Kommission des EDI, Ehemann von Cécile Lauber. 323–325, 411, 420, 423, 458

Lauchenauer, Eduard (1897–1985), zwischen 1927 und 1942 Chefredaktor des *Aargauer Tagblatts*. 290 f.

Lauterburg, August (1847–1917), Redaktor der *Weltchronik* in Bern. 23

Lauterburg, Emil (1861–1907), Kunstmaler in Bern. 36

Laval, Pierre (1883–1945), zwischen 1940 und 1944 Regierungschef des Vichy-Regimes in Frankreich. 323

Lavater, Johann Caspar (1741–1801), Schweizer Pfarrer und Schriftsteller. 296

Leo XII. (1760–1829), Papst. 67

Leonhardt, Ernst (1885–1945), führender Politiker der Frontenbewegung in der Schweiz. 221, 322, 389, 391, 403, 416

Lessing, Gotthold Ephraim (1829–1781), deutscher Schriftsteller. 67, 96, 207, 326

Leuch, Georg (1888–1959), Bundesrichter aus Bern. 385, 402

Lifschitz, Boris (1879–1967), seit 1912 Rechtsanwalt in Bern, ab 1933 Ankläger im Berner Prozess um die *Protokolle der Weisen von Zion*. 163

Lifschitz, Feitel (1875–1947), geboren in Russland, 1907 habilitiert an der Universität Bern, Privatdozent der Nationalökonomie. 23

Loosli, Annemarie (Meyeli, 1912–1995), Mitarbeiterin bei der Oberzolldirektion, ältere Tochter von C. A. und Ida Loosli-Schneider. 125, 196, 239, 300, 402, 448, 480, 520

Loosli, Fritz Albert (1907–1994), Betriebsleiter der Suchard-Niederlassung in San Sebastian, jüngster Sohn von C. A. und Ida Loosli-Schneider. 191, 239, 249, 397, 446 f., 520

Loosli, Hans (1903–1978), Koch, ältester Sohn von C. A. und Ida Loosli-Schneider. 239, 300, 315, 520

Loosli-Schneider, Ida-Rosa (1882–1950), Ehefrau von C. A. Loosli. 13, 19, 23, 45, 48, 59, 62, 76, 109, 116, 125–127, 185, 239, 300, 351, 402, 404, 432, 437 f., 446, 448 f., 453 f., 461, 520

Loosli, Klara, Frau von Hans Loosli. 300, 520

Loosli, Kurt (1931–2021), Grosssohn von C. A. Loosli. 402, 448, 453, 466, 487, 520

Loosli, Susanna Katharina (Käteli, 1920–1993), Verkäuferin im Zigarrenladen des Warenhauses Loeb in Bern, jüngere Tochter von C. A. und Ida Loosli-Schneider. Sie wandert im Winter 1950/51 in den Iran aus. 239, 402, 446 f., 449, 520

Loosli, Peter (* 1939), Grosssohn von C. A. Loosli. 466

Loosli, Rudolf (1905–?), eidgenössischer Beamter, zweitältester Sohn von C. A. und Ida Loosli-Schneider. 26, 239, 402, 520

Loosli, Verena (Vreneli, * 1933), Tochter von Rudolf Loosli. 453, 520

Löpfe-Benz, Ernst (1878–1970), Verleger in Rorschach und zwischen 1931 und 1945 freisinniger Ständerat, unter anderem Herausgeber der Zeitschrift *Nebelspalter*. 246, 339 f., 347, 401, 472, 516

Ludendorff, Erich (1865–1937), deutscher General und Politiker. 67

Lunatscharski, Anatoli Wassiljewitsch (1875–1933), Politiker und Publizist, lebt zwischen 1895 und 1915 in der Schweiz, ab 1917 erster sowjetischer Volkskommissar für das Bildungswesen, übersetzt unter anderem Werke von Spitteler ins Russische. 163

Luther, Hans (1879–1962), 1925/26 Reichskanzler des Deutschen Reichs. 68

Luther, Martin (1483–1546), deutscher Reformator. 67

Mächler, Robert (1909–1996), Schweizer Schriftsteller und Journalist. 476

Malche, Albert (1876–1956), Professor für Pädagogik an der Universität Genf, zwischen 1927 und 1930 als Staatsrat Erziehungsdirektor des Kantons Genf, anschliessend bis 1951 freisinniger Ständerat. 49 f., 52 f., 284, 339

Mandach, Conrad von (1870–1951), Kunsthistoriker, zwischen 1920 und 1943 Konservator am Kunstmuseum Bern. 304

Mann, Heinrich (1871–1950), deutscher Schriftsteller. 196

Mann, Thomas (1875–1955), deutscher Schriftsteller, zwischen 1937 und 1940 zusammen mit Konrad Falke Herausgeber der Exilzeitschrift *Mass und Wert*, die im Oprecht Verlag in Zürich erscheint. 195 f., 278

Marti, Fritz (1866–1914), ab 1899 Leiter der Feuilletonredaktion der NZZ. 215

Marti, Hugo (1893–1937), Schriftsteller, seit 1922 Feuilletonredaktor beim *Bund*. 89, 128, 144, 147

Maurras, Charles (1868–1952), französischer Schriftsteller, rechtsextremer Publizist. 81

Maync, Harry (1874–1947), ab 1907 Professor für deutsche Literatur an der Universität Bern, wird 1929 an die Universität Marburg berufen. 30, 35, 94 f., 216

Melliger, Alphonse (1905–1966), Publizist und Adjunkt im EDI. 185

Memling, Hans (um 1435–1494), deutscher Kunstmaler in Brügge. 243

Mendelssohn, Moses (1729–1786), deutscher Philosoph. 96, 214

Menn, Barthélemy (1815–1893), Schweizer Landschaftsmaler in Genf, Lehrer von Ferdinand Hodler. 319

Merckling, Georg Albert (1895–1958), Jurist, Zeichner, Illustrator und Maler, Freund von Fränkel und Loosli. 344, 374 f.

Merz, Leo (1869–1952), zwischen 1915 und 1934 als freisinniger Regierungsrat des Kanton Berns zuerst Justiz-, später Erziehungsdirektor; Mitglied der ersten Spitteler-Kommission des EDI. 59, 97, 110, 216, 394

Messinger, Josef (1880–1950), zwischen 1914 und 1940 Prediger, Kantor und Religionslehrer der Israelitischen Kultusgemeinde Bern. 77, 88, 450

Meuli, Hans (1916–1978), Gymnasiallehrer in Chur, Mitglied der Gesellschaft zur Förderung der Fränkel'schen Gottfried-Keller-Ausgabe. 374

Meyer, Albert (1870–1953), ab 1915 NZZ-Chefredaktor und Nationalrat, zwischen 1929 und 1938 Bundesrat, Vorsteher des EDI bis 1934, in dieser Funktion zuständig für die Schenkung des Spitteler-Nachlasses an die Eidgenossenschaft. 109 f., 140–142, 149–151, 156, 158 f., 176, 180, 184, 407 f.

Meyer, Conrad Ferdinand (1825–1898), Schweizer Schriftsteller. 95, 217 f., 254, 291, 328, 369, 406, 429, 489, 519

Meyer-Benteli, Hans (1897–1956), Schwiegersohn Albert Bentelis und ab 1938 dessen Nachfolger als Leiter von Verlag und Druckerei Benteli in Bümpliz. 226, 231, 245, 268, 302, 350, 409, 415, 430, 487, 512

Meyer, Richard M. (1860–1914), deutscher Germanist. 39

Meyer, Walter (1885–1941), Gerichtspräsident am Richteramt V in Bern. 152

Miller, Oscar (1862–1934), Direktor der Papierfabrik Biberist, Kunstsammler, Publizist. 26

Millevoye, Lucien (1850–1918), französischer Journalist und Politiker, antisemitischer Nationalist. 67

Minger, Rudolf (1881–1955), als Bundesrat der Bauern-, Gewerbe- und Bürgerpartei zwischen 1929 und 1940 Vorsteher des Militärdepartements. 108

Minor, Jakob (1855–1912), Professor für deutsche Sprache und Literatur an der Universität Wien. 475

Moeckli, Georges (1889–1974), zwischen 1938 und 1954 sozialdemokratischer Regierungsrat des Kantons Bern, Vorsteher der Fürsorgedirektion. 276, 359

Moeschlin, Felix (1882–1969), Schriftsteller, zwischen 1924 und 1942 Präsident des Schweizerischen Schriftstellervereins SSV, zwischen 1939 und 1947 Nationalrat für den Landesring der Unabhängigen. 149, 220, 339

Moine, Virgile (1900–1987), zwischen 1948 und 1966 als freisinniger Regierungsrat des Kantons Bern zuerst Justizdirektor, ab 1951 Erziehungsdirektor. 490

Molière (1622–1673), französischer Schriftsteller. 12, 400

Montgomery, Bernard Law (1887–1976), britischer Berufsoffizier, 1944 alliierter Generalfeldmarschall an der Westfront im Zweiten Weltkrieg. 358

Moor, Carl Vital (1852–1932), zwischen 1889 und 1920 in Bern Gewerkschafter, Politiker und bis 1906 Redaktor der *Berner Tagwacht*. 163, 269

Moos, Max (1880–1976), ab 1906 Galerist in Genf. 126

Morgenthaler, Ernst (1887–1962), Schweizer Kunstmaler und Grafiker, Bruder von Otto Morgenthaler. 469 f., 476

Morgenthaler, Otto (1886–1973), Honorarprofessor an der veterinärmedizinischen Fakultät der Universität Bern, Bruder von Ernst Morgenthaler. 470, 494

Motta, Giuseppe (1871–1940), als Bundesrat der Schweizerischen Konservativen Volkspartei zwischen 1912 und 1919 Vorsteher des Finanz-, danach bis zu seinem Tod des Politischen Departements (heute Departement für auswärtige Angelegenheiten). 182, 231 f., 276, 397, 403

Mouttet, Henri (1883–1975), zwischen 1928 und 1948 freisinniger Regierungsrat des Kantons Bern, zuerst zuständig für das Gemeinde- und Sanitätswesen, ab 1945 für die Justizdirektion. 275

Mühlestein, Hans (1887–1969), Schweizer Schriftsteller und Kunsthistoriker, der unter anderem über Ferdinand Hodler publiziert. 15, 326 f.

Muirhead, James Fullarton (1853–1934), britischer Schriftsteller, Herausgeber und Übersetzer von Werken Carl Spittelers. 81

Müller, Albert, Verleger in Zürich. 136

Müller, Guido (1875–1963), sozialdemokratischer Nationalrat zwischen 1925 und 1943 und Stadtpräsident von Biel zwischen 1921 und 1947. 374

Müller, Gustav (1860–1921), Notar und zwischen 1895 und 1920 sozialdemokratischer Gemeinderat der Stadt Bern. 269

Münger, Rudolf (1862–1929), Kunstmaler in Bern. 117

Murger, Henri (1822–1861), französischer Schriftsteller. 32

Muschg, Walter (1898–1965), ab 1936 Professor für deutsche Sprache und Literatur in Basel, zwischen 1939 und 1943 Nationalrat für den Landesring der Unabhängigen. 190, 328, 337, 513

Musil, Robert (1880–1942), österreichischer Schriftsteller. 524

Mussolini, Benito (1883–1945), faschistischer Ministerpräsident in Italien. 140

Nadler, Josef (1884–1963), österreichischer Germanist und Literaturhistoriker, Professor in Freiburg i. Ue., Königsberg und ab 1931 in Wien. 92, 95 f.

Naef, Karl (1894–1959), Jurist, zwischen 1923 und 1940 Sekretär des Schweizerischen Schriftstellervereins (SSV), Mitglied der ersten Spitteler-Kommission des EDI. 110

Neuhaus, Max (1872–1957), Notar und Fürsprecher in Biel, Obergerichtspräsident. 347, 386 f.

Nietzsche, Friedrich (1844–1900), deutscher Philosoph. 19, 25–27, 39, 69, 207, 406

Nobs, Ernst (1886–1957), bis 1935 Chefredaktor der sozialdemokratischen Tageszeitung *Volksrecht* in Zürich, ab 1919 Nationalrat, ab 1935 Regierungsrat im Kanton Zürich, ab 1942 Stadtpräsident von Zürich und zwischen 1944 und 1951 erster sozialdemokratischer Bundesrat der Schweiz. 258, 260 f., 263 f., 266, 269, 441, 461

Nussberger, Max (1879–1943), Herausgeber von *Kellers Werken*, zwischen 1921 und 1940 Ordinarius für deutsche Literatur an der Universität in Riga. 50, 306, 313, 513

Oeri, Albert (1875–1950), Chefredaktor der *Basler Nachrichten* und zwischen 1931 und 1949 freisinniger Nationalrat. 170

Oprecht, Emil (1895–1952), in Zürich Buchhändler (Oprecht & Helbling) und Verleger (Verlag Oprecht und Europa Verlag), Bruder von Hans Oprecht. 192, 235, 256, 278, 347, 354, 357, 472

Oprecht, Hans (1894–1978), von 1936 bis 1952 Präsident der Sozialdemokratischen Partei der Schweiz, zwischen 1925 und 1963 Nationalrat für den Kanton Zürich, als Nachfolger von Bruno Dressler zwischen 1946 und 1953 Geschäftsleiter der Büchergilde Gutenberg, Bruder von Emil Oprecht. 430, 458 f., 461 f., 467, 490, 492

Ostertag, Fritz (1868–1948), zwischen 1926 und 1938 Direktor des Internationalen Amtes für Geistiges Eigentum, Mitglied der ersten Spitteler-Kommission des EDI. 110

Ott, Arnold (1840–1910), Schweizer Dramatiker. 291

Paracelsus (1493–1541), Schweizer Arzt und Naturphilosoph. 296

Pestalozzi, Johann Heinrich (1746–1826), Schweizer Pädagoge. 139, 291, 296

Pétain, Philippe (1856–1951), zwischen 1940 und 1944 Staatschef des Vichy-Regimes in Frankreich. 381

Peter der Grosse (Peter I., 1672–1725), Zar von Russland. 187 f.

Peter, Otto (1887–1967), Oberrichter, später Obergerichtspräsident in Bern. 322, 381, 389, 403, 409, 413, 441

Petersen, Julius (1878–1941), ab 1920 Professor für Neuere deutsche Literaturgeschichte an der Universität Berlin. 389, 391, 440, 445, 475

Petitpierre, Max (1899–1994), als freisinniger Bundesrat von 1944 bis 1961 Vorsteher des Politischen Departements (heute Departement für auswärtige Angelegenheiten). 442

Pfau, Ludwig (1821–1894), deutscher Publizist und 1848er-Revolutionär. 183

Pfefferkorn, Johannes (1469 bis um 1522), deutscher Jude, der zum Christentum konvertiert und als katholischer Theologe antijüdische Streitschriften verfasst. 69

Pickel, Johann Franz (1865–1953), Angestellter der Benteli A. G. 368

Pilet-Golaz, Marcel (1889–1958), ab 1928 freisinniger Bundesrat, der bis 1930 dem EDI, danach bis 1940 dem Post- und Eisenbahndepartement und schliesslich bis 1944 dem Politischen Departement vorsteht (heute Departement für auswärtige Angelegenheiten). 108 f., 276, 280, 367

Platen, August von (1796–1835), deutscher Dichter. 83

Platten, Fritz (1883–1942), ursprünglich sozialdemokratischer Politiker in St. Gallen, 1921 Mitgründer der Kommunistischen Partei der Schweiz, emigriert 1923 in die Sowjetunion, wo er 1942 als Opfer einer stalinistischen Säuberung erschossen wird. 163

Plattner, Walter (1893–1922), Kunstmaler in Bern. 453

Plechanow, Georgi Walentinowitsch (1856–1918), russischer Sozialrevolutionär, der zwischen 1880 und 1917 meistens in Genf lebt. 163, 187

Pochon-Jent, Fritz (1875–1950), ab 1915 Verleger der Tageszeitung *Der Bund* in Bern. 335

Pyritz, Hans Werner (1905–1958), deutscher Literaturwissenschaftler, 1942 Nachfolger von Julius Petersen als Professor für Neuere deutsche Literaturgeschichte an der Universität Berlin; ab 1950 Mitherausgeber der Zeitschrift *Euphorion*. 440, 465

Quisling, Vidkun (1887–1945), norwegischer Ministerpräsident zwischen 1942 und Mai 1945, im Oktober des gleichen Jahres hingerichtet. Weil er im Dienst von Nazideutschland eine Marionettenregierung geführt hat, steht sein Name für einen Verräter. 323, 381

Rabinovich, Gregor (1884–1958), aus Russland stammender, seit 1914 in Zürich tätiger Grafiker und Karikaturist. 515

Racine, Jean (1639–1699), französischer Schriftsteller. 253

Rampolla del Tindaro, Mariano (1843–1913), Kardinalstaatssekretär unter Papst Leo XIII. 67

Ramseyer, Ernst (1895–1944), Notar in Bern, unter anderem Willensvollstrecker von Ferdinand Hodler, Freund Looslis. 314, 345

Ramuz, Charles-Ferdinand (1878–1947), Schweizer Schriftsteller. 219, 349

Ranke, Leopold von (1795–1886), deutscher Historiker. 183

Rascher, Max (1883–1962), Verleger in Zürich. 470

Regez, Karl (1940–1956), Verdingbub, der sich in der Region Schwarzenburg das Leben nahm. 483 f.

Reinhard, Ernst (1889–1947), sozialdemokratischer Politiker, unter anderem zwischen 1942 und 1946 Grossrat und zwischen 1936 und 1946 als Mitglied der Stadtberner Regierung Hochbaudirektor. 372, 390

Rentsch, Eugen (1877–1948), Leiter des Eugen-Rentsch-Verlags in Erlenbach-Zürich und München, in dem zwischen 1911 und 1977 die von Loosli initiierte Ausgabe von Gotthelfs *Sämtlichen Werken* und zwischen 1926 und 1929 Fränkels Ausgabe von Keller: SW erscheint. 39, 66, 73, 78, 84, 92, 94, 98, 104 f., 109 f., 128, 249, 326, 430, 511 f.

Reynold, Gonzague de (1880–1970), Schriftsteller und zwischen 1915 und 1929 Professor für französische Literatur an der Universität Bern, danach an der Universität Freiburg i. Ue. 96

Rilke, Rainer Maria (1875–1926), österreichischer Lyriker. 86, 501

Ritschard, Johannes (1845–1908), freisinniger Regierungsrat im Kanton Bern zwischen 1873 und 1878 (Erziehungswesen) sowie 1893 und 1908 (Armen- und Kirchenwesen). 459

Rodenberg, Julius (1831–1914), Herausgeber der *Deutschen Rundschau*. 24

Roffler, Thomas (1897–1930), Schweizer Philologe und Publizist. 89

Rollier, Ariste (1880–1934), Gerichtspräsident in Bern. 212

Rosenberg, Alfred (1893–1946), Politiker und führender Ideologe des Nationalsozialismus, in den Nürnberger Prozessen zum Tod verurteilt und hingerichtet. 176, 181, 183

Rowohlt, Ernst (1887–1960), deutscher Verleger. 127

Rubens, Peter Paul (1577–1640), flämischer Kunstmaler. 243, 319

Rudolf, Alfred (1877–1955), zwischen 1928 und 1946 leitet er als freisinniger Regierungsrat des Kantons Bern die Erziehungsdirektion. 94, 96–98, 143, 222, 399

Rychner, Max (1897–1965), Schriftsteller und Journalist, zwischen 1937 und 1939 Feuilletonchef des *Bund*. 226, 228

Sahli, Hermann (1856–1933), Professor für innere Medizin an der Universität Bern. 23

Sarrazin, Otto (1842–1921), preussischer Baubeamter und Verfasser eines *Verdeutschungs-Wörterbuchs*. 171 f.

Schäfer-Widmann, Johanna Victoria (1871–1943), Schweizer Kunstmalerin, Tochter von Josef Viktor Widmann. 41

Schaffner, Jakob (1875–1944), in Deutschland lebender Schweizer Schriftsteller, der sich in den Dienst des Nationalsozialismus stellt. 276

Schaub-Koch, Émile (1890–1974), Autor und Kunstkritiker. 258

Schatzmann, Leonz (1891–1975), Sekretär des Gesundheits- und Wirtschaftsamtes der Stadt Zürich, Mitglied des Aktionskomitees der Gesellschaft zur Förderung der Fränkel'schen Gottfried-Keller-Ausgabe. 94, 349

Schenk, Karl (1823–1895), von 1864 bis zu seinem Tod radikalliberaler Bundesrat. Loosli hat ihm 1910 im letzten Stück von *Mys Dörfli* – «Wi der Cheiser vo Öschtrych zum Bundespresidänt cho isch, u was sie zäme prichtet hei» – ein Denkmal gesetzt. 118

Schiller, Friedrich (1759–1805), deutscher Schriftsteller. 41, 69, 128, 147, 207, 271, 356, 392, 489, 511 f.

Schlegel, August Wilhelm (1767–1845), deutscher Schriftsteller, Übersetzer und Literaturhistoriker. 22

Schlegel, Friedrich (1772–1829), deutscher Schriftsteller und Kulturphilosoph. 22

Schmid-Ammann, Paul (1900–1984), Politiker der Bauernpartei und Redaktor der *Neuen Bündner Zeitung*, ab 1949 Politiker der Sozialdemokratischen Partei und Redaktor des *Volksrechts*. 293, 374

Schmid, Werner (1898–1981), Publizist und Politiker des Landesrings der Unabhängigen, in Zürich Gemeinderat und Kantonsrat, zwischen 1947 und 1951 sowie zwischen 1962 und 1971 Nationalrat. 184 f., 293, 374, 393, 416, 419, 425, 435, 444, 480, 489

Schmid, Wilhelm (1892–1971), Schweizer Kunstmaler. 454 f.

Schmidlin, Fritz (1898–1983), zwischen 1933 und 1955 sozialdemokratischer Nationalrat des Kantons Luzern. 313, 339, 343

Schmidt, Erich (1853–1913), Professor für Neuere deutsche Literaturgeschichte in Berlin, Herausgeber der *Jahresberichte für neue deutsche Literaturgeschichte*. 215, 307, 391

Schmidt, Georg (1896–1965), Kunsthistoriker und Konservator in Basel. 326

Schneider, Lina Bertha (1885–1947), Schwägerin von C. A. Loosli. 239, 300, 401, 405

Schnitzler, Arthur (1862–1931), österreichischer Schriftsteller. 101, 212, 215

Schopenhauer, Arthur (1788–1860), deutscher Philosoph. 207

Schott, Sigmund (1852–1910), deutscher Schriftsteller und Literaturkritiker. 279

Schrämli, Ernst (1919–1942), als Landesverräter hingerichteter Soldat der Schweizer Armee, vgl. Niklaus Meienberg: Ernst S, Landesverräter, in: ders.: Reportagen aus der Schweiz, Darmstadt/Neuwied: Luchterhand 1974, S. 162–240. 321

Schroll, Anton 1854–1919), Verleger in Wien. 46, 57, 66, 73, 217, 511

Schüpbach, Hermann (1877–1949), Fürsprecher in Thun, zwischen 1911 und 1935 freisinniger Nationalrat, vertritt die Interessen von Spittelers Töchtern im Handel um dessen Nachlass; Mitglied der ersten Spitteler-Kommission des EDI. 102 f., 107–110, 152, 154–156, 184, 301, 377, 378, 387

Schürch, Ernst (1875–1960), seit 1912 Redaktor, zwischen 1925 und 1941 Chefredaktor des *Bund*, daneben freisinniges Mitglied des bernischen Stadt- und Kantonsparlaments. 146, 219 f., 335

Schwarz, Fritz (1887–1958), Mitglied des bernischen Kantonsparlaments für die Freiwirtschaftliche Partei, Herausgeber der Zeitung *Freies Volk*, Leiter des Pestalozzi-Fellenberg-Verlags in Bern. 73, 256

Schwarz, Hans (1895–1965), Journalist und Herausgeber der Zeitschrift *Schwarz auf weiss*. 463–465

Schwengeler, Arnold H. (1906–1981), Schriftsteller, ab 1931 Feuilletonredaktor und zwischen 1939 und 1969 Feuilletonchef des *Bund*. 266, 334, 337, 345, 372, 474, 496

Seeger, Ludwig (1810–1864), deutscher Gymnasiallehrer und Universitätsdozent für alte Sprachen in Bern, Übersetzer von Aristophanes. Kehrt beim Ausbruch der Revolution 1848 nach Deutschland zurück. 380

Seematter, Arnold (1890–1954), als freisinniger Regierungsrat des Kantons Bern ab 1934 Armen-, ab 1938 Polizeidirektor, von 1939 bis zu seinem Tod zudem Nationalrat. 359

Seidel, Robert (1850–1933), Publizist, Lehrer, Gewerkschaftler und sozialdemokratischer Politiker. 269

Sidler-Brunner, Emil (1844–1928), Bankier in Luzern, 1924 Gründer der Stiftung Lucerna. 135

Sienkiewicz, Henryk (1846–1916), polnischer Schriftsteller, unter anderem Verfasser des Erfolgsromans *Quo Vadis*. 9, 215, 497

Sigg, Jean (1865–1922), zwischen 1911 und 1919 parteiloser Nationalrat, von 1921 bis zu seinem Tod Ständerat des Kantons Genf. 50, 52 f.

Singer, Samuel (1860–1948), von 1904 bis 1930 Professor für Vergleichende Literaturgeschichte und Sagenkunde an der Universität Bern. 30, 95 f., 161

Somazzi, Ida (1882–1963), Lehrerin am stadtbernischen Lehrerinnenseminar, ab 1948 Präsidentin der Studienkommission für Frauenfragen der Uno und der Unesco. 261

Spitteler, Anna (1886–1962), ältere Tochter von Carl Spitteler. Sie und ihre Schwester, Marie-Adèle, werden oft gemeinsam als «Spitteler-Töchter» oder «Spitteler-Erbinnen» erwähnt. 64, 78, 81, 87 f., 92, 100, 102–104, 107, 110, 137, 141–143, 145 f., 148 f., 151 f., 155, 158, 181, 200, 364 f., 371 f., 404, 423, 443, 510

Spitteler, Carl (1845–1924), Schweizer Schriftsteller, Literaturnobelpreisträger 1919; Jugendfreund Josef Viktor Widmanns. 15, 18–20, 22–29, 32–34, 36, 39–43, 45, 49–52, 54, 57, 60, 64–67, 69 f., 72, 77 f., 81 f., 86–89, 92, 94–98, 100, 102–105, 107, 109–111, 118, 128–130, 133, 135–137, 139–152, 154–159, 172, 175–178, 180 f., 184 f., 190, 194, 199–202, 207, 215–217, 245, 268, 277–279, 281, 286–288, 290–293, 296, 298, 300–305, 308, 313–315, 321, 323–325, 327 f., 331 f., 334 f., 337–344, 347 f., 351–353, 355 f., 358, 360–365, 370–374, 376, 378, 382–384, 387, 389, 392, 395 f., 401 f., 404–407, 410 f., 415, 419–421, 423–426, 429–432, 435, 438–441, 443, 447, 450, 458–460, 467–470, 473–475, 477 f., 480, 483–487, 494, 497 f., 502 f., 508, 510–519, 525

Spitteler-Op den Hooff, Marie (1863–1929), Ehefrau von Carl Spitteler. 87, 98, 510

Spitteler, Marie-Adèle (1891–1940), jüngere Tochter Carl Spittelers. Loosli nennt sie in seinen Briefen Mintje, Fränkel Mietje. Sie und ihre Schwester Anna werden oft gemeinsam als «Spitteler-Töchter» oder «Spitteler-Erbinnen» erwähnt. 64, 81 f., 87, 92, 100, 102–104, 107, 109 f., 141–143, 145 f., 148 f., 151 f., 155, 158, 181, 200, 364 f., 271, 443, 510

Stähli, Eugen (1891–1956), Lehrer und Stadtrat der freiwirtschaftlichen Bewegung in Thun. 377 f.

Staiger, Emil (1908–1987), 1943–1976 Professor für Neuere deutsche Literatur an der Universität Zürich. 162, 360

Stalin, Josef (1878–1953), Generalsekretär der Sowjetunion ab 1922. 288 f., 452

Stämpfli, Jakob (1820–1879), radikalliberaler Bundesrat zwischen 1854 und 1863. 118

Stauffacher, Werner (1921–2010), zwischen 1953 und 1986 Professor für Neuere deutsche Literatur an der Universität Lausanne. 24, 419 f.

Steck, Leo (1883–1960), Kunstmaler in Bern, Freund Looslis. 452 f.

Stein, Charlotte von (1742–1827), Hofdame in Weimar, Freundin und Briefpartnerin Goethes. 22, 29 f., 267, 428, 483, 488 f., 493, 502, 519

Stein, Ludwig (1859–1930), von 1891 bis 1909 Professor für Philosophie an der Universität Bern. 23, 215

Stein, Wilhelm (1886–1970), ab 1926 Privatdozent, ab 1946 Honorarprofessor für Kunstgeschichte an der Universität Bern, Sohn von Ludwig Stein. 372

Stiefel, Gottfried (1892–1981), Anwalt in Winterthur, Präsident der Gesellschaft zur Förderung der Fränkel'schen Gottfried-Keller-Ausgabe. 375

Stössinger, Felix (1889–1954), Journalist und Verleger in Zürich. 450

Strahm, Hans (1901–1978), ab 1927 Bibliothekar der Stadt- und Universitätsbibliothek Bern, ab 1946 deren Direktor. 226, 479 f.

Strasser, Charlot (1884–1950), Schweizer Schriftsteller, Psychiater in Zürich. Eine Begegnung mit ihm inspiriert Loosli zur Satire *Mein Besuch bei dem berühmten Dichter* (Loosli: Werke 4, S. 29–34, 431 f.). 15, 23

Strasser, Gregor (1892–1934), führender Funktionär der NSDAP, während des Röhm-Putschs wird er als Kritiker Hitlers ermordet. 183

Streicher, Siegfried (1893–1966), Schweizer Journalist und Schriftsteller. 147

Strich, Fritz (1882–1963), zwischen 1929 und 1953 Professor für deutsche Literatur an der Universität Bern, zuvor ausserordentlicher Professor in München. 92, 99, 371 f., 423

Strodtmann, Adolf (1829–1879), deutscher Schriftsteller und Heine-Biograf. 286

Surava, Peter (*Hans Werner Hirsch*, 1912–1995), Journalist und Publizist, von 1940 bis 1944 Chefredaktor der Wochenzeitung *Die Nation*. 283, 444

Suter, Rudolf (1881–1964), Buchdrucker in Bern. 292

Tager, Aleksandr (1888–1939), Jurist und Archivar in Moskau, wird als Opfer einer stalinistischen Säuberung erschossen. 160

Tasso, Torquato (1544–1595), italienischer Dichter. 168

Tavel, Rudolf von (1866–1934), Schweizer Schriftsteller und Journalist. 96, 329

Thiessing, Franz René (1880–1975), Schriftsteller und Journalist in Bern. 37

Thormann, Philipp (1874–1960), Strafrechtsprofessor an der Universität Bern. 275, 394

Tödtli, Boris (1901–1944), Buchhalter des Gaus Bern der Nationalen Front. 222

Trachsel, Albert (1863–1929), Schweizer Kunstmaler. 396

Trepp, Martin (1877–1949), in Thun freisinniger Politiker und zwischen 1922 und 1942 Rektor des Progymnasiums. 246

Trog, Hans (1864–1928), von 1901 bis zu seinem Tod Feuilletonredaktor der NZZ. 45, 508

Tschanz, Otto (1876–1956), von 1932 bis 1946 Generalprokurator des Kantons Bern. 275

Tschudi, Hans-Peter (1913–2002), zwischen 1959 und 1973 sozialdemokratischer Bundesrat, als Vorsteher des EDI Nachfolger von Philipp Etter. 511

Tschudy, Henry (1882–1961), Verleger und Inhaber der Druckerei H. Tschudy & Cie. in St. Gallen. 360, 472, 483, 490 f.

Twain, Mark (1835–1910), US-amerikanischer Schriftsteller. 12, 63

Vallée Des Barreaux, Jacques (1599–1673), französischer Schriftsteller. 212

Vaucher, Charles Ferdinand (1902–1972), Schweizer Schriftsteller, Schauspieler, Kabarettist und politischer Aktivist. 444

Vesper, Will (1882–1962), nationalsozialistischer deutscher Schriftsteller und Literaturkritiker. 205

Vetter, Ferdinand (1847–1924), zwischen 1886 und 1921 Professor zuerst für germanistische Philologie, später für ältere deutsche Literatur an der Universität Bern. 23, 30, 39, 43, 97

Vital, Fritz (1874–1960), Sekretariatsleiter des EDI und Mitglied der ersten Spitteler-Kommission. 109 f.

Vieweg, Eduard (1797–1869), Inhaber der Verlagsbuchhandlung Vieweg in Braunschweig. 204 f., 217, 219, 224, 271, 502

Vinci, Leonardo da (1452–1515), italienischer Maler und Universalgelehrter. 319

Vogel, Hans (1883–1950), zwischen 1918 und 1948 Chefredaktor der *Berner Tagwacht*. 416

Voltaire (1694–1778), französischer Schriftsteller. 47, 86

Walthard, Bernhard (1897–1992), ab 1946 Professor für Medizin und Leiter des Pathologischen Instituts der Universität Bern. 463

Walzel, Oskar (1864–1944), zwischen 1897 und 1907 Professor für Neuere deutsche Literatur an der Universität Bern, Doktorvater Jonas Fränkels. 95, 215

Wassilieff, Nikolaus (1857–1920), Arzt, zwischen 1890 und 1900 Arbeitersekretär und Politiker in Bern. 163

Weidenmann, Jakobus (1886–1964), Pfarrer, Schriftsteller und religiös-sozialer Politiker, Mitglied der Gesellschaft zur Förderung der Fränkel'schen Gottfried-Keller-Ausgabe. 374

Weingartner, Felix (1863–1942), österreichischer Musiker und Schriftsteller. 25, 29, 304 f., 406

Weldler, Norbert (1884–1961), Publizist und zionistischer Aktivist, Mitglied der Gesellschaft zur Förderung der Fränkel'schen Gottfried-Keller-Ausgabe. 374

Werner, Zacharias (1768–1823), deutscher Schriftsteller; Fränkel dissertiert über sein Schauspiel *Weihe der Kraft*. 60, 215 f.

Westarp, Kuno von (1864–1945), deutschnationaler, antisemitischer Politiker. 67

Wetter, Ernst (1877–1963), als freisinniger Bundesrat zwischen 1939 und 1943 Vorsteher des Finanz- und Zolldepartements. 335

Wettstein, Oscar (1866–1952), zwischen 1914 und 1935 freisinniger Regierungsrat des Kantons Zürich, ab 1928 in dieser Funktion Erziehungsdirektor, daneben zwischen 1914 und 1939 Ständerat. Als Vizepräsident der Gottfried Keller-Gesellschaft Gegenspieler Fränkels in der Auseinandersetzung um die Keller-Werkausgabe (vgl. Fränkel: *Der neue Medius*). 217, 293 f., 319, 340, 348 f., 352

Wetzel, Justus Hermann (1879–1973), Komponist, Professor an der Hochschule für Musik in Berlin, Verfasser von *Carl Spitteler. Ein Lebens- und Schaffensbericht* (1973). 441, 443

Widmann, Josef Viktor (1842–1911), Schweizer Schriftsteller, von 1880 bis zu seinem Tod Feuilletonredakteur des *Bund*; Jugendfreund Carl Spittelers, Ehemann von Sophie Widmann-Brodbeck. 19 f., 23–25, 30, 32, 36–43, 51, 69 f., 111, 149, 215, 217, 291, 312, 429, 457, 485–487, 491, 502, 510, 514

Widmann-Brodbeck, Sophie (1836–1911), Josef Viktor Widmanns Ehefrau, Tante von Carl Spitteler. 40, 42

Wieland, Christoph Martin (1733–1813), deutscher Dichter. 71, 515

Wili, Walter (1900–1975), ab 1933 ausserordentlicher Professor für klassische Philologie, ab 1949 Honorarprofessor für lateinische Philologie an der Universität Bern, daneben als Unternehmer tätig. 371, 423

Wilisch, Antonie (geb. Freiin von Gall, «Toni», 1872–1958), Publizistin, Freundin Spittelers («Artemis»), Ehefrau von Hugo Wilisch und ab 1920 Schwiegermutter von Jonas Fränkel. 25, 32, 49, 51–53, 142, 279, 358, 365, 389, 396–398, 405, 407 f., 432, 437, 443, 451 f., 495

Wilisch, Hugo (1857–1949), deutscher Unternehmer, Ehemann von Antonie Wilisch. 32, 196, 358, 389, 396–398, 408, 432, 437, 480

Winckelmann, Johann Joachim (1717–1768), deutscher Kunstschriftsteller und Archäologe. 162

Witz, Friedrich (1894–1984), Journalist, 1943 Gründer des Artemis-Verlags, in dem ab 1945 Spitteler: GW erscheinen. 293, 362, 365, 410, 448, 484

Witzleben, Erwin von (1881–1944), deutscher Generalfeldmarschall, im Juli 1944 an der Stauffenberg-Verschwörung gegen Hitler beteiligt und hingerichtet, Vetter von Fränkels Schwiegermutter Antonie Wilisch. 398

Wustmann, Gustav (1844–1910), deutscher Philologe und Sprachpfleger. 63

Zbinden, Emil (1908–1991), mit Loosli befreundeter Schweizer Künstler. Für die Büchergilde Gutenberg illustriert er in den 1950er-Jahren etwa die Zweitauflagen von *Üse Drätti* und *Mys Dörfli*. 458, 462, 473, 477

Zgraggen, Karl (1861–1929), sozialdemokratischer Politiker und Jurist, Berater Lenins während dessen Schweizer Exil, zwischen 1920 und 1929 Bundesrichter. 269

Ziegler, Hans (1905–1991), zwischen 1936 und 1954 Gerichtspräsident in Thun, danach Direktor der Eidgenössischen Militärversicherung. 419 f.

Ziegler, Jean (* 1934), Soziologe, Politiker, Publizist und Sohn von Hans Ziegler. 420

Zollinger, Karl (1881–1958), Anwalt Fränkels und als freisinniger Politiker Gemeinderat in der Stadt Thun zwischen 1919 und 1922 sowie zwischen 1939 und 1946. 378, 405, 430, 436

Zulliger, Hans (1893–1965), Schweizer Schriftsteller, Lehrer und Psychotherapeut. 220

Zürcher, Paul (Päuli, 1940–1945), Verdingbub im Berner Oberland, der von seinen Pflegeeltern zu Tode geschunden wird. 370 f.

Zürcher, Werner (1916–1942), als Landesverräter hingerichteter Fourier der Schweizer Armee. 321